INSTITUTIONS POLITIQUES & DROIT CONSTITUTIONNEL

MANUELS

Collection dirigée par Bernard AUDIT et Yves GAUDEMET

Ph. ARDANT : *Institutions politiques et droit constitutionnel,* 11e éd., 1999.

A. BATTEUR : *Droit des personnes et de la famille,* 1998.

J.-B. : BLAISE : *Droit des affaires,* 1999.

M. BOUVIER, M.-Ch. ESCLASSAN et J.-P. LASSALE : *Finances publiques,* 4e éd., 1998.

B. BRACHET : *Le système fiscal français,* 7e éd., 1997.

Ph. BRAUD : *Sociologie politique*, 4e éd., 1998.

G. BURDEAU, F. HAMON et M. TROPER : *Droit constitutionnel*, 26e éd., 1999.

D. CARREAU, Th. FLORY et P. JUILLARD : *Droit international économique*, 4e éd., 1998.

J.-P. CHAUCHARD : *Droit de la Sécurité sociale,* 2e éd., 1998.

J.-Ph. COLSON : *Droit public économique,* 2e éd., 1997.

E. DERIEUX : *Droit de la communication,* 3e éd., 1999.

M. FROMONT et H. MAURER : *Droit administratif allemand,* 1995.

O. GOHIN : *Institutions administratives*, 3e éd., 1998.

G. GOUBEAUX et P. VOIRIN : *Droit civil*, 2 vol., 27e éd., 1999, 20e éd., 1999.

J.-J. ISRAËL : *Droit des libertés fondamentales,* 1998.

A. JAUFFRET et J. MESTRE : *Droit commercial*, 24e éd., 1999.

J.-C. JAVILLIER : *Droit du travail*, 7e éd., 1999.

P. KINDER-GEST : *Droit anglais*, vol. 1 : *Institutions politiques et judiciaires,* 3e éd., 1997.

J. LAROCHE : *Politique internationale,* 1998.

A. DE LAUBADÈRE, J.-C. VENEZIA et Y. GAUDEMET : *Droit administratif,* 16e éd., 1999.

D. LEGEAIS : *Sûretés et garanties du crédit*, 2e éd., 1999.

G. LYON-CAEN et J. TILLHET-PRETNAR : *Droit social*, 5e éd., 1995.

F. PÉROCHON et R. BONHOMME : *Entreprises en difficulté, instruments de crédit et de paiement*, 3e éd., 1997.

J.-F. RENUCCI : *Droit européen des droits de l'Homme,* 1999.

L. RICHER : *Droit des contrats administratifs,* 2e éd., 1999.

J. RIDEAU : *Droit institutionnel de l'Union et des Communautés européennes,* 3e éd., 1999.

J.-J. ROCHE : *Relations internationales*, 1999.

P. RODIÈRE : Droit social de l'Union européenne, 1998.

J.-C. SOYER : *Droit pénal et procédure pénale*, 13e éd., 1997.

L. TROTABAS et P. ISOART : *Droit public (droit constitutionnel, droit administratif, finances publiques, droit administratif spécial)*, 24e éd., 1998.

D. VIDAL : *Droit des sociétés*, 2e éd., 1998.

INSTITUTIONS POLITIQUES & DROIT CONSTITUTIONNEL

Philippe Ardant
Professeur émérite
à l'Université Panthéon-Assas (Paris II),
Directeur de la revue « Pouvoirs »

11e édition

L.G.D.J

Du même auteur, chez le même éditeur

- *La responsabilité de l'Etat du fait de la fonction juridictionnelle,* 1957.
- *Droit constitutionnel (conseils, exercices),* Corrigés d'examens, 9e éd., 1997.

Chez d'autres éditeurs

- *Décisions du Conseil Constitutionnel,* P.U.F., 2e éd., Paris 1995.
- *Les institutions de la Ve République,* 5e éd., Hachette, 1998.
- *Le Premier ministre en France,* Montchrestien, Paris 1991.
- *Textes sur les Droits de l'homme,* P.U.F., 1993, 2e éd.

31, rue Falguière, 75741 Paris Cedex 15
ISBN : 2.275.01831.X
ISSN : 0990.3909

Avant-propos

Un manuel diffère d'un traité : le second s'efforce de donner une vue aussi complète que possible du sujet, alors que le premier expose seulement les connaissances que l'auteur estime utiles au public auquel il s'adresse. Lorsque ce public est composé d'étudiants, la tentation est forte de combiner les deux, et, même si l'on a su y résister, bien souvent le manuel initial se transforme au fil des rééditions en un hybride. Ainsi le cours polycopié qui est à l'origine du présent ouvrage est-il passé en sept ans de 625 à 812 pages ; à la relecture les nombreux ajouts n'apparaissent pas tous absolument indispensables et n'ont pas contribué, semble-t-il au vu des copies d'examen, à une élévation notable du niveau de connaissancc ct de compréhension des institutions politiques par les candidats. Comment pourtant avoir le courage de ne pas insérer ici quelques lignes inspirées par une lecture, là une vue personnelle peu conformiste, là encore le détail anecdotique savoureux ou l'illustration la plus récente d'une règle déjà souvent utilisée ?

Ce manuel veut être à la fois complet et simple. Son ambition est de donner aux étudiants de première année de D.E.U.G. et des Instituts d'études politiques, tous les éléments de base indispensables pour affronter l'examen dans de bonnes conditions. Peut-être aussi répondra-t-il à l'attente — pour reprendre la formule consacrée — de citoyens soucieux d'étoffer leur culture juridique et politique ?

Cela supposait quelques partis-pris dont il faut s'expliquer. Il ne s'agit pas d'un ouvrage d'auteur cherchant à présenter des réflexions inédites, choisissant son camp et argumentant dans les grands débats qui agitent la doctrine. Les différents aspects des institutions politiques et du droit constitutionnel y sont envisagés dans une perspective classique, le plan ne recherche pas l'originalité ; y sont exposées les opinions les plus couramment admises, sans négliger les controverses, mais en se gardant de leur donner une place démesurée.

Ce n'est pas non plus un ouvrage de référence. Le lecteur n'y trouvera pas d'accumulation de faits et de détails. Ainsi on ne s'est pas cru tenu de répertorier tous les cas où une règle a été appliquée ou violée ; un seul exemple a été en général choisi, le plus connu ou le plus récent. Il n'a pas été jugé nécessaire, d'autre part, d'indiquer le jour même où sont intervenus tous les événements rapportés, de donner à une unité près le nombre des électeurs ayant adopté telle position, de se référer systématiquement aux articles des constitutions. Pareil souci, compréhensible dans un ouvrage plus développé, n'a pas semblé s'imposer ici ; de surcroît il risquerait de brouiller la distinction de l'accessoire et de l'important. Dans le même esprit, les notes en bas de page ont été presqu'entièrement supprimées et les bibliographies réduites à leur plus simple expression : deux ou trois références par chapitre, parfois une seule, aux ouvrages anciens les plus renommés ou aux derniers parus, à partir desquels il sera possible de remonter à la littérature de la matière. En conséquence beaucoup d'opinions et de formules sont utilisées sans mention de paternité. On ose espérer que leurs auteurs ne s'en offusqueront pas, le signataire de l'ouvrage sait ce qu'il leur doit ; et n'est-ce pas aussi qu'elles sont devenues classiques et ont déjà enrichi le domaine public ?

Enfin, les frontières avec les disciplines voisines ont été respectées : histoire, science politique, droit et relations internationales, afin d'éviter les recoupements entre les enseignements et aussi de garder ce manuel dans un volume raisonnable. Cette attitude ne pouvait cependant être strictement observée, on ne s'y est donc pas toujours tenu — à l'égard de l'histoire et surtout de la science politique — à chaque fois que cela était nécessaire à la compréhension de la matière.

C'est donc d'un ouvrage d'initiation qu'il s'agit, s'efforçant d'aller à l'essentiel dans la clarté, au risque parfois d'être schématique, de négliger les exceptions aux exceptions, et peut-être, à l'occasion, les exceptions elles-mêmes. Dans la suite de leur cursus les étudiants découvriront qu'une question traitée ici en quelques lignes peut avoir fait l'objet de dizaines de livres et d'articles, examinant dans toute sa complexité une matière dont on n'a voulu donner qu'une vue simplifiée, adaptée à la formation de ceux qui commencent des études de droit.

Bibliographie

Grands ouvrages classiques

Raymond Carré de Malberg. — *Contribution à la théorie générale de l'État,* 2 vol., 1920-1922, réimpression 1962.

Léon Duguit. — *Traité de droit constitutionnel,* 5 vol., 1921-1929, réédition 1972.

Adhémar Esmein. — *Éléments de droit constitutionnel,* 2 vol., 1927.

Maurice Hauriou. — *Précis de droit constitutionnel,* 1929, réédition 1965.

Joseph-Barthélemy et Paul Duez. — *Traité élémentaire de droit constitutionnel,* 1926, réédition 1985.

Julien Laferrière. — *Manuel de droit constitutionnel,* 1947.

Georges Vedel. — *Manuel élémentaire de droit constitutionnel,* 1949 (rééd.).

Georges Burdeau. — *Traité de science politique,* 10 vol., 1966-1987 (réédition).

Traités et manuels récents

Georges Burdeau, Francis Hamon et Michel Troper. — *Droit constitutionnel et institutions politiques,* 25e éd., 1997.

Anne Cammilleri. — *Droit constitutionnel,* Memento, Nathan 1997.

Charles Cadoux. — *Droit constitutionnel et institutions politiques,* 2 vol., 1995-1996.

Pierre-Henri Chalvidan. — *Droit constitutionnel,* 1996.

Bernard Chantebout. — *Droit constitutionnel et science politique,* 14e éd., 1997.

Olivier Duhamel. — *Droit constitutionnel et politique,* 1994.

Maurice Duverger. — *Institutions politiques et droit constitutionnel,* 21e éd., 1996.

Patrice Gelard et Jacques Meunier, *Institutions politiques et droit constitutionnel,* (A.E.S.) 2e éd., 1997.

Jean Gicquel. — *Droit constitutionnel et institutions politiques,* 15e éd., 1997.

Benoît Jeanneau. — *Droit constitutionnel et institutions politiques,* 8e éd., 1991.

Claude Leclercq. — *Institutions politiques et droit constitutionnel,* 9e éd., 1995.

Joël Mekhantar. — *Droit politique et constitutionnel,* 1996.

Pierre Pactet. — *Institutions politiques, Droit constitutionnel,* 15e éd., 1996.

Hugues Portelli. — *Droit constitutionnel,* 1996.

Dominique Turpin. — *Droit constitutionnel,* 4e éd., 1999.

Pierre Vialle. — *Droit constitutionnel et institutions politiques,* 2 vol., 1998.

Elisabeth Zoller. — *Droit constitutionnel,* 2e éd., 1999.

Recueils et commentaires de textes

P. Avril et G. Conac. — *La Constitution de la République française,* 1996.

R. Barrillon, J.-M. Bérard, M.-H. Bérard, G. Dupuis, A. Grangé-Cabane, Y. Mény. — *Dictionnaire de la Constitution,* 4e éd., 1987.

Guy Carcassonne. — *La Constitution,* 1996.

Maurice Duverger. — *Constitution et documents politiques,* 13e éd., 1992.

Simon-Louis Formery. — *La Constitution commentée article par article,* 1994.

François Luchaire et Gérard Conac. — *La constitution de la République française,* 2e éd., 1988.

Didier Maus. — *Les grands textes de la pratique institutionnelle de la Ve République,* 1998.

Yves Mény. — *Textes constitutionnels et documents politiques,* 1989.

Boris Mirkine-Guetzévitch. — *Les constitutions européennes,* 1951.

Henri Oberdorff. — *Les Constitutions de l'Europe des Douze,* 2e éd., 1999.

Pierre Pactet. — *Textes de droit constitutionnel,* 3e éd., 1995.

Th. Renoux, M. de Villiers. — *Code constitutionnel,* 1995. Mises à jour 1997.

Stéphane Rials. — *Textes constitutionnels français,* 11e éd., 1995.

Stéphane Rials. — *Textes constitutionnels étrangers,* 4e éd., 1991.

Recueils de jurisprudence

Philippe Ardant. *Décisions du Conseil Constitutionnel,* 2e éd., 1995.

Sonia Dubourg-Lavroff, Antoine Pantélis. — *Les décisions essentielles du Conseil constitutionnel,* 1994.

Louis Favoreu et Loïc Philip. — *Les grandes décisions du Conseil constitutionnel,* 9e éd., 1997.

Revues

Pouvoirs. — *Revue française d'études constitutionnelles et politiques* (depuis 1977).

Revue du droit public et de la science politique (R.D.P., depuis 1893).

Revue française de droit constitutionnel (depuis 1990).

L'Année politique.

Revue politique et parlementaire.

Exercices pratiques

Philippe Ardant. — *Droit constitutionnel et institutions politiques,* 9e éd., 1997.

Catherine Clessis, Didier Maus, Jacques Robert, Patrick Wajsman. — *Exercices pratiques,* Droit constitutionnel 2e éd., 1995.

Claude Leclercq, Pierre Henri Chalvidan. — *Travaux dirigés de droit constitutionnel,* 8e éd., 1996.

Pierre Pactet. — *Exercices de droit constitutionnel,* 3e éd., 1995.

Lexique

Pierre Avril et Jean Gicquel, *Droit constitutionnel,* 5e éd. 1994.

Dictionnaire

Olivier Duhamel et Yves Mény, *Dictionnaire constitutionnel,* 1992.

Introduction

S'il est une constante dans l'histoire de la vie politique, c'est bien son institutionnalisation continue. Du chef absolu des premiers groupes humains, au pouvoir fondé sur son courage, son habileté ou sa sagesse, que de chemin parcouru jusqu'aux Parlements contemporains, légitimés par l'élection et soumis à des règles contraignantes et compliquées.

L'institutionnalisation de la vie politique

Institutionnalisation signifie ici mise en place de structures et de mécanismes, organisant et encadrant l'exercice du pouvoir et les luttes que sa conquête, son contrôle, sa défense suscitent. Des règles du jeu se sont peu à peu substituées aux simples rapports de forces. Des comportements imités, répétés, auxquels on s'est conformé presqu'instinctivement, sont devenus des traditions, des coutumes dont le respect devient obligatoire et, un jour, pour plus de sûreté et de certitude, on a inscrit les règles ainsi formées dans des textes dont les constitutions modernes sont le dernier état. Parallèlement des acteurs se sont affirmés et multipliés, détenteurs d'une parcelle de pouvoir et affectés à des fonctions précises ; de nos jours ce sont les Chefs d'État et de Gouvernement, les ministres, les députés, les juges constitutionnels, les organes de conseil... Et les simples citoyens eux-mêmes, appelés à choisir qui parlera en leur nom et parfois associés directement à la décision, par le referendum par exemple, sont devenus acteurs à leur tour. Tout ce qui nous paraît naturel aujourd'hui : une vie politique organisée, une participation des citoyens au pouvoir, des partis politiques, un pouvoir limité — il est, bien sûr, des exceptions —..., est le produit d'une recherche tâtonnante sur le gouvernement des hommes, où une histoire indécise ne savait pas très bien où elle allait et ne comprenait pas plus ce qu'elle faisait. Des institutions politiques sont nées, et pour définir leurs rapports et la place des citoyens, un droit constitutionnel s'est développé dont l'étude fait l'objet de ce manuel.

Le droit et la pratique

Par comparaison aux autres branches du droit, la matière est relativement simple : les acteurs ne sont pas si nombreux, les situations où ils peuvent se trouver sont limitées et les règles définissant leurs relations assez peu diversifiées. Le droit constitutionnel et des institutions politiques n'a pas la complexité du droit commercial, du droit fiscal ou du droit du travail, par exemple. Mais, ici plus qu'ailleurs, on ne peut se contenter d'exposer la règle. La pratique, c'est-à-dire la façon dont cette règle est appliquée, contournée ou violée, est aussi et peut-être même plus importante, l'écart entre la théorie et la réalité est ici plus large qu'ailleurs et ce qui compte n'est pas tant de savoir comment un peuple devrait être gouverné à en croire sa Constitution, mais comment il l'est.

En effet, si aujourd'hui des règles s'imposent au pouvoir et le limitent, si sa conquête passe par des procédures et ne découle plus de la seule violence, le contrôle de leur application et la garantie de leur respect sont, sur la surface de la planète, encore embryonnaires. Le droit constitutionnel est encore largement un droit sans contrôle, en cela il diffère aussi des autres branches du droit. Bien sûr des sanctions sont prévues contre ceux qui ne se plient pas à ses contraintes, mais disproportionnées à l'égard des manquements involontaires, elles sont illusoires pour ceux qui les bafouent dès qu'ils ont pour eux l'appui de l'opinion ou de la force armée. Le droit constitutionnel est un droit conventionnel composé de règles du jeu élaborées par ses principaux acteurs ; les tiers, c'est-à-dire les citoyens, ne peuvent le plus souvent s'en réclamer ; le bulletin de vote est la seule sanction dont ils disposent, à supposer qu'ils soient libres de son usage. Si pourtant un juge constitutionnel est de plus en plus fréquemment institué, en dehors de quelques démocraties en Occident, il n'est qu'une façade, et parfois une caution aux atteintes portées à la Constitution. Même là où son indépendance est incontestée, sa compétence est trop étroitement définie pour lui permettre de connaître de toutes les violations des règles constitutionnelles.

De toutes façons le juge, lorsqu'il existe — c'est-à-dire dans ces démocraties libérales où le droit constitutionnel mérite d'être étudié, car ce sont les seules où il a quelque prise sur la réalité —, n'aura pas l'autorité suffisante pour faire autre chose que de rapprocher les actes de la lettre du texte et vérifier leur conformité : le droit constitutionnel est avant tout un droit de la lettre, le juge ne contrôle pas le respect de l'esprit dans lequel le constituant avait conçu ses dispositions. Aussi les acteurs du jeu politique se servent-ils des mécanismes et procédures constitutionnels comme d'instruments dans la lutte autour du pouvoir. Le droit constitutionnel est donc un droit politique (le droit de la politique ?)

Les règles comme instruments de la lutte autour du pouvoir

Les acteurs, en effet, ne sont pas seulement soumis au droit, à ses contraintes, ils cherchent à la fois comment s'y conformer et comment s'en servir. Si le droit est impératif lorsqu'il fixe le permis et l'interdit, il habilite aussi à faire, à agir, à poser de nouvelles règles. Rares sont les prescriptions automatiques qui échappent à la volonté des acteurs du jeu politique, comme celle qui en France fait assurer l'intérim du Président de la République par le Président du Sénat ou, aux États-Unis, impose le 20 janvier pour la prise de ses fonctions par le Président. La plupart des procédures constitutionnelles jouent à l'initiative du Chef de l'État ou du Gouvernement, des ministres, des parlementaires ou des citoyens. Chacun y recourt en y cherchant des avantages dans la lutte pour le pouvoir. C'est par là que le droit constitutionnel est un droit instrumental : *il met à la disposition des acteurs du jeu politique un arsenal de règles et de procédures dans lequel chacun puise les instruments — on pourrait dire les armes — aptes à renforcer sa position, à « marquer des points », si possible, à faire triompher ses idées et sa politique.* La décision banale de déposer un projet de loi comme celle, moins courante et autrement plus grave, de dissoudre l'Assemblée Nationale, sont des choix qui s'inscrivent dans une politique, leurs auteurs en attendent des effets, comme le joueur d'échecs déplaçant une pièce cherche à améliorer sa position.

Souvent, en outre, le recours à une procédure ne correspond pas à l'intention du Constituant, mais poursuit un but politique autre et exempt de toute préoccupation constitutionnelle ; si elle est pourtant évoquée, ce sera par prétexte et souci des apparences. Les exemples sont légion : le Président organise un référendum, non pour faire approuver par le peuple une loi ou une révision de la Constitution — but déclaré — mais pour pouvoir se réclamer du succès de la consultation populaire comme d'un appui à sa personne ou à sa politique — but réel mais inavoué —. Ou encore le Premier ministre utilisera la procédure du vote bloqué (qui permet de triompher rapidement des obstacles à l'adoption d'une loi), non pour surmonter la résistance de l'opposition, mais pour étouffer les états d'âme et les divisions de sa propre majorité en face du texte en discussion.

La lettre du texte l'emporte sur son esprit, c'est-à-dire que l'utilisation des procédures constitutionnelles est indépendante de la volonté du constituant qui leur a donné naissance. Les autorités constitutionnelles dans l'exercice de leurs pouvoirs, ne cherchent pas à être fidèles à la pensée du constituant, désireux peut-être d'en réserver l'utilisation à des situations précises ; si ces pouvoirs s'adaptent à d'autres circonstances et si le rapport des forces politiques le permet, elles donneront à l'instrument dont elles disposent une destination que le constituant n'avait pas envisagée et que peut-être il désavouerait. Et s'il est prévu un arbitre impartial, il contrôlera la régularité du déroulement de la procédure et non la décision d'y recourir. Le détournement de procédure n'est pas sanctionné en droit constitutionnel. Ce qui ne veut pas dire qu'à partir du moment où une procédure est déclenchée ses étapes ne soient pas automatiques, fréquemment elles le sont et s'imposent aux acteurs. Mais elles laissent des possibilités de choix entre lesquelles ceux qui en ont la maîtrise trancheront selon leur intérêt. Le texte fixe-t-il une période pour organiser des élections ? Le Gouvernement choisira à l'intérieur de cette période la date qui lui convient le mieux, où ses chances de voir élire ses partisans lui paraissent les meilleures. Le Chef de l'État peut-il faire approuver une révision de la Constitution par le Parlement ou par le referendum populaire ? Son choix dépendra d'une foule de facteurs, tous politiques.

L'activité constitutionnelle doit donc faire l'objet d'une lecture à deux degrés. Au premier degré, on constate qu'un mécanisme constitutionnel joue et les conséquences juridiques que cela implique : le Président de la République organise un référendum, le peuple sera donc consulté selon les règles prévues. Au second degré, cette procédure est replacée dans son contexte : par ce référendum, le Président souhaite-t-il seulement amender la Constitution ou faire approuver une loi ; au contraire, cherche-t-il avant tout à renforcer son autorité par l'approbation populaire d'une de ses initiatives ? Politiquement, les règles du droit constitutionnel ne sont pas neutres, leur utilisation modifie la situation des acteurs dans la lutte autour du pouvoir.

Le droit constitutionnel révèle ainsi une parenté inattendue avec la poésie, ses règles portent en elles des virtualités imprévues. Elles sont chargées de sens qui ont échappé au constituant, comme les poèmes qui, aussitôt achevés, n'appartiennent plus à leur auteur, mais à leur lecteur chez qui ils éveillent des images et des résonances infinies.

Pourtant doit-on accepter sans réagir la conception d'un droit constitutionnel ainsi réduit à un ensemble de techniques sans âme et sans racines, règles du jeu à la vocation simplement utilitaire ? La Constitution n'a-t-elle pas, quand même, une autre signification ? N'est-ce pas là qu'une nation, guidée par son histoire, inspirée par ses valeurs, affirme et met en forme une certaine idée du citoyen, de la société, de l'Etat, de leurs relations ? Implicite toujours, explicite parfois, une conception des droits des individus, de leur protection et des contrepoids nécessaires, sous-tend les dispositions du texte constitutionnel et commande l'aménagement des institutions. En France, par exemple, même si les Constitutions sont pauvres en énoncés de principes, derrière les règles et les procédures apparaissent les valeurs démocratiques et libérales, de liberté, d'égalité, de fraternité, de reconnaissance de la dignité de la personne humaine, de participation du peuple aux décisions le concernant. Une Constitution repose donc sur une série de choix qui trouvent leur fondement dans des valeurs, une éthique, une idéologie. Ainsi une Constitution, aussi purement fonctionnelle que celle de 1787 aux Etats-Unis, opte pour la République et non la Monarchie. Et l'idée même de faire une Constitution signifie l'acceptation de la limitation du pouvoir.

Dans une société démocratique tout usage de la Constitution n'est pas nécessairement licite. Si les règles sont bien des instruments, ceux-ci ne peuvent être dissociés de leurs fins. Le détournement des procédures n'est peut-être pas contrôlé en droit constitutionnel, il existe cependant. Les progrès de l'Etat de droit doivent faire du respect de l'esprit et des finalités du texte constitutionnel une exigence morale dont le suffrage universel sera la sanction.

Première partie
Théorie générale

Titre I
L'Etat

Bibliographie : Georges BURDEAU, *L'Etat,* 1970 et *Traité de science politique,* T. II (1980) et VI (1987).

L'Etat est aujourd'hui la forme normale d'organisation des sociétés politiques. Il fournit le cadre à l'intérieur duquel naissent et jouent les règles et qu'apparaissent les phénomènes dont l'étude fait l'objet du cours de droit constitutionnel et d'institutions politiques.

Qu'est-ce que l'Etat ? La notion d'Etat, avec un E majuscule, est difficile à appréhender et en même temps, la réflexion sur l'Etat doit être un aboutissement plutôt qu'un point de départ, elle est appelée à couronner des études de droit et de science politique qui peuvent être menées à partir de quelques données élémentaires. Celles-ci seront exposées ici dans une perspective classique, c'est-à-dire retenant ce qui est le plus communément admis, mais en signalant au passage les controverses et les insuffisances qu'elles ont mises en lumière.

Chapitre 1
La notion d'Etat

L'Etat est à la fois une idée et un fait, une abstraction et une organisation. Il n'a pas de réalité concrète, mais sa présence est sensible dans la vie de tous les jours.

C'est un artifice qui sert de support au pouvoir — *le support abstrait du pouvoir* — ; il permet de fonder le pouvoir en dehors de la personne des gouvernants, le pouvoir est exercé au nom de l'Etat.

Le terme lui-même connaît plusieurs acceptions :

— L'Etat, c'est tout d'abord *le pouvoir central* par opposition aux collectivités locales. En France : communes, départements, régions.

— L'Etat désigne aussi *les gouvernants* pour les différencier des gouvernés, il évoque les pouvoirs publics dans leur ensemble : « l'Etat est responsable du maintien de l'ordre ».

En ce sens, le domaine de l'Etat s'oppose à celui de *« la société civile »* composé des particuliers et des groupements privés.

— Enfin, on appelle Etat *une société politique organisée :* l'Etat français, l'Etat espagnol, l'Etat japonais, etc. Ce dernier sens est celui qui est pris en considération ici.

Section 1
Les éléments constitutifs de l'Etat

Toutes les sociétés humaines ne forment pas un Etat. Dans l'analyse classique (Max Weber), on considère qu'il n'en est ainsi que lorsque trois éléments sont réunis : un pouvoir de contrainte, s'exerçant sur une population, rassemblée sur un territoire.

A Un pouvoir de contrainte

1. L'Etat a le pouvoir de fixer des règles de comportement et d'en imposer le respect. L'idée d'Etat est liée à celle de droit.

Le pouvoir normatif de l'Etat

L'Etat, en effet, définit un certain nombre de règles de la vie en société, de *« normes »,* s'imposant aux particuliers, obligatoires pour eux. *Ces règles s'analysent comme des contraintes.*

L'Etat n'est pas seul à créer ainsi des règles de droit. Le *pouvoir normatif* appartient aussi aux particuliers qui s'engagent par des contrats et aux groupements : sociétés, syndicats, associations qui imposent des obligations à leurs membres ou à leurs adhérents.

Le monopole de la force de l'Etat

• Mais seul l'Etat a le pouvoir d'exiger, par la force si besoin est, le respect des règles ainsi posées. Si l'Etat n'a pas le monopole du pouvoir normatif, il a le *monopole de la force,* ou tout au moins de l'usage légitime de la force. Les gouvernants, agissant au nom de l'Etat, disposent de l'Administration et aussi de la force armée (gendarmerie, police, armée) pour faire appliquer les décisions prises par l'Etat. La volonté des gouvernés plie devant la contrainte exercée par les autorités étatiques. Ce pouvoir va très loin puisqu'il permet à l'Etat de déposséder des individus de leurs biens, d'envoyer les citoyens à la mort (en cas de guerre, par exemple) et de donner lui-même la mort en exécution d'une décision de justice (jusqu'en 1981, en France), ou, parfois, à ceux qui s'opposent par la violence à l'exercice de sa propre force.

Ce qu'il y a de remarquable, c'est que non seulement l'Etat peut user de la force pour exécuter ses propres décisions, mais que les particuliers *doivent* recourir à l'Etat pour obtenir le respect des règles qu'ils ont eux-mêmes fixées dans leurs rapports entre eux. Ils n'ont pas le droit d'user de la force, de *« se faire justice à eux-mêmes ».* Les règles posées par eux ne peuvent être sanctionnées que par l'Etat.

Tout l'effort de l'Etat moderne a tendu vers la captation à son profit de la violence pour faire admettre que lui seul pouvait l'exercer légitimement, à interdire son usage entre individus. Normalement, pour être *légitime,* ce pouvoir de contrainte doit être accepté par les gouvernés. Ils y renoncent pour le remettre à l'Etat, c'est une des conditions de la paix civile. Mais ce consentement des gouvernés n'est pas indispensable à l'existence de l'Etat. L'Etat peut exercer une violence illégitime, élaborer et appliquer un droit oppressif ne respectant pas les droits de l'homme et des citoyens, il n'en perd pas pour cela son caractère d'Etat, simplement il n'est pas démocratique mais autoritaire ou dictatorial.

• Le monopole de la contrainte, de la force, apparaît comme *l'élément capital* de la définition de l'Etat. Tout Etat qui laisse se développer des pouvoirs de contrainte privés, qui lui échappent, abdique. La multiplication de ces atteintes à son autorité entraîne *l'anarchie* et déclenche un processus qui peut aboutir à sa désagrégation (le Liban, à partir de 1972 le Zaïre et le Congo en 1997).

Dans les sociétés libérales, l'autorité de l'Etat est menacée de façon plus insidieuse par sa démission devant des formes considérées — à tort — comme plus bénignes d'exercice de *la force privée.* Ainsi, en France, la violence est devenue un moyen courant d'expression et de revendication : barrages sur les routes, destructions de marchandises confisquées de force, entrave à la circulation des chemins de fer, séquestration de dirigeants d'entreprises ou de cadres, constitution de milices privées...

La répétition de ces manifestations les banalise, leurs auteurs s'en glorifient impunément, le pays finit par les considérer comme normales, voire comme légitimes, à tel point que les victimes hésitent à saisir la justice et les tribunaux à condamner. Un Etat digne de ce nom ne saurait tolérer l'existence de pouvoirs de contrainte concurrents, son autorité est bafouée, à terme son existence est en cause.

B Une population

2. Il ne saurait y avoir d'Etat sans population. Le pouvoir de donner des ordres s'exerce sur un groupe humain. Pendant un temps, on a considéré que ce groupe humain était *une nation.* Il y aurait coïncidence entre l'Etat et la nation. Cette thèse est difficile à défendre aujourd'hui.

1. Qu'est-ce qu'une nation ?

Il n'y a pas d'acception universelle de l'idée de nation, et toute une littérature s'est efforcée de préciser ses contours : Michelet, Renan, Fustel de Coulanges, Mommsen, Barrès... Les uns mettent en avant des *éléments objectifs :* la race, la langue, la religion, une culture, une mémoire et une histoire communes ; d'autres privilégient une *composante volontariste :* la libre décision d'individus choisissant de s'associer pour un destin collectif commun. Renan, qui fut l'un des chantres de l'idée nationale, disait de la nation : « C'est un vouloir-vivre collectif », c'est-à-dire une volonté de vivre ensemble, enraciné dans une histoire et des souvenirs communs. A sa suite, beaucoup d'auteurs fondent la nation à la fois sur des éléments objectifs et volontaristes, précisant parfois qu'elle dépasse le destin personnel de ceux qui la composent, elle unit les générations passées et celles à venir ; soulignant ainsi à quel point elle est tournée vers l'avenir : « la communauté des rêves », disait Malraux. C'est peut être cette référence à un projet commun qui permet le mieux de distinguer les notions voisines de « peuple » et de « nation » ? En simplifiant on pourrait dire que le peuple est un concept *sociologique,* la nation un concept *politique,* l'Etat un concept *juridique.*

La nation est une réalité beaucoup plus charnelle que l'Etat, elle se prolonge dans l'idée de patrie, de terre des pères. On meurt pour la patrie, pour la France ou l'Allemagne, on ne meurt pas pour l'Etat.

En même temps, l'idée de nation a donné naissance aux *nationalismes* orgueilleux et conquérants, qui font de la nation la valeur suprême et qui se sont affirmés depuis deux siècles dans le sang de dizaines de millions d'hommes. Jamais peut-être les nationalismes n'ont été aussi puissants qu'aujourd'hui, il n'est qu'à voir l'ex-Yougoslavie.

2. Nation et Etat coïncident-ils ?

Alors que dans le passé (où on se définissait par sa religion plus que par sa nation) en général la nation précédait l'Etat — qu'on songe à l'Allemagne ; mais pas toujours : qu'on songe à la France —, souvent maintenant l'Etat précède la nation. Ce fut le cas en Amérique latine au siècle dernier, ce l'est encore de nombre d'Etats africains dont les frontières ignorent les liens ethniques et nationaux. Des peuples sont donc écartelés entre plusieurs Etats en même temps que souvent des Etats sont multinationaux. La géographie politique porte les traces des conflits de l'époque contemporaine : la Première Guerre mondiale a produit les Etats multinationaux d'Europe centrale — si divisés aujourd'hui —, la colonisation et la décolonisation ont dessiné la carte de l'Afrique, la Seconde Guerre mondiale a longtemps partagé les Allemands entre deux Etats, ainsi qu'en Asie les Vietnamiens et aujourd'hui encore les Coréens.

L'évolution des rapports entre ces Etats et ces nations constitue une des interrogations majeures de cette fin de siècle. A l'exemple de l'Allemagne en 1989 les peuples séparés retrouveront-ils leur unité ? Un alliage se formera-t-il ailleurs entre des populations hétérogènes que l'histoire a placées sous un même pouvoir, donnant naissance à de nouvelles nations ? L'Etat parviendra-t-il à forger une identité nationale ? De leur côté, les vieux Etats-nations européens réussiront-ils l'invention d'une Europe, d'une nation européenne ?

Si l'Etat échoue à créer la nation, chacune des nations qu'il assemble a-t-elle un droit à fonder l'Etat avec lequel elle s'identifiera ? Toute nation a-t-elle droit à un Etat ? Généralement, au mépris *du droit* — hautement proclamé — *des peuples à disposer d'eux-mêmes,* cette revendication est écartée. L'Etat interpellé ne saurait consentir et a fortiori présider à son propre éclatement. Si le conflit s'aggrave, il risque d'être réglé dans le sang, avec l'approbation de la majorité de la communauté internationale — ou tout au moins son silence. Il s'agit là d'un des facteurs de déstabilisation les plus aigus de la société internationale.

On songe bien sûr à la Palestine, mais, à travers le monde, les nations, ou prétendues telles (plusieurs milliers de peuples !), en mal d'Etat, sont innombrables (Kurdes, Shiks, Tamouls, Canaques, Arméniens, Tchétchenes...) et les rivalités de puissance peuvent y trouver un aliment de choix à leurs affrontements. Quelle meilleure façon d'affaiblir l'adversaire que de semer la division entre les peuples qui le composent ?

La crise de l'Etat-nation. L'Etat-nation n'est plus aujourd'hui la forme normale de l'Etat, il est minoritaire dans le monde et le modèle qu'il représente est contesté et dépassé. De l'intérieur beaucoup d'Etats-nations sont minés par l'affirmation de particularisme régionaux, linguistiques, religieux, voire ethniques, mettant en cause l'identité nationale. Par un mouvement inverse ces Etats voient leur capacité de décision limitée par la « mondialisation » dans les domaines macro-économique et financier par exemple, sans compter l'uniformisation des références culturelles. D'où l'idée de mettre en place des structures inter ou super étatiques, dont l'Union européenne est un bon exemple. (V. 380)

3. Et les étrangers ?

Enfin, dernière observation, le pouvoir de contrainte de l'Etat ne se limite pas à ses nationaux mais porte aussi sur les *étrangers* qui vivent dans ses frontières.

On voit donc qu'il n'y a pas de lien nécessaire entre l'Etat et la nation.

C Un territoire *(« le principe de territorialité »)*

3. La population est établie sur un territoire, un espace, délimité par des *frontières* ; sans territoire, le pouvoir de l'Etat, ses compétences, ne pourraient s'exercer. Un Etat qui perd son territoire n'est plus un Etat ; mais il ne se confond pas avec lui, s'il est amputé l'Etat demeure. Aussi s'agit-il d'un élément *objectif* essentiel de la définition de l'Etat.

Le territoire peut présenter certaines particularités qui n'ont pas de répercussion nécessaire sur l'Etat : il peut être constitué par plusieurs entités avec des solutions de continuité : c'est le cas des archipels, de la France avec les Départements d'Outre-Mer, des Etats-Unis avec l'Alaska. Sa taille peut-être très variable. Il existe des micro-Etats tels le Lichtenstein, San Marin, ou l'Ile Nauru avec ses 6.000 habitants.

Tout Etat doit défendre son territoire, comme il doit protéger sa population, mais de tout temps, les Etats se sont efforcés d'élargir leurs frontières — tendance qui n'est pas éteinte aujourd'hui si on en juge, par exemple, par l'âpreté des querelles concernant la propriété des fonds marins ou, en Asie, de certaines îles — et les ambitions territoriales ont été dans l'Histoire l'une des causes essentielles des guerres.

Beaucoup de Constitutions posent le principe de son intangibilité et interdisent aux Pouvoirs publics de consentir à des abandons de territoire.

Section 2
Les caractères juridiques de l'Etat

D'un point de vue juridique, l'Etat présente deux caractères importants :
— l'Etat est une organisation dotée de la personnalité morale ;
— l'Etat est souverain.

A L'Etat est une organisation dotée de la personnalité morale

4. Le pouvoir de l'Etat s'exerce à travers une *organisation,* l'Etat est une collectivité organisée. Les formes de cet agencement peuvent varier, mais elles reposent toujours sur une distinction des gouvernants et des gouvernés, sur l'existence d'organes de l'Etat et sur des règles déterminant les relations entre ces organes et avec les gouvernés. Cette structuration est indispensable pour que l'Etat puisse exprimer sa volonté et la mettre en œuvre.

On dit que l'Etat est une *personne morale* (par opposition aux *personnes physiques*), un être fictif. La notion de personnalité morale a été conçue pour donner *une existence et une capacité juridiques* à des groupements d'individus poursuivant un intérêt légitime. L'Etat partage cette qualité avec d'autres institutions comme les sociétés commerciales, les associations, les départements, les communes, etc. La théorie de la personnalité morale sera étudiée en droit civil.

Le recours à la notion de personnalité morale permet d'expliquer certains aspects du statut de l'Etat.

— *La personnalité de l'Etat ne se confond pas avec la personne de ses dirigeants.* Ainsi organisé, l'Etat est une entité qui se distingue de la personne de ceux qui parlent en son nom. Ce qui implique :

• Que les dirigeants ne sont pas propriétaires de leurs fonctions, ils en sont titulaires, investis, elles peuvent leur être retirées.

• Que les décisions prises par les autorités étatiques sont réputées prises non par elles personnellement : par M. Jacques Chirac, par M. Lionel Jospin ou par M. X., Préfet de tel département, mais par l'*Etat.* Le pouvoir est attaché à la fonction et non à la personne de son titulaire. *On obéit à la règle et non à celui qui l'a édictée.*

• Que le patrimoine des gouvernants est distinct du patrimoine de l'Etat. L'idée était apparue à Rome. Après avoir disparu, elle a eu beaucoup de mal à s'imposer à nouveau, et elle semble parfois perdue de vue aujourd'hui encore dans certains Etats du Tiers monde. En effet, pendant longtemps, on a eu *une conception patrimoniale de l'Etat,* le souverain était personnellement propriétaire du pouvoir et des moyens du pouvoir. En conséquence, il l'était aussi du domaine de la couronne qui confondait dans la même masse ses biens personnels et ceux qui de nos jours font partie du domaine public (routes, cours d'eaux, édifices publics...). Le Trésor public (c'est-à-dire l'argent, les ressources de l'Etat) ne se différenciait pas de la cassette du souverain.

— La personnalité morale explique aussi que l'*Etat peut posséder des biens, passer des conventions,* contracter des dettes, engager sa responsabilité. L'Etat a une existence juridique, comparable à celle des personnes physiques, et qui lui offre les mêmes possibilités d'action.

— Enfin, la personnalité morale *symbolise l'existence de l'Etat à l'extérieur* et la continuité de la communauté au-delà de la succession des individus qui la composent. Les gouvernants changent, des citoyens meurent, d'autres naissent, l'Etat demeure.

B L'Etat est souverain

5. Ici réside la caractéristique juridique *essentielle* de l'Etat. L'épithète peut paraître forte, elle correspond pourtant exactement à la situation. Si en effet l'Etat partage la personnalité morale avec d'autres groupements, *lui seul possède la souveraineté :* il ne reconnaît aucun pouvoir au-dessus de lui, supérieur ou concurrent.

La notion de souveraineté a été inventée par Jean Bodin au XVIe siècle.

La souveraineté se manifeste de deux façons :

1. Le pouvoir de l'Etat est non subordonné

Il s'agit là de l'aspect *interne* de la souveraineté, tourné vers la communauté.

Le principe

Dire que son pouvoir est non subordonné, cela signifie que l'Etat peut s'organiser comme il l'entend, que sa volonté prédomine sur celles des individus et des groupes et aussi bien qu'il n'est lié par aucune règle, sa liberté est totale. Il n'a pas non plus de rivaux. Son pouvoir est *originaire et illimité,* c'est-à-dire qu'il ne le tient que de lui-même et qu'il peut poser des normes sans se soucier d'autres règles extérieures à lui. A ce titre, il élabore sa Constitution, il forge les lois, il édicte des règlements. La souveraineté en ce sens est le *pouvoir de poser librement des règles.* Les auteurs allemands disent que l'Etat a la « compétence de ses compétences », formule heureuse qui met bien en lumière le pouvoir de l'Etat d'intervenir quand il veut, où il veut, comme il veut.

En outre, on l'a vu, l'Etat a *le monopole de la contrainte,* à l'égard de ceux qui vivent sur son territoire, lui seul peut utiliser la force publique pour assurer le respect des règles qu'il a posées et des décisions qu'il a prises. Bien plus, les particuliers doivent passer par son intermédiaire pour obtenir la mise en œuvre des droits qu'ils ont les uns vis-à-vis des autres.

L'Etat est-il soumis au droit ?

Ce premier aspect de la souveraineté contient des germes d'absolutisme et apparaît comme dangereux : poussé à l'extrême, il implique que l'Etat n'est pas soumis au droit. La souveraineté ainsi conçue semble permettre à l'Etat de tout faire sans tenir compte du bien et des intérêts des individus et de la communauté. Que deviennent les droits de l'homme ? S'imposent-ils à l'Etat ? *La conception absolue* de la souveraineté a été vivement critiquée par des auteurs qui, pour la combattre, se sont efforcés de justifier la soumission de l'Etat au droit : comment l'Etat, s'il est souverain, s'il crée le droit, peut-il être lui-même *soumis au droit ?* Toutes sortes d'explications ont été fournies, en particulier sur la base de l'existence d'un *droit naturel transcendant,* préexistant, constaté et non pas créé par les lois (comme l'est le *droit positif*), fondé sur la raison, idéal et extérieur à l'Etat, qui s'imposerait à lui (mais alors la souveraineté ne serait plus illimitée et d'autre part quel est le contenu du droit naturel ?). Ou encore à partir de l'idée que l'Etat consentirait à une *autolimitation* de son pouvoir ; en posant des règles, il accepterait de se lier lui-même : c'est l'adage *patere legem quem fecisti,* on doit respecter la règle qu'on a soi-même posée (mais quelle est la garantie que l'Etat ne reviendra pas sur cette acceptation, au nom peut être de la « raison d'Etat » ? Les citoyens dépendent du bon vouloir des gouvernants).

Quoi qu'il en soit, la notion de souveraineté est irremplaçable pour faire saisir en quoi l'Etat se différencie des autres groupements, qui eux ne peuvent faire ce qu'ils veulent, qui sont soumis aux règles étatiques.

2. Le pouvoir de l'Etat est indépendant

La souveraineté a aussi un aspect *externe*, tourné vers les autres Etats, vers la société internationale. L'Etat n'est soumis à l'égard des autres Etats à aucune obligation qu'il n'ait librement souscrite : il est *indépendant,* mais ici il connaît des rivaux, il se heurte à la souveraineté des autres Etats qui sont ses *égaux.* Aussi sa souveraineté peut être *volontairement limitée* par des traités ou par son adhésion à des organismes comme les Nations unies ou l'Union européenne.

Sous cette forme aussi, la notion de souveraineté a été contestée. Si on peut à la rigueur admettre que les Etats acceptent de limiter leur souveraineté par des traités, celle-ci dès lors n'est plus absolue puisque on suppose que les Etats reconnaissent une règle extérieure à eux selon laquelle « les traités doivent être respectés » : *pacta sunt servanda.*

Ces considérations sur la souveraineté de l'Etat laissent intact un autre problème qui sera étudié plus tard : qui est titulaire de la souveraineté dans l'Etat ? La réponse intéresse directement les fondements du régime démocratique.

3. La souveraineté dans le monde d'aujourd'hui

6. L'évolution des sociétés nationales et internationale pose en des termes nouveaux le problème de la souveraineté. On assiste à une *érosion continue* de celle-ci.

Le problème général

• Dans *l'ordre interne,* si la souveraineté de l'Etat reste lourde de menaces, elle se heurte à l'affirmation des droits de l'homme, au respect du à la vie privée, à la délimitation autour de l'individu d'une sphère d'autonomie interdite à l'Etat ; dans une société démocratique l'Etat ne pourrait y porter atteinte sans s'exposer à de vives réactions du corps social. D'autre part l'aspiration des citoyens à une participation plus active à la gestion de leurs affaires, entraîne le renforcement des collectivités décentralisées, telles que en France les communes ou les régions, auxquelles l'Etat délègue certaines de ses attributions ; dès lors il n'a plus la maîtrise entière du pouvoir normatif. Enfin, et surtout, la mondialisation, et en premier lieu la *globalisation de l'économie et des communications,* enlèvent à l'Etat une part croissante de sa liberté. Comment pourrait-il prétendre fixer la valeur de sa monnaie, ses impôts, ses droits de douane, la règlementation de l'audiovisuel... en faisant abstraction de ce qui se passe chez ses voisins et sur le marché mondial ? Au total la souveraineté interne n'est plus illimitée (v. 9).

• Dans *l'ordre externe* les limitations de souveraineté sont encore plus spectaculaires. Le développement des relations internationales et la multiplication des accords, conventions, traités qui en résulte, érodent la conception d'une stricte souveraineté d'Etats fermés sur eux-mêmes. En voici quelques illustrations parmi les plus marquantes :

— L'un des attributs fondamentaux de la souveraineté : pouvoir assurer en toute indépendance sa sécurité, voire sa survie, se réduit. Depuis la fin de la seconde guerre mondiale des alliances militaires ont restreint la liberté de certains Etats de pourvoir eux-mêmes et seuls à leur défense : à l'Ouest (O.T.A.N.), comme pendant longtemps à l'Est (Pacte de Varsovie) des troupes ont été placés sous un commandement commun ; en même temps les Etats vaincus se sont vu interdire la possession d'armes nucléaires (R.F.A.), la constitution de toute armée (Japon) ou la possibilité d'envoyer des forces armées hors du territoire national. Ces restrictions subsistent en partie malgré l'atténuation de la tension internationale.

— Durant la guerre froide, la théorie de « la souveraineté limitée », invoquée par les Soviétiques, leur a permis d'intervenir militairement en Hongrie en 1956 et en Tchécoslovaquie en 1968.

— Dans les pays en voie de développement les besoins en capitaux et la crise financière chronique ont placé nombre d'Etats sous la dépendance des organismes internationaux à travers les conditions posées à l'octroi d'une aide. Les exigences du Fond monétaire international (F.M.I.), en particulier, leur enlèvent leur liberté dans la définition de leur politique budgétaire et, au-delà, économique et sociale.

— Le principe de la non-ingérence dans les affaires d'un autre Etat, fondement traditionnel de la société internationale, est ébranlé depuis la tentative d'affirmation en 1991, à l'issue de la guerre du Golfe et du drame Kurde, du *devoir d'ingérence humanitaire* lorsque sont en jeu des « valeurs communes de l'humanité ». Principe généreux en même temps que menace redoutable pour la souveraineté, car aucune autorité incontestée n'est habilitée à décider que les conditions autorisant l'ingérence sont réunies. Le principe risque de jouer seulement « du fort au faible ». C'est-à-dire que la communauté internationale, ou certains de ses membres puissants, s'estimera en droit d'intervenir sur le territoire d'Etats qui n'ont pas les moyens de s'y opposer, pour faire cesser une situation considérée comme contraire à la dignité, à la santé, à la sécurité de la population. Mais une situation identique n'entraînera aucune action contre des Etats forts et bien armés qui ne le tolèreraient pas (Chine, Russie...). L'intervention de l'O.T.A.N. au Kosovo en 1999 montre bien les ambiguïtés de l'ingérence. Les Européens ne pouvaient admettre l'épuration ethnique sur leur continent et les souvenirs fâcheux qu'elle ravivait. En même temps l'O.T.A.N. (et non l'O.N.U.) pouvait-elle se donner mandat d'intervenir et l'aurait-elle fait si la Yougoslavie avait possédé l'arme nucléaire ?

— Enfin la Convention de Rome a prévu en Juillet 1998 la création d'une *Cour pénale internationale* chargée de juger les crimes contre l'humanité. Des citoyens français pourront comparaître devant la Cour, ce qui est évidemment une atteinte à la souveraineté française. Le Conseil constitutionnel, saisi par le Président de la République et le Premier ministre a eu à se prononcer sur la compatibilité du statut de la Cour avec la Constitution. Il a estimé en Janvier 1999 que la ratification du Traité créant la Cour supposait une révision préalable de la Constitution.

Mais c'est surtout la construction de l'Europe, qui bouleverse la conception classique de la souveraineté.

La souveraineté de la France et l'Europe

6 *bis*. Entreprise sous la IVe République la construction de l'Europe, n'est pas apparue alors aux yeux de l'opinion, comme comportant des menaces graves pour la souveraineté nationale. Les traités créant la C.E.C.A. et la C.E.E. n'ont pas suscité de grands débats sur ce thème. Il a fallu attendre la ratification de l'Acte unique européen (1987) puis celle des accords de Maastricht (1992) et le Traité d'Amsterdam (1997) pour que les Français prennent conscience d'une évolution de nature à mettre en cause la souveraineté de l'Etat et à travers elle l'identité française.

La construction de l'Europe entraîne inéluctablement des sacrifices de souveraineté. La difficulté est de savoir jusqu'où on peut aller sans vider cette souveraineté de son contenu et faire perdre à la France son caractère d'État indépendant ? L'article 3 de la Constitution déclarant « la souveraineté nationale appartient au peuple qui l'exerce par ses représentants et par la voie du référendum », quelles compétences peuvent-elles être remises aux institutions européennes sans contrevenir à ce principe ? Il est des décisions dont on peut admettre qu'elles soient prises par une autorité non nationale : quantité de plomb tolérable dans l'essence, couleur des phares des automobiles... Mais peut-on aller jusqu'à abandonner la fixation des modalités du service national, ou accepter la création d'une monnaie unique ?

Le Conseil Constitutionnel (V. 84 et suiv.) a été appelé à poser quelques principes et à définir certaines composantes de la souveraineté.

• *La position initiale du Conseil Constitutionnel.*

Dans un premier temps le Conseil s'est référé au Préambule de la Constitution de 1946 qui dispose que la France peut consentir à « des limitations de souveraineté nécessaires à l'organisation et à la défense de la paix ». A partir de là, il estimait que si *« les transferts de souveraineté »* étaient interdits, des *« limitations de souveraineté »* étaient acceptables (30 décembre 1976 ; Elections de l'Assemblée des Communautés). Par la suite le Conseil a abandonné cette distinction — bien floue — dans une décision du 22 mai 1985 évoquant des *« conditions essentielles d'exercice de la souveraineté »* —, qui forment en quelque sorte le « noyau dur » de la souveraineté, dont la France ne saurait se dessaisir sans avoir procédé au préalable à une révision de la Constitution autorisant ce dessaisissement. Les conditions essentielles d'exercice de la souveraineté résidaient dans le devoir de l'Etat d'assurer :

— le respect des institutions de la République,

— la continuité de la vie de la nation,

— la garantie des droits et libertés des citoyens.

Tout ceci était encore bien imprécis et ne permettait guère de discerner jusqu'où peuvent aller les transferts de compétence sans porter atteinte à la nature même de l'Etat, à son essence ? En saisissant le Conseil Constitutionnel en 1992, à propos du Traité de Maastricht, les sénateurs se demandaient, de façon imagée, si la souveraineté est une addition de compétences et si on peut retirer de ces compétences comme des feuilles à un artichaut ? Quand le cœur sera-t-il atteint ?

Des décisions du Conseil Constitutionnel ont apporté à partir de 1992 quelques précisions.

• *La décision Traité de Maastricht I du 9 avril 1992.*

Le Traité de Maastricht a donné lieu à 3 décisions du Conseil Constitutionnel, la plus importante est celle du 9 avril 1992. Elle retient plusieurs critères pour apprécier l'atteinte à la souveraineté :

— *le domaine du transfert de compétence,* en particulier si le transfert touche les droits régaliens de l'Etat, c'est-à-dire ceux qui n'appartiennent qu'à lui : lever l'armée, battre monnaie, contrôler les frontières, rendre la justice...

— *l'ampleur du transfert :* s'agit-il d'un abandon complet de compétence ou seulement de la création de compétences partagées ; l'Etat français est-il entièrement dessaisi ?

— *les modalités d'exercice de la compétence transférée :* une fois le transfert effectué la France a-t-elle la possibilité de s'opposer à l'usage qu'en ferait l'Union ? Ce sera le cas par exemple si dans les instances européennes les décisions dans le domaine transféré ne peuvent être prises qu'à *l'unanimité,* la France peut alors empêcher des décisions qui ne lui conviennent pas en votant contre. Au contraire si les décisions sont prises à *la majorité,* la France doit s'y plier même si elles ne lui plaisent pas.

Sur ces bases le Conseil a estimé que le Traité de Maastricht leur portait atteinte de trois façons : à travers la participation d'étrangers à des élections ayant une incidence sur la désignation des membres d'une assemblée parlementaire ; par la possibilité de voir imposer à la France sans son consentement une politique monétaire et de change ; par le fait pour notre pays d'être dépossédé de son droit discrétionnaire de régler l'entrée des étrangers sur son territoire. Il a donc fallu réviser la Constitution.

Ce fut l'objet de la révision constitutionnelle du 25 juin 1992 (V. 53) par laquelle la France consent aux *« transferts de compétences »* nécessaires à l'édification de l'Union économique et monétaire européenne, ainsi qu'à la définition de règles concernant le franchissement des frontières extérieures de la Communauté. En outre le principe du droit de vote et d'éligibilité dans notre pays des citoyens des Etats de l'Union résidant en France était consacré (art. 88-2 et 88-3).

• *La décision Traité d'Amsterdam du 31 décembre 1997.*

Le Traité d'Amsterdam n'a fait progresser que faiblement la construction européenne. Il pose cependant certains problèmes constitutionnels touchant à la souveraineté, sur lesquels le Conseil Constitutionnel a été invité à se prononcer par le Président de la République et le Premier ministre.

Le Conseil a confirmé les principes posés dans Maastricht I en 1992 et en a fait application à des dispositions concernant le franchissement des frontières extérieures et intérieures de l'Union et les politiques du droit d'asile et de l'immigration. Le traité prévoit en effet que dans ces domaines des décisions que les instances européennes doivent aujourd'hui prendre à l'unanimité, pourront cinq ans après la mise en vigueur du traité être décidés à la majorité. L'ampleur et les modalités de ces transferts de compétence dans de telles matières peuvent affecter les conditions essentielles d'exercice de la souveraineté nationale. Il a donc fallu entreprendre une nouvelle révision de la Constitution, intervenue le 25 janvier 1999, et le Traité d'Amsterdam a pu être ratifié le 23 mars 1999.

• La construction de l'Europe risque ainsi d'entraîner des modifications répétées de notre Constitution, ce qui est fâcheux, la stabilité étant une qualité importante pour les Constitutions (v. 52 et 64). A chaque pas en avant il faudra adapter la Constitution. Ne serait-il préférable, à l'exemple d'autres pays (Allemagne, Espagne, Italie...) de faire figurer dans la Constitution, comme cela a été proposé à plusieurs reprises, une disposition générale par laquelle la France consentirait aux transferts de compétences nécessaires à l'édification de l'Union européenne ? Pour ne pas tomber alors dans un trop grand laxisme, et des abandons de souveraineté démesurés, il serait peut-être utile de prévoir une procédure d'adoption spéciale, plus sévère, de ratification de ce type de traités. Mais les adversaires de la construction européenne ne voient pas d'un bon œil l'adoption d'une clause générale qui donnerait beaucoup de facilités à la majorité et empêcherait d'engager le combat à chaque étape de la construction européenne.

Ce qui précède montre que les problèmes de droit constitutionnel ne peuvent être envisagés uniquement dans un cadre national. Le droit français doit, et devra de plus en plus, tenir compte du droit élaboré au sein de l'Union européenne. On s'en apercevra à plusieurs reprises dans la suite de cet ouvrage.

Chapitre 2
L'origine de l'Etat

Il ne suffit pas de savoir reconnaître l'Etat, il faut aussi se demander comment il est apparu, comment les Etats se sont formés, comment les hommes ont accepté de lui obéir. Le terme « État » lui même est d'apparition récente. Si Machiavel l'a employé, c'est seulement au XIXe siècle que son utilisation est devenue courante.

La recherche se mêle ici à une réflexion sur l'origine du pouvoir. Celui-ci, initialement, s'est manifesté dans la cellule naturelle qu'est la famille, dans le clan, dans la tribu, mais *toute société soumise à un pouvoir n'est pas un Etat.* Comment est apparu le phénomène Etat ? Certains voient dans l'Etat un produit de la volonté des hommes, alors que pour d'autres il est né d'une évolution naturelle.

Section 1
L'Etat phénomène volontaire et les théories du Contrat Social

7. Pour certains auteurs, l'Etat est un phénomène volontaire. Les hommes créent consciemment l'Etat.

Cette idée s'est construite autour des théories du *Contrat Social*, développée au XVIIe et au XVIIIe siècle en particulier par Hobbes, Pufendorf, Locke et Rousseau : les hommes se sont associés de façon délibérée pour des raisons et sous des formes que ces auteurs analysent différemment. La réflexion de Jean-Jacques Rousseau apparaît comme la plus riche. Elle peut se schématiser de la façon suivante :

L'état de nature

Rousseau s'interroge sur l'origine des sociétés politiques. Il imagine comme ses prédécesseurs, qu'au départ les hommes sont dans *l'état de nature,* aucun lien social n'existe entre eux : ils sont *libres et égaux.* Son célèbre ouvrage : « Du Contrat social » (1762) s'ouvre par ce postulat « l'homme est né libre ». Sans la société organisée, l'homme est libre. Mais cette situation idyllique où les hommes étaient bons, s'est transformée en une société pleine de tares, où les hommes sont « dans des fers », déjà décrite dans le « Discours sur l'inégalité » (1756). La distinction des riches et des pauvres, la propriété privée, la séparation des gouvernants et des gouvernés, du maître et de l'esclave, ont perverti l'homme. La théorie de Rousseau est profondément révolutionnaire et corrosive, surtout dans le contexte monarchique de l'époque. Son point de départ est assez proche de celui de Marx comme le montre cette citation du Discours : « Le premier qui, ayant enclos un terrain, s'avisa de dire : ceci est à moi, et trouva des gens assez simples pour le croire, fut le vrai fondateur de la société civile. »

Le contrat social

Par opposition à la société ainsi décrite, Rousseau devait dans le Contrat social poser les vrais fondements, selon lui, de la société légitime et juste. Celle-ci est formée par une *convention,* par *la volonté unanime des individus libres et égaux :* chacun s'aliène (s'abandonne) à toute la communauté, met en commun sa personne, ses droits (Locke), sa liberté individuelle, sa puissance et ses biens « sous la suprême direction de la *volonté générale* ». Ainsi naît un corps moral et collectif, le corps politique ou Etat, « où chacun s'unissant à tous, n'obéisse pourtant qu'à lui-même ». En son sein, l'individu retrouve sa liberté et l'égalité naturelle : l'égalité car tous ont tout abandonné, la liberté car toute oppression — atteinte à la liberté — pèserait sur l'oppresseur comme sur les autres puisqu'ils sont égaux, personne n'y a donc intérêt.

Une association naît donc d'un pacte, ou d'un accord, par lequel l'individu perd sa liberté, l'abdique et la retrouve inchangée et égale à celle des autres individus avec en plus tous les bienfaits de la vie sociale, ou du « corps politique ». Car la société est gérée par la volonté générale, par la *communion* des citoyens et non par l'addition de leurs volontés individuelles. Cette communion ne peut que vouloir le bien du corps social dans son entier qui coïncide avec celui des individus en particulier. Ainsi est réalisée la liberté civile très supérieure à la liberté égoïste qui existait avant le contrat social.

Observations

Il est bien entendu que le Contrat Social n'est jamais formalisé dans un accord juridique — et Rousseau ne s'appuie pas sur des faits, pour lui c'était plutôt un postulat logique, une parabole, qu'une réalité historique —. Il résulte de ce qu'on appellerait aujourd'hui un consensus des hommes sur la nécessité de se soumettre à un pouvoir commun, à une autorité, et fixant aussi les buts de ce pouvoir : la sécurité, la paix, le bonheur de tous. En réalité si l'âge d'or de l'état de nature est un mythe que toute notre connaissance du lointain passé contredit (et que Hobbes et Locke ne défendaient pas), l'idée qu'à un certain stade de l'évolution des sociétés les hommes éprouvent le besoin de se regrouper pour se protéger est, elle, acceptable. Ce qui ne veut pas dire que de cette société découleront tous les bienfaits décrits par Jean-Jacques Rousseau. En particulier, comment protéger l'individu si dans la pratique la volonté générale viole les droits ? Il ne dispose d'aucun recours.

Section 2
L'Etat phénomène naturel

8. D'autres auteurs (Aristote par exemple : « l'homme est un animal politique ») estiment que la formation des Etats est l'aboutissement d'un phénomène naturel : l'Etat n'est pas le fruit de la volonté humaine, l'œuvre délibérée des hommes, *il s'impose*. De plusieurs façons :

— Au cours des âges, lorsque les circonstances s'y prêtent, une organisation permanente de la société se met en place, sous les auspices et le contrôle d'un homme ou d'une oligarchie pour asseoir son autorité, pour assurer l'ordre, administrer la population, régler la transmission du pouvoir. Une distinction des gouvernants et des gouvernés s'établit ; subie au début peut-être, elle finit par être acceptée. La construction de l'Etat sera une œuvre lente, longue, fragile car sujette à des retours en arrière : on passera de la famille au clan, puis du village à la Cité (« polis »). Les premières manifestations de l'Etat sont les minuscules Cités-Etats grecs entre le VIe et le IVe siècle avant Jésus-Christ, qui ont servi à Platon et à Aristote pour théoriser la Cité idéale et qui préfigurent l'Etat moderne. Puis, avec un changement d'échelle, l'Etat prit l'aspect de l'Empire romain. La religion tiendra une grande place dans l'Etat jusqu'au jour où le christianisme proclama que la religion n'est plus l'Etat : « rendez à César... ».

— Ou encore un nouvel Etat naîtra en quelques jours, par la conquête ou la violence, de la décomposition d'une entité étatique préexistante ou de la décolonisation d'un Empire.

On ne saurait tracer, en tout cas, un modèle unique de l'apparition des Etats, mais celle-ci passe toujours par un fait fondateur ou une succession d'étapes et ne résulte pas d'un engagement juridique.

Chapitre 3
Les formes de l'Etat

Les 186 Etats existant actuellement dans le monde n'ont pas tous la même forme, il existe des variétés différentes d'Etats *selon leur degré d'unification juridique.* On distingue essentiellement les Etats unitaires des Etats composés.

Section 1
L'Etat unitaire

9. Dans l'Etat unitaire, tous les citoyens sont soumis au même et unique pouvoir. Un Parlement unique légifère pour l'ensemble des citoyens, ceux-ci sont soumis à l'autorité d'un seul gouvernement et d'un droit identique où qu'ils habitent.

L'Etat unitaire constitue la forme la plus répandue d'Etat : la Chine, le Portugal, l'Algérie, la Thaïlande, la Pologne... sont des Etats unitaires. La France aussi où la Constituante a proclamé en 1792 que « la République est une et indivisible », coupant court aux tentations fédéralistes inspirées des Etats-Unis (et qui constituaient plutôt un « départementalisme », c'est-à-dire un renforcement des compétences des départements) ; la peine de mort étant requise contre ceux qui se réclamaient des idées fédéralistes.

En fait, l'originalité de l'Etat unitaire apparaît surtout lorsqu'on le compare à l'Etat fédéral (V. 11).

En général, l'Etat unitaire connaît des *divisions territoriales ;* il existe des relais entre la population et le pouvoir central. En pratique, il est nécessaire à partir d'une certaine superficie et d'une certaine population, de rapprocher l'Administration des citoyens. Ces divisions sont le produit de la *déconcentration* ou de la *décentralisation.* Le plus souvent les deux coexistent.

— La **déconcentration** consiste à faire exercer des attributions de l'Etat par des autorités *nommées* par lui et réparties dans des circonscriptions à travers le territoire : P.T.T., Eaux et Forêts, Travaux publics, Impôts... Les fonctionnaires, ou « agents », de l'Etat, affectés dans les circonscriptions, exécutent les ordres du pouvoir central et prennent des décisions sous son contrôle : ils sont insérés dans une hiérarchie.

— La **décentralisation** consiste à confier des attributions propres à des autorités *élues* à l'échelon local par les citoyens (*décentralisation territoriale* : la commune, la région) ou à des organismes autonomes, à des personnes morales, chargés de gérer des activités d'intérêt public (*décentralisation par service* ou fonctionnelle. En France, par exemple, l'E.D.F., les Universités ou les Chambres de commerce). Les attributions confiées à ces autorités sont fixées par le législateur et non par la Constitution, *elles peuvent donc être modifiée par une simple loi votée par le Parlement.* Aussi les collectivités décentralisées n'ont-elles pas « la compétence de leurs compétences », leur organisation et leurs attributions sont fixées en dehors d'elles. L'exercice de ces attributions est soumis à un contrôle, parfois appelé *tutelle,* des autorités de l'Etat, qui est beaucoup moins contraignant que celui résultant du pouvoir hiérarchique à l'égard des autorités déconcentrées. L'objet de la décentralisation est d'associer les administrés de façon plus étroite aux décisions qui les concernent.

Selon les pays et les époques la décentralisation est plus ou moins poussée, c'est-à-dire que l'Etat confie aux autorités décentralisées des attributions plus ou moins nombreuses et importantes dont il se déssaisit, qu'il renonce à exercer lui-même directement. Inconnue dans les régimes marxistes, la décentralisation est, à travers le « local government », une des composantes importantes de la vie publique en Grande-Bretagne.

En France, par un effort séculaire, le pouvoir royal avait construit à la veille de la Révolution un Etat ultra-centralisé que, curieusement, les *Jacobins* — la gauche de l'époque -devaient défendre et chercher à renforcer. Les Girondins, puis par la suite la droite, devaient au contraire se faire les avocats de la décentralisation jusqu'au jour où celle-ci devint un des thèmes favoris de la gauche (non communiste). Les Socialistes ont réalisé en 1982 une réforme de l'Administration locale — au profit, en particulier, de la région — qui porte la décentralisation à un niveau jamais atteint jusqu'alors en France.

La décentralisation, parée aujourd'hui de toutes les vertus, n'a pourtant pas que des avantages.

• Il n'est pas sûr en effet qu'elle permette toujours d'agir vite et globalement ou que les régions pauvres deviendront plus riches si disparaît la péréquation (mise en commun) des ressources qui s'établit à l'échelle nationale. La région ou le département ne sont pas des espaces économiques plus rationnels que l'Etat.

• Enfin, les citoyens n'auront pas nécessairement à se louer d'un pouvoir de décision plus proche d'eux, au contraire. Même décentralisé, le pouvoir reste le pouvoir — celui des notables souvent —, avec tout ce qu'il a de menaçant pour l'individu. La distance du pouvoir d'Etat ménage un certain anonymat du citoyen, garantie d'une égalité de traitement ; la proximité personnalise pour la partialité, l'oppression ou la vengeance, ouvre des tentations pour la corruption.

Section 2
Les Etats composés

Ici l'Etat se décompose en plusieurs entités, qui se présentent comme des Etats dépouillés de certains de leurs attributs et entre lesquelles existent des liens d'union.

Historiquement, plusieurs types de cette forme d'Etat ont existé (comme les unions personnelles ou les unions réelles, situations ou deux Etats étaient placés sous l'autorité du même souverain), qui aujourd'hui se réduisent à l'Etat fédéral, lui-même né de la Confédération.

§ 1. La Confédération

10. Elle constitue une forme assez rare d'Etat composé, qui n'est pratiquement plus représentée dans la société internationale d'aujourd'hui. La Confédération suisse, malgré son nom, n'est plus depuis 1848 une Confédération, mais un Etat fédéral. De même pour l'Argentine depuis 1860. Au moment du Congrès de Vienne en 1815 l'Allemagne était une Confédération associant 41 Etats. Elle devait durer jusqu'en 1871. De leur côté les Etats-Unis ont été une Confédération de 1776 à 1787.

La Confédération est une *association* d'Etats qui, par *traité,* décident d'exercer par l'intermédiaire d'organes communs un certain nombre de compétences et de tenter d'unifier leur politique dans divers domaines.

A l'origine, elle est donc contractuelle et une modification de ses compétences initiales suppose une révision du traité constitutif.

Il n'y a pas de représentation des populations dans un organe, ou Parlement, central et la Confédération n'a pas de rapports directs avec les individus.

En général, des représentants désignés par les Etats (et non par les citoyens) se réunissent dans une *Diète,* ou Conférence, qui élabore, à l'unanimité en principe, des décisions qui seront réputées prises par les Etats, mais qui ne pourront être exécutées sur le territoire de chaque Etat qu'avec son assentiment. Les délégués des Etats sont mandatés par eux pour défendre un certain point de vue, pour voter dans un sens convenu ; les décisions prises ne s'appliquent qu'après ratification par chaque Etat.

Aussi, la Confédération n'est-elle pas un simple Etat — est-elle même un Etat ? — chaque Etat membre conserve la plénitude de sa personnalité et sa souveraineté. En revanche, elle est autre chose qu'une simple alliance.

Dans la pratique, ou la Confédération se dissout, ou elle se transforme en Etat fédéral, comme ce fut le cas aux Etats-Unis en 1787 et pour l'Allemagne en 1871. Elle n'est donc jusqu'à présent qu'une solution transitoire.

S'il n'existe pas aujourd'hui de véritable Confédération, certaines formes d'organisations internationales s'en rapprochent : Commonwealth, Union européenne. La Confédération pourrait constituer une étape dans une évolution vers l'unité européenne, arabe ou africaine.

§ 2. L'Etat fédéral

Bibliographie : Stéphane RIALS, *Destin du fédéralisme,* 1986.
Maurice CROISAT, *Le fédéralisme dans les Constitutions contemporaines,* 1995.

11. L'Etat fédéral est composé par un certain nombre d'entités, dont le nom varie : Etats fédérés, cantons, länder..., qui ont les apparences d'un Etat (Constitution, Parlement, gouvernement, tribunaux), mais qui sont privées de la souveraineté externe (elles n'ont pas de relations directes avec l'étranger), et dont les compétences ne sont pas illimitées, car elles s'exercent dans les règles fixées par la Constitution de l'Etat fédéral, c'est-à-dire que leur souveraineté interne est elle-même réduite. Les Etats fédérés ne sont donc pas de véritables Etats.

A l'analyse, l'Etat fédéral réalise une *forme particulière de décentralisation :*

— les Etats fédérés bénéficient d'une autonomie et d'attributions beaucoup plus importantes que celles dont disposent habituellement les collectivités décentralisées,

— ces attributions ne peuvent être modifiées en dehors d'eux ;

— les Etats fédérés participent en tant que tels au pouvoir central, au contraire des collectivités décentralisées ;

— d'autre part, l'Etat fédéral exerce des compétences directes sur les individus.

Il n'y a pas de rupture de l'Etat unitaire décentralisé à l'Etat fédéral, à travers la variété des aménagements on passe insensiblement de l'un à l'autre (V. le cas de l'Espagne où les provinces sont très autonomes).

En même temps, les Etats fédéraux ne constituent pas une catégorie homogène. Ils sont très nombreux dans la société internationale contemporaine : Etats-Unis, R.F.A., Suisse, ex-U.R.S.S. (et aussi l'Autriche, l'Inde, le Canada, l'Australie, le Brésil,...), et l'ingéniosité des auteurs de Constitutions a donné naissance à toutes sortes d'aménagements multipliant ainsi les formes de fédéralisme.

Comment distinguer l'Etat fédéral de l'Etat unitaire ?

I. Origine des Etats fédéraux

12. L'Etat fédéral apparaît en 1787 aux Etats-Unis, réalisant une hypothèse classique, et la plus simple, de formation d'un Etat fédéral : des Etats préexistants décident de s'unir pour constituer ensemble un Etat fédéral ; cette origine se retrouve en Allemagne et en Suisse par exemple. Mais l'Etat fédéral peut associer aussi des composantes sans caractère étatique à l'origine, des provinces, des collectivités, des territoires, simples divisions administratives plus ou moins décentralisées : c'est ainsi qu'ont été édifiés les systèmes fédéraux de certains Dominions britanniques : Canada, Australie, Inde. De même la Communauté française, imaginée par la Constitution de 1958, regroupait dans une sorte de Fédération, autour de la France, ses anciennes colonies qui obtenaient le statut d'Etat. Enfin, on peut concevoir qu'un Etat unitaire choisisse de se transformer en Etat fédéral (dissociation) : l'hypothèse est plus rare : Mexique, Brésil, Belgique depuis le 6 février 1993.

a) *Pourquoi un Etat adopte-t-il la forme fédérale ?*

On peut répondre de façon synthétique : pour bénéficier des avantages d'un Etat unique en conservant à chacune de ses composantes son identité.

L'Etat unique, en effet, est plus rationnel, car il permet de simplifier et de coordonner l'organisation d'administrations indispensables et coûteuses, comme l'armée et la diplomatie, de faire des « économies d'échelle ». Il efface des frontières gênantes (douane, P.T.T., monnaie, transports...). Il favorise l'apparition d'un vaste marché intérieur facilitant les échanges et le développement économique. Il substitue dans la société internationale un partenaire de taille convenable à des entités trop petites et trop faibles pour jouer un rôle. Il peut arbitrer les conflits qui s'élèvent entre les partenaires.

D'autre part en entrant dans la Fédération, les entités fédérées ne perdent pas leur spécificité. Les habitudes antérieures de vie en commun seront préservées et le fédéralisme, comme la décentralisation, rapproche le pouvoir des citoyens mais en laissant ici entre les mains des autorités fédérées des attributions exercées par le pouvoir central dans l'Etat unitaire. Ce caractère sera particulièrement adapté aux pays sur le territoire desquels vivent des populations de races, de religions, de langues différentes, chacune ayant son histoire propre, génératrice de solidarité, non imbriquées les unes dans les autres, mais installées dans des régions distinctes. Le fédéralisme permet aux minorités de s'auto-administrer largement dans le respect de leurs coutumes. Il suppose en même temps un certain *loyalisme* acceptant les inconvénients (réels surtout pour les entités fortes et riches) comme les avantages du système. Sinon, ou l'Etat se décompose ou il devient unitaire sous le contrôle des forts.

b) *Comment se crée la Fédération ?*

L'acte fondateur d'un Etat fédéral est une *Constitution* (et non un traité, comme dans la Confédération). Les entités fédérées y organisent (par une Assemblée constituante) les institutions du nouvel Etat et répartissent les compétences entre l'Union (c'est-à-dire l'Etat central) et les Etats fédérés. Surtout y sont inscrites :

— les garanties juridiques concernant leur autonomie *(principe d'autonomie),* c'est-à-dire concrètement la liberté qui leur est laissée,

— les règles leur assurant qu'il ne sera pas touché à leur statut sans leur participation *(principe de participation).* En particulier, est consacrée *l'égalité* des Etats fédérés entre eux, quelle que soit leur superficie, leur population ou leur richesse — car elle est la condition à laquelle les petits Etats ont pris le risque de s'associer avec les plus grands.

Deux observations :

— Dans la décentralisation, au contraire, le statut des collectivités décentralisées — et même leur existence — peut être modifié sans qu'elles soient consultées, il n'y a pas de principe de participation et l'autonomie peut être remise en cause à chaque instant.

— L'expérience prouve que les garanties juridiques accordées aux entités fédérées sont parfois bien fragiles et que, lorsque des conflits éclatent, les Etats les plus faibles ont du mal à faire respecter leur point de vue et leurs intérêts.

II. Organisation interne

13. Le territoire de l'Etat fédéral est constitué par l'ensemble des territoires des Etats fédérés.

a) *Organisation des Etats fédérés*

Chaque Etat fédéré élabore sa propre Constitution et organise ses Pouvoirs publics, ceci dans le respect de la Constitution fédérale. Il peut les modifier comme il l'entend, et quand il veut, dans les mêmes limites. Cette organisation interne variera d'un Etat fédéré à l'autre au sein de la Fédération. En principe, il n'y a pas de contrôle fédéral sur l'exercice de leurs compétences par les autorités fédérées (exception : l'ex-U.R.S.S.), les juges peuvent cependant leur imposer le respect des règles fédérales.

b) *Organisation de l'Etat fédéral*

L'Etat fédéral a lui-même, on l'a vu, sa Constitution. Celle-ci peut être modifiée, non à l'unanimité en général mais avec l'accord d'une *majorité* renforcée des Etats fédérés (variable selon les systèmes : 2/3, 3/4). En d'autres termes, *l'accord initial peut être bouleversé contre la volonté d'un certain nombre d'associés.* Même si de telles mesures ne peuvent être prises sans que tous les intéressés aient défendu leur point de vue (principe de participation), cette situation montre l'abdication considérable de liberté consentie par les Etats membres lors de leur entrée dans la Fédération. A la limite, on peut interdire à l'un des Etats membres de sortir de la Fédération (c'est le cas aux Etats-Unis).

La structure des institutions fédérales se caractérise surtout par l'existence d'un Parlement composé de *deux chambres :* le Sénat et la Chambre des représentants aux Etats-Unis, le Bundesrat et le Bundestag en R.F.A., Lok Sabha (Chambre du peuple), Rajya Sabha (Chambre des Etats) en Inde. L'une de ces chambres représente *la population* dans son ensemble et chaque Etat y envoie des délégués en nombre proportionnel à sa population. La seconde est la *Chambre des Etats,* chaque Etat y siège sur un pied d'égalité avec les autres, indépendamment de sa population ; ainsi l'Alaska, avec ses 599.000 habitants, a deux sièges au Sénat, tout comme l'Etat de Californie, avec une population de 31 millions de personnes. En pondérant un peu la représentation en fonction de la population, les régimes fédéraux récents tendent à corriger ce que cette égalité peut avoir de choquant en apparence (R.F.A., Canada, Autriche).

En apparence seulement, car la règle est liée à l'essence du fédéralisme et symbolise l'égalité théorique des Etats fédérés.

III. La répartition des compétences entre l'Etat fédéral et les Etats fédérés

14. L'Etat fédéral est caractérisé par *la superposition de deux ordres juridiques :* les citoyens sont soumis à la fois à un droit élaboré par l'Etat fédéral et à un droit émanant de son Etat fédéré. Aussi, alors que le droit fédéral s'applique à tous les citoyens, ceux-ci, dans les domaines attribués aux Etats membres, sont soumis à des règles qui peuvent varier profondément d'un Etat fédéré à l'autre. En effet à l'intérieur des domaines qui lui sont reconnus, chaque entité fédérée apprécie les compétences qu'elle souhaite exercer et la façon de les exercer, c'est-à-dire qu'elle élabore les règles de droit comme elle l'entend. Il peut en résulter de grandes disparités de statut entre les individus selon leur lieu de résidence (il est vrai que la situation est la même, avec des écarts moins marqués, dans les Etats unitaires du fait de la décentralisation).

D'un système à l'autre, les domaines ouverts à l'intervention des partenaires changent ; la Constitution fixe les règles de la répartition des compétences entre eux, mais les Etats fédérés n'ont jamais la plénitude de compétences propre à l'Etat souverain. En entrant dans la Fédération, ils ont dû sacrifier des attributions, les abandonner à l'Union. En contrepartie, l'Etat fédéral ne peut intervenir dans les domaines attribués aux Etats fédérés. On note que les Etats fédérés sont moins libres lorsque l'Etat fédéral est né par dissociation (V. le Brésil).

a) *Les clés de répartition des compétences*

Il existe *deux clés de répartition des compétences :*

— La Constitution énumère le plus souvent les compétences attribuées à l'Etat fédéral, toutes les autres matières sont laissées aux Etats fédérés : c'est le cas aux Etats-Unis par exemple.

— Parfois, au contraire, la Constitution donne la liste des attributions confiées aux Etats fédérés, l'Etat fédéral seul peut intervenir dans les autres domaines : Canada...

Ce second système est peut-être plus favorable à l'Etat fédéral, car il est compétent pour tous les cas imprévus, les situations que l'évolution de la société peut faire apparaître et qui n'avaient pas été envisagées à l'origine. Mais cet avantage dépend aussi, bien sûr, de l'ampleur des compétences attribuées par la Constitution aux Etats fédérés.

Enfin, il est fréquent qu'en dehors des domaines réservés, soit à l'Etat fédéral, soit aux Etats fédérés, la Constitution prévoit aussi des compétences concurrentes : certaines matières sont ouvertes à l'intervention du premier comme des seconds, étant entendu cependant que l'Etat fédéral a priorité pour y poser des normes (R.F.A., Suisse, Autriche, Inde). Cette formule est une source de conflits délicats à trancher.

De toutes façons la loi fédérale s'impose aux Etats dès sa promulgation, elle abroge les lois fédérées contraires : *« droit fédéral brise droit des Etats » (bundesrecht bricht landesrecht).*

b) *Les tendances dominantes de la répartition des compétences*

A travers la diversité des systèmes, quelques dominantes se dégagent :

• L'Etat fédéral a l'Armée sous son autorité et il dispose du monopole des relations internationales. La souveraineté externe lui appartient. Les Etats fédérés ne peuvent passer des traités, adhérer à une organisation internationale, entretenir une représentation diplomatique à l'étranger. Mais il est des exceptions ; ainsi du temps de l'Union soviétique, deux de ses composantes, l'Ukraine et la Bielorussie possédaient un siège à l'O.N.U. et le Québec entretient une « délégation générale » en France.

• Les Etats fédérés ont le pouvoir de lever des impôts et disposent généralement de compétence étendues dans le domaine du droit privé (statut familial, commerce, banques, assurances). Souvent l'enseignement relève d'eux et parfois les règles de la circulation automobile. Enfin, les Etats fédérés ont leurs propres tribunaux.

Mais, encore une fois, il n'y a pas ici de règles absolues : en Suisse, le droit civil, et donc de la famille, relève de la fédération.

• L'évolution des systèmes fédéraux va dans le sens d'un renforcement de l'Etat fédéral au détriment des Etats membres. La réduction de leur autonomie ne tient pas à des raisons politiques, à une volonté du gouvernement central de déssaisir d'une partie de leurs pouvoirs des partenaires devenus encombrants ou incommodes, elle résulte du constat que l'Etat fédéral est plus à même de résoudre les problèmes économiques et sociaux d'une société moderne placée dans un environnement international où la concurrence est la loi. En R.F.A. et en Suisse par exemple, la Constitution a été fréquemment révisée pour faire passer des compétences dans le domaine de la Fédération.

Cette tendance n'est pas générale comme le montre l'éclatement de l'U.R.S.S. et de la Yougoslavie. Le fédéralisme y reposait sur une idéologie et sur le ciment du parti communiste. Leur mise en cause a fait apparaître l'union comme artificielle et chacune de ses composantes a cherché à reprendre sa liberté. Dans des pays comme les Etats-Unis, l'Allemagne ou l'Inde, des tensions apparaissent régulièrement entre l'Etat fédéral et les Etats fédérés, où ces derniers s'efforcent d'accroître leur autonomie.

• La répartition des compétences entre l'Union et ses membres entraîne des conflits d'interprétation de la Constitution dont la solution est confiée à une *Cour Suprême.* Celle-ci imposera le respect du droit à l'Etat fédéral et aux Etats fédérés. Elle pourra aussi unifier la jurisprudence pour assurer un minimum d'égalité de statut et de traitement entre les citoyens à travers la Fédération. L'existence de cet organe juridictionnel suprême est indispensable à l'équilibre et à la cohésion du système fédéral.

• Les Etats fédérés peuvent nouer des liens entre eux sans passer par l'Etat fédéral. C'est ce qu'on appelle le *fédéralisme coopératif.* Certains Etats fédérés conclueront des accords pour réaliser des projets communs, en matière d'éducation, de culture, de télévision, de lutte contre la pollution par exemple. Très développé en Allemagne, le fédéralisme coopératif existe aussi aux Etats-Unis, au Canada, en Inde. On le trouve au sein de l'Union européenne, où il prend la forme de la *coopération renforcée,* permettant à certains Etats d'aller par ce moyen plus loin que la collaboration prévue par les traités, mais dans certains domaines seulement et à condition qu'une majorité des Etats s'y associe (Amsterdam).

Chapitre 4
L'organisation du pouvoir de l'Etat : La séparation des pouvoirs

Bibliographie : Michel TROPER, *La séparation des pouvoirs et l'histoire constitutionnelle française,* 1973.

15. Même si on peut en faire remonter la première intuition à l'Antiquité, à Aristote essentiellement, le principe de la séparation des pouvoirs trouve ses racines au XVIIIe siècle dans l'œuvre de John Locke (*Essai sur le Gouvernement civil,* 1690). Mais c'est Montesquieu qui devait le reprendre, le développer, le systématiser et en définitive y attacher son nom. Dans l'Esprit des lois (1748), Montesquieu, qui a découvert la séparation des pouvoirs en étudiant le fonctionnement du système britannique et qui a aussi lu Locke, en fait un principe général d'organisation du pouvoir étatique. A sa suite, la séparation devient une sorte de *dogme* politique auquel, sous la Révolution, la Déclaration des droits de l'homme devait donner une consécration éclatante en proclamant (art. 16) : « Toute société dans laquelle... la séparation des pouvoirs (n'est pas) déterminée, n'a point de Constitution », en d'autres termes la Constitution est la mise en forme de la séparation.

Quels sont les fondements de la séparation des pouvoirs ?

Quelle est la nature de ces pouvoirs ?

Section 1
Les fondements de la séparation des pouvoirs

Des justifications théoriques et pratiques se mêlent alors que le principe de la séparation lui-même a été réfuté.

Sous-section 1
La séparation des fonctions

16. Au départ : une analyse des tâches de l'Etat. C'est à elle que procède Aristote comme Locke. Un certain nombre de fonctions du pouvoir, ou de l'Etat, apparaissent, dont la liste va varier de l'un à l'autre : délibérer, commander, juger, pour Aristote ; faire la loi, exécuter la loi, mener les relations avec l'étranger, pour Locke.

De cette constatation banale, on passe à l'idée que si ces fonctions peuvent être exercées par le même organe, comme ce fut le cas pendant presque toute l'histoire, on peut aussi concevoir qu'elles soient confiées à des organes différents : celui qui fait la loi n'est pas celui qui est chargé de l'appliquer, etc. Apparaît alors une spécialisation des organes dans une fonction définie. Si Aristote avait entrevu la distinction des tâches, il revient à Locke d'avoir compris qu'elles peuvent être exercées par des organes distincts. Montesquieu devait aller plus loin encore.

Sous-section 2
Montesquieu et la théorie de la séparation des pouvoirs

17. La lecture classique de Montesquieu exposée ci-après dénature quelque peu sa pensée. Au regard du droit constitutionnel c'est sans importance : puisque celui-ci a subi l'influence de cette interprétation infidèle, peu importe en réalité que Montesquieu ait pu vouloir dire autre chose.

Le principe. Montesquieu cherche un système de gouvernement qui empêche le pouvoir d'être despotique et garantisse la liberté des citoyens. Il le découvre en Angleterre où il trouverait son fondement, lui semble-t-il, dans une séparation entre les pouvoirs, ou entre les « puissances ».

La théorie de la séparation des pouvoirs repose sur la répartition des fonctions entre des organes *indépendants* les uns des autres, qui forment chacun un *démembrement du pouvoir :* le pouvoir est distribué entre plusieurs organes. Montesquieu propose de distinguer le pouvoir de faire les lois *(législatif),* celui de les exécuter *(exécutif),* et celui de juger les crimes et les différends *(judiciaire).* Ces pouvoirs seront à la fois spécialisés et indépendants : l'exécutif n'a pas à donner ou à recevoir d'ordres du juge, etc. L'innovation est là : si on souhaite un fonctionnement harmonieux des institutions, les pouvoirs ne doivent pas être concentrés dans les mêmes mains, on se méfie d'un pouvoir trop puissant, on recherche un gouvernement faible ou modéré.

Sa justification. Comment justifier ce principe d'organisation du pouvoir ?

— Il est un premier argument théorique : la souveraineté appartient à la nation, celle-ci ne peut l'exercer, se gouverner elle-même (sauf le cas exceptionnel de la démocratie directe), elle doit donc désigner des représentants. Si l'organe groupant les représentants dispose de la totalité du pouvoir, il risque de confisquer la souveraineté, de s'identifier au souverain. La séparation permet de répartir l'exercice de la souveraineté entre plusieurs organes dont aucun ne peut avoir la prétention de représenter la nation dans son entier.

— Un argument pratique est beaucoup plus convaincant. En réalité, ce que Montesquieu propose, c'est une recette politique, de bonne politique, destinée à affaiblir un pouvoir dont il se méfie, à réaliser ce « gouvernement modéré », objet de sa recherche.

Son point de départ est dans ce passage bien connu de *l'Esprit des lois :* « C'est une expérience éternelle que tout homme qui a du pouvoir est porté à en abuser. Il va jusqu'à ce qu'il trouve des limites. Qui le dirait ? La vertu même a besoin de limites. »

Il faut donc limiter le pouvoir si on veut protéger la liberté des citoyens contre la tyrannie, il faut que « le pouvoir arrête le pouvoir ». Montesquieu précisait : « Pour former un gouvernement modéré, il faut combiner les puissances, les régler, les tempérer, les faire agir, donner pour ainsi dire un lest à l'une pour la mettre en état de résister à une autre. » Séparés, « distribués », les pouvoirs vont se limiter les uns les autres par ce que les Américains appellent un système de « freins et de contrepoids » (checks and balances). Une Constitution organisée autour de la séparation des pouvoirs fait que ces pouvoirs se *limitent mécaniquement* en quelque sorte, « par la force des choses », et non par le seul respect du texte de la Constitution.

— Car la séparation des pouvoirs n'est pas *l'isolement* des pouvoirs qui, à travers des conflits inévitables, aboutirait à la paralysie de l'Etat. Chaque pouvoir est en quelque sorte infirme, il ne peut agir sans le concours des autres. *Les pouvoirs doivent collaborer,* « par le mouvement nécessaire des choses » ils sont « forcés *d'aller de concert* ». En pratique, en effet, ils ne peuvent agir sans l'assentiment des autres, leurs attributions sont incomplètes (celui qui vote la loi ne peut l'appliquer, celui qui l'applique ne peut la voter), et si chacun dans son domaine peut décider, statuer, il peut aussi s'opposer aux décisions de l'autre, c'est la fameuse *faculté d'empêcher* à laquelle Montesquieu attachait beaucoup d'importance et qui allait donner naissance au droit de veto du roi dans notre première Constitution (1791).

Une conception radicale de la séparation des pouvoirs ne correspond donc pas à la pensée de Montesquieu. L'auteur de *l'Esprit des lois* cherche en effet à sauvegarder la liberté par des mécanismes souples impliquant des rapports entre les pouvoirs et même une véritable collaboration. C'est pour ne pas l'avoir compris qu'en 1791, l'Assemblée constituante instaura, dans notre première Constitution, une séparation tranchée qui devait se révéler impraticable.

— Enfin, si cette collaboration suppose une certaine *égalité* entre les pouvoirs — si elle n'existait pas où serait l'indépendance — celle-ci n'est pas totale. Le pouvoir législatif, élu directement, en général, par le peuple, est supérieur aux deux autres et Montesquieu ne se faisait guère d'illusion sur l'autorité du pouvoir judiciaire qu'il estimait « en quelque façon nulle ». Pour éviter que cette suprématie ne devienne domination, il faudra donner au Gouvernement et au juge des moyens de défense de leur indépendance.

En outre, Montesquieu préconise d'autres formes de démembrement du pouvoir comme le bicaméralisme, ou le développement des « corps intermédiaires », et des limitations procédurales comme la réglementation de la longueur des sessions du Parlement.

Section 2
La nature des pouvoirs

18. Finalement, ce n'est pas être infidèle à Montesquieu que d'affirmer que ce qui compte c'est la séparation des pouvoirs, leur nature et leur nombre important peu. La division préconisée dans *l'Esprit des lois* reposait sur une analyse des tâches de l'Etat, celle-ci peut être reprise sur d'autres bases ou souligner l'importance d'autres fonctions. Ainsi dans la Chine ancienne on distinguait cinq pouvoirs, le pouvoir de contrôle et le pouvoir d'examen (au sens universitaire du terme) s'ajoutant à la trilogie traditionnelle.

Quoiqu'il en soit, la théorie classique distingue trois pouvoirs : le législatif, l'exécutif et le judiciaire dont il faut rechercher les caractères.

A Le pouvoir législatif

19. En théorie, *le pouvoir législatif est celui qui pose les règles à portée générale,* celles qui organisent la vie dans la société, c'est-à-dire *les lois* (définition matérielle de la loi). Il est confié au Parlement.

Le législateur — ou tout au moins l'un de ses organes, la chambre basse — est en général élu directement par la nation et en tire une légitimité dont les autres pouvoirs ne sont pas toujours pourvus. Il en résulte une certaine suprématie théorique du Parlement sur les autres pouvoirs.

Cependant le Parlement ne pose pas que des règles générales, et, en outre, il n'en a pas le monopole.

— Tout d'abord, il est possible que le Parlement prenne des mesures individuelles. En France, on évoque les lois réintégrant dans l'armée le capitaine Dreyfus, celles accordant une pension au Maréchal Foch et, plus près de nous, la dispense des droits de succession des héritiers du général de Gaulle. En Grande-Bretagne et aux Etats-Unis, il s'agit d'une pratique fréquente présentant la particularité d'intervenir à l'initiative des intéressés eux-mêmes et non des parlementaires (private bills).

— D'autre part, le Gouvernement, organe de l'exécutif, est lui-même amené à prendre des décisions à portée générale dans l'exercice de ce qu'on appelle son *pouvoir réglementaire.* En France, depuis la Constitution de 1958, il dispose même concurremment avec le Parlement du droit d'élaborer *librement* des règles à portée générale.

— Le peuple peut lui-même adopter une loi par voie de *référendum.*

Force est donc de dire en définitive que la loi est une décision prise par le Parlement, ou par le peuple, suivant une procédure prévue par la Constitution (définition formelle de la loi).

Si on excepte la Constitution, la loi est la norme supérieure à laquelle les autres normes juridiques doivent se conformer. Seul le législateur peut la modifier ou l'abroger.

Le Parlement dispose aussi du pouvoir budgétaire et fiscal, par des lois il approuve le budget et établit les impôts.

B Le pouvoir exécutif

20. *Le gouvernement, ou pouvoir exécutif, est chargé de l'exécution des lois.*

Autrefois, l'exécutif était constitué par le monarque qui, dans une évolution commencée en Grande-Bretagne au XVIIe siècle, devait perdre le pouvoir de faire seul la loi, puis de participer à son élaboration, mais qui restait chargé de la faire respecter, d'en imposer, par la force au besoin, la mise en œuvre par les citoyens. Il disposait alors de la force armée et à ce titre était chargé aussi de la défense nationale.

L'exécutif est le pouvoir qui a le plus profité de la transformation des sociétés modernes. En même temps qu'il passait du monarque au Gouvernement et aux ministres, il héritait les fonctions nouvelles que le Parlement n'était pas en mesure d'exercer. Ses attributions se sont ainsi élargies et multipliées.

— L'exécutif dispose du *pouvoir réglementaire.* Le Gouvernement est chargé à l'origine d'élaborer les mesures d'application des lois, les règlements : décrets, arrêtés, circulaires.

— Le Gouvernement a *autorité sur l'Administration,* et dans les sociétés actuelles, celle-ci comprend un ensemble de services publics très ramifiés, puissants, au nombreux personnel et aux budgets considérables, elle joue un rôle essentiel dans la vie de la nation.

Directement ou par son intermédiaire, le Gouvernement prend des mesures individuelles (qui s'opposent aux règlements) : nominations de hauts fonctionnaires, permis de construire, classement d'un site, licence d'importation...

— Sa maîtrise de la force armée a étendu aussi les attributions du Gouvernement dans le domaine du maintien de l'*ordre public,* la police est placée sous sa responsabilité.

Le pouvoir gouvernemental. Avec le temps, le Gouvernement est sorti du rôle assez subordonné de préposé à l'exécution des lois pour devenir en fait dans les démocraties libérales contemporaines le *pouvoir dominant.* Aujourd'hui, on évoque couramment la primauté de l'exécutif, soulignant ainsi le renforcement général du rôle du Gouvernement. Il apparaît de moins en moins comme l'exécutant des volontés du Parlement. Son rôle politique propre s'est considérablement accru du fait en particulier des impératifs de technicité et de rapidité inhérents à toute action dans nos sociétés. Parler de *pouvoir gouvernemental* est plus exact que de parler de pouvoir exécutif (expression qui met l'accent sur le caractère subordonné du rôle du Gouvernement).

C Le pouvoir judiciaire (ou juridictionnel)

21. En général on parle de « pouvoir judiciaire » alors que l'expression « pouvoir juridictionnel » est mieux adaptée dans les pays où, comme en France, la fonction de justice est divisée entre deux ordres de juridictions la juridiction judiciaire et la juridiction administrative.

Le pouvoir juridictionnel veille à ce que l'application des lois soit régulière, le juge « dit le droit » — on dit qu'il est « la bouche de la loi » — dans les cas concrets qui lui sont soumis, en ce sens lui aussi assure l'exécution des lois et certains auteurs en ont déduit son absence de spécificité par rapport à l'exécutif.

Section 3
Les limites à la séparation des pouvoirs

22. Déjà Rousseau n'admettait pas que l'exercice de la souveraineté soit démembrée entre des pouvoirs indépendants. S'il accepte à la rigueur une séparation des fonctions, puisque le Gouvernement ne peut être confié à la généralité des citoyens et doit donc être distinct du législatif, il insiste sur le fait qu'il est en même temps subordonné à celui-ci, ce n'est pas alors un véritable pouvoir.

Et les marxistes, on le verra plus loin (V. 311) dénient toute utilité à la séparation.

Mais c'est surtout la pratique dans les sociétés contemporaines qui a fait apparaître ses limites.

Montesquieu insistait sur la spécialisation des pouvoirs et sur leur indépendance. Or celles-ci ne sont pas toujours assurées là où pourtant on se réclame de la séparation. Déjà d'ailleurs Montesquieu avait quelque peu sollicité les institutions anglaises pour les besoins de sa démonstration.

• *Les atteintes à la séparation.* En réalité, *aucun régime politique n'a entièrement respecté la séparation,* les pouvoirs ne restent pas cantonnés dans le domaine qui leur est assigné. Partout le Gouvernement a été amené à prendre des décisions empiétant sur les attributions du Parlement. Le *pouvoir réglementaire* n'a pas seulement consisté à élaborer les décisions permettant à la loi d'être appliquée, mais s'est détaché de toute référence à la loi et est devenu autonome. En France, la pratique des décrets-lois sous la IIIe et la IVe République a officialisé ce phénomène : le Parlement a délégué à l'exécutif, à certaines conditions, le pouvoir de faire des lois, par là il a remis une partie de son pouvoir législatif au Gouvernement. Par la suite la Constitution de 1958, en distinguant un domaine réservé à la loi d'un autre où l'exécutif peut poser des règles générales, a marqué une nouvelle étape dans cette évolution ; les limites de la sépartion ont été déplacées puisque le pouvoir exécutif peut poser lui-même directement des règles à portée générale. Des remarques identiques, quoique moins nombreuses, peuvent être faites à propos d'empiétements, consacrés par la Constitution, du Parlement sur l'exécutif : ainsi aux Etats-Unis pour l'intervention du Sénat dans la nomination des hauts fonctionnaires.

D'autre part, le rôle du Parlement s'est transformé, *aujourd'hui il décide moins qu'il ne contrôle.* Il surveille l'action du Gouvernement, et sanctionne ses erreurs ou ses faiblesses. La complexité des problèmes, leur technicité, leur urgence parfois, ne permettent plus au Parlement d'agir lui-même. Il apparaît alors comme délégué par les citoyens à la surveillance du Gouvernement.

Enfin le législateur empiète sur *la justice* lorsque, par une loi d'amnistie, il abolit les jugements et les peines prononcés par les tribunaux.

• *Les atteintes à l'indépendance.* L'indépendance a été constamment malmenée. Celle des juges a été la plus souvent bafouée. En réalité, la justice, sauf peut-être aux Etats-Unis, n'a jamais été considérée comme l'égale des deux autres pouvoirs. Or, par définition, la justice n'est un véritable pouvoir que dans la mesure où son indépendance est assurée. L'image édifiante de Saint Louis rendant la justice sous un chêne est en réalité celle de la confusion des pouvoirs. Le juge ne doit avoir d'ordres à recevoir ni du Parlement ni du gouvernement, il n'est soumis qu'à la loi, il est le *serviteur de la loi.* Son indépendance est une garantie fondamentale pour les citoyens. Pour eux, dans leur vie quotidienne, c'est le plus important des trois pouvoirs, ils sont les premiers intéressés à ce qu'il ne soit pas soumis aux deux autres. Son indépendance et son autorité sont plus essentielles encore dans les périodes où, comme par exemple en France sous la plus grande partie de la Ve République, le législatif et l'exécutif sont contrôlés par la même majorité (le « fait majoritaire », V. 382). Le pouvoir juridictionnel incarne alors la division du pouvoir, protectrice de l'individu et garantie du respect du Droit par l'Etat. C'est pourquoi il est regrettable que le pouvoir juridictionnel ne soit pas au cœur de la théorie de la séparation des pouvoirs.

L'exécutif lui-même s'est très souvent trouvé dans une situation de dépendance étroite à l'égard du législateur qui lui signifiait son congé à tout moment, d'où, par exemple, la succession des crises ministérielles en France depuis le début de ce siècle jusqu'en 1958.

• Ces observations ne tiennent pas compte du *développement du phénomène partisan.* Le jeu politique ne met pas seulement en présence les organes institués par la Constitution, il repose sur les *partis politiques.* Que devient la séparation des pouvoirs lorsque le Gouvernement n'est que l'émanation du parti, ou de la coalition de partis, majoritaire au Parlement ? Peut-on parler alors d'indépendance et même de contrôle ? En réalité, le pouvoir est alors concentré entre les mains du parti majoritaire au Parlement, et même de ses principaux dirigeants, lesquels n'ont pas toujours reçu une investiture populaire. L'étude des institutions britanniques et françaises actuelles permettra de revenir sur cette situation et de montrer que, contrairement aux craintes de Montesquieu, une telle concentration des pouvoirs n'engendre pas nécessairement la tyrannie et que subsiste, en particulier, un contrôle par l'opposition qui pourra en appeler à l'opinion. Il n'en reste pas moins que la *séparation est alors une fiction.*

En définitive, on peut se demander si aujourd'hui — comme l'avait entrevu Montesquieu — *la décentralisation* (ou le fédéralisme) n'est pas la forme la plus efficace de séparation ?

Titre II
La Constitution

Bibliographie : Georges BURDEAU, *Traité de science politique,* T. IV, 1984.

Carl SCHMITT, *Théorie de la Constitution* (trad. française, 1993, P.U.F.).

Tous les Etats du monde ont une Constitution. L'un des premiers gestes d'un nouvel Etat est de se donner, avec un drapeau, un hymne et une monnaie, une Constitution.

Pourquoi ? La Constitution présente à la fois une valeur symbolique, une valeur philosophique, une valeur juridique.

a) *La Constitution a une signification symbolique*

23. La Constitution est un symbole avant d'être une loi. Souvent elle apparaît comme *l'acte fondateur d'un Etat* (par exemple aux Etats-Unis ou dans les Etats africains nés de la décolonisation), consacrant la naissance et l'entrée d'un nouveau membre dans la société internationale.

Son symbolisme ne se limite pas à l'existence de l'Etat. Il se manifeste aussi à l'occasion d'un changement de régime. Elle est alors *l'acte fondateur d'un régime.* Les nouveaux maîtres d'un pays veulent souligner leur *rupture* avec le régime précédent et marquent, par l'élaboration de la Constitution, le début d'une étape dans la vie de la nation, l'entrée dans une ère nouvelle. Elle est à la fois rupture avec le passé et projection vers l'avenir, souvent elle prendra figure de manifeste répudiant certains principes pour exalter des valeurs autres. Une suite de Constitutions jalonnent ainsi l'histoire des peuples à l'humeur politique frondeuse ou instable. Les vainqueurs des luttes politiques et des guerres civiles légitiment par elle leur pouvoir. Ainsi la France a vécu depuis 1791 sous 11 Constitutions (la plus durable, celle de la IIIe République, ayant été appliquée pendant 65 ans, celle de 1791 — la première de nos Constitutions écrites — pendant 21 mois). Cela sans compter les retouches, les projets votés qui n'ont pas eu le temps d'être mis en vigueur, celui qui a été repoussé par le peuple (1946), ceux débattus sans résultat... Ailleurs on peut citer l'exemple du Venezuela qui a eu 25 Constitutions entre l'indépendance en 1811 et 1962.

Dans certaines circonstances, les peuples aspirent à l'élaboration d'une Constitution qui, mettant fin à une période d'incertitude ou de désordres, symbolise le retour à la normale, organise le pouvoir, fixe les règles de son fonctionnement, apporte la sécurité sur le plan interne et la respectabilité sur la scène mondiale.

b) *La Constitution a une portée philosophique : l'Etat de droit*

24. Sur le plan de la philosophie politique en effet, se donner une Constitution, c'est admettre que le pouvoir n'est pas illimité, ses détenteurs — peuple et gouvernants — acceptent de lui fixer des bornes. L'idée de *limitation du pouvoir* est à l'origine de l'élaboration des Constitutions. On passe d'un pouvoir arbitraire, auquel tout est permis, à ce qu'on appelle un *Etat de droit* (un Etat qui accepte d'être limité par le droit et de le respecter), par opposition à l'Etat de fait, ou *de police*, antérieur. Mais l'expression Etat de droit est équivoque, car tout Etat est un « Etat de droit », puisqu'il il n'y a pas d'Etat sans droit. Le fait que l'Etat se reconnaisse comme soumis au droit, aux règles qu'il édicte, n'est pas à lui seul une garantie pour les citoyens, encore faut-il savoir de quel droit il s'agit : l'Allemagne nazie était-elle un véritable Etat de droit ? Non car l'Etat de droit ne va pas sans la démocratie, il faut tenir compte du *contenu du droit,* de ses objectifs, des moyens mis à la disposition des individus pour faire respecter le droit, de l'indépendance de la justice...

c) *La Constitution met en place un système juridique*

25. Dans le prolongement de l'idée précédente, une Constitution apparaît comme un ensemble de règles juridiques organisant la vie politique et sociale ainsi que le pouvoir et s'imposant à lui, *l'obligeant à respecter certaines formes,* à utiliser des procédures convenues, prévoyant la participation des citoyens au choix des gouvernants, à l'élaboration de certaines décisions, etc. Les Constitutions modernes ne sont pas faites de pièces et de morceaux disparates, de dispositions sans lien entre elles. Elles forment au contraire un ensemble organisé en *système* (au sens propre) plus ou moins raffiné, dont les éléments réagissent les uns sur les autres, dont les organes sont interdépendants comme ceux du corps humain ou d'un moteur d'automobile.

Ce qui ne veut pas dire que le pouvoir accepte toujours ces règles et que la Constitution soit toujours respectée. Beaucoup de Constitutions, dans le Tiers-Monde en particulier, ne sont que des façades. Sachant l'importance que lui attache la communauté internationale, une Constitution est élaborée, mais la vie politique, le fonctionnement du pouvoir s'organisent en dehors d'elle sur la base des rapports de forces. Les plus féroces dictatures offrent souvent ainsi dans leurs textes constitutionnels le visage d'une paisible démocratie. Les opposants, s'ils existent et peuvent s'exprimer, se réclameront alors de la Constitution contre le pouvoir, lutteront pour le respect de la Constitution.

Sur ces bases, on peut retenir la *définition provisoire* suivante de la Constitution :

« La Constitution est l'*acte solennel* soumettant le pouvoir étatique à des règles limitant sa liberté pour le choix des gouvernants, l'organisation et le fonctionnement des institutions, ainsi que dans ses relations avec les citoyens. »

Ajoutons que jusqu'à présent, la Constitution a été envisagée au sens étroit seulement. Par Constitution on a entendu celle qui résulte d'un acte écrit et solennel. Il existe un deuxième *sens beaucoup plus large* qui englobe dans la Constitution toutes les règles, quelle que soit leur origine, qui composent le statut des Pouvoirs publics. Constitution est alors synonyme d'*organisation des pouvoirs*. Même en l'absence du document écrit évoqué, un Etat a une Constitution, et si ce document existe, la Constitution ne se trouve pas tout entière dans ses dispositions.

Qu'est-ce qu'une bonne Constitution ?

La question n'a de sens que dans un régime démocratique. C'est alors celle qui met en place un système de décision permettant de percevoir et comprendre les problèmes de la société et de l'État, de prendre sans perte de temps les solutions les plus conformes à l'intérêt général et de les mettre en œuvre dans le respect des droits des citoyens, et en particulier des minorités. Toutes ses procédures tendent à réaliser ces objectifs. Elle doit aussi être assez souple pour pouvoir être corrigée lorsque cela se révèle indispensable.

La Constitution permet, le choix par le peuple des détenteurs du pouvoir, la possibilité de les contraindre à respecter les règles, celle de les changer lorsque la communauté estime qu'ils sont dans l'erreur et de les sanctionner s'ils abusent des fonctions qui leur ont été confiées.

Chapitre 1
La notion de Constitution

Qu'entend-on par Constitution ? Il faut dépasser, préciser, la définition élémentaire qui vient d'être donnée. Auparavant, un bref regard sur l'origine des Constitutions permettra de dégager des éléments qui éclairent l'importance de la matière.

Section 1
Les origines des Constitutions

26. L'apparition des Constitutions est-elle un phénomène ancien, est-il au contraire récent ? De quand date la, ou les premières Constitutions ? Il y a là un point d'histoire à régler avant d'aller plus avant.

— Des coutumes aux Constitutions écrites

Depuis un très lointain passé, en l'absence de textes, il n'y en avait pas moins des règles qui s'imposaient au pouvoir.

L'organisation de la société, le statut des institutions, sont alors fixés par la *coutume,* une *Constitution peut être coutumière,* c'est-à-dire ne pas être enfermée dans un écrit. Au cours des temps, on a pris l'habitude de se comporter d'une certaine façon en certaines circonstances, des règles naissent un peu au hasard qui s'accumulent et régissent les institutions, une Constitution coutumière se met peu à peu en place.

Parallèlement, des textes se sont ajoutés à la Constitution coutumière : il en est ainsi par exemple des Chartes qui, en Grande-Bretagne depuis le XIe siècle, ne prétendent pas organiser le pouvoir dans son intégralité, mais posent des règles particulières traduisant le rapport des forces entre le pouvoir royal et ceux qui lui résistent : Barons, Église. Ceux-ci passaient avec le pouvoir royal un accord aux termes duquel leur étaient reconnus des droits et des privilèges. Mais non seulement la coutume subsistait à côté de ces textes, mais elle réglait très largement, à titre principal, le fonctionnement du pouvoir. Des éléments écrits et coutumiers coexistent alors dans la Constitution.

Les premières Constitutions d'ensemble inscrites dans des textes, dont l'existence nous est connue, sont celles des *Cités grecques* entre le VIIe et le VIe siècle avant Jésus-Christ. Par suite, à *Rome,* des textes régirent le fonctionnement des institutions politiques de façon parfois très détaillée.

Puis, après un hiatus de plusieurs siècles, car l'Histoire connaît et connaîtra encore des phases de régression, à la fin du XVIIIe siècle sont élaborées les premières Constitutions nationales modernes : aux *Etats-Unis* tout d'abord, à partir de 1776 pour aboutir à la Constitution fédérale de 1787, puis en Pologne le 3 mai 1791 et en France le *3 septembre 1791.*Vinrent ensuite la Suède en 1809, le Venezuela en 1811, l'Espagne en 1812, etc. Peu à peu l'idée qu'un Etat se devait d'avoir une Constitution écrite, s'imposa et les textes se multiplièrent en *vagues* successives : sous l'impulsion des révolutions de 1830 et 1848 d'abord, après les deux guerres mondiales ensuite et avec la décolonisation à partir de 1958 enfin. Le mouvement n'a d'ailleurs pas pris fin, tous les ans de nouvelles Constitutions voient le jour, soit dans des Etats nouveaux, soit dans les Etats anciens qui souhaitent moderniser leurs institutions.

— *Caractères des Constitutions contemporaines*

27. L'innovation des Constitutions écrites de la fin du XVIIIe siècle aux Etats-Unis et en France, c'est qu'elles ont vocation à *régler entièrement* le statut des institutions et qu'elles supplantent la coutume. Là est d'ailleurs la raison de leur fortune, du rôle exemplaire qui a été le leur. *Elles sont volontaristes, abstraites et générales.* C'est-à-dire qu'elles sont rédigées à priori, pour fournir des solutions (procédures, principes à respecter) à tous les problèmes que peuvent poser dans l'avenir l'organisation et le fonctionnement du pouvoir étatique.

De ce qui vient d'être évoqué, il faut retenir qu'aujourd'hui :

— La Constitution est un symbole.

— La Constitution, dans une société démocratique, est *librement voulue,* élaborée par les citoyens ou leurs représentants, ceux-ci y fixent les règles de la vie en commun, les principes d'organisation du pouvoir.

— La Constitution est *la norme, la règle, suprême.* Il n'y a pas d'autre règle au-dessus d'elle.

— Charte fondamentale de la Nation, la Constitution est *faite pour durer,* elle s'impose aux citoyens comme aux organes du pouvoir, il sera difficile de la changer. On doit, bien sûr, prévoir la possibilité de la modifier pour l'améliorer, l'adapter à l'évolution de la société, mais la procédure de révision doit garantir l'acceptation de ces retouches par les citoyens, éviter qu'elles ne soient imposées de façon arbitraire par le pouvoir.

Section 2
Formes de la Constitution

28. Pour approfondir l'étude de la Constitution, on peut se placer de deux points de vue :

— du point de vue *formel,*

— du point de vue *matériel.*

Tout acte peut en effet être envisagé de ces points de vue.

• *Le point de vue matériel* s'attache à l'objet de l'acte, à son *contenu,* à sa matière, au fond. Par exemple, d'un point de vue matériel, le budget de l'Etat est une décision autorisant les recettes et les dépenses de l'Etat, il fournit aux services publics les moyens qui leur permettent de recouvrer les impôts et d'engager des dépenses. Autre exemple, la dissolution consiste à mettre fin aux fonctions des députés et à les renvoyer devant leurs électeurs pour l'organisation d'une nouvelle consultation électorale.

• *Le point de vue formel* s'attache à la procédure suivie, aux *caractères extérieurs* de l'acte, à ses formes. En France le budget de l'Etat est une loi votée par le Parlement dans un délai de 70 jours après que l'Assemblée nationale ait été saisie du projet élaboré par le Gouvernement. La dissolution de l'Assemblée nationale est une décision prise sous forme de décret par le Président de la République après avis du Premier ministre et des Présidents des Assemblées.

Cette distinction n'est pas propre au droit constitutionnel, elle doit être bien assimilée car elle sera d'un usage constant tout au long des études juridiques.

Dans sa forme la Constitution — au sens large — d'un pays met en œuvre un ensemble de règles d'origine très diverses qui se combinent les unes avec les autres et peuvent parfois entrer en conflit.

Sous-section 1
La Constitution écrite, les lois organiques et les règlements des Assemblées

A La Constitution écrite

29. La Constitution écrite donne lieu à l'établissement d'un document écrit. Elle est la forme la plus moderne de Constitution.

— L'écrit donne des facilités de preuve, des garanties de certitude, de protection contre l'arbitraire, de *sécurité,* si ce n'est toujours de clarté. La clarté est-elle d'ailleurs toujours une vertu pour les Constitutions ? Napoléon disait : « Une Constitution doit être courte et obscure » soulignant par-là toutes les facilités que le pouvoir trouve dans un texte ni trop précis ni trop contraignant, laissant une large part à l'interprétation des gouvernants. La préoccupation n'est pas la même pour les citoyens. La clarté et la précision leur sont au contraire des garanties. Ici encore, le juste milieu est préférable : les textes trop minutieux et détaillés risquent de se retourner contre l'autorité de la Constitution si les entraves mises à l'exercice du pouvoir se révèlent si intolérables qu'elles ne peuvent être fidèlement respectées. Il ne faut pas laisser aux gouvernants le choix entre la paralysie et la violation de la Constitution.

— Le caractère écrit donne aussi d'autres garanties qui tiennent à ce qu'est déterminé *l'organe* compétent pour la *modifier* et définie la *procédure* qui devra être suivie. Les citoyens sont assurés d'une certaine stabilité des règles constitutionnelles et surtout que les gouvernants ne pourront les corriger à leur gré.

Comme on le verra, cette garantie sera d'autant plus forte que la Constitution sera plus *rigide*, c'est-à-dire plus difficile à réviser.

B Les lois organiques

1. Le principe

30. La Constitution, au sens étroit, ne peut régler tout ce qui concerne les Pouvoirs publics. En dehors des inconvénients signalés ci-dessus, la minutie des détails risquerait de compromettre la majesté du texte et sa pérennité.

A côté de la Constitution, on trouve donc souvent des lois qui la complètent, la précisent, l'adaptent.

Les *lois organiques* prévues par la Constitution française de 1958 en fournissent une bonne illustration. Sur beaucoup de points en effet, la Constitution prévoit que des lois spéciales, dites lois organiques, interviendront pour la compléter, pour développer les règles d'organisation et de fonctionnement des Pouvoirs publics. Il ne s'agit pas exactement d'une innovation dans notre histoire constitutionnelle puisque dès la IIe, puis ensuite sous la IVe, République, le législateur avait été habilité à prendre des lois de cette nature.

Mais si tout ce qui concerne les Pouvoirs publics ne peut trouver place dans la Constitution, sauf à l'alourdir considérablement, il faut bien voir que ce type d'intervention du législateur ordinaire dans le domaine constitutionnel n'est pas sans danger. Sous prétexte de compléter ou d'éclairer le texte de la Constitution, il peut être tenté de le modifier, peut-être de le dénaturer, sans passer pas les procédures contraignantes de révision. Si elles sont nécessaires, les interventions du législateur doivent donc être soigneusement réglementées.

2. Le statut des lois organiques dans la Constitution de 1958

31. — La Constitution française prévoit les *domaines* (14 aujourd'hui) dans lesquels une loi organique doit, ou peut, intervenir. Cette énumération est *limitative,* c'est-à-dire que *le Parlement ne peut voter une loi organique que si elle se rapporte à l'une de ces matières.*

Celles-ci sont toujours importantes : procédure de désignation du Président de la République, organisation et fonctionnement du Conseil constitutionnel, statut des magistrats, composition et fonctionnement de la Haute Cour de justice, fixation de la liste des emplois auxquels il est pourvu en Conseil des ministres, etc.

— D'autre part *sur le plan de la procédure,* si elle se déroule sans solennité particulière, les votes ayant lieu à mains levées, les lois organiques obéissent cependant à des règles propres (art. 46), les formes sont ici plus sévères que pour les lois ordinaires :

• L'initiative d'une loi organique peut venir du Gouvernement (projet) ou des parlementaires (proposition).

• Le projet, ou la proposition, de loi organique doit être déposé devant l'une des Chambres au moins 15 jours avant que ne commence sa discussion. On impose par-là au législateur un *délai de réflexion* et on ouvre aussi au pays la possibilité de faire connaître son sentiment sur le texte soumis aux parlementaires. En présence d'une décision importante, on veut éviter les votes de surprise, mal préparés et permettre au pays d'être prévenu et de peser sur le débat.

• *Si les deux Chambres ne parviennent pas à un accord, l'Assemblée nationale peut, à la demande du Gouvernement, adopter le texte en dernière lecture à la majorité absolue de ses membres.* Cette disposition assure la primauté de l'Assemblée nationale sur le Sénat : l'opposition de celui-ci ne permet pas de faire échouer une loi organique. Mais, la décision étant grave, la loi doit être votée à la majorité absolue des membres *composant* l'Assemblée nationale *et non des votants* (là est la différence avec les lois ordinaires).

• A cette suprématie de l'Assemblée nationale, il est *deux exceptions.* En premier lieu toute loi organique concernant le Sénat doit être votée dans les mêmes termes par les deux Assemblées, c'est-à-dire qu'en fait, *l'accord du Sénat est obligatoire pour toute loi organique portant atteinte à son statut.* A défaut de son assentiment, ce statut peut seulement être modifié par une révision constitutionnelle ; il y a là une garantie considérable pour le Sénat (d'autant que, comme on le verra, la révision de la constitution exige elle aussi l'accord du Sénat). D'autre part, depuis la révision constitutionnelle du 23 juin 1992, la loi organique concernant le droit de vote et d'éligibilité des étrangers, citoyens de l'Union européenne, résidant en France, doit elle aussi être approuvée dans les mêmes termes par les deux chambres (V. 53).

• *Le Conseil constitutionnel doit obligatoirement examiner la loi organique* avant sa promulgation. Cela signifie qu'après avoir été votée par le Parlement, la loi organique ne peut entrer immédiatement en application. Elle sera contrôlée par un organisme — le Conseil constitutionnel, qui sera étudié plus tard — chargé de vérifier qu'elle est bien conforme à la Constitution, que son objet et la procédure suivis sont réguliers et qui, au cas contraire, pourra s'opposer à sa mise en vigueur. La loi organique ne doit pas réaliser une révision constitutionnelle déguisée, on ne doit pas utiliser cette procédure dans l'intention de tourner la Constitution.

— Ainsi élaborées, les lois organiques ne font pas partie de la Constitution au sens strict puisqu'elles sont des documents distincts de celle-ci. Mais elles contribuent incontestablement à la construction de l'édifice constitutionnel. On considère qu'elles élèvent un échelon intermédiaire dans la hiérarchie des normes, entre la Constitution et la loi ordinaire. Cela signifie que, si les lois organiques sont inférieures à la Constitution et doivent la respecter, les lois ordinaires ne peuvent les modifier ou comporter des dispositions qui leur soient contraires.

Les lois organiques prévues par la Constitution sont en général intervenues dans les mois qui ont suivi la promulgation de celle-ci. Depuis lors, un certain nombre de modifications leur ont été apportées — en respectant la même procédure — parmi lesquelles ont peut citer par exemple celles résultant de la loi organique du 10 juillet 1985 fixant le nombre des députés à l'Assemblée Nationale.

C Le règlement des Assemblées

32. Les Assemblées parlementaires mettent en œuvre beaucoup de règles inscrites dans la Constitution : elles discutent et votent la loi, déclarent la guerre, autorisent la ratification des traités, participent parfois à la nomination du gouvernement, etc., ces attributions varient selon les systèmes constitutionnels.

Là encore la Constitution ne peut entrer dans les détails et se contente de poser des principes généraux qui doivent être précisés pour permettre un fonctionnement satisfaisant de ces institutions. Aussi les Assemblées ont-elles pris l'habitude de fixer elles-mêmes leurs règles de fonctionnement interne dans un *règlement intérieur.*

Cette pratique comporte un risque semblable à celui déjà évoqué pour les lois organiques. Au lieu de préciser ou d'interpréter la Constitution, les règlements peuvent en effet la déformer, la solliciter dans un sens qui soit favorable à l'Assemblée, et même aller à l'encontre de ses dispositions. Sous la IIIe République en particulier, les Chambres utilisèrent de façon abusive leur pouvoir de fixer de façon autonome leur propre règlement, violant par-là l'obligation de respecter la Constitution.

Aussi la Ve République a-t-elle innové ici en obligeant les Assemblées à *soumettre leur règlement,* et les modifications apportées à celui-ci, avant toute application, au *Conseil Constitutionnel* qui jugera de leur conformité à la Constitution. Le Conseil peut s'opposer à ce qu'un règlement inconstitutionnel soit mis en œuvre.

Les règlements sont des documents essentiels pour la compréhension du fonctionnement des Assemblées et à ce titre ils intéressent directement le droit constitutionnel.

Pourtant le règlement n'a pas valeur constitutionnelle, ni même législative, il n'est voté que par une seule chambre. Juridiquement, il a nature de *résolution* (nom donné aux délibérations adoptées par une seule assemblée).

Sous-section 2
Constitution coutumière et coutume constitutionnelle

Toutes les règles constitutionnelles ne sont pas nécessairement écrites. Dans certains cas, les textes écrits sont peu nombreux et d'objet limité, la plupart des règles sont d'origine coutumière : on parlera alors de Constitution coutumière. En sens inverse, dans les Etats où la Constitution écrite a vocation à régler l'ensemble de la matière constitutionnelle, une coutume non écrite peut-elle se former qui ait valeur de règle constitutionnelle ?

A Les constitutions coutumières

33. Dans le passé, toutes les Constitutions étaient coutumières, c'est-à-dire formées par une accumulation de coutumes. Ainsi en France, avant la Révolution, le fonctionnement des institutions était fixé par les lois fondamentales du royaume, non écrites. La Constitution était le fruit de traditions, d'usages, de principes respectés pendant des générations. L'histoire, la religion, les mœurs, ont contribué à la lente élaboration des Constitutions coutumières ? Les *« précédents »* s'accumulaient et au bout d'un certain temps l'idée s'imposait qu'on ne pouvait procéder différemment, qu'en telle circonstance *tel comportement était obligatoire.* On commence par prendre une habitude, après quoi on suit une tradition et on finit par se voir imposer le respect d'une coutume.

A l'heure actuelle, il n'existe plus que quelques Constitutions coutumières. La plus célèbre est celle de la Grande-Bretagne ; on peut aussi citer l'Arabie Séoudite. Mais il ne s'agit pas véritablement de Constitutions coutumières à l'état pur. On découvre toujours un certain nombre de textes écrits régissant tel ou tel aspect de l'organisation et du fonctionnement des institutions. C'est le cas en Grande-Bretagne.

• La Constitution coutumière n'est pas réfléchie, *n'est pas choisie,* elle n'est pas la mise en œuvre d'un système rationnel dont on a pesé les avantages et les inconvénients. Elle se crée au jour le jour, morceaux par morceaux c'est-à-dire règles après règles.

On fait valoir que ce type de Constitution présente l'intérêt d'être en harmonie avec la société qui l'a sécrétée, elle n'est pas artificielle ; elle est le fruit de son expérience, elle se modèle d'elle-même sur l'évolution de la vie nationale ; elle est respectée spontanément.

• En contrepartie, elle est *imprécise,* souvent difficile à discerner et elle laisse *sans solution incontestable* beaucoup de cas imprévus (La Constitution écrite aussi, mais si elle est bien faite on peut espérer qu'ils seront peu nombreux et on aura toujours la possibilité de compléter la Constitution dans les formes prévues pour cette hypothèse).

• Au surplus, la Constitution coutumière n'est *guère démocratique* dans ses conditions d'élaboration. Elle est le fruit du comportement, des choix, adoptés par les couches supérieures de la classe dirigeante, de ceux qui gravitent à proximité du pouvoir, le peuple n'y est en rien associé. Mais en même temps on peut faire valoir qu'à la différence de la loi écrite, la coutume est hors de portée de la volonté d'un homme ou d'une Assemblée et qu'à ce titre elle est meilleure protectrice des garanties du citoyen. La coutume limite le pouvoir quel qu'il soit, alors que le pouvoir peut toujours changer la loi écrite selon sa fantaisie ou ses humeurs ; une majorité résolue parviendra toujours à surmonter les obstacles mis par le Constituant à la révision de son œuvre.

Quoi qu'il en soit, ce type de Constitution n'est plus adapté à l'Etat démocratique moderne et aux changements qui caractérisent les sociétés contemporaines.

B La coutume constitutionnelle

Bibliographie : P. AMSELEK, *Le rôle de la pratique dans la formation du droit,* R.D.P., 1983, p. 1421.

L'existence d'une Constitution écrite élimine-t-elle toute possibilité d'apparition de coutumes constitutionnelles ? La question est l'une des plus controversées du droit constitutionnel.

1. En quoi consisterait la coutume constitutionnelle ?

34. A côté des règles constitutionnelles écrites, peut-on admettre que naissent peu à peu, par une succession de *précédents,* des règles coutumières dotées de la même valeur obligatoire que les premières ? Dans quels cas, dans quels domaines ces règles pourraient-elles apparaître ?

— La coutume interviendrait d'abord pour compléter la Constitution, on parle alors de coutume *praeter legem.* Quel que soit, en effet, le soin avec lequel les Constitutions sont élaborées, leur application fait apparaître des lacunes, des problèmes auxquels aucune solution n'est prévue. La coutume peut combler ces vides. Elle sera d'autant plus riche que le texte sera bref et sibyllin, c'est ce qui expliquerait le rôle important qu'elle aurait joué sous la IIIe République où l'on s'est beaucoup référé d'ailleurs à ce qui se passait sous la Monarchie de juillet. Ainsi nombre d'auteurs qualifient de coutumier le statut du Président du Conseil entre 1875 et 1934. D'autres font valoir qu'aux Etats-Unis, s'est imposée peu à peu, à partir de Washington, une coutume selon laquelle le Président ne pourrait remplir plus de deux mandats. Dans ces exemples, la Constitution écrite était muette sur les règles à appliquer.

— Pourquoi ne pas aller plus loin et soutenir que la coutume peut contredire la Constitution, annuler une règle posée par elle (coutume *contra legem).* Une disposition constitutionnelle serait abrogée par un usage contraire répété. L'histoire fournit maints exemples de violations de la Constitution devenues si habituelles qu'on finit par les considérer comme normales. Substituent-elles une nouvelle règle constitutionnelle non écrite à celle voulue par le Constituant ? On évoque à ce propos la pratique des décrets-lois sous la IIIe et la IVe République, par laquelle le Parlement déléguait au Gouvernement, en violation de la Constitution, le droit de faire la loi. Ou encore la désuétude du droit de dissolution, pourtant prévu par la Constitution, à partir de l'engagement de Jules Grévy, en 1879, de ne pas y recourir.

2. Existe-t-il une coutume constitutionnelle en France ?

35. En France aujourd'hui, la question n'a qu'un intérêt pratique limité. Elle ne se pose pas pour la coutume *contra legem.* Celle-ci serait un **« monstre juridique ».** La Constitution ne peut être modifiée qu'en suivant les procédures prévues à cet effet par le texte de 1958. A quoi servirait d'avoir choisi des règles compliquées pour réviser la Constitution s'il suffit de violations renouvelées pour arriver au même résultat ?

En revanche, on peut s'interroger sur certains comportements ou « usages » : ainsi l'habitude prise depuis la IIIe République par les gouvernements de démissionner au lendemain des élections législatives et, depuis le début de la Ve République, d'une élection présidentielle. De même la règle selon laquelle un gouvernement démissionnaire est chargé de « l'expédition des affaires courantes » jusqu'à la nomination de son successeur. Ou encore l'usage qui invite le nouveau Président de la République à abandonner ses mandats électifs (député, maire...). S'agit-il de coutumes *praeter legem* ?

Pour en décider, il faut se demander si l'existence de la coutume est consacrée dans un document officiel lui reconnaissant une force obligatoire, ou si, en pratique, des règles sont appliquées au titre de coutumes devant être respectées. Le résultat de cette recherche est négatif.

— D'une part, sur un plan général, la Constitution actuelle, pas plus que ses devancières, n'évoque l'existence d'une coutume constitutionnelle *praeter legem.* Celle-ci n'est pas mentionnée non plus dans des lois organiques ou dans tout autre texte, ayant valeur impérative, intervenu en matière constitutionnelle. La prétendue coutume ne peut se fonder sur aucune norme expresse reconnaissant son existence.

— L'existence d'une coutume est-elle alors « constatée » par une autorité habilitée à appliquer, à faire respecter, le droit ? A l'examen il apparaît que les juges et le Conseil constitutionnel n'ont jamais eu recours à la notion de coutume constitutionnelle pour trancher un litige. Cependant le Conseil a évoqué la « coutume parlementaire » (décision du 15 janvier 1960) et surtout il se réfère de temps à autre à des « principes à valeur constitutionnelle » non fondés sur des textes (ex. : le principe de la continuité du service public) et assez proches de règles coutumières (V. 99).

En définitive cependant, ni le Constituant, ni le législateur, ni le juge n'ont donc consacré en France l'existence d'une coutume constitutionnelle, comprise comme une règle non écrite obligatoire. Même l'assentiment des citoyens à des comportements non expressément inscrits dans la Constitution ne saurait leur conférer une valeur constitutionnelle. Il sera toujours possible — l'expérience le montre (pour la dissolution en particulier à laquelle Edgar Faure n'a pas hésité à recourir en 1955, contre l'usage observé depuis 1877) — de rompre avec ce qui n'est en réalité qu'une *pratique.* Il n'existe donc pas de coutume constitutionnelle en droit français.

Sous-section 3
La pratique constitutionnelle

Une Constitution n'est pas un texte mort, elle s'applique, elle produit des effets, elle vit. Roger Collard écrivait en 1820 : « *les Constitutions ne sont pas des tentes dressées pour le sommeil ;* les gouvernements sont placés sous la loi universelle de la création et sont condamnés au travail ». A l'usage, le schéma tracé va jouer, se déformer, s'adapter aux mouvements de la société et *aux variations du rapport entre les forces politiques.*

§ 1. Le principe

36. Apparaissent ainsi des *pratiques.* Elles ne créent pas d'obligation, n'ont pas de valeur juridique, mais seulement une valeur politique en ce sens que rompre avec elles est susceptible de troubler l'opinion publique qui s'interrogera sur les raisons pour lesquelles on a jugé bon de déroger à un comportement considéré comme normal.

L'existence des pratiques est une simple constatation, laissant de côté la question de leur conformité à la Constitution. Une pratique peut-être tout à fait respectueuse de la Constitution comme elle peut s'analyser en une violation caractérisée du texte.

— Les pratiques sont présentes dans tous les aspects de l'action des Pouvoirs publics. Elles peuvent concerner leurs relations avec les citoyens, comme par exemple en France l'usage de fixer les élections le dimanche. D'autres touchent à l'organisation du travail du Gouvernement : l'habitude de réunir le Conseil des Ministres le mercredi matin, ou ses rapports avec le législatif : en France, les projets de lois concernant les collectivités locales sont déposés en priorité devant le Sénat et non devant l'Assemblée. Une pratique pourra aussi consister dans le choix systématique d'une procédure lorsque la Constitution ouvre une option entre plusieurs possibilités : aux Etats-Unis, la révision constitutionnelle a toujours été ratifiée (sauf une fois) par les législatures (Parlements) des Etats et non par une Convention d'Etat (V. 266).

Parfois, les pratiques apparaissent comme l'abandon d'un pouvoir qu'une autorité tient de la Constitution : sous la IIIe République, le Président n'a jamais utilisé son droit de demander une seconde lecture de la loi votée par le Parlement ; sous la Ve, l'usage veut que le contreseing des décisions du Président dans l'exercice de son droit de grâce soit automatique (le Gouvernement renonce à son contrôle).

— Mais les pratiques les plus importantes concernent la façon dont une autorité envisage son rôle. Elles seront donc liées soit à la personnalité d'un homme, soit au contexte politique. Tel Chef de l'Etat effacé n'usera pas de ses prérogatives, tel autre au contraire les utilisera pleinement. Ainsi l'attitude des Présidents de la Ve République a créé une pratique qui leur donne la responsabilité directe de la politique étrangère — à l'image d'ailleurs de ce qui se passe dans la plupart des Etats, où le Chef de l'exécutif est en fait en charge des relations extérieures.

On peut toujours rompre avec une pratique en sachant cependant qu'on prend un risque politique lié à la réaction éventuelle de l'opinion publique inquiétée par ce changement.

§ 2. Les conventions de la Constitution

36 *bis*. Entre les coutumes et les simples pratiques on rencontre une catégorie intermédiaire de normes : les « Conventions de la Constitution » (V. Pierre Avril. Les Conventions de la Constitution, 1997). L'expression est reprise de la Grand-Bretagne où elle a le sens étroit de « règles coutumières » (v. 220) et où elles ne viennent pas compléter la Constitution, mais où elles sont la Constitution. Ailleurs plus largement l'expression désigne des règles non écrites, des modalités d'application de la Constitution, sur lesquelles les acteurs du jeu politique se mettent d'accord, qui font l'objet d'un consensus, qu'ils s'engagent à respecter ; à la différence des pratiques elles ont valeur obligatoire. Elles sont de nature politique — et non juridique — elles naissent de précédents et leur violation ne relève pas de sanctions juridiques, elles ne peuvent être invoquées devant un juge, devant une Cour constitutionnelle. Ceci les différencie des coutumes : politiquement elles possèdent une grande force obligatoire, juridiquement elles ne s'imposent pas.

Les « conventions » sont des compléments indispensables de la Constitution écrite, dont les règles présentent toujours un certain degré d'indétermination, c'est-à-dire laissent une certaine liberté à ceux qui sont chargés de les appliquer. Peu à peu cette liberté s'amenuise du fait de la constance avec laquelle la même interprétation est adoptée.

Sous la Ve République, comme on le verra, ces conventions sont nombreuses. On citera seulement ici à titre d'exemples avant de les retrouver plus loin : le droit pour le Président de la République (hors cohabitation) de mettre fin aux fonctions du Premier ministre ; jusqu'en 1995 l'organisation à l'Assemblée Nationale et au Sénat de séances de questions au gouvernement, l'absence pour le Premier ministre d'obligation de solliciter lors de la formation de son Gouvernement la confiance de l'Assemblée nationale. On en trouve dans tous les systèmes constitutionnels, démocratiques, ainsi en France sous la IIIe République (la nomination d'un Président du Conseil par le Président de la république, v. 344) ou aux Etats-Unis (la possibilité pour un sénateur de prendre la parole sans limite de temps, v. 286).

Les conventions découlent d'une interprétation de la Constitution, qui peut s'éloigner de son esprit initial, mais dont l'ensemble respecte une certaine cohérence. Elles ne sont pas le fruit de la volonté circonstancielle d'un homme. Elles peuvent donner au régime une physionomie très différente de celle tracée dans les textes écrits, allant jusqu'à fausser les équilibres prévus. Ceci sous l'influence de l'évolution du rapport de forces, les perdants acceptant leur abaissement. Ainsi pour la suprématie des assemblées sous la IIIe République, ou en sens inverse par l'instauration d'une primauté absolue de l'exécutif présidentiel sous la Ve.

§ 3. Constitution théorique et Constitution réelle

37. Ces réflexions sur la pratique constitutionnelle ramènent à l'idée que l'usage fait apparaître progressivement une *Constitution réelle,* matérielle (c'est-à-dire comprenant des règles qui ne se trouvent pas dans la Constitution écrite), qui se détache insensiblement de la Constitution écrite formelle originaire. Il y a dans tous les pays, sous tous les régimes, un *décalage,* fruit d'usages et de pratiques, entre la Constitution officielle et la mise en œuvre quotidienne, concrète de cette même Constitution. Cet écart est variable selon l'âge de la Constitution, la précision de ses dispositions, le type de régime, les péripéties de la vie nationale, le rapport des forces politiques.

— Il y a une *usure normale* des Constitutions. S'attacher à les faire fonctionner comme l'avaient voulu leurs rédacteurs est s'exposer parfois à une diminution de l'efficacité des institutions, à leur incapacité à répondre aux problèmes de l'heure, peut-être à la limite à une crise politique grave. Des ajustements se font avec le temps sans qu'intervienne une révision constitutionnelle, ou que celle-ci viendra entériner un jour. Les pratiques jouent alors un rôle utile. La Constitution américaine a plus de deux cents ans, comment pourrait-elle encore fonctionner dans le respect scrupuleux de la volonté des Pères fondateurs ?

— En revanche, n'est pas acceptable l'*attitude délibérée* des gouvernants lorsqu'ils écartent les dispositions qui les gênent, les mettent en sommeil ou les bafouent. Il y a là une véritable forfaiture au service de leurs ambitions ou de leurs intérêts. Même s'ils se réclament du bien de la communauté pour s'écarter des voies constitutionnelles.

Pourtant souvent c'est bien la volonté des hommes qui éloigne la Constitution réelle de ses dispositions écrites. C'était le cas de la France sous la plus grande partie de la IIIe République, c'était aussi le cas de la Chine pendant la révolution culturelle, enfin la situation est courante dans les Etats du Tiers-Monde, où des institutions d'apparence très démocratiques peuvent recouvrir des régimes profondément oligarchiques et autoritaires.

C'est pourquoi l'étude de la Constitution elle-même donne des indications insuffisantes sur la nature du régime politique dans un Etat donné. Le droit constitutionnel au sens strict, c'est-à-dire l'étude des Constitutions, répétons-le, est une discipline assez pauvre et limitée s'il n'est pas enrichi par l'apport de la science politique. Il faut dépasser la façade constitutionnelle pour s'interroger sur les données concrètes de la vie politique, sur la réalité du pouvoir, sur le jeu des institutions, sur les vrais rapports des gouvernants et des gouvernés, sur les mœurs, la psychologie de la population. Comme l'écrivait Anatole France : « Nous ne dépendons point des Constitutions, ni des chartes, mais de l'instinct et des mœurs. » De son côté, Charles de Gaulle disait : « Une Constitution, c'est un esprit, des institutions et une pratique. »

Section 3
Contenu de la Constitution

38. Que trouve-t-on dans les Constitutions ?

La diversité est reine, fruit de la souveraine liberté des Constituants. Pour eux, il n'est pas de canevas obligatoire et les principes, comme les procédures, sont laissés à leur imagination. Même s'ils connaissent des modèles, bien souvent ils les oublieront, ou dissimuleront leurs emprunts, car la Constitution a une place trop forte dans la symbolique nationale pour porter une marque étrangère. Pourtant, un fonds commun aux Constitutions existe. Toutes ont un objet identique : aménager l'organisation et le fonctionnement du pouvoir ainsi que les relations des gouvernants et des gouvernés. Les variations sur ces thèmes imposés, le ton, les mouvements, les instruments donneront à chaque Constitution son originalité.

Il ne faut pas oublier aussi qu'elle est un ensemble cohérent de principes et rouages s'articulant les uns avec les autres.

§ 1. Les Déclarations des Droits

39. Une constatation s'impose : la plupart des Constitutions actuelles s'ouvrent par une Déclaration des Droits, ou par un *Préambule* — parfois on trouve même les deux. Ces textes formulent la philosophie politique du régime, les valeurs dont il se réclame, et énoncent les droits et libertés des citoyens que le pouvoir s'engage à respecter. Souvent ces dispositions sont renforcées par d'autres, insérées sous la forme d'un chapitre spécial à l'intérieur même de la Constitution.

Les déclarations sont apparues avec les premières Constitutions écrites à la fin du XVIIIe siècle, la plus célèbre étant la Déclaration des Droits de l'homme et du citoyen de 1789 qui fut ensuite placée en tête de notre première Constitution, celle de 1791.

Dans les Constitutions actuelles, on trouve donc toute une série de dispositions qui consacrent la liberté de pensée, d'expression, d'aller et venir, la sûreté (c'est-à-dire la liberté personnelle contre les arrestations et internements arbitraires), l'égalité entre les citoyens, etc. Ainsi est formulé un embryon de *statut du citoyen* dont la valeur symbolique est peut-être plus importante encore que celle attachée aux dispositions concernant les institutions politiques et les procédures. Les contemporains de la Révolution française ont été sensibles à cet aspect plus qu'à l'agencement des pouvoirs réalisé par la Constitution. La *proclamation* des Droits à la fin du XVIIIe siècle a véritablement revêtu un caractère révolutionnaire. En même temps, on a sous-estimé alors la nécessité de *garantir* ces droits.

On ne reviendra pas dans cet enseignement sur les droits et libertés. Leur étude fait l'objet du cours de libertés publiques.

§ 2. Les principes d'organisation économique, sociale

40. L'habitude d'inscrire dans les Constitutions un certain nombre de principes d'organisation économique et sociale est plus récente. Ceux-ci prennent place dans le Préambule, dans la Déclaration des Droits ou dans un chapitre spécial du texte et forment la *Constitution sociale* à côté de la Constitution politique. Y sont posées les *bases de la vie en commun* et les objectifs que la nation se fixe pour l'avenir. Tout un programme est ainsi défini et on a forgé l'expression *Constitution-programme* pour désigner ces dispositions qui créent moins des droits actuels pour les citoyens, ou des obligations immédiates pour le pouvoir, qu'elles ne sont *des déclarations d'intention.*

Des *conseils* sont ainsi donnés aux Pouvoirs publics, *des orientations* leur sont fixées : on dicte sa conduite au législateur, la nation décide de s'avancer dans une voie déterminée. Sur le plan juridique, ces dispositions n'ont guère de valeur ; au contraire des Droits proclamés dans la Déclaration, elles ne s'imposent pas aux gouvernants qui doivent s'efforcer de réaliser les objectifs ainsi tracés sans être tenus d'y parvenir et les citoyens ne pourraient trouver dans ces programmes les bases d'une action en justice contre des Pouvoirs publics défaillants.

La tradition française n'est guère favorable à l'énoncé de ces principes. Si *certains figuraient dans le Préambule de la Constitution de 1946,* le texte de 1958 est muet à leur sujet. En revanche, ces dispositions sont particulièrement développées dans les Constitutions des régimes marxistes et du Tiers Monde.

§ 3. Les règles d'organisation et les procédures de fonctionnement des institutions

41. Les règles d'organisation et les procédures de fonctionnement des institutions forment en quelque sorte le *noyau dur* de la Constitution ; leur étude, replacée dans la pratique, est l'objet essentiel du cours de droit constitutionnel.

Ces dispositions concerneront par exemple : la désignation du Chef de l'Etat, l'élection des députés, la création d'une Cour chargée de veiller au respect de la Constitution, les relations entre les Chambres, la révision de la Constitution, etc.

La caractéristique importante de ces règles est qu'elles sont en principe *obligatoires* pour les Pouvoirs publics. Elles diffèrent ainsi des principes d'action économique et sociale qui ont été évoqués. On sort ici du domaine de la Constitution-programme pour entrer dans celui de la *Constitution-loi :* il ne s'agit pas de donner des directives plus ou moins précises aux Pouvoirs publics, mais de leur tracer bien clairement, et parfois minutieusement, leur conduite : les gouvernants sont liés par ces dispositions, ne pas les respecter revient à violer la Constitution.

A l'examen, il apparaît cependant que des degrés existent dans le caractère contraignant de ces règles et procédures :

— Certaines sont *impératives :* lorsque se produit la situation pour laquelle elles sont prévues, elles s'appliquent automatiquement sans possibilité de choix et sans marge d'adaptation. Ainsi, en France, le projet de budget doit être déposé sur le bureau de l'Assemblée nationale et celle-ci dispose de 40 jours pour l'examiner.

— D'autres, tout en restant impératives, *laissent quelque liberté* sur les modalités de leur mise en œuvre, le choix du moment par exemple. Ainsi, toujours en France, en cas de vacance de la Présidence de la République, les élections présidentielles doivent être organisées dans un délai de 20 à 35 jours après l'ouverture de la vacance.

— D'autres sont *alternatives :* le choix est laissé entre deux ou plusieurs procédures : la Constitution de 1958 prévoit que, pour achever la procédure de révision de la Constitution, le Président de la République peut soit réunir les deux chambres en Congrès, soit recourir au référendum.

— D'autres enfin sont de simples pouvoirs, leur titulaire est libre de les utiliser ou non : l'article 12 de la Constitution de la Ve République donne au Président compétence pour prononcer la dissolution de l'Assemblée nationale. C'est en fait une *faculté* qui lui est donnée.

Dans une Constitution, les différents types de règles se combinent en donnant plus ou moins de souplesse au jeu des institutions et finalement plus ou moins de liberté aux titulaires des pouvoirs.

§ 4. Dispositions diverses

42. Les Constitutions peuvent contenir aussi toute une série de dispositions d'importance et de valeur inégales. On profite du caractère solennel du texte, de son autorité juridique exceptionnelle, de sa pérennité, de son rayonnement international, pour préciser certains attributs de l'Etat, proclamer des principes variés.

On peut y trouver : le nom de l'Etat (exemple : la République de Chine, Taïwan, qui s'oppose à « La République populaire de Chine ») ; la forme du régime : monarchie, république ; le drapeau : ses couleurs, signes, dimensions ; la devise nationale ; la capitale de l'Etat ; l'hymne national. Et encore la langue et la religion officielles.

Chapitre 2
L'élaboration de la Constitution Sa révision. Son abrogation

L'élaboration de la Constitution est à rapprocher de sa révision et de son abrogation.

Qu'elle soit *élaborée* ici à la naissance d'un nouvel Etat ou au lendemain d'une révolution, ailleurs pour marquer une étape dans la construction du socialisme, ou tout simplement — mais c'est plus rare — après la prise de conscience de l'inadaptation, ou de l'échec, des institutions précédentes, la Constitution est l'aboutissement d'une procédure spécifique. Des règles techniques, destinées à assurer la solidité et la cohésion du texte, s'y combinent avec les préoccupations politiques de ceux qui ont pris l'initiative de sa rédaction.

Quand il s'agit de *retoucher* la Constitution, c'est-à-dire de la modifier sur certains points sans bouleverser son schéma général, on est en présence d'une *révision* de la Constitution, qui doit se dérouler en suivant les règles inscrites à cet effet dans la Constitution elle-même.

Enfin *l'abrogation* de la Constitution est un phénomène qui ne relève que rarement du droit, mais intervient le plus souvent par la force à l'issue d'un Coup d'Etat ou d'une révolution.

Section 1
La rédaction de la Constitution

43. Avant même de s'interroger sur la procédure à suivre pour rédiger la Constitution, il faut se demander qui, quel organe, est compétent pour élaborer et approuver la Constitution.

Distinction du pouvoir constituant originaire et du pouvoir constituant dérivé.

— La nécessité d'une Constitution apparaît très souvent dans une situation de vide juridique. Qu'il s'agisse d'un Etat nouveau ou d'un pouvoir qui a renversé les institutions anciennes, on ne peut se référer à aucun texte, à aucune coutume nationale, pour savoir qui est compétent pour élaborer une Constitution, le détenteur de cette compétence n'est pas défini à l'avance. S'agit-il du groupe révolutionnaire triomphant ? Est-ce le peuple ? Directement ou pas ses représentants élus ? Il faut définir en qui réside *le pouvoir constituant originaire.* Celui-ci est libre de ses choix, il est souverain.

— En théorie, la situation est beaucoup plus simple lorsque la Constitution précédente elle-même a prévu quel serait le titulaire du pouvoir constituant : on parle alors de *pouvoir constituant dérivé, ou institué* — c'est-à-dire qu'il tient son pouvoir de la Constitution. Sa liberté est limitée par les prescriptions de celle-ci. Mais, dans la pratique, force est de constater qu'il est rare qu'une nouvelle Constitution soit élaborée dans les formes prévues par sa devancière. Le pouvoir constituant dérivé est surtout mis en œuvre à l'occasion d'une révision de la constitution.

Le titulaire du pouvoir constituant originaire n'est pas le même selon que la société est démocratique ou non.

A L'élaboration non démocratique : la charte octroyée

44. Dans les sociétés non démocratiques, le titulaire du pouvoir constituant originaire est le chef, monarque ou dictateur, ou encore le groupe d'individus qui détient le pouvoir. Ils peuvent élaborer selon leur « bon plaisir » une Constitution sans aucune participation populaire.

C'est le système de la *Charte octroyée.* Le monarque décide unilatéralement de donner une Constitution à ses sujets. Il en rédige lui-même le texte et, reconnaissant qu'il organise et limite ses pouvoirs, s'engage à le respecter. La monarchie n'est plus absolue, la Charte institue une *monarchie limitée.* L'exemple de Constitution de cette nature est la Charte octroyée en 1814 par Louis XVIII. Ou encore les Constitutions des Etats allemands au XIXe, portugaise de 1826, espagnole de 1834.

Le terme *charte* est choisi pour écarter celui de « constitution » qui suggère l'accord de représentants élus. La Charte octroyée est élaborée de façon non démocratique mais elle peut instaurer un système démocratique.

La formule de la Charte octroyée n'a pas entièrement disparu dans le monde contemporain. Après un coup d'Etat il est concevable que les vainqueurs élaborent une Constitution, de leur propre initiative et sans consultation populaire.

B L'élaboration mixte : la charte négociée

45. Ici le pouvoir constituant originaire est partagé entre le monarque et le peuple.

La Constitution résulte d'un accord, d'*un pacte,* entre le monarque et les représentants de la Nation. L'hypothèse est assez rare et se rencontre parfois lors d'un changement de dynastie ou lors de l'accession d'un nouveau monarque sur le Trône. Des exemples de cette sorte de contrat existent sous une forme imparfaite en Angleterre (Acte d'établissement de 1701) et sous une forme classique en France avec la Charte de 1830 : votée par les Chambres elle est acceptée par le roi ; celui-ci se considère comme appelé sur le trône par le peuple. De même en Belgique la même année. En sens inverse en 1852 Louis Napoléon élabora la Constitution en respectant cinq conditions énoncées dans sa proclamation du 2 décembre 1851 et approuvées par référendum populaire le 20.

Par certains côtés, la procédure d'élaboration de la Constitution de 1958 se rattache elle aussi à cette méthode. Le général de Gaulle ayant obtenu l'accord de la classe politique, du Parlement et de la Nation dans son ensemble sur les grandes lignes d'une nouvelle Constitution, la fit préparer, non pas par les représentants de la Nation, mais par le Gouvernement conseillé par un groupe d'experts avant de la soumettre à la ratification populaire.

C L'élaboration démocratique

46. Dans une société démocratique, le pouvoir constituant originaire appartient au peuple : *seul il peut se donner une nouvelle Constitution.*

Trois procédés d'élaboration démocratique peuvent être utilisés qui se combinent souvent.

1. L'Assemblée constituante

Une Assemblée est élue par le peuple, elle a pour tâche d'élaborer la Constitution. Cette Assemblée est généralement *unique* alors que le Parlement institué par elle sera peut-être composé de deux Chambres.

Le plus souvent, c'est un gouvernement provisoire de fait qui assure la transition entre deux régimes et deux Constitutions. Il lui appartient de convoquer le corps électoral pour qu'il désigne l'Assemblée constituante.

a) *Une assemblée souveraine, ou non souveraine.*

Les pouvoirs de l'Assemblée dans l'élaboration de la Constitution *ne sont pas nécessairement illimités.* Dans certains cas elle sera *souveraine,* c'est-à-dire qu'elle rédige, débat et vote le projet de Constitution, celui-ci étant considéré comme *approuvé définitivement après son vote.* Cette formule fut adoptée en France en 1791, 1848 et 1875. Dans d'autres hypothèses, l'Assemblée a des *pouvoirs limités,* elle établit un texte qui sera *soumis par la suite à l'approbation de la Nation* (1946 en France).

b) *Une assemblée exclusivement, ou non exclusivement constituante.*

— Dans certains cas, l'Assemblée a pour *unique attribution la rédaction de la Constitution.* Elle n'a aucune autre compétence. Elle n'a donc pas à intervenir dans les affaires de la Nation pendant la durée de ses travaux, en particulier elle n'a pas à légiférer.

L'exemple-type de ces Assemblées spécialisées est la *Convention de Philadelphie* qui rédigea la Constitution des Etats-Unis en 1787.

— Dans d'autres cas *l'Assemblée cumulera pouvoir constituant et pouvoir législatif.* En raison des circonstances, on estime plus simple d'élire une seule Assemblée qui exercera à la fois le pouvoir constituant et le pouvoir législatif : la rédaction de la Constitution n'est plus alors qu'un aspect de son rôle. Elle se comporte comme un Parlement, votant la loi, contrôlant le Gouvernement, autorisant la ratification de traités et, en même temps, elle élabore la Constitution.

Dans la *tradition française,* les Assemblées constituantes se rattachent à cette seconde catégorie. Dès la Révolution, ce fut le cas de l'Assemblée Nationale et de la Convention, puis par la suite des Assemblées de 1848, 1875, 1945-46.

Pourtant l'efficacité de cette concentration des pouvoirs aux mains de la même Assemblée est assez contestée.

La formule présente le risque de *ralentir* l'élaboration de la Constitution. L'Assemblée sollicitée par les problèmes législatifs et de la vie courante de la Nation se laisse accaparer par eux. Le cumul des pouvoirs mêle la réflexion constituante aux contraintes de l'actualité, si la première n'est pas sacrifiée elle risque au moins de perdre une partie de la sérénité et du temps nécessaires.

2. L'approbation populaire

47. Pour donner plus d'autorité à la Constitution, le texte est soumis pour approbation au peuple.

Cette procédure peut être utilisée dans des perspectives différentes :

— Le texte a été élaboré par une assemblée constituante élue, mais celle-ci n'était pas souveraine, on a voulu en effet que la Constitution apparaisse comme l'œuvre du peuple lui-même, l'assemblée n'a rédigé qu'un projet proposé à l'approbation des citoyens. L'instrument de l'approbation populaire est le *référendum*. La Constitution de 1946 a été approuvée par cette voie, renouant avec la pratique inaugurée pour l'élaboration de la Constitution de 1793.

— Le projet a été rédigé par l'exécutif : Gouvernement ou Chef de l'Etat. Cette hypothèse est plus contestable. Il est à craindre que le référendum ne se transforme en *plébiscite* (V. 142) ne laissant pratiquement aucune liberté au peuple : il ne peut qu'accepter le texte qui lui est soumis. Derrière la question posée, un homme demande la confiance pour sa personne et tous les moyens du pouvoir sont mobilisés en sa faveur, les opposants étant peut-être éliminés, persécutés ou privés de tout moyen d'expression. D'autre part, si le texte a été élaboré par l'exécutif, il y a quelque chose de choquant à ne laisser au peuple, dans un domaine aussi complexe et important, d'autre choix que d'accepter ou de rejeter en bloc un texte à l'élaboration duquel ses représentants n'ont pas été associés et dont certaines dispositions auraient mérité d'être amendées. C'est pourtant la voie suivie en 1993 en Russie par Boris Eltsine. Un projet de constitution élaboré par lui et par ses conseillers fut soumis au peuple, directement sans débat parlementaire.

En tout état de cause, l'expérience montre que le peuple n'use que rarement de son droit de repousser le projet qui lui est soumis (l'exception la plus notable est le rejet en avril 1946 en France du premier projet de Constitution de la IVe République) et qu'il approuve à une majorité souvent écrasante les textes les plus défectueux, les moins durables et les moins favorables à ses intérêts.

Pourtant, il est difficilement concevable aujourd'hui qu'une Constitution soit mise en vigueur sans avoir été soumise au suffrage populaire.

3. La consultation populaire

48. Avec la consultation populaire, le peuple n'approuve pas un texte préparé en dehors de lui ou par ses représentants, il est associé à la rédaction du texte. Cette procédure de démocratie directe est utilisée par les régimes marxistes, en particulier dans l'ex-U.R.S.S., en Chine, à Cuba (et aussi au Brésil). Un projet, préparé par les autorités du Parti communiste et de l'Etat, est soumis aux citoyens pour *discussion*. Des débats sont organisés à travers tout le pays dans les entreprises, les universités, les associations, les cellules du parti ; la presse écrite, la radio et la télévision sont mobilisées pour une vaste campagne d'étude du projet de Constitution, les journaux publient un abondant courrier de suggestions des lecteurs. Après quoi les modifications proposées par le corps électoral sont examinées par l'Assemblée investie du pouvoir constituant qui les accepte ou les rejette.

En Chine, en 1954, 150 millions de personnes avaient été ainsi consultées. En U.R.S.S. lors de l'élaboration de la Constitution de 1977, 650.000 réunions ont été organisées, regroupant plusieurs dizaines de millions de personnes et entraînant 750.000 propositions d'amendement.

Quelle est *l'efficacité* de cette procédure ? Il semble qu'elle ne puisse être qu'assez faible, tout au moins sur le plan du contenu de la Constitution. Une Constitution, est un ensemble technique cohérent qui ne peut être construit de pièces et de morceaux proposés par des électeurs en quasi-totalité incompétents, l'équilibre institutionnel du projet initial ne peut être modifié. En outre, les options de principe, celles du marxisme par exemple, ne peuvent être mises en cause, le débat se situe à l'intérieur d'un système conceptuel donné, la liberté des citoyens est enfermée dans un cadre défini. Techniquement, la participation populaire se déroule donc dans des limites étroites. En U.R.S.S. en 1977, une seule modification a été introduite par elle dans le projet de Constitution (refusant d'abaisser à 18 ans l'âge de l'éligibilité au Soviet Suprême).

Il est certain que cette procédure joue avant tout un rôle politique de mobilisation des masses populaires et d'éducation. Elle permet aussi au pouvoir, et ce n'est pas le moins important, de connaître les sentiments et les vœux de la population.

Section 2
La révision de la Constitution

Par définition, en Occident la Constitution se présente comme une œuvre durable destinée à braver le temps : les Constituants de 1791 avaient le sentiment de travailler pour l'éternité. A l'expérience pourtant, on constate qu'elle ne résiste pas indéfiniment à l'évolution de la société, il n'est pas de Constitution qui puisse être définitive.

Il faudra donc lui apporter des retouches, des compléments, des adaptations. Les Constituants eux-mêmes doivent avoir la sagesse de le prévoir et insérer dans leur œuvre les procédures qui permettront de réparer ses imperfections et l'usure du temps.

La révision de la Constitution sera entreprise en suivant les règles et les procédures prévues par la Constitution en vigueur, celle ci est modifiée par la mise en œuvre de la procédure qu'elle renferme à cet effet. Il ne s'agit donc pas ici d'une manifestation du pouvoir constituant originaire mais de la mise en œuvre du *pouvoir constituant dérivé,* évoqué plus haut.

A Un problème de principe : Constitution souple ou Constitution rigide ?

49. La distinction est fondée sur la plus ou moins grande *facilité* avec laquelle la Constitution peut être révisée. Mais il n'y a pas d'opposition radicale, on constate seulement que des Constitutions sont plus souples que d'autres.

En définitive, soit on fait confiance au législateur : constitution souple ; soit on se méfie de lui : constitution ridige.

1. Les Constitutions souples

En principe une Constitution est dite *« souple »,* lorsqu'elle peut être modifiée comme le serait une simple loi, par la procédure législative ordinaire. Ceci implique qu'il n'y a *pas de suprématie de la Constitution sur la loi.* (cf = C° au sens matériel)

a) *Les constitutions écrites souples*

Le cas extrême est celui où une Constitution écrite ne prévoit pas de procédure spéciale de révision. Ainsi la Constitution chinoise du 5 mars 1978 ne posait pas de conditions particulières à l'exercice par l'Assemblée populaire nationale de son pouvoir d'amender la Constitution. En France, les Chartes de 1814 et de 1830 laissaient ce pouvoir au roi.

Mais la référence à la souplesse est relative et n'est pas réservée aux Constitutions modifiables par une simple loi. On dira ainsi qu'une Constitution dont la révision doit être approuvée à la majorité des 2/3 est *plus souple* qu'une autre pour laquelle la majorité exigée est des 3/4 ; de même si la révision est impossible dans les cinq premières années de la promulgation de la Constitution, celle-ci est *moins souple* qu'une autre révisable sans condition de délai...

b) *Les Constitutions coutumières sont-elles des Constitutions souples ?*

On qualifie généralement de souples les Constitutions coutumières et l'on donne l'exemple de la Grande Bretagne où, la Constitution peut être entièrement changée par le Parlement votant une simple loi. Le Parlement pourrait parfaitement donner demain aux britanniques une Constitution écrite (souple ou rigide). En droit l'analyse est tout à fait exacte, mais en même temps, politiquement, il ne sera pas toujours facile de rompre avec une tradition séculaire à laquelle le peuple est peut-être très attaché, il faudra des circonstances assez particulières pour que la révision par la loi soit acceptée sans tensions. Ceci donne une certaine rigidité aux Constitutions coutumières.

2. Les constitutions rigides

50. Une Constitution est dite « *rigide* » lorsqu'une procédure spéciale est prévue pour la révision, plus difficile que celle suivie pour l'élaboration de la loi ordinaire. Les Constitutions rigides sont apparues à la fin du XVIIIe siècle avec les Constitutions des Etats américains qui ont précédé la rédaction de la Constitution fédérale.

— Pourquoi rendre ainsi plus difficile la modification de la Constitution ? Cette volonté relève d'une *méfiance à l'égard du législateur :* on souhaite mettre un certain nombre de règles et de principes hors de sa portée. L'existence d'une procédure spéciale souligne à la fois la vocation durable du texte et la gravité de toute modification du Pacte ou de la Convention originaire. Il convient d'éviter les décisions hâtives, inspirées par les circonstances, ou votées par des majorités passagères. En jouant sur les autorités qui peuvent en prendre l'initiative, les délais, les conditions de majorité... les Constitutions établissent ainsi des procédures de révision dont *le degré de difficulté est variable de l'une à l'autre, et par là le degré de rigidité.*

— A la notion de Constitution rigide se rattachent *deux conséquences* importantes :

• Le législateur ne pouvant modifier librement la Constitution ne peut non plus voter des lois ordinaires qui lui seraient contraires. Il y aurait alors révision *déguisée* de la Constitution.

• Le législateur, le Gouvernement et tous les organes institués par la Constitution ne peuvent renoncer à exercer les attributions qu'elle leur confie, *ils détiennent des « compétences » et non des « droits »* dont ils seraient propriétaires, ils ne peuvent en disposer. Abandonner un pouvoir inscrit dans la Constitution équivaut en effet à une *révision implicite* de la Constitution, celle-ci a désigné un titulaire, qui n'est pas libre de s'en décharger sur un autre. Ainsi s'explique sous la IIIe République, comme on le verra, l'inconstitutionnalité des décrets-lois, comme celle de la renonciation par le Président de la République à l'exercice de son droit de dissolution.

B L'initiative de la révision

51. Qui a compétence pour *proposer* une révision de la Constitution ? A travers les Constitutions apparaît une grande diversité de solutions, *cette compétence pouvant être partagée entre plusieurs organes.* Il est préférable d'ailleurs qu'une seule autorité n'en n'ait pas le monopole car elle pourrait bloquer une révision pourtant nécessaire.

1. L'initiative gouvernementale

Quoi de plus légitime que de confier au Gouvernement l'initiative de la révision constitutionnelle ? N'a-t-il pas une vue d'ensemble du fonctionnement des institutions et n'est-il pas ainsi le plus en mesure d'être à l'origine des améliorations nécessaires ?

Il existe pourtant certaines réticences à confier ce pouvoir au Gouvernement, *surtout s'il doit en avoir le monopole.* Il pourra, en effet, figer un système qui lui est profitable en refusant les modifications utiles et souhaitées par le peuple et ses élus. La tradition républicaine française n'est pas très favorable à l'initiative gouvernementale et si elle ne va pas jusqu'à l'exclure toujours, elle incite le Constituant à partager le pouvoir de révision entre le Gouvernement et le Parlement.

2. L'initiative parlementaire

Les parlementaires, représentants de la Nation, sont eux aussi tout désignés pour avoir l'initiative de la révision. Les mêmes préventions ne jouent pas à leur égard et les Constitutions leur octroient généralement ce pouvoir. Toute une gamme de possibilités s'offrent pour organiser leur initiative. Celle-ci pourra venir « de l'une » des deux chambres à l'exclusion de l'autre (par exemple le Sénat du Second Empire), des deux chambres concurremment (par exemple aux Etats-Unis : la Chambre des représentants et le Sénat), soit encore de l'une ou de l'autre chambre (ainsi dans la Constitution française de 1958).

La pratique montre cependant qu'il est très difficile qu'une révision constitutionnelle aboutisse si elle n'a pas l'accord du Gouvernement.

3. L'initiative populaire

Les citoyens peuvent prendre eux-mêmes l'initiative de demander une révision de la Constitution. L'hypothèse est assez rare, elle a existé pourtant en France sous l'empire de la Constitution de 1793 : les assemblées primaires de citoyens pouvaient demander la convocation d'une Convention (ou Assemblée constituante). En Suisse et dans certains Etats fédérés d'Amérique du Nord l'initiative peut venir de la population. La procédure s'ouvre alors par une *pétition,* portant un nombre minimum de signatures prévu par la Constitution, qui oblige les assemblées à examiner le projet de révision ou à le soumettre au référendum.

C La procédure de révision

52. Il s'agit de concilier la nécessité de protéger la Constitution contre les retouches abusives avec le souci de ne pas empêcher les modifications indispensables. Selon que l'on préfère mettre l'accent sur l'un ou l'autre aspect les procédures varient, la révision étant rendue plus ou moins difficile.

1. L'organe compétent

Celui qui prend l'initiative de la révision n'est pas toujours compétent pour la mener à son terme. On peut confier le soin de réaliser la révision à divers organes :

— *au Parlement,* ou à une de ses chambres, ou encore à ses deux chambres réunies en commun. Cette voie, sous ses diverses formes, est la plus répandue, elle est traditionnelle en France ;

— à une *Assemblée ad hoc* (spéciale) : aux Etats-Unis on peut avoir recours ainsi à une Assemblée spécialement élue pour réviser la Constitution : la Convention. Une règle identique était retenue par notre Constitution de 1848 ;

— au *peuple :* le projet de révision est soumis au peuple par voie de référendum pour adoption.

2. Les formes de la procédure de révision

Comment va procéder l'organe choisi pour modifier la Constitution ? Là aussi en l'absence de règles universelles, il existe une grande richesse de solutions possibles. Voici quelques exemples :

— au lieu de se prononcer séparément, les chambres doivent *siéger en commun,* ce qui donne plus de solennité à leur mission, et transforme aussi les données de majorité : l'opposition à la réforme de la chambre la moins nombreuse, qui l'aurait fait échouer si l'accord séparé de chaque chambre était indispensable, pourra être tournée si la chambre la plus nombreuse lui est largement favorable. En France, où cette procédure a été fréquemment retenue, la réunion des deux chambres qui portait autrefois le nom d'Assemblée Nationale, s'appelle depuis 1958 le *Congrès.*

— *adoption de la révision en termes identiques par les deux chambres.* L'opposition d'une chambre rend la révision impossible. C'est la formule retenue par la Constitution de la Ve République.

— *nécessité de votes renouvelés :* après un premier vote, on doit laisser s'écouler un certain délai avant de se prononcer à nouveau sur le projet de révision. Les esprits pourront ainsi prendre du recul, la réflexion pourra s'approfondir, elle permettra de mesurer la gravité de la décision à prendre, d'en peser les modalités. Cette solution avait été retenue par la Constitution française de 1848 où trois délibérations consécutives à un mois d'intervalle étaient nécessaires.

— *exigence d'une majorité aggravée :* cette condition est la plus répandue. La révision ne pourra être votée qu'à la majorité absolue des membres du Parlement ou de l'*Assemblée constituante* (et non des votants) ; ou encore à la majorité des 2/3, des 3/5, etc., la Constitution de 1848 en France fixait la majorité aux 3/4.

— il est possible enfin que les formes procédurales *varient selon les dispositions constitutionnelles à amender.* Pour certains articles considérés comme plus importants, la majorité exigée sera plus élevée ou encore le recours au référendum sera obligatoire. Dans certains cas, l'accord de l'organe concerné par la révision sera requis ; ainsi aux Etats-Unis, la représentation des Etats fédérés au Sénat ne peut être modifiée sans leur consentement. Et on sait qu'en France une loi organique concernant le Sénat ne peut être adoptée sans l'accord de celui-ci.

3. Les limites à la révision

Le pouvoir constituant dérivé connaît d'autres limitations ;

— *Limitation de temps :* La révision peut être rendue impossible pendant certaines périodes. Soit que la Constitution prévoie qu'en tout état de cause elle ne pourra être modifiée pendant un certain délai (France 1848, Portugal 1976), soit qu'on interdise la révision dans des circonstances où sa régularité serait sujette à caution : ainsi actuellement en France pendant l'intérim de la Présidence de la République et lorsqu'il est porté atteinte à l'intégrité du territoire ;

— *La supra-constitutionnalité.* Certaines dispositions de la Constitution peuvent être *exclues* de toute révision, on cherche à leur conférer une valeur supra-constitutionnelle. On veut par là mettre hors d'atteinte du constituant les principes fondateurs de la société, en matière de droits de l'homme par exemple. Ainsi la Constitution de 1958 prévoit qu'il ne peut être porté atteinte à « la forme républicaine du Gouvernement » (art. 89). De même les Constitutions allemandes et portugaises actuelles suggèrent la supra-constitutionnalité de certaines de leurs dispositions. Pourtant *l'idée même d'une supra-constitutionnalité est contestable :* le peuple est souverain et le pouvoir constituant qui émane de lui n'est pas lié par des règles supra constitutionnelles. En France, la situation est claire depuis que le Conseil constitutionnel, dans sa décision du 2 septembre 1992 (Maastricht II), a estimé que l'existence de normes supra-constitutionnelles serait contraire au principe de la souveraineté du pouvoir constituant : *« Considérant que... le pouvoir constituant est souverain »,* il est donc illimité.

D Le système français actuel

53. Les dispositions de la Constitution de 1958 sur la révision ne sont pas des accessoires inutiles car depuis le début de la Ve République, la révision constitutionnelle a été entreprise à 17 reprises.

— Treize tentatives se sont terminées par un *succès*.

Les révisions réussies

- **En 1960 :** révision de dispositions (art. 85) concernant la Communauté Française (c'est-à-dire nos liens avec nos ex-possessions d'outre-mer).
- **En 1962 :** révision de la procédure d'élection du Président de la République. C'est la plus importante.
- **En 1963 :** révision du régime des sessions parlementaires.
- **En 1974 :** révision des règles de saisine du Conseil Constitutionnel.
- **En 1976 :** révision de certaines modalités de l'élection du Président de la République.
- **En 1992 :** révision rendue nécessaire par la constitution de l'Union européenne à la suite du traité signé à Maastricht le 7 février 1992.
- **Le 27 juillet 1993 :** révision des dispositions concernant le Conseil supérieur de la magistrature et de celles organisant la responsabilité pénale des ministres.
- **Le 25 novembre 1993 :** révision relative aux traités internationaux en matière de droit d'asile.
- **Le 4 août 1995 :** révision la plus étendue, en particulier elle institue une session parlementaire unique, élargit le champ du référendum et modifie le régime de l'inviolabilité des parlementaires.
- **Le 22 février 1996 :** révision concernant le financement de la sécurité sociale.
- **Le 20 juillet 1998 :** révision rendue nécessaire par l'évolution du statut de la Nouvelle-Calédonie.
- **Le 25 janvier 1999 :** révision destinée à permettre la ratification du Traité d'Amsterdam, elle concerne les règles relatives à la libre circulation des personnes.
- Réuni **le 28 juin 1999**, le Congrès a introduit dans la Constitution deux nouvelles dispositions : l'une sur la parité hommes-femmes, l'autre permettant la ratification du Traité créant la Cour pénale internationale.

Toutes n'ont pas le même sens et la même importance. Les trois plus importantes sont celles de 1962 introduisant l'élection du Président de la République au suffrage universel direct, celle de 1974 ouvrant la saisine du Conseil constitutionnel aux parlementaires et celle de 1992 parce qu'elle introduit pour la première fois l'Europe dans la Constitution.

Si on tente de dresser une typologie de ces révisions, c'est-à-dire si on essaie de les regrouper selon leurs objectifs, on peut distinguer :

→ celles rendues nécessaires par l'*évolution des relations internationale :* disparition de la Communauté, construction de l'Europe. L'édification européenne entraînera très certainement d'autres révisions dans l'avenir ;

→ celles correspondant à des *retouches techniques :*

- minimes : régime des sessions parlementaires, modalités d'élection du Président (1976), inviolabilité des parlementaires, extension du champ du référemdun, financement de la sécurité sociale,
- plus importantes : statut du Conseil supérieur de la magistrature, responsabilité pénale des ministres ;

→ celles apportant des *modifications profondes aux institutions :* élection du Président au suffrage direct, extension de la saisine du Conseil constitutionnel.

53 *bis.* — Deux tentatives de révisions ont *échoué* :

- **En 1969 :** il s'agissait d'une réforme de l'administration régionale et du statut du Sénat. Repoussée au référendum ; cet échec a entraîné la démission du général de Gaulle de ses fonctions de Président de la République ;
- **En 1984 :** François Mitterrand avait souhaité qu'une modification de l'article 11 de la Constitution autorise le recours au référendum dans le domaine des libertés publiques. Cette réforme a échoué devant l'hostilité du Sénat.

— Trois autres n'ont pas été menées à leur terme :

- **En 1973 :** le Président Pompidou avait tenté de faire ramener à 5 ans la durée du mandat présidentiel. La majorité obtenue par ce projet dans les deux chambres lui a paru trop faible pour que la révision aboutisse devant le Congrès, aussi la procédure a-t-elle été abandonnée (V. 394) ;
- **En 1974 :** la réforme du régime des suppléants parlementaires, entreprise par Valéry Giscard d'Estaing, n'a pas eu de suite, pour les mêmes raisons (V. 444).
- Une révision entreprise au **Printemps de 1990,** concernant la saisine du Conseil constitutionnel par la procédure du contrôle de la constitutionnalité par voie d'exception (v. 108), semble abandonnée.

Bien que ceci soit contesté, il faut admettre que, pour les tentatives de 1973 et 1974, les votes de l'Assemblée et du Sénat restent acquis et que la révision pourrait être reprise à tout moment. Mais, pour des raisons de procédure, le Président ne pourrait le faire sans l'accord du Premier ministre. En outre, cela ne manquerait pas de déclencher des polémiques politiquement dangereuses.

Bien d'autres propositions de révision, sans suites constitutionnelles, ont été formulées depuis 1958, portant par exemple sur la durée du mandat du Président, la suppression du cumul des mandats ou de l'article 16. On les évoquera plus loin. L'intéressant est de souligner que la procédure de révision tombée en sommeil — à une exception près — depuis 1976, connaît un renouveau spectaculaire depuis 1992 : huit révision en sept ans. On est tombé dans l'excès inverse ; c'est beaucoup, c'est trop.

Deux voies ont été utilisées pour modifier la Constitution, situation qui a donné naissance à la plus belle querelle constitutionnelle qui ait agité les milieux politiques et juridiques depuis 1958.

1. La procédure régulière de l'article 89

54. La Constitution comporte un titre XVI intitulé *« De la révision »* formé d'un article unique, l'article 89.

Celui-ci prévoit deux procédures différentes, *selon l'autorité qui a pris l'initiative de la révision.*

a) *Révision à l'initiative des* parlementaires

55. Les deux chambres sont ici placées sur un pied d'égalité, chaque député ou chaque sénateur peut prendre l'initiative d'une révision. Si l'Assemblée à laquelle il appartient débat de cette proposition et l'approuve, la procédure de révision est engagée.

La *« proposition »* de révision approuvée par la chambre sera transmise pour discussion à l'autre chambre. Son adoption suppose que les deux chambres se mettent d'accord sur un *texte identique,* le vote étant acquis sans règle particulière de majorité (majorité simple des suffrages exprimés). *L'opposition d'une des deux Chambres suffit à faire échouer la proposition.*

La procédure ne se termine pas là : le texte adopté doit ensuite être soumis au peuple par *référendum.*

Le Président de la République et le Gouvernement n'ont aucune possibilité d'intervenir dans la procédure, en cas de désaccord ils pourraient seulement faire campagne contre elle et appeler les parlementaires amis à un vote hostile. En particulier, ils seraient obligés d'organiser un référendum après l'approbation par les chambres d'un texte identique. La Constitution peut donc être révisée contre la volonté de l'exécutif.

Cette voie n'a guère été utilisée et n'a jamais abouti. Le Gouvernement, en effet, a la maîtrise de l'ordre du jour, c'est-à-dire qu'il fait venir en discussion devant le Parlement les propositions qu'il veut, et qu'il peut *« enterrer »* définitivement les autres. Si les propositions de révision ont été assez nombreuses, aucune n'a été inscrite à l'ordre du jour de l'Assemblée, deux l'ont été au Sénat, sans succès.

b) *Révision à l'initiative du* Président de la République

56. Le Président de la République peut lui aussi engager — sur proposition du Premier ministre — une procédure de révision ; on parle alors de *« projet »* de révision. En principe donc, c'est le Premier ministre qui est à l'origine de la procédure. Cette condition a été longtemps assez formelle, en ce sens que, du fait des relations établies jusqu'en 1986 entre les deux hommes, si la demande était bien faite par le Premier ministre, l'initiative venait en réalité du Président. Il n'en serait pas nécessairement de même lorsque le Président et le Premier ministre sont issus de formations politiques adverses. Le Président ne peut contraindre le Premier ministre à lui adresser une proposition de révision. Réciproquement, le Président n'étant pas obligé de suivre la proposition de son Premier ministre, celui-ci devra, s'il souhaite quand même entreprendre une révision, susciter une initiative parlementaire (le Président peut lui aussi susciter une proposition parlementaire si le Premier ministre est opposé à la révision, mais il y a peu de chances que celle-ci soit inscrite à l'ordre du jour, au moins à l'Assemblée Nationale, et a fortiori adoptée par les deux chambres contre la volonté du Gouvernement. *L'initiative est donc bien partagée entre les deux hommes, elle suppose l'accord de l'un et de l'autre.*

Quoiqu'il en soit, si le Président de la République entreprend une révision constitutionnelle, il a le *choix* entre *deux attitudes.*

• il peut utiliser la procédure qui vient d'être décrite pour l'initiative parlementaire. Dans l'esprit des Constituants de 1958, il s'agissait là de la voie normale. Pourtant elle a toujours été écartée (sauf en 1984).

• il peut aussi recourir à une procédure *différente :* après le vote par chacune des assemblées d'un texte identique, le projet est soumis pour approbation aux deux chambres réunies en *Congrès,* c'est-à-dire que l'Assemblée Nationale et le Sénat tiennent une séance commune (réunie à Versailles pour ne pas privilégier l'une et pour disposer d'une salle assez grande). Le projet est approuvé s'il obtient au moins les 3/5 des suffrages *exprimés*. Aucun débat n'est organisé, et aucun amendement au texte voté par les deux Assemblées n'est recevable, les groupes (V. 480) peuvent seulement présenter en dix minutes des explications de vote, — ce qui rend les séances du Congrès extrêmement mornes —. Si cette voie est suivie, *il n'y a pas lieu de recourir au référendum.*

Le Président, lorsqu'il s'entend avec le Premier ministre, est ainsi maître de cette procédure. Non seulement il a le choix entre les deux voies indiquées, mais la procédure ne lui échappe pas après avoir été engagée, elle ne se déroule pas d'elle-même, le Président peut la suspendre quand il veut : après le vote d'une chambre, après une navette (V. 500), après le vote des deux chambres... Pompidou en 1973, Valéry Giscard d'Estaing en 1974 ont usé de ce pouvoir. De même il peut faire traîner la convocation du Congrès (J. Chirac en 1999 pour la réforme du Conseil supérieur de la magistrature), voire y renoncer. *La révision ne va donc à son terme que si le Président le veut bien.* Et s'il en a suspendu le cours, lui-même, ou l'un de ses successeurs, peut le faire reprendre quand il le souhaite ; les étapes déjà franchies (votes des chambres par exemple) étant considérées comme acquises. M. Chirac pourrait aujourd'hui mener à leur terme les procédures de révision engagées en 1973 et 1974 (v. 53).

c) *Observations*

57. Ce système suscite trois sortes d'observations :

— Sur la *procédure* tout d'abord : pourquoi avoir retenu un système aussi compliqué ? Deux explications peuvent être avancées :

• Le recours au référendum a été rendu *obligatoire au cas d'initiative parlementaire pour faire arbitrer par le peuple un différend* qui pourrait s'élever entre l'exécutif et le Parlement à propos de la révision. Écarté de la procédure, le chef de l'Etat pourra faire appel devant le peuple. En outre, il paraît naturel que le peuple soit consulté, au moins sur les modifications importantes, puisque la Constitution a été initialement approuvée par lui. A l'origine la voie du référendum était considérée comme la procédure normale.

• Cependant, il n'est pas apparu opportun d'exiger dans toutes les hypothèses le recours à la formule longue, lourde et coûteuse du référendum, en particulier lorsque la révision porte sur *des aspects de technique constitutionnelle* ou qu'il y a urgence. Aussi bien, aucune des révisions engagées sur la base de l'article 89 par le Président n'a donné lieu jusqu'à présent à référendum.

On ajoutera que la révision est impossible lorsqu'il est porté atteinte à l'intégrité du territoire ou pendant l'intérim de la Présidence de la République. Bien que la Constitution ne le précise pas, la situation semble être la même lorsque s'applique l'article 16.

— *Sur le fond* d'autre part :

L'aspect le plus important de ces procédures est qu'***une révision ne peut aboutir sans l'accord des deux chambres.***

— *Sur l'attitude du Sénat enfin*

• L'assentiment de l'Assemblée Nationale n'a pas jusqu'à présent fait de difficulté. *Le problème peut venir du Sénat.* Ce sera le cas lorsque l'opposition y est majoritaire. Cette situation s'est réalisée pendant l'*été 1984* et le Sénat a fait échouer la révision constitutionnelle entreprise par François Mitterrand. Le Sénat n'était pas opposé à la modification de l'article 11 de la Constitution suggérée par le Chef de l'Etat, pour permettre le recours au référendum sur les projets de lois concernant les garanties des libertés publiques. Il avait lui-même pris une initiative dans le même sens peu de temps auparavant. Mais F. Mitterrand ayant annoncé qu'après l'adoption du projet de révision par les Chambres il le soumettrait au référendum, les Sénateurs ont considéré qu'en écartant la voie habituelle du Congrès, le Président de la République posait à travers ce « référendum sur le référendum » une question de confiance au pays et, qu'il cherchait à restaurer son image, très dégradée à l'époque. Il y avait là à leurs yeux, une sorte de *détournement de procédure* auquel ils ont refusé de se prêter ; c'est pourquoi le Sénat repoussa le projet, mettant ainsi fin à la procédure.

• De nouveau en 1990, lors de la tentative de création d'un contrôle de la constitutionnalité par voie d'exception, l'opposition du Sénat a empêché la révision (v. 108), plus ici encore pour des motifs politiques que par un désaccord de fond.

• Par la suite, en 1992, le Sénat profita de la révision pour renforcer sa position en face de l'Assemblée. Alors que la Constitution n'imposait un vote dans les mêmes termes par les deux chambres que pour une seule catégorie de lois organiques, celles « relatives » au Sénat (...), ce dernier subordonna son accord à la révision, à la création d'une nouvelle catégorie de lois organiques pour lesquelles ses pouvoirs seraient les mêmes que ceux de l'Assemblée : les lois aménageant le droit de vote en France des ressortissants de l'Union Européenne.

• Enfin, en 1993, le Sénat a profondément modifié les dispositions du texte concernant le Conseil Supérieur de la Magistrature, tel qu'il avait été adopté par l'Assemblée ; celle-ci s'inclina pour ne pas compromettre la réforme.

Le Sénat dispose donc d'un droit de veto en matière constitutionnelle, qui lui permet de bloquer toute possibilité de révision. A moins que, de façon plus habile, il ne subordonne son adhésion à l'adoption de dispositions rehaussant sa place au sein des institutions. Pour éviter un blocage systématique par le Sénat de révisions considérées comme indispensables par l'exécutif, on a proposé (Commission Vedel 1993) que dans l'hypothèse où une chambre repousserait une révision, adoptée à une majorité des 3/5 dans l'autre, le projet puisse être soumis par le Président de la République au peuple qui trancherait par référendum.

Dans ces conditions on comprend que le Président de la République puisse être tenté parfois de passer par la voie de l'article 11.

2. L'utilisation contestable de la procédure de l'article 11

58. A deux reprises, en 1962 et en 1969, le général de Gaulle a utilisé l'article 11 de la Constitution pour obtenir la révision du texte de 1958, et il s'agit de deux des plus importantes révisions qui aient été entreprises. C'est à leur propos que s'est développée la vaste controverse évoquée plus haut.

Que disait l'article 11 (il a été modifié depuis par la révision de 1995) ?

« Le Président de la République, sur proposition du Gouvernement pendant la durée des sessions, ou sur proposition conjointe des deux assemblées, publiées au Journal officiel, peut soumettre au référendum tout projet de loi portant sur l'organisation des pouvoirs publics... ou tendant à autoriser la ratification d'un traité qui, sans être contraire à la Constitution, aurait des incidences sur le fonctionnement des institutions ».

Dans quelles circonstances le Président de la République a-t-il été amené à invoquer cet article, quelles raisons l'ont-elles guidé, l'utilisation de l'article 11 était-elle régulière ?

a) *Les faits*

59. — *La révision de 1962*

Dans une allocution radio-télévisée, le général de Gaulle annonce le 20 septembre 1962 qu'il estime nécessaire de modifier la Constitution pour permettre au Chef de l'Etat d'être *élu au suffrage universel direct.* Cette révision sera soumise au peuple par un référendum organisé sur la base de l'article 11 de la Constitution. Ayant réglé le problème algérien, de Gaulle souhaite mener à son terme la mise en place d'un système constitutionnel édifié autour du Chef de l'Etat, qu'il ne s'était pas senti assez fort pour imposer dans son intégralité en 1958.

Le 2 octobre, Georges Pompidou, qui était Premier ministre depuis quelques mois, demande au président d'organiser le référendum. De Gaulle informe alors officiellement les Assemblées de son projet, précisant qu'il démissionnera si celui-ci est repoussé par le peuple.

Le 5 octobre, l'Assemblée Nationale vote une *motion de censure* renversant le Gouvernement. Les députés, qui réprouvent l'initiative du Chef de l'Etat, n'ont pas les moyens constitutionnels de la sanctionner, aussi s'en prennent-ils au Gouvernement qui, théoriquement, est à l'origine de l'organisation du référendum, considéré par eux comme inconstitutionnel, et lui retirent leur confiance.

Le général de Gaulle reçoit le 6 octobre la démission du gouvernement Pompidou, rendue obligatoire par le vote de la motion de censure, mais il le prie de continuer à exercer ses fonctions. En même temps, il *dissout* l'Assemblée Nationale et met sa démission dans la balance en cas d'échec du référendum.

Le référendum a lieu le 28 octobre et la révision est votée par 62,25 % des suffrages exprimés ce qui est un succès pour de Gaulle, les électeurs refusant à une large majorité de suivre les mots d'ordre donnés par la plupart des partis.

Ce succès (pas éclatant : 47 % seulement du corps électoral a voté oui) est confirmé les 18 et 25 novembre par les élections à l'Assemblée Nationale, dont sortent largement victorieuses les formations qui avaient fait campagne en faveur du projet de révision.

Mais le Sénat, qui n'avait pas été atteint par la dissolution, ne désarme pas et son Président, Gaston Monnerville, dont l'hostilité pour le général de Gaulle ne devait pas se démentir pendant des années, *saisit le Conseil Constitutionnel* pour qu'il déclare inconstitutionnelle la loi votée par le peuple le 28 octobre. Par décision du 6 novembre, le Conseil se déclare incompétent. Il estime que son contrôle ne peut porter sur les lois adoptées par le peuple mais seulement sur celles votées par le Parlement.

— *La tentative de 1969*

La révision de 1969 devait entraîner une crise politique plus grave encore mais d'une autre nature, car ici l'organisation de la révision sur la base de l'article 11 ne fit que réchauffer de vieilles querelles sans affrontements spectaculaires. La crise naquit de l'échec de la procédure de révision qui entraîna *la démission du général de Gaulle.*

La révision n'était d'ailleurs qu'un prétexte. Les Français étaient interrogés sur la *réforme régionale,* qui ne les intéressait guère, et sur la *transformation du statut du Sénat,* institution à laquelle ils étaient plus attachés et avec laquelle depuis 1962 de Gaulle avait un compte à régler (et d'ailleurs depuis Bayeux, il avait dans l'esprit un autre type de seconde chambre ; il poursuit donc aussi l'achèvement de la Constitution de 1958). En réalité, le Chef de l'Etat dont l'autorité avait été fortement ébranlée par les événements de mai 1968 cherchait par un référendum à obtenir une nouvelle investiture populaire. Aussi déclarait-il, comme en 1962, qu'il se retirerait en cas de réponse négative.

Abandonné par Georges Pompidou qui avait annoncé quelques semaines auparavant qu'il serait candidat à sa succession et par Valéry Giscard d'Estaing qui refusa de conseiller à ses électeurs de voter en faveur du projet, de Gaulle fut mis en échec. Par 12.000.000 de non contre

10.900.000 oui, le texte — très technique — proposé aux suffrages fut repoussé.

b) *Les raisons du recours à l'article 11*

60. Pourquoi le général de Gaulle a-t-il eu recours à cette procédure ? Pourquoi n'a-t-il pas utilisé la voie prévue par l'article 89 ?

L'article 89 présentait un inconvénient majeur : il subordonne, ainsi qu'on l'a vu, toute révision à l'accord des chambres, le gouvernement peut se passer du référendum, il ne peut esquiver l'approbation de son projet par les Assemblées. Or de Gaulle savait, en l'occurrence, que l'idée d'élire le Président de la République au suffrage direct allait rencontrer dans les milieux parlementaires les plus vives réserves. La majorité dont il disposait à l'Assemblée Nationale s'effritait alors que le problème pour lequel il avait été rappelé aux affaires — l'Algérie — était maintenant réglé. Indépendamment de leurs sentiments à l'égard de la personne du général de Gaulle, les députés voyaient d'un mauvais œil une procédure d'élection qui ne pouvait que renforcer l'autorité du Chef de l'Etat aux dépens de la leur ; ils ne seraient plus les seuls à tenir leur mandat du suffrage direct. En outre, l'opposition du Sénat ne pouvait faire de doute.

L'utilisation de l'article 11 court-circuitait les chambres. De Gaulle s'adressait directement à la Nation où son projet avait toutes raisons d'être bien accueilli.

En 1969, le précédent réussi de 1962 donnait une certaine légitimité à l'utilisation d'une procédure sans laquelle la réforme n'avait aucune chance d'aboutir. Le Sénat, toujours hostile au Chef de l'Etat, n'avait, en effet, aucunement l'intention de se rallier à un projet qui consacrait sa disparition.

c) *La constitutionnalité du recours à l'article 11*

61. La majorité de la classe politique et de la doctrine a contesté la régularité de la procédure choisie en 1962 et en 1969 et ses arguments ne manquent pas de force.

— *Les arguments en faveur de l'inconstitutionnalité du recours à l'article 11*

• Une violation mineure doit tout d'abord être évoquée : le Président de la République a rendu public le recours au référendum avant d'en avoir été officiellement saisi par le Premier ministre. Or l'article 11 est sans équivoque sur le fait que la procédure commence par une proposition du Gouvernement. Plus grave apparaît la violation de l'article 89.

• L'article 89 forme à lui seul le titre XVI de la Constitution intitulé « de la révision ». Si une autre procédure de révision était incluse dans la Constitution, on devrait la trouver dans ce titre, ou tout au moins elle devrait y faire l'objet d'un renvoi. *L'article 89 ne renvoie pas plus à l'article 11 que celui-ci ne se réfère à l'article 89.* En outre, cet article est précis, détaillé, il prévoit deux procédures, celle à l'initiative du Gouvernement lui offrant le choix entre deux possibilités. Dans ces conditions, la volonté du constituant est claire et il faut donc admettre que l'intervention du Parlement est obligatoire pour toute révision. Une règle aussi importante ne pourrait être écartée qu'expressément ;

• Au surplus, *l'article 85 de la Constitution* prévoyait deux procédures de révision, propres aux règles concernant la Communauté créée en 1958 par la France et ses anciennes possessions d'outre-mer. Si la Communauté n'existe plus et si l'article 85 a été supprimé par la révision de 1995, ses dispositions doivent être prises en considération dans le débat sur l'article 11.

En effet, ce qui confirme l'argument précédent, le Constituant ouvrait deux autres voies de révision *en se référant explicitement à l'article 89 de la Constitution* en soulignant, pour la première, qu'elle intervenait « par dérogation à la procédure prévue à l'article 89 ». On en conclut que si le Constituant avait considéré que l'article 11 créait une autre procédure de révision, il aurait dû préciser dans l'article 85 « par dérogation à la procédure prévue à l'article 89 et à celle prévue à l'article 11 ». Le fait de se référer uniquement à l'article 89 montre bien que dans son esprit les seules procédures de révision (outre celles de l'article 85) étaient celles exposées par cet article 89.

• Enfin, la disposition visant les traités, contenue dans l'article 11, montre que celui-ci ne peut concerner les lois constitutionnelles. Il est prévu en effet qu'un référendum peut être organisé pour approuver un traité ayant des « incidences sur le fonctionnement des institutions » à condition qu'il ne soit pas « contraire à la Constitution ». Exigence confirmée par l'article 54 de la Constitution qui prévoit que si un traité est contraire à la Constitution il ne peut être ratifié qu'*après révision* de celle-ci. On en déduit par analogie que *si le référendum ne peut servir à approuver un traité contraire à la Constitution, on ne peut pas plus y recourir pour faire voter une loi en contradiction avec celle-ci.* Sont exclus à la fois du domaine du référendum de l'article 11 : les projets de lois de révision constitutionnelle et les traités contraires à la Constitution.

— *Les arguments en faveur de la constitutionnalité*

• Une argumentation *politique* a tout d'abord été avancée, en particulier par Georges Pompidou. Elle consiste à dire que si les Chambres peuvent mener, à leur initiative, une procédure de révision sans intervention du Président de la République, celui-ci doit pouvoir, par symétrie ou en contrepartie, faire modifier la Constitution sans intervention du Parlement, ce que ne permet par l'article 89. Le parallèle ainsi établi est fort ingénieux, mais il ne repose sur aucun argument de texte. Le général de Gaulle de son côté soutenait qu'approuvée par le peuple, la Constitution doit pouvoir être révisée par lui. L'affirmation ne répond pas à l'objection de l'existence dans l'article 89 du vote éventuel par le congrès sans référendum, c'est-à-dire sans intervention populaire.

• Une thèse, reposant sur une exégèse de la Constitution proposée par M. *Lampué,* — à partir d'une réflexion de G. Pompidou — justifie sur un plan *juridique* l'attitude du général de Gaulle (1).

Pierre Lampué s'interroge sur la portée de l'expression « tout projet de loi » utilisée par l'article 11 : « le président... peut soumettre au référendum tout projet de loi portant sur l'organisation des pouvoirs publics... ». De quels projets de loi s'agit-il ? Il en existe trois types : les projets de loi de révision constitutionnelle, les projets de loi organique et les projets de loi ordinaire. Les adversaires de la constitutionnalité du recours à l'article 11 éliminent les projets de révision car, disent-ils, ceux-ci sont régis par l'article 89 de la Constitution qui ne prévoit pas d'exception et, en particulier, ne renvoie pas à l'article 11. Admettons avec eux, dit M. Lampué, que les projets de lois de révision n'entrent pas dans le champ de l'expression : « tout projet de loi ». *Qu'en est-il alors pour les lois organiques et les lois ordinaires ?* A l'examen il apparaît que les dispositions de la Constitution les concernant n'ouvrent pas *non plus* d'exception aux procédures qu'elles instituent, c'est-à-dire ne prévoient pas que ces lois puissent éventuellement être adoptées par la procédure de l'article 11. Elles ne sont donc pas recouvertes par la formule « tout projet de loi... » de l'article 11 et, si on reste dans la logique du raisonnement des adversaires de la constitutionnalité, *il faut donc les exclure elles aussi du champ d'application de cet article.* Dans ces conditions, celui-ci ne visant ni les lois de révision, ni les lois organiques, ni les lois ordinaires, à quoi s'applique-t-il ? Le point de vue des adversaires de la constitutionnalité du recours à l'article 11 pour réviser la Constitution *enlèverait toute portée à cet article,* celui-ci n'aurait aucun sens, ne s'appliquerait à aucune loi. Or il est de principe qu'en présence d'une disposition obscure, il ne faut pas renoncer à l'appliquer, on doit au contraire s'efforcer de lui faire produire un effet. Ici il faut admettre que l'article 11 s'applique à toutes les lois : de révision, organiques et ordinaires. On peut donc réviser la Constitution par la voie de l'article 11.

---

(1) Cf. Pierre Lampué : Le mode d'élection du Président de la République et la procédure de l'article 11. *Revue du droit public et de la Science politique,* 1962, p. 931.

D'autre part, poursuit P. Lampué, le membre de phrase concernant les traités « contraires à la Constitution » se justifie, car pour eux l'article 54 prévoit qu'ils ne pourront être ratifiés qu'après révision de la Constitution. Les mêmes raisons n'existent pas pour les lois d'organisation des pouvoirs publics puisqu'aucun article de la Constitution n'exige de révision constitutionnelle avant le vote d'une telle loi. *Il ne faut pas raisonner ici par analogie mais par a contrario,* l'article 11 fait une distinction entre les traités et les lois, les premiers ne peuvent être soumis au référendum s'ils sont contraires à la Constitution, le Constituant n'a pas fait la même réserve pour les lois, donc elles peuvent faire l'objet d'un référendum même si elles sont contraires à la Constitution, si elles révisent celle-ci.

En droit strict, la thèse de la constitutionnalité de l'utilisation de l'article 11 est très solidement étayée et l'argumentation de P. Lampué paraît déterminante. Certes l'esprit du texte dans son ensemble condamne, semble-t-il, le recours à l'article 11, mais qui doit prévaloir : un texte maladroitement rédigé ou la volonté du Constituant d'associer dans tous les cas le Parlement à la révision ? En droit constitutionnel, on l'a dit, la lettre prévaut sur l'esprit, le général de Gaulle a donc eu raison de recourir à l'article 11 même si dans d'autres occasions il n'hésitait pas à se réclamer de l'esprit du texte lorsque celui-ci était favorable à ses vues.

d) *L'approbation populaire peut-elle faire disparaître l'inconstitutionnalité ?*

62. Le problème peut être envisagé sous deux aspects.

— Le peuple a ratifié, lors du référendum de 1962, le projet de révision qui lui était soumis. On peut considérer que, par là, il a accepté à la fois le contenu de la révision et la procédure suivie. *Le peuple aurait désavoué ceux qui soutenaient que la révision était inconstitutionnelle,* et les élections de novembre confirmeraient ce désaveu. En effet, la Constitution, dans son article 3, dispose que la souveraineté « appartient au peuple qui l'exerce par ses représentants et *par voie de référendum* ». Dans l'exercice de sa souveraineté, le peuple aurait admis que l'article 11 pouvait être utilisé pour réviser la Constitution.

Peut-on reconnaître un tel pouvoir absolu du peuple souverain ? La Constitution n'est-elle pas au contraire destinée à mettre à l'abri des entreprises d'une majorité les principes (qu'on songe aux droits et libertés par exemple) et les règles qui sont la propriété et la garantie de tous ? Si le peuple souhaite modifier la charte solennelle de la Nation, nul ne songe à lui contester ce pouvoir, mais il doit le faire en suivant la procédure de révision prévue à cet effet. C'est la loi de la démocratie.

— Sans aller si loin, on s'est demandé si une *coutume constitutionnelle n'est pas née en 1962 ?* (G. Vedel). Même en laissant de côté le débat sur l'existence d'une coutume constitutionnelle — et sa création par un seul précédent —, ce point de vue ne paraît pas très solide. En effet, ou bien l'utilisation de l'article 11 était constitutionnelle et on ne voit pas pourquoi elle ferait apparaître une coutume ; ou bien au contraire elle était inconstitutionnelle et il ne peut sûrement pas y avoir de coutume contra legem. Curieuse coutume, enfin, qui aurait été désavouée par le peuple en 1969.

e) *Avenir de l'article 11*

63. Depuis quelques années, le débat était quelque peu retombé, la plupart des spécialistes et des hommes politiques s'étant ralliés à l'idée que les seules procédures régulières de révision de la Constitution étaient celles de l'article 89. M. Valéry Giscard d'Estaing, l'avait implicitement admis dans un discours prononcé devant le Conseil Constitutionnel le 8 novembre 1977. De son côté la gauche qui, entre 1981 et 1986, aurait pu trouver dans l'article 11 une voie lui permettant de réaliser des réformes constitutionnelles en contournant l'obstacle du Sénat dominé par la droite, est restée alors fidèle à sa ligne constante de condamnation de cette procédure. Pourtant *M. François Mitterrand,* dans une interview donnée à la revue Pouvoirs (2) au début de 1988, a estimé que « l'usage établi et approuvé par le peuple » permettait de considérer que l'article 11 pouvait être utilisé, concurremment avec l'article 89, « à propos de textes peu nombreux et simples dans leur rédaction ». Il *a donc admis par là que l'article 11 permet de réviser la Constitution.*

Et il aurait peut être été tenté d'y recourir en 1992 si le Sénat s'était opposé à la révision rendue nécessaire par le Traité de Maastricht. Mais l'utilisation de cette voie de rechange aurait été en contradiction avec l'adage latin « una electa, una via » : il faut s'en tenir à la voie qu'on a choisie. Après avoir utilisé en vain la voie parlementaire, le Président ne peut recourir à celle du référendum.

3. Vers de nouvelles révisions

64. Le courant « révisionniste », important dans les débuts du régime, a perdu de sa force. La gauche, en particulier, très contestaire à l'origine, s'est ralliée aux institutions et ses dernières réserves sont tombées après l'élection de François Mitterrand en 1981, puis au cours de ses deux mandats présidentiels.

---

(2) Pouvoirs, n° 45, p. 138.

Pourtant la réflexion constitutionnelle n'a pas cessé et elle a trouvé son expression la plus marquante dans la Commission créée au début de 1993 par le Président de la République et présidée par le Doyen Georges Vedel. Cette Commission a formulé de nombreuses propositions qui, sans remettre en cause les grands équilibres entre les institutions, voulues par le constituant de 1958, cherchaient à corriger des déformations apparues dans la pratique et à adapter et moderniser, dans un souci d'efficacité et de plus grande démocratie, un certain nombre de dispositions. Les révisions constitutionnelles de 1993 et de 1995 se sont inspirés partiellement de ses travaux.

Les révisions en projet

Un certain nombre de révisions de la Constitution de 1958 sont en cours ou devraient être entreprises dans les prochains mois :

- pour modifier le statut du Conseil supérieur de la Magistrature
- pour modifier les règles d'incompatibilité des membres du gouvernement
- pour étendre l'autonomie de la Polynésie
- pour modifier à nouveau le régime juridique de la Nouvelle-Calédonie.

Faut-il aller plus loin ? Cela n'est pas souhaitable. Les institutions constitutionnelles ont besoin de stabilité, les règles du jeu ne doivent pas changer trop souvent. Il ne faut y toucher que si elles sont dangereuses, mauvaises ou inefficaces. Ce n'est pas le cas aujourd'hui en France.

Pourtant la révision est à l'ordre du jour (V. le tableau). Certains de ces projets sont heureux (cumul des mandats, à condition d'aller jusqu'au bout, v. 467), d'autres sont circonstanciels (Nouvelle-Calédonie). Il faut souhaiter que ce mouvement s'apaise. Il serait en outre opportun que les projets en suspens soit regroupés en un unique document.

Section 3
L'abrogation de la Constitution

65. La décision d'abroger une Constitution est un événement exceptionnel. On la rencontre parfois, car elle peut avoir une valeur symbolique mais, si le pouvoir prend la peine de prononcer l'abrogation de la Constitution, celle-ci généralement n'intervient pas dans les règles, en respectant le *principe du parallélisme* des formes, c'est-à-dire selon la procédure même prévue pour l'élaboration d'une Constitution : réunion d'une Assemblée, référendum, etc. En France seules trois Constitutions ont été abrogées dans les formes (celles de 1852, 1875 et 1946).

En revanche il arrive que l'application de la Constitution soit « *suspendue* » pour la durée d'une grave crise intérieure ou extérieure. Les autorités exercent alors un pouvoir dictatorial sans tenir compte des dispositions constitutionnelles. Ainsi en France en 1793, ouvrant la porte à la Terreur, ou au Brésil en 1930. En principe la crise passée, on devrait revenir à l'application de la Constitution. C'est rarement le cas.

Le plus souvent ce sera un coup d'État, où le pouvoir est conquis par la tête, par un homme (Bonaparte en Brumaire an VIII) ou par une Assemblée (le Tiers État en 1789, l'Assemblée législative en 1791), ou une *révolution,* où le pouvoir est renversé par la base, par le peuple (1848 et 1870 en France), qui abrogera en fait l'ancienne Constitution.

Ajoutons qu'en France les régimes politiques ne survivent pas aux guerres étrangères perdues (1814, 1815, 1940) ou sur le point de l'être (1870, 1958), et entraînent la Constitution dans leur chute.

Chapitre 3
Autorité de la Constitution

Dans la plupart des Etats modernes, la Constitution est l'acte qui possède la plus haute autorité. A ce titre, des procédures sont prévues pour la faire respecter.

Section 1
La hiérarchie des normes

66. Un système juridique est un ensemble organisé de règles de droit, de *normes,* régissant une société donnée. Il comprend des règles relevant du droit public et d'autres appartenant au droit privé. Toutes ces règles ne sont pas sur le même plan, toutes n'ont pas la même valeur. Des subordinations apparaissent nécessairement en ce sens que des liens s'établissent entre elles, où des règles commandent à d'autres, leur sont supérieures, ne peuvent être violées par ceux qui élaborent les normes subordonnées. Exemples : un maire ne pourrait modifier la durée hebdomadaire du travail sur le territoire de sa commune en contravention avec la réglementation nationale ; en rédigeant son testament, un père de famille ne peut déshériter entièrement sa femme et ses enfants en écartant la loi sur les successions, etc.

On dit que les règles de droit, les normes, sont *hiérarchisées.* On peut ainsi établir un classement des normes selon leur degré d'autorité, distinguant des normes supérieures qui commanderont, s'imposeront à celles qui leur sont inférieures, ou subordonnées, dans la hiérarchie. Chaque norme doit être conforme ou compatible, avec toutes celles qui lui sont supérieures.

Comment se présente ce classement ?

La théorie de la hiérarchie pyramidale des normes

Les normes supérieures étant moins nombreuses que les normes subordonnées, la hiérarchie des normes peut être représentée par l'image d'une « pyramide », à laquelle le juriste autrichien Kelsen a attaché son nom : « l'ordre juridique n'est pas un système de normes juridiques placées au même rang, mais un édifice à plusieurs étages superposés, une pyramide ou une hiérarchie formée d'un certain nombre d'étages ou couches de normes successives ».

Dans le système de la *hiérarchie pyramidale des normes* on trouve au sommet de la hiérarchie la « norme-mère » *(Grundnorm)*, celle qui commande tout le système juridique, à laquelle sont subordonnées directement ou indirectement toutes les autres. Au-dessous d'elle se situent d'autres normes, placées sur le même plan, qui à leur tour commandent à d'autres, lesquelles elles-mêmes s'imposent à celles qui les suivent et ainsi de suite. A chaque degré le nombre des normes s'accroît et par là s'élargit la base de la pyramide. On constate que plus une norme est élevée dans la hiérarchie, plus elle est générale et *abstraite.*

Le problème de la norme suprême

L'image de la pyramide laisse de côté une question essentielle : *quelle est la norme supérieure ?* Beau thème de réflexion et de controverses où se sont illustrés depuis des générations les spécialistes de la philosophie du droit. Existe-t-il un *droit naturel,* informulé et préexistant à tout texte écrit, tiré de la volonté divine ou de la nature humaine, qui s'imposerait aux auteurs des Constitutions et des autres règles de droit ? Le droit n'est-il au contraire qu'une création de l'Etat et n'existerait-il de droit que celui créé par l'Etat ? C'est la théorie du *positivisme juridique* (V. 5). Autre problème : comment s'effectue à l'intérieur de la pyramide le classement entre les normes ? Que la loi l'emporte sur le décret, soit ; mais où, par exemple, insérer les traités internationaux ? On ne fait qu'évoquer ici des thèmes situés au cœur de la théorie générale du droit, on imagine sans peine les discussions savantes et passionnées auxquelles ils ont donné lieu.

Une constatation cependant s'impose : tout système juridique se fonde sur une hiérarchie des normes, et la norme la plus haute est généralement la *Constitution,* c'est elle la norme suprême, celle qui commande à toutes les autres. Ceci explique pourquoi son élaboration a une portée symbolique considérable et intervient selon une procédure contraignante avec des formes solennelles.

Mais la *conception normativiste* (toutes les règles, générales ou individuelles, sont de même nature) ainsi exposée a surtout des vertus didactiques : faire apparaître la subordination des normes. L'idée que le système est couronné par la Constitution est contestable : si la Constitution est abrogée, que se passe-t-il ? Toute la pyramide s'effondre ? Or il est bien évident que toute nouvelle Constitution n'entraîne pas la caducité immédiate et automatique du droit antérieur.

Pourtant le principe de la suprématie de la Constitution sur le reste de l'ordre juridique a une valeur explicative incontestable et correspond au droit positif de la plupart des Etats. Il faut se demander maintenant comment on va le faire respecter. C'est le problème du respect de la hiérarchie : comment assurer sa cohésion ?

Section 2
La garantie de la suprématie de la Constitution

67. Toute règle est contrainte, elle gêne, irrite ou lèse. Aussi est-il dans la nature des choses que toutes les règles, un jour, soient violées. La Constitution ne tire de sa majesté, de son caractère quasi sacré, aucune immunité qui la fasse échapper au sort commun. Mais sa valeur symbolique et sa place dans la hiérarchie des normes donnent une acuité particulière à la question de sa protection. Sa suprématie tient aux défenses dont on a voulu l'entourer. Comment protéger la Constitution des entreprises des ambitieux et des habiles que l'importance des enjeux ne manque pas de susciter ? Et des erreurs des incompétents ?

Les menaces peuvent venir d'à peu près tous les acteurs du jeu politique et les atteintes portées à la Constitution sont inégalement franches et graves. Elles posent la question de *l'efficacité* de la Constitution.

La violation de la Constitution par l'exécutif

Le pouvoir exécutif : Chef de l'Etat, Premier ministre, Gouvernement, par mauvaise volonté, méconnaissance ou fausse interprétation, ne tient pas compte de la Constitution.

• Le plus souvent, la violation de la Constitution sera *bénigne,* elle apparaîtra lors de l'émission d'une règle mineure sans bouleverser l'équilibre institutionnel : un décret pris en Conseil des Ministres n'est pas signé par les Ministres intéressés, un Ministre nomme directement un fonctionnaire alors que le Conseil des Ministres devait approuver cette désignation. Dans ces hypothèses, le système juridique lui-même a généralement prévu des procédures permettant de vérifier la conformité des décisions courantes de l'exécutif aux normes supérieures. Les moyens de faire constater l'illégalité sont relativement simples. Les tribunaux seront saisis, leur rôle est de faire respecter l'ensemble des règles juridiques, dont la Constitution. En France, pour obliger les Administrations à observer la Constitution (et la loi), on utilise une procédure originale très efficace : *« le recours pour un excès de pouvoir »*, qui sera étudié en Droit administratif.

• La violation sera parfois plus *grave* sans être encore dramatique : le Président refuse de signer un décret ou de convoquer une session extraordinaire du Parlement en dehors des cas où la Constitution l'y autorise ; ou, comme on l'a vu, il annonce un référendum avant d'avoir été saisi par le Premier ministre. Ces comportements bouleversent les équilibres ou les mécanismes voulus par le Constituant sans qu'une sanction juridique soit toujours organisée pour faire prévaloir le droit.

• Mais les choses peuvent prendre un tour plus *inquiétant.* La violation de la Constitution par le pouvoir exécutif se manifestera dans l'empiétement sur les compétences du Parlement, sa mise en sommeil, le non-respect de la volonté du corps électoral (Algérie 1992), par le coup d'Etat, larvé ou au grand jour : la Constitution est écartée, bafouée. Un pouvoir personnel se substitue aux institutions organisées par les textes. Que faire ?

Ici il serait dérisoire de s'en prendre aux actes, de vouloir les annuler, ce sont les personnes qu'il faut sanctionner. La Constitution elle-même peut prévoir des sanctions contre les gouvernants qui ne la respectent pas. Ils seront déférés devant les tribunaux et souvent une juridiction spéciale est prévue à cet effet : une *Haute-Cour de Justice* connaîtra des violations de la Constitution qualifiées de *crimes de haute trahison.* L'efficacité de cette procédure est limitée, ceux qui la subissent sont déjà des vaincus ; elle ne dissuade pas des aventures, elle permet seulement de rendre un hommage expiatoire aux principes.

Cette protection juridique se révélant généralement inadaptée, la sanction pourra donc être politique : les citoyens, lors des plus prochaines élections, tireront la leçon du non-respect de la Constitution en refusant leurs suffrages aux fautifs. Mais ce désaveu populaire suppose que les élections ne soient pas reportées et soient libres...

Aussi, à la violation de la Constitution le peuple sera-t-il peut-être amené à répondre par la force, en descendant dans la rue, se réclamant du *droit de résistance à l'oppression* proclamé dans des Constitutions de la Révolution française. Sa lutte contre l'oppression apparaît à la fois comme un droit et comme un devoir, et la violation grave de la Constitution peut être un acte d'oppression.

La violation de la Constitution par le législateur

Le législateur peut lui aussi violer la Constitution.

• Les coups d'Etat sont parfois l'œuvre du Parlement — la France en offre des exemples (1792, 1799, 1830), la Russie en 1993 — et pour lui n'existe pas de Haute Cour. Ici encore les citoyens qui défendraient la Constitution par les armes trouveraient une justification à leur insurrection dans le droit de résistance à l'oppression.

• Le plus fréquent, c'est que le législateur passe outre à la volonté du Constituant et vote des lois qui ne respectent pas les règles et les procédures posées par lui. *La loi n'est pas conforme à la Constitution.*

A priori la situation paraît sans originalité et relever des mêmes voies de droit — du type recours pour excès de pouvoir — qui permettent d'imposer le respect de la Constitution à l'exécutif dans son activité normative. La conformité de la loi à la Constitution sera assurée par *un contrôle de la constitutionnalité des lois.*

Celui-ci garantira le respect de la volonté du Constituant et par là la suprématie de la Constitution. En son absence, le législateur apparaît comme supérieur au Constituant, ou au mieux son égal, puisque ce que l'un a fait l'autre peut le défaire, il n'y a plus de prééminence hiérarchique de la Constitution sur la loi.

Sous-section 1
Théorie du contrôle de la constitutionnalité des lois

Le contrôle des actes du législateur est tout à fait logique. On doit pouvoir soit faire annuler une loi inconstitutionnelle (on verra plus loin qu'on parlera alors de *contrôle par voie d'action*), soit faire écarter l'application de la loi dans un cas précis *(contrôle par voie d'exception).*

Pourtant, la question apparaît comme éminemment *délicate.* Comment admettre que le législateur puisse faillir à sa mission ? D'ailleurs, sauf l'exception américaine (v. 80), il a fallu attendre les années 1920 pour voir se développer ce contrôle, aujourd'hui à peu près généralisé.

Deux *objections* résument les réticences à l'égard du contrôle :

1. La première tient à la nature même de la loi

68. Qu'est-ce qu'une loi, en effet ? La réponse classique consiste à dire que la loi est l'expression de la volonté générale (comprendre : du peuple, de l'ensemble des citoyens). La loi est votée par le Parlement composé de représentants du peuple,ceux-ci expriment sa volonté. Or *le peuple est souverain,* parlant par l'intermédiaire de ses réprésentants *il pourrait* tout faire et en particulier *ne pas respecter la Constitution.*

Si rigoureuse qu'elle soit, cette argumentation ne tient pas compte du fait que la Constitution est elle aussi l'expression de la volonté générale. La Nation s'est donnée une Charte durable, de façon solennelle, manifestant par là que ses représentants devraient la respecter, que leur volonté ne pourrait valablement s'exprimer que dans les formes et conditions qu'elle prévoit.

Bien sûr, la Nation ne s'est pas liée éternellement et si le Parlement souhaite aller à l'encontre de la Constitution, son vœu est tout à fait légitime, mais il doit le réaliser à travers les procédures de la révision constitutionnelle, inscrites dans la Constitution elle-même.

En outre, le contrôle apparaît comme absolument nécessaire dans les systèmes majoritaires, lorsque le Parlement et le Gouvernement sont entre les mains du, ou des mêmes partis pour la durée de la législature. Il est une protection contre les abus de majorité.

2. Une seconde objection, plus embarrassante, concerne l'organe chargé de veiller au respect de la Constitution

69. En pratique, il devrait être rare qu'une loi viole si ouvertement la Constitution, que la déclaration d'inconstitutionnalité ne puisse faire de doute. Pour deux raisons : d'une part la Constitution n'est pas toujours claire et d'autre part, le Parlement ne sera pas naïf, maladroit ou incompétent, au point de la contredire sans ambiguïté. La violation de la Constitution n'apparaîtra donc qu'au prix d'une analyse minutieuse des dispositions en cause, après une interprétation délicate. Cette démarche n'est pas entièrement scientifique et *le droit n'est pas une science exacte,* c'est-à-dire qu'à un problème donné il n'existe pas une seule et unique solution mais plusieurs. Une part de subjectivité entrera dans l'analyse. Ceci est très net pour les dispositions de la Constitution qui concernent les droits et libertés des citoyens, plus floues et imprécises que celles visant les institutions. Et l'expérience montre que la plupart des litiges naissent à leur propos. Selon la façon dont sera composé — sociologiquement, politiquement — l'organe chargé du contrôle, son jugement sur le respect ou le non-respect de la Constitution variera. Or, on a pu dire qu'il ne fallait *« toucher à la Constitution qu'avec des mains tremblantes ».* N'y a-t-il pas quelque chose de choquant à ce que cet organe de contrôle définisse une interprétation de la Constitution — conforme ou non à la volonté du Constituant — qui va prévaloir sur celle exprimée par les représentants élus de la Nation lorqu'ils ont voté la loi au sein du Parlement ? Sa volonté est supérieure à celle du Parlement, *il se comporte en supérieur des représentants de la Nation, il est au-dessus de la volonté nationale !*

On comprend qu'une telle situation, si par aventure elle se produit, soit intolérable et puisse aboutir à des conflits graves. Pour la caractériser on a forgé l'expression *« le gouvernement des juges »*. Le contrôle étant en effet le plus souvent attribué à un juge, celui-ci apparaît comme la plus haute autorité de l'Etat, ce qui remet en cause l'organisation des pouvoirs publics voulue par la Constitution, qui confiait cette autorité aux élus.

Le danger d'un gouvernement des juges n'est pas simplement théorique, on en trouve des manifestations dans l'histoire. Aussi tous les systèmes juridiques ne font-ils pas la même place au contrôle de la constitutionnalité des lois. Toutes les nuances existent entre ceux qui l'excluent et ceux qui le définissent de façon large.

§ 1. L'absence de contrôle de la constitutionnalité : l'exemple de la France jusqu'en 1958

70. Devant les objections de principe au contrôle de la constitutionnalité, certains systèmes juridiques ne prévoient aucune procédure de contrôle. En dehors de beaucoup de régimes du Tiers Monde (encore qu'une évolution soit en cours), ou marxistes et de la Grande-Bretagne, la meilleure illustration de cette situation a été longtemps fournie par la *France.*

La tradition française, en effet, a été durablement *défavorable* au contrôle de la constitutionnalité. Quand par exception elle en acceptait le principe, sa mise en œuvre était entourée de tant de conditions que son efficacité était illusoire. A ceci deux explications :

— la première est le respect singulier attaché à l'œuvre du législateur, *le mythe de la loi,* évoqué ci-dessus. Il apparaît comme intolérable que les décisions du Parlement, exprimant la volonté de la Nation, puissent être contrôlées par un organe qui lui soit extérieur ;

— La seconde est la faiblesse du *pouvoir juridictionnel,* liée à notre conception de la séparation des pouvoirs. Assez logiquement, la plupart des systèmes juridiques confient à un juge le pouvoir de contrôler les lois. En France, cette solution avait moins de chances d'être acceptée qu'ailleurs car la considération dont bénéficie le législateur y contraste avec l'abaissement où est tenu le juge. Les révolutionnaires de 1789, « les grands ancêtres », manifestèrent une profonde méfiance à l'égard du pouvoir judiciaire. Le comportement des Parlements d'Ancien Régime

— qui étaient des tribunaux — avait laissé de mauvais souvenirs. Par leur esprit de caste, l'attachement à leurs privilèges et intérêts, ils s'étaient en partie discrédités. En même temps ils avaient souvent entravés la mise en œuvre des décisions — bonnes ou mauvaises — du pouvoir royal ; *jamais peut-être la justice n'a été en France aussi indépendante du pouvoir qu'à la fin de l'Ancien Régime.* Mais ces empiètements créaient des précédents menaçants pour les nouvelles institutions. Aussi fit-on tout pour réduire le prestige de la justice et l'idée d'accorder aux juges le contrôle du législateur était inconcevable. Et cette prévention devait durer jusqu'au milieu du XXe siècle. Avant 1958, les expériences de contrôle de la constitutionnalité furent limitées et dérisoires, elles contribuèrent même à renforcer les réserves qu'inspirait le principe.

I. Les occasions manquées

71. • Dès avant, puis sous la Révolution, le problème du contrôle de la loi fut aperçu par Sieyès — qui dénonçait l'idée d'une constitution « abandonnée à elle-même » dès sa naissance — et quelques autres. Sieyès proposa, lors de l'élaboration de la Constitution de l'an III, la création d'un organe politique *« la jurie constitutionnaire »* à laquelle la Nation confierait la tâche d'annuler les actes contraires à la Constitution. Suggestion repoussée avec indignation : le Parlement voulait-il se donner un maître ? Que se passera-t-il si la jurie sort de ses limites ?

• Une fausse solution fut ensuite apportée par les *Sénats conservateurs* des Ier et IIe Empires. Sieyès fit en effet inscrire dans la Constitution de l'An VIII l'idée que le Sénat serait — entre autres attributions — chargé de « conserver », la Constitution, c'est à dire de la protéger, et la Constitution du 14 janvier 1852 reprit ensuite le même principe.

Ce fut un échec.

— Le Sénat était un *organe politique* qui ne possédait pas l'indépendance nécessaire à sa tâche. Ses membres étaient nommés par le Gouvernement ou cooptés sur sa proposition.

— Surtout les faiblesses essentielles du système de l'An VIII tenaient en ce que le Sénat ne pouvait se saisir lui-même d'une atteinte à la Constitution, et les particuliers ne pouvaient porter plainte devant lui. La procédure ne pouvait être mise en mouvement que par le Gouvernement et le Tribunat contrôlés par l'Empereur. Aucun acte ne fut déclaré inconstitutionnel par le Sénat de l'an VIII qui ne fut jamais saisi.

En l'an XII, puis en 1852, on rendit obligatoire l'examen par le Sénat de *toutes* les lois, sans grande efficacité. Sous le Second Empire une seule loi, de peu de portée, fut annulée. Pourtant les violations de la Constitution furent nombreuses.

II. Le pseudo-contrôle de 1946

72. La Constitution de 1875, dans sa brièveté, était muette sur un contrôle de la constitutionnalité que le régime précédent n'avait pas rehaussé.

Lors de l'élaboration de la Constitution de 1946, le climat était différent et les temps favorables aux innovations constitutionnelles. On avait mesuré les inconvénients, sous la IIIe République et sous le régime de Vichy, de l'absence de contrôle. Aussi la Constitution organisait-elle une procédure de contrôle, mais celle-ci en réalité n'assurait qu'un pseudo-contrôle de la constitutionnalité . Les réserves à l'égard de l'intervention des tribunaux subsistaient, le contrôle était exercé par un *organe politique : le Comité Constitutionnel.*

• Cet organe était composé de 10 membres élus à la représentation proportionnelle par les Chambres et choisis en dehors d'elles : 7 par l'Assemblée Nationale, 3 par le Conseil de la République. Y siégeaient aussi deux membres de droit : les Présidents des deux Chambres, ainsi que le Président de la République qui en assumait la présidence.

• Le Comité ne pouvait se saisir lui-même, ni être saisi par les particuliers : dans le délai de promulgation de la loi (la promulgation est l'acte qui rend la loi « parfaite » et autorise sa mise en application), une demande d'examen pouvait être formée conjointement par le Président de la République et le Président du Conseil de la République (c'est-à-dire de la seconde chambre).

• La compétence du Comité avait été bizarrement formulée. Après avoir tenté de mettre d'accord les deux Assemblées, il devait en cas d'échec, dans les cinq jours, dire si la promulgation de la loi *« supposait une révision de la Constitution »*. Il expliquait ainsi au Parlement qu'il s'était trompé de procédure et qu'au lieu de la procédure législative ordinaire il aurait dû suivre la voie de la révision constitutionnelle. Le Comité prenait en quelque sorte l'initiative d'une révision constitutionnelle. Après un nouvel examen sans résultat par l'Assemblée Nationale, la loi ne pouvait être promulguée tant que la Constitution n'avait pas été modifiée.

L'inefficacité de cette procédure fut à peu près totale. En pratique, il s'agissait surtout de protéger le Conseil de la République contre l'Assemblée Nationale et la seule fois où le Comité fut saisi, en 1948, le litige portait sur une disposition du règlement de l'Assemblée Nationale qui limitait la liberté de ce Conseil. En outre, les dispositions du Préambule de la Constitution, où étaient inscrites *les libertés des citoyens, n'entraient pas dans le champ du contrôle.*

§ 2. Les différentes formes de contrôle de la constitutionnalité

Dans les systèmes qui ont décidé d'instituer un véritable contrôle de la constitutionnalité, son aménagement suppose une série de choix concernant tant l'organe compétent que la procédure du contrôle.

I. L'organe compétent

73. Le contrôle de la constitutionnalité des lois a *un aspect politique.* Les contrôleurs ne pourront jamais s'abstraire complètement du contexte : statuer sur la constitutionnalité d'une loi c'est apprécier la régularité d'une décision prise par la majorité du Parlement, être exposé à constater que celle-ci s'est trompée, qu'elle a violé la Constitution, constatation qui pourra faire l'objet d'une exploitation politique contre cette majorité, contre ceux qui ont approuvé la loi.

Conscient de cette situation, le Constituant pourra aller au bout de sa logique et confier le contrôle à *un organe politique.* Ou, au contraire, il s'efforcera de dépolitiser autant que possible le conflit, recherchera un organe indépendant et remettra le contrôle *à un juge.*

A Le contrôle par un organe politique

74. L'accent n'est pas mis alors sur l'indépendance des contrôleurs et sur leur compétence, sur leur aptitude à trancher des litiges aux aspects juridiques subtils. L'organe de contrôle est conçu de manière à ménager la susceptibilité des auteurs de la loi. *Le Parlement* (et à travers lui les partis politiques) *sera associé à la désignation de ses membres* et le Gouvernement — à l'origine souvent du texte contesté — parfois aussi.

La formule donne satisfaction au législateur en le garantissant que son œuvre ne pourra être défaite que par les contrôleurs choisis par lui et donc peu portés à adopter une attitude systématiquement critique.

C'est là en même temps la faiblesse essentielle du système. L'organe de contrôle ne *dispose pas d'une indépendance suffisante* à l'égard des auteurs de la loi : tenant ses pouvoirs d'eux, *il ne leur est pas véritablement extérieur,* il dépend trop d'eux, il apparaît comme leur obligé ou même leur subordonné. Cette situation n'est pas dangereuse lorsqu'il s'agit seulement de relever des inadvertances du législateur qui, involontairement, n'a pas respecté la Constitution. Mais, en présence d'un véritable coup de force de la majorité parlementaire, les gardiens de la

Constitution auront-ils la liberté, l'autorité, le courage nécessaires pour s'y opposer ?

D'autre part, il n'est pas sûr que l'organe politique se limitera toujours à statuer en droit. Il ne vérifiera pas uniquement la conformité de la loi à la Constitution, il sera tenté de glisser vers l'*appréciation de l'opportunité de la mesure envisagée,* de toutes façons il s'expose à en être accusé. En d'autres termes, soit le contrôleur pense en lui-même que la loi est inconstitutionnelle, mais refuse de l'annuler car il s'en félicite sur le plan politique — et le pouvoir dont elle sert les intérêts fera pression sur lui en ce sens —, soit, plus rarement, le contrôleur estime la loi constitutionnelle mais la désapprouve, et il cherchera à l'annuler, substituant ainsi sa volonté à celle du Parlement. Le sort de la loi ne sera plus lié à sa constitutionnalité mais à la conformité de son contenu aux choix politiques des censeurs.

Ceci explique que cette forme de contrôle n'a jamais pris une grande extension. En France, l'expérience des Sénats napoléoniens et du Comité Constitutionnel de 1946, illustrent bien les limites du système. Pourtant, comme on va le voir, les frontières avec le contrôle par un organe juridictionnel peuvent devenir assez floues.

B Le contrôle par un organe juridictionnel

75. Une autre voie consiste à confier le contrôle à une juridiction, à des juges qui statueront en droit. Le problème de la constitutionnalité est alors considéré comme *technique* — la loi est-elle conforme à la Constitution ? — La solution est demandé à des techniciens du droit. Le législateur sera peut-être plus réticent devant cette forme de contrôle où il perd toute autorité sur les censeurs, en revanche elle sera bien acceptée par les citoyens qui voient dans l'intervention du juge une garantie de compétence, d'impartialité, en un mot de crédibilité du contrôle.

La juridiction peut-être, *soit un tribunal quelconque* inséré dans la hiérarchie juridictionnelle ordinaire et statuant sur toutes sortes d'autres affaires (système américain), *soit une institution spécialement créée* à cet effet et à laquelle on confère le statut d'une juridiction, c'est-à-dire essentiellement l'indépendance à l'égard du pouvoir (système autrichien, 1920).

En effet, si la supériorité du système repose certes sur la compétence juridique de l'organe de contrôle, elle tient avant tout à son indépendance. Encore faut-il alors que cette indépendance soit assurée. Les régimes démocratiques s'y efforcent, mais les conditions dans lesquelles s'exerce le contrôle de la constitutionnalité risquent de la mettre à l'épreuve.

Le contrôle sera parfois exercé dans des circonstances difficiles de la vie nationale. Le problème soumis au juge sort d'un cadre technique et constitue un problème politique, peut-être *le* problème politique qui occupe le pays. D'un côté, la majorité du Parlement, de l'autre un juge, sous les yeux d'un public attentif et le régime peut-être au bord de la crise. Le face-à-face est-il égal ? Les représentants élus de la Nation sont accusés d'avoir commis une irrégularité, d'avoir violé la Constitution. On demande à un juge d'oser le proclamer, de les désavouer, de les condamner. S'il s'agit d'un juge des tribunaux ordinaires — peut-être obscur et sans expérience —, il lui faudra un singulier sang-froid pour examiner le dossier en toute objectivité. Il sait par l'histoire que ses garanties statutaires sont minces et qu'en sens inverse les services judicieusement rendus facilitent les carrières. S'il s'agit d'un tribunal spécial, l'expérience prouve que jusqu'à maintenant on n'a guère trouvé le moyen de laisser son recrutement à l'écart de la politique. Le rôle de ce Tribunal est trop éminent pour que l'indépendance et la compétence aient seules présidé au choix de ses membres... Comment ne pas être sensible à la vanité de la distinction organe politique-organe juridictionnel. *A ce niveau tout est politique.* Aussi les questions sur l'impartialité du juge mettent-elles en lumière la faiblesse fréquente du système.

II. La procédure de contrôle

Trois questions principales se posent : qui pourra saisir l'organe de contrôle ? Quand pourra-t-on le saisir ? Que lui demandera-t-on ?

A La saisine

76. A qui sera confié le pouvoir de déclencher le contrôle de la constitutionnalité de la loi, qui pourra « saisir » l'organe compétent ?

— La solution la plus démocratique consiste à ouvrir au maximum cette compétence en la remettant *à tout citoyen.* Chacun a droit au respect de la Constitution et doit pouvoir défendre lui-même ce droit. Est-il sûr pourtant que ce libéralisme soit le plus adéquat ? Toute loi est d'une façon ou l'autre susceptible de porter atteinte aux intérêts ou aux sentiments de certains citoyens, aussi l'organe de contrôle risque-t-il d'être assailli de recours contre la loi, qui le submergeront sans grand profit puisque la quasi-totalité de ses décisions constateront la conformité de la loi à la Constitution. La facilité des recours affaiblit l'autorité, la majesté, de la loi et risque en outre de paralyser le système.

Aussi, en règle générale, l'accès au contrôle est-il ouvert à un nombre restreint de personnes.

— En sens inverse, une *limitation trop étroite* de la saisine risque de compromettre aussi l'efficacité du contrôle. La confier, soit aux parlementaires, soit aux Présidents des Assemblées, ou encore au Chef de l'Etat ou au Gouvernement, n'est-ce pas prendre le risque de les voir intervenir, non pas pour la défense de la Constitution, mais en fonction de leur appréciation de l'opportunité politique *(ai-je intérêt à mettre en échec cette loi ?).* Ce sont des hommes politiques dont la vocation n'est pas de défendre la constitution mais d'atteindre certains objectifs politiques. Bien sûr on peut donner la saisine concurremment à plusieurs autorités, mais il arrivera qu'aucune n'ait intérêt à déclencher le contrôle. Pour éviter la mise en application d'une loi inconstitutionnelle, il faudra donc trouver une formule permettant à l'opposition, à la minorité parlementaire, de saisir l'organe de contrôle.

— Enfin on peut imaginer que les *tribunaux* eux-mêmes, lorsqu'ils s'interrogent sur la constitutionnalité d'une loi dont l'application commande la solution d'un litige, puissent saisir l'organe chargé du contrôle pour lui demander de trancher sur la conformité de la loi à la Constitution. Cette possibilité existe par exemple en Allemagne, en Espagne et en Italie ; elle fait échapper la saisine aux considérations politiques et constitue une garantie efficace pour les citoyens.

B Le moment de la saisine

77. Quand pourra-t-on faire vérifier la conformité de la loi à la Constitution ? Il existe deux possibilités : avant ou après que la loi ne soit entrée en vigueur. On parle de *contrôle a priori* ou de *contrôle a posteriori.*

1. *Le contrôle a priori* intervient avant que la loi ne soit promulguée. Il apparaît alors comme une étape de la procédure législative et l'organe de contrôle joue un peu le rôle d'une chambre spécialisée dans une dernière vérification de la loi sous l'angle de sa conformité à la Constitution. A l'image de l'ultime contrôle de finition sur une chaîne de montage de véhicules automobiles.

C'est un contrôle en général *abstrait*, en ce sens qu'il se produit hors de tout litige précis, de toute application concrète de la loi.

Ce système à l'avantage de *rétablir la constitutionnalité au cours même de la procédure législative,* il dissipe les incertitudes et évite que l'ordre juridique ne soit altéré par la mise en vigueur d'une loi inconstitutionnelle et, peut être, bouleversé ensuite par son annulation (résultant d'un contrôle a posteriori).

Dans le contrôle a priori, *la saisine est en général étroite.* Mais on peut concevoir que le contrôle soit automatique (cas du Sénat du Second Empire) et relève d'un organe spécialisé.

2. *Le contrôle a posteriori* intervient alors que la loi est déjà appliquée, il ne tend pas à empêcher la mise en vigueur d'une loi inconstitutionnelle, mais à s'opposer à son application dans un cas précis ou, plus largement à la détruire pour l'avenir. Dans son principe il est plus traumatisant que le contrôle a priori puisqu'*il remet en cause une loi intégrée dans l'ordre juridique.* Pourtant, pour des raisons sur lesquelles on reviendra, il se combine souvent avec une saisine large.

C L'objet de la saisine

Les auteurs de la saisine peuvent demander, soit l'annulation pure et simple de la loi (contrôle par voie d'action), soit sa non application dans une affaire déterminée (contrôle par voie d'exception).

1. Le contrôle par voie d'action

78. Ici, l'auteur du recours demande que si la loi est reconnue non conforme à la Constitution, elle soit privée de tout effet. C'est-à-dire que, dans le contrôle a priori, elle ne puisse être promulguée et, dans le contrôle a posteriori, qu'elle soit annulée et considérée comme n'ayant jamais existé.

Lorsque le contrôle est a posteriori la situation risque d'être inextricable si l'annulation intervient des années après la mise en vigueur de la loi. Se pose en effet le problème de l'attitude à adopter à l'égard de toutes ses applications antérieures. *Va-t-on les remettre en cause ?* S'agissant par exemple d'une loi créant un impôt, devra-t-on rembourser toutes les sommes perçues au titre de cet impôt ? Si la loi réformait le régime de l'adoption, annulera-t-on toutes les adoptions réalisées sous son empire (on notera que la situation est la même lorsque un décret, par exemple, est annulé à l'issue d'un recours pour excès de pouvoir) ?

Aussi le contrôle par voie d'action est-il en général enfermé dans des conditions assez strictes : la saisine sera étroite et les citoyens en seront le plus souvent exclus ; le contrôle sera confié, non pas au juge ordinaire, mais à un organe spécial.

En dépit de ces difficultés pratiques, le contrôle par voie d'action a le mérite d'aboutir à une situation claire, la loi inconstitutionnelle est éliminée de l'ordre juridique.

2. Le contrôle par voie d'exception

79. Le requérant ne poursuit pas dans ce cas l'annulation de la loi. Il demande seulement que *l'application de la loi soit écartée dans un cas précis* par ce qu'elle est inconstitutionnelle. La question de la constitutionnalité de la loi n'est pas posée à titre principal — il ne s'agit pas d'un « procès fait à la loi » —, elle est soulevée indirectement à l'occasion d'un litige portant sur l'application de la loi au plaignant.

Exemple : Des gendarmes demandent à un automobiliste d'ouvrir le coffre de son véhicule pour vérifier s'il ne transporte pas de la drogue. Une loi a autorisé les représentants de l'ordre à procéder à ces vérifications. L'automobiliste refuse, procès-verbal est dressé. Devant le juge, l'automobiliste déclare qu'il ne veut pas se plier à l'application d'une loi qu'il estime inconstitutionnelle : il soutient qu'elle porte atteinte à sa liberté et à sa propriété garanties par la Déclaration des Droits. Il soulève *l'exception d'inconstitutionnalité.* Le juge, lorsque le système juridique le permet, ce n'est pas le cas en France, examinera cette demande et s'il donne raison au requérant, les poursuites seront abandonnées.

Procédure

— Le contrôle par voie d'exception est normalement *exercé par un juge* et non par un organe spécial.

— Différentes modalités sont concevables : soit que le juge saisi *tranche lui-même* la question de constitutionnalité, soit que, suspendant le cours du procès, il en renvoie la solution à un organe spécial *(question préjudicielle).*

— L'exception se présente comme un moyen de défense offert aux citoyens, la *saisine sera large :* toute personne poursuivie devant un juge peut soulever l'exception si elle estime qu'on veut lui appliquer une loi inconstitutionnelle.

Effets

— La décision rendue ne vaut pas *erga omnes,* c'est-à-dire à l'égard de tous, comme dans le contrôle par voie d'action. *La loi n'est pas annulée,* elle subsiste, son application est simplement écartée dans le litige considéré *(effet relatif de la chose jugée).* Les personnes touchées par la suite saisiront un juge devant lequel elles soulèveront à leur tour une exception d'inconstitutionnalité pour faire écarter l'application de la loi. Les requérants pourront d'ailleurs invoquer *« le précédent »* constitué par le premier jugement, mais le nouveau juge n'est pas lié par la décision de son collègue.

Ainsi le contrôle deviendra-t-il plus difficilement une affaire nationale et l'atteinte à l'autorité de la loi ainsi qu'à la compétence des parlementaires sera moins éclatante.

• Les systèmes de contrôle de la constitutionnalité des lois combinent les solutions techniques exposées : le contrôle peut être confié à la fois aux juges ordinaires et à un organe spécial ; le contrôle a priori peut céder la place à un contrôle a posteriori une fois la promulgation intervenue ; enfin, des pays comme l'Espagne, l'Italie et la R.F.A., pratiquent à la fois contrôle par voie d'action et par voie d'exception, *on parle alors de systèmes mixtes.*

Sous-section 2
Un exemple de contrôle par voie d'exception : Le système américain

Bibliographie : Pouvoirs n° 59, *La Cour Suprême,* 1991

C'est le plus célèbre des systèmes de contrôle de la constitutionnalité. A la différence des systèmes *mixtes,* les Etats-Unis connaissent uniquement un *contrôle par voie d'exception.*

A Origine

80. La Constitution américaine, qui date de 1787, n'a prévu aucune procédure de contrôle de la constitutionnalité. L'apparition du contrôle est due à la façon dont le juge américain conçoit son rôle.

— Aux Etats-Unis le juge considère qu'*il doit appliquer toutes les lois,* lois constitutionnelles comme lois ordinaires. Si un conflit apparaît entre deux lois (c'est-à-dire si une ou plusieurs de leurs dispositions apparaissent comme inconciliables), il est compétent pour le trancher, c'est-à-dire pour écarter s'il le faut l'une des lois en présence. Si l'une des lois en conflit est la Constitution, elle doit l'emporter sur la loi ordinaire.

— *Cette attitude se justifie par le caractère très rigide de la séparation des pouvoirs* aux Etats-Unis. Chaque pouvoir est très indépendant des autres. En particulier, le pouvoir judiciaire n'est pas subordonné au pouvoir législatif, il est autonome à son égard. En même temps *la Constitution s'impose aux trois pouvoirs.* Si le Congrès vote une loi inconstitutionnelle, il ne peut, sans violer la séparation des pouvoirs, en imposer le respect au juge, celui-ci doit déclarer la loi irrégulière.

La première application de ces principes en matière de constitutionnalité au niveau fédéral a été faite en 1803 par la Cour Suprême à l'instigation du juge Marshall dans l'affaire *Marbury c/ Madison*. Les faits de l'affaire ont peu d'intérêt : il s'agissait d'une nomination de fonctionnaire à laquelle, au lendemain d'une élection présidentielle, la nouvelle administration ne voulait pas donner suite. Le principe posé par la Cour est, lui, important : la Cour saisie d'un litige mettant en cause la conformité d'une loi à la Constitution, *doit* se prononcer sur la constitutionnalité de cette loi.

Contrairement pourtant à ce qu'on aurait pu penser, le contrôle de la constitutionnalité n'a pas pris une extension rapide mais s'est affirmé de façon très prudente. La Cour Suprème au début du XIXe siècle était une institution relativement neuve, à peine rodée, au prestige incertain et, consciente de ses faiblesses, au total peu sûre d'elle. Il a fallu toute l'autorité et la diplomatie du juge Marshall pour poser le principe sans ouvrir de conflit avec le Congrès. Par la suite, même si en 1810 elle étendit son contrôle à la constitutionnalité de lois des Etats fédérés, jusqu'en 1860, la Cour n'a qu'exceptionnellement mis en œuvre le principe consacré en 1803, et il fallut même attendre 1857 pour qu'une loi fédérale soit déclarée inconstitutionnelle.

B Procédure

1. Le principe

81. L'exception d'inconstitutionnalité peut être soulevée *devant n'importe quel tribunal américain*. Les juges ordinaires sont donc compétents pour en connaître. En outre, puisqu'on est dans un système fédéral, elle peut porter sur la violation de la Constitution fédérale comme sur celle des Constitutions des Etats fédérés.

La saisine est très large puisque tous les plaideurs peuvent opposer l'exception à l'occasion d'un procès quelconque où la question de la constitutionnalité d'une loi se pose. Il s'agit d'un *contrôle concret* (et non dans l'abstrait comme en France, où la loi est contestée en dehors de toute application précise).

2. L'intervention de la Cour Suprême

— La *Cour Suprême* est la plus haute juridiction américaine. Comme la Cour de Cassation ou le Conseil d'Etat en France, elle est placée à la tête de l'édifice juridictionnel et elle connaît de recours exercés contre les décisions des juridictions inférieures dans tous les domaines (civil, pénal, commercial...). Le caractère fédéral de l'Etat confère à la Cour une place symbolique considérable dans les institutions et renforce l'importance pratique de son rôle, elle assure la cohérence du système.

Organe assez restreint, elle est *composée* de 9 membres nommés *à vie* par le Président des Etats-Unis *avec l'accord du Sénat.* Dans les faits la proposition présidentielle est repoussée une fois sur quatre, au terme d'une procédure qui peut durer des semaines ; Nixon et Reagan, en particulier, eurent bien des difficultés à faire confirmer leurs choix. En pratique les juges sont des juristes à la réputation sans tâche et la composition de la Cour tend aujourd'hui à respecter les différentes composantes de la société américaine : ethniques (un noir siège depuis 1967), géographiques ; deux femmes ont été nommées en 1981 et 1993.

Le caractère juridictionnel de la Cour est imparfait. Par certains côté elle apparaît plus comme un organe politique que comme un juge, en particulier par son recrutement. Il est intéressant à ce propos de noter que 85 % des juges en moyenne sont proches du Parti du Président qui les nomme.

— La Cour Suprême tient une grande place dans le contrôle de constitutionnalité mais il est important de savoir que, même s'il s'agit d'une part considérable de son activité,

• *elle n'est pas un organe spécialement chargé de statuer sur la constitutionalité,*

• *elle n'a pas de compétence particulière en matière de contrôle, il s'agit pour elle d'un domaine de contrôle comme les autres,*

• *elle ne peut se saisir elle-même.*

En matière de constitutionnalité, *comme dans les autres domaines,* la Cour *a pour rôle d'unifier la jurisprudence.* Une affaire posant une question de conformité d'une loi à la Constitution ne peut être portée directement devant elle. Simplement elle peut être invitée à donner le dernier mot après que les juges précédents se soient prononcés. Saisie d'appels contre les décisions des tribunaux inférieurs, elle imposera son interprétation, harmonisera les solutions.

— Particularité importante : « la Cour est maîtresse de son rôle » : elle sélectionne discrétionnairement (par un « writ of certiorari ») les affaires sur lesquelles elle accepte de se prononcer. Il faut qu'elles présentent un intérêt substantiel, qu'elles soulèvent des problèmes majeurs, qu'elles soient dignes d'être jugées par la Cour et qu'il faille faire cesser un conflit de jurisprudence. Sur 7 000 requêtes environ qui lui sont adressées chaque année, elle n'en juge que 70 ou 80.

3. Portée de la décision du juge et évolution de la procédure

82. — *La décision d'un juge quelconque* proclamant l'inconstitutionnalité n'a *pas pour effet d'annuler la loi* (à la différence d'un contrôle par voie d'action) mais simplement d'en écarter l'application dans le cas envisagé. Sa décision a *l'autorité relative de la chose jugée.* Demain une autre application de la loi pourra être faite et un autre juge pourra la considérer comme parfaitement constitutionnelle. Ceci est d'autant plus admis qu'on est dans un système fédéral, où la décision prise par un juge dans un Etat ne peut s'imposer à un juge d'un autre Etat.

Au contraire, *lorsque la décision émane de la Cour Suprême,* sa décision s'impose aux autres juges *(autorité absolue de la chose jugée).* L'autorité d'une décison de la Cour Suprême est sans commune mesure avec celle d'une juridiction inférieure. Mais il arrive que la Cour revienne elle-même sur sa jurisprudence (ainsi, pour la peine de mort).

— L'inconvénient majeur de cette forme de contrôle est sa lenteur due aux nombreuses étapes à franchir avant d'en arriver à la Cour Suprême. Aussi, depuis le début du XIXe siècle, *d'autres procédures* se sont développées qui sont beaucoup plus rapides :

— Le contrôle de la Cour Suprême, s'est amélioré, et approfondi, depuis l'origine. La Cour ne se contente pas d'interpréter les dispositions claires de la Constitution, elle tient compte de son esprit, le faisant prévaloir sur la volonté du législateur ; elle renforce par là ses *moyens de contrôle.* Ainsi par l'intermédiaire du *« due process of law » :* une disposition inscrite dans le Ve amendement à la Constitution (1791) et dans le XIVe (1868), dont l'origine remonte au droit anglais et plus précisément à la Grande Charte de 1215, prévoit que nul ne peut être privé de sa vie, de sa liberté, de ses biens sans « due process of law », en d'autres termes « sans procédure régulière » (ou conforme aux lois). Qu'est-ce qu'une procédure régulière ? La notion est extrêmement imprécise et la Cour Suprême en a profité pour analyser très en profondeur toute législation concernant de près ou de loin la vie, la liberté ou la propriété. Progressivement, elle ne s'est pas contentée de rechercher si le citoyen disposait bien d'une procédure régulière, efficace, pour se défendre, mais si la loi elle-même n'était pas arbitraire, inopportune, si elle était bien conforme à l'esprit du système constitutionnel américain.

C La Cour Suprême et le Gouvernement des juges

83. — Le contrôle de la constitutionnalité par les juges est aux Etats-Unis un phénomène courant, il fait partie des mœurs. Même au niveau de la Cour Suprême sans être très fréquent il n'a rien d'exceptionnel. Mais depuis l'origine la Cour n'a déclaré inconstitutionnelles que 100 lois fédérales et un millier de lois d'Etat. Pour citer deux exemples : la Cour a admis en juin 1976 que le VIIIe amendement, qui interdit « les punitions cruelles et inhabituelles », ne s'opposait pas aux punitions corporelles dans les établissements d'enseignement, la fessée n'est pas contraire à la Constitution ; le 15 juin 1992 elle a décidé que les autorités américaines avaient le droit d'enlever dans un pays étranger un individu accusé de crime aux Etats-Unis ; même si cette décision est fondée sur une interprétation de la Convention d'extradition entre les Etats-Unis et le Mexique, elle laisse un peu rêveur...

Le prestige de la Cour Suprême est considérable et certains la considèrent comme *le tribunal le plus puissant que l'histoire ait jamais connu.* Par 5 voix contre 4 (puisqu'il y a neuf juges) elle peut mettre en échec l'application d'une loi votée par les représentants élus de la Nation.

— La Cour a eu tendance un temps (de la fin du XIXe à la Seconde Guerre mondiale) à sortir du domaine purement technique. Et son attitude a été souvent contestable. On comprend dès lors qu'on ait pu *l'accuser de « Gouvernement des juges »,* ou plus exactement de « législation par les juges ». D'ailleurs en 1917 le juge Holmès disait : « je reconnais sans hésitation que les juges légifèrent et doivent légiférer ». Quel a été dans les faits le comportement de la Cour ?

• Pendant longtemps, en se réclamant d'une idéologie désuète, la politique de la Cour a été conservatrice. Ce comportement fut manifeste, en particulier à l'occasion de la politique du *« new deal »* menée par F. D. Roosevelt. Au nom d'une conception rigide du libéralisme, elle s'est efforcée de contrarier la législation destinée à combattre la crise. A tel point que Roosevelt, excédé par l'obstruction systématique de la Cour à ses projets, envisagea en 1936 de la réformer. Son idée était de modifier sa composition en portant le nombre de ses membres de 9 à 15, ce qui lui aurait permis d'y constituer par des nominations habiles une majorité acquise à ses vues. Le projet n'eut pas de suite car deux des juges — miraculeusement si on peut dire — moururent et deux autres démissionnèrent. Roosevelt saisit ces occasions pour recruter des hommes dont le vote entraîna une évolution de la jurisprudence.

• A partir de 1953, sous l'influence du « Chief Justice » des Etats-Unis — c'est-à-dire son président — Earl Warren, une nouvelle phase, constructive et libérale cette fois, s'ouvrit avec la jurisprudence en matière d'égalité raciale inaugurée par l'*arrêt Brown* du 17 mai 1954 sur l'intégration des noirs.

• Depuis lors la Cour a eu à sa tête successivement deux Présidents d'orientation conservatrice, Warren Burger, puis William Rehnquist à partir de 1986. Néanmoins la continuité l'a emporté sur le changement, et persévérant dans *une voie modérément libérale,* la Cour n'a guère remis en cause les acquis importants de la période précédente. Elle a même admis l'avortement en 1969, interdit les discriminations à l'égard des homosexuels en 1973 et, en 1974, concouru à la chute de Nixon par une décision rendue dans l'affaire du Watergate (1). Il est vrai que l'expérience montre que les juges s'éloignent en général de la sensibilité politique qui était la leur lors de leur nomination pour prendre des positions modérées, l'institution change les hommes et permet à la Cour Suprême d'être la conscience, bonne ou mauvaise, des Etats-Unis.

Plus que la Constitution de 1787, c'est la Cour qui a façonné la démocratie américaine.

Section 3
Le système français actuel : le Conseil Constitutionnel

Bibliographie : B. GENEVOIS, *La jurisprudence du Conseil Constitutionnel,* 1988 — H. ROUSSILLON, *Le Conseil Constitutionnel,* 3e éd., 1996 — Pouvoirs n° 13, *Le Conseil Constitutionnel,* 3e éd., 1991 — P. AVRIL et J. GICQUEL, *Le Conseil Constitutionnel,* 1995.

84. La Constitution de 1958 a rompu avec la tradition attachée à la souveraineté de la loi et défavorable au contrôle de la constitutionnalité. *Elle a institué un contrôle par voie d'action.*

Pourquoi cette rupture ? La prise de conscience des inconvénients de l'absence d'un contrôle réel — et en particulier des facilités abusives ouvertes au législateur — dans un pays qui se veut un Etat de droit, fournit une première raison. Il faut y ajouter une démystification de la loi, dépouillée de son aura sacrée d'expression de la volonté générale pour être ramenée à « l'opinion d'une majorité passagère ». En bref, il s'agit de corriger la dérive des régimes précédents vers la souveraineté parlementaire.

Le système mis en place est relativement efficace. Il repose sur le *Conseil Constitutionnel.*

Le contrôle de la constitutionnalité n'est que l'un des aspects du rôle du Conseil. Le Constituant lui a confié en effet plusieurs autres attribu-

---

(1) Rappelons que le Président Nixon, ayant refusé de collaborer avec la justice et nié avoir été au courant d'un cambriolage organisé par certains de ses collaborateurs pour se procurer des documents dans les locaux du parti démocrate, situés dans l'immeuble du Watergate, dut présenter sa démission le 9 août 1974.

tions importantes. Leur étude sera faite plus loin, mais pour fixer les idées, il n'est pas inutile de les énumérer rapidement dès maintenant :

• *attributions électorales :* le Conseil statue sur la régularité des référendums et des élections présidentielles — il proclame les résultats de ces élections — ainsi que sur les contestations concernant les élections législatives et sénatoriales ;

• *attributions consultatives :* il est consulté par le Président de la République sur l'existence des conditions exigées pour mettre en vigueur l'article 16 de la Constitution et sur les mesures prises par lui sur la base de cet article 16 ;

• il constate enfin éventuellement que *le Président de la République est empêché* de remplir ses fonctions (maladie, captivité, disparition...).

Ces attributions ne *font pas cependant du Conseil Constitutionnel le gardien de la Constitution,* ce rôle est en effet réservé au Président de la République (art. 5).

Le Conseil n'a qu'une *compétence d'attribution,* c'est-à-dire que la Constitution fixe limitativement les domaines où il est compétent, il ne peut en sortir, même s'il est parfois sollicité de le faire. Dans une décision du 14 septembre 1961, il a ainsi décliné toute compétence pour donner un avis au Premier ministre.

L'ensemble des attributions du Conseil se situe au confluent du droit et de la politique, son recrutement lui permet-il de les exercer de façon incontestable ?

Sous-section 1
Les membres du Conseil Constitutionnel

Par sa composition, le Conseil Constitutionnel se rapproche des organes politiques, mais le statut de ses membres tend à assurer leur indépendance.

A Composition du Conseil

85. Le Conseil est composé de membres nommés et, éventuellement, de membres à vie.

— *Les membres nommés sont au nombre de 9.* Trois sont choisis par le Président de la République, trois par le Président de l'Assemblée Nationale, trois par le Président du Sénat. Ce recrutement associe l'exécutif en la personne du Chef de l'Etat et le législatif à travers les Présidents des deux Chambres du Parlement, avec un avantage marqué au profit de ce dernier. Ces autorités sont libres de leur choix.

— Sont appelés à y siéger aussi des *membres à vie et de droit,* qui sont les anciens Présidents de la République. Leur expérience peut être utile, ils ont été chargés de veiller, pendant leur mandat, au respect de la Constitution ; l'éclat de leurs fonctions passées rejaillit sur l'institution ; enfin, c'est pour eux une charge importante et honorable après qu'ils aient quitté l'Élysée. Cependant, leur présence, qui pouvait être envisagée favorablement tant qu'il s'agissait de Présidents dans le style de la IIIe ou de la IVe République, paraît fâcheuse s'agissant d'hommes qui ont été autant mêlés à l'action politique, aussi directement responsables des affaires de la Nation que les anciens Chefs d'Etat de la Ve.

Le général de Gaulle n'a jamais pris séance au Conseil, alors que Vincent Auriol et René Coty étaient parfois venus y siéger. De son côté M. Giscard d'Estaing, après son échec à la présidentielle de 1981, n'est pas venu prendre part à ses travaux, tout en s'en réservant la possibilité si une question d'intérêt national était débattue. Élu député depuis il tombe sous le coup d'une incompatibilité qui s'oppose à sa participation aux activités du Conseil. Quant à François Mitterrand, il n'a pas pris séance après la fin de ses fonctions présidentielles.

Le Conseil est donc aujourd'hui composé de neuf membres.

— *La présidence* du Conseil est assurée par l'un des membres, désigné par le Président de la République (pas nécessairement parmi ceux qu'il a nommés). En cas de partage des voix, son point de vue l'emporte. Ce Président est actuellement M. Roland Dumas qui s'est mis en congé au mois de Mars 1999, confiant son interim au Doyen d'âge du Conseil, M. Yves Guéna. Cette attitude est juridiquement contestable : M. Dumas n'est pas dans une situation où la mise en congé est possible, il ne lui appartenait pas de se placer lui-même dans cette posiiton ni d'organiser son intérim.

B Statut des membres

86. — Les membres nommés du Conseil Constitutionnel le sont *pour 9 ans.* Pour garantir la continuité de l'institution, et de sa jurisprudence, ils sont renouvelés *par tiers.* Tous les 3 ans, les 3 autorités qui disposent du pouvoir de nomination désignent chacune une nouvelle personnalité.

Aucune condition de recrutement n'a été imposée. Tout au plus peut-on estimer que les membres doivent être citoyens français et jouir de leurs droits civiques, mais aucune compétence ou expérience juridique n'est requise. Dans la pratique on constate cependant que la plupart ont reçu une formation juridique.

On notera qu'en 1992 pour la première fois, une femme a été nommée au Conseil, et que la moyenne d'âge de ses membres est élevée (plus de 69 ans).

— Les membres du Conseil Constitutionnel ne peuvent être révoqués, mais *ils ne peuvent pas non plus être renouvelés* dans leurs fonctions, ils ne peuvent accomplir qu'un seul mandat. La rigueur de cette dernière règle a été atténuée en faveur de celui qui a succédé à un membre du Conseil démissionnaire ou décédé dans les trois dernières années de son mandat. Un renouvellement pour 9 ans est alors possible, ce qui porte à 12 ans, dans ce cas, la durée maximum des fonctions. Quatre membres du Conseil ont bénéficié jusqu'à présent de cette possibilité.

Pourquoi se prive-t-on ainsi de l'expérience acquise par ces personnalités au long des 9 années de leur mandat ? Paradoxalement, on a voulu renforcer par là l'indépendance du Conseil. On a pensé que la perspective d'une nouvelle désignation risquerait d'inciter parfois un membre du Conseil à éviter les occasions de déplaire — c'est un euphémisme — à celui qui peut le nommer à nouveau. D'ailleurs, dans ce genre d'institutions, ou bien on procède à des désignations à vie (Cour Suprême américaine) ou on interdit le renouvellement des fonctions.

— La préoccupation d'assurer l'*indépendance* des membres du Conseil se traduit aussi dans leur traitement assez élevé (celui des plus hauts fonctionnaires), et par une série d'interdictions de cumul : avec des fonctions gouvernementales ou un siège au Conseil Économique, et avec tout mandat électif et donc parlementaire (L.O. 19 I 1995). Ils sont en outre soumis aux incompatibilités professionnelles des parlementaires (v. 467) et ne peuvent occuper des postes de responsabilité dans un parti politique. Les membres du Conseil n'ont cependant pas l'obligation de se consacrer à leurs fonctions et peuvent conserver des emplois publics ou exercer des activités privées qui ne doivent pas compromettre l'indépendance et la dignité de leurs fonctions.

— Il pèse d'autre part sur les membres du Conseil Constitutionnel une *obligation de réserve :* ils ne peuvent prendre de positions publiques sur des questions relevant de la compétence du Conseil. Cette règle est interprétée de plus en plus largement et c'est regrettable car les membres du Conseil devraient être très attentifs à éviter tout ce qui peut être relevé comme mettant en cause leur objectivité.

Enfin, à leur entrée en fonctions, ils prêtent serment d'impartialité et de respecter *le secret des délibérations.* Cette dernière obligation aussi est parfois quelque peu transgressée.

Conçu à un moment où personne n'imaginait la place que le Conseil allait occuper dans nos institutions, ce statut se révèle aujourd'hui inadapté. En particulier parce que siéger au Conseil est devenu un métier à plein temps, sans cumul souhaitable avec une autre activité professionnelle, à fortiori si celle-ci peut faire peser un doute sur la liberté d'esprit, l'impartialité, l'indépendance de ses membres. Est-il normal qu'on puisse être à la fois membre du Conseil et Président-directeur général d'une entreprise privée ou magistrat ? Qu'on puisse plaider, consulter ou participer à des arbitrages ? La réforme engagée en 1995 doit être poursuivie.

Sous-section 2
Les formes du contrôle

Comment est saisi le Conseil Constitutionnel ? Comment procède-t-il pour instruire et juger le litige ?

Le contrôle ne porte pas sur toutes les lois et la possibilité de le déclencher est assez étroitement limitée.

A Les saisines interdites

87. Instituer en France un contrôle de la constitutionnalité était une innovation considérable, aussi a-t-on restreint le nombre de ceux qui peuvent le déclencher.

— *Les particuliers ne peuvent saisir le Conseil,* c'est une règle assez générale dans les systèmes de contrôle par voie d'action, atténuée cependant par la possibilité parfois donnée à des citoyens groupés de déclencher un contrôle refusé aux individus isolés. Cette possibilité n'a pas été retenue en France (V. 108) ; si les citoyens estiment qu'une loi est inconstitutionnelle, ils devront faire pression sur une des autorités compétentes pour qu'elle déclenche le contrôle. La saisine est toujours politique.

— *Le Conseil ne peut se saisir lui-même.* La possibilité d'*auto-saisine* aurait donné au Conseil une autorité considérable, il veillerait lui-même au respect de la Constitution sans être obligé d'attendre pour agir qu'on veuille bien l'en prier. Les milieux politiques français n'étaient pas prêts en 1958 pour une telle réforme, ils ne le sont pas plus aujourd'hui. Un projet déposé en ce sens en 1974 par le Gouvernement a échoué devant l'opposition du Parlement. On verra que le Conseil a partiellement tourné la prohibition de l'auto-saisine (V. 101).

B Le contrôle impossible

88. Lorsque le peuple adopte une loi par référendum, selon la procédure prévue par l'article 11 de la Constitution, le Conseil ne peut se prononcer sur sa constitutionnalité.

Cette limite ne figure pas dans la Constitution mais résulte de l'interprétation que le Conseil en a donné par sa décision du 8 novembre 1962. Il avait alors été saisi par le Président du Sénat d'un recours contre la loi, votée par le peuple, qui modifiait le régime de l'élection du Président de la République. Le Conseil a estimé qu'il ne pouvait contrôler une loi correspondant, du fait de sa procédure d'adoption, *« à l'expression directe de la souveraineté nationale »*. Il admet par là que lorsque le peuple exprime directement sa volonté, il est affranchi de tout contrôle et n'est donc pas assujetti au respect de la Constitution.

Critiquée par certains juristes, cette solution, confirmée en 1992, nous paraît politiquement fort sage : le Conseil peut-il désavouer le peuple ? En même temps elle peut permettre de tourner la censure du Conseil en soumettant au referendum une loi dont on sait qu'elle n'est pas conforme à la Constitution. C'est, semble-t-il, le cas de la loi sur la Nouvelle Calédonie, soumise au référendum en 1988, dont une disposition au moins n'aurait probablement pas franchi l'obstacle du contrôle par le Conseil.

C Le contrôle obligatoire (art. 61, al. 1)

89. La Constitution prévoit que certains textes verront leur constitutionnalité obligatoirement contrôlée par le Conseil avant leur mise en vigueur. Il s'agit :

— des *lois organiques,* ce qui est normal puisque par définition elles portent sur des matières constitutionnelles ;

— du *règlement* de l'Assemblée Nationale et de celui du Sénat. Ce contrôle est logique dans la mesure où le règlement intérieur aménage l'organisation et le fonctionnement du Parlement et ne doit pas aller à l'encontre des dispositions constitutionnelles. Le risque n'est pas théorique puisque le Conseil a déclaré dès 1959, et à plusieurs reprises depuis, inconstitutionnelles certaines dispositions du règlement de chacune des Assemblées. Celles-ci durent s'incliner.

D Le contrôle facultatif (ou provoqué)

I. Le contrôle des articles 61, al. 2 et 54 (1)

1. Principe

90. C'est le plus courant. Certains textes *peuvent* être déférés au Conseil.

---

(1) Depuis la révision de 1998 le Conseil est aussi compétent pour contrôler les « lois de pays » adoptées par le Congrès de Nouvelle-Calédonie (art. 77 C.) V. 53 et 372.

a) *Les lois ordinaires* (art. 61, al. 2) : le Conseil peut être appelé à vérifier la constitutionnalité de n'importe quelle loi. On parle de *« contrôle de conformité »*. L'initiative du contrôle (la saisine) avait été attribuée en 1958 :

- *au Président de la République* (qui ne s'en est jamais servi) ;
- *au Premier ministre* (9 utilisations) ;
- *au Président de l'Assemblée Nationale* (4 fois) ;
- *au Président du Sénat* (5 fois).

Le Constituant n'avait pas été très généreux en limitant ainsi la saisine. Peut-être n'avait-il pas envisagé que ces quatre autorités puissent avoir un intérêt commun à fermer les yeux sur des atteintes à la Constitution. Il n'y eut que 9 recours sur la base de l'article 61, al. 2 jusqu'en 1973.

Aussi la réforme constitutionnelle du 29 octobre 1974 a-t-elle élargi considérablement la saisine en autorisant :

- *60 députés ou 60 sénateurs* à saisir le Conseil.

Ainsi était réalisée la plus importante modification de la Constitution depuis la révision de 1962. Son effet le plus direct est d'ouvrir le contrôle de la constitutionnalité à l'*opposition.* Celle-ci est placée sur un pied d'égalité avec la majorité qui par l'intermédiaire du Premier ministre au moins avait toujours eu la possibilité de déclencher le contrôle. On notera qu'en votant la révision les parlementaires croyaient se renforcer alors qu'en réalité ils s'affaiblissaient en facilitant la critique de leur œuvre : la loi.

On peut se demander si, à l'époque, la majorité à introduit cette réforme dans le souci, démocratiquement fort louable, de renforcer les armes de l'opposition. Certains préfèrent y voir une précaution prise pour le jour où un changement de majorité renverserait les rôles et pour obliger la gauche, une fois parvenue au pouvoir, à respecter un certain nombre de principes libéraux inscrits dans la Constitution de 1958. S'il en est bien ainsi, la droite a largement profité, entre 1981 et 1986, de 1988 à 1993 et depuis 1997, de la procédure ouverte par sa prévoyance. Dans les faits d'ailleurs, les formations de l'opposition monopolisent presque la possibilité ouverte par la réforme de 1974. L'opposition trouve aisément 60 signatures pour demander au Conseil de constater la violation de la Constitution. Mais *la minorité de la majorité* s'en est servie aussi (4 fois) pour tenter de remettre en cause des dispositions législatives qu'elle avait refusé d'approuver ; ainsi pour la loi sur l'I.V.G. (1974) et celles sur la bioéthique (1994).

b) *Les traités internationaux* (art. 54) : ils peuvent aussi être déférés au Conseil, pour vérifier qu'ils ne sont pas contraires à la Constitution, par le Président de la République (6 fois depuis 1958, la sixième en juin 1999 à propos de la Charte européenne sur les langues régionales), le Premier ministre ou le Président de l'une des assemblées, ainsi que, *depuis la révision constitutionnelle de 1992,* par 60 députés ou 60 sénateurs ; on parle alors de « contrôle de contrariété ».

2. Déroulement de la procédure

91. Le Conseil doit être saisi *avant* la promulgation de la loi ou la ratification du traité. On a donc intérêt à faire vite, car le Président de la République peut promulguer sans délai, empêchant tout contrôle postérieur ; mais depuis 1958 il n'a jamais usé de cette possibilité. Dans la pratique, un usage s'est établi suivant lequel la promulgation est suspendue si des parlementaires informent le secrétariat général du Conseil Constitutionnel de leur intention de soumettre la loi au contrôle. Depuis l'origine un seul recours a été rejeté comme tardif (en 1997).

Le Conseil dispose d'un délai d'un mois pour statuer sur une loi (pas de délai pour les traités). Il n'est pas souhaitable en effet, le recours étant suspensif (c'est-à-dire que la loi ne peut être promulguée tant qu'il n'a pas statué), que l'entrée en vigueur de la loi soit retardée longuement.

En cas *d'urgence,* invoquée par le Gouvernement et appréciée par le Conseil, celui-ci doit se prononcer *dans les huit jours ;* le Gouvernement n'abuse pas de cette possibilité d'abréger le délai : trois fois depuis 1959.

Ces délais très brefs posent des problèmes au Conseil qui peut se trouver débordé par de nombreux recours qu'il a du mal à instruire. C'est le cas en particulier à la veille des vacances parlementaires où beaucoup de textes sont votés en quelques jours, suscitant une vague de recours. La question se pose d'ailleurs de savoir ce qui se passerait si le Conseil ne statuait pas dans le délai ? Le délai de promulgation de 15 jours prévu par la Constitution recommencerait-il à courir ? Le Président de la République pourrait-il promulguer la loi sans attendre ?

La procédure suivie est *écrite* — sans intervention d'avocat et les requêtes peuvent ne pas être motivées — et secrète, le public n'est pas admis aux audiences, ce qui est contraire au principe selon lequel la justice doit être rendue en public.

3. Portée de la décision du Conseil

92. Après une décision constatant la conformité de la loi à la Constitution, la loi est promulguée. Mais que se passe-t-il après que le Conseil ait déclaré une disposition inconstitutionnelle ?

a) *Le sort de la disposition inconstitutionnelle*

• S'agissant *d'un traité :* si le Conseil estime que le traité est inconstitutionnel, le Parlement ne peut autoriser sa ratification, ce qui veut dire qu'il ne pourra être mis en vigueur sur le territoire français. A moins, bien sûr, que la Constitution ne soit modifiée préalablement (situation rencontrée à propos de la ratification des traités de Maastricht et d'Amsterdam), ou le traité renégocié.

• S'agissant *d'une loi :* — Le Conseil *n'annule pas* la loi (non encore promulguée, elle n'a d'ailleurs pas encore d'existence juridique), il déclare qu'*elle n'est pas conforme à la Constitution.* En conséquence, la disposition inconstitutionnelle ne pourra être promulguée (ou appliquée s'il s'agit de dispositions du règlement d'une des Assemblées).

Si un article ou une partie seulement de la loi a été déclarée non conforme à la Constitution, l'interdiction de promulguer pourra dépasser la disposition déclarée inconstitutionnelle et s'étendre à d'autres articles que ceux contestés, voire même à l'ensemble de la loi. Il en est ainsi lorsque le Conseil précise expressément que la disposition inconstitutionnelle est *inséparable* d'une partie, ou de la totalité, de la loi. Il est logique en effet que, si le texte repose sur la disposition inconstitutionnelle, si celle-ci commande une partie, ou la totalité de la loi, les autres articles, tout en étant conformes à la Constitution, soient considérés comme privés de leur point d'appui et qu'il n'y ait pas lieu de les promulguer. Le Conseil n'use d'ailleurs que rarement de cette possibilité, une hypothèse célèbre concerne la loi sur les nationalisations en 1982 (Décision du 16 janvier 1982).

Lorsque la disposition déclarée inconstitutionnelle n'est pas considérée comme inséparable du reste de la loi, un choix s'ouvre :

— le Président *promulgue la loi à l'exception du passage non conforme ;*

— *le texte de la loi est modifié* pour tenir compte des observations du Conseil et il est soumis à nouveau au Parlement sous forme de projet ou de proposition de loi. Une fois adopté par les deux Chambres, il pourra être déféré encore une fois au Conseil invité à constater qu'il n'est toujours pas conforme à la Constitution. C'est ce qu'on appelle improprement le contrôle « à double détente » (1). Ce fut le cas pour la loi de 1982 sur les nationalisations (Décision du 11 février 1982).

— *Le Président de la République peut demander aux Assemblées une « nouvelle délibération » de la loi* (art. 10 de la Constitution) ou

---

(1) L'expression est impropre car, tirée du vocabulaire des armes, elle désigne une arme dont le coup est déclenché en deux temps : pour que la comparaison soit exacte il faudrait parler de « contrôle à répétition ».

une *« nouvelle lecture »* (art. 23 de l'ordonnance du 7 novembre 1958). Il laisse aux parlementaires (ou au gouvernemt) l'initiative de se conformer par voie d'amendement à la décision du Conseil et évite, s'il s'agit d'un projet, d'avoir à repasser devant le Conseil d'Etat et le Conseil des ministres. Après quoi le nouveau texte pourra être soumis au Conseil comme dans l'hypothèse précédente.

b) *Autorité des décisions du Conseil*

Les décisions du Conseil Constitutionnel ne sont *pas susceptibles de recours* (on ne peut lui demander de réexaminer sa décision ou former un appel devant une autre institution) et elles s'imposent aux pouvoirs publics (Parlement, Président, Gouvernement) comme aux administrations et aux juges. Leur autorité est donc très forte : si une loi, par exemple, est déclarée non conforme à la Constitution et si le Gouvernement tient absolument à la faire adopter, il faudra commencer par modifier la Constitution (cela s'est produit pour les traités de Maastricht et d'Amsterdam ; par référence à l'Ancien Régime on évoque « un lit de justice », nécessaire pour mettre en échec une décision du conseil). Dans la pratique les décisions du Conseil sont très généralement respectées. C'est heureux car il ne dispose d'aucun moyen pour les imposer. Lorsque, — c'est très exceptionnel —, une juridiction — le Conseil d'Etat par exemple — refuse de s'incliner, il n'existe pas de procédure permettant au Conseil Constitutionnel de faire prévaloir son point de vue.

II. Les contrôles des art. 41 et 37, al. 2

93. Deux autres procédures font intervenir le Conseil pour obtenir le respect de la Constitution par le législateur. Elles sont liées à la distinction des domaines législatif et réglementaire (V. IIIe partie n° 486) :

— celle de l'*article 41* qui permet au Gouvernement de faire écarter au cours du débat parlementaire une proposition ou un amendement qui n'entre pas dans le domaine de la loi (ou entre dans un domaine qui a fait l'objet d'une délégation au Gouvernement sur la base de l'article 38 (v. 459). L'article 41 offre la possibilité d'intervenir au cours de la procédure d'élaboration de la loi, sans attendre son vote, pour empêcher une violation des dispositions de la Constitution *concernant le domaine de la loi.* Cette procédure permet en quelque sorte de « tuer dans l'œuf » l'inconstitutionnalité. C'est un moyen de défense du domaine réglementaire. Le Gouvernement oppose une *irrecevabilité* et en cas de désaccord avec le Président de l'Assemblée saisie, on va devant le Conseil Constitutionnel, le débat parlementaire étant suspendu. Cette procédure est rarement utilisée car il est plus simple, et plus rapide, pour le Gouvernement de faire repousser le texte par sa majorité.

— celle de l'*article 37, al.* 2 permettant au Gouvernement d'obtenir du Conseil l'autorisation de modifier par décret une loi intervenue depuis 1958 dans un domaine qui ne relève pas du législateur. Ici le Conseil Constitutionnel répare a posteriori l'irrégularité qu'a constitué le vote du Parlement dans un domaine où la Constitution ne lui reconnaît pas le pouvoir d'intervenir. Ce sera le cas lorsque par inadvertance, ou volontairement, le Gouvernement n'a pas utilisé l'article 41 et a laissé voter une loi hors du domaine réservé au législateur ; s'il souhaite modifier cette loi par décret, il peut en demander l'autorisation au Conseil. Il ne s'agit pas alors exactement d'un contrôle de constitutionnalité.

Comme on le voit, *le contrôle du Conseil sur une loi peut se situer dans le temps à trois moments différents :*

- *lors de la discussion devant le Parlement :* art. 41,
- *après le vote de la loi, mais avant sa promulgation :* art. 61, al. 2,
- *après la promulgation de la loi :* art. 37, al. 2.

Mais la procédure et la portée de sa décision ne sont pas les mêmes dans chaque cas.

Sous-section 3
La jurisprudence du Conseil Constitutionnel

Bibliographie : Dominique ROUSSEAU, *Droit du contentieux constitutionnel,* 4e éd. 1995 — Dominique TURPIN, *Le Conseil constitutionnel.* Son rôle, sa jurisprudence, 1995 — Guillaume DRAGO, *Contentieux constitutionnel français, 1998.*

94. Comment le Conseil a-t-il utilisé ses pouvoirs ? Comment a-t-il compris son rôle ?

Le Conseil a résumé, dans une décision, du 23 août 1985, le principe sur lequel est fondé sa mission : « *La loi ... n'exprime la volonté générale que dans le respect de la Constitution* ». Par ce rappel de la soumission du Parlement à la Constitution, il confirme la rupture, voulue par le Constituant de 1958, avec un passé (IIIe et IVe Républiques) où ce principe avait été bien oublié. Aujourd'hui, il n'est de loi que conforme à la Constitution ; le Conseil est le gardien de cette conformité, mais depuis quarante ans ses méthodes se sont perfectionnées alors que parallèlement son rôle évoluait.

I. Le perfectionnement des méthodes du Conseil Constitutionnel

La multiplication des dossiers qui lui ont été soumis a permis au Conseil d'affiner ses méthodes .

1. L'ouverture du contrôle

95. Le Conseil a étendu son contrôle de plusieurs façons :

a) *La multiplication des normes de référence : le bloc de constitutionnalité*

Le Conseil ne se borne pas à vérifier la conformité de la loi à la Constitution au sens strict, il estime — et c'est l'apport essentiel de la décision du 16 juillet 1971 — que la loi doit aussi respecter d'autres textes et des principes qui ont la même valeur que la Constitution et qui forment *le bloc de constitutionnalité.*

Cette notion nouvelle traduit l'idée qu'au delà de la Constitution, et faisant corps autour d'elle, existent des règles auxquelles le Conseil peut aussi « *se référer* » — au même titre qu'à la Constitution — pour en imposer le respect au législateur.

Les normes de référence composant le bloc de constitutionnalité comprennent :

— *la Constitution du 4 octobre 1958,*

— *la Déclaration des droits de l'homme et du citoyen du 26 août 1789,*

— *le Préambule de la Constitution du 7 octobre 1946,*

— *les principes fondamentaux reconnus par les lois de la République* (c'est-à-dire, en réalité, de la IIIe République). Aucune liste de ces principes ne figure dans un document à valeur normative, leur contenu est lui-même quelque peu incertain ; le Conseil les définit et les délimite assez librement en s'appuyant sur la législation républicaine antérieure à 1946.

— *les principes et objectifs à valeur constitutionnelle, les exigences constitutionnelles.* A la différence des précédents ils ne reposent pas sur un texte précis, le Conseil les « découvre » dans « l'esprit » d'un certain nombre de dispositions. La construction est très audacieuse.

Tout ce qui n'est pas conforme à l'un des éléments du bloc de constitutionnalité est contraire à la Constitution et sera dénoncé comme tel par le Conseil.

95 *bis*. Ne font pas partie du bloc de constitutionnalité :

• *Les lois organiques* ne font pas exactement partie du bloc de constitutionnalité mais le Conseil les protège contre les lois ordinaires. La Constitution prévoit en effet qu'une loi organique est élaborée en suivant une procédure spéciale. Elle ne peut être modifiée que par une autre loi organique ; si on utilise une loi ordinaire pour la retoucher, la Constitution est violée. En outre la loi organique elle-même est soumise à la Constitution.

• Ne font pas partie, non plus, des normes de référence : *les traités internationaux.* « Une loi contraire à un traité n'est pas, pour autant, contraire à la Constitution » (C.C. 15 janvier 1975, I.V.G.). Ceci signifie que les engagements internationaux n'ont pas valeur constitutionnelle, le Conseil ne recherche pas si une loi comporte des dispositions contraires à un traité. Il n'y a pas de « *contrôle de la conventionnalité* ». Pourtant le Conseil pourrait être amené à vérifier le compatibilité de la future loi sur le droit de vote des étrangers avec le Traité de Maastricht, celui-ci faisant l'objet d'une référence dans la Constitution depuis 1992 (art. 88-2-3).

• les règlements des assemblées parlementaires.

• les lois référendaires intervenues dans le domaine de la loi ordinaire.

95 *ter*. En sens inverse, le Conseil renonce parfois à assurer la protection de dispositions claires de la Constitution, il considère qu'elles ne sont pas *d'ordre public* (c'est-à-dire qu'elles ne sont pas obligatoires). Il en est ainsi de l'art. 37 al. 1, définissant le domaine réglementaire par opposition au domaine de la loi (30 juillet 1982 — Blocage des prix — précité), de l'art. 27 sur le vote personnel des parlementaires (27 janvier 1987. V. 484) ou de l'art. 53 sur les traités engageant les finances de l'Etat (30 décembre 1975). Dans ces hypothèses, il renonce à s'opposer à la promulgation d'une loi contraire à la Constitution, par là il admet en définitive que la Constitution puisse être modifiée par une simple loi. Cette attitude, derrière laquelle on pourrait déceler des raisons d'opportunité parfois légitimes (sur le vote personnel par exemple), n'en est pas moins surprenante.

b) *L'extension du domaine des actes contrôlés*

96. On retiendra deux exemples :

— Le Conseil qui, avant la révision de 1992, ne pouvait contrôler, sur saisine parlementaire, la constitutionnalité d'un traité, avait accepté d'examiner, à la demande de parlementaires, *la loi autorisant la ratifica-*

tion de ce traité ; par cette voie détournée il en était arrivé à contrôler le traité lui-même.

— le Conseil a accepté *de vérifier la constitutionnalité d'une loi déjà promulguée* à travers celles de ses dispositions qui pouvaient être reprises dans une loi nouvelle. La portée théorique de l'extension est considérable : toute la législation ancienne relève du contrôle indirect éventuel du Conseil.

c) *L'élargissement du contrôle à l'ensemble de la loi*

97. Le Conseil décide *souvent* de contrôler les dispositions de la loi autres que celles qui lui sont soumises. Il statue « ultra petita », ce qui est interdit à un juge. Il estime, en se fondant sur l'art. 61 (« les lois peuvent être déférées... »), que son contrôle porte sur l'ensemble du texte. Il pratique ainsi *une forme d'auto-saisine* et effectue une sorte de « troisième lecture » (après celle des Assemblées) de la loi. L'étendue du contrôle échappe alors aux auteurs de la saisine (19-20 janvier 1981, Sécurité et Liberté). Cette pratique appelle quelques observations :

— à la supposer fondée, est-il normal que le Conseil décide, de façon discrétionnaire, de contrôler, selon les cas, toute la loi ou une partie seulement ?

— lorsqu'il procède à l'examen de l'ensemble de la loi, il déclare implicitement conformes à la Constitution toutes les dispositions du texte autres que celles qu'il aura pu censurer.

2. L'approfondissement du contrôle

Le Conseil pousse ses investigations très en profondeur.

a) *L'évocation de moyens nouveaux*

98. Le Conseil ne s'estime pas lié par l'argumentation des auteurs de la saisine — d'ailleurs ceux-ci n'ont pas l'obligation de préciser leurs critiques et le Président de la République, comme ceux des Assemblées, ne motivent pas leur requête —. Non seulement, on vient de le voir, il peut mettre en cause des dispositions qui n'avaient pas été contestées mais il peut faire valoir des griefs d'inconstitutionnalité qui n'avaient pas été évoqués.

b) *Le recours à la notion d'erreur manifeste*

Le Conseil estime qu'*il ne lui appartient pas de contrôler l'opportunité* d'une loi. Pour reprendre l'une de ses formules : « sous réserve du respect des règles et principes à valeur constitutionnelle l'appréciation de l'intérêt général appartient au législateur ». Que le Parlement ait eu tort ou raison de voter une loi ne le regarde pas, seule l'intéresse sa conformité à la Constitution. Mais le Conseil n'est pas resté sur cette prudente position, il a renforcé l'intensité de son contrôle par le recours à la notion d'erreur manifeste (1981). S'inspirant de l'exemple du Conseil d'Etat, il se demande si le législateur n'a pas commis une erreur grossière d'appréciation, si sa décision n'est pas déraisonnable ou disproportionnée au but poursuivi. Ainsi, dans sa décision du 8 août 1985, le Conseil a déclaré non conforme à la Constitution une disposition du régime électoral de la Nouvelle-Calédonie, car le législateur, en traçant des circonscriptions peuplées de façon profondément inégales, avait créé des inégalités de représentation, inacceptables à ses yeux. A vrai dire si le Conseil a parfois recherché l'erreur manifeste, cette décision est l'une des rares où il l'a estimée démontrée. Mais il a recours à un *contrôle de « proportionnalité »* qui aboutit au même résultat : dénonciation d'« atteintes excessives » par le législateur à un droit constitutionnellement protégé, ou encore d'une « disproportion manifeste » entre la loi et un principe constitutionnel.

Ce « contrôle minimum » de la volonté du législateur permet de protéger les citoyens contre les facilités qu'a donné, souvent sous la Ve République, au Gouvernement l'existence à l'Assemblée Nationale d'une majorité automatiquement acquise à ses projets et l'absence de fait de toute responsabilité politique. Il faut bien reconnaître cependant qu'on est très proche du contrôle de l'opportunité.

3. Élargissement de la portée des décisions : la déclaration de conformité avec réserve

99. En principe le Conseil devrait seulement déclarer qu'une loi, une ou plusieurs de ses dispositions, est conforme ou non à la Constitution. Dans la pratique, s'inspirant ici encore de l'exemple du Conseil d'Etat (V. C.E. 26 décembre 1925 Rodière), il va plus loin et donne dans sa décision l'interprétation qu'il estime correcte de la loi ; il rend ce qu'on appelle une *«décision de conformité avec réserve »*. Il dit en quelque sorte : « si telle disposition de la loi veut bien dire ceci, alors elle est conforme à la Constitution », sous entendu : si elle devait être interprétée différemment alors elle serait inconstitutionnelle. Ce discours ne s'adresse pas seulement au Parlement mais il concerne surtout aussi, de façon plus réaliste, le Gouvernement et le Conseil d'Etat. Le premier est mis en garde contre l'élaboration de règlements d'application de la loi non conformes à l'interprétation qu'en donne le Conseil Constitutionnel. Le second est invité à faire respecter cette interprétation par le premier, en annulant ses règlements, s'il passait outre. *« Les strictes réserves »* fixent une *interprétation obligatoire* pour tous (10-11 octobre 1984). On a pu dire qu'« elles enlevaient au texte son venin ». Mais elles correspondent à une intervention dans l'exécution de la loi, est-ce bien le rôle du Conseil ?

La pratique des « réserves » n'est pas utilisée dans le contrôle des traités.

Ainsi, peu à peu le Conseil a renforcé ses techniques de contrôle, retirant au Parlement une part importante de sa traditionnelle liberté.

II. La transformation du rôle du Conseil

A Raisons de cette évolution

100. — *Le comportement des acteurs* a joué un rôle considérable dans l'évolution du Conseil. La réforme de 1974, ouvrant la saisine aux parlementaires — et au premier chef à ceux de l'opposition — a bouleversé l'activité du Conseil. Le Parlement, et à travers lui le Gouvernement, qui, par les projets de loi, est à l'origine de la plupart des textes législatifs, sont donc soumis au contrôle permanent d'un organe impartial et indépendant, ce qui est de nature à bouleverser la vie politique. Le Gouvernement ne peut plus comme auparavant imposer une loi inconstitutionnelle avec l'appui de sa majorité et la bénédiction des Présidents des Assemblées.

L'existence d'un contrôle joue un rôle *préventif, ou de dissuasion,* capital. Déjà le Conseil d'Etat, qui examine les projets de loi avant leur adoption par le Conseil des Ministres, attire l'attention du Gouvernement sur le fait que certaines dispositions du projet lui paraissent non conformes à la Constitution. Mais il s'agit d'un simple avis que le Cabinet n'est pas obligé de suivre.

Maintenant le Gouvernement sait que tout ne lui est pas permis et qu'il a, avec le Conseil Constitutionnel, un censeur qui peut s'opposer à toute violation de la Constitution. Les projets de loi sont donc mieux préparés, plus prudents. L'exécutif pratique une *auto-censure* pour éviter les conséquences fâcheuses, aux yeux de l'opinion, de la sanction par le Conseil d'une atteinte à la Constitution. Lors des débats devant le Parlement, le Gouvernement est attentif aux critiques de l'opposition sur la constitutionnalité du texte et il n'hésitera pas à déposer des amendements pour tenir compte de ses objections. Malgré tout des projets de lois sont encore régulièrement censurés par le Conseil, soit que l'inconstitutionnalité ait échappé au Conseil d'Etat soit que le gouvernement n'ait pas tenu compte de son avis. En revanche, contrairement à une idée reçue, les amendements d'origine parlementaire ne sont pas plus souvent entachés d'inconstitutionnalité que les textes gouvernementaux. (8 % des dispositions censurées).

— En même temps, *la réforme de 1974 a eu pour effet de banaliser le recours au Conseil.* Les mœurs politiques françaises incitent les perdants à le saisir, après un débat parlementaire passionné ou un scrutin serré, sans toujours se soucier d'une argumentation juridique solide. Ne pas le faire serait paraître renoncer à défendre son point de vue jusqu'au bout, adhérer à la politique de la majorité.

Il ne s'agit pas tant en effet de faire respecter la Constitution que de rechercher un avantage politique : gêner ou discréditer l'adversaire. La saisine relève moins d'une éthique juridique que d'une stratégie politique. Pourtant l'opposition aujourd'hui ne saisit plus systématiquement le Conseil ; des lois importantes et contestables ne lui ont pas été déférées : ainsi en 1986, la suppression de l'autorisation administrative de licenciement, ou par manque de courage — la loi Gayssot de 1990 sur la répression du racisme. Les opposants se rendent compte que les solutions dégagées par le Conseil à leur initiative se retourneront contre eux, et gêneront leur liberté d'action, lorsqu'une nouvelle alternance les ramènera au pouvoir.

Il ne faudrait cependant pas voir dans la saisine parlementaire un acte purement politique et symbolique, le succès est très souvent au terme de la procédure. Aujourd'hui dans deux saisines sur trois environ, le Conseil a censuré la loi en totalité ou en partie.

B Sens de l'évolution

1. Le Conseil gardien de la répartition des compétences entre le Parlement et le Gouvernement

101. C'est son rôle initial, le Constituant l'a créé dans cette intention. Aussi, dans un premier temps, le Conseil est-il apparu comme un *organe régulateur* de l'activité des pouvoirs publics à travers la combinaison des articles 61, 41 et 37 al. 2. La Constitution a en effet défini des domaines d'action séparés pour le Gouvernement et le Parlement, et le Conseil devait empêcher les empiètements du législatif sur l'exécutif en déclarant inconstitutionnelles les propositions de loi déposées par les parlementaires dans des domaines relevant du Gouvernement. De même, il pouvait autoriser le Gouvernement à modifier par décret une loi votée par le Parlement dans un domaine qui n'était pas le sien. Le Conseil prenait figure ainsi de gardien des prérogatives de l'exécutif contre le Parlement, il serait *« un canon braqué contre le Parlement »*.

— Cette image doit être singulièrement nuancée, car on a assisté dès 1960 à une extension constante du domaine législatif avec la complicité du Gouvernement et sous l'œil bienveillant du Conseil. Jusqu'en 1974, en effet, la décision de saisir le Conseil supposait (V. 90) l'accord du Gouvernement et celui-ci n'a pas toujours montré beaucoup de zèle à défendre son domaine réservé. Cette attitude s'explique en premier lieu par des raisons techniques : on risque de désarticuler une loi, de la rendre incohérente, en en retirant les dispositions de nature réglementaire. Elle se justifie ensuite politiquement : elle permet d'ouvrir au Parlement un débat public sur un problème délicat pour ne pas être accusé de l'avoir réglé sans concertation dans le secret des cabinets.

— La réforme de 1974 n'y a rien changé et, bien plus, *précision capitale,* dans une décision du 30 juillet 1982 (Blocage des prix et des revenus) le Conseil a décidé que si le Gouvernement n'avait pas lui-même engagé la procédure de l'art. 41 contre une proposition de loi, ou un amendement, empiétant sur son domaine, les parlementaires ne pouvaient, après le vote, demander au Conseil de déclarer la loi non conforme à la Constitution. *Il appartient au Gouvernement seul de défendre son domaine.* C'est pour lui facultatif, mais s'il le fait, ce doit être *en cours de débat* (art. 41) ; *une fois la loi votée, il est trop tard, l'article 61 n'est pas destiné à lui permettre — ou aux parlementaires — de défendre a posteriori la répartition des compétences.* En revanche, le Conseil estime que le *législateur* ne peut renoncer au profit du pouvoir réglementaire à des matières qui lui sont attribuées par la Constitution (V. par ex. 16 janvier 1982, sur les nationalisations).

Dans l'ensemble, le Conseil Constitutionnel n'a pas été inféodé au Gouvernement et a fait respecter intelligemment le partage des compétences prévu par la Constitution. *Aujourd'hui, il apparaît de plus en plus comme le défenseur du Parlement* contre un Gouvernement tenté d'abuser des moyens, procéduraux en particulier, dont il dispose : pouvoir d'amendement par exemple (Décision du 23 janvier 1987, amendement Seguin).

2. Le Conseil Constitutionnel gardien des libertés

102. Le rôle du Conseil s'est infléchi à partir de 1971. Il fait alors preuve d'audace en se posant en gardien des libertés.

L'occasion choisie fut en 1971 une tentative de violation de la liberté d'association. Une loi avait été votée à l'initiative du Gouvernement qui, sous prétexe de modifier la procédure de déclaration des associations, portait atteinte à la liberté en autorisant en fait l'Administration à s'opposer, au moins provisoirement, à la constitution d'associations qui ne lui plairaient pas. *La décision du Conseil en date du 16 juillet 1971 est la plus importante* qu'il ait jamais rendue. Le Conseil estime en effet que la Déclaration des Droits de 1789 et le Préambule de la Constitution de 1946 étant visés dans le Préambule de la Constitution de 1958 (« le peuple français proclame solennellement son attachement aux droits de l'homme... tels qu'ils sont définis par la déclaration de 1789, confirmée et complétée par le Préambule de la Constitution de 1946 ») le contrôle de la constitutionnalité doit porter sur la conformité de la loi à ces textes. Par là, il a étendu d'autant plus largement le champ de son contrôle que les principes proclamés en 1789 et en 1946 sont vagues et parfois contradictoires. Bien plus, le second texte se référant aux « principes fondamentaux reconnus par les lois de la République », d'eux aussi il estime devoir assurer le respect. En l'espèce, le Conseil décida que la liberté d'association était l'un de ces principes fondamentaux qui s'imposent au législateur et sanctionna comme inconstitutionnelle l'atteinte qui lui avait été portée par le Parlement.

Tous les commentateurs ont souligné la hardiesse de la décision de 1971. Par la suite, à plusieurs reprises, le Conseil l'a confirmée en « visant » (1) l'un ou l'autre des deux textes concernant les droits de l'homme. Il souligne ainsi qu'il a confronté la loi soumise à son examen avec l'un de ces textes, auxquels il accorde valeur constitutionnelle, pour vérifier que la loi lui était bien conforme. *Conséquence, qui dépasse notre propos, on ne peut donc porter atteinte aux libertés proclamées en 1789 et en 1946, ou consacrés par la législation républicaine, que par la voie de la révision constitutionnelle, elles sont hors de portée de la loi ordinaire.*

De façon non prévue à l'origine le Conseil est ainsi devenu un gardien des libertés. Pouvait-il d'ailleurs rester sur le seuil de leur domaine au prétexte qu'elles ne sont pas énoncées dans la Constitution ? Si un contrôle du législateur se justifie, c'est bien ici. Le Conseil l'a compris et a saisi la référence du Préambule pour dépasser le rôle d'arbitre des conflits entre l'exécutif et le législatif et s'affirmer comme *un défenseur des citoyens.* Ce nouveau rôle éclipse aujourd'hui, tout en la laissant subsister, sa première mission.

3. La structuration de l'ordre juridique

103. Lié à l'évolution retracée ci-dessus, cet autre aspect du rôle du Conseil est plus subtil à comprendre. Il faut partir du caractère largement procédural de la Constitution de 1958 : celle-ci est pauvre en règles de

---

(1) Le « visa » est placé en tête d'une décision. Il indique le, ou les, textes auxquels l'auteur de la décision se réfère pour la justifier. Ici on trouvera : « Vu la Déclaration de 1789, article 9, ... », ou encore : « vu le Préambule de la Constitution de 1946, le Conseil Constitutionnel décide... »

fond. C'est-à-dire qu'elle précise qui peut agir et comment il faut procéder, plutôt que les buts à poursuivre, les intérêts à défendre, les raisons d'agir. La Constitution consacre avant tout des compétences et impose des formalités. En étendant aux droits fondamentaux le champ des normes que le législateur doit respecter au-delà de la Constitution elle-même, le Conseil a accru, dans des proportions considérables, le nombre des règles de fond ayant une valeur constitutionnelle : la loi doit respecter la liberté des citoyens de s'associer, le pluralisme de l'information, l'égalité des hommes et des femmes etc. A l'occasion de lois intervenues dans les différentes branches du droit (pénal, social, civil, fiscal...) le Conseil a dégagé des règles qui s'imposent au législateur, *il a fait pénétrer le droit constitutionnel dans chaque branche du droit,* il leur donne leurs fondements constitutionnels, par là il contribue à l'unification du droit français autour de la Constitution au sens large. La hiérarchie des normes est parfaite, *tout le droit français découle de la Constitution.*

Conséquence : même dans les domaines qui sont les siens, que la Constitution lui attribue, le législateur n'est pas souverain, il n'est pas libre de faire ce qu'il veut, il doit se plier au respect de règles auxquelles le Conseil reconnaît une valeur constitutionnelle et auxquelles il veillera, au besoin, qu'il se conforme.

Sous-section 4
Les controverses autour du Conseil Constitutionnel

§ 1. Nature du Conseil Constitutionnel

104. Le Conseil Constitutionnel est-il une juridiction ou relève-t-il du contrôle institutionnel ? La question fait l'objet d'un débat passionné alors que sa portée pratique est dérisoire.

Qu'est-ce qu'une juridiction ? C'est, estime-t-on, un organe qui tranche des litiges de façon contradictoire, en toute indépendance et impartialité, et dont les décisions sont revêtues d'une force particulière, appelée autorité de la chose jugée.

Aujourd'hui la majorité des observateurs considère que le Conseil est un *organe juridictionnel.* Le statut de ses membres, certains aspects de la procédure suivie, l'indépendance surtout dont il a su faire preuve tant à l'égard du Parlement que du Gouvernement le font apparaître comme une véritable juridiction. Ses décisions sont fondées sur des analyses juridiques, c'est-à-dire techniques, et non sur une appréciation de l'opportunité politique, il se comporte en juge.

Cette opinion rencontre de vigoureuses oppositions, pas toujours très pures car elles coïncident avec un désaccord sur certaines décisions rendues par le Conseil. Pourtant il faut donner raison à ceux qui contestent le caractère juridictionnel du Conseil, tout au moins *lorsqu'il statue en matière législative (1).*

a) *En matière législative*

— On doit reconnaître tout d'abord que le recrutement du Conseil justifie quelques réticences. Beaucoup de nominations apparaissent comme ayant récompensé la fidélité et le loyalisme politiques (mais n'en est-il pas de même à la Cour Suprême américaine ?). En même temps, si la compétence juridique de ses membres s'est élevée, il reste que, d'une part ce n'est pas là la préoccupation première au moment de leur recrutement et que, d'autre part, leur statut devrait être réaménagé pour en faire de véritables magistrats (v. 86).

— Surtout, le Conseil n'est pas saisi d'un contentieux, il intervient en général pour contrôler un acte qui n'est pas encore définitif (ce que ne font pas les juges), ce n'est pas un procès mais un contrôle ; il n'y a pas de « litige » porté devant lui et opposant des « parties » échangeant des arguments ; la procédure suivie n'est pas contradictoire et elle est largement secrète, des pièces essentielles ne sont pas publiées ; le Conseil ne répond pas toujours à tous les arguments des requérants et il fait parfois porter son examen sur un article de la loi qui ne lui a pas été déféré et le déclare non conforme à la Constitution ; tout ceci n'est pas d'un juge. A l'origine d'ailleurs, comme on l'a vu, le Conseil Constitutionnel a été conçu comme un mécanisme protégeant l'exécutif contre les empiétements du législateur troublé dans ses habitudes par le nouveau régime de la loi dans la Constitution. Par sa procédure et son rôle, le Conseil n'apparaît pas comme une juridiction mais comme un *mécanisme institutionnel* de la procédure d'élaboration de la loi, comme une *troisième Chambre.* Qu'est-il d'autre d'ailleurs lorsqu'il statue obligatoirement sur les lois organiques et les règlements des Assemblées ?

En définitive, on peut comprendre l'effort de la majorité de la doctrine pour assimiler le Conseil a un juge. Le contrôle par un juge est plus

---

(1) Les étudiants doivent exposer éventuellement cette thèse avec prudence, la majorité des professeurs estime que le Conseil est bien un juge.

satisfaisant intellectuellement, plus moderne, plus démocratique, il donne plus d'autorité et de rayonnement au contrôleur en affectant de le placer au-dessus des luttes politiques. L'image du contrôle par un organe politique n'est pas bonne, le Conseil a tout à gagner à apparaître comme un juge et à mieux asseoir ainsi sa légitimité. Il l'a compris et s'efforce, depuis quelques années de juridictionnaliser ses procédures. Est-ce suffisant pour en faire un véritable juge ?

b) *En matière électorale*

Le problème est différent lorsque le Conseil statue en matière électorale. La procédure suivie en ce cas est très différente de celle du contrôle de constitutionnalité. Il y a alors véritablement un litige dont l'instruction est menée et le jugement rendu de façon contradictoire ; depuis 1995, en outre, les débats sont publics. Les décisions du Conseil s'inspirent alors étroitement de la jurisprudence du Conseil d'Etat en matière de contentieux électoral. Les arguments de procédure invoqués pour lui dénier le caractère de juridiction dans ses attributions de contrôle de la loi, et qui sont essentiels, tombent alors.

Le Conseil Constitutionnel aurait donc une nature différente selon les attributions qu'il exerce. La situation n'est pas sans exemple en droit français puisqu'elle caractérise aussi le Conseil d'Etat.

§ 2. Critiques et perspectives d'avenir

105. Le Conseil a pris une place trop importante dans nos institutions pour rester à l'abri des critiques. Dans l'ensemble pourtant, sa jurisprudence mérite d'être approuvée. Certes ses décisions ne font pas toujours l'unanimité, ce qui est normal si l'on tient compte des intérêts politiques en cause et de l'extrême complexité des questions examinées. Le juriste doit reconnaître que, parfois, il aurait été bien embarrassé pour statuer tant aucune des thèses en présence n'était entièrement déterminante. Les mêmes hésitations se sont retrouvées au sein du Conseil. Aux réactions des milieux politiques sont venues s'ajouter des critiques reposant sur des arguments plus juridiques. Il faut s'interroger aussi sur l'évolution dans l'avenir du Conseil et de sa jurisprudence.

A Les réactions des milieux politiques

106. Depuis 1959, l'institution, inédite dans notre droit, a été observée avec attention par les milieux politiques et les critiques, clairsemées à l'origine, se sont enflées au fur et à mesure que se développait sa jurisprudence, pour devenir en quelque sorte rituelles, à droite comme à gauche, à chaque fois que ses décisions ne convenaient pas à la majorité ou à l'opposition.

Tour à tour François Mitterrand (en 1964, dans un pamphlet intitulé *« le Coup d'Etat permanent » :* « le Conseil constitutionnel qu'une poignée d'avoine fera rentrer à l'écurie »), le Programme commun de Gouvernement de la gauche en 1972 et Jacques Chirac lui-même en 1978, ont attaqué avec plus ou moins de virulence le Conseil. Mais les arguments étaient parfois contradictoires (sa dépendance ou au contraire sa trop grande indépendance à l'égard du Gouvernement) et la contestation se réveillait souvent au lendemain de l'annulation par le Conseil d'élections irrégulières, domaine où pourtant la jurisprudence du Conseil est la moins contestable ; somme toute la plupart du temps il s'agissait de « réflexes de mauvais joueurs » qui « maudissaient leur juge ».

Après l'alternance de 1981 les critiques de la gauche devaient se faire plus vives contre un Conseil suspecté de vouloir mettre en échec son plan de réformes, en matière de nationalisations en particulier. La polémique devait s'apaiser peu à peu, d'autant que F. Mitterrand, lorsqu'il était Président de la République, a toujours respecté l'institution, l'a défendue à l'occasion et a manifesté au besoin son approbation à son action. A partir de 1986 se fut à la nouvelle majorité de droite de s'en prendre au Conseil. Albin Chalandon et Jacques Toubon en septembre 1986 dénoncèrent son « pouvoir discrétionnaire » l'accusant de se placer au-dessus du Parlement et de méconnaître la souveraineté nationale.

Ces réactions relèvent avant tout du *jeu politique.* En pratique le Conseil Constitutionnel n'a empêché aucune des grandes réformes de la droite ou de la gauche. A l'analyse il apparaît comme « un amortisseur de l'alternance », « un contrepoids à la logique majoritaire ». La majorité n'a pas « raison juridiquement » par le seul fait qu'elle est majorité, elle ne peut tout faire, elle doit respecter la Constitution.

En réalité le conseil est sorti renforcé de l'alternance et aujourd'hui seul le P.C. est opposé à l'institution.

B Les critiques juridiques

107. Le Conseil a conçu son rôle d'une façon qui dépasse certainement l'intention du Constituant. Mais, on le sait, en droit constitutionnel la lettre prévaut sur l'esprit du texte et l'institution s'est développée par une dynamique propre, au-delà de la volonté de ses créateurs, en utilisant les potentialités des dispositions constitutionnelles la concernant. Le Conseil n'est plus un comparse se mêlant parfois au dialogue entre l'exécutif et le législatif, il est devenu un acteur à part entière, aux interventions constantes dans les relations entre le Gouvernement et le Parlement. Il défend la Constitution contre l'un et contre l'autre. Il censure même plus la politique présidentielle ou gouvernementale que le Parlement dans la mesure où, bien souvent, les projets de loi n'ont été que la mise en œuvre de cette politique. Il apparaît, en fait, comme un gardien vigilant de la Constitution, attribution dont celle-ci semblait donner l'exclusivité au Président.

Cette stature nouvelle n'est pas sans soulever certains problèmes juridiques concernant la légitimité de l'institution et de son évolution.

1) *La mise en cause de la composition du Conseil.* La procédure de désignation des membres du Conseil (les « sages ») ne donnerait pas de garanties suffisantes de compétence, d'indépendance et d'impartialité, elle favoriserait sa politisation. Souvent entendue la critique ne mérite pas une longue réfutation. Qu'il suffise de dire qu'il n'existe pas de système de recrutement totalement satisfaisant pour ce type d'institution ; le système français est loin d'être le plus mauvais, il n'y a pas de raison d'en changer. Le mélange d'hommes politiques et de juristes qui le caractérise est une bonne chose et l'expérience prouve que les préjugés politiques initiaux de ses membres ne résistent pas en général à la prise de conscience de l'esprit dans lequel le Conseil travaille.

En même temps comment ne pas se demander si le fait que les nominations privilégient les amis politiques non juristes ne traduit pas la conception que les « nominateurs » se font du Conseil ? Une juridiction, non. Un organe politique, oui.

2) *Le déséquilibre entre les institutions.* Le Conseil a poussé très loin son contrôle sur le Parlement à travers, comme on l'a vu, le perfectionnement de ses méthodes. Il n'a pas hésité par exemple à entrer dans le domaine très sensible de l'initiative législative en décidant du caractère recevable ou non d'un amendement proposé à une loi, au lieu de laisser le Parlement trancher lui-même. Il a aussi enserré le gouvernement dans des règles contraignantes en particulier, à travers les réserves d'interprétation qui enlèvent une bonne part de sa liberté traditionnelle à l'exécutif dans la mise en application de la loi. A l'un comme à l'autre le Conseil impose un respect rigoureux de la Constitution.

En revanche il n'exerce aucun pouvoir de contrôle direct sur les actes du Président de la République. Le Président peut violer la Constitution dans l'exercice de beaucoup de ses attributions sans craindre la censure du Conseil (refus de signer une ordonnance, refus de convoquer le Parlement en session extraordinaire...) ; si le rapport de forces le lui permet, il est libre de ses actes, leur sanction sera éventuellement politique. Dans la situation dite « de la cohabitation » un déséquilibre apparaît entre un Gouvernement et un Parlement sévèrement bridés et un chef d'Etat échappant à tout contrôle juridique. Et, en tout cas, on doit constater que le Conseil a été impuissant pour empêcher la transformation en profondeur du régime, en un sens contraire à la Constitution, par la volonté des Présidents depuis 1958.

A supposer la critique fondée, il n'est pas possible d'imputer au Conseil la responsabilité de cette situation, elle incombe à la Constitution qui, il est vrai, laisse une grande marge d'action sans contrôle au Président. Ce n'est pas une raison pour édulcorer le contrôle là où il est possible.

3) *Le Gouvernement des juges.* L'accusation de Gouvernement des juges a été depuis longtemps portée par des milieux politiques et relayée par certains juristes (v. par ex. René de Lacharrière, Opinion dissidente — Pouvoirs n° 13).

Les arguments avancés étaient sous-jacents dans la présentation faite ci-dessus (v. 99) de l'évolution des méthodes du Conseil. On mettra l'accent ici sur :

— *Le recours à la notion de principes fondamentaux reconnus par les lois de la République* et à celle d'« objectifs à valeur constitutionnelle ». Ces principes et ces objectifs sont assez souvent évoqués par le Conseil Constitutionnel. Il les identifie, les découvre, s'efforce de les rattacher à un texte ou il les extrait de la tradition législative et sa démarche comporte une part d'arbitraire. Il en apparaît comme l'auteur, il se comporte en législateur et même plutôt en Constituant, il accorde ou refuse « valeur constitutionnelle » selon son inspiration. Le principe de l'indépendance des professeurs de l'enseignement supérieur a ainsi été promu par lui principe à valeur constitutionnelle !

Il semble que le Conseil ait été sensible à la critique. Au total il a consacré un très petit nombre de ces principes et de ces objectifs et depuis quelques années il ne s'y réfère que de façon très exceptionnelle préférant, lorsqu'il le peut, fonder ses décisions sur un texte.

— *Le contrôle de l'erreur manifeste.* Même si le Conseil tient à affirmer qu'il ne « bénéficie pas d'un pouvoir général d'appréciation et de décision identique à celui du Parlement », avec l'utilisation de la notion d'erreur manifeste il est bien près de se substituer au législateur. On peut s'en rendre compte à travers la décision du 8 Août 1985 (v. 102) : à partir de quel écart de population le découpage de deux circonscriptions révèle-t-il une erreur manifeste : 15 % ? 20 % ? 25 % ? Il n'y a pas de réponse incontestable, l'appréciation est subjective : en France le Conseil fixe le seuil à 20 %, en R.F.A. le Tribunal Constitutionnel à un tiers. De même lorsqu'il estime que la rétention judiciaire est constitutionnelle si sa durée est fixée à 7 jours et qu'elle ne l'est plus à 10 jours. Cette jurisprudence fait penser aux fameux « arrêts de règlement » par lesquels les Parlements d'Ancien Régime se comportaient en législateurs, attitude que la Révolution devait dénoncer et condamner.

Là encore pour fondée qu'elle soit il ne faut pas exagérer la portée de la critique, l'utilisation de la notion d'erreur manifeste est loin d'être courante et elle n'a abouti jusqu'à présent qu'à quatre décisions de non-conformité.

— *Les fondements de l'interprétation.* Sur un plan plus général on constate que le Conseil a tendance à retirer aux autres juges l'interprétation de la Constitution, et plus particulièrement de la Déclaration de 1789 et du Préambule de 1946, pour s'en assurer le monopole. On peut alors s'interroger sur la démarche des « sages » lorsqu'ils interprètent la Constitution. Doivent-ils rechercher *l'intention du Constituant* au moment où il posait la règle ? Qu'a-t-il voulu dire en 1789, 1946 ou 1958 ? Ils privilégient alors — avec toutes les incertitudes liées à une reconstitution rétrospective de volonté — une vision historienne et conservatrice du droit. Au contraire, leur faut-il découvrir l'interprétation *en harmonie avec l'esprit du système juridique* dans son ensemble ? La solution pourra être alors plus innovante, plus libérale, car adaptée à l'état actuel de la société. Mais pourquoi le Conseil serait-il plus à même de donner cette interprétation que les représentants élus de la Nation ? Qu'il le veuille ou non le Conseil crée du droit. Sur quels fondements ? A partir de quelle légitimité ? Il y a là un grand débat dont ne peut qu'esquisser la problématique.

Évoquer le gouvernement des juges est en définitive excessif. Tout au plus peut-on concéder que le Conseil s'est peut-être en effet donné les moyens de se substituer au législateur, mais en même temps il faut insister sur l'usage exceptionnel, et sur le fond peu contestable en général, qu'il en a fait.

C Avenir du Conseil Constitutionnel

a) *Le projet d'institution d'un contrôle par voie d'exception*

108. Une *révision constitutionnelle,* engagée par F. Mitterrand le 30 mars 1990, tendait à élargir à nouveau le rôle du Conseil en introduisant dans notre droit *un contrôle par voie d'exception.*

L'économie du projet était celle-ci :

— Les dispositions d'une loi touchant *les droits fondamentaux* pourraient voir leur constitutionnalité mise en cause, devant le juge, par toute personne à qui on voudrait en faire application.

Deux observations doivent être faites concernant le champ de l'innovation :

• Le domaine de la nouvelle voie *n'aurait pas été illimité,* toute inconstitutionnalité n'aurait pu être soulevée. Par exemple, ne pourrait être invoquée une irrégularité dans la procédure législative ou un empiètement du législateur sur le domaine réglementaire. Il faudrait se réclamer d'une atteinte à un droit fondamental, notion assez imprécise ;

• D'autre part, *toutes les lois déjà promulguées,* pourraient être critiquées. C'est-à-dire aussi bien celles antérieures à 1959 que celles postérieures à la création du Conseil Constitutionnel et qui auraient échappé à son contrôle. L'extension serait considérable.

— *L'exception d'inconstitutionnalité* serait soulevée devant le juge saisi du fond de l'affaire (c'est-à-dire celui devant lequel est portée la contestation à laquelle donne lieu l'application de la loi au particulier). Ce juge procèderait à un premier examen vérifiant que l'application de la loi commande la solution du litige et que l'argumentation du requérant mérite réflexion.

Dans l'affirmative le juge transmettrait la question, soit au Conseil d'Etat, soit à la Cour de Cassation (selon qu'il s'agit d'un juge administratif ou d'un juge judiciaire) et attendrait, sauf exceptions limitées, leur réponse pour poursuivre l'examen de l'affaire.

S'ils estiment à leur tour que la question est sérieuse, le Conseil d'Etat et la Cour de Cassation disposeraient d'un délai de trois mois pour saisir le Conseil Constitutionnel. Un double filtre est ainsi mis en place avant l'intervention du Conseil : celui tout d'abord de la première juridiction saisie de l'ensemble de l'affaire ; celui, ensuite, d'une des Cours suprêmes, cela dans le but d'éviter les saisines dilatoires, infondées et abusives.

— Le Conseil Constitutionnel recueillerait les observations des parties — la procédure est donc contradictoire — et statuerait, par une décision motivée, dans les trois mois. Là encore, on a souhaité empêcher que la procédure ne retarde par trop la solution du litige.

— Une disposition législative déclarée inconstitutionnelle par le Conseil à l'issue de cette procédure cesserait immédiatement d'être applicable à qui que ce soit. Il s'agit ici d'une véritable *abrogation,* ce qui est original à la fois par rapport aux pouvoirs antérieurs du Conseil et à la conception habituelle du contrôle par voie d'exception.

Cette révision, présentée sous la forme d'une loi constitutionnelle et d'une loi organique, a fait l'objet de deux lectures devant les Assemblées, en avril et en juin 1990. De nombreux amendements ont été proposés, depuis ceux maximalistes qui, sortant de l'objet somme toute étroit de l'entreprise, voulaient, par exemple, inscrire dans la Constitution l'obligation pour le Président de signer les ordonnances, jusqu'à ceux, plus respectueux de l'esprit de la réforme, souhaitant que le Président du Conseil soit élu par ses membres, ou encore, que le statut des membres du Conseil — et en particulier leurs incompatibilités — soit modifié.

Si le projet a franchi avec succès l'épreuve de la discussion devant l'Assemblée Nationale, le Sénat a repris le 28 juin 1990 les amendements qu'il avait apportés au texte en première lecture et que l'Assemblée avait rejetés. Le désaccord entre les deux Chambres a compromis la réussite de la réforme. La Commission Vedel en a retenu les grandes lignes en 1993, mais Edouard Balladur n'a pas estimé nécessaire d'inscrire cette procédure dans la révision de Juillet 1993 et elle ne semble plus à l'ordre du jour.

b) *Comment peut évoluer le Conseil Constitutionnel ?*

109. Le Conseil n'est plus menacé dans son existence, il peut envisager l'avenir avec sérénité. Comment va-t-il poursuivre son évolution, comment va se développer son contrôle ?

Sa montée en puissance a été beaucoup plus rapide que celle d'institutions voisines comme la Cour Suprême américaine ou le Conseil d'Etat. Il a su, c'est certain, profiter du déclin, pour ne pas parler du discrédit, du Parlement et se faire respecter en tenant la balance égale entre la majorité et l'opposition. Peut-il se contenter de ses acquis, se satisfaire du degré d'efficacité auquel il a hissé son contrôle ? Sera-t-il tenté — et son dynamisme antérieur l'y pousse — d'élargir et approfondir encore sa censure ? Au risque alors d'instituer un véritable gouvernement des juges et de mobiliser contre lui des forces assez puissantes pour remettre en cause son statut?

Nombre de propositions de réforme de la Constitution tendent à élargir les compétences du Conseil en lui conférant de nouvelles attributions. L'offre est flatteuse, elle consacre la réussite du Conseil à s'imposer comme un acteur respecté et impartial dans le jeu institutionnel et politique. En même temps comment ne pas souligner que le Conseil n'a pas su, ou pas pu, s'opposer à la déformation du régime au profit du Président, unanimement reconnue et qualifiée de contraire à la Constitution ?

Le Président est affranchi de tout contrôle sur ses actes alors que le Parlement, tel Gulliver, est enserré dans les mailles toujours plus contraignantes des solutions imposées par le Conseil. Le contraste, est saisissant, faut-il encore l'accroître ?

D'un autre côté, la part de subjectivité dans les prises de position du Conseil — qu'il en soit conscient ou non — est considérable. L'interprétation de la Constitution laisse une marge de liberté. Celle de la majorité des membres du Conseil doit-elle l'emporter sur celle de la majorité des élus de la nation ? Est-il raisonnable par exemple que le Conseil puisse décider par 5 voix contre 4 qu'il y a erreur manifeste ? Si la minorité est aussi forte cela prouve bien qu'il y a au moins doute et que l'erreur, si elle existe, n'est pas manifeste. Ne serait-il pas souhaitable d'exiger que le Conseil statue à une majorité qualifiée : 6 voix sur 9, voire même 7 sur 9 ? Certains pays (la Roumanie, par exemple) ont adopté cette règle, pourquoi pas la France ?

En définitive faut-il soumettre le législateur, c'est-à-dire la représentation nationale, à un contrôle maximal, ou au contraire minimal ? Dans une société démocratique comme la notre les décisions du Parlement ne devraient-elles pas bénéficer d'une large présomption de régularité ?

Titre III
Le citoyen

110. Le citoyen est celui qui est appelé à participer aux affaires de la cité.

De Rome à la fin du XVIIIe siècle, il n'y a pas eu de citoyens — exception faite des cantons helvétiques — il n'y a eu que des sujets. Pendant toute cette période les hommes ont été gouvernés par des monarchies ou des oligarchies, situations dans lesquelles la quasi-totalité des individus était exclue de la conduite des affaires de la cité. Le pouvoir était concentré dans les mains d'un ou de quelques hommes.

Qu'est-ce qu'une monarchie ? Qu'est-ce qu'une oligarchie ?

— *La monarchie* est le type de régime où le pouvoir appartient à un seul individu. Elle est susceptible d'un grand nombre de variantes selon l'origine du pouvoir, les règles auxquelles celui-ci se reconnaît soumis, la façon dont il est exercé.

Au sens étroit, *la monarchie* est caractérisée par la transmission héréditaire du pouvoir et par le fait que le plus souvent le monarque doit respecter un certain nombre de règles. Pendant longtemps, la monarchie a été *absolue,* l'exercice du pouvoir par le roi n'était pas partagé, ni soumis à contrôle et la violation des règles n'était sanctionnée que par Dieu. Dans des cas extrêmes d'abus flagrants du pouvoir, on considérait cependant que les sujets étaient déliés du devoir d'obéissance. Jusqu'à la Révolution, la monarchie française était ainsi soumise, outre aux lois divines, aux « lois fondamentales du royaume », règles non écrites que le roi avait le devoir moral d'observer ; il devait aussi gouverner pour le *» bien commun »,* son pouvoir n'était donc pas véritablement absolu. Peu à peu ce type de gouvernement a évolué vers la monarchie *limitée* dans laquelle des organes, émanations du peuple sont associés à l'exercice du pouvoir et le contrôlent. Dans la plupart des monarchies contemporaines, des Constitutions ont précisé les formes de l'exercice du pouvoir et dépouillé le monarque de la quasi-totalité de ses prérogatives. Il reste le symbole de l'unité nationale, n'a plus de pouvoirs propres de décision, mais peut constituer un recours en cas de crise grave. La façade monarchique n'empêche pas le régime d'être démocratique : sept Etats sur les quinze qui forment l'Union européenne sont des monarchies.

La *tyrannie* peut se réclamer elle aussi d'une origine ancienne, et le terme n'a pas toujours mérité le caractère péjoratif qu'il a acquis aujourd'hui. Le tyran ne doit son pouvoir qu'à lui-même et à ceux qui l'ont aidé à le conquérir par la force ou la ruse sans souci des règles juridiques. *Pouvoir de fait,* il s'exerce librement, arbitrairement même. Pour désigner ce type de gouvernement on parlera aussi de *despotisme,* dictature ou *césarisme.* Des nuances séparent ces manifestations du pouvoir personnel selon leur souci des formes et du droit, la base populaire sur laquelle elles reposent, le sort réservé aux opposants, les caprices du prince — puisqu'on parle aussi de *principat.*

Tous les degrés existent dans l'arbitraire du pouvoir et celui-ci n'est pas nécessairement obtus et réactionnaire puisqu'on a loué un temps le despotisme « éclairé » où des monarques philosophes exerçaient un pouvoir solitaire, guidés par la recherche du bien de leur peuple (Frédéric II, Catherine II...).

Mais toutes ces formes de pouvoir personnel n'existent que rarement à l'état pur. En réalité le chef s'appuie généralement sur un groupe plus ou moins large d'individus et on est en présence alors d'une oligarchie.

— *L'oligarchie :* étymologiquement il s'agit du régime où le pouvoir appartient à un petit nombre. Situation intermédiaire entre la monarchie et la démocratie. L'importance du groupe qui détient le pouvoir peut beaucoup varier, mais il reste toujours *largement minoritaire.* Il tiendra son pouvoir de la naissance (par exemple, l'*aristocratie*), de ses fonctions (prêtres, militaires, savants...), de sa fidélité à un chef ou à un parti, de sa puissance économique... La République de Venise en a longtemps été le modèle. La plupart des pays du Tiers-Monde sont aujourd'hui des oligarchies de même que les régimes marxistes où le pouvoir personnel ne s'est pas installé. La tendance des oligarchies à confisquer le pouvoir se manifeste d'ailleurs aussi dans les démocraties libérales. Toute oligarchie exerce son autorité dans l'intérêt du groupe au pouvoir d'une façon qui n'est pas nécessairement arbitraire et elle s'efforce de se perpétuer.

S'il est un trait commun à la monarchie absolue et à l'oligarchie, c'est que *la distinction des gouvernants et des gouvernés y est très tranchée.* Les seconds sont à la fois exclus du choix des premiers et de tout moyen de contrôle sur eux, soumis à leur bon vouloir et à leur sens de la mesure, ils sont des sujets passifs.

En même temps, en pratique au moins, ces formes de pouvoir sont souvent *légitimes* dans la mesure où les gouvernés, les sujets, ne les mettent pas en cause. Le consentement du peuple au gouvernement monarchique ou oligarchique est acquis. L'institution est admise avec ses mécanismes de dévolution et d'exercice du pouvoir. S'il est contesté au moment de son installation, le nouveau gouvernement cède rapidement au penchant qui porte tout pouvoir à se légitimer.

Il a fallu attendre le XVIIIe siècle pour que prennent de l'ampleur les théories philosophiques qui contestent ces formes de gouvernement, avec un succès incomplet, puisque, on l'a vu, beaucoup existent encore. Un courant d'idées s'est alors développé, soutenant qu'il fallait non seulement limiter les pouvoirs des gouvernants mais faire désigner ceux-ci par le peuple et associer les individus au fonctionnement du pouvoir politique. Les hommes devaient passer de l'état de sujets à celui de *citoyens.* En France, c'est seulement en 1830 que le mot « sujets » disparut des documents officiels.

Le citoyen introduit avec lui la démocratie : pas de citoyen sans démocratie, pas de démocratie sans citoyen.

Mais le citoyen n'est pas apparu d'un seul coup aux Etats-Unis en 1776 ou à Paris en 1789. Déjà au cours des siècles précédents, dans certaines sociétés, les sujets avaient acquis progressivement des éléments de statut qui limitaient leur dénuement en face du pouvoir : éléments de dialogue, éléments de participation et surtout éléments de protection contre l'arbitraire. Des germes de démocratie existaient dans la société monarchique, qui devaient s'épanouir à la fin du XVIIIe siècle dans certaines nations occidentales.

Cette affirmation du citoyen sera retracée en premier lieu.

Ensuite, on décrira les fondements de la forme de démocratie qui prévaut dans le monde aujourd'hui : la démocratie libérale.

Enfin, après ces considérations théoriques, on verra les procédés concrets par lesquels le citoyen participe au pouvoir.

Chapitre 1
La démocratie

Bibliographie : J.-L. SEURIN et autres, *La démocratie pluraliste,* 1981. — R. ARON, *Démocratie et totalitarisme,* 1965.

111. La démocratie est un régime idéal qui ne fonctionne nulle part conformément aux modèles échafaudés par les théoriciens. Ceux-ci imaginent des hommes naturellement vertueux, capables de se gouverner pour leur bien à tous, vision démentie chaque jour, et dont les marxistes eux-mêmes repoussent la réalisation loin devant nous dans l'Histoire quand la société sans classe aura produit un « homme nouveau ». Si l'homme n'est pas naturellement bon — et le christianisme enseigne que marqué par le péché originel il est partagé entre le bien et le mal —, le présupposé initial s'effondre et tâtonnements et échecs accompagneront logiquement la démocratie au long de son histoire. Mais, même s'il s'agit d'une utopie, celle-ci a sa grandeur et elle imprègne profondément les luttes politiques de notre temps.

Il est d'innombrables définitions de la démocratie. On en retiendra trois parmi les plus connues. Celle de W. Churchill tout d'abord qui est d'ailleurs une appréciation plus qu'une définition : « La démocratie est le pire des régimes, à l'exception de tous les autres ». La plus classique, la plus sentimentale aussi, mais qui n'est pas la moins claire, celle de Lincoln : « la démocratie est le gouvernement du peuple, par le peuple et pour le peuple ». La plus cynique enfin, celle de Nietzsche : « la démocratie c'est la revanche des esclaves ».

Synthétiquement, on peut dire que la démocratie est le régime politique où ni un individu ni un groupe ne s'approprie le pouvoir, ses titulaires sont désignés par le peuple, par voie d'élections périodiques et sont contrôlés par lui.

Si tout le monde, ou presque, se réclame aujourd'hui de la démocratie, celle-ci n'est pas, loin de là, le droit commun des régimes politiques, c'est même un régime peu répandu. Par souci de respectabilité, par concession hypocrite aux valeurs proclamées dans la société internationale, peu d'Etats ont le courage de ne pas au moins en habiller leur façade. Mais il existe peut-être une trentaine de véritables démocraties aujourd'hui à travers le monde. En Europe et en Amérique du Nord pour la plupart, quatre ou cinq seulement en Asie (Japon, Taïwan, Corée du Sud, Inde et Israël), trois ou quatre en germe en Afrique... Et tout n'est pas parfait dans les régimes démocratiques eux-mêmes : le peuple s'y gouverne moins lui-même, qu'il n'est gouverné par une étroite minorité.

Section 1
Genèse du modèle démocratique

Il faut remonter à l'Antiquité gréco-romaine pour retrouver les idées qui sont à la base du principe démocratique. A cette époque, d'ailleurs, celui-ci ne connut que des applications restreintes. Après un hiatus de plusieurs siècles apparurent en Europe occidentale, au deuxième millénaire, des manifestations isolées de démocratie, sans fondement ou justifications théoriques, mais résultant des *variations du rapport de forces* entre certaines catégories sociales et le pouvoir. Au XVIIe siècle, et surtout au XVIIIe, le mouvement des idées allait faire apparaître un nouveau système de valeurs, qui devait concourir puissamment aux premières réalisations de démocratie à l'échelle d'un pays.

A L'Antiquité

112. On se contentera ici de quelques repères.

Le régime dominant de l'Antiquité a été l'aristocratie, qui est une forme d'oligarche. C'est seulement vers 600 avant Jésus-Christ que Solon a donné sa première Constitution à *Athènes* et instauré un embryon de démocratie qui allait durer, avec des éclipses, plus de deux siècles. Pour la première fois dans l'Histoire, dans les petites cités grecques, *le pouvoir n'est pas aux plus forts,* ou aux plus riches, il s'ouvre à d'autres couches sociales. Mais le système ne fonctionnait pas de façon idyllique, ainsi Athènes connut une agitation politique désordonnée.

A *Rome,* le même mouvement devait se manifester un peu plus tard, au début du Ve siècle avant J.-C., époque où la plèbe prend le pouvoir et instaure un régime de participation populaire aux décisions. L'Empire au bout de quatre siècles allait emporter ce régime, mais certains de ses aspects devaient se retrouver dans l'Empire d'Occident entre le IIe et le VIe siècles.

De quelle forme de démocratie s'agissait-il alors ?

Les réalisations démocratiques étaient *assez limitées* dans la mesure où elles avaient surtout pour effet d'associer à l'aristocratie une partie du peuple — ce qu'on appellerait maintenant les classes moyennes — qui restait largement minoritaire. A Athènes sous Périclès (Ve siècle avant J.-C.) les citoyens étaient environ 40.000 sur 400.000 habitants. L'existence de l'esclavage conférait toujours à la société un caractère très inégalitaire. A Rome, le caractère démocratique du régime était plus marqué. Au IIIe siècle avant J.-C., le nombre des citoyens est estimé à 1 million, tous votent et peuvent participer à l'élaboration des lois. En 28 avant J.-C., ils sont 1.700.000. Mais les suffrages des riches n'avaient pas le même poids que ceux des pauvres et l'accès aux charges de l'Etat était réservé par un système censitaire — c'est-à-dire fondé sur le montant d'impôt payé — aux citoyens les plus fortunés. En outre, si le vote des lois et les assemblées où était rendue la justice étaient précédés de débats publics et contradictoires, où chacun s'exprimait en toute liberté, le nombre des participants à ces réunions était par la force des choses assez restreint et plus encore celui des intervenants. C'est bien *une minorité qui dirige la Cité.* Plus loin de nous dans l'espace, en Chine, la désignation des autorités locales s'est faite depuis toujours, de façon démocratique par des élections à plusieurs degrés.

En dépit de ses faiblesses, la démocratie antique n'en conserve pas moins une valeur exemplaire considérable, sur le plan des idées surtout. Hérodote, Platon et Aristote sont à la base de la réflexion de la philosophie politique contemporaine.

B L'Europe occidentale

113. La première manifestation de démocratie en Europe occidentale est peut-être l'apparition des *Communes* il y a neuf siècles. Des villes, des bourgs, se développent, organisent des foires et marchés, instituent des corporations, acquièrent une certaine autonomie par rapport au pouvoir seigneurial, s'affranchissant de sa tutelle par des « chartes » de liberté. Les habitants élisent eux-mêmes les autorités qui les administreront, ils organisent leur justice, leur milice et leurs finances. Ce phénomène tient au développement de la *bourgeoisie dont l'activité n'est plus liée à la terre* mais à l'artisanat et au négoce, distendant par là les liens qui mettaient les hommes sous la dépendance du seigneur propriétaire de la terre et leur valaient en contrepartie sa protection.

Là encore, il ne faudrait pas exagérer le caractère démocratique du phénomène. Il porte sur des entités assez étroites, sur des expériences de micro-démocratie, qui à l'analyse ont une forte coloration oligarchique. Les campagnes restent à l'écart du mouvement, le plat pays n'est pas concerné, et les bourgeois accaparent le pouvoir, quand ce ne sont pas quelques familles bourgeoises ; *l'ensemble de la population n'est pas associé à la conduite des affaires publiques.* Ces formes d'auto-administration n'en manifestent pas moins une évolution vers la démocratie. Et *les femmes* participent au Moyen Age à la gestion des affaires de la Cité ; c'est au XVIe siècle, avec le retour en force du droit romain, que leur statut civique va à nouveau se dégrader.

D'autre part, il s'agit de la réalisation *spontanée* d'une aspiration plus ou moins claire à la maîtrise de leurs affaires par les bourgeois des villes et non de la mise en forme d'une réflexion théorique consciente sur l'origine et l'exercice du pouvoir.

A la fin du XIIIe et au XIVe siècle, la bourgeoisie pour la première fois va sortir du cadre municipal pour être associée à des décisions concernant la vie de la nation. Le roi qui jusqu'alors réunissait de temps en temps le haut clergé et la noblesse va inviter la bourgeoisie à ces réunions. En France, la formule restera sans lendemain. En Angleterre au contraire, le Parlement britannique renforce peu à peu ses pouvoirs et son évolution sera à l'origine du régime démocratique actuel.

1. En France

114. Le roi avait pris l'habitude de convoquer de temps en temps et *séparément* des représentants des trois ordres (clergé, noblesse, Tiers Etat — expression apparue au XVe siècle et qui désigne la bourgeoisie —), en général au niveau des provinces, lorsqu'en 1302 Philippe le Bel transforma cette tradition et convoqua *en même temps* les trois ordres pour les premiers Etats généraux du royaume.

L'innovation n'est pas la conséquence du choix délibéré d'un monarque soucieux d'associer la nation à l'exercice du pouvoir. Des raisons purement circonstancielles guidaient Philippe le Bel : il recherchait l'appui de la nation dans sa lutte contre le Pape Boniface VIII.

Aussi bien cette amorce de participation allait-elle être pratiquement sans lendemain. Contrairement au processus engagé à la même époque en Angleterre, les Etats généraux du royaume ne purent pas s'affirmer, ils ne parvinrent pas à s'institutionnaliser. Jamais ils n'obtinrent cette conquête essentielle qu'aurait été la périodicité de leurs réunions. Convoqués irrégulièrement, au gré des désirs du roi, leurs assises devinrent de plus en plus rares : 13 réunions au XIVe siècle, 8 au XVe, 5 au XVIe, une seule au XVIIe (1614), soit 27 en près de 500 ans.

En même temps, les Etats généraux ne purent pas sortir de leur *rôle consultatif,* ils remettaient au roi des *cahiers de doléances* et à la fin de la session le roi prenait, ou ne prenait pas, les mesures souhaitées dans les cahiers. Pourtant, ces Assemblées avaient un pouvoir redoutable qui aurait pu devenir un moyen de pression considérable sur le pouvoir royal : *le consentement à l'impôt ;* seuls les Etats généraux pouvaient autoriser le roi à lever des impôts, lui consentir des subsides. Mais ils ne surent pas utiliser cette arme.

Comment expliquer l'échec des Etats généraux ?

• Les trois ordres se réunissaient en même temps, mais *ne siégeaient pas en commun* et ne pouvaient présenter un front uni devant un pouvoir royal habile à jouer de leurs divisions. Lorsqu'en 1789, première réunion depuis 1614, les ordres décidèrent de siéger ensemble, la décision est véritablement révolutionnaire.

• La noblesse fit constamment cause commune avec le roi.

• Le roi réunissait les Etats généraux lorsqu'il avait besoin de leur soutien en cas de crise, pour faire voter de nouveaux impôts quand les caisses étaient vides, puis ces circonstances passées il oubliait ses promesses et ne réunissait plus les Etats.

2. En Angleterre : la naissance du régime parlementaire

115. Les Etats généraux ne sont pas propres à la France. Toute l'Europe à l'ouest de la Russie a connu entre le XIIe et le XIVe siècles, la pratique de réunions féodales analogues où le roi cherchait l'appui des seigneurs et du clergé (Cortès espagnoles, diètes allemandes et polonaises). En Angleterre le phénomène allait conduire au gouvernement représentatif et à la démocratie.

— Le premier Parlement britannique s'est réuni en 1265, *l'Angleterre est véritablement « mater parlementarium »,* la mère des parlements. Mais la réunion en 1295 par Édouard Ier de ce qu'on a appelé « le Parlement modèle » marque une date plus importante dans l'Histoire, car aux grands féodaux composant le « Conseil du roi » sont associés des représentants du bas clergé, des villes et des campagnes.

Dès l'origine, le Parlement britannique devait hériter du Conseil du roi deux pouvoirs dont il allait jouer habilement :

• Consentir à l'impôt : en germe dans la Grande Charte de 1215, ce pouvoir est consacré à la fin du XIIIe siècle.

• Consentir aux levées de troupes : conséquence du consentement à l'impôt — car il faut bien payer les soldats — ce pouvoir sera confirmé à titre distinct en 1689.

— Dès qu'il a obtenu satisfaction le roi dissout le Parlement. Cependant progressivement, une négociation s'ouvrit. Le Parlement demanda au monarque de prendre telle décision et le roi céda à cette « pétition » car il avait besoin d'argent ou de troupes. Il arriva ensuite un jour où le Parlement n'attendit plus que le roi lui présente un projet de loi, mais prit lui-même l'initiative d'en préparer un pour le soumettre à l'approbation du roi. Insensiblement, le Parlement se trouve alors associé au pouvoir législatif, deux procédures législatives coexistent : les lois (ordonnances) prises par le roi seul, les lois adoptées par « le roi en son Parlement ». Ce marchandage est achevé dès le milieu du XVe siècle, et le roi doit parfois consentir à des choses désagréables, comme par exemple se séparer d'un ministre à la demande du Parlement. Depuis 1707 en Grande-Bretagne, aucun roi ne s'est opposé à une loi votée par le Parlement.

— Parallèlement le Parlement luttait pour obtenir la périodicité de ses sessions. Négligé à la fin du XVe siècle, pour plus de cent ans, par les Tudors, il devait être ranimé par les maladresses des Stuarts au XVIIe siècle. En 1641 il obtient sa convocation tous les 3 ans.

En 1649, l'affrontement tourne à l'avantage du Parlement, le conflit étant marqué par l'exécution de Charles Ier et l'établissement par Cromwell d'une République fort peu démocratique. Une nouvelle révolution en 1688 amena le Parlement à négocier l'installation de la dynastie d'Orange contre un Bill des droits (1689), où le roi renonce au pouvoir d'ordonnance, c'est-à-dire à légiférer seul. *La loi doit être votée par le Parlement, la royauté constitutionnelle* est établie.

Le XVIIIe siècle voit le triomphe du Parlement qui a acquis, outre le vote de la loi, le contrôle des ministres et la périodicité de ses réunions. Les Ministres deviennent plus dépendants de lui que du roi. *La monarchie est ainsi étroitement limitée,* le parlementarisme britannique préfigure les régimes démocratiques qui vont apparaître. Le contraste avec la France est remarquable : la monarchie française a évolué vers le pouvoir absolu alors qu'en Grande-Bretagne le roi a été dépouillé progressivement de ses attributions.

3. Les révolutions des XVIIIe et XIXe siècles

116. L'impulsion décisive au mouvement, qui devait faire de la démocratie l'archétype des régimes politiques, fut donnée par la philosophie du XVIIIe siècle et par les révolutions de la fin du XVIIIe et du XIXe siècle.

La philosophie du XVIIIe siècle est à elle seule une révolution dans la mesure où elle met en cause les idées reçues sur l'origine du pouvoir, la place de l'homme dans la société, les buts de celle-ci, les hiérarchies sociales, les privilèges... Les institutions sont ainsi passées au crible de la raison, de l'expérience, de la science, de façon corrosive. La *philosophie des lumières* développe ses thèmes autour de la nature, de la recherche de la vérité et du bonheur, formule l'idée de progrès. Elle réunit des esprits très différents, comme Montesquieu, Diderot, Rousseau, d'Alembert, les Encyclopédistes, les Anglais Paine et Bentham, etc. Leur réflexion les amène à des conclusions divergentes mais tous ont en commun ce que l'on peut appeler « l'esprit du siècle » qui renouvelle l'étude des phénomènes sociaux et politiques. Ce courant d'idées va nourrir l'idéal démocratique — à l'époque on ne distingue pas toujours bien libéralisme et démocratie — saper les fondements de la société monarchique et entraîner la disparition de l'Ancien Régime.

Mais les philosophes du XVIIIe siècle ne faisaient pas de politique, ils ne s'engageaient pas, à la différence des écrivains du XIXe : Lamartine, Chateaubriand, Constant, Hugo...

— Deux révolutions au XVIIIe siècle s'inspirent largement de ces idées :

• *La révolution américaine* (1776). Au départ, au contraire de ce qui se passera en France à partir de 1789, la révolution américaine n'est *pas dominée par une idéologie,* il s'agit d'une *simple révolte de colons* contre la mère patrie. Après le succès de l'insurrection, les Américains ont cherché à créer un nouveau type de société plus ouverte, plus tolérante, plus égalitaire, dont l'un des objectifs est le bonheur des individus. Le Gouvernement, c'est-à-dire l'Etat, est établi pour protéger les droits naturels des citoyens et leur permettre de s'épanouir. Le nouvel Etat rompt aussi avec la forme monarchique pour adopter la république. L'expérience a un écho considérable en Europe et prend valeur de symbole, même si la société américaine de l'époque est en fait rien moins qu'égalitaire.

• *La révolution française.* Le retentissement de la révolution française fut plus grand encore. L'abolition de la monarchie, l'exécution de Louis XVI traduisent le rejet de l'ordre monarchique ancien. Une brèche est ouverte à travers laquelle la démocratie va s'insérer pour apparaître bientôt comme *plus légitime que la monarchie.* La Déclaration des Droits de l'homme et du citoyen, votée dès 1789, s'affirme en même temps comme le manifeste de la place nouvelle de l'individu dans la société. Sont alors formulés des thèmes, consacrés des symboles, expérimentées des institutions et des procédures, qui vont animer tout le débat politique et constitutionnel au XIXe siècle, peser sur les mentalités comme sur les comportements, et dont l'influence se fait toujours sentir aujourd'hui.

Les esprits sont profondément bouleversés en Europe et en Amérique par ce qui se passe en France à partir de 1789. Tout l'ordre ancien est mis en cause et, même s'il parvient un temps à se reconstituer, jamais plus les choses ne seront tout à fait comme avant.

— *Les révolutions du XIXe siècle.* Les idées nouvelles font leur chemin. Elles suscitent des protestations, des discours, des libelles, des conflits et des complots. Et aussi des révolutions : 1830 en France et en Belgique, 1848 un peu partout en Europe occidentale, 1871 en France encore avec la Commune.

Un élément nouveau apparaît vers le milieu du siècle : le mouvement ne met pas seulement en question l'ordre monarchique, il ne se fonde plus sur des idéologies universelles, le *prolétariat* conteste à son tour les nouvelles classes dirigeantes bourgeoises qui se sont substituées à la noblesse et à ses alliés. Cette mise en cause radicale de *l'ensemble* de l'ordre social sur lequel on a vécu jusqu'alors porte en germe une nouvelle conception de la démocratie, non plus libérale et bourgeoise, mais prolétarienne et marxiste.

A la fin du XIXe et du début du XXe siècle l'Europe occidentale se libéralise. Avec des exceptions : l'Allemagne, l'Autriche, l'Italie..., des retours en arrière parfois, la démocratie libérale est le modèle de gouvernement vers lequel tendent la plupart des régimes.

Après la Deuxième Guerre mondiale, la démocratie est considérée à peu près universellement comme le régime idéal. Toutes les Constitutions la proclament à travers le suffrage universel, les Droits de l'homme, les limitations au pouvoir de l'Etat... On a vu ce qu'il fallait penser de cette unanimité.

Section 2
La démocratie libérale

A Les principes

117. La démocratie libérale est une construction *cohérente,* englobant tous les aspects de la vie en société. Il ne s'agit pas d'un système artificiel préétabli, elle s'est construite progressivement.

1. La primauté de l'individu

118. *L'individu est au centre de la société,* les autres principes découlent de celui-ci. Les sociétés humaines sont faites pour permettre l'épanouissement, le bonheur de l'individu. Chaque homme a une identité propre qui doit être protégée, c'est là l'héritage de la philosophie grecque et du christianisme. La parabole du Bon Pasteur, où le berger abandonne son troupeau pour se mettre à la recherche de la brebis perdue, est une remarquable illustration de la conception de la valeur de la personne humaine — elle est incompréhensible pour un marxiste ou un musulman. D'autre part la société fait confiance à l'individu, le citoyen n'a pas de compte à lui rendre.

• Tous les individus sont *égaux* par naissance, en droit.

• Les *groupements :* familles, associations, syndicats, partis... apparaissent comme des dangers contre lesquels le citoyen doit être protégé.

• Le libre jeu des intérêts personnels va dans le sens des intérêts de la communauté. L'Etat assure seulement les conditions qui permettront à l'individu de s'épanouir. Il doit intervenir le moins possible, au risque de troubler les équilibres naturels de la vie en société. *Le libéralisme est méfiant à l'égard de l'Etat.*

2. La liberté et les libertés

119. La confiance placée dans l'individu explique que l'organisation de la société soit dominée par le principe de la liberté des citoyens. Cette liberté est *naturelle* à l'homme. En écho au *Contrat Social* la Déclaration de 1789 proclame : « les hommes naissent libres ». La liberté est donc un donné.

La conception libérale de la liberté est très large puique la Déclaration des Droits de l'Homme précise : « Tout ce qui n'est pas défendu par la loi ne peut être empêché et nul ne peut être contraint de faire ce qu'elle n'ordonne pas ». Ainsi est formulé un des principes-clés de l'ordre libéral : *tout ce qui n'est pas interdit est permis.*

De ce principe abstrait se déduit toute une série de manifestations concrètes dont la liste forme celle des droits de l'homme :

• La liberté politique : droit de choisir les gouvernants, de devenir soi-même un gouvernant, de participer aux décisions, de contrôler l'exercice du pouvoir.

• Les libertés individuelles :

. *La sûreté :* elle est la revendication la plus aiguë à la veille de la Révolution française. L'individu souhaite être protégé contre l'arbitraire dans sa personne et ses biens ; il ne doit pas pouvoir être arrêté ou détenu irrégulièrement, des procédures protectrices doivent être instituées.

. *Liberté d'aller et venir :* possibilité pour l'individu de se déplacer sans entrave sur le territoire national ou à l'étranger. De fixer son domicile où bon lui semble et d'émigrer au besoin.

. *Liberté de pensée,* de croyance, de religion, d'exprimer ses opinions. Liberté de la presse aussi et surtout, car elle est la clé et la sauvegarde de toutes les autres.

. *Liberté de se réunir* avec qui on l'entend, etc.

• La liberté de l'économie. Les principes du libéralisme politique se retrouvent dans le domaine économique : liberté, égalité, *concurrence,* c'est-à-dire pluralisme. Avec lui les *moyens de production* sont entre les mains des particuliers, l'*entreprise privée* est considérée comme incomparable, *le libre jeu du marché* assure le développement de l'économie, en bref le capitalisme est facteur de prospérité et d'épanouissement individuel.

Mais la liberté ne saurait être indéfinie : la liberté des citoyens s'arrête là où commence celle de l'autre. L'article 4 de la Déclaration des Droits le disait déjà : « la liberté consiste à pouvoir faire tout ce qui ne nuit pas à autrui ».

L'attachement à ses libertés caractérise le citoyen de la société libérale. L'opinion publique et la presse jouent un rôle important dans leur protection.

• L'individu et le citoyen n'on pas seulement des droits — libertés, ils ont aussi des *devoirs.* Ceux-ci sont évoqués ou formulés dans les textes américains et dans les Déclarations de la Révolution française : devoir de respecter les lois et les droits des autres citoyens, devoir d'aimer et servir la patrie, de la défendre (1848...).

3. Le pluralisme

120. La liberté suppose *le choix :* la société sera donc pluraliste. D'où le multipartisme, la pluralité associative, scolaire, religieuse... Ni monopole, ni censure, toutes les opinions doivent pouvoir exprimer. Le libéralisme est hostile à tout embrigadement, les décisions doivent être prises en commun et adoptées à la majorité, c'est *le « principe de majorité ».*

121. Parmi ses conséquences on peut citer :

• l'existence d'une *opposition,* avec un statut formel ou implicite.

• la remise en jeu régulière du pouvoir dans des *élections libres* où le vote est secret.

• l'opposition à vocation à gouverner demain, les forces politiques sont appelées à se succéder au pouvoir. *L'alternance* au pouvoir caractérise les démocraties libérales : Grande-Bretagne, Etats-Unis, France, Allemagne, Pays-Bas, Grèce, Italie, Espagne...

• Le pluralisme combiné à la liberté fait de la démocratie libérale un *régime fragile et vulnérable.* Ses adversaires peuvent utiliser ses règles du jeu pour tenter de la renverser. On connaît la célèbre formule « Je vous réclame la liberté au nom de vos principes, je vous la refuse au nom des miens », injustement reprochée à Jules Simon qui avait déclaré : « Je ne suis pas de ceux qui disent... ». En même temps la démocratie libérale ne doit pas céder à la tentation du : « pas de liberté pour les ennemis de la liberté ».

B Transformation et déformation contemporaines de la démocratie libérale

Avec le temps certains principes de libéralisme se sont assouplis et il n'a pas toujours su empêcher l'apparition de nouvelles oligarchies.

1. Le renouvellement des libertés

122-123. L'évolution ici a consisté à tenter de corriger les inégalités de fait que pouvait faire apparaître l'exercice des libertés.

▪ *L'intervention de l'Etat* est aujourd'hui admise dans le domaine des libertés. On s'est aperçu que la réalisation effective des libertés exigeait que l'Etat joue un rôle actif.

• *L'Etat organise l'exercice des libertés,* il ne se contente plus de les proclamer. Il faut éviter que l'utilisation des libertés ne se retourne contre la communauté ou nuise à la liberté des autres.

• L'Etat doit parfois offrir les *moyens matériels et financiers* nécessaires à la réalisation des libertés : subvention à la presse, aux syndicats, aux partis, aux écoles privées...

• L'Etat a multiplié les *garanties des libertés :* le juge est proclamé gardien des libertés ; des médiateurs sont chargés de les protéger ; des Déclarations des Droits sont élaborées dans l'ordre international, telle la Convention européenne des Droits de l'homme (1950).

▪ La liste des droits et libertés s'est beaucoup enrichie :

• Les droit des *groupes* sont maintenant reconnus : familles, syndicats, associations...

• Des *droits économiques et sociaux* sont apparus et se sont multipliés : droit à la sécurité sociale, à l'éducation, droit de grève...

2. La permanence des oligarchies

124. La démocratie libérale a l'ambition de mettre le pouvoir entre les mains de tous. Elle condamne toute société où il est confisqué par un individu ou par une minorité. Pourtant elle n'a pu empêcher que se développent de nouvelles formes d'oligarchies.

■ *La technocratie*

La technocratie est née d'une réaction anti-parlementaire. Les problèmes du gouvernement de la société sont devenus trop complexes pour être réglés par ces amateurs que sont les représentants du peuple. Il faut faire appel à des experts, à des techniciens.

En soi le procédé n'est pas condamnable, il le devient lorsque les représentants abandonnent aux experts la décision. Ces derniers, non élus, ne bénéficient d'aucune légitimité démocratique.

■ *La bureaucratie*

125. Avec la bureaucratie, c'est l'appareil administratif, l'Administration, les bureaux qui prennent leur autonomie à l'égard des dirigeants régulièrement élus. C'est en quelque sorte le pouvoir des fonctionnaires, des hauts fonctionnaires substitué à celui des élus. Souvent d'ailleurs plus par leur passivité, leur mauvaise volonté, leur lenteur, la complexité des procédures, que par leur action. Ils retardent ou font échouer les réformes les plus utiles si celles-ci ne correspondent pas à leurs vœux. Les bureaux sont d'autant plus forts qu'ils ont pour eux la durée en face de ministres et de parlementaires qui changent.

La bureaucratie est une des plaies de la démocratie, mais elle n'est pas propre aux sociétés libérales.

*
**

126. Il est d'autres conceptions de la démocratie parmi lesquelles il faut faire une place à part à la conception marxiste — qui sera étudiée plus loin avec les régimes marxistes (v. 313) — et à la *social-démocratie.* Sur le plan économique celle-ci se caractérise par son réformisme, sa volonté de transformer les structures (nationalisation, plan, économie mixte), de s'appuyer sur l'intervention de l'Etat, sur le dirigisme même et par l'accent mis sur le développement des droits sociaux ; elle aussi est attentive à la réalisation d'une véritable égalité entre les hommes et à la justice sociale. Dans le domaine politique elle adhère aux valeurs du libéralisme en matière de liberté et de pluralisme, et si elle dénonce les excès de l'individualisme elle ne met pas en cause la primauté de l'individu. S'il n'y a pas lieu de s'y attarder ici c'est qu'elle n'a pas de théorie constitutionnelle originale, elle peut fonctionner sans renoncement à l'intérieur des institutions des démocraties libérales, elle n'est somme toute qu'une forme particulière de la démocratie pluraliste.

Chapitre 2
La participation du citoyen au pouvoir

La démocratie est caractérisée par la participation des citoyens à la gestion des affaires de la Cité, au pouvoir. Pourquoi cette participation ? La réponse n'est pas très évidente puisque, des millénaires durant, les hommes ont subi sans malaise ni révolte un pouvoir extérieur à eux. L'histoire montre comment la démocratie s'est enracinée, il reste à se demander comment la justifier, comment fonder la souveraineté des citoyens.

La participation d'autre part adopte des modalités, des procédures, des techniques différentes. L'étude de sa mise en pratique doit compléter celle de son fondement théorique.

Section 1
Le titulaire de la souveraineté

Bibliographie : Guillaume BACOT, *Carré de Malberg et l'origine de la distinction entre souveraineté du peuple et souveraineté nationale,* 1985.

127. A qui appartient dans l'Etat le pouvoir de commandement, quel est le détenteur de la souveraineté, le souverain ? D'où tient-il son pouvoir ?

Double interrogation derrière laquelle se dessine le problème de la *légitimité.* Qu'est-ce qu'un pouvoir légitime ? En droit la légitimité s'apprécie à la façon dont le pouvoir a été transmis. Sera considéré comme illégitime le gouvernant qui tiendra son pouvoir d'une investiture irrégulière. Vue trop étroite et formelle des choses cependant, car la raison suggère que la légitimité peut se perdre par la façon dont le pouvoir est exercé, par ses actes. Juridiquement légitime, un pouvoir peut être politiquement illégitime. Et la réciproque est vraie. Un pouvoir illégal n'est pas toujours un pouvoir illégitime.

Sur quelles bases fonder la légitimité ?

Sous-section 1
Les théories théocratiques

128. Elles dominent l'Histoire jusqu'à la fin du XVIIIe siècle, leur influence est limitée aujourd'hui.

Ces théories donnent au pouvoir une origine divine. On les trouve plus ou moins formulées dans l'Egypte pharaonique — où le roi était Dieu — comme dans la Chine des Chang, au deuxième millénaire avant Jésus-Christ, où le roi était considéré comme « le fils du Ciel » —. Il faut faire aussi une place à l'*Islam* dans lequel le pouvoir vient de Dieu. Le premier titulaire du pouvoir dans la Communauté, le prophète Mahomet, fut choisi directement par Dieu. Ses successeurs tiennent eux-mêmes leur pouvoir de Dieu, mais ils sont choisis par la Communauté qui les autorise à exercer le pouvoir. Le Khalife passe avec la Communauté un contrat (Beia) par lequel celle-ci échange son autorisation et sa fidélité contre une promesse de gouverner avec piété et justice. Le pouvoir exercé par le Khalife est de nature exécutive, administrative et judiciaire, mais non législative car Dieu a donné dans le Coran la Loi (Charia) parfaite et immuable.

Mais ce sont surtout les théologiens catholiques qui se sont efforcés de justifier le pouvoir royal par référence à la divinité.

Tout pouvoir vient de Dieu. Celui-ci, en créant la société, *a voulu qu'une autorité s'exerce sur la communauté,* sans elle la société ne serait pas viable. Les théologiens sont d'accord là dessus, ils se séparent lorsqu'il s'agit d'expliquer comment le pouvoir est attribué à son titulaire. Pour les uns, celui-ci tient directement son pouvoir de Dieu, et le sacre du monarque en France marquait cette origine divine : c'est la *théorie du droit divin surnaturel.* Pour d'autres ce sont les gouvernés, inspirés par la Providence, qui choisissent le détenteur du pouvoir : c'est la *théorie du droit divin providentiel.* D'autres encore estiment que le pouvoir est remis par Dieu à la Communauté, celle-ci en transmet *l'exercice* aux gouvernants : c'est la *théorie du droit divin populaire.*

Sous-section 2
La distinction de la souveraineté nationale et de la souveraineté populaire

129. Lors de la Révolution française on s'est efforcé de donner un fondement juridique à la souveraineté, tenant non plus à la religion ou à la tradition, mais résidant désormais dans la collectivité des citoyens. Deux expressions, à l'origine indifféremment utilisées : souveraineté du peuple et souveraineté de la nation , ont fini par être distinguées sous la monarchie de Juillet pour donner naissance à deux conceptions distinctes, systématisées (de façon contestable d'ailleurs) au début de ce siècle par le grand juriste Carré de Malberg. Chacune aboutit à des conséquences opposées. Mais au départ l'une et l'autre avaient un même objet : distinguer l'Etat de la personne royale, le souverain des gouvernants. La souveraineté n'est plus en haut, elle est en bas.

Exceptions faites des textes de 1791 et 1793 nos Constitutions n'ont jamais véritablement tranché entre ces deux conceptions. Mais si leur influence sur notre droit constitutionnel est limité, le débat théorique doit être retracé et ses implications pratiques précisées.

§ 1. La théorie de la souveraineté nationale

130. Le principe de la souveraineté nationale a été formulé à l'article 3 de la Déclaration de 1789 : « Le principe de toute souveraineté réside essentiellement dans la Nation. Nul corps, nul individu ne peut exercer d'autorité qui n'en émane expressément ».

1. Le principe

C'est par une facilité terminologique que l'on parle de souveraineté de l'Etat (v. 5), en réalité la souveraineté appartient à la *nation* personnifiée par l'Etat *(l'Etat est la nation juridiquement organisée).* La nation forme une entité distincte de ceux qui la composent. Titulaire de la souveraineté, elle est dotée de volonté propre, qu'expriment ses représentants. Le pouvoir de commandement lui appartient et non à un individu (roi) ou à un groupe d'individus.

2. Ses conséquences

a) *La souveraineté est une et inaliénable :* Constitution de 1791, article I, Titre III : « la souveraineté est *une, indivisible, inaliénable et imprescriptible.* Elle appartient à la Nation, aucune section du peuple, ni aucun individu, ne peut s'en attribuer l'exercice ».

Si on laisse de côté l'impossibilité pour la nation d'abandonner sa souveraineté au profit d'un individu — et sous la monarchie en 1791 le propos était déjà révolutionnaire : le roi n'est pas « le souverain » — d'un groupe d'individus ou d'une puissance étrangère, la formule postule l'unité de la nation dont la conséquence ici est que la souveraineté n'appartient pas pour partie à chaque citoyen. *Elle n'est pas atomisée, il n'y a pas n-millions de co-souverains.*

b) *La souveraineté s'exerce par l'intermédiaire de représentants.* La nation étant une abstraction, sa volonté doit être exprimée par des individus qui parleront en son nom. La Constitution de 1791 déclarait à propos des pouvoirs de la nation : elle « ne peut les exercer que par délégation ». Le fondement constitutionnel du régime représentatif était posé, la France lui est restée fidèle.

La nation choisit donc ses représentants. Ceux-ci *ne sont pas propriétaires de la souveraineté,* s'ils *l'exercent* c'est par représentation de la nation. Normalement, l'élection permettra la désignation des représentants, mais rien n'empêche que la Constitution — expression de la volonté de la nation — ne confie l'exercice de la souveraineté à un monarque, ce fut d'ailleurs le cas en 1791, la souveraineté nationale est compatible avec la monarchie.

c) *La théorie de l'électorat — fonction* Le choix des représentants n'est pas une manifestation de la souveraineté individuelle des citoyens-électeurs, ceux-ci exercent une *fonction,* ils agissent au nom de la nation.

L'idée d'*électorat-fonction* a des prolongements multiples :

— Elle justifie tout d'abord que tous les citoyens ne soient pas nécessairement électeurs, c'est-à-dire le *suffrage restreint.* La nation peut décider que seules certaines catégories de citoyens désignent ses représentants. En 1789 l'idée était plutôt rassurante pour la bourgeoisie.

— Si l'électorat est une fonction, on peut concevoir que ses titulaires ne soient pas libres de l'exercer ou non et que le vote soit *obligatoire.* Ils ne disposent pas d'une faculté à laquelle ils peuvent renoncer.

— Il n'existe pas de lien entre l'électeur et le représentant (comme c'était le cas lors des Etats généraux de l'Ancien Régime). *Ce dernier ne représente pas ses électeurs mais la nation dans sa totalité,* on y reviendra (v. 135).

§ 2. La théorie de la souveraineté populaire

131. A son origine on trouve Rousseau et le *Contrat social.* Son rayonnement a été et est encore considérable en raison de sa simplicité et de son accord avec le sentiment égalitaire. Pourtant elle porte en elle un absolutisme qui peut la rendre dangereuse pour les citoyens.

Dans notre histoire constitutionnelle, le principe de la souveraineté populaire a été proclamé deux fois :

— Dans la Constitution de 1793 : « la souveraineté réside dans le peuple » (art. 25).

— Dans la Constitution de l'an III : « l'universalité des citoyens français est le souverain » (art. 2).

1. Le principe

La souveraineté appartiendrait au peuple, c'est-à-dire à tous les citoyens, et — caractère essentiel — elle serait *fractionnée* entre eux, elle serait « atomisée ». Chaque citoyen serait donc détenteur d'une parcelle de souveraineté. Rousseau explicitait sa pensée ainsi : « Supposons que l'Etat soit composé de dix mille citoyens. Chaque membre de l'Etat n'a pour sa part que la dix millième partie de l'autorité souveraine ». En même temps Rousseau — qui n'en n'est pas à une contradiction près — écrivait que : « le souverain ne peut être considéré que collectivement et en corps », ce qui s'oppose, semble-t-il, à tout fractionnement de la souveraineté !

Cette conception est certainement plus concrète, plus compréhensible, que celle qui fait résider la souveraineté dans une nation. En revanche, elle pose un problème que, en dépit de son habileté, Jean-Jacques Rousseau n'a pas résolu de façon satisfaisante : si chaque citoyen est souverain, comment peut-il être soumis à la volonté des autres citoyens sans son consentement ? Car si on ne veut pas que l'Etat soit paralysé, il faut bien que les décisions soient prises à la majorité. Ceux qui forment la minorité sont contraints par la majorité à respecter les décisions auxquelles ils se sont opposés. Que devient leur souveraineté ?

2. Ses conséquences

La souveraineté populaire conduit à des résultats très différents de ceux produits par la théorie rivale.

a) Si tous les citoyens sont co-souverains, il faut recueillir l'avis *personnel* de chacun d'eux sur les décisions à prendre. Au lieu d'impliquer la démocratie représentative, la souveraineté populaire est *favorable à la démocratie directe,* le peuple s'exprime librement, par le référendum par exemple, sans avoir besoin de désigner des délégués. Comment en effet savoir si ce qu'expriment ceux-ci correspond à la volonté du souverain ? La volonté ne se délègue pas.

b) Pour des raisons pratiques évidentes, le peuple est cependant obligé d'élire des *délégués* (et non des représentants). L'électorat est *un droit.* Tous les citoyens en sont titulaires ; en sont exclus en revanche ceux qui ne possèdent pas la citoyenneté : enfants, étrangers, condamnés à certaines peines, malades mentaux. A ces exceptions près, *le suffrage est universel.* Les citoyens étant libres d'exercer leur droit ou non, *le vote est facultatif.*

c) Toute idée de représentation étant écartée, les liens entre l'électeur et l'élu sont très étroits. Les délégués sont munis d'instructions précises, ils sont investis d'un *mandat impératif.* Si l'élu ne respecte pas ce mandat, il pourra être révoqué par le corps électoral. Les élus ici ne découvrent pas la volonté nationale, ne la formulent pas, ils exposent la volonté de leurs électeurs (au contraire de la représentation).

d) La théorie de la souveraineté populaire risque d'instaurer une *dictature de la majorité.* La théorie de Rousseau postule en effet (v. le Contrat social) que la minorité s'en remet à la majorité, elle reconnaît qu'elle s'est trompée sur la volonté générale alors que la majorité a su la découvrir et, en même temps, cette minorité a tout abandonné à la communauté : vie, bonheur, biens, libertés, elle s'est privée de tout moyen de défense contre la majorité, celle-ci peut devenir oppressive sans rencontrer de limites ou d'opposition. Il n'y a pas lieu, par exemple, d'inscrire dans la Constitution une Déclaration des Droits.

De nos jours, le débat souveraineté nationale-souveraineté populaire est de plus en plus formel et la distinction est devenue inutile. Au point qu'en 1946 les Constituants ont été si embarrassés pour trancher entre les deux interprétations de la souveraineté qu'en définitive ils ont refusé de choisir. « La souveraineté nationale appartient au peuple français » peut-on lire dans le texte adopté par les Français en octobre 1946 et aussi dans la Constitution de 1958. Formule de compromis qui ne résoud rien, puisque nous venons de voir à quel point les deux théories étaient incompatibles. Ajoutons que dans la mise en œuvre des procédures démocratiques, les justifications théoriques sont de peu de poids en face des résultats politiques recherchés. Suffrage universel et référendum sont entrés dans les mœurs, le vote obligatoire a été généralement écarté, non à la suite d'un débat d'idées mais pour des raisons pratiques. Si la formule dc 1946 est ambiguë, elle est en même temps assez réaliste. Sans compter qu'en fait, délégués ou représentants n'expriment pas plus la volonté du peuple que celle de la nation, mais la volonté d'une majorité.

D'ailleurs pendant longtemps la confrontation entre les deux variantes de la souveraineté a eu un contenu politique. L'idée de souveraineté nationale a une coloration conservatrice, *de droite :* compatible avec la monarchie et avec le suffrage restreint, favorable au mandat représentatif, elle est suspecte d'un certain mépris pour le peuple. Au contraire, *la gauche* se reconnaît dans la théorie de la souveraineté populaire et sa condamnation de la représentation. Et le clivage n'est pas totalement effacé aujourd'hui.

Section 2
Les systèmes de participation

Que la souveraineté appartienne à la nation ou au peuple, peu importe, la question est de savoir comment les gouvernés vont l'exercer ? Différents systèmes cherchent à associer les citoyens à l'exercice du pouvoir.

Sous-section 1
La démocratie directe

A Définition

132. Il s'agit d'un système idéal, qui répond le mieux à l'aspiration populaire, dans lequel les gouvernés sont eux-mêmes gouvernants. *Le peuple se gouverne directement lui-même par la participation de tous les citoyens.* En corps il fait la loi, prend les décisions gouvernementales comme la désignation des fonctionnaires, la conclusion des contrats et des traités, c'est aussi lui qui rend la justice.

B Applications

La mise en œuvre de ce système pose des problèmes matériels tels qu'il n'est guère utilisable en dehors de micro-Etats où le nombre des citoyens est réduit. Il faut pouvoir en effet réunir le peuple dans un même lieu suffisamment vaste, il faut lui fournir une information complète, il faut enfin que les affaires à traiter ne soient pas trop nombreuses pour éviter que les citoyens ne soient mobilisés en permanence. Si l'assemblée se tient sur la place publique, il est préférable aussi que le temps soit beau...

L'histoire fournit pourtant quelques exemples de démocratie directe, encore appelée *gouvernement direct.* A Athènes, l'assemblée des citoyens, ou ecclésia, se tenait chaque jour sur la colline du Pnyx. Elle fonctionne encore actuellement dans *trois cantons suisses :* Glaris, Unterwald, Appenzell. Même s'il s'agit plus de survivances, proches du folklore, que d'un véritable système de gouvernement, leur étude permet de mesurer les limites de la formule. Dans ces cantons, peuplés de quelques dizaines de milliers d'habitants (70.000 pour les 2 demi-cantons d'Appenzell), l'assemblée des citoyens (landsgemeinde) se réunit une fois par an au printemps. Elle vote le budget, procède à quelques nominations et approuve des lois préparées par des fonctionnaires. En pratique, l'absentéisme est considérable, les débats sont superficiels, les décisions importantes seront votées sur-le-champ alors que la discussion traînera sur des questions mineures, enfin le vote fait à mains levées n'est donc pas secret et le décompte des suffrages est approximatif. La logique du système est unanimitaire à la Rousseau. Derrière ce simulacre de démocratie se cache le pouvoir des fonctionnaires élus qui ont pour eux la continuité et la compétence. Les mêmes remarques sont valables pour « les assemblées de ville » qui se tiennent dans certains Etats aux Etats-Unis.

C Avenir

Est-ce à dire que la démocratie directe soit un rêve sans avenir ? Ce n'est plus vrai aujourd'hui. Elle correspond en effet à une aspiration profonde des citoyens et le développement des médias rend concevable ce qui hier était utopie. Il lève en effet en partie les obstacles matériels qui cantonnaient la démocratie directe dans des circonscriptions exiguës. Par internet, la radio et la télévision, les débats se déroulent sur la place publique, les citoyens n'ont plus l'excuse de ne pas être informés et l'utilisation grandissante des ordinateurs individuels pourrait permettre aux citoyens de faire connaître leur opinion depuis leur domicile.

Sous-section 2
La démocratie représentative

133. A l'opposé du gouvernement direct, on trouve la démocratie représentative : le corps électoral désigne, les représentants décident.

La nation n'exerce pas directement la souveraineté, elle en *délègue* l'exercice à des représentants élus, mais elle en reste titulaire, n'en perdant que la jouissance. La représentation « *médiatise* » la relation entre l'individu-citoyen et le pouvoir, qui passe par « l'intermédiaire » des représentants. Le gouvernement représentatif, né en Grande-Bretagne au XVIIIe siècle, est la forme la plus courante de gouvernement.

A Raisons d'être

134. La théorie de la souveraineté nationale justifie la représentation : aucun individu ne peut exercer la souveraineté que par une délégation de la nation. Des arguments pratiques et politiques ont été avancés pour compléter cette affirmation.

1. Sur le plan pratique

La représentation est une nécessité de bon sens. Devant *l'impossibilité* matérielle de la démocratie directe, il faut se résoudre à ce que quelques-uns parlent et agissent au nom du peuple. Tout le problème est de savoir comment le peuple les désignera et les contrôlera.

2. Sur le plan politique

Une profonde *méfiance* à l'égard du peuple et de la démocratie directe est à l'origine du régime représentatif. Cette suspicion n'a pas été le propre uniquement des partis conservateurs.

Il n'est pas *souhaitable*, a-t'on soutenu, que le peuple se gouverne lui-même car il ne dispose pas des qualités requises. L'exercice du pouvoir demande une compétence, une technicité, une formation et des dispositions, une prudence, des loisirs, que le peuple ne possède pas. Cette vue très aristocratique de la société, défendue par des esprits comme Montesquieu, reconnaît en revanche au peuple un mérite : il est tout à fait apte à choisir des hommes, à désigner des représentants. Montesquieu affirmait : « Le peuple est admirable pour choisir ceux à qui il doit confier quelque partie de son autorité ».

Un autre argument de nature politique a renforcé les craintes à l'égard du gouvernement direct. Celui-ci tend à conférer *une force irrésistible au point de vue de la majorité* qui peut être tentée d'exercer sa dictature sur la minorité. Qui ne sent que la même décision n'a pas la même autorité selon qu'elle est prise par le peuple directement ou par une assemblée ? La majorité des citoyens saura-t-elle respecter les droits et les intérêts de ses adversaires... ? En revanche une assemblée de représentants est présumée avoir plus de mesure, être plus raisonnable, moins démagogue, respecter mieux les libertés de la minorité que le peuple lui-même. Une distance s'établit où s'essouflent les passions.

B Théorie de la représentation

Le *mandat* représentatif n'a rien de commun avec le mandat du droit civil.

1. Le mandat représentatif

135. Rappelons le principe : la nation conserve la souveraineté dont elle délègue *l'exercice* aux représentants. Les assemblées qu'ils composent seront réputées agir pour la nation elle-même.

Cette fiction entraîne deux caractéristiques importantes :

a) Le représentant est *libre* de ses décisions. Les électeurs ne lui tracent pas de programme ; ils s'en remettent à lui pour discerner les meilleurs solutions. *L'investiture donnée à l'élu est générale,* il n'a d'autre engagement que d'agir en conscience et, si ses opinions viennent à changer, ses électeurs ne peuvent le révoquer. La différence est nette avec le droit civil où le mandataire reçoit des ordres de son mandant, lui doit des comptes et peut être démis par lui. Ici il n'en est rien, il n'y a pas de *contrat* entre les électeurs et l'élu. Avec cette nuance cependant qu'au terme de ses fonctions l'élu peut se représenter devant ses électeurs ; en sollicitant de nouveau leurs suffrages, il s'expose à une sanction politique de sa gestion : sa non réélection.

b) Le caractère essentiel de la représentation en droit public tient au fait que *l'élu représente la nation en son entier et non ses électeurs,* c'est là un corollaire du principe de la souveraineté nationale.

Certes, le territoire est divisé en circonscription mais l'élu dispose d'une *investiture collective.* Il n'a pas de lien particulier avec les électeurs de sa circonscription. Il est l'élu de ceux qui ont voté comme de ceux qui se sont abstenus, de ceux qui ont voté pour lui comme de ceux qui ont voté contre lui, *des autres circonscriptions au même titre que de la sienne.* Selon la formule consacrée : il n'est pas élu *par* la circonscription mais *dans* la circonscription. La division du territoire en circonscriptions répond à une nécessité technique et n'a pas de portée politique puisque, on le sait, la souveraineté est indivisible.

Là encore la différence avec le droit civil est patente, puisque le mandat y crée par définition un lien entre le mandant et le mandataire.

La fiction du mandat collectif des parlementaires a soulevé nombre de difficultés dans notre histoire. En 1871, la perte des départements d'Alsace et de Lorraine ne s'opposait pas en droit strict à ce que les élus de ces circonscriptions continuent de siéger à l'Assemblée Nationale. Ceux-ci pourtant présentèrent leur démission qui logiquement fut refusée à l'appel de Victor Hugo disant : « Nous, les représentants du reste de la France, nous sommes transitoires ; eux seuls sont nécessaires. La France peut se passer de nous, pas d'eux. A nous elle peut donner des successeurs, à eux, non ». Mais ils préférèrent renoncer à siéger pour ne pas cautionner par leur vote la ratification du traité de Francfort qui les séparait de la France. La question se posa dans les mêmes termes en 1962 après la signature des accords d'Evian pour les parlementaires élus dans les départements algériens. La procédure fut plus brutale : en dépit des protestations de nombreux députés, il fut mis fin au mandat de ces élus par ordonnance du 3 juillet 1962.

Ces subtilités théoriques échappent largement aux électeurs et aux parlementaires. Ces derniers ont pris l'habitude de se comporter non pas tant en représentants de leur circonscription, mais comme *leur défenseur naturel.* Pour des raisons essentiellement électorales, ils multiplient les liens avec leurs électeurs. De leur côté, les citoyens considèrent l'élu comme « leur » député et attendent de lui qu'il prenne en main fermement leurs intérêts. Combien de députés sont-ils prêts à sacrifier l'intérêt de leurs électeurs à l'intérêt général ? L'analyse de la représentation faite ci-dessus ne rend donc pas compte de la situation concrète dans la France d'aujourd'hui. Au surplus, le Conseil constitutionnel lui-même est hésitant. Dans une décision des 1-2 juillet 1986 (86-208 DC) il a qualifié le député comme étant « l'élu d'une circonscription », qui doit entretenir « des liens étroits » avec les électeurs, alors que dans une autre décision du 15 mars 1999 (99-410 D.C.) il a proclamé que chaque parlementaire « représente au Parlement la Nation toute entière et non la population de sa circonscription ».

2. La prohibition du mandat impératif en France

136. Le mandat impératif s'oppose au mandat représentatif.

Dans le mandat impératif le mandant trace précisément sa conduite au mandataire. La théorie du mandat en droit civil est alors transposée dans le domaine politique en ce sens que *les électeurs donnent des instructions à l'élu,* lui dictent ses votes, exigent qu'il rende des comptes et le révoquent s'ils en sont mécontents. Il s'établit ainsi un lien étroit entre l'élu et les électeurs de la circonscription, le premier perd toute initiative, devenant l'exécutant des vœux des seconds. Cette forme de mandat avait la faveur de Jean-Jacques Rousseau et la France d'Ancien Régime l'a pratiquée pour la désignation des délégués aux Etats généraux.

— *La Révolution devait consacrer le passage du mandat impératif au mandat représentatif.* Le règlement de convocation des Etats généraux du 24 janvier 1789 prohibait tout mandat. Cependant beaucoup de députés avaient reçu instruction de donner une Constitution au pays. Aussi le 17 juin se déclarèrent-ils réunis en « Assemblée Nationale Constituante ». Mais les cahiers de doléances exprimant des vues contradictoires sur le contenu de la Constitution, le roi déclara que ces dispositions impératives étaient inconstitutionnelles et elles furent proclamées nulles le 8 juillet par l'Assemblée elle-même. Le mandat impératif est écarté, le mandat représentatif est né.

Exclu des institutions françaises en 1789, le mandat impératif a été prohibé par la Constitution de 1791 (« il ne pourra être donné aucun mandat aux représentants ») et la loi organique sur l'élection des députés du 20 novembre 1875 était encore plus catégorique : « Tout mandat impératif est nul et de nul effet ».

Issue du principe de la souveraineté nationale, la prohibition a aussi pour but de protéger la liberté et la dignité de l'élu : il n'a pas d'ordres à recevoir. En outre, le mandat impératif n'est plus compatible avec le fonctionnement des Parlements modernes. Il est nécessaire de laisser de l'initiative aux députés pour éviter qu'ils ne reviennent constamment devant leurs électeurs pour demander leurs instructions.

La condamnation du mandat impératif rendant impossible la révocation des élus, on a tenté de la tourner par la pratique des *démissions en blanc.* Celle-ci consiste pour des électeurs à se faire remettre une lettre de démission signée mais non datée qu'ils pourront faire parvenir, après l'avoir datée, à l'Assemblée le jour où l'élu aura cessé de plaire. Cette pratique, qui a eu cours sous la IIIe République, est illégale.

— *La prohibition du mandat impératif est en fait assez largement remise en cause* par les conditions actuelles de la vie politique.

• Lors des élections, tout d'abord les candidats font connaître leur programme, diffusent des *professions de foi* où ils s'engagent à prendre en charge après leur élection un certain nombre de revendications locales. On sait le crédit qu'on peut accorder à ces déclarations, il n'en reste pas moins que le candidat se présente d'entrée de jeu aux électeurs comme leur défenseur statutaire dans l'assemblée où il siégera. On doit dire d'ailleurs que si le candidat affirmait qu'il ne se guidera que sur l'intérêt général sans souci de la situation locale, ce courage serait proprement suicidaire.

• Les *relations de l'élu et de son parti posent aussi un problème. C'est le parti beaucoup plus que les électeurs qui choisit les élus :* en présentant tel candidat dans une circonscription « sûre », on est certain de le faire élire ou réélire. Ceci est particulièrement net, comme on le verra plus loin, dans les systèmes de représentation proportionnelle. Redevable de son siège à son parti, l'élu recherchera moins la volonté de la Nation qu'il n'appliquera les consignes du parti. Ce qu'il gagne en indépendance à l'égard de ses électeurs, il le perd en dépendance envers son parti. Lors des scrutins il sera assujetti à *la discipline de vote* qui l'emportera sur ses scrupules de conscience. D'ailleurs, certaines formations politiques, de gauche en particulier, ne sont pas opposées à la reconnaissance du mandat impératif qu'elles justifient par une exigence d'honnêteté à l'égard du corps électoral (et en réalité du parti).

C Critique du régime représentatif

137. Dès l'origine, à la fin du XVIIIe siècle, le régime représentatif a connu des adversaires résolus. L'idée même d'une représentation était récusée par eux : comment le peuple peut-il consentir à se reconnaître engagé demain par la volonté de l'élu qu'il désigne aujourd'hui ? Il s'en remet à ses représentants. Des intérêts se représentent, la volonté non. C'est une abdication, une renonciation à sa souveraineté. Rousseau écrivait : « Si donc le peuple promet simplement d'obéir (à l'élu)... il perd la qualité de peuple ; à l'instant qu'il a un maître il n'est plus souverain ». *La souveraineté du peuple apparaît comme incompatible avec la représentation.*

A l'expérience de deux siècles de fonctionnement concret du régime représentatif de vives critiques du système sont apparues.

— *Le système représentatif serait anti-démocratique.*

Les progrès de l'éducation, du sens critique, de la conscience politique, ne permettent plus de soutenir que les citoyens seraient seulement qualifiés pour choisir leurs gouvernants et seraient incapables d'avoir une opinion autorisée sur les problèmes de la vie de la nation. Les médias, de leur côté, contribuent largement à l'information du citoyen. Aussi doit-on se demander si la coupure qui s'établit entre les électeurs et les élus, l'impossibilité pour l'électeur de faire pression sur son député, sont encore en harmonie avec l'évolution de la société. Le dessaisissement durable des électeurs n'est pas acceptable, ils doivent pouvoir contrôler les représentants.

C'est en ce sens que le système imaginé au XVIIIe siècle peut être considéré en fait aujourd'hui comme *anti-démocratique.* Déjà au XIXe siècle, lors de l'élection, à travers le candidat une orientation politique apparaissait. Il était choquant que l'élu par la suite l'abandonne. Ainsi, par exemple, lorsque des candidats élus sur des listes anti-républicaines à l'Assemblée Nationale de 1871 se rallièrent à la République en 1873, les électeurs eurent, à juste titre, le sentiment d'être trahis et réclamèrent leur démission.

Actuellement toujours plus nombreux sont les citoyens qui votent moins pour des individus — tout au moins dans les élections nationales — que pour un parti ou pour un *programme*, pour la majorité ou pour l'opposition. Par là, ils indiquent à leurs représentants la politique qu'ils entendent voir suivre. Même si ces orientations ne peuvent descendre au niveau du détail, elles tracent des lignes d'action.

— *Le système représentatif introduirait la souveraineté parlementaire.*

La pente naturelle de la démocratie représentative est de transférer la souveraineté au Parlement. Ici encore, on peut citer un passage célèbre de Rousseau : « Le peuple anglais pense être libre, il se trompe fort, il ne l'est que durant l'élection des membres du Parlement ; sitôt qu'ils sont élus, il est esclave, il n'est rien ». *La souveraineté parlementaire* se substitue à la souveraineté nationale, bafouant le principe de base de la représentation et, par là aussi, l'idéal démocratique. Les parlementaires, sans mandat impératif et sans contrôle pesant sur eux entre les élections, ont tendance à se considérer comme le souverain. Alors que le régime représentatif était justement destiné à permettre la différenciation du souverain et de ceux qui exercent la souveraineté, *ils se comportent en propriétaires de la souveraineté,* c'est-à-dire comme le souverain lui-même. C'est la négation de la théorie de la représentation.

Le risque de glissement vers la souveraineté parlementaire est surtout grand lorsque le Parlement seul est élu par le peuple. L'exécutif sera alors désigné par les parlementaires. Tenant ses pouvoirs de ceux-ci, et non d'une investiture populaire, il n'aura pas l'autorité suffisante pour faire contrepoids à leur puissance et à leurs prétentions. C'est ainsi que fut faussé le jeu des institutions de la IIIe et de la IVe Républiques.

— *Le système représentatif permettrait la confiscation du pouvoir par une minorité.*

Pour certains, à travers le Parlement, c'est un groupe, une classe, une élite minoritaire qui confisque le pouvoir. Le pouvoir serait accaparé grâce à la mystification représentative par la classe dominante, sous la Révolution française, par exemple, par la bourgeoisie. *Les marxistes* ont insisté sur cette analyse en s'attachant à montrer comment la représentation avait servi à retirer le pouvoir au peuple. Pour eux il s'agit d'une véritable *duperie :* l'élection sert à légitimer des gouvernants issus de la bourgeoisie et non pas à les désigner dans le peuple. Au-delà de son objet précis — la représentation — la démonstration contient d'ailleurs en germe une mise en cause du suffrage universel.

Même si ces critiques ne sont pas sans fondement, elles n'ont pas empêché « la mondialisation » du régime représentatif. Entré dans les mœurs, il présente des avantages pratiques incomparables.

Sous-section 3
La démocratie semi-directe

138. Elle consiste à introduire des éléments de démocratie directe dans le régime représentatif. Le peuple ne débat pas lui-même mais il intervient directement dans certaines décisions (peu nombreuses en pratique) ; les représentants partagent une partie du pouvoir avec le peuple. On est alors en présence d'un régime mixte dont la dominante est encore représentative, c'est pourquoi on parle aussi de régime semi-représentatif.

On ne peut présenter qu'une vue d'ensemble des techniques à travers lesquelles l'imagination des juristes s'est donné libre cours. La plus importante et la plus utilisée est le référendum, mais on commencera par exposer deux procédures plus exceptionnelles.

§ 1. Le veto populaire

139. *Le peuple a le droit, et le moyen, de s'opposer à la mise en vigueur d'une loi votée par le Parlement.* La Constitution prévoit que les lois ne pourront être appliquées que passé un certain délai après avoir été votées (Suisse : 90 jours). On donne ainsi aux citoyens la possibilité de profiter d'un laps de temps pour examiner la loi et éventuellement s'insurger contre elle. Si un nombre déterminé de citoyens déposent une pétition en ce sens, la loi devra être soumise au référendum, tous les citoyens seront appelés à se prononcer sur elle. A l'expiration du délai, si aucune procédure de référendum n'a été engagée, la loi ne peut plus être contestée. Jusque-là le peuple dispose d'une *faculté d'empêcher.* L'application de la loi en est retardée, il faut donc prévoir des aménagements pour les cas d'urgence (délai abrégé, mise en œuvre à titre provisoire).

§ 2. L'initiative populaire

140. Les citoyens obligent le Parlement à légiférer dans un domaine déterminé. Ici aussi la procédure aura pour origine une pétition signée par un nombre minimum d'électeurs. Elle est susceptible de modalités variées : le Parlement peut être laissé libre de rédiger lui-même le texte dont il aura à débattre, la pétition ne fixant que son objet ; au contraire les chambres pourront être invitées à discuter d'un projet annexé à la pétition ; certaines constitutions vont jusqu'à prévoir qu'au cas de rejet du projet par le Parlement, un référendum devra être organisé, le peuple pourra ainsi désavouer ses représentants. De même, ceux-ci peuvent être entièrement court-circuités si le système permet de soumettre *directement* le projet au référendum ou de demander aux citoyens d'abroger une loi *en vigueur.*

Le principe représentatif est assez malmené par cette technique, puisqu'elle force les parlementaires à agir peut-être contre leur gré et qu'elle peut même les laisser à l'écart de l'élaboration de la loi.

§ 3. Le référendum

Bibliographie : *Pouvoirs* 77 Le référendum 1996.

Le référendum consiste à soumettre un texte à l'approbation de l'ensemble des citoyens (votation).

A Les formes de référendum

1. Les types de référendum

141. En théorie on distingue plusieurs types de référendum, la technique est la même, la signification change.

- *Référendum constituant, référendum législatif.*

Selon que le texte soumis au peuple est de nature constitutionnelle ou législative.

- *Référendum obligatoire, référendum facultatif.*

Selon que la réforme envisagée doit nécessairement être soumise au peuple (exemple : en Norvège on ne peut modifier l'âge de la majorité électorale sans l'accord du peuple) ou qu'elle aurait aussi bien pu être discutée par le Parlement et faire l'objet d'une loi ordinaire.

• *Référendum de ratification* (le plus fréquent) : on demande au peuple d'adopter définitivement un texte déjà voté par le Parlement ; il s'oppose au *référendum abrogatif* par lequel le peuple met fin à l'application d'un texte. La ratification peut porter sur un traité.

• *Référendum de consultation :* l'avis du peuple est sollicité sur le sens d'une réforme. Ce fut le cas en octobre 1945 lorsqu'on demanda aux Français s'ils voulaient revenir aux institutions de 1875 ou élaborer une nouvelle Constitution.

• *Référendum d'arbitrage :* en cas de conflit entre les pouvoirs publics, on demande au peuple de trancher.

2. Distinction du référendum et du plébiscite

142. La distinction n'est pas toujours aisée car la procédure utilisée est la même ; ce sont des éléments extérieurs à l'opération référendaire qui permettront de considérer qu'on est en présence d'un plébiscite.

En principe dans le plébiscite il ne s'agit pas tant de se prononcer sur un texte que d'inviter le peuple à accorder plus ou moins implicitement sa confiance à un *homme,* de le confirmer dans son pouvoir. La façon de poser la question, le déroulement de la campagne — en particulier la liberté et l'égalité d'expression des opinions, les pressions éventuelles sur les électeurs, les arguments développés, les conditions de dépouillement du scrutin —, permettent de déterminer si on est en présence d'un référendum ou d'un plébiscite. Si la consultation apparaît comme un procédé destiné à asseoir un pouvoir personnel, son caractère plébiscitaire ne fera pas de doute. Dans les régimes où le pouvoir est personnalisé, tous les référendums s'exposent à l'accusation de plébiscite. Mais si les vaincus ont eu assez de liberté pour crier hautement au plébiscite, n'est-ce pas qu'il s'agissait vraiment d'un référendum ? On ne perd pas un plébiscite ; l'échec du Général Pinochet au Chili le 5 octobre 1988 est exceptionnel et montre au moins que son régime n'était pas totalement dictatorial.

3. L'initiative du référendum peut appartenir :

143. • A l'exécutif : Chef de l'Etat ou Gouvernement. Ainsi l'exécutif n'est pas soumis à la bonne volonté du Parlement.

• Aux citoyens : ici encore sur la base d'une pétition signée par un nombre minimum de citoyens. C'est le cas en Suisse (100.000 signatures pour le référendum constituant), en Italie (500.000 signatures).

• Au législateur : l'hypothèse est plus rare car le référendum dessaisit le Parlement de son pouvoir naturel de faire la loi, c'est un *acte de défiance* à son égard. Cependant, il peut servir à la minorité du Parlement à en appeler au peuple : au Danemark, une demande présentée par 1/3 des membres du Folketing peut déclencher un référendum et le peuple arbitre parfois en faveur de la minorité.

B La pratique du référendum à l'étranger

144. Le référendum connaît de nos jours une extension importante. Si certains pays sont encore très réservés à son égard, d'autres y recourent volontiers. Parmi les systèmes les plus réticents on peut classer :

• *La Grande-Bretagne,* qui lui a été longtemps résolument hostile, par *fidélité au principe représentatif.* Une première brèche a été ouverte dans cette tradition en 1973 lorsqu'un référendum ne concernant que l'Ulster a été organisé. Plus significatif encore de l'évolution des esprits est le référendum, général celui-ci, qui eut lieu le 5 juin 1975 à propos de l'entrée de la Grande-Bretagne dans le Marché Commun et où la réponse fut positive. Des référendums sur le renforcement de leur autonomie ont été organisé en 1997 en Ecosse et au Pays de Galles (50,3 % seulement de participation dans ce dernier), en Irlande du Nord en 1998.

• *La Belgique* ne connaît pas le référendum (sauf en 1950 sur le retour du roi) car — et la réserve est valable pour d'autres États fédéraux (E.U., Allemagne, mais pas le Canada) — il risquerait de faire apparaître une opposition radicale entre Flamands et Wallons, mettant en cause la cohésion nationale.

• *L'Allemagne.* La Constitution de Weimar en 1919 le permettait et on l'accuse d'avoir favorisé la montée du nazisme. Aussi s'il figure dans la loi fondamentale de Bonn, il ne concerne que la restructuration du territoire fédéral, il n'a pourtant pas été utilisé en 1990 pour la réunification. On le trouve dans la Constitution de certains länder.

• *La Scandinavie* où il est possible mais assez peu utilisé. Le Danemark y a eu recours pour la ratification du Traité de Maastricht.

• Certaines Constitutions d'*Etats marxistes* admettent la possibilité de consulter directement le peuple : la Constitution soviétique de 1977, la Constitution cubaine de 1976. Le champ en est étroit car on est peu favorable à une procédure faisant apparaître l'existence d'une majorité et d'une minorité au détriment de la façade unanimitaire. En liaison avec la sortie du communisme, les referendums ont eu tendance à se multiplier (Roumanie en 1986 ; Ethiopie en 1987 ; Pologne le 29 novembre 1987, avec, à la surprise générale, un résultat négatif ; Hongrie le 26 novembre 1989).

145. Dans d'autres Etats, il est au contraire d'utilisation courante :

• **La Suisse** constitue probablement l'exemple le plus remarquable de mise en œuvre du référendum. Celui-ci est possible en matière constitutionnelle comme en matière législative. Il existe au niveau national comme dans les cantons, l'initiative peut venir de ces derniers ou des citoyens ; le référendum est parfois obligatoire, il peut être abrogatif... On se contentera ici de souligner quelques traits intéressants :

— *Aspects techniques :*

• le référendum peut porter sur des actes administratifs (émanant des exécutifs fédéraux ou cantonaux), aussi bien que sur des lois.

• En matière législative le Parlement peut opposer un contre-projet à celui proposé par l'initiative populaire, les citoyens ont alors le choix entre deux textes. Il arrive que le contre-projet donnant satisfaction aux auteurs de l'initiative, ceux-ci retirent leur propre projet et que le référendum ne soit pas organisé.

— *Aspects politiques :* Les Suisses peuvent se prononcer par référendum sur les réformes institutionnelles, les choix politiques, les problèmes de société. C'est cette dernière utilisation qui retient le plus l'attention. On se prononcera sur l'immigration, la suppression de l'armée, la construction d'un garage souterrain, la rénovation d'un quartier, les manipulations génétiques, la politique nucléaire...

La fréquence du référendum législatif national d'initiative populaire (213 de 1900 à 1995) entraîne une certaine saturation du corps électoral et *un abstentionnisme élevé* (autour de 45 % en moyenne ces dernières années). Est-il bon qu'une loi soit adoptée, comme cela arrive, par 20 % du corps électoral ? C'est ce qui explique que dans d'autres pays (Pologne, Italie) le résultat n'est acquis que si une participation minimum a été atteinte : 50 % du corps électoral par exemple.

Le référendum d'initiative populaire joue dans un sens moins conservateur qu'on ne le dit généralement. La plupart du temps il trouve son origine dans de petits partis ou des groupements minoritaires qui, d'une part se font connaître par la publicité que l'initiative donne à leurs thèses et à leurs revendications, mais d'autre part, posent de vrais problèmes ignorés par le Parlement, ouvrent un débat public et font ainsi avancer les solutions (même si en général le référendum est un échec).

• **Aux Etats-Unis** le référendum n'existe pas à l'échelle nationale, alors qu'il est d'usage courant dans beaucoup d'Etats fédérés (39), surtout dans l'Ouest, les Etats riverains de l'Atlantique étant plus fidèles à la tradition britannique favorable au système représentatif (V. 261).

• **En Italie** coexistent et se combinent le référendum constituant et le référendum législatif, le référendum consultatif et le référendum abrogatif (mais non de ratification).

Le référendum constituant est inscrit dans la Constitution du 27 décembre 1947. Une loi de révision *peut* être soumise au référendum si elle a été adoptée par les Chambres sans réunir la majorité des 2/3 de leurs membres. Elle doit alors obtenir la majorité des suffrages exprimés pour pouvoir être promulguée. Le référendum doit être demandé par 500.000 électeurs, 1/5 des membres d'une des Chambres, ou 5 conseils régionaux. Il n'a jamais été utilisé.

Devant l'hostilité du Parlement, *le référendum législatif,* prévu lui aussi dans la Constitution de 1947, a dû attendre le 25 mai 1970 pour que soit promulguée la loi déterminant ses modalités. C'est un référendum *abrogatif,* d'initiative populaire (500.000 électeurs ou 5 conseils régionaux), portant non pas sur l'adoption d'une loi mais sur sa suppression. Il n'est valable que si la majorité des électeurs à participé au vote. La dernière consultation s'est déroulée le 18 avril 1999. Pendant longtemps, jusqu'en 1986, ces consultations ont régulièrement échoué. Après quelques succès ensuite, la tendance s'est à nouveau inversée en 1997, où une série de consultations s'est soldée par des échecs faute de participation suffisante.

Quant au *référendum consultatif* (art. 132 et 133) il concerne la modification des circonscriptions territoriales.

C Le référendum en France

1. L'histoire

146. La tradition française est hostile au référendum, elle semble se méfier du peuple. Pratiqué pendant la Révolution et les Empires, il disparut ensuite pour réapparaître au lendemain de la seconde guerre mondiale.

— Plusieurs facteurs ont joué contre le référendum.

• L'attachement au *régime représentatif* tout d'abord. Sous la Révolution, comme en 1875, le caractère représentatif du régime a été affirmé et une interprétation stricte en a été donnée, peu conciliable avec le recours à un procédé de démocratie directe. Sous la IIIe République des propositions tendant à consulter les citoyens sur la séparation de l'Église et de l'Etat, ou, en 1901, sur la liberté d'association, n'eurent pas de succès.

• *Les souvenirs des plébiscites napoléoniens,* d'autre part, ont terni longtemps l'image du référendum dans l'opinion et plus encore dans la classe politique. Passant par-dessus la tête des assemblées, ils ont été, à juste titre, interprétés comme des coups de force contre les représentants élus de la nation : « vous voyez bien que le peuple est avec moi ».

• *Pour les partis politiques* il s'y ajoute le fait que le vote ne leur permet pas de mesurer leur force. L'influence de la position personnelle des élus dans leur circonscription est ramenée à peu de chose, le rôle des partis, de leurs états-majors surtout, est beaucoup plus réduit que dans les élections classiques. Ces raisons, pas tellement honorables, sont généralement inavouées et on préfère agiter l'épouvantail du pouvoir personnel et du plébiscite.

• On peut ajouter un autre argument, qui n'est pas propre à la France, tenant au principe même du référendum. C'est une procédure du *« tout ou rien »,* le peuple n'a que la possibilité d'accepter ou de rejeter le projet qui lui est présenté. Aucun amendement n'est possible, pas plus qu'une dissociation des dispositions acceptables et de celles qui ne le sont pas. *Il ne crée pas un véritable dialogue* avec le peuple auquel il pose un ultimatum brutal. La démocratie requiert plus de nuances.

— Pourtant le référendum n'est pas absent de notre histoire constitutionnelle : 20 référendums nationaux ont été organisés depuis 1791.

En particulier le *référendum constituant* est d'usage relativement courant. Les Constitutions de 1793 et de l'An III, les Constitutions impériales, la Constitution de 1946, celle de 1958 comme la révision constitutionnelle de 1962, ont été approuvées par référendum. La même procédure a servi aussi à abroger en 1945 la Constitution de 1875. En matière législative, notre tradition est beaucoup plus réticente et jusqu'à la Ve République le *référendum législatif* n'a pas eu cours, sauf en l'an III.

2. Le système actuel

147. Dans la Constitution de 1958 (art. 3), le référendum est une procédure exceptionnelle. Une distinction est faite entre :

— le *référendum constituant* prévu à l'art. 89 pour la révision de la Constitution, dont il a déjà été traité (cf. 54 et suiv.). Il n'a pas été utilisé depuis trente ans.

— le *référendum de consultation :* implicitement prévu par l'art. 53 de la Constitution, il permet de consulter la population d'*une partie du territoire* sur son maintien dans la République ou sur l'accès à l'indépendance. Il a été utilisé à 7 reprises depuis 1962 (Algérie, Territoire des Afars et des Issas...), les dernières en 1987 et le 8 novembre 1998, à propos de la Nouvelle-Calédonie (celle-ci sur la base d'un article 76 nouveau, introduit spécialement en 1998 dans la Constitution et modifiant la composition traditionnelle du corps électoral). Il s'agit donc de référendums locaux.

— le *référendum législatif* prévu à l'art. 11 qui a déjà été évoqué et sera seul envisagé ici. *La révision constitutionnelle du 4 août 1995 lui a apporté d'importantes modifications.*

a) *L'objet du référendum législatif*

148. L'article 11 prévoit trois hypothèses dans lesquelles un référendum législatif peut être organisé :

• pour *les projets* de loi portant sur *l'organisation des pouvoirs publics (V. 61) ;*

• pour les *projets* de lois portant sur des *réformes relatives à la politique économique ou sociale de la Nation* et aux services publics qui y participent (et donc à eux seuls, à l'exclusion des autres : défense, justice...). Il s'agit là d'un élargissement du champ du référendum qui constituait l'un des objectifs principaux de la révision de 1995. La formule retenue est fort imprécise et a été très critiquée à ce titre. Qu'englobe-t-elle ? Si elle n'autorise pas les référendums sur les problèmes de société (peine de mort, avortement, exemple), elle donne à l'exécutif un instrument lui permettant de passer par dessus la tête d'un Parlement et d'une classe politique dont l'opposition conservatrice ou corporatiste bloquerait une réforme indispensable, en s'adressant directement au peuple. En ce sens l'idée d'organiser un référendum sur l'école était très présente à l'esprit des initiateurs de la révision. A ce jour elle n'a pas été suivie d'effet.

• pour la ratification d'un *traité* dont les dispositions auraient des incidences sur le fonctionnement des institutions (comme ce fut le cas, par exemple, pour le traité de Maastricht).

Le domaine du référendum législatif est donc strictement délimité, tout projet de loi ne peut être soumis au référendum.

b) *L'initiative du référendum législatif*

149. *Elle appartient au Président de la République sur proposition du Gouvernement ou des deux chambres conjointement.*

• Le Gouvernement ne peut demander l'organisation de la consultation que *pendant la durée d'une session parlementaire,* les représentants élus de la nation auront ainsi une tribune pour faire connaître au pays leur sentiment sur cette initiative et aussi pour tenter de renverser le Gouvernement par la censure s'ils ne sont pas d'accord.

Depuis la révision de 1995, et à l'initiative des sénateurs, le Gouvernement doit d'ailleurs faire alors, *avant que le Président de la République n'ait pris sa décision,* une « déclaration » devant chaque chambre qui sera suivie d'un débat. Ce débat ne se clôt pas par un vote (ce qui évite que les électeurs ne désavouent ensuite leurs élus, si ceux-ci ont été défavorables au référendum et que le Gouvernement, passant outre, ne l'organise quand même), mais pourra être à l'origine du dépôt d'une motion de censure. Les parlementaires ont ainsi obtenu le droit à un dialogue avec le Gouvernement lorsque le référendum intervient à l'initiative de celui-ci.

LES RÉFÉRENDUMS NATIONAUX EN FRANCE DEPUIS 1958 (1)

	Inscrits	Votants	Exprimés	Oui	Non
28 septembre 1958 Approbation de la Constitution	26.603.464	22.506.850	22.293.301	17.668.790	4.624.521
8 janvier 1961 Politique algérienne (art. 11)	27.184.408	20.791.426	20.196.547	15.200.073	4.996.474
8 avril 1962 Accords d'Évian (art. 11)	26.991.743	20.401.906	19.303.668	17.508.607	1.795.061
28 octobre 1962 Élection du président de la République au suffrage universel direct (art. 11)	27.582.113	21.301.816	20.742.058	12.809.363	7.943.233
27 avril 1969 Régions et Sénat (art. 11)	28.656.494	23.091.019	22.458.888	10.515.655	11.943.233
23 août 1972 Élargissement du Marché Commun (art. 11)	29.312.637	17.693.567	15.622.328	10.601.645	5.026.583
6 novembre 1988 Statut de la Nlle Calédonie (art. 11)	38.025.823	14.028.705	12.371.046	9.896.498	2.474.548
20 septembre 1992 Maastricht (art. 11)	38.305.534	27.786.574	26.695.951	13.162.992	12.623.582

(1) Le général de Gaulle avait annoncé le 24 mai 1968 un référendum dont la date fut fixée au 16 juin. Mais sous la pression de Georges Pompidou, de Gaulle renonça à l'organiser, préférant dissoudre l'Assemblée Nationale.

• Le Président dispose d'un pouvoir discrétionnaire d'accepter ou de refuser le référendum qui lui est demandé par le Gouvernement ou par les Chambres, c'est l'un de ses « pouvoirs propres » (v. 416).

• *Les assemblées n'ont pas exactement l'initiative du référendum législatif,* puisque celui-ci ne peut être organisé, à leur demande, que sur un *projet de loi,* c'est-à-dire sur un texte élaboré par le Gouvernement. En outre le Gouvernement dispose de la possibilité d'empêcher que les chambres ne demandent un référendum, en refusant l'inscription d'une proposition en ce sens à leur ordre du jour, mais depuis la révision de 1995 son opposition peut être contournée (V. 483).

L'initiative parlementaire est assez peu plausible, les élus n'ayant guère de goût pour une procédure qui les dessaisit d'une de leurs attributions. Elle fut cependant tentée, sans succès, par le Sénat à propos de la liberté de l'enseignement en juin 1984 (s'agissait-il vraiment de « l'organisation des pouvoirs publics » ?) et par l'opposition de droite à l'Assemblée Nationale en avril 1985, sur la loi électorale introduisant la représentation proportionnelle.

c) *La pratique du référendum législatif*

150. Dans la pratique de la Ve République, le référendum n'apparaît guère comme une procédure d'adoption de la loi ou de ratification des traités. Il est devenu un moyen pour le Président de la République de rechercher un soutien populaire à sa personne et à sa politique.

Cette transformation de l'usage du référendum est l'œuvre de de Gaulle. Le général était acquis à une utilisation régulière du référendum car il y trouvait un moyen pour le Président de la République *de poser la question de confiance au peuple,* démarche non prévue par la Constitution de la part d'un Président irresponsable politiquement, c'est-à-dire qui ne peut être renversé par le Parlement ou par le peuple pendant son mandat. Le pouvoir use, la légitimité reçue du peuple lors de l'élection s'éloigne, s'efface, au cours du long mandat de sept ans, le référendum sert alors à confirmer l'investiture initiale, à donner au Président un « second souffle ».

— Cinq référendums furent ainsi organisés par **de Gaulle.** A des degrés divers, tous furent de véritables « appels au peuple », le général engageait la responsabilité politique du Chef de l'Etat devant les électeurs, mettait sa démission dans la balance, et lorsque le pays ne le soutint plus — en 1969 —, logique avec sa conception du référendum, il se retira. Conçu comme une procédure de mise en cause devant le peuple de la responsabilité politique du Chef de l'Etat, le référendum présentait des apparences plébiscitaires que les adversaires du Général ne manquèrent pas de dénoncer. Pourtant les électeurs restaient libres de leur vote et les pressions — réelles — exercées sur eux étaient en définitive si peu insupportables qu'ils désavouèrent un jour de Gaulle. En outre ses successeurs, loin de rompre avec cette conception du référendum, tentèrent de la prolonger à leur profit.

En même temps de Gaulle n'aurait pas pu mener sa politique algérienne, l'imposer aux pieds-noirs et à l'armée, sans s'assurer le soutien du peuple par le recours au référendum. En outre il a été jusqu'à maintenant le seul Président à engager *clairement* sa responsabilité lors des référendums.

— **Georges Pompidou** organisa en 1972 une consultation sur l'élargissement de la C.E.E. Son succès fut mitigé et n'apporta pas au Président la nouvelle légitimité souhaitée : 40 % d'abstentions, 7 % de bulletins nuls, 68 % de « oui » (soit 36 % seulement des inscrits).

— De son côté, **M. Giscard d'Estaing** a cherché, semble-t-il, en vain, une question qu'il puisse soumettre aux Français pour, dans la ligne du Général de Gaulle, retremper son autorité et rehausser une popularité affaiblie. Il faut dire que le champ ouvert au référendum par l'article 11 était fort étroit et ne facilite pas la découverte d'une question attirante pour les électeurs et suffisamment consensuelle pour que le Président puisse espérer réunir une large majorité.

— **M. François Mitterrand,** rencontrant de grosses difficultés au début de l'été 1984, a cherché à élargir par une révision l'article 11 aux projets de lois portant sur les garanties des libertés publiques et à tirer profit, lui aussi, d'un référendum favorable *(de l'art. 89)* pour restaurer son image. Le Sénat fit échouer cette révision (v. 57).

Il a donc fallu attendre le 6 novembre 1988 pour qu'à l'initiative de M. Michel Rocard, le Président organise un référendum, sur le statut de la Nouvelle Calédonie cette fois. Cette consultation est la plus conforme à l'esprit de la Constitution, celle où la manœuvre politique a été la moins patente, celle où le Premier ministre s'est le plus engagé et à laquelle le Président s'est le moins intéressé, mais les électeurs se sont peu mobilisés.

Enfin un référendum a été organisé le 20 septembre 1992 sur la ratification des accords de Maastricht. C'est celui dont le résultat a été le plus incertain puisque la ratification n'a été acquise qu'à une majorité de 51,04 % des suffrages exprimés. Mais il a donné lieu à l'un des débats du fond les plus intéressants en France depuis longtemps.

d) *L'avenir du référendum législatif en France*

151. Pourquoi cette utilisation si réticente du référendum depuis plus de 20 ans ?

Il est certain tout d'abord que le libellé de l'article 11 était très restrictif et il ne permettait pas, comme en Suisse, *que le pays puisse être consulté sur les problèmes de société.* La révision de 1995 a certes élargi le champ du référendum mais sans cependant le bouleverser. Les problèmes de société et les libertés publiques en particulier en sont toujours exclus. Ce n'est pas nécessairement un mal, ces domaines peuvent se prêter à des propositions démagogiques et le corps électoral peut s'abandonner à des réflexes émotionnels ou à des réactions passionnelles aux dépens d'une minorité. *Ajoutons qu'à la différence de la Suisse l'initiative populaire ne peut être à l'origine du référendum.*

D'autre part l'usage fait du référendum a profondément *perverti sa signification.* Qu'ils le veuillent ou non le Président et le Gouvernement apparaissent comme recherchant à travers lui une adhésion à leur politique, et d'ailleurs pourraient-ils renoncer à exploiter politiquement leur succès ? Les électeurs, et surtout les partis, ont tendance à prendre position, moins sur la question posée, que sur leur soutien au Gouvernement et au Chef de l'Etat et ces derniers cherchent dans le pays une majorité plus large et moins réticente que celle qu'ils ont au Parlement.

On notera aussi qu'aucun référendum n'a été organisé pendant les périodes de cohabitation. Quelle serait alors l'attitude du Président s'il était sollicité par le Gouvernement ?

En même temps, sur un plan général, le référendum devient profondément risqué pour l'exécutif. L'ont montré celui dont le succès fut acquis de justesse en France en 1992 (aucun référendum n'a d'ailleurs été organisé sur le Traité d'Amsterdam avant sa ratification) et ceux qui échouèrent la même année au Danemark, au Canada, au Panama et en Suisse ; il catalyse les mécontentements les plus divers, sans rapport avec l'objet de la consultations. Les Gouvernements s'exposent à provoquer contre eux une coalition disparate qui les mettra en minorité ; il leur faut réfléchir à deux fois avant de consulter le peuple.

Section 3
Les techniques de démocratie représentative

Une fois acquis le principe de la participation du peuple au pouvoir et précisées les limites de la démocratie directe ou semi-directe, il reste à s'interroger sur la façon dont sera mise en œuvre la démocratie représentative. Deux problèmes principaux se posent : comment seront choisis les représentants chargés de parler au nom du peuple ? Comment vont-ils travailler ? Il n'est pas concevable qu'ils s'expriment de façon isolée, les représentants doivent se regrouper, former des Assemblées où les problèmes seront débattus et les décisions prises.

Sous-section 1
La désignation des gouvernants : l'élection

152. L'élection est la voie la plus fréquemment empruntée pour associer le citoyen au pouvoir, mais elle coexiste avec d'autres procédés de désignation des gouvernants, pas toujours démocratiques.

• *L'hérédité* a été historiquement le moyen le plus courant, et même le seul souvent, d'accéder au pouvoir. Si de nos jours les liens du sang ne donnent plus qu'exceptionnellement vocation juridique au pouvoir, on sait qu'en fait ils jouent un rôle important dans l'accès aux hautes fonctions publiques ou privées, et aussi paradoxalement aux mandats électifs. Dans un nombre non négligeable de communes françaises le maire est choisi dans la même famille depuis des générations.

• *La cooptation :* les gouvernants eux-mêmes choisissent leurs collègues ou leurs successeurs. Toute intervention des citoyens est écartée dans la dévolution du pouvoir, celui-ci est confisqué par un groupe ou une caste, la cooptation est la technique favorite des oligarchies.

• *Le tirage au sort.* Les charges de l'Etat sont tirées au sort entre les citoyens. Sans doute est-ce le plus démocratique de tous les procédés de désignation des gouvernants. Certes Athènes l'a connu mais quel régime politique prendrait aujourd'hui le risque de jouer ainsi, jusqu'à ses conséquences extrêmes, le jeu de l'égalité entre les citoyens proclamée dans la Constitution ?

L'élection a aujourd'hui à peu près éliminé *en droit* ces procédés, ou les a réduits à un rôle mineur, elle fonde la démocratie représentative. Seule l'élection légitime véritablement le pouvoir. Elle est devenue un *rite* démocratique, la période électorale est un des *temps forts* de la vie politique.

Quels que soient ses défauts, qu'elle soit une trahison, une duperie, un instrument inadéquat de sélection des gouvernants, l'élection n'en reste pas moins une grande conquête dans la voie de la démocratie.

Écoutons Péguy « ... des hommes ont vécu sans nombre, héroïquement, saintement, des hommes ont souffert, des hommes sont morts, tout un peuple a vécu pour que le dernier des imbéciles ait le droit d'accomplir cette formalité truquée. Ce fut un terrible, un laborieux, un redoutable enfantement. Ce ne fut pas toujours du dernier grotesque... Ces élections sont dérisoires. Mais il y a une élection. » (*Notre jeunesse,* Pléïade, T. I, 517).

Comment justifier l'élection ? Il est dommage que la question soit si rarement posée. Si on a retenu ce procédé de sélection des gouvernants, c'est parce qu'on fait confiance au citoyen pour choisir par une démarche rationnelle, prenant en compte son propre intérêt et celui de la communauté, les plus aptes à gouverner la Cité. Il s'en faut de beaucoup que la réalité coïncide avec cette vision idéale. Au premier degré jouent des facteurs extérieurs auxquels la raison est tout à fait étrangère : l'apparence, la voix, le nom, le charme, le don de sympathie, sont des facteurs déterminants, et au second degré l'histoire personnelle de l'électeur, ses relations familiales ou professionnelles, etc. Des impulsions, des passions commandent les préférences électorales plus que la réflexion, les choix politiques sont rarement rationnels. Vaste problème — trop vaste pour n'être pas seulement évoqué ici — qui rejoint celui de la liberté. En définitive d'ailleurs, l'important n'est-il pas le large consensus dont l'élection bénéficie comme le meilleur moyen que l'on ait trouvé pour désigner les gouvernants ?

§ 1. Le droit de suffrage

153. Le droit de suffrage permet de donner son opinion sur le choix d'un homme (élection) ou sur une décision (référendum).

L'histoire du droit de suffrage s'analyse comme une évolution du suffrage restreint vers le suffrage universel. Mais le suffrage n'est jamais véritablement universel et, à supposer qu'il s'en rapproche, encore faut-il que le suffrage soit égal. Les résistances de toutes sortes qui se sont manifestées à l'égard du suffrage universel égal n'ont pas toutes disparu de nos jours.

A Du suffrage restreint au suffrage universel

Le suffrage universel a été long à devenir un principe unanimement accepté et son histoire n'est pas linéaire, le droit de participer au vote était par exemple plus largement ouvert en France et en Angleterre au XVe siècle qu'à la fin du XVIIIe. Il a fallu attendre *la guerre de 1914* pour qu'il devienne le droit commun des sociétés occidentales.

1. Le suffrage restreint

Avec le suffrage restreint le droit de vote est réservé aux individus possédant une certaine fortune ou présentant certaines capacités.

a) *Le suffrage censitaire*

154. Il institue une limitation du droit de suffrage par l'argent ou la fortune. Particulièrement choquante pour nous aujourd'hui, cette sélection n'était pas ressentie comme telle aux XVIIIe et XIXe siècles où le suffrage censitaire était à peu près généralisé. Son principe consiste à réserver le droit de vote — *l'électorat* — à ceux qui justifient le paiement d'un certain montant d'impôt, *le cens électoral.* Pour être *éligible* il fallait payer un cens encore plus élevé.

Des justifications théoriques ont été avancées. La fortune allant souvent de pair avec l'instruction, le suffrage censitaire attribue le droit de vote aux citoyens *éclairés.* De même, n'est-il pas préférable de remettre le pouvoir de suffrage à des citoyens *responsables,* à des propriétaires ? Ceux qui votent sont à la fois ceux qui paient le plus d'impôt et ceux qui ont le plus d'intérêt à la prospérité générale, ils seront portés à élire les candidats les plus sages, les meilleurs gestionnaires. L'Encyclopédie elle-même proclamait « c'est la propriété qui fait le citoyen ».

En France, en dépit de l'affirmation de la Déclaration des Droits de l'homme selon laquelle « tous les citoyens ont le droit de concourir personnellement... » à la formation de la volonté générale, la qualité d'électeur ne fut accordée en 1791 qu'aux individus payant un impôt équivalent à 3 journées de travail. Une distinction était ainsi tracée entre *les citoyens actifs et les citoyens passifs.* En 1792 la Convention eut beau la supprimer et proclamer le suffrage universel, celui-ci connaissait encore quelques restrictions. Il a fallu attendre 1848 pour que la pratique coïncide avec la proclamation constitutionnelle ; jusque-là la France a vécu dans un régime de suffrage censitaire. Le cens eut même tendance à s'élever après 1791. Alors qu'il y avait environ 4 millions d'électeurs sous la Constituante, soit 16 % de la population, sous la Restauration le cens étant passé de 3 frs en moyenne à 300, le nombre d'électeurs fut réduit à 90.000 soit 0,30 % de la population française.

En Angleterre à la même époque le cens est à peu près équivalent : 10 Livres, soit 250 francs-or. En 1832 on estimait que 4 % de la population avait le droit de vote et les Anglais durent attendre le suffrage universel jusqu'en 1918. Aux Etats-Unis, le système des taxes électorales, les *poll-taxes* a duré jusqu'au XXIVe amendement à la Constitution en 1963.

Cette distinction d'un *pays légal* — qui pouvait voter — et d'un *pays réel* — comprenant aussi ceux qui ne votent pas — a profité incontestablement aux classes bourgeoises. Celles-ci se sont attribué le monopole de la désignation des représentants alors que les plus défavorisés étaient écartés des élections. En France ces restrictions finirent par être mal supportées. Charles X fut renversé en 1830 pour avoir proposé un système encore plus restrictif et la Révolution de 1848 fut pour une bonne part provoquée par le refus de Louis-Philippe d'élargir le corps électoral.

La question rebondit aujourd'hui dans les institutions internationales où les puissances riches s'insurgent contre l'obligation qu'on veut leur imposer de financer des mesures ou des opérations qui sont votées, contre leur avis, par une majorité de pays qui ne contribuent que faiblement, ou pas du tout, à leur financement.

b) *Le suffrage capacitaire*

155. La sélection ici n'est plus fondée sur la fortune mais sur l'instruction. Le suffrage est réservé aux titulaires de certains *diplômes,* ou de certaines fonctions.

Si dans son principe il se rapproche du suffrage censitaire par son souci de réserver le droit de vote à une minorité de citoyens qualifiés, le suffrage capacitaire n'a pas connu la même extension et apparaît surtout comme *un correctif du premier.* Le diplôme après l'argent devient une valeur bourgeoise. En France, sous la monarchie de Juillet, les membres de l'Institut et les anciens officiers par exemple accédèrent à l'électorat.

Dans certains pays, le droit de suffrage requiert plus simplement la connaissance de la lecture et de l'écriture (France, Constitution de l'an III), ou encore la capacité à expliquer un passage de la Constitution. Aux Etats-Unis une formule de suffrage capacitaire fut imaginée pour tourner le XVe amendement à la Constitution qui interdisait les restrictions du droit de vote fondées sur la race ou sur la couleur. Certains Etats, désireux de restreindre le *suffrage des noirs,* insérèrent dans leur législation électorale la clause dite « du grand-père ». Les citoyens qui ne pouvaient prouver qu'ils descendaient de quelqu'un qui était électeur en 1867 — époque où les noirs ne votaient pas — devaient, pour obtenir le droit de vote, passer un examen démontrant qu'ils savaient lire et écrire. La Cour Suprême déclara en 1915 que cette restriction était inconstitutionnelle.

2. Les limites du suffrage universel

156. On pourrait penser qu'on est en présence d'un système de suffrage universel lorsque l'électorat ne dépend d'aucun cens, examen, diplôme ou fonction. Pourtant le suffrage *n'est jamais entièrement univer-*

sel : en France il y a environ 39 millions d'électeurs sur 58 millions d'habitants, soit 70 % seulement de la population. Il existe toute une série de limitations matérielles ou juridiques de portée variable selon les pays, qui montrent que le suffrage ne *peut* jamais être universel. Certaines ont été, ou sont encore, au cœur de débats politiques aigus. En outre, tous les citoyens ne s'inscrivent pas sur les listes électorales, manifestant ainsi leur peu d'intérêt pour cette forme de participation à la vie politique. On évaluait en 1995 en France leur nombre à 7,3 % du corps électoral potentiel, soit près de 3.000.000 de citoyens !

a) *Le vote des femmes*

157. L'un des moindres paradoxes de la matière n'est-il pas qu'on ait considéré le suffrage comme universel alors même que les femmes ne pouvaient voter ? En réalité, pendant longtemps, le problème ne se posait même pas, on n'avait pas idée que les femmes puissent voter. Elles n'avaient pas à se mêler de la vie publique qui était unc affaire d'hommes. Pourtant au Moyen Age en France, les femmes pouvaient participer aux assemblées électorales.

Les femmes elles-mêmes acceptaient sans trop de révolte cette situation. Madame de Staël écrivait au début du XIXe : « on a raison d'exclure les femmes des affaires publiques et civiles ; rien n'est plus opposé à leur vocation naturelle que tout ce qui leur donnerait des rapports de rivalité avec les hommes et la gloire elle-même ne saurait être pour une femme qu'un deuil éclatant du bonheur ».

Le premier Etat à avoir donné le droit de vote aux femmes est le Wyoming aux Etats-Unis en 1869. La Finlande l'adoptait en 1906, la Grande Bretagne en 1918, les Etats-Unis l'ont généralisé en 1920. La France fut en 1944 (avec l'Italie en 1945 mais après la Turquie en 1930) le dernier grand Etat du monde à l'accepter. En Suisse, un référendum de 1971 a introduit le vote des femmes au niveau fédéral, et, depuis une décision du Tribunal fédéral en 1990, aucun canton n'exclut plus les femmes.

La généralisation du suffrage féminin a quelques incidences :

— Le suffrage féminin a été longtemps plus *conservateur* que le suffrage masculin. Ce n'est plus tout à fait le cas en France aujourd'hui. Mais cela a expliqué le peu d'empressement durable de la gauche à accorder le droit de vote aux femmes.

— Il favorise aussi la *personnalisation du pouvoir.* Les femmes sont plus sensibles à l'image donnée par les chefs politiques. *Le sauveur,* l'homme providentiel, tout simplement celui qui donne une impression sécurisante, ont une audience plus forte dans l'électorat féminin.

Ajoutons que le corps électoral fait peu confiance aux femmes lorsque celles-ci sont candidates. Les femmes elles-mêmes ne manifestent guère de préférence pour les candidatures féminines. Aussi les réticences des partis politiques à présenter des femmes sont-elles notoires. En France, ils leur réservent le plus souvent des circonscriptions ingagnables, ou leur donnent sur leurs listes un rang qui condamne tout espoir. Pour se réclamer ensuite bien haut du nombre de candidates présentées et se décerner ainsi un brevet de féminisme.

Depuis quelques années l'idée est régulièrement avancée, en France, de réserver un quota aux femmes dans les assemblées, pour y accroître la représentation féminine. Pendant un temps on avait proposé de fixer à 20 ou 25 % la proportion de femmes sur les listes de candidats et en 1982 on avait tenté de réaliser cette réforme par la voie législative. Le Conseil constitutionnel, dans une décision du 18 novembre 1982, devait estimer que toute distinction entre les candidats en raison de leur sexe était contraire au principe d'égalité et était donc inconstitutionnelle. Les partisans de cette réforme n'ont pas désarmé et ont fait campagne pour que le principe de *la parité entre les hommes et les femmes* soit inscrit dans la Constitution, la procédure de révision a abouti en juin 1999. Sur le fond l'innovation apparaît comme très critiquable, et même comme a pu le dire une élue à l'Assemblée nationale « insultante pour les femmes ». Elle laisse entendre qu'elles ne seraient pas en mesure de se faire élire sur leurs seules capacités. Et il est vrai qu'il faut laisser l'électeur libre de choisir les meilleurs pour le représenter, sans considération de sexe, d'âge, de couleur ou de religion...

D'autre part les modalités de la parité sont difficiles à définir : comment la concilier avec le scrutin uninominal, avec le panachage, faut-il faire alterner hommes et femmes sur les listes, en commençant par qui... ? Ajoutons que si la parité était adoptée, plus de deux cents députés devraient céder leur siège à une femme. Voter la réforme serait suicidaire pour près d'un député sur deux !

b) *La majorité électorale*

158. Un minimum de maturité, de conscience civique et politique, est indispensable pour pouvoir prétendre à participer aux élections. Aussi dans tous les pays existe-t-il un âge minimum au-dessous duquel les enfants et les adolescents ne sont pas électeurs.

Normalement, la majorité politique coïncide avec la majorité civile, parfois elle est plus élevée. On constate depuis quelque temps une tendance à l'abaissement de l'âge requis pour être électeur, ce qui entraîne un rajeunissement du corps électoral ; en Iran : 15 ans.

Comme on constate que les jeunes mettent parfois peu d'empressement à s'inscrire sur les listes électorales, cette inscription est devenue automatique en France depuis 1997, lorsque l'âge de 18 ans est atteint. Cette mesure est contestable : une acquisition de la citoyenneté-électorat devrait découler d'une démarche responsable, rien ne prouve d'autre part que les nouveaux inscrits prendront part au vote, ce qui augmentera le pourcentage des abstentions avec les conséquences importantes qui en découlent souvent (v. 472), enfin les mairies auront souvent du mal à retrouver la trace de ces nouveaux électeurs.

Une idée reçue veut que le vote des jeunes favorise les extrêmes. Le choix des opinions politiques est largement dû au hasard ou au contraire à des déterminismes, il ne résulte qu'exceptionnellement d'une réflexion ouverte et sérieuse, aussi les jeunes, plus généreux, moins conservateurs, tournés vers les problèmes concrets seraient-ils attirés par les simplifications séduisantes, la chaleur colorée, des formations extrêmistes. Les vieillards voteraient pour l'ordre, les jeunes pour le mouvement. Les recherches menées à ce propos ne confirment pas entièrement cette vision. Le vote des jeunes se répartit à peu près comme celui de leurs aînés entre les partis politiques et n'a pas généralement d'influence décisive sur les résultats du scrutin.

c) *L'origine raciale et la nationalité*

159. • Les discriminations électorales d'origine raciale ont caractérisé les sociétés coloniales. Les « indigènes » étaient écartés des rares élections locales comme de la désignation des délégués de la colonie au Parlement de la métropole.

Ce sont aussi les séquelles d'une situation coloniale qui expliquent *le problème noir* d'Etats comme les Etats-Unis ou l'Afrique du Sud.

Aux Etats-Unis à la fin du XIXe siècle dans tous les Etats du Sud les noirs étaient pratiquement privés du droit de vote, par le système des poll-taxes ou des examens destinés à contrôler l'instruction. La situation n'a évolué que lentement, sous l'influence en particulier de la Cour Suprême, et il a fallu attendre 1962 et 1966 pour que les dernières barrières au vote des noirs soient supprimées. En Afrique du Sud, le mouvement vers l'égalité n'a triomphé que récemment.

• Les *étrangers* n'ont pas en général le droit de vote aux élections politiques : le « citoyen » c'est le « national ». Le droit de suffrage, droit civique, est réservé aux nationaux. Il n'en a pas toujours été ainsi puisque pendant la Révolution, en France, certains étrangers purent participer aux élections. L'exclusion des étrangers est partiellement remise en cause aujourd'hui. Un mouvement en faveur de leur participation aux élections professionnelles, ou locales, a obtenu des résultats concrets non négligeables dans les Etats d'Europe occidentale (en Scandinavie en particulier). En France, l'idée d'admettre les étrangers aux élections municipales est aussi accueillie avec faveur dans certains milieux, de gauche en particulier. Mais F. Mitterrand avait admis en 1989 que les Français n'y étaient pas, pour le moment, favorables. Fondée sur des préoccupations éthiques — droit pour les travailleurs émigrés de participer à la gestion d'une société qu'ils enrichissent par leur travail — cette revendication n'est pas exclusive de toute arrière-pensée politique, les partis supputant le profit qu'ils pourraient tirer d'un élargissement du corps électoral.

Le traité de Maastricht, instituant une « citoyenneté européenne », prévoit la participation aux élections municipales des étrangers originaires de l'Union et résidant en France. *La révision de 1992 a constitutionnalisé ce droit.* Une loi organique, du 25 mai 1998 a entériné cette ouverture. Les étrangers, citoyens de l'Union, seront ainsi *éligibles* dans les conseils municipaux mais ils ne pourront intervenir dans les élections sénatoriales (v. 473), ni être maires ou adjoints. Si le droit de vote est accordé de façon si parcimonieuse, c'est en partie par ce qu'on craint que les individus qui ont conservé des liens avec un Etat étranger, dont ils ont la nationalité, ne soient pas assez libres dans l'exercice de leur droit de suffrage, qu'ils soient sensibles à des influences ou pressions venues de l'extérieur.

d) *Le passé judiciaire*

160. Les individus qui ont eu maille à partir avec la justice et qui ont été condamnés pour des infractions graves sont souvent privés du droit de vote, ils en sont « indignes ». Considérés comme de *mauvais citoyens* ils sont exclus du corps électoral. A temps ou à vie.

En *France,* le système est très complexe, trop même. Élément d'unification pourtant : *seule une décision de justice peut priver du droit de vote.* Une distinction est faite entre la radiation définitive de la liste électorale et la radiation pour 5 ans. Entrent dans la *première catégorie* les individus condamnés à une peine élevée pour crime ou pour un délit parmi les plus graves. On prend en considération à la fois la nature de l'infraction et le degré de la peine. *La seconde catégorie* comprend les individus condamnés à des peines de prison moins élevées et à certaines peines d'amende, le retrait du droit de vote alors *n'est pas automatique,* il constitue une peine accessoire prononcée par le juge. *Enfin,* les condamnés par contumace, les condamnés pour faux, et les officiers ministériels destitués, sont eux aussi privés du droit de vote. L'amnistie, en effaçant la condamnation, relève de l'incapacité électorale.

L'ensemble de ces exclusions ne porte que sur un pourcentage relativement peu élevé du corps électoral. En France, au 1er septembre 1989, 222.533 personnes étaient concernées, soit 0,6 % du corps électoral.

Ces déchéances, peu contestées — celui qui se met en contravention grave avec les lois de la Cité, s'exclut lui-même, estime-t-on, du droit de participer aux affaires de celle-ci — ont été parfois étendues pour sanctionner des opinions politiques, ce qui n'est pas admissible, et servent à retirer le suffrage aux *adversaires politiques* avoués ou en puissance. L'opposition politique entraîne le retrait du droit de vote.

En France, cette mise au ban de la communauté est rituelle au lendemain des guerres civiles et des périodes troublées : 1848, la Commune, la Libération. La victoire fait le bon citoyen dont le premier soin sera d'écarter les vaincus de toute participation au pouvoir.

e) *Les aliénés*

161. Un minimum de discernement est requis pour exercer le droit de suffrage. Les maladies mentales privent certains citoyens de leurs facultés intellectuelles et les législations électorales prévoient qu'ils ne peuvent alors avoir la qualité d'électeur.

En France, tous les aliénés ne sont pas privés du droit de vote mais seulement les *majeurs en tutelle* qui ne forment qu'une minorité de l'ensemble des malades mentaux et même de ceux qui sont internés dans les hôpitaux psychiatriques (loi du 16 décembre 1992). Ils sont à l'heure actuelle, semble-t-il, plusieurs dizaines de milliers dans cette situation.

f) *Le problème des militaires*

162. Pendant longtemps, certains pays ont retiré le droit de vote aux militaires. En France sous la IIIe République par exemple, les militaires pouvaient être inscrits sur les listes électorales, mais ils ne pouvaient voter qu'exceptionnellement.

Pourquoi cette exclusive à l'égard des militaires ? Deux raisons se renforçaient l'une l'autre :

- La volonté de laisser l'armée à l'écart des luttes politiques.
- La crainte des pressions que pourrait exercer l'encadrement sur la troupe.

Il n'y a plus maintenant, en France tout au moins, de restriction à l'électorat des militaires. Subsistent cependant des limitations à leur éligibilité — pour les officiers dotés d'un commandement territorial, dans la circonscription où il s'exerce — et une réglementation de la propagande politique dans les locaux militaires.

3. Critique du suffrage universel

163. Longtemps on a considéré que la démocratie se réalisait dans le suffrage universel. Il répondait à une aspiration de dignité pour l'homme, pour le citoyen, et on lui attribuait des vertus quasi miraculeuses pour le choix de ceux qui seront chargés de la conduite des affaires de la Cité, la sagesse de leurs décisions et le développement de la prospérité et de la justice sociale. Le suffrage universel a pris valeur de *mythe.*

Avec le recul du temps, on s'aperçoit qu'il a joué un rôle *d'intégration* de l'individu à la société, au système politique, au détriment des forces de contestation. Les revendications ont dû passer par son canal d'autant plus nécessairement qu'il apparaissait comme la voie d'expression normale et légitime des volontés de la nation. Combiné au régime représentatif son effet a été *conservateur,* il a fait désavouer les minorités agissantes par les masses populaires (longtemps paysannes) éprises de stabilité. *Jamais en France le suffrage universel n'a changé le régime.* Il favorise les notables dont il sert à son tour à *légitimer* le pouvoir.

En même temps, le mythe du suffrage universel repose sur le principe de l'égale dignité d'individus fondamentalement inégaux par leurs connaissances, leurs aptitudes intellectuelles, leur souci de l'intérêt général. En théorie que l'électeur soit illettré, inculte ou stupide importe peu, si son choix individuel lors de l'élection peut être mauvais ou absurde, le corps électoral en masse ne se trompe pas, une décision est bonne puisqu'elle a été prise dans des formes démocratiques. En ce sens plus le suffrage est universel, meilleures seraient les décisions prises. Pourtant la démocratie suppose un minimum d'éducation et de conscience politiques sans lesquelles ses procédures peuvent dissimuler tous les despotismes. Le phénomène est patent dans les sociétés en voie de développement. Les élections y constituent souvent une parodie de consultation démocratique en raison du manque de maturité, de formation, de liberté du corps électoral. Démagogie, manœuvres, pressions s'y ajoutent pour conférer aux gouvernants les apparences d'une assise populaire précieuse sur la scène internationale. Comment oublier que le suffrage universel a légitimé Hitler, Staline, Mao...

On a aussi fait remarquer que dans les régimes représentatifs occidentaux, la volonté nationale telle qu'elle est sensée s'exprimer à travers des votes du Parlement est souvent la résultante du choix d'une faible minorité de la population. Le représentant n'est souvent l'élu que d'une petite partie des habitants de sa circonscription : il faut tenir compte de ceux qui n'ont pas le droit de vote, de ceux qui ne l'exercent pas et de ceux dont les suffrages se sont portés sur ses adversaires. D'autre part, les circonscriptions sont parfois très inégales et le nombre des électeurs y variera dans de grandes proportions. Enfin au Parlement les décisions sont prises souvent à quelques voix de majorité. Au total bien des lois sont approuvées par des élus qui ont été investis par 20 %, et même moins, de la population. On pourra parler alors de la « minorité gouvernante ».

Enfin il ne faudrait pas oublier que le suffrage universel n'est pas admis partout (Arabie Saoudite, Libye).

Les limites et les dangers du suffrage universel n'en condamnent pas le principe, en faveur d'un retour au suffrage restreint. Leur connaissance permet seulement de souligner qu'il n'est pas une potion magique permettant de réaliser l'idéal démocratique.

B Du suffrage inégal au suffrage égal

164. En bonne logique démocratique, le poids de chaque citoyen doit être égal à celui de chacun des autres citoyens lors de l'élection. « One man, one vote » : *un homme, une voix ;* le principe ainsi formulé par les Anglo-Saxons a une portée universelle. Pourtant il a été remis en cause directement en droit ou indirectement dans les faits.

1. Les inégalités juridiques

Elles peuvent prendre deux formes

• *Le vote multiple* qui permet au même individu de voter dans plusieurs endroits : au lieu de son domicile, de son activité professionnelle, là où il est contribuable... Cette formule est assez rare. Un citoyen français ne peut être inscrit dans plusieurs circonscriptions.

• *Le vote plural :* l'électeur dispose de plusieurs voix. Ce système permet par exemple de favoriser les citoyens les plus fortunés, ceux qui possèdent certains diplômes, ou les chefs de famille nombreuse. C'est sous cette dernière forme, celle du *suffrage familial,* qu'il a été le plus souvent proposé : le chef de famille disposerait d'autant de voix qu'il y a de personnes à son foyer.

Le vote plural n'a jamais été admis en France et le Conseil Constitutionnel, dans une décision du 17 janvier 1979, l'a déclaré inconstitutionnel. Il a existé en Grande-Bretagne jusqu'en 1948.

2. Les inégalités de fait

165. Si chaque électeur ne dispose que d'une voix, celle-ci peut en pratique avoir un poids très variable d'un électeur à l'autre.

— *L'inégalité des circonscriptions* explique cette différence.

Peu d'élections en effet se déroulent — comme le référendum en général ou, en France, les élections au Parlement européen — à l'échelle du territoire national considéré comme une seule circonscription. Normalement le territoire est divisé en circonscriptions qui désignent un ou plusieurs élus. Cette pratique n'a rien d'obligatoire, on pourrait très bien y mettre fin pour les élections nationales (V. 175). En France, une telle réforme mettrait en cause les mœurs politiques et en particulier les liens traditionnels entre l'élu et ses électeurs.

Le découpage des circonscriptions doit tendre à réaliser l'égalité de la représentation en ce sens que tous les élus doivent représenter un nombre aussi égal que possible d'habitants (et non d'électeurs). Cet idéal n'est pas réalisable en pratique, ne serait-ce qu'en raison des variations naturelles de population. Quel que soit le soin apporté au découpage, les inégalités sont inéluctables et ont tendance à s'aggraver avec le temps. Un élu pourra donc représenter 2, 3, 4 fois plus d'habitants qu'un autre. Ainsi, lors des dernières élections législatives en France, celles de mai 1997, la 5e circonscription des Côtes d'Armor avec ses 92.590 électeurs et la 2e de la Lozère avec ses 26.593 électeurs, envoyèrent chacune un député au Palais Bourbon.

L'un des aspects de cette situation est que les électeurs ruraux sont généralement favorisés par rapport aux circonscriptions urbaines : un électeur de la campagne pèse plus qu'un électeur des villes.

En Grande-Bretagne jusqu'en 1884 existaient des *« bourgs pourris »* ou « bourgs de poche », circonscriptions vidées d'une grande partie de leurs électeurs par l'exode rural. Manchester avec 450.000 habitants n'avait pas de représentant alors que des bourgs avec 20 habitants en avaient un ! Les candidats fortunés en achetant les voix d'un petit nombre d'électeurs pouvaient assurer leur élection.

— Des *adaptations périodiques* du nombre et des limites des circonscriptions sont donc indispensables. Ces modifications du découpage électoral sont souvent détournées de leur but, l'autorité compétente pour y procéder — Gouvernement ou Parlement — en usant dans un sens qui lui est favorable, d'autres inégalités sont ainsi créées. En France le Conseil Constitutionnel s'est efforcé d'imposer des règles précises à ce découpage (v. 102).

La forme la plus connue de ce détournement de procédure est le *« Gerrymandering »,* (contraction du nom du gouverneur du Massachusetts qui y recourut en 1812 et du nom de la « salamandre », dont certaines circonscriptions prenaient la forme). On peut en donner un exemple simple. Supposons deux circonscriptions, la première (I) groupe 50.000 électeurs dont 30.000 votent régulièrement pour le parti A et 20.000 pour le parti B ; dans la seconde (II), sur les 80.000 électeurs 20.000 votent pour A et 60.000 pour B. Il apparaît aussi que dans la circonscription II les électeurs du parti B sont majoritaires dans tous les bureaux de vote, mais que leur force est écrasante dans certains villages ou dans certains quartiers. En détachant de II une partie de son territoire où vivent 20.000 électeurs dont 17.000 votent pour B et 3.000 pour A, et en le rattachant à I, on permet au parti B d'enlever le siège de I (A : 30.000 + 3.000 = 33.000, B : 20.000 + 17.000 = 37.000) sans perdre celui de II. On peut aussi priver, de cette façon, de représentation des minorités (raciales ou religieuses) dont l'implantation est localisée.

§ 2. L'organisation du scrutin

Intervenant à date fixe, ou organisée de façon inopinée, toute votation soulève un certain nombre de problèmes techniques. On se refèrera ici le plus souvent aux élections au Parlement, mais la plupart des développements sont valables pour toutes les élections.

A Les candidatures

a) *La liberté des candidatures : les solutions françaises*

166. En principe la candidature est libre, mais en pratique une série de limitations font que tout le monde ne peut pas être candidat.

— *Les inéligibilités*

Les restrictions à l'électorat se doublent de restrictions à l'éligibilité. On retrouve les conditions d'âge, de résidence, d'absence de condamnation etc... auxquelles s'ajoutent des interdictions spécifiques destinées à garantir la sincérité et la tranquillité du scrutin : le Préfet, le Chef de la région militaire, le Premier Président de la Cour d'appel.. sont inéligibles dans la circonscription où ils exercent leurs fonctions. La liste des *inéligibles* varie selon le type de consultation : nationale, cantonale, municipale...

Si un candidat inéligible parvenait à se faire élire, son élection serait *invalidée* par le juge. La ratification populaire ne couvre pas l'inéligibilité.

— *Les incompatibilités*

Des *incompatibilités* peuvent s'opposer à ce que l'élu exerce son mandat. Aucun empêchement légal n'existe à sa candidature, mais, s'il est élu, ses fonctions électives ne sont pas conciliables avec des activités qu'il exerce d'autre part. Des conflits pourraient apparaître entre les intérêts divers dont il a la charge, il est préférable que d'emblée il choisisse pour se consacrer à la défense de certains seulement. En France, la liste des incompatibilités est dressée pour chaque type d'élection par le Code électoral. Ainsi on ne peut être à la fois député et sénateur, un député ne peut non plus avoir une activité rémunérée par un Gouvernement étranger, un parlementaire ne peut être administrateur d'une entreprise subventionnée par l'Etat, un préfet ne peut siéger dans un conseil municipal. Parmi les fonctionnaires, les seuls pratiquement à pouvoir cumuler leurs fonctions et un mandat parlementaire sont les professeurs de l'enseignement supérieur.

L'incompatibilité oblige l'élu à choisir entre ses fonctions, ce qui pour un fonctionnaire par exemple pourra se traduire par une mise en congé. Il dispose pour cela d'un certain délai à l'expiration duquel s'il n'a pas manifesté sa volonté, l'élu pourra être déclaré démissionnaire d'office de son mandat électif.

b) *L'acte de candidature*

167. Faut-il astreindre les candidats à une formalité qui officialise leur candidature ? Pourquoi serait-il nécessaire de faire acte de candidature pour être élu ?

Là encore il n'y a pas de règle générale. La loi peut prévoir qu'une candidature devra être déposée dans telles formes, dans tel délai, peut-être même avec dépôt d'une caution de tel montant (pour éviter les candidatures fantaisistes). Ces règles clarifient la situation et permettent une meilleure organisation de la campagne.

En France, les *candidatures multiples* sont interdites depuis 1889 à la suite de l'affaire Boulanger. Grâce à elles, un individu pouvait se faire plébisciter en présentant sa candidature dans plusieurs circonscriptions. Le poids considérable que ces investitures lui donnaient au Parlement pouvait constituer l'amorce d'un pouvoir personnel.

B La campagne électorale

168. On doit assurer l'égalité entre les candidats et la régularité de leur affrontement. La campagne se déroule selon des règles préfixes et les pouvoirs publics, tout en restant neutres, garantissent son bon déroulement.

a) *Le financement de la campagne électorale*

Une campagne aux élections nationales, et même locales, coûte cher. Les voyages, affiches, tracts, réunions publiques, bulletins électoraux, frais de l'équipe qui entoure le candidat, constituent des charges très lourdes. Celui qui dispose des moyens financiers les plus importants est favorisé. Comment rétablir l'égalité des chances ?

Aux Etats-Unis, en R.F.A. et en Italie des règles plafonnent le montant des dépenses électorales, organisent un financement public des campagnes ou des partis (calculé d'après le nombre de voix ou de sièges obtenus), pouvant aller jusqu'à 50 % des ressources de ces derniers, autorisant des déductions fiscales pour les dons des particuliers...

En France des lois de 1988, 1990 et du 19 janvier 1995 ont tenté de moraliser, en particulier par l'introduction d'un financement public, les campagnes des élections présidentielles législatives et européennes (V. 391 et 472).

b) *La neutralité du pouvoir et le problème de la radio et de la télévision*

En démocratie les pouvoirs publics doivent rester neutres en face de l'opération électorale. La pratique montre cependant que le Gouvernement dispose de multiples procédés plus ou moins occultes pour aider les candidats proches de lui. L'Administration, ses hommes et ses moyens matériels, peuvent leur apporter un concours appréciable et discret. Cela se fait partout avec plus ou moins d'ampleur et de scrupules.

Une difficulté supplémentaire apparaît dans les pays où la *radio et la télévision* sont en tout ou en partie entre les mains de l'Etat. En France, des textes organisent l'égalité des candidats devant la radio et la télévision pendant les campagnes électorales nationales. Pour les élections présidentielles le respect de ce principe est placé sous la surveillance très pointilleuse d'une *Commission nationale de contrôle,* dont la compétence se combine avec celle du Conseil supérieur de l'audiovisuel.

Aux Etats-Unis où radio et télévision sont commerciales, les candidats achètent des heures d'antenne et la limitation des fonds qu'ils peuvent utiliser aboutit à un équilibre relatif entre eux.

C Le déroulement du scrutin

169. Le vote est libre, encore faut-il assurer la régularité et la sincérité du scrutin.

1. Vote facultatif et vote obligatoire

L'abtentionnisme est le refus par le citoyen d'exercer son droit de vote. S'il est important, il produit un effet indirect : il met en cause la représentativité de l'élu ou la légitimité de la décision (référendum).

Pour réagir contre l'abstentionnisme, plusieurs pays (Belgique, Italie, Pays-Bas, Australie, Brésil) ont institué le *vote obligatoire* et il est périodiquement question d'y recourir en France. Cette mesure se révèle assez efficace mais laisse toujours subsister un abstentionnisme résiduel. En effet, le refus de voter ne peut être sanctionnée trop lourdement, aussi l'amende prévue ne gêne-t-elle pas ceux décidés à ne pas voter.

Tant que la participation électorale s'établit à un niveau satisfaisant, il n'y a pas de raison de rendre le vote obligatoire.

2. Vote public et vote secret

Le secret est la *garantie de la liberté* du vote. Pourtant les arguments avancés en faveur du vote public ne sont pas déshonorants. Un citoyen libre n'a pas à dissimuler ses opinions, il assume ses responsabilités en votant publiquement, il manifeste la fermeté de son caractère ; Montesquieu y était favorable. Ces belles idées, ne résistent pas à l'évocation des pressions, des tentations, voire des représailles auxquelles le vote public expose l'électeur. Aussi ne le rencontre-t-on que dans les sociétés autoritaires.

La tradition française est favorable au vote secret, le principe a été constitutionnalisé en l'an III : « Toutes les élections se font au bulletin secret ». Encore fallait-il que les électeurs sachent lire et écrire !

Le secret est garanti par le passage dans l'*isoloir,* l'obligation d'utiliser une *enveloppe,* l'annulation des bulletins portant un signe de reconnaissance. Le respect des formes assurant le secret est obligatoire.

3. La sincérité du scrutin

Il faut éviter les pressions et les fraudes.

• Les formes de *pressions* sont multiples. Si la contrainte physique ou l'achat de suffrages sont rares dans les sociétés démocratiques, la contrainte morale peut s'exercer au sein des familles ou de certaines communautés. Le secret du vote garantit assez bien contre leur efficacité (on ne peut savoir pour qui en définitive l'électeur a voté), mais elles existent cependant si l'on en croit la jurisprudence, les asiles de vieillards sont l'un de leurs lieux de prédilection.

• Les *fraudes* peuvent avoir des origines très diverses : urnes à double fond, urnes chargées, substitutions d'urnes ; bulletins maculés, votes irréguliers... Souvent elles sont commises au moment du dépouillement. Le fait que si le vote est secret, le scrutin lui-même et le dépouillement se déroulent en public avec des représentants des différents candidats est une garantie. Mais, faute de vigilance, elle sera parfois insuffisante.

• La fraude et les erreurs donnent naissance à ce qu'on appelle le *contentieux électoral.* Ceux qui contestent la régularité d'une élection peuvent demander son annulation *à un juge.* Pour certaines assemblées cependant, c'est l'assemblée élue qui se prononce elle-même sur la régularité de l'élection de ses membres. Ce fut le cas en France jusqu'en 1958 pour les assemblées parlementaires : l'Assemblée Nationale et le Sénat procédaient à la *vérification des pouvoirs* de leurs membres après chaque élection. Ce contrôle politique, s'il peut se justifier au nom de l'indépendance du Parlement, donne souvent des résultats inadmissibles : la majorité en profite pour invalider ses adversaires. Depuis 1958 le Conseil Constitutionnel est compétent pour vérifier les pouvoirs des parlementaires.

§ 3. Les systèmes électoraux

170. Comment va-t-on désigner l'élu ou les élus ?

Le choix d'un système électoral n'est pas neutre, il s'agit d'un choix politique. De même les aménagements techniques qui lui sont apportés, de temps en temps, ici ou là, ne doivent pas faire illusion, le plus souvent ils ne cherchent pas à donner une représentation plus fidèle des courants d'opinion, ils visent avant tout à conserver, et si possible accroître, la représentation, c'est-à-dire la puissance de ceux qui les décident. Traditionnellement **en France,** le système électoral est *défini par la loi* et non par la Constitution (comme c'est le cas en Belgique ou en Espagne). Aussi la majorité parlementaire s'efforce-t-elle d'introduire les procédés techniques qui lui seront les plus favorables aux prochaines élections. Normalement « les sortants » sont favorisés par le système électoral. Le Gouvernement peut faire procéder à des exercices de simulation à l'aide d'ordinateurs et à partir des résultats des élections passées. Il teste ainsi l'effet éventuel d'une série de modifications techniques sur la représentation. Pour les hommes politiques français, le bon système électoral est celui qui leur fait gagner les élections.

Un système électoral est donc constitué par un ensemble de modalités techniques à travers lesquelles sont poursuivis des objectifs politiques.

Les choix essentiels portent sur le scrutin direct ou le scrutin indirect, le scrutin uninominal ou le scrutin de liste, le système majoritaire ou la répartition proportionnelle.

A Scrutin direct et scrutin indirect

1. Principe

171. Dans le *scrutin direct* l'élu est désigné sans intermédiaire par les électeurs.

Dans le *scrutin indirect,* l'élu est désigné par des électeurs qui ont eux-mêmes été élus pour procéder à son élection, *le suffrage reste universel.* Mais ce n'est pas le corps électoral dans son ensemble qui choisit son représentant : un collège électoral restreint — qui peut avoir d'autres attributions — issu d'un premier scrutin choisit à son tour l'élu. On dit aussi que l'élection est à *deux,* ou à *plusieurs degrés* (un premier collège électoral en effet, peut en désigner un deuxième, qui lui-même en élira un troisième, qui à son tour... etc.).

Le scrutin indirect a été largement utilisé autrefois à une époque où les communications étaient difficiles. L'électeur de base déléguait ainsi son droit de suffrage à quelqu'un qu'il connaissait bien, qui était proche de lui, à qui il faisait confiance.

2. Conséquences

Selon que l'on adopte un mode de scrutin direct ou indirect, on modifiera l'image de la nation donnée par ses représentants. Le suffrage indirect favorise généralement les candidats modérés, les notables. Le filtrage qu'il opère a pour but de dégager une élite à la fois plus capable et plus pondérée.

En même temps, le scrutin indirect ne confère pas autant d'autorité. L'origine du pouvoir est plus lointaine. C'est l'une des faiblesses du Sénat en France et cela explique aussi que le général de Gaulle ait souhaité en 1962 tenir ses pouvoirs directement du peuple.

Le scrutin indirect est, ou a été utilisé dans certains régimes marxistes (Chine, Cuba jusqu'en 1992) pour la désignation des délégués aux assemblées à l'échelon national, sans que leurs théoriciens se soucient d'en dégager la justification. On ne peut écarter les explications avancées au début du XIXe siècle en Occident : faible formation civique des masses, volonté de favoriser les notables sûrs.

De nos jours, le scrutin indirect ne subsiste plus en France dans les élections politiques que pour *la désignation des sénateurs.* Ceux-ci sont choisis par les représentants élus des collectivités locales.

B Scrutin uninominal et scrutin de liste

1. Principes et modalités

172. Le *scrutin uninominal* est celui dans lequel on ne vote que pour un seul candidat : chaque bulletin ne porte qu'un nom.

Au contraire, dans le *scrutin de liste,* l'électeur vote pour plusieurs candidats, sur son bulletin figurent plusieurs noms.

Le scrutin de liste est susceptible de plusieurs modalités :

— Le vote pour une *liste incomplète :* il n'est pas toujours indispensable que le bulletin comporte autant de noms qu'il y a de sièges à pourvoir, ainsi en France pour les élections aux conseils municipaux dans les communes de moins de 2.500 habitants. La solution contraire prévaut pour les autres communes où les listes doivent être déposées complètes.

— Le *panachage* qui s'oppose aux *« listes bloquées »*. Le panachage permet aux électeurs de composer leur bulletin de vote à partir de noms figurant sur les différentes listes de candidats. Ils ne sont pas obligés de voter pour une de ces listes dans son intégralité : cette substitution de noms est possible aux élections municipales en France dans les communes de moins de 2.500 habitants.

— Le *vote préférentiel* permet dans un système de représentation proportionnelle de modifier l'ordre de présentation des candidats sur la liste. L'électeur peut faire figurer en tête de liste, à une place où ils ont le plus de chance d'être élus, les candidats auxquels vont ses préférences.

Comme le panachage, le vote préférentiel donne à l'électeur une *marge de liberté* par rapport aux partis politiques qui ont établi les listes. Aussi les partis n'y sont-ils pas très favorables et leurs réticences ajoutées aux complications de dépouillement qu'ils entraînent expliquent que ces techniques n'aient qu'une diffusion limitée.

Le choix entre scrutin de liste et scrutin uninominal dépend techniquement à la fois du nombre de personnes qu'on veut élire (l'élection du Président de la République se fait nécessairement au scrutin uninominal) et de l'étendue de la circonscription de base. Les circonscriptions très peuplées invitent au scrutin de liste, alors que le scrutin uninominal correspondra à des circonscriptions étroites.

En France, le scrutin uninominal a dominé le système électoral des élections législatives sous la plus grande partie de la IIIe République — la circonscription de base étant l'arrondissement — *ainsi que de la Ve.*

2. Conséquences

173. Quelles sont les conséquences politiques du choix pour le scrutin uninominal ou pour le scrutin de liste ?

Le premier effet du scrutin uninominal tient au *lien personnel* qui s'établit entre l'électeur et l'élu. L'électeur vote pour *le* candidat auquel vont ses préférences. Au contraire, dans le scrutin de liste, lié le plus souvent à une grande circonscription, la liste doit être acceptée dans sa totalité. Le panachage est rarement autorisé et si la représentation proportionnelle (R.P.) s'applique, les « têtes de liste » choisies parmi les notables du parti passeront automatiquement.

D'autre part, alors qu'au scrutin de liste on vote *pour des idées,* le scrutin uninominal entraîne des affrontements de personnes parfois déplaisants, Édouard Herriot, sous la IIIe République, parlait de « scrutin de gladiateurs ». On a vu plus haut la contrepartie du lien entre l'électeur et son élu : ce dernier sera porté à faire prévaloir les intérêts locaux, à devenir l'ambassadeur de sa circonscription. Que devient le principe d'une représentation de la nation dans son ensemble ?

Le parlementaire à force d'assiduité, de services rendus, d'intrigues, se constitue un fief sur lequel il régnera sans partage pendant plusieurs législatures, disposant même parfois d'un véritable droit de présentation de son successeur. Apparaissent ainsi ces « mares stagnantes » que dénonçait Aristide Briand, désignant par là l'*immobilisme* qui s'installe tant au plan local où l'élu régente tout, qu'au Parlement où les débats ne se haussent guère au-dessus des querelles d'intérêts sectoriels.

C Scrutin majoritaire et répartition proportionnelle

174. La règle de la majorité veut que le candidat qui obtient le plus de voix soit déclaré élu. En apparence simple elle est pourtant susceptible de plusieurs interprétations : doit-on considérer comme élu celui qui a obtenu le plus grand nombre de suffrages, même s'il n'a pas recueilli la *majorité absolue* des votes, soit la moitié plus un ; il sera alors élu à la *majorité relative* ? Faut-il au contraire renouveler la consultation jusqu'à ce qu'un candidat ait obtenu cette majorité absolue ? L'autorité de l'élu souffrira s'il tient son mandat d'une minorité du corps électoral, mais l'organisation de l'élection sera simplifiée s'il n'est pas nécessaire d'organiser des scrutins de *ballotage.* Aussi fréquemment essaie-t-on de concilier ces deux préoccupations en exigeant la majorité absolue au premier tour de scrutin et en organisant ensuite un second tour à l'issue duquel la majorité relative suffira. Solution adoptée en France pour la désignation des députés.

Le problème se complique avec *le scrutin de liste.* La liste qui obtient la majorité (absolue ou relative, selon les cas) des suffrages peut être considérée comme élue en entier. Mais on peut aussi souhaiter répartir les sièges entre les listes en présence en proportion des voix obtenues par chacune d'elles : on parlera alors de répartition proportionnelle.

1. La technique de la répartition proportionnelle (R.P.)

175. La mise en œuvre la plus large de la R.P. s'opère dans le cadre national. Le territoire forme une unique circonscription à l'intérieur de laquelle tous les suffrages sont recensés, on divise leur total par le nombre de sièges à pourvoir, on obtient ainsi le nombre de voix correspondant à l'attribution d'un siège. Les voix recueillies par chaque parti sont à leur tour divisées par ce chiffre pour calculer combien de sièges lui reviennent. Ce système lent et compliqué est utilisé en France, aux Danemark,

Luxembourg et Pays-Bas, pour les élections au Parlement européen. On y recourt en Israël pour la Knesset (Parlement), seuls participent à la répartition les partis qui ont obtenu au moins 1,50 % des suffrages.

En général, le territoire est découpé en circonscriptions et le calcul des sièges peut s'opérer selon différentes méthodes. Lesquelles ?

a) *La détermination du quotient*

On détermine un *quotient électoral* à l'échelon de la *circonscription*. Le quotient est obtenu comme ci-dessus, c'est-à-dire en divisant le nombre de suffrages exprimés par le nombre de sièges à pourvoir dans la circonscription. Le nombre de sièges attribués à chaque liste est défini en divisant le total de ses voix par le quotient électoral.

Cette première opération est la plus simple. Mais il est rare que l'opération puisse s'arrêter là.

b) *La répartition des restes*

176. Tous les sièges ne peuvent pas, le plus souvent, être répartis par la seule application du quotient, celle-ci fait apparaître des restes, des sièges sont en suspens.

Exemple : 5 sièges à pourvoir

Liste A :		23.000 voix
Liste B :		67.000 voix
Liste C :		44.000 voix
Liste D :		16.000 voix
Total des suffrages		150.000
— Quotient	150.000 : 5 = 30.000	

Répartition des sièges au quotient :

	Reste
A 23.000 voix : 0 siège,	23.000
B 67.000 voix : 2 sièges,	7.000
C 44.000 voix : 1 siège	14.000
D 16.000 voix : 0 siège	16.000

Il reste donc deux sièges à pourvoir. Comment va-t-on les attribuer ?

Une première possibilité consiste à procéder à une répartition des restes à l'échelon national : on fait le total des sièges non attribués à travers les circonscriptions ainsi que le compte des voix qui n'ont pas correspondu à l'attribution d'un siège. Un nouveau quotient est ainsi défini qui permet de répartir les sièges restants entre les partis en présence. Exemple : 1.000.000 de voix à travers le pays n'ont pas été prises en compte pour l'attribution d'un siège et 40 sièges restent à pourvoir. Le quotient national est donc de $\frac{1.000.000}{40}$ = 25.000 voix. Un parti A avec 300.000 voix non utilisées recevra

$$\frac{300.000}{25.000} = 12 \text{ sièges,}$$

un parti B avec 125.000 voix 5 sièges, etc. Cette méthode incite les partis (à commencer par les plus petits) à multiplier les candidatures à travers le pays afin de se présenter en force dans cette seconde répartition.

Sur le plan local, trois systèmes principaux peuvent être utilisés :

— *Méthode des plus forts restes :* Le siège (ou les sièges) est attribué à la liste (ou aux listes) qui a le plus de voix inemployées.

Si l'on reprend *l'exemple précédent,* la liste A recevra 1 siège (reste 23.000 voix) et le dernier siège sera attribué à la liste qui présente ensuite le plus fort reste, c'est-à-dire D (reste 16.000 voix).

La méthode des plus forts restes favorise les petits partis.

— *Méthode de la plus forte moyenne :* On attribue fictivement un siège supplémentaire, au delà de ceux déjà obtenues au quotient, tour à tour à chacune des listes en présence pour calculer la moyenne des suffrages recueillis par chaque élu. Le siège en suspens est attribué à la liste qui, recevant ce siège, a le meilleur rapport entre ses élus et ses voix :

Suffrages : 150.000. Sièges : 5. Q = 30.000

Au quotient B obtient 2 sièges, C 1 siège, A et D 0 siège. On a alors :

Liste A	23.000 : 0 + 1 =	**(23.000)**	**(1)** + 1	11.500	1 siège
B	67.000 : 2 + 1 =	22.333	2 + 1	(**22.333**)	3 sièges
C	44.000 : 1 + 1 =	22.000	1 + 1	22.000	1 siège
D	16.000 : 0 + 1 =	16.000	0 + 1	16.000	0 siège

Le quatrième siège ira à la liste A et le cinquième à la liste B.

La répartition au plus fort reste était :

A = 1 B = 2 C = 1 D = 1

La répartition à la plus forte moyenne donne :

A = 1 B = 3 C = 1 D = 0

Le système de la plus forte moyenne est favorable aux grands partis.

— *Le système d'Hondt,* d'après le nom d'un mathématicien belge. Ce système est assez fréquemment utilisé car il évite les deux stades de répartition, au quotient et pour les restes. La France l'a adopté pour les élections à l'Assemblée européenne.

On commence par diviser les suffrages obtenus par chaque liste par 1, 2, 3, 4, 5... jusqu'à concurrence du nombre de sièges à pourvoir.

Ensuite on classe les quotients obtenus par ordre décroissant jusqu'au nombre de sièges mis en compétition, chaque parti reçoit autant de sièges qu'il a de quotients présents dans ce classement.

En utilisant toujours le même exemple, on procèderait de la façon suivante :

1re opération : division du nombre de voix par le nombre de sièges (ici : 5)

A	B	C	D
23.000	67.000	44.000	16.000
11.500	33.500	22.000	8.000
7.666	22.333	14.666	5.333
5.750	16.750	11.000	4.000
4.600	13.400	8.800	3.200

2e opération : classement des 5 meilleurs quotients.

67.000, 44.000, 33.500, 23.000, 22.333

A : 1 siège (23.000), B : 3 sièges (67.000, 33.000, 22.333)

C : 1 siège (44.000).

Le système d'Hondt donne les mêmes résultats que le calcul à la plus forte moyenne.

2. Portée politique du choix entre scrutin majoritaire et représentation proportionnelle

177. Le choix entre le scrutin majoritaire et la représentation proportionnelle est la décision majeure d'organisation du système électoral. Selon que l'on opte pour l'un ou pour l'autre, les conséquences politiques, directes ou indirectes, sont très différentes.

Mais ces effets ne sont pas mécaniques, ce serait trop simple. Des règles identiques auront une influence différente selon l'histoire de la société où elles s'appliquent, les mœurs politiques, la vivacité des antagonismes, l'enracinement de la démocratie... On mettra en valeur ici les effets les plus courants, signalant au passage des résultats atypiques dans tel ou tel pays.

a) *Le scrutin majoritaire*

Ses effets ne sont pas les mêmes selon qu'il est à un seul ou à deux tours. On le montrera au passage.

— *Effets sur la représentation*

Nul ne conteste que le scrutin majoritaire soit injuste, aussi est-il parfois condamné au nom d'une certaine éthique de la représentation, d'une conception de la morale démocratique. En effet, les voix des candidats battus sont perdues et certains courants d'opinion ne trouvent pas dans les assemblées une place correspondant à leur force dans le pays. Cela a été le cas en France pour le parti communiste depuis 1958. Il est possible que des partis ayant une audience minime mais non négligeable n'obtiennent même aucun siège au Parlement. Le phénomène sera accentué par la tendance très répandue de ne permettre la participation au ballottage qu'aux formations qui ont recueilli un certain pourcentage des suffrages au premier tour (5 %, 12,5 % etc.), en conséquence des distorsions considérables peuvent apparaître.

Le scrutin majoritaire à deux tours a pour effet de renforcer la représentation du parti arrivé en tête au premier tour du scrutin. C'est ce qu'on appelle *« la prime à la majorité »*. En France en 1981, les socialistes qui avaient obtenu 37 % des voix au premier tour ont eu finalement 285 sièges, soit 58 % des sièges de l'Assemblée Nationale. En 1993 la droite, avec 44 % des suffrages au premier tour, emporte 485 sièges au second, soit 84 %. En revanche des formations importantes seront très défavorisées, surtout si elles ne peuvent conclure d'alliances. Le Front National avec 3.782.427 voix en 1997 au 1er tour (15,06 %) enlève un seul siège au second tour, alors que les communistes avec 2.506.682 (9,98 %) voix en recueilleront en définitive 36, grâce à leur accord avec le parti socialiste. Au total un siège socialiste correspond en 1997 à 24.000 voix environ, un siège F.N. à 3.800.000 voix.

En outre, du fait du découpage du territoire en circonscriptions il se trouve parfois que le parti majoritaire en voix dans le pays soit minoritaire en sièges au Parlement. Cette situation s'est produite aux Etats-Unis, en Grande-Bretagne et en France.

— *Effets sur le système de partis*

Le scrutin majoritaire est simplificateur. Ce résultat est très brutal lorsqu'il n'y a qu'un seul tour (on le vérifiera lorsqu'on étudiera le système britannique) : il aboutit à l'apparition d'un *système bipartiste* car, faute de possibilités d'alliances, ou de désistements, les électeurs mettent de côté leurs désaccords de détail pour voter utile, c'est-à-dire en faveur du parti dont ils se sentent le plus proche et qui a des chances d'enlever le siège. Un regroupement partisan se produit.

Le scrutin majoritaire à deux tours favorise lui un multipartisme limité. Il permet en effet des accords et des marchandages avant l'élection et entre les deux tours, on négocie les retraits et les désistements. Mais il est surtout bénéfique pour les partis du Centre entre lesquels les alliances sont possibles sans trop de concessions ou d'acrobaties. Les extrêmes, de droite ou de gauche, seront en revanche isolés et donc sous-représentés. Cependant dans les pays où deux conceptions idéologiques s'affrontent, à travers une droite et une gauche, la constitution d'un Centre sera difficile. C'est le cas de la France depuis 1958.

— *Effets sur le fonctionnement des institutions*

Le mérite essentiel du scrutin majoritaire serait de faciliter l'apparition d'une majorité au sein du Parlement, ou d'une assemblée locale, et de donner ainsi une assise solide à l'exécutif : *le pays peut être gouverné pendant une législature de façon stable,* et le pouvoir dispose du temps nécessaire à la mise en œuvre d'une politique.

Ce point de vue doit être nuancé.

• Il est surtout vrai pour le scrutin majoritaire à un tour. En Grande-Bretagne, le parti qui a remporté les élections exerce le pouvoir pendant 5 ans.

• Le scrutin à deux tours donne des effets beaucoup plus contrastés et ne garantit pas de majorité stable. Il fut en effet celui de la IIIe République qui n'est pas précisément un exemple de régime stable. Certes la prime à la majorité renforce la représentation du parti arrivé en tête, mais pas nécessairement au point de lui permettre d'obtenir plus de la moitié des sièges au Parlement. Les majorités cohérentes qu'a connues la Ve République ne doivent pas faire illusion, elles sont moins dues au scrutin majoritaire qu'à la *bipolarisation* de l'opinion publique et de la vie politique, c'est-à-dire leur organisation autour d'un pôle de droite et d'un pôle de gauche. La bipolarisation elle-même n'est pas liée, comme on le croit trop souvent, au scrutin majoritaire mais aux modalités de l'élection présidentielle qui laisse en présence au second tour deux seulement des candidats (v. 385).

b) *La représentation proportionnelle*

— *Effets sur la représentation*

178. Alors que le scrutin majoritaire uninominal est un « *miroir brisé* » la représentation proportionnelle donne une « *photographie* » plus fidèle du pays, les minorités ne sont pas étouffées, elles sont représentées là où se prennent les décisions : *la justice est respectée,* la démocratie est mieux réalisée puisque même les petits courants de l'opinion pourront se faire entendre, participer, être associés aux débats du Parlement.

• L'argument est très fort mais il n'est pas entièrement convaincant. Tous les courants de pensée, pour commencer, ne peuvent être représentés. Il faut qu'ils aient une certaine consistance, les groupuscules ne recueilleront pas assez de suffrages pour prendre part à la répartition des sièges. Et le système encourage la multiplication de ces groupuscules que séparent quelques nuances. D'autre part, *la théorie* du régime représentatif n'a pas pour idéal un système électoral par l'intermédiaire duquel toutes les opinions et tous les intérêts auraient leur porte-parole dans les assemblées. Le représentant parle au nom du corps électoral dans son ensemble, il exprime la volonté nationale. La recherche d'un Parlement reflet exact, par sa composition, de la société est, dans cette perspective, un faux problème.

• Bien loin d'ailleurs de faciliter la réalisation de l'idéal démocratique, la représentation proportionnelle aboutit à sa *perversion,* en *transférant le choix des élus du peuple aux partis :* à l'analyse il apparaît que lors de l'élection, le peuple attribue un contingent de sièges à chaque parti et les titulaires de ces sièges sont désignés par le parti. En effet, il est relativement facile de prévoir de façon approximative, à partir des résultats des scrutins précédents et des sondages, le nombre minimum de mandats sur lesquels dans chaque circonscription un parti pourra compter à l'issue de la consultation électorale à venir. La marge d'erreur est faible et chaque parti aura tendance en conséquence à se considérer comme propriétaire d'un certain nombre de sièges. La personnalité des candidats n'aura que peu d'influence sur le résultat du scrutin, aussi les partis présentent-ils *« en rang utile »* sur leurs listes, les candidats qu'ils veulent voir élus, les autres font de la figuration. Les dirigeants du parti présentés en tête sur les listes n'ont aucun souci à se faire, leur élection est assurée. Le peuple est simplement appelé à ratifier ces désignations, il est dépossédé de son pouvoir de choisir lui-même la personne de son représentant. A cela on objectera que voter pour un parti c'est voter pour des idées, ce qui n'est pas moins démocratique que de voter pour un homme. Tout ceci est d'ailleurs assez caricatural. Les organes locaux des partis ont leur mot à dire et peuvent tenir tête aux directions nationales. Ce n'empêche que le choix des élus relève des dirigeants nationaux et locaux des partis au lieu d'appartenir aux électeurs.

• La R.P. restreint la *liberté de l'élu* à l'égard de son parti au point de faire peser sur lui un véritable mandat impératif dont *la discipline de vote* est le symbole et l'instrument, le parti dicte leurs votes aux élus. La R.P. renforce la cohésion, la rigidité, le monolithisme des partis. La réelection de l'élu tiendra moins à ses mérites propres qu'aux gages de fidélité donnés à son parti. Loyal, il trouvera place en rang utile sur une liste, rebelle, ou suspect, sa candidature sera écartée, ou figurera trop loin sur la liste pour qu'il soit en position d'être élu. Tout acte, toute vélléité d'indiscipline, peut lui coûter sa réélection.

Dans ces conditions, la R.P. rend difficile le renouvellement des élites. En contrepartie, elle permet à des hommes politiques de premier plan de siéger au Parlement, sans être exposés aux aléas du scrutin majoritaire. La qualité de la représentation peut y gagner.

Le problème est donc complexe. Mais comment s'étonner de ce que — toutes considérations tactiques à part — les partis structurés ne soient pas des adversaires farouches d'un système qui facilite leur cohésion ?

— *Effets sur les partis*

179. Le *système de partis* est très influencé par la représentation proportionnelle. Elle incite, en effet, les courants d'opinion, même très minoritaires, à s'institutionnaliser dans des partis politiques qui espèrent recueillir suffisamment de suffrages pour participer à la répartition des sièges. Elle peut aboutir à une *pulvérisation* de la représentation entre une multitude de partis.

— *Effets sur le fonctionnement des institutions*

• La multiplication des formations politiques rend difficile la conquête par un seul parti de la majorité des sièges. Le gouvernement devra donc s'appuyer sur une coalition et celle-ci sera souvent instable. L'alliance des extrêmes étant normalement exclue, le rôle des partis centristes est déterminant. Ou bien ils seront assez puissants pour former entre eux une majorité de gouvernement, ou bien un appui au centre sera nécessaire à la droite ou à la gauche pour exercer le pouvoir. La formation d'une majorité est délicate, sa survie incertaine. En effet, lors de la campagne électorale, les partis, pour affirmer leur identité sont obligés de se différencier de leurs voisins sur l'échiquier politique par des positions tranchées. Les rapprochements nécessaires en seront rendus malaisés et ils resteront toujours suspendus à une remise en cause de l'accord intervenu. Plusieurs majorités sont possibles, des coalitions tendent à se succéder qui se décomposent de l'intérieur, avec elles disparaît la stabilité indispensable à l'action du législateur. L'influence des petits partis du centre est sans commune mesure avec l'importance de leur représentation au Parlement et ils pèsent plus sur la conduite des affaires de la nation que des formations politiques beaucoup plus représentatives. Ce fut le cas sous la IVe République de partis comme l'U.D.S.R. ou des Indépendants et Paysans. Les gouvernements ne sont pas homogènes et le centre monnaye son soutien en exigeant des portefeuilles ministériels nombreux et importants.

Première constatation : *la représentation proportionnelle, plus que le scrutin majoritaire, peut rendre difficile la cohésion et la stabilité gouvernementales.*

• D'autre part, la R.P. fait perdre une partie de son utilité au *droit de dissolution.* En règle générale, les élections faisant suite à la dissolution ne modifieront pas en substance le rapport des forces à l'intérieur de l'Assemblée. Un déplacement d'un faible pourcentage des voix entraîne avec la R.P. une redistribution des cartes bien moindre qu'avec le scrutin majoritaire.

• Enfin *l'alternance* au pouvoir n'aura pas la même portée que dans les régimes bipolaires nés du scrutin majoritaire. Elle sera plus difficile et son amplitude sera plus limitée, elle ne pourra trop s'éloigner d'un centre nécessaire à la constitution de toute majorité.

• En revanche, la R.P. a l'avantage de distendre les liens du député avec sa circonscription et de lui permettre ainsi d'être plus présent au Parlement. Elle réduit aussi l'importance du découpage électoral.

3. Scrutin majoritaire et répartition proportionnelle en France

180. Dans aucun pays d'Europe occidentale le système électoral n'a été autant modifié qu'en France. La Grande-Bretagne applique les mêmes règles depuis toujours, la Belgique depuis 1899, l'Allemagne depuis 1949.

A travers tant de changements, l'histoire du système électoral français est dominée par le scrutin majoritaire à deux tours. Celui-ci n'est pas parfait et, de temps en temps, lorsque ses inconvénients deviennent trop apparents, ou qu'il défavorise par trop certaines forces politiques dynamiques, ou que plus simplement on veut faire du neuf, l'adoption de la R.P. est réclamée par une partie de la classe politique. Une fois installé, le nouveau système révèle à son tour ses défauts et l'on revient au scrutin majoritaire. Le général de Gaulle disait d'ailleurs qu'il faudrait changer de système électoral tous les 15 ans.

A trois reprises seulement la R.P. a été retenue pour l'élection des députés.

— *Pendant deux législatures sous la IIIe République, de 1919 à 1927,* un scrutin de liste départemental fut institué qui combinait scrutin majoritaire et R.P. Si une liste obtenait la majorité absolue, elle enlevait tous les sièges, sinon ceux-ci étaient répartis à la R.P. entre les listes.

— *Sous la IVe République* on revint à la R.P. et elle caractérisa le système électoral du régime. Les députés étaient élus dans les départements et la répartition des restes se faisait à la plus forte moyenne. En 1951, la technique de la R.P. fut modifiée par la création de la possibilité d'*apparentements* qui ressuscitait la formule de 1919 par l'introduction d'un élément de scrutin majoritaire. Les listes pouvaient s'allier, et les suffrages qui se portaient sur les listes ainsi apparentées étaient décomptés ensemble ; s'ils atteignaient la majorité absolue, ces listes emportaient tous les sièges, la répartition entre elles se faisant ensuite à la R.P. à la plus forte moyenne. Faute d'apparentements, ou si les listes groupées

— ou une liste isolée — n'obtenaient pas la majorité absolue, les sièges étaient attribués à la répartition proportionnelle, les listes apparentées étant d'abord considérées comme une seule liste, puis, pour procéder à la répartition des sièges entre elles on appliquait ici encore la R.P. à la plus forte moyenne.

— Le général de Gaulle était fermement attaché au scrutin majoritaire et avec *la Ve République* on retrouva donc le scrutin uninominal à deux tours qui a été la règle pour toutes les élections législatives de 1958 à 1981. La question de la R.P. revint pourtant à plusieurs reprises à l'ordre du jour. Elle divise profondément la classe politique, la ligne de partage entre partisans et adversaires traversant la majorité et l'opposition.

En gros, on peut dire que le R.P.R., par fidélité à la tradition gaulliste, est très attaché au scrutin majoritaire, alors qu'au contraire le P.C., le F.N., et les petits partis (radicaux de gauche, écologistes...) sont très favorables à la R.P. Au sein de l'U.D.F. et du P.S. l'unanimité n'existe pas, chacun se détermine suivant sa situation personnelle dans sa circonscription, des considérations tactiques et, parfois, des raisons d'éthique électorale ou d'efficacité institutionnelle.

— La tradition électorale de la Ve République a été interrompue par *la loi du 10 juillet 1985* qui instituait pour l'élection des députés la représentation proportionnelle départementale avec répartition des restes à la plus forte moyenne. Ce sont essentiellement des préoccupations tactiques qui ont amené le P.S. alors majoritaire à l'Assemblée Nationale, à revenir à ce système. La rupture de l'alliance avec le P.C. rendait en effet hypothétique un accord de désistement automatique au second tour avec celui-ci, alors que les sondages montraient que, réduits à leurs propres forces, les socialistes risquaient des pertes sévères lors des élections de mars 1986. L'important était pour eux de sauver le maximum de sièges. Grâce à cette réforme, il y sont parvenus.

La loi de 1985 n'aura pas vécu longtemps. Elle a été abrogée par une *loi du 11 juillet 1986* restaurant le scrutin majoritaire. Jacques Chirac en imposant cette loi a fait preuve de précipitation. Il aurait été plus habile d'attendre — comme le P.S. en 1985 — pour modifier la loi électorale de connaître le rapport de forces tel que le révèle les sondages. Si la R.P. avait été appliquée lors des élections de 1988, la droite (y compris le F.N.) aurait vraisemblablement été majoritaire à l'Assemblée d'une dizaine de sièges.

Il faut souligner qu'en Europe la France est assez isolée avec son scrutin majoritaire, la plupart des autres pays utilisent la représentation proportionnelle : Espagne, Belgique, Scandinavie, Allemagne (où le système combine R.P. et scrutin majoritaire), mais non la Grande-Bretagne et l'Italie, qui a adopté en 1993 un système mixte à dominante majoritaire.

Sous-section 2
Les Assemblées

181. Les élus de la nation se réunissent en assemblée, une ou plusieurs assemblées, qui forment ce qu'on appelle en général le Parlement. Cette institution est dotée par la Constitution de pouvoirs plus ou moins importants, parmi lesquels le vote des lois, qui en font l'un des rouages essentiels du pouvoir.

Le nombre des membres de ces assemblées varie d'un système constitutionnel à l'autre, de quelques dizaines à plusieurs milliers, sans être en proportion directe avec l'importance de la population. Le Parlement français compte plus d'élus que le Congrès américain pour une population cinq fois moindre. Multiplier les élus les rapproche du peuple, peut renforcer leurs liens avec les électeurs, mais ne facilite pas le travail de l'assemblée. Les Parlements les plus larges ne sont pas les plus puissants ni les plus efficaces.

L'organisation des assemblées pose un problème délicat et controversé : le Parlement doit-il comporter une ou plusieurs chambres, quels sont les avantages et les inconvénients du *monocaméralisme* (une seule chambre) et du *bicaméralisme* (deux chambres) ? On peut concevoir qu'existe un plus grand nombre de chambres, l'hypothèse est assez exceptionnelle et ne transforme pas le débat.

§ 1. Les formes du bicaméralisme

Le bicaméralisme n'est pas lié à un type de régime politique, on le trouve en Russie comme aux Etats-Unis, on le rencontrait dans l'empire d'Ethiopie, il fonctionne aux Pays-Bas. Seuls les pays en voie de développement ne l'adoptent qu'exceptionnellement (exceptions récentes : le Maroc et l'Algérie). Aussi n'y a-t-il pas « un » mais « des » bicaméralismes.

A Le bicaméralisme aristocratique

182. Historiquement, il en constitue la forme la plus ancienne. Son illustration classique est la *Chambre des Lords* britannique. Initialement n'existait en Grande-Bretagne qu'une seule assemblée composée de féodaux et de la haute hiérarchie de l'Église. Ils furent peu à peu rejoints par les délégués d'autres catégories sociales plus populaires : bourgeois des villes, notables non nobles, en bref par ce qui allait former le Tiers-Etat en France. Dès le milieu du XIVe siècle, les nouveaux arrivants se séparèrent des représentants de l'aristocratie pour se réunir à part : la *Chambre des Communes* était née et avec elle le bicaméralisme. Une *Chambre basse,* élue et populaire, s'était constituée en face d'une *chambre haute,* nommée ou héréditaire, et aristocratique. Ces dénominations ont subsisté alors même que la Chambre basse allait obtenir des pouvoirs beaucoup plus importants que ceux de son homologue.

Le recrutement de la Chambre haute n'est pas resté exclusivement aristocratique. Ce bicaméralisme a évolué vers une représentation où l'origine noble, l'hérédité (considérés comme une garantie d'indépendance contre le pouvoir royal), les hautes charges religieuses, n'ouvraient pas seules les portes de la Chambre. Les *Chambres des pairs* de la Restauration, même si leur recrutement était entre les mains du roi, étaient ouvertes aux notables, à ceux qui s'étaient illustrés dans les arts, les lettres, les sciences ou sur les champs de bataille. Plus éclectique, leur composition n'était pas pour autant populaire. On passe de l'hérédité au mérite.

La démocratisation a été fatale à cette forme de bicaméralisme. Seule subsiste la Chambre des Lords en déclin continu depuis le début de ce siècle et, dans une certaine mesure, le Sénat prévu par la Constitution de la Jordanie de 1952, dont les membres sont nommés par le roi. Pourtant un reflet de la gloire passée des chambres hautes subsiste encore sur l'une des assemblées dans maints systèmes bicaméraux.

B Le bicaméralisme fédéral

183. Dans les Etats fédéraux le Parlement est bicaméral. On concilie ainsi l'aspiration des Etats fédérés à une représentation égalitaire avec le désir d'assurer l'égalité de représentation des citoyens (V. 13).

C Le bicaméralisme sociologique

184. Ici on attend de la seconde chambre qu'elle complète la première, le bicaméralisme influant, en les améliorant, sur les décisions du Parlement. Le bicaméralisme ne se justifie que si les deux chambres ne sont pas le reflet l'une de l'autre. Ce résultat ne sera obtenu que si chaque chambre a son mode de désignation propre, caractérisé :

— Par *des aménagements techniques.* Les circonscriptions ne seront pas les mêmes, le mode de scrutin sera différent. Ainsi pour le Sénat français le découpage du territoire et le scrutin à plusieurs degrés favorisent les zones rurales ainsi que les notables.

Il est aussi possible de prévoir que le rythme des élections ne sera pas identique pour les deux chambres, plus long généralement pour la seconde et se faisant par tranches et non pas globalement.

La modification des conditions d'éligibilité peut avoir le même effet : la candidature sera réservée à des citoyens plus âgés, ainsi pour le Sénat français actuel (35 ans). Parfois la seconde chambre se rapprochera d'une chambre aristocratique. Surtout si une partie de ses membres y sont nommés et à vie, et non pas élus et soumis à renouvellement. Tel était le cas en France du Sénat de 1875 où figuraient 75 sénateurs inamovibles nommés par l'Assemblée nationale. Enfin les effectifs des chambres ne seront pas nécessairement identiques.

— Par *le recours à un corps électoral différent.* Un autre procédé est celui préconisé par Proud'hon qui connut une certaine faveur après la Première Guerre mondiale. Il consiste à faire désigner la seconde chambre par les *groupes sociaux et économiques.* La nation est composée non seulement de citoyens abstraits mais d'individus qui adhèrent à des groupements, des syndicats, des organisations professionnelles. La seconde chambre permet d'assurer la représentation des *individus situés* dans leurs activités sociale et leur vie professionnelle. Ils pourront ainsi exprimer leurs préoccupations et défendre leurs *intérêts* dans une perspective plus concrète.

Dans ce but, les régimes proches du fascisme, qu'il s'agisse du Portugal de Salazar ou de l'Italie de Mussolini, ont créé *des chambres corporatives* (composées de représentants des organisations professionnelles), et dans l'univers marxiste leur présence n'était pas exclue puisque la Yougoslavie a fait fonctionner une Chambre économique de 1953 à 1974.

En France, le Conseil économique et social se rattache à ce courant, mais il ne constitue pas une Assemblée parlementaire et n'a qu'un rôle consultatif. En 1969, le général de Gaulle avait envisagé de remplacer le Sénat par une assemblée où siègeraient, à coté d'élus politiques, des représentants des collectivités locales et des groupements économiques et sociaux. Cet hybride du Sénat et du Conseil économique et social, imaginé plus pour punir le Sénat de son opposition persistante aux desseins du général que comme l'aboutissement d'une réflexion théorique sur les institutions, fut repoussé par le référendum (v. 59).

En définitive le bicaméralisme sociologique correspond surtout à un choix délibéré du système bicaméral considéré comme préférable au monocamérisme, mais entraînant pour sa mise en place le recours à un certain nombre d'artifices destinés à éviter que la seconde chambre ne soit la reproduction exacte de la première.

Pourquoi alors le bicaméralisme ?

§ 2. Le bicaméralisme en question

185. Le débat sur l'opportunité du bicaméralisme, sur sa légitimité aussi, est ancien et toujours ouvert.

La controverse porte d'ailleurs avant tout sur l'existence d'une seconde chambre dans les Etats unitaires — et accessoirement sur ses pouvoirs : doit-on conférer à la seconde chambre les mêmes attributions qu'à l'autre assemblée ? Personne ne remet en cause le bicaméralisme fédéral et ne propose non plus de réactiver le bicaméralisme aristocratique condamné partout sauf — et pour combien de temps ? — en Grande-Bretagne. Est-il utile d'instituer une seconde Chambre dans les Etats unitaires ?

Les Français ont été un temps défavorables à l'existence de deux chambres. Le bicaméralisme leur semblait aller à l'encontre du principe de l'unité de la représentation nationale symbolisé avec éclat en juin 1789 par la réunion commune des trois ordres (noblesse, clergé, Tiers-état) en Assemblée nationale. Aussi en 1791, 1793 et 1848, les Constituants se rallièrent-ils au principe de la chambre unique. Mais ces expériences ne furent jamais durables. En 1875 le bicaméralisme apparaît comme une solution de compromis, gage donné par les Républicains à leurs adversaires en contrepartie de la proclamation de la République.

Depuis lors, comme on le verra (V. 187), le bicaméralisme est largement accepté dans notre pays.

A Critique du bicaméralisme

186. Un argument *technique* est présenté tout d'abord : l'existence d'une seconde chambre est *un facteur de complexité.* En effet, ou les deux chambres sont d'accord et le bicaméralisme est inutile, ou elles ne le sont pas et il y a conflit et perte de temps : double examen, navette pour tenter de parvenir à un accord, alors que la procédure est déjà lente. Les circonstances obligent parfois à agir vite, le Parlement ne sera-t-il pas réduit à l'inefficacité par l'allongement des débats ?

L'argument n'est pas déterminant. Il suffit d'aménager la technique législative, d'organiser des procédures d'urgence, pour éviter blocages et retards. L'expérience prouve qu'un Parlement bicaméral peut décider très rapidement, dans la journée au besoin.

Aussi la *critique essentielle* n'est-elle pas là mais dans l'accusation portée contre le caractère *anti-démocratique* de la seconde chambre. Un péché originel pèse sur le bicaméralisme. La seule représentation démocratique serait issue du suffrage universel direct. Toutes les autres procédures de désignation seraient contestables. Et il faut bien reconnaître qu'à l'origine (fédéralisme à part) les bicaméralismes étaient destinés à garantir à l'aristocratie une représentation propre et séparée. La Chambre des Lords, les Chambres des Pairs, les Sénats d'Empire procédaient de la méfiance à l'égard du suffrage populaire.

Et ces assemblées auraient bien joué le rôle qu'on attendait d'elles. Leur comportement est accusé de *conservatisme systématique.* Comment ne pas évoquer l'attitude du Sénat de la IIIe République qui s'est opposé successivement au vote des femmes, à l'impôt sur le revenu, en 1936 au Front populaire ? On comprend la boutade de V. Hugo : Défense de déposer un Sénat le long des Constitutions.

B Justification du bicaméralisme

187. Que peut invoquer le bicaméralisme pour sa défense ?

• Sur le plan de la confection de la loi, la seconde chambre joue le rôle *d'un organe de réflexion.* De deux façons : elle améliore la rédaction, la qualité du texte ; elle peut aussi en modifier le contenu en écartant des dispositions inopportunes qu'on risque de regretter, elle évite les décisions précipitées. Ce qui a été délibéré par deux assemblées vaut mieux que ce qui l'a été par une seule. L'argument est corroboré par le fait qu'une chambre unique comme le Storting norvégien se divise après son élection en deux sections : le Lagting et l'Odelsting pour l'examen et le vote des lois, la même procédure existe en Islande. En France, on se félicite souvent du travail de mise au point des textes effectué par le Sénat.

• Sur le plan de la démocratie, on doit convenir qu'*il n'existe pas de chambre idéale.* A travers le monde, le statut des assemblées parlementaires, leur mode de désignation, les conditions d'éligibilité varient, Chaque pays résoud à sa manière sa recherche de la démocratie ; aucun modèle rigide ne s'impose excluant du cercle des Parlements démocratiques les assemblées qui ne s'y conformeraient pas. De toutes façons la représentativité de la seconde chambre ne peut être appréciée avec les mêmes critères que celle de la première, on veut représenter autre chose.

A côté d'une chambre élue au suffrage direct, au rythme de renouvellement assez rapide, qui fera écho aux variations conjoncturelles de l'opinion, éventuellement aux modes, aux engouements, aux foucades, pourquoi ne pas *prévoir une autre chambre, plus stable, plus réfléchie, qui défendra, elle, les valeurs permanentes et les intérêts profonds de la nation* au-delà des circonstances ; moins sensible aux entraînements elle situera son action dans une perspective historique de longue durée ?

• Il n'est pas vrai de dire, d'autre part, que la seconde chambre est toujours plus conservatrice que la chambre basse. Ceux qui l'affirment ont une singulière tendance — finalement habituelle dans les débats politiques — à oublier toutes les occasions où la seconde chambre a représenté la résistance à un pouvoir réactionnaire ou conservateur. Ce fut le cas, en particulier, lors des crises boulangiste et dreyfusarde, et sous la présidence du général de Gaulle le Sénat fut plus « à gauche » que l'Assemblée Nationale.

En même temps la seconde chambre peut être un rempart *contre le despotisme.* Ceci il est vrai, uniquement dans les régimes multipartistes — les autres, sauf s'ils sont fédéraux, n'ont d'ailleurs cure d'instituer une seconde chambre. Un système monocaméral favorise l'apparition de la souveraineté parlementaire (lorsqu'il n'introduit pas le pouvoir personnel : Napoléon III en 1852, Franco, Hitler sont issus du monocaméralisme). Si l'Assemblée unique est tentée par le despotisme, elle ne trouvera guère d'obstacles sur son chemin, elle pourra étouffer sa minorité et investir un gouvernement à sa dévotion. Un régime d'Assemblée peut s'installer et on sait qu'il a mauvaise réputation. L'existence d'une seconde chambre, autrement composée, au mandat plus long, dont l'accord, ou tout au moins la participation, est indispensable pour adopter les lois, est de nature à contrarier les velléités despotiques. Une méfiance atavique envers le pouvoir incite à le diviser, Montesquieu avait compris déjà que « le pouvoir arrête le pouvoir ». L'exemple de la Terreur montre que cette crainte n'est pas vaine. *La seconde assemblée est un frein,* un recours, pour les temps difficiles ou troublés. A ce titre, elle a sa place dans les institutions démocratiques. Peut-on oublier d'ailleurs que la deuxième chambre a été introduite en France, par la Constitution de l'an III, en réaction justement contre le régime conventionnel (monocaméral) et la Terreur. En dehors des situations aussi extrêmes, la seconde chambre peut constituer un utile contre-pouvoir lorsque la chambre basse et le gouvernement sont contrôlés par le même parti. Les bouleversements que ce dernier tenterait d'apporter à la société, sans considération pour les sentiments, les intérêts, les droits peut-être, de la minorité, se heurteraient à la résistance d'une autre chambre où il ne serait pas majoritaire.

Les Français d'ailleurs l'ont maintenant compris et *sont attachés à l'existence d'une seconde chambre.* A deux reprises depuis 1945 on leur a proposé un Parlement monocaméral, en 1946 et en 1969 (puisque la nouvelle assemblée n'aurait eu qu'un rôle consultatif) et à chaque fois ils ont repoussé cette initiative.

• En même temps il faut reconnaître que le monde a changé et constater qu'après les Scandinaves, optant, au lendemain de la seconde guerre mondiale, pour la chambre unique, le Portugal (1976) et la Grèce (1975) se sont, à leur tour, donné des institutions monocamérales. Et il est vrai que la démocratie s'est enracinée, que la crainte du despotisme s'est éloignée et que la diffusion du contrôle de la constitutionnalité fournit des armes efficaces pour maintenir la majorité parlementaires dans les chemins du droit. Les raisons politiques qui fondaient le bicaméralisme sont moins décisives. Les avantages techniques subsistent.

Deuxième partie
Les régimes politiques

Bibliographie : Georges BURDEAU, *Traité de science politique,* T.V., 1985.

188. La notion de régime politique est complexe et fait appel aux règles d'organisation et de fonctionnement des institutions définies par la Constitution, au système de partis, à la pratique de la vie politique en même temps qu'à l'idéologie et aux mœurs politiques. Mais, pour l'essentiel, un régime politique se définit par les relations qui s'établissent entre les institutions politiques.

Des parentés apparaissent entre les régimes politiques qui permettent d'élaborer des classifications, sans cependant qu'il en existe une qui soit unanimement acceptée. Selon que l'accent est mis sur tel ou tel caractère, le critère de classification varie et on peut ainsi distinguer les régimes monarchiques des régimes républicains, les régimes de parti unique des régimes multipartistes, le régime parlementaire du régime présidentiel, régimes marxistes, fascistes, libéraux etc., ces subdivisions ne s'excluent d'ailleurs pas et au contraire se combinent.

La distinction retenue ici sera celle des régimes libéraux et des régimes autoritaires, à l'intérieur de laquelle on trouvera des classifications fondées sur d'autres critères.

Titre I
Les régimes libéraux

Bibliographie : Yves MÉNY, *Politique comparée. Les démocraties : Etats-Unis, France, Grande-Bretagne, Italie, R.F.A.*, 1996. — Jean-Louis QUERMONNE, *Les régimes politiques occidentaux,* 1994.

189. Les régimes libéraux sont ceux qui s'efforcent de réaliser la démocratie libérale telle qu'elle a été définie précédemment par la place de l'individu dans la société, la liberté, le pluralisme, une certaine conception du rôle de l'Etat...

A l'intérieur même des régimes libéraux, une classification est possible à l'aide de l'un des instruments d'analyse-clés du droit constitutionnel : la séparation des pouvoirs.

En effet, la séparation des pouvoirs reçoit des interprétations variées à travers le degré de collaboration qui s'établit entre pouvoir exécutif et pouvoir législatif et la suprématie que l'un peut exercer sur l'autre.

— On trouve ainsi des régimes où le gouvernement est responsable devant le Parlement, c'est-à-dire doit avoir la confiance du Parlement, mais n'est pas entièrement soumis à lui et dispose de moyens de pression à son égard : c'est le *régime parlementaire.*

— Dans d'autres pays l'exécutif est indépendant des assemblées, définit sa politique librement et ne peut être démis par elles, les assemblées étant elles-mêmes indépendantes de l'exécutif : on est alors en présence d'un *régime présidentiel.*

— Dans certains cas enfin, le gouvernement est entièrement soumis au législatif : on parle alors de *régime d'assemblée.*

Cette classification en trois types de régimes est exagérément schématique et présente surtout une utilité didactique. En effet, tout d'abord il est rare qu'un régime fonctionne exactement comme le voudrait la théorie tracée dans les manuels. Aussi vaut-il mieux parler de « dominante » parlementaire ou présidentielle, et on rencontre en outre toute une série de situations intermédiaires mêlant les traits de l'un et l'autre type de régime. D'autre part, on l'a dit, des facteurs extérieurs au droit constitutionnel interviennent qui peuvent modifier les relations entre le législatif et l'exécutif : le système de partis par exemple. C'est ce dernier qui explique qu'un régime de type parlementaire comme le régime britannique se rapproche à l'analyse du régime américain qui, lui, est de type présidentiel.

Enfin, quelle que soit la dominante du régime : présidentielle, parlementaire... une *collaboration s'institue nécessairement* entre les pouvoirs. L'isolement des pouvoirs n'est pas viable. Ils doivent œuvrer dans le même sens, ce qui suppose un minimum de communication et de dialogue entre eux.

Chapitre 1
Les régimes parlementaires

Bibliographie : Pierre LALUMIÈRE et André DEMICHEL, *Les régimes parlementaires européens,* 1978. — Jean-Claude COLLIARD, *Les régimes parlementaires contemporains,* 1978. — Dominique TURPIN, *Le régime parlementaire,* 1997.

Le régime parlementaire est d'origine aristocratique et, même s'il a précédé la démocratie, pendant longtemps on a estimé que la démocratie se réalisait dans le régime parlementaire.

Après une théorie générale du régime parlementaire on étudiera les exemples de la Grande-Bretagne et de la République Fédérale d'Allemagne.

Section 1
Théorie du régime parlementaire

190. Le régime parlementaire est l'ancêtre des régimes démocratiques. Son succès a été exceptionnel puisqu'il est aujourd'hui le plus répandu dans les Etats libéraux où il constitue en quelque sorte le régime de droit commun : Grande-Bretagne, Allemagne, Italie, Espagne, Japon, Etats scandinaves... Deux exceptions notables : les Etats-Unis et la Suisse ne l'ont pas adopté. La contrepartie de ce succès est qu'en deux siècles, il a reçu tant d'interprétations qu'il n'est pas possible d'en donner une présentation à la fois simple et toujours exacte : il existe *des* régimes parlementaires, une *famille parlementaire,* plus qu'un régime parlementaire type.

Tout d'abord on doit préciser ce qu'il n'est pas : un régime où il y a un Parlement. La terminologie tend un piège, l'existence d'un Parlement est une condition certes mais non suffisante.

Pour préciser dès maintenant les idées, on peut en proposer la définition suivante : *Le régime parlementaire est caractérisé par la collaboration de l'exécutif et du législatif, le premier étant indépendant mais responsable devant le second.*

L'idée de responsabilité politique du gouvernement devant le Parlement est au cœur du régime parlementaire.

Sous-section 1
La responsabilité politique du gouvernement

Le principe

191. Le gouvernement définit librement sa politique, mais il ne peut la mettre en œuvre, et rester au pouvoir, que s'il a la confiance du Parlement. Il est *responsable* de son action devant les élus de la nation. Au cas de désaccord entre le législatif et l'exécutif, le premier (et en général seule la chambre basse ; exceptions : la Belgique et l'Italie) peut renverser le second en l'obligeant à démissionner. Ce résultat peut être obtenu par l'intermédiaire de deux procédures :

— *Le refus de la confiance, à l'initiative du gouvernement* qui « engage sa responsabilité » devant le Parlement en posant *« la question de confiance »*. Un vote négatif entraîne sa chute.

Dans la pratique le rôle de cette procédure est le suivant : le gouvernement pose la question de confiance pour éprouver sa majorité, s'assurer de son soutien, tenter de la consolider lorsqu'elle semble se déliter, la mettre en face de ses responsabilités ou encore faire avancer la discussion d'une loi, lui donner le choix entre la confirmation de son appui et l'ouverture d'une crise. Elle apparaît comme un moyen de pression du gouvernement sur sa majorité, qui parfois tourne mal.

— *Le vote d'une « motion de censure » dont les parlementaires prennent eux-mêmes l'initiative.* Si le texte de la motion est adopté, le gouvernement doit se retirer. En déposant la motion de censure, des parlementaires signifient au gouvernement leur désaccord, ils tentent de le renverser.

Cette procédure met moins en cause la régularité, ou la légalité de l'action gouvernementale que son opportunité. Des parlementaires estiment qu'il n'est pas souhaitable de s'engager, ou de persévérer, dans la voie tracée par l'exécutif, ils veulent le sanctionner, ou encore ils refusent une décision qu'on leur demande d'approuver, le conflit est si grave qu'ils cherchent un nouveau partenaire. Si c'est impossible car l'opposition est trop faible et que la motion ne recueille pas la majorité, ils auront pris l'opinion à témoin de ce qu'ils désapprouvent la politique de l'exécutif ou telle mesure préconisée par lui.

Ses origines

La responsabilité politique du gouvernement est apparue en *Grande-Bretagne* à la fin du XVIIIe siècle. Elle est née alors de la transformation d'une procédure pratiquée depuis le XIVe siècle (1376) : *l'impeachment.* Celui-ci permet à la Chambre des Communes de traduire devant la Chambre des Lords un ministre accusé d'une *infraction pénale* (crime ou délit). L'idée est que les détenteurs d'une fonction publique ne relèvent pas des tribunaux ordinaires. La peine encourue va de la simple amende à la mort.

Au XVIIe siècle insensiblement la mise en cause de la responsabilité des ministres *va s'élargir à leur activité politique.* Le Chef de l'Etat, le roi, ne pouvant être responsable (V. 193) de l'action de l'exécutif, il faut bien que quelqu'un en réponde : ce sera un Ministre (qui n'a pas les mêmes raisons d'être irresponsable), le Premier ministre, le Gouvernement en son entier. Le Parlement mécontent du comportement d'un ministre, d'une de ses décisions ou de son influence, entreprend contre lui une procédure d'impeachment. De façon plus subtile les membres du Parlement manifestent par là parfois leur irritation contre le roi, qui est irresponsable : en sanctionnant un de ses conseillers ils lui signifient leur désaccord. Le Ministre peut échapper à la sanction en prenant les devants et en démissionnant.

Parallèlement à cette évolution, on *passe de la responsabilité individuelle à la responsabilité collective.* Le Cabinet (gouvernement) s'affirme comme un organe collégial, avec un Premier ministre à sa tête, dont les membres sont *solidaires :* ils ne sont plus les conseillers particuliers du roi, toute critique sur la politique menée par l'un des ministres rejaillit sur les autres. Aussi pour éviter que la responsabilité du Cabinet ne soit mise en cause par la procédure désagréable de l'impeachment, le Cabinet en vint à démissionner lorsque le Parlement lui manifestait qu'il n'avait plus sa confiance. Amorcée avec le départ de Walpole en 1742, cette coutume est consacrée lorsqu'en 1782 Lord North se retire avec tout son gouvernement. La motion de censure remplace alors l'impeachment et celui-ci tombe rapidement en désuétude. *On était ainsi passé de la sanction d'une faute pénale à la sanction d'un désaccord politique,* la responsabilité politique du gouvernement est institutionnalisée et avec elle le régime parlementaire, dont les traits essentiels seront fixés dans leur ensemble vers 1830 seulement.

En même temps on est passé de la mise en cause d'*un ministre* à l'engagement de la responsabilité du Cabinet en entier. Ce qui présente l'inconvénient pour le Parlement de ne pouvoir exiger le départ d'un seul ministre, il renversera l'ensemble du Gouvernement si son chef refuse de se séparer du ministre contesté.

— *La transformation de la responsabilité politique*

La règle à l'origine était que le gouvernement soit responsable *à la fois* devant le roi — chef de l'Etat — et devant le Parlement. Pour caractériser cette situation, on dit que le régime *parlementaire est dualiste.* Par la suite, la perte d'autorité du monarque, le déclin de ses pouvoirs, ont rendu cette subordination insupportable. Le droit de mettre fin aux fonctions du gouvernement était disproportionné par rapport aux minces attributions que le chef de l'Etat exerçait encore et à sa place dans le pays. Aussi le principe de la responsabilité du Gouvernement devant le *seul* Parlement a-t-il eu tendance à s'imposer au XIXe siècle. *Le régime parlementaire devient alors moniste.* Cette évolution portait en germe une perversion grave du régime pouvant entraîner un changement radical de sa nature : la dépendance du gouvernement à l'égard du Parlement devenait si forte que sa liberté risquait de disparaître, il n'était plus alors que l'exécutant fidèle de sa volonté, pour ne pas déplaire il renonçait à toute initiative et le système glissait vers le *régime d'assemblée.* Devant cette situation l'idée s'imposa qu'il fallait renforcer les bases du régime pour lui maintenir son caractère parlementaire, en particulier en rendant plus difficile la mise en cause de la responsabilité du gouvernement. Au lendemain de la première guerre mondiale on s'engagea ainsi dans la voie de la *rationalisation du parlementarisme* pour assurer sa survie.

§ 1. Le parlementarisme dualiste

192. Le gouvernement est responsable devant le Parlement et devant le chef de l'Etat. On l'appelle aussi *« Parlementarisme orléaniste »* car le régime parlementaire, amorcé en France dès le règne de Louis XVIII, s'est développé sous cette forme pendant la monarchie de Juillet (où le roi Louis Philippe était issu de la famille d'Orléans). Il constitue le Parlementarisme classique, le schéma sur lequel il est construit se retrouve dans le Parlementarisme moniste mais les attributions des organes ne sont pas alors les mêmes et leurs relations en sont modifiées.

A L'exécutif bicéphale

Dans la plupart des régimes parlementaires, l'exécutif possède deux composantes : un chef d'Etat et un Cabinet (ou gouvernement). Dans le régime parlementaire dualiste, cette distinction correspond à une répartition effective des tâches de l'exécutif entre ces deux organes, l'un et l'autre sont des acteurs essentiels de la vie politique.

1. Le chef de l'Etat

Statut

193. Le chef de l'Etat est l'héritier de l'ancien monarque absolu. Le régime parlementaire est, en effet, apparu dans des monarchies et la plupart des monarchies actuelles vivent sous ce régime. A ce titre il est normalement le chef de l'exécutif. Roi ou Président, il est *irresponsable politiquement* ce qui signifie que le Parlement ne peut lui manifester sa défiance en le déposant ou en le contraignant à démissionner. Si le chef de l'exécutif ne dépend pas du Parlement, c'est parce qu'à l'origine la responsabilité reposait sur l'idée de faute et qu'on considérait qu'il n'était pas convenable d'accuser le monarque de faute, d'où l'adage « le roi ne peut mal faire ». Il est bien certain qu'avec un Président élu par le Parlement, hypothèse courante aujourd'hui, l'indépendance du chef de l'Etat à l'égard de celui-ci est en fait plus difficile à réaliser.

Attributions

Les attributions du chef de l'Etat sont étendues et varient selon les pays : il peut dissoudre une chambre, avoir l'initiative des lois, les promulguer, adresser des messages au Parlement, commander les armées, nommer des juges et des hauts fonctionnaires etc. *Mais en pratique il ne les exerce pas toutes et en délègue une partie au Cabinet.* Cependant, il en est une au moins qu'il conserve toujours dans le régime dualiste, le droit de dissolution. En cas de conflit avec le Parlement, il peut ainsi en appeler au pays en provoquant des élections.

Surtout le chef de l'Etat *nomme le Cabinet,* c'est-à-dire le Gouvernement, les ministres, et il peut parallèlement le démettre. La caractéristique esentielle de la situation du chef de l'Etat dans le régime parlementaire dualiste est là : le Gouvernement est responsable devant lui, il ne peut rester au pouvoir s'il n'a pas sa confiance. Ce régime ne fonctionne correctement que si le Cabinet accepte d'être soumis au roi ou au président.

Le contreseing

Conséquence de l'irresponsabilité du chef de l'Etat, la plupart de ses décisions sont *contresignées* par un ministre, c'est-à-dire que pour pouvoir être exécutées elles doivent porter la signature d'un membre du gouvernement qui en assume par là la responsabilité. Alors qu'il était apparu sous l'Ancien Régime dans le but d'authentifier la signature du monarque, le contreseing a pris une valeur symbolique, il souligne que le chef de l'Etat ne peut agir seul.

2. Le cabinet

194. Le cabinet est formé de l'ensemble des ministres. C'est un organe collégial, nommé par le Chef de l'Etat, dont les membres sont solidaires c'est-à-dire que ses décisions sont prises collectivement et engagent tous les ministres. Cette règle, simple pour les cabinets homogènes, est beaucoup plus rude pour les cabinets de coalition.

Le cabinet assure la liaison entre le chef de l'Etat et le Parlement. Il dispose à la fois de pouvoirs délégués et de pouvoirs propres.

— Les *pouvoirs délégués* sont ceux appartenant au chef de l'Etat dont celui-ci se dessaisit à son profit : procéder à certaines nominations par exemple.

— Les *pouvoirs propres* lui sont expressément confiés par la Constitution, il en est le titulaire direct : engager la responsabilité du Gouvernement devant le Parlement par exemple. A ce titre le Cabinet constitue un véritable pouvoir autonome, il n'est pas uniquement l'instrument du chef de l'Etat.

Au contraire de ce dernier, le Cabinet est responsable devant le Parlement, autour de lui s'organise la collaboration entre l'exécutif et le législatif, mais, rappelons-le, dans le régime parlementaire dualiste il doit avoir la confiance à la fois du chef de l'Etat et du Parlement.

B L'évolution du parlementarisme dualiste

195. A l'origine le régime parlementaire ne pouvait être que dualiste. Apparu dans des monarchies : Grande-Bretagne, France, Belgique (la constitution belge de 1831 est la première constitution écrite instituant un vrai régime parlementaire, elle fait figure de modèle), il marque une étape entre l'absolutisme royal et la souveraineté du peuple. *Il ouvre l'ère de la monarchie limitée.* Le pouvoir royal est obligé de composer mais il est assez fort pour occuper une place éminente en face des représentants du peuple. On est encore proche de l'époque où les Etats généraux avaient un rôle de conseil et où le roi conservait le pouvoir de décision. La double dépendance du cabinet va sauvegarder la susceptibilité de l'un et consacrer l'autorité croissante des autres ; le cabinet apparaît comme un rouage fondamental du système avec un rôle d'intermédiaire, d'amortisseur, de médiateur, il conseille et protège le monarque et devient en même temps l'interlocuteur privilégié du Parlement.

La mise en cause du dualisme

Cet aménagement du pouvoir va apparaître au bout d'un certain temps comme anachronique. Le mouvement des idées, les progrès de la démocratie, les maladresses et les insuffisances de certains monarques, (« un grand monarque est un accident heureux » et, de plus, au début du XVIIIe siècle en Grande-Bretagne les rois ne parlent pas anglais et laissent le cabinet se réunir hors de leur présence : 1717) minent le prestige de l'institution monarchique, le dialogue du pouvoir royal et des représentants change de ton. Forts de la légitimité que leur assure l'investiture populaire, les parlementaires supportent mal d'avoir à composer avec un interlocuteur dont la propre légitimité est contestée. En outre, le statut de ce dernier comporte une faiblesse qui le rend vulnérable : *le chef de l'Etat ne peut rien faire sans l'accord du cabinet donné par le contreseing.* Les ministres largement choisis dans le Parlement et se considérant eux-mêmes comme des élus de la nation, vont négocier leur consentement aux décisions proposées. Des ministres soutenus par le Parlement disposent d'arguments convaincants pour mettre en échec le pouvoir royal. Aussi peu à peu les attributions du monarque vont-elles être de plus en plus nombreuses à passer entre les mains du cabinet. Même si le premier en est le titulaire nominal, il ne les exerce plus et sa signature sur les actes officiels n'a plus d'importance que formelle. Le chef de l'Etat paie la rançon de son irresponsabilité, son privilège devenu sa faiblesse se retourne contre lui, *le pouvoir va de pair avec la responsabilité.* A l'issue de cette évolution, en réalité c'est le chef de l'Etat qui contresigne les décisions du cabinet. Le parlementarisme est devenu moniste.

Pendant longtemps on a estimé qu'il s'agissait d'une évolution irréversible, que le régime dualiste, lié à l'histoire, était transitoire, bref que le régime parlementaire ne pouvait être que moniste. L'apparition des institutions de la Ve République a conduit à reconsidérer ces certitudes.

La Constitution française de 1958 traduit-elle un renouveau du dualisme ?

196. La Constitution de 1958 réaffirme, et là n'est pas la surprise, la responsabilité du gouvernement devant le Parlement seul. Mais en même temps elle renforce l'autorité et le rôle du chef de l'Etat au point que le cabinet va devenir aussi responsable *en fait* devant lui. Depuis

1958 en effet, un seul gouvernement a été renversé par le Parlement (Georges Pompidou en octobre 1962), alors que les Premiers ministres se sont retirés plusieurs fois à la demande du chef de l'Etat en l'absence de tout conflit grave avec le Parlement : ainsi en 1972 M. Chaban-Delmas a-t-il été invité à démissionner par Georges Pompidou au lendemain d'un vote où l'Assemblée nationale lui accordait largement sa confiance. Seul, M. Jacques Chirac est parti de son plein gré en 1976. Si la façade du régime est moniste, son fonctionnement est dualiste. La dépendance du cabinet à l'égard du chef de l'Etat est même si accusée qu'on peut parler de *« monisme inversé »* (exception faite, on le verra, des périodes 1986-1988, 1993-1995 et depuis juin 1997).

Sans anticiper sur l'analyse de la nature du régime français actuel, on doit bien reconnaître que la réapparition du parlementarisme dualiste n'est pas à exclure lorsque certaines conditions sont réunies. Il avait disparu au XIXe à cause de la crise de légitimité que traversait l'institution du chef de l'Etat, ici en raison de la distance apparue entre le monarque héréditaire et les représentants élus de la nation et là du fait que l'élection par le Parlement s'était substituée au sacre et désignait un Président de la République. A partir du moment où le chef de l'Etat est lui aussi élu au suffrage universel direct, sa légitimité est comparable à celle des représentants, si elle ne lui est pas supérieure dans la mesure où il est l'élu direct du peuple sans même l'artifice du découpage en circonscriptions. Les raisons par lesquelles on avait expliqué le passage du dualisme au monisme se retrouvent alors pour justifier le mouvement inverse. Au surplus, l'évolution est conforme à la tendance au renforcement de l'exécutif dans les sociétés contemporaines et à son corollaire l'accentuation de la personnalisation du pouvoir. Le chef de l'Etat retrouve un rôle réel et il est normal qu'il ait autorité sur le cabinet et qu'il soit le véritable chef de l'exécutif. Le gouvernement est alors l'organe de communication entre le Parlement et le chef de l'Etat et responsable devant l'un et l'autre. La question se pose cependant de savoir si ce *néo-dualisme* n'est pas porté lui-même à évoluer vers le régime présidentiel dans lequel le cabinet n'est responsable que devant le chef de l'Etat.

En tout cas le parlementarisme dualiste n'est pas condamné à être une curiosité historique.

§ 2. Le Parlementarisme moniste

197. Il est donc né de la transformation du rôle du chef de l'Etat, caractérisé par son effacement progressif. Le schéma institutionnel du régime reste en apparence identique mais il recouvre des réalités différentes. Le bicéphalisme de l'exécutif est déséquilibré en faveur du cabinet.

1. L'affaiblissement de l'exécutif

198. — A des degrés divers *le chef de l'Etat* apparaît comme une « potiche », un élément décoratif, dans l'édifice constitutionnel. Il joue un rôle protocolaire, honorifique, s'il ne se contente pas exactement d'« inaugurer les chrysanthèmes », pour reprendre l'expression consacrée, il est tout au plus un arbitre chargé de veiller au jeu régulier des mécanismes constitutionnels, il exerce une *magistrature morale*. Symbole de l'unité nationale, il sera parfois aussi le dernier recours en cas de crise grave. *« Il règne mais ne gouverne pas »,* il n'exerce plus toutes les attributions que les textes continuent souvent à lui conférer, ses interventions dans les affaires de l'Etat sont modérées, faites de conseils discrets et de suggestions feutrées. Son influence tient beaucoup à sa personnalité et souvent il sera choisi parce qu'il n'en a pas. Pourtant à force d'adresse, de patience, d'ambition dissimulée et de caractère maîtrisé, il arrivera peut-être à un rôle politique non négligeable. Mais c'est à lui qu'il le doit et non à sa fonction, faute de pouvoir être le chef il peut exercer un rôle d'éminence grise.

S'il apparaît encore lors de la désignation du cabinet, c'est moins pour choisir que pour entériner une désignation qui lui échappe. Les ministres sont en fait élus par le Parlement, le Président de la République les nomme, rôle de simple enregistrement.

— *Le cabinet* dans ces conditions ne dépend plus lui-même du chef de l'Etat. S'il a recueilli une bonne partie des attributions que celui-ci a cessé d'exercer (dont la dissolution), il n'est plus responsable devant lui mais uniquement devant le Parlement, d'où le nom de « parlementarisme moniste ». *Le cabinet est essentiellement lié à la majorité de l'Assemblée,* les Anglais disent qu'il est devenu « un comité de la majorité », il n'a besoin que de la confiance du Parlement et même de sa majorité. Ceci ne contribue pas, on le comprend, à l'affermissement de la seconde branche de l'exécutif.

En outre, alors que dans le parlementarisme dualiste des ministres sont parfois choisis hors du Parlement, dans le régime moniste ils sont presque toujours issus de lui.

2. Signification de l'évolution

199. Le régime moniste est devenu la règle dans les systèmes parlementaires. On le rencontre en Italie, en Espagne, en Allemagne... Mais, comme on le verra, il a évolué de façon différente, en France et en

Grande-Bretagne par exemple, sous l'influence surtout du régime des partis.

Dangers du monisme

Le danger du régime moniste tient dans son potentiel de concentration des pouvoirs aux mains du Parlement. Pour qu'il y ait régime parlementaire le gouvernement doit être indépendant des Assemblées. Sa responsabilité ne doit pas compromettre son autonomie. Or ici le Parlement, détenteur par définition du pouvoir législatif, peut en arriver à contrôler si étroitement l'exécutif que celui-ci perd toute indépendance, pour devenir le « commis » du législateur. Les formes de cet assujettissement sont multiples : on peut donner l'exemple de la IIIe République en France où les chambres, maîtresses de leur ordre du jour, discutaient les textes qui leur convenaient et pouvaient repousser indéfiniment l'étude des projets gouvernementaux. A ce stade le Parlement gouverne, une confusion des pouvoirs s'opère en sa faveur, la séparation est bafouée. On est en présence d'un régime d'assemblée. Le phénomène n'atteint sa perfection que lorsque l'exécutif perd le droit de dissolution ou à partir du moment où les pressions exercées sur lui l'amènent à y renoncer. Il a sacrifié alors son ultime moyen de s'affirmer.

Le régime peut-il rester parlementaire ?

L'évolution vers le régime d'Assemblée n'est pas inéluctable, si certaines conditions sauvegardant une marge d'indépendance de l'exécutif sont réunies, la suprématie du législatif sur l'exécutif n'empêche pas le régime de rester parlementaire. On doit admettre en effet que l'égalité absolue des pouvoirs n'est pas indispensable — à supposer qu'elle soit possible —, l'une des lois de la politique n'est-elle pas que deux pouvoirs ne peuvent fonctionner durablement sur un pied d'égalité ?

Il en est ainsi dans l'hypothèse où le cabinet n'est pas l'exécutant docile des volontés du Parlement. Il définit sa politique et s'il ne peut la mettre en œuvre contre la volonté du Parlement, celui-ci ne peut pas non plus lui imposer sa propre volonté, substituer son initiative à la sienne. Il est étroitement contrôlé mais il ne reçoit pas d'ordres. Leurs relations restent des relations de collaboration (et non de subordination) dans l'esprit du régime parlementaire. Les conflits éventuels seront tranchés par un vote sur la confiance. Battu, le cabinet n'a pas à appliquer une autre politique dictée par les chambres, il s'en va. Par là il ne s'incline pas devant la volonté du législateur, il constate qu'il n'a plus sa confiance pour mettre en œuvre sa politique et en tire la leçon en démissionnant. Sa position sera encore plus forte s'il a su, ou pu, conserver son droit de dissolution dont la seule menace le fera, peut-être, respecter. Lorsqu'il en est ainsi, le gouvernement n'apparaît pas comme un exécutant, un simple délégué du Parlement.

A vrai dire, une telle situation ne peut qu'être exceptionnelle et sera en tout état de cause fragile. Le Parlement est porté à peser sur le gouvernement à l'égard duquel il dispose d'une sorte de droit de vie et de mort. Si cependant des élections se dégage une majorité stable, reconnaissant l'autorité d'un chef qui assumera la direction du Gouvernement, pourquoi le régime ne resterait-il pas parlementaire ? Si, au contraire, la majorité se cherche, éclate, se recompose pour un temps, les gouvernements se succèderont ; préoccupés de durer ils songeront plus à ne pas déplaire aux élus qu'à gouverner, on entre alors dans le régime d'assemblée — à supposer que les députés soient capables de décision —. L'instabilité gouvernementale est la plaie des régimes monistes, elle menace de leur faire perdre leur caractère parlementaire.

§ 3. La rationalisation du parlementarisme

200. Au lendemain de la première guerre mondiale, le régime parlementaire apparaît, en dépit de ses faiblesses et en particulier de sa difficulté à assurer la stabilité de l'exécutif, comme l'idéal des régimes politiques. De nouvelles constitutions voient le jour où ses mécanismes sont précisés et structurés. Ces constitutions s'insèrent dans ce que le Doyen Boris Mirkine-Guetzévitch a appelé *« la rationalisation du parlementarisme »*. On les a qualifiées de « Constitutions de professeurs » car elles sont élaborées par des juristes mettant en forme leurs théories sur l'organisation du pouvoir. L'Europe centrale sera leur terrain privilégié. Mais ce n'est que progressivement qu'on prendra conscience de la nécessité de renforcer, par des procédures constitutionnelles, l'exécutif en face du Parlement. Il y a donc deux phases dans la rationalisation.

1. La mise par écrit de règles jusqu'alors coutumières ou dégagées par la pratique

201. Dans un premier temps, au début du siècle, les Constitutions mettent par écrit des règles coutumières ou nées de la pratique des régimes parlementaires existants. Elles sont plus complètes que leurs devancières.

Les textes du XIXe siècle, en effet, étaient souvent peu explicites sur les procédures de collaboration entre les pouvoirs, comme celle de formation du cabinet ou d'engagement de sa responsabilité : en France, par exemple, la loi constitutionnelle du 25 février 1875 indiquait seulement : « les ministres sont solidairement responsables devant les chambres de la politique générale du gouvernement ». La responsabilité du cabinet était consacrée sans précision sur la façon dont elle pouvait être engagée, sur la majorité requise pour accorder ou refuser la confiance... Ces lacunes devaient être comblées de manière empirique, mais, il faut le constater, *dans un sens systématiquement favorable au Parlement,* compromettant par là l'un des équilibres majeurs du régime parlementaire.

C'est dans ce fond de règles que les auteurs des nouvelles constitutions ont puisé, en s'inspirant d'ailleurs moins des coutumes britanniques que de la pratique française, adoptant en passant des mécanismes qui avaient déjà montré leurs inconvénients au premier rang desquels l'instabilité de l'exécutif. Ils y étaient d'autant plus portés, que bon nombre des nouveaux régimes succédaient à des pouvoirs autoritaires, l'exécutif leur apparaîssait comme une menace pour la démocratie, il devait être contenu. La rationalisation tenait ainsi compte de l'histoire, mais elle consacrait la suprématie du Parlement. Pourtant, déjà, certaines constitutions, à l'exemple de celle de l'Allemagne de Weimar (1919), s'étaient préoccupées de procédures permettant au Gouvernement de conserver une marge d'autonomie et de se défendre contre les « embuscades parlementaires » où il risquait de se voir renverser à l'improviste.

2. Le renforcement de l'exécutif et la recherche de sa stabilité

202. Le mouvement de rationalisation du parlementarisme s'est poursuivi après la seconde guerre mondiale en donnant cette fois *la priorité au renforcement de l'exécutif.* On tirait de l'histoire une autre leçon. La réflexion sur les institutions montrait en effet qu'un bon gouvernement suppose que le cabinet ne soit pas un simple exécutant des volontés du Parlement, mais qu'il puisse définir une politique et disposer de la durée nécessaire à sa mise en œuvre. On tente d'atteindre cet objectif par une démarche rationnelle, volontariste, en imaginant de nouvelles procédures.

La loi fondamentale de la R.F.A. (1949), les constitutions françaises de 1946 et de 1958 illustrent bien cette tentative.

L'idée qui domine la plupart des nouvelles techniques de rationalisation du parlementarisme est que la décision de renverser le gouvernement est grave et que ce caractère commande qu'elle soit prise à l'issue d'une procédure empêchant les votes hâtifs et inconsidérés.

Les deux techniques auxquelles recourt le plus fréquemment le parlementarisme rationalisé sont les suivantes :

— exiger un scrutin portant de façon précise et explicite sur la confiance. On veut éviter les crises ouvertes par surprise à l'occasion d'un vote anodin. Un délai devra, en outre, de préférence être imposé entre la demande de scrutin et son déroulement, les parlementaires pouvant ainsi se concerter et le gouvernement s'organiser.

— Considérer que les députés qui se sont abstenus dans le vote sur la confiance ont implicitement préféré le maintien du gouvernement à sa chute. Ils sont décomptés comme étant favorables à l'exécutif. Ainsi dans la constitution grecque de 1975 (art. 84) : « Aucune motion de censure ne peut être adoptée, si elle n'est pas votée à la majorité absolue du *nombre total* des députés ». On soulignera qu'un vote de défiance à la majorité relative n'a donc pas pour effet de renverser le gouvernement. Non seulement celui-ci peut ne pas démissionner mais il ne *doit* pas se retirer. La confiance n'est valablement refusée qu'à la majorité absolue des membres de la chambre.

Parallèlement, au moment de la désignation du chef du gouvernement, on s'efforce de le faire investir par la chambre avec une majorité qualifiée et on s'attache à restaurer le droit de dissolution.

Enfin la procédure législative elle-même est aménagée pour permettre au gouvernement de conserver la maîtrise de sa politique. Par exemple l'initiative financière des députés (le droit de proposer des dépenses ou des recettes) sera limitée ou supprimée, la durée des sessions encadrée.

3. L'échec du parlementarisme rationalisé

203. En définitive le parlementarisme rationalisé s'est révélé un échec. Le régime des partis était resté en dehors des aménagements constitutionnels et les querelles partisanes dans les pays où les formations politiques sont multiples se règlent au détriment du gouvernement. Bien plus celui-ci se considère comme obligé de démissionner même lorsque la confiance lui est refusée en dehors des formes constitutionnelles, il n'a pas assez d'autorité, pour exiger le respect des procédures prévues et d'autre part le Parlement peut lui enlever les moyens de sa politique (refus de ses projets de lois) sans lui retirer expressément sa confiance. D'ailleurs, dans la pratique, il est exceptionnel qu'un gouvernement soit renversé dans les formes : en Italie de 1948 à 1996 sur 51 gouvernements aucun n'a été régulièrement renversé ; depuis la guerre 2 seulement en Grande-Bretagne et en Allemagne ; en France un sous la Ve République.

L'échec était manifeste — en France en particulier — au moment où était rédigée la Constitution française de 1958. Pourtant des procédures de rationalisation y ont été inscrites. On ne peut mettre à leur actif la stabilité dont bénéficie l'exécutif depuis lors. Celle-ci tient, on le verra, à d'autres facteurs, en particulier au fait que le gouvernement a trouvé le plus souvent un appui fidèle auprès de la majorité de l'Assemblée Nationale. Cependant elles ne sont pas inutiles lorsqu'il n'y a pas de majorité stable, ou que celle-ci se révèle indocile.

Sous-section 2
La collaboration des pouvoirs

Dans le régime parlementaire, le *dialogue* compte peut-être plus que l'*équilibre* entre les pouvoirs. Enfermé dans ses prérogatives, chacun ne pourrait pas grand-chose ; si chacun tire dans son sens, le char de l'Etat risque d'être paralysé. Des contacts, des relations s'établissent naturellement, les pouvoirs collaborent car seule la séparation souple est viable.

Tout d'abord l'exécutif dispose d'une arme qui est la contrepartie de la responsabilité politique : la dissolution.

§ 1. La dissolution

Bibliographie : Philippe LAUVAUX, *La dissolution des assemblées parlementaires,* 1983.

204. Il peut paraître paradoxal de traiter de la dissolution sous la rubrique de la collaboration des pouvoirs puisqu'elle sanctionne plutôt en principe l'échec de tout dialogue. Cependant sa menace est utilisée parfois comme un aiguillon à une coopération réticente.

A Théorie du droit de dissolution

1. Définition

La dissolution est le droit appartenant à l'exécutif de mettre fin, avant son terme normal, au mandat des représentants de la nation et de provoquer ainsi l'élection anticipée d'une nouvelle assemblée. Lorsqu'un conflit s'élève entre les pouvoirs, le cabinet, dont l'existence est entre les mains du Parlement, peut, de son côté, renvoyer les représentants devant leurs électeurs. La nation arbitre, le conflit n'est pas réglé par l'affirmation de la suprématie d'un pouvoir sur l'autre, mais par le peuple souverain.

Seule la *chambre basse,* peut en général, être dissoute (avec des exceptions, par ex. en Belgique et aux Pays-Bas) ; la restriction est logique dans la mesure où la dissolution s'analyse en théorie comme la contrepartie du droit, réservé le plus souvent à cette chambre, de renverser le gouvernement.

Ainsi comprise la dissolution apparaît comme un rouage essentiel du régime parlementaire, elle sauvegarde l'équilibre entre les pouvoirs.

Disposant de cette « arme absolue » (Olivier Duhamel) le cabinet est assuré, s'il le veut, de ne pas devenir un simple exécutant des décisions du Parlement. *On ne la trouve que dans les régimes parlementaires.*

2. La légitimité du droit de dissolution

205. La légitimité du droit de dissolution a été mise en cause. Entre les mains d'un chef de l'Etat non issu du suffrage universel (roi), ou choisi par le Parlement (Président) la dissolution apparaît en effet comme choquante, comme contraire à la démocratie, puisqu'elle met fin à un mandat confié directement à ses élus par la nation. Elle est particulièrement contestée dans la forme dite de *« la dissolution royale »,* la plus ancienne, où le chef de l'Etat la décide de sa propre initiative, de façon discrétionnaire et même contre l'avis d'un gouvernement soutenu par la majorité de la chambre. Le roi, ou le Président, en appelle par son intermédiaire au peuple, car il estime que la chambre et le cabinet ne sont plus représentatifs. Et parfois il sera désavoué par le peuple (ainsi en France en 1877). Même dans le cas où c'est le cabinet qui décide de la dissolution cette rébellion contre les élus est fréquemment dénoncée comme anti-démocratique.

— Les réticences en France à l'égard de la dissolution

En France la dissolution a été utilisée 18 fois depuis 1815 (dont 11 fois jusqu'en 1846). Beaucoup de ces utilisations ont été contestables et ont renforcé la réserve à son égard. Déjà en 1799 Bonaparte devait réaliser à travers elle un véritable coup d'Etat, pratique renouvelée par Charles X en 1830 et Louis Napoléon en 1851. Mais c'est surtout *la dissolution du 26 juin 1877, décidée par Mac-Mahon* dans des conditions sur lesquelles on reviendra, qui devait discréditer durablement cette prérogative depuis lors considérée comme anti-républicaine. Aucun Président de la République n'osa plus s'en servir jusqu'à ce que Edgar Faure la propose au Président Coty le 2 décembre 1955.

— Ces réticences sont-elles fondées ?

La prévention traditionnelle en France à l'égard de la dissolution est très irrationnelle et finalement peu démocratique. Elle est répandue dans les milieux de gauche et la classe politique plus qu'à droite et chez les citoyens. En effet on a présenté depuis 1877 la dissolution comme une forme de coup d'Etat organisé par l'exécutif contre les députés. Or s'il s'agit de demander au peuple de trancher un différend grave apparu entre l'exécutif et le législatif, en quoi donner la parole aux citoyens serait-il contraire à la démocratie ? Le peuple réaffirme qu'il est le souverain. Cette prévention participe de la même tendance qui fait mettre en accusation le référendum sous prétexte qu'il peut se transformer en plébiscite. Pourtant l'expérience devrait dissiper les inquiétudes : en 1877, et en 1997, les citoyens ont désavoué le chef de l'Etat et en 1955 les élections furent loin d'instaurer un pouvoir personnel. En réalité, la manœuvre inacceptable de Mac-Mahon fournit un bon alibi pour couvrir l'affirmation de la souveraineté parlementaire. Les citoyens ne s'y sont pas trompés, confortés par l'anti-parlementarisme latent dans notre pays, ils ne manifestent pas à l'égard de la dissolution les mêmes réticences.

3. Les conditions mises à l'exercice du droit de dissolution

206. Certains régimes parlementaires l'ont purement et simplement supprimée : Norvège, Autriche, Israël.

Sans aller aussi loin, la mise en cause de sa légitimité a entraîné ailleurs la multiplication des *conditions restrictives* entourant son exercice. Les parlementaires qui élaborent la Constitution et sont peu favorables à cette procédure, font en sorte que la dissolution soit très difficile.

Puisqu'elle est un moyen d'équilibre entre les pouvoirs on pourrait imaginer que la dissolution soit inconditionnée, l'exécutif étant libre de son utilisation. Ses liens avec la responsabilité politique du gouvernement justifient cependant sa soumission à des règles analogues à celles qui entourent la mise en œuvre de cette responsabilité (conditions, délais). A partir de là, de façon contestable, certaines constitutions, sans supprimer un droit toujours considéré comme inhérent au régime parlementaire, l'ont entouré de conditions si restrictives qu'elles le rendent à peu près inutilisable. La Constitution française de 1946 en est un bon exemple, la dissolution de 1955 n'a été qu'un accident (v. 365).

B Les utilisations du droit de dissolution

207. La dissolution n'est pas toujours utilisée, dans l'esprit du régime parlementaire, pour trancher un conflit entre le Parlement et le Gouvernement. Les procédures constitutionnelles, on le sait, sont des instruments dont le détenteur use à sa convenance ; le droit de dissolution n'échappe pas à cette règle et connaît donc des utilisations variées.

1. La recherche d'une majorité parlementaire

208. Dans la perspective classique du régime parlementaire, l'exécutif recourt à la dissolution afin d'obtenir une majorité disposée à le soutenir. Cette recherche peut prendre plusieurs voies.

— *Menacer de dissoudre pour consolider la coalition majoritaire*

La simple menace de la dissolution est souvent considérée comme de nature à ressouder une majorité formée par une coalition de partis, dont l'unité se désagrège. La perspective des fatigues d'une campagne électorale et l'incertitude sur ses résultats inciteraient les parlementaires à maintenir leur soutien au gouvernement plutôt que d'ouvrir une crise.

Cette opinion est largement répandue en France. Chacun apprécie les mérites de la dissolution à partir de sa propre histoire, les Français les surestiment. Ils sont impressionnés par le contraste entre l'instabilité des IIIe et IVe Républiques, pendant lesquelles le recours à la dissolution, sans être tout à fait exclu, était peu envisageable, et la stabilité de la Ve où aucun doute ne pèse sur la détermination du chef de l'Etat à s'en servir. Ils en concluent que l'épée de Damoclès de la dissolution rend sages les députés, garantit la cohésion de la majorité et la stabilité des gouvernements.

Des expériences étrangères ébranlent ces idées reçues. Au Danemark et en Belgique par exemple, pays où la dissolution est facile, sa menace n'évite pas l'éclatement des coalitions et les crises à répétition ; le retour anticipé devant les électeurs est courant, démonstration de l'échec de la menace. Cela s'explique si on considère que certains partis jusqu'alors dans la majorité peuvent précipiter la crise et la dissolution quand ils voient dans les élections l'occasion de renforcer leur représentation à la chambre.

La menace de la dissolution est cependant susceptible de consolider la coalition majoritaire dans deux hypothèses :

— en cas de multipartisme, lorsque les élections risquant de leur être défavorables, les états-majors des partis de la coalition majoritaire accepteront un « replatrage » provisoire en attendant des temps meilleurs,

— dans un système bipartiste où les contestataires au sein du parti majoritaire hésiteront à provoquer son éclatement sachant que leur parti leur refusera son parrainage lors des élections provoquées par la dissolution et que leurs chances d'être réélus en seront compromises.

— *Dissoudre pour faire arbitrer par le peuple un conflit (existant ou éventuel) entre l'exécutif et le Parlement*

La dissolution peut être utilisée pour sortir d'une crise en cours, consommée ou inéluctable : l'opposition est devenue majoritaire au Parlement, le Gouvernement va être, ou est déjà, renversé, l'exécutif prononce alors la dissolution pour tenter de retrouver sa majorité disparue.

Ses espoirs sont souvent déçus. Le corps électoral est plus stable dans ses options que les parlementaires et l'expérience prouve que la nouvelle assemblée a de grandes chances — surtout si le scrutin est à la proportionnelle — d'être l'image à peine déformée de la précédente. Il n'y a ni vainqueur, ni vaincus, la dissolution n'aura servi à rien, le problème d'une majorité de gouvernement reste entier. Cependant en France, François Mitterrand a, par deux fois, en 1981 et en 1988, cherché avec succès, au lendemain de son élection à la Présidence, à profiter de l'« état de grâce » qui suit l'élection présidentielle et prononcé la dissolution de l'Assemblée Nationale, *sans attendre un conflit entre son Gouvernement et la majorité en place à la Chambre basse.* Felipe Gonzalez a agi de même en Espagne le 1er octobre 1989.

— *Dissoudre pour tirer parti d'une conjoncture favorable*

L'exécutif peut décider de dissoudre en dehors de tout conflit avec sa majorité. Constatant que la conjoncture est favorable au parti ou à la coalition majoritaire, il provoquera des élections anticipées. Si les sondages sont bons, les élections partielles triomphales, pourquoi attendre la fin de la législature pour renouveler l'Assemblée ? En organisant le scrutin rapidement, le Gouvernement saisit sa chance de voir ses partisans revenir plus nombreux dans la nouvelle Assemblée.

Cette pratique de la dissolution est habituelle en Grande-Bretagne : il est rare que la Chambre des Communes parvienne à son terme normal.

De même, en France, Jacques Chirac a cru, à tort, la conjoncture favorable lorsqu'en 1997 il a décidé de dissoudre l'Assemblée.

2. La consultation de la nation

209. Dans d'autres utilisations de la dissolution les préoccupations de majorité parlementaire sont secondaires : les citoyens sont appelés à trancher par leur vote *un problème d'intérêt national.* Les électeurs répondent indirectement à une question plus qu'ils ne choisissent un élu.

— *La dissolution référendum*

La dissolution sert alors de substitut au référendum. Le Gouvernement peut souhaiter avant de prendre une décision grave et controversée : signature d'un traité, adhésion à un accord international, réorientation de la politique économique, réforme législative d'envergure..., connaître le vœu du corps électoral. Il prononce la dissolution. La campagne électorale n'aura qu'un enjeu, elle sera centrée sur les solutions possibles au problème, l'équipe victorieuse sera investie d'un mandat précisant le sens dans lequel le problème doit être réglé. Les dissolutions du début du siècle en Grande-Bretagne sur le statut des Lords relèvent de cette utilisation (V. 237).

— *La dissolution, arme contre les crises extra-parlementaires*

Lorsque la vie du pays est perturbée par une agitation politique ou sociale, qui se développe hors de l'enceinte du Parlement et échappe aux procédures habituelles de solution des conflits : grève générale prolongée, désordre dans la rue, on peut essayer de la faire cesser en se replaçant sur le terrain institutionnel par l'organisation d'élections anticipées. *La dissolution du 30 mai 1968,* par laquelle le Général de Gaulle a réussi à se rendre maître d'une situation que lui et son Gouvernement ne contrôlaient plus, en est une illustration. De même celle décidée en Grande-Bretagne par Heath en 1974 lors de la grève des mineurs.

— *La dissolution question de confiance*

Un nouveau Premier ministre, ou un nouveau gouvernement, nommé en cours de législature dissout pour savoir s'il a le soutien du pays. Elle est assez fréquente en Grande-Bretagne.

Sur le plan démocratique, ces utilisations sont inattaquables.

§ 2. Les moyens d'action réciproques des pouvoirs

210. Fondé sur l'équilibre, le dialogue, la collaboration, le régime parlementaire met entre les mains des partenaires des moyens moins brutaux que la mise en cause de la responsabilité ou la dissolution.

A Les moyens d'action de l'exécutif sur le législatif

Le gouvernement dispose de tout un éventail de moyens.

— Le gouvernement a le droit d'*élaborer des projets de loi.* Il peut prendre l'initiative d'une loi et partage donc ce pouvoir avec les parlementaires. La plupart des lois sont aujourd'hui d'origine gouvernementale.

— Le droit d'*assister aux réunions des chambres.* Les ministres ont un droit d'entrée aux séances des assemblées. En Grande-Bretagne il faut cependant qu'ils soient membres de la chambre : un Lord ne peut représenter le gouvernement aux Communes.

Les ministres ne restent pas simplement spectateurs lors des débats. Ils interviennent, argumentent, défendent leurs dossiers, usent de leur autorité pour orienter la discussion dans le sens souhaité par le gouvernement. Leur connaissance des affaires les amène à jouer les premiers rôles.

— Le gouvernement dispose aussi parfois du pouvoir de déterminer la *durée des sessions* parlementaires. Passé un certain délai, il pourra en prononcer la clôture. Le privilège n'est pas mineur, il permet de mesurer le temps durant lequel l'exécutif sera soumis au contrôle direct des représentants de la nation. En dehors des sessions, le gouvernement a les mains beaucoup plus libres pour agir. En revanche, en cas de nécessité il pourra convoquer une session extraordinaire.

B Les moyens d'action du législatif sur l'exécutif

211. Ils sont eux aussi variables d'un régime parlementaire à l'autre.

— Les parlementaires ont le droit de *poser des questions* aux ministres, d'interpeller le gouvernement. La présence des membres de l'exécutif aux séances permet aux représentants de s'informer sur l'action et les projets du cabinet. Une fois ceux-ci ainsi exposés au grand jour, les députés pourront les combattre, les faire amender ou les soutenir ; leur contrôle s'exercera et ils alerteront l'opinon publique, portant le débat devant la nation.

— Ce contrôle est renforcé par la pratique des *commissions parlementaires*. Celles-ci sont de deux sortes :

• Dans chacun des grands domaines de l'activité gouvernementale, économie, relations extérieures, culture, etc., la plupart des assemblées créent des commissions permanentes, composées de parlementaires qui surveillent l'action du gouvernement, convoquent pour audition les ministres intéressés, effectuent un premier examen des textes législatifs, donnent lors du débat leur avis sur telle réforme projetée ou sur les chapitres du budget... Le but recherché est de préparer le travail du Parlement en spécialisant certains parlementaires dans un domaine défini ou sur un dossier donné. Le gouvernement trouve en face de lui des interlocuteurs mieux armés pour le contrôler.

• Dans d'autres hypothèses, le Parlement organise une *commission d'enquête* à propos *d'un* problème, d'une affaire ou d'un scandale déterminé. Le recours à une telle commission n'est pas lié à la procédure législative, un mandat limité lui est fixé, lorsque la commission aura achevé son travail et rédigé son rapport elle sera dissoute.

En définitive dans le régime parlementaire le Parlement fait la loi et contrôle l'action du gouvernement, ce qui dans les deux cas entraîne une collaboration entre les deux pouvoirs. L'évolution des régimes parlementaires, on le verra en particulier à propos de la France, a beaucoup réduit le rôle législatif du Parlement, celui-ci de nos jours contrôle plus qu'il ne légifère. Il s'agit d'autre part moins d'un contrôle sanction (au sens de pénalisation des erreurs ou des fautes) que d'un contrôle sur les orientations de la politique gouvernementale.

Tels sont les traits principaux du régime parlementaire. Ils seront plus ou moins accusés selon les pays. L'histoire, les mœurs politiques et le régime des partis surtout, mais aussi la personnalité d'un homme, l'influence des oligarchies, les circonstances de la vie nationale, renforceront tel aspect et atténueront tel autre. Il faut se rappeler *qu'il existe des régimes parlementaires* et non un archétype partout fidèlement reproduit.

Section 2
Le régime britannique

Bibliographie : Monica CHARLOT, *Institutions et forces politiques du Royaume Uni,* 1995. — Jacques LERUEZ, *Le système politique britannique depuis 1945,* 1994. — Pouvoirs n° 93, *La Grande-Bretagne,* 2000.

212. Le régime britannique est le moins euclidien des régimes politiques. Les institutions de l'Angleterre sont à l'image de ses jardins : nulle perspective bien ordonnée, nulle allée rectiligne, comme tracée au cordeau, ni plantations régulières, ni arbustes taillés, mais un aimable désordre apparent, des méandres et des ouvertures découvrant brusquement des vestiges du passé, une fantaisie raisonnable rendant presque vulgaire toute recherche de symétrie. Le résultat est pourtant cohérent, le système fonctionne, admiré il est parfois imité. Mais l'acclimatation loin des brouillards britanniques et de la mentalité anglaise se révèle difficile. Les institutions britanniques s'étiolent généralement lorsqu'on veut les transplanter hors de leur terre d'origine, comme ces oiseaux des îles qui, amenés en Europe, perdent tout éclat — et meurent. Seuls quelques pays du Commonwealth, à population britannique dominante, sont parvenus à les faire fonctionner avec succès.

On tient d'ailleurs là le premier caractère du régime britannique : *il n'est pas la mise en forme d'une théorie,* il n'est pas le fruit d'une réflexion sur le gouvernement des hommes. A aucun moment les Anglais n'ont cherché à construire un système ou un régime de type défini, parlementaire ou autre : leurs institutions se sont construites au jour le jour, au gré des circonstances, c'est-à-dire de la rencontre de situations inédites en face desquelles il fallait bien définir un comportement et celui-ci dépendait largement des variations du rapport des forces à l'intérieur de la société : le pouvoir passant du roi au Parlement, puis du Parlement au cabinet ou au parti majoritaire, sans jamais de réforme d'ensemble. Les institutions britanniques sont un *produit de l'histoire.* C'est en lisant Montesquieu que les Britanniques ont découvert qu'ils avaient une constitution, peu leur importe encore aujourd'hui qu'elle soit parlementaire ou pas.

Cette constitution, on le sait, n'est *pas écrite,* elle tient à des usages, des pratiques, des précédents, à une coutume, et aussi, après tant de siècles, à quelques textes dont certains prestigieux — comme la Grande Charte de 1215 ou la Pétition des Droits de 1628 — qui n'ont pas d'autre valeur que la loi et peuvent être modifiés ou abrogés par le Parlement suivant la procédure législative ordinaire. Mais les Anglais abrogent sans excès, ils préfèrent conserver les institutions ou les règles, quitte à les vider de leur substance, à oublier de les utiliser, à leur donner un sens sans rapport avec leurs origines. De toutes façons à peu près rien de ce qui est important n'est écrit. La vie politique est ainsi emplie de survivances d'un passé respecté, statues immobiles ou automates qui ponctuent un paysage à l'animation duquel ils ne participent guère. Mais en même temps elle n'est *pas figée :* l'absence de constitution écrite facilite les adaptations, un certain refus de la rigueur, de la logique, est le prix de la recherche de l'harmonie et de l'efficacité.

Si lié qu'il soit à son histoire, à l'insularité, aux guerres religieuses ou autres, au climat, au pragmatisme des marchands anglais, le système britannique refusant tout modèle est devenu modèle à son insu. L'expérience institutionnelle britannique est sans équivalent dans toute la période qui va du XIe à la fin du XVIIIe siècle. Elle a donné naissance progressivement au premier régime politique moderne, au premier régime démocratique, à la première forme de parlementarisme. On sait comment les libertés individuelles ont été proclamées et protégées pour la première fois en Angleterre, comment le Parlement s'est affirmé en face du pouvoir royal, comment la souveraineté est passée aux mains du peuple.

Ceci explique le *prestige* du régime politique britannique, l'admiration que lui vouent à la suite de Montesquieu tant de spécialistes du droit constitutionnel et d'hommes politiques.

En même temps cela suggère — puisque toute logique est absente, toute construction rejetée — qu'il n'est pas facile d'exposer clairement les grandes lignes du système et encore moins de comprendre l'esprit du régime.

Sous-section 1
Les forces politiques, le bipartisme, le système électoral

213. On serait tenté d'insister sur le fait que la première des forces politiques ce sont les Anglais — ou plutôt les Britanniques — eux-mêmes. Ils sont les auteurs de leurs institutions autant qu'ils sont façonnés par leur histoire. Et on ne peut guère comprendre les premières comme la seconde sans évoquer leur traditionalisme, (Balfour disait : il vaut mieux faire une chose stupide qui a toujours été faite, qu'une chose intelligente qui ne l'a jamais été) leur attachement à la liberté, leur pragmatisme, leur goût de l'amateurisme, leur acceptation des inégalités et enfin leur orgueil d'être britannique. De ces traits découle une conception de la vie politique très différente de celle qui a cours en France, les rapports entre les acteurs ne sont pas les mêmes, la Grande-Bretagne n'a pas connu de crise intérieure grave depuis la fin du XVIIe siècle, la lutte pour le pouvoir est vive mais moins passionnelle, la politique n'est pas loin d'être un jeu...

Tout cela mériterait d'être développé. Ici on se contentera d'étudier le système des partis dont la connaissance est indispensable pour comprendre comment fonctionnent les institutions.

§ 1. Les partis

Les partis britanniques sont des machines à conquérir le pouvoir. Là encore la Grande-Bretagne a ouvert la voie, les premiers partis politiques organisés sont nés chez elle dans une évolution commencée au XVIIe siècle, mais il s'agit alors de factions et il faudra attendre le troisième tiers du XIXe siècle pour voir apparaître des partis modernes.

A Le bipartisme

214. La caractéristique essentielle du système de partis britannique est qu'*il met en présence deux grands partis.* Même si d'autres partis sont présents dans la vie politique, obtiennent quelques sièges aux élections et parviennent parfois à négocier leur appui à l'un de leurs rivaux, il n'y a jamais que deux partis qui retiennent sérieusement l'attention du corps électoral (J. H. Laski). Les chiffres ont longtemps confirmé cette affirmation : en 1945 87,6 % des suffrages exprimés étaient allés aux deux grands partis et 96,1 % en 1955. La proportion devait diminuer depuis, et, même si elle était encore de 74 % en 1997, le monopole des conservateurs et des travaillistes n'est plus aussi incontesté.

La division du Parlement britannique entre deux courants remonte au lendemain de la révolution de 1648. Les *Tories* et les *Wighs* s'opposent d'abord pour des raisons religieuses. Les premiers, plus attachés au roi, sont des anglicans marqués par la tradition catholique, les seconds sont proches du puritanisme et s'efforcent de limiter l'absolutisme royal. Simples clans à l'origine, regroupements par affinités, sans réunions régulières, sans prolongements en dehors du Parlement — c'est-à-dire, sans organisation des électeurs ni attribution d'étiquettes ou d'investitures lors des élections — ils devaient se structurer, s'institutionnaliser en même temps que se développait le parlementarisme. Au départ on ne trouve à la base de la distinction ni opposition de classe dans leur recrutement ni affrontement d'intérêts économiques, et le clivage n'a guère de signification hors de l'enceinte du Parlement. Le *two party system* n'est pas le produit de l'infrastructure économique et sociale.

Au cours du XIXe siècle les Tories sont devenus les *conservateurs* et les Whigs, les *libéraux*. Leur lutte domine la vie politique britannique jusqu'à l'apparition au début du XXe siècle des *travaillistes*. Ceux-ci, à la différence des deux autres formations, ont une base économique spécifique puisque l'apparition du parti travailliste (Labour Party) résulte d'une initiative des syndicats, les *Trade unions*. Le succès du nouveau parti fut rapide et de 1906 à 1935 la Grande-Bretagne a vécu sous un régime tripartiste. De 1922 à 1935 l'instabilité gouvernementale s'installa : la Grande-Bretagne connaît 9 gouvernements en 13 ans. *Depuis 1935 les libéraux sont hors du jeu pour le pouvoir.* Les conservateurs et les travaillistes alternent au gouvernement. Tous deux sont des partis de masse avec des bases sociales et régionales différentes.

B Conservateurs et travaillistes

1. Le parti conservateur

a) *Les adhérents*

215. Le parti conservateur se refuse à être un parti de classe, sa clientèle se recrute dans toutes les couches de la société britannique et la proportion d'employés est importante dans son électorat. Mais plus les attaches avec le parti se renforcent, plus son recrutement social s'élève. Dans ses adhérents (moins de 500.000 vraisemblablement), les classes moyennes sont mieux représentées que dans son électorat et, lorsqu'on arrive au groupe parlementaire et aux membres du cabinet, les liens avec l'establishment l'emportent (la moitié des parlementaires sortent d'Oxford ou de Cambridge, contre un quart chez les Travaillistes). Il contrôle le Sud, prospère, du pays, mais n'est plus représenté en Ecosse et au Pays de Galles.

b) *L'organisation*

L'organisation du parti est assez souple, il tient une conférence annuelle qui ne joue qu'un rôle limité (consultatif), et en cours d'année, les organisations locales se contentent de diffuser les informations et de préparer les élections. L'organe essentiel du parti au Parlement est le *Comité de 1922* (année de sa création) où siègent tous ses députés, à l'exclusion des membres du gouvernement si le parti est au pouvoir.

Depuis 1965 ce sont les membres du parti aux Communes qui élisent son *leader,* procédure significative de la prédominance de la représentation parlementaire du parti sur sa base militante. Une fois élu, le leader règne sur son parti. Cependant depuis 1975 il peut, en théorie, être soumis tous les ans à réélection et il est arrivé dans le passé qu'il soit éliminé : Alec Douglas-Home en 1965, Heath en 1975, ou que, mis dans une situation délicate, il soit contraint à se retirer : Mme Thatcher en 1990. Son leader actuel est M. William Hague. Les Conservateurs ont gagné les élections de 1979, 1983, 1987 et 1992. Ils ont perdu celles de 1997, subissant leur plus lourde défaite depuis la guerre (165 sièges contre 336 précédemment).

c) *La doctrine*

Le parti conservateur n'a *pas véritablement d'idéologie,* mais il est attaché à certains principes. Pragmatiste, il révère le sens du devoir et il a une vision assez hiérarchisée et élitiste de la société. Hostile à l'Etat-providence, il cantonnerait volontiers l'Etat dans un rôle de maintien de l'ordre et il est opposé à la multiplication de ses interventions dans la vie économique et sociale (nationalisations en particulier). En politique étrangère, les Conservateurs sont des nationalistes assez nostalgiques de la puissance et de la gloire de l'Empire britannique. Dans leur majorité ils sont sceptiques à l'égard de l'Europe et hostiles à l'égard de l'euro. Ce qu'ils proposent correspond assez exactement aux aspirations et aux valeurs de la classe moyenne d'où leur succès, par un phénomène d'imitation ou d'assimilation, dans les classes populaires.

2. Le parti travailliste

a) *Les adhérents*

216. Le parti travailliste se veut un parti de masse et revendique 5 millions d'adhérents qui viennent à lui de deux façons :

— *à travers les syndicats.* On a vu en effet que les syndicats sont à l'origine du Labour, mais il faut savoir que tous les syndicats ne sont pas affiliés au parti travailliste, moins de 50 % le sont, (en particulier ceux de « cols blancs » ne le sont pas toujours) et que l'adhésion au parti résulte du paiement d'une cotisation politique distincte de la cotisation syndicale et qui peut être refusée. Par routine plus que par conviction de nombreux syndiqués se retrouvent membres du parti. Ils sont environ 4.500.000 dans ce cas. Le parti y puise sa base ouvrière.

— *à travers des adhésions directes* (250.000 environ) venant en particulier d'intellectuels, des minorités religieuses, des non-croyants, et peu des agriculteurs (qui ne représentent plus que 2 % de la population active). Le parti a fait une percée en 1997 dans les classes moyennes.

Comme chez les conservateurs on constate une élévation du niveau social et de formation lorsqu'on passe des militants aux parlementaires.

b) *L'organisation*

On retrouve la même distinction que chez les Tories entre les organes parlementaires et les organes nationaux, mais ici les premiers ont plus de mal à s'imposer en face des seconds. *Le Parliamentary Labour Party* (P.L.P.) est composé de tous les députés membres du parti, ministres compris. Lorsque le parti est dans l'opposition il élit en son sein le Parliamentary Committee (cabinet-fantôme). La procédure de désignation du *leader,* différente de celle de Tories, a été modifiée en 1993. Les syndicats représentent 33 % de son collège électoral, les députés 33 % et les adhérents au parti 33 % aussi.

L'autorité du leader travailliste sur la formation est moins grande que celle de son rival conservateur. Il doit compter en effet avec l'appareil du parti en dehors du Parlement dont le comité exécutif national (N.E.C.) et la conférence générale annuelle (qui se tient souvent à Blackpool) sont les institutions essentielles. Les syndicats sont très puissants au sein de ces organes et imposent leur contrôle sur le parti qu'ils financent largement et qui est un instrument indispensable à leur action politique. En même temps, ils sont très divisés et les luttes de tendance affaiblissent le parti. Son leader est M. Tony Blair qui vient de la droite du parti. Les Travaillistes ont obtenu 419 sièges aux Communes en 1997.

c) *La doctrine*

Le parti travailliste est un parti de gauche reformiste, peut-être est-il plus exact de dire du *centre-gauche.* Sa base doctrinale a été définie en 1918 sans que des modifications fondamentales lui soient apportées depuis, il a cependant renoncé en 1995 à réclamer la collectivisation des moyens de production. A travers toutes les tendances qui s'opposent au sein du parti il est difficile de discerner clairement ses véritables options. Elles sont cependant dans l'ensemble *sociales-démocrates.* Il est autant attaché aux institutions que son adversaire, il souhaite un Etat fort, il se propose de créer une économie dynamique, une société juste, une démocratie ouverte et un environnement sain. Il cherche à améliorer la condition des catégories défavorisées et met l'accent sur l'égalité. Mais s'il se veut le parti de la classe ouvrière, il n'a pas — conformément au tempérament britannique et à ses origines syndicales — de base doctrinale rigide, il est avant tout pragmatiste et poursuit des objectifs concrets. Sur la politique étrangère il ne se différencie guère du parti conservateur — sauf peut-être par son neutralisme —. En fait dans ce domaine les lignes de partage traversent les deux partis (ex. : l'Europe ; les Travaillistes ont renvoyé à la prochaine législature la décision sur l'euro), ce qui explique que, si la discipline de vote y est forte — plus que chez les conservateurs —, sur un certain nombre de problèmes mettant en cause la conscience de chacun, liberté de vote est laissée aux parlementaires.

Cette présentation des deux grands partis britanniques entraîne une observation :

Les deux partis ne sont pas homogènes, des courants se développent en leur sein et leurs chefs s'appuient sur leur centre modéré mais ils doivent tenir compte du point de vue de leur aile gauche et de leur aile droite.

La situation est d'ailleurs courante dans les systèmes bipartistes, les partis ne peuvent pas y être homogènes. S'ils étaient édifiés chacun sur une classe, une région, une religion, une langue, des affrontements dramatiques seraient inéluctables, l'Etat, le régime et la nation n'y survivraient pas. Aussi le plus souvent les partis sont-ils des coalitions d'intérêts différents — intérêts représentés dans chaque parti —, attachés à une idéologie commune, partageant le consensus sur les institutions et les règles du jeu politique. Leur programme est obligatoirement « fourre-tout » pour attirer la clientèle la plus large possible.

C Les autres partis

217. Le bipartisme est *imparfait.*

A côté des Conservateurs et des Travaillistes on trouve d'autres partis *qui n'ont pas vocation à exercer le pouvoir,* mais dont l'appoint peut être indispensable pour constituer une majorité. En dehors des écologistes, groupusculaires, et du Parti communiste qui ne joue aucun rôle politique, on peut distinguer :

a) *Les partis nationalistes, écossais, gallois, irlandais,* qui ont une implantation régionale. Sans pourtant être majoritaires dans leur propre région, ils remportent un nombre non négligeable de sièges aux Communes (29 en 1997) et entrent souvent dans une coalition majoritaire avec l'un des 2 grands partis.

b) *Le parti libéral démocrate.* Il est né en 1988 de la fusion de deux partis :

— *Le parti libéral*

Sa glorieuse histoire a été interrompue par la poussée travailliste. En 1951 il ne recueille plus que 2,5 % des voix et 6 sièges. Depuis son influence est remontée jusqu'à 19,3 % des suffrages en 1974. Entre 1977 et 1978 il apporta son soutien aux travaillistes, renouant *le pacte lib-lab* déjà mis en œuvre 50 ans auparavant. Son électorat s'est ensuite tassé, et il lui a fallu compter avec la concurrence d'un nouveau parti dont il finira par se rapprocher : le parti social démocrate.

Le parti libéral n'était pas exactement le parti du juste milieu, il préconisait parfois des solutions plus hardies que celles proposées par les conservateurs ou les travaillistes. Ses principes étaient : bon sens et co-responsabilité, lutte contre l'emprise de l'Etat et des féodalités, respect des droits individuels, solidarité, défense de l'environnement, soutien au désarmement.

La faiblesse des libéraux tenait au fait que leur clientèle était également répartie à travers le pays, *ils ne disposaient pas de bastions* et arrivaient souvent en deuxième position, résultat que le système électoral ne permet pas de concrétiser en sièges.

— *Le parti social démocrate* (P.S.D.)

Il a été créé en mars 1981 par 4 personnalités de l'aide droite du Labour — dont les plus connues sont MM. Roy Jenkins et David Owen — en désaccord avec l'évolution de leur parti. Ils se présentaient comme les gardiens de la tradition sociale — démocrate des travaillistes. Aux Communes le nouveau parti obtint en janvier 1982 l'adhésion de 27 députés, transfuges du Labour.

Dès l'origine, le P.S.D. s'est efforcé de se rapprocher des libéraux et de soutenir des candidats en commun aux élections partielles (« l'Alliance »). Avec succès souvent et il a semblé qu'apparaissait une force politique avec laquelle il faudrait compter lors des élections générales. Beaucoup d'observateurs voyaient remis en cause le monopole des « deux grands » et s'interrogeaient sur l'avenir du bipartisme.

En 1988 les deux partis ont fusionné en prenant le nom de *parti libéral-démocrate.*

Les élections générales depuis 1983 ont régulièrement déçu les espoirs des Sociaux-démocrates et des libéraux. En 1997 le parti libéral démocrate obtenait certes un résultat honorable : 5.232.000 voix, soit 16,73 %

des suffrages, mais ce chiffre était insuffisant, à cause du système électoral, pour lui assurer une représentation parlementaire significative, quoiqu'en progrès par rapport à 1992 : 46 sièges, bien qu'il ait perdu des voix c'est le meilleur résultat en sièges depuis 1929. Le parti s'est assez bien comporté à travers le pays, mais il lui est difficile d'atteindre la majorité dans des circonscriptions où Conservateurs et Travaillistes ont constitué des fiefs.

Le P.L.D. est très ouvert à une collaboration avec les Travaillistes.

§ 2. Le système électoral

Le bipartisme est favorisé et entretenu par le système électoral.

1. Le principe

218. Depuis le XIXe siècle, la Grande-Bretagne pratique le *scrutin uninominal à un tour,* dit aussi scrutin à la pluralité des voix, qui est le plus simple qu'on puisse imaginer : *le candidat qui a obtenu le plus de voix est élu.* Peu importe le nombre de candidats, la majorité relative suffit, il n'y a donc pas lieu d'organiser un second tour. S'il n'y a qu'un seul candidat, il est proclamé élu, sans scrutin.

2. Conséquences : *le two-party system*

Le scrutin uninominal à un tour produit des *effets extrêmement brutaux.* Toute entente entre les candidats est exclue, comme tout accord de désistement mutuel et toute négociation entre partis au niveau national en vue du scrutin de ballottage. Seuls les grands partis ont des chances de se comporter honorablement et leur force est accrue par le fait que l'électeur qui cherche à *voter utile,* passera sur des désaccords de détail ou même importants, pour donner sa voix au mieux placé des partis dont il se sent proche.

— Ce système électoral s'oppose à la multiplication des partis nationaux, il *favorise la constitution de deux grands partis et entretient le bipartisme lorsqu'il s'est établi.* Si le parti travailliste a réussi à devenir une force politique de premier plan c'est grâce à la forte implantation des syndicats et à la clientèle qu'ils lui ont apporté.

Les Britanniques sont très attachés à ce système qui sacrifie la justice à l'efficacité.

Les petits partis en effet sont laminés ; aux élections de 1997 on a calculé qu'un député du parti libéral démocrate correspondait à

113.000 voix alors qu'un travailliste était élu avec 33.000 voix en moyenne. Une proportion appréciable des électeurs britanniques se reconnaît dans le parti libéral démocrate, en dépit de ses échecs elle continue à voter pour lui, comment n'aurait-elle pas le sentiment d'une injustice ?

— D'autre part, dans la majorité des circonscriptions la présence de tiers-candidats fait que l'élu n'obtient pas la moitié des suffrages, ce fut le cas dans 50 % des circonscriptions en 1987. *Aussi le parti majoritaire au Parlement n'a-t-il qu'exceptionnellement obtenu la majorité des suffrages dans le pays :* 4 fois depuis le début du siècle, la dernière en 1935. Depuis la fin de la deuxième guerre mondiale, le pourcentage des voix obtenu par lui a varié de 37,9 à 49,7. En 1997, les Travaillistes ont conquis le pouvoir avec 43,20 % des voix (pour 64 % des sièges).

— En outre, il peut arriver que le parti qui l'emporte en voix sur son rival soit *minoritaire en sièges* au Parlement. Ce fut le cas pour les Travaillistes en 1951 et pour les Conservateurs en février 1974 (il y eut deux élections législatives la même année, février et octobre).

— Enfin il peut se produire *qu'aucun parti n'ait la majorité aux Communes (hung parliament).* Un appui doit alors être trouvé auprès des petits partis pour pouvoir gouverner durablement. Depuis 1885 il y eut 32 années pendant lesquelles aucun parti ne disposait de la majorité absolue à la chambre basse. Cette situation ne s'est rencontrée qu'une fois depuis la seconde guerre mondiale (1974).

Quoiqu'il en soit, les inconvénients du système sont tels, sur le plan de la justice surtout, que la réforme électorale est à l'ordre du jour en Grande-Bretagne depuis plus de 60 ans. Sans grand succès jusqu'à maintenant car les évolutions y sont plus lentes qu'ailleurs. Il n'est d'ailleurs pas tant question d'adopter la représentation proportionnelle que d'aménager le système majoritaire. La réforme a la faveur des petits partis qui en attendent l'élargissement de leur audience. Aucun parti ne serait sûr d'avoir la moitié des sièges aux Communes. Il s'agirait d'un tel bouleversement du régime britannique qu'on peut s'interroger sur son opportunité. Au reste, les deux grands partis n'y ont aucun intérêt, la réforme serait suicidaire pour eux. Le système électoral britannique a, semble-t-il, l'avenir devant lui.

§ 3. Signification du bipartisme

La désignation du Premier ministre

219. *Lors des élections, les Britanniques désignent non seulement leurs députés aux Communes mais choisissent en même temps le gouver-*

nement, le Premier ministre et une politique. Les électeurs ne se prononçent pas tant sur le programme de M. X candidat conservateur de la circonscription, ou de M. Y candidat travailliste, que sur le programme de M. Blake, ou de M. Blair et pour que l'un des deux soit Premier ministre. La situation est à la fois claire et démocratique : un parti est investi du pouvoir pour la durée de la législature, *le pays est gouverné par un parti.* L'état-major de ce parti majoritaire occupera les postes du cabinet et son *leader deviendra Premier ministre.* On peut dire qu'en *pratique les électeurs choisissent indirectement le Premier ministre,* le monarque n'ayant que la possibilité de désigner le chef du parti vainqueur. Une fois désigné, celui-ci a les mains à peu près libres à l'égard de son parti. Il peut mettre son programme en application, sans avoir à se soucier non plus de démarches ou de compromis constants avec d'autres partis, il est assuré d'une continuité sans surprise.

La situation de l'opposition

L'autre parti de son côté se prépare à prendre la relève, car l'alternance est une des caractéristiques de la vie politique. Depuis 1945 conservateurs et travaillistes ont été respectivement 35 et 19 ans au pouvoir. Le parti dans l'opposition sait qu'il deviendra majorité et que son leader a de grandes chances d'être un jour Premier ministre. L'opposition bénéficie d'un véritable statut qui lui permet de s'informer et de s'exprimer. Au Parlement par exemple elle répondra par une « adresse » au discours du Trône, ou, par le dépôt d'une motion d'ajournement, elle provoquera un débat sur une affaire importante et urgente.

Le chef de l'opposition a le titre de « Leader de l'opposition de sa Majesté », il dispose de certains avantages matériels, le Premier ministre le consulte parfois sur les problèmes nationaux graves et la Reine doit le choisir comme Premier ministre si son parti gagne les élections.

Dans la perspective de la succession au pouvoir, l'opposition constitue un shadow-cabinet (ou **cabinet-fantôme**). Cette pratique consiste à faire assister le leader du parti dans l'opposition par une équipe, désignée par lui chez les conservateurs et élue par les députés chez les travaillistes, qui organise l'action au Parlement, choisit les orateurs, définit le sens de leurs interventions. Chaque membre du cabinet-fantôme est spécialisé dans les problèmes d'un département ministériel et intervient pour présenter le point de vue de l'opposition après les discours du ministre en fonction. Ainsi le cabinet-fantôme apparaît comme une équipe de remplacement prête en cas de succès électoral à assumer les responsabilités du gouvernement. Dans la pratique, les membres du cabinet-fantôme ne deviennent pas automatiquement ministres lors d'un changement de majorité mais ils forment le fond du nouveau cabinet.

Sous-section 2
Les institutions

220. La Grande-Bretagne est une monarchie où le monarque ne gouverne pas car ses pouvoirs sont passés entre les mains du cabinet, et où le bicaméralisme du Parlement est fortement déséquilibré.

En l'absence de dispositions écrites étoffées, la plupart des règles de fonctionnement des institutions découlent des *conventions de la constitution,* c'est-à-dire des usages existant depuis des décades, ou des siècles, scrupuleusement respectées et considérées comme ayant valeur constitutionnelle. Ces conventions ne sont pas inférieures au droit écrit lorsqu'il existe et ne sont pas non plus figées, elles évoluent, se transforment, s'adaptent aux circonstances. Leur ensemble forme la constitution coutumière britannique.

§ 1. La monarchie

221. Le monarque anglais d'aujourd'hui n'est que le lointain reflet de son ancêtre d'il y a quelques siècles. Même si la monarchie a été moins absolue en Grande-Bretagne qu'en Europe continentale, le rôle du monarque a beaucoup changé. Mais l'institution de la *couronne* a survécu alors qu'elle disparaissait presque partout à travers le monde : il y a encore un siècle la monarchie était le droit commun des régimes politiques.

A Dévolution de la couronne

La couronne britannique est une institution juridique distincte de son titulaire (comme par exemple Peugeot est distincte de son P.-D.G.).

Les règles d'accession au trône sont fixées depuis 1701 par les règles d'hérédité dans la famille royale des Windsor (qui se sont appelés Hanovre jusqu'à la première guerre mondiale). Les mâles héritent en premier, et, à défaut, les femmes par ordre de primogéniture.

Reine d'Angleterre depuis 1952 Elisabeth II règne sur l'Ecosse, le Pays de Galles, l'Irlande du Nord et certains Dominions dont les parlements doivent donner leur consentement lors de l'accession au trône. La Reine est en même temps « Chef du Commonwealth ». Elle doit être en communion avec l'Église d'Angleterre dont elle est aussi le chef (« le gouverneur suprême »). Cette règle a pour effet d'écarter les Catholiques (et aussi les conjoints de Catholiques).

B Pouvoirs du monarque

A l'origine, les prérogatives du monarque étaient considérables. L'histoire constitutionnelle de la Grande-Bretagne a été celle de leur grignotage au profit du Parlement ou du Cabinet. A la fin du règne de Victoria (1901) le transfert est achevé. Déjà en 1867, Bagehot, célèbre constitutionnaliste britannique, écrivait « le monarque détient le droit d'être consulté, le droit d'encourager, et le droit de mettre en garde », cela reste vrai aujourd'hui et exclut tout pouvoir de décision.

1. La prérogative royale

222. Par « prérogative royale », on désigne les pouvoirs et privilèges attachés à la couronne sans autorisation législative expresse, c'est-à-dire fondés sur la coutume. En principe, le souverain en use discrétionnairement et ne peut être rendu responsable de ses actes. Cette irresponsabilité, fondée sur le principe que « le roi ne peut mal faire », explique qu'en pratique ce soit le Cabinet qui, lui, est responsable, qui exerce ces attributions. *« Le roi règne mais ne gouverne pas. »*

— *Formellement,* les pouvoirs du monarque sont encore étendus, mais il n'en est plus que le *titulaire nominal,* ils sont exercés en fait par le Cabinet, le roi intervenant pour ratifier leur utilisation. Par exemple, le Discours du trône qui ouvre la session parlementaire, et constitue le programme législatif du Cabinet, est rédigé par le Premier ministre, la Reine se contente de le lire, à la première personne, devant les Lords.

Parmi ces pouvoirs, on peut relever : le droit de convoquer, proroger ou dissoudre le Parlement, de nommer le Premier ministre, de promulguer la loi (en utilisant la formule « le roy le veult ») ; de commander les armées ; de nommer les hauts fonctionnaires ; de conclure les traités ; de faire la guerre et la paix ; d'exercer le droit de grâce... La coutume a supprimé toute possibilité pour le monarque de refuser de prendre la décision qui lui est demandée par le Cabinet.

— *Les prérogatives réelles* de la reine sont en réalité limitées et concernent son statut personnel plus que ses pouvoirs : elle n'est tenue par le droit écrit que si cela est prévu, ce qui lui vaut des avantages en matière fiscale (restreints depuis 1993) et successorale (et d'utiliser des automobiles sans immatriculation...).

2. Le conseil privé

Il s'agit d'une survivance du passé au rôle purement formel.

Les conseillers personnels du roi forment le conseil privé de la couronne. C'est un organisme très large, environ quatre cents personnes nommées à vie, en fait par le Cabinet : ministres, anciens ministres, dignitaires de l'Église, personnalités politiques et de l'Administration, magistrats, hommes d'affaires, personnalités du Commonwealth...

Le rôle du conseil a décru au fur et à mesure que le Parlement et le Cabinet s'affirmaient, il est aujourd'hui à la fois théorique et juridiquement essentiel. Son intervention est en effet obligatoire pour entériner des décisions prises par le Parlement ou par le Cabinet (« la reine en son Conseil ») : convocation ou dissolution du Parlement, lois, nominations des ministres et de hauts fonctionnaires, déclaration de guerre... et surtout les *orders in Council* (sorte de décrets-lois élaborés par le Cabinet). Ces décisions sont approuvées sans débat, lors de séances — une douzaine par an — tenues en présence de la reine, qui durent quelques minutes et où l'on se tient debout, le quorum étant de 3 membres...

Le Conseil privé a aussi un rôle judiciaire comme juge d'appel des décisions rendues en dernier ressort par les tribunaux des Dominions qui reconnaissent sa juridiction.

C Autorité du monarque

223. Les pouvoirs réels du monarque sont donc assez dérisoires. La reine n'intervient pas dans les affaires publiques. Cette règle est la garantie de la pérennité de la couronne. La reine n'a pratiquement pas d'initiative — puisque même le choix du Premier ministre lui échappe aujourd'hui — elle n'a qu'un rôle mécanique d'enregistrement et de publication des décisions prises par d'autres.

Est-ce à dire que le monarque n'ait qu'un rôle décoratif ?

Le penser serait méconnaître l'attachement des Anglais à la monarchie, sa valeur symbolique et l'influence que le souverain peut parfois exercer.

— Le roi est tout d'abord *le symbole de l'unité nationale, il incarne le génie de la nation,* il constitue en pratique le seul lien qui subsiste avec les Etats du Commonwealth. Ce rôle international n'est pas négligeable, il prolonge les traditions glorieuses de l'Empire britannique.

A l'intérieur même de la Grande-Bretagne, malgré le comportement souvent peu apprécié de la « family », le souverain fixe un besoin diffus d'attachement personnel partagé par la majorité des citoyens, milieux populaires compris. La dignité avec laquelle Elisabeth II remplit son rôle a renforcé cette allégeance et le respect pour la couronne. Sa qualité de chef de l'Église d'Angleterre joue dans le même sens.

— Très bien informée — tous les documents importants lui sont communiqués (dans des boîtes rouges) et elle reçoit le Premier ministre tous les mardis à 18 h 30 — le monarque dispose aussi *d'une magistrature d'arbitrage et d'influence* dont l'importance varie en fonction de sa personnalité. Cette influence doit rester discrète, sinon l'institution monarchique donnerait l'impression d'abandonner son impartialité et en serait compromise.

§ 2. Le gouvernement et le Cabinet

224. Le Cabinet est issu du conseil privé. A la fin du XVIIe siècle, le roi réunissait un groupe restreint de ses conseillers privés, appelé un moment « la cabale ». Peu à peu — car comme pour toutes les institutions britanniques cela ne découle pas d'une décision datée avec précision, mais d'une évolution insensible du comportement, susceptible de retours provisoires en arrière, qui finit par constituer une coutume — le Cabinet a pris son indépendance à l'égard du roi, a exercé ses attributions en dehors de sa présence et a fini par devenir une équipe responsable devant le Parlement. L'une des raisons de ce transfert réside dans l'irresponsabilité du monarque, celui-ci ne pouvant être inquiété d'aucune façon pour ses actes sans que la majesté de sa charge en soit atteinte. A la fin du XVIIIe siècle, les Anglais sont tombés d'accord là-dessus — sans décision formelle — et en même temps il était inconcevable que le pouvoir, le Gouvernement, soit irresponsable.

I. Le personnel gouvernemental

La structure gouvernementale est complexe, on y trouve des personnalités d'origine diverse et aux pouvoirs variés.

A Le Premier ministre

225. C'est avec Walpole, dans le premier tiers du XVIIIe siècle, que l'on peut parler de Premier ministre. Précédemment, le roi apparaît comme le chef du Gouvernement. Mais le titre n'est consacré officiellement qu'en 1905.

Le Premier ministre est désigné par le roi. En pratique, il doit être membre de la chambre des Communes. En effet, depuis 1894, c'est *le leader du parti majoritaire*, celui qui a gagné les élections, qui est

Les Premiers ministres britanniques
depuis la Seconde Guerre mondiale

Winston Churchill (Conservateur)	
Clément Atlee (Travailliste)	1945
Winston Churchill (Conservateur)	1951
Anthony Eden (Conservateur)	1955
Harold Macmillan (Conservateur)	1957
Alec Douglas-Home (Conservateur)	1963
Harold Wilson (Travailliste)	1964
Edward Heath (Conservateur)	1970
Harold Wilson (Travailliste)	1974
James Callaghan (Travailliste)	1976
Margaret Thatcher (Conservateur)	1979
John Major (Conservateur)	1990
Tony Blair (Travailliste)	1997

choisi. Mais jusqu'à une date récente, le monarque avait un pouvoir d'appréciation si la vacance s'ouvrait en cours de fonction (décès, démission) : le choix entre plusieurs personnalités était alors possible ; aujourd'hui, la succession du leader est réglée par son parti et la reine n'a plus de possibilité de choix. A l'analyse, il apparaît donc comme désigné par les électeurs et plutôt, en réalité, par les dirigeants de son parti et certainement pas par le Parlement.

Théoriquement, comme son nom l'indique, il n'est que le « premier de ses pairs » *(primus inter pares)* et telle fut d'ailleurs sa situation à l'origine. Mais, en pratique, il est le véritable chef du Cabinet, à la fois car les élections se sont faites sur son nom et en raison de sa qualité de leader du parti dominant. Il est essentiellement responsable devant celui-ci et ne peut être mis en minorité aux Communes que si son parti l'abandonne.

Il dispose d'une résidence à Londres au 10 Downing Street et d'une autre à la campagne, les Chequers.

Ses pouvoirs de fait sont considérables et permettent de le comparer à un « monarque » ou à un « dictateur » élu. Il compose lui-même son Cabinet, désignant les ministres (avec l'accord de la reine) et créant au besoin de nouveaux ministères. Il préside les réunions du Cabinet (auxquelles la Reine n'assiste pas), en fixe l'ordre du jour, oriente ses débats, contrôle la mise en œuvre de la politique définie ; il est aussi le véritable chef des Armées et de la diplomatie.

Le Premier ministre cumule ses fonctions avec celles de Premier Lord de la trésorerie qui en font un ministre des Finances et de l'Économie. Toutefois, il est assisté du Chancelier de l'Échiquier qui est le véritable ministre des Finances. Le Premier ministre est aussi ministre du Civil Service (fonction publique), ce qui en fait le chef de l'Administration. A ce titre il dispose d'importants pouvoirs de nomination. Enfin il *peut dissoudre les Communes* (V. 229).

Mais il n'existe pas de « Premier ministère », c'est-à-dire que les services sur lesquels s'appuie le Premier ministre sont assez réduits et s'apparentent aux Cabinets ministériels français. C'est une faiblesse, car le Premier ministre doit se tourner vers le secrétariat du Cabinet ou vers ses collègues pour faire étudier les dossiers techniques.

B Les ministres et les secrétaires d'Etat

226. Les uns et les autres sont placés à la tête d'un département ministériel, leur titre dépendant de l'ancienneté de ce département. Les ministères les plus anciens et les plus importants s'appellent les *offices* (exemple : le Foreign Office), leur chef un secrétaire d'Etat.

Secrétaires d'Etat et Ministres sont choisis par le Premier ministre, ce qui renforce le caractère d'équipe du Cabinet et l'autorité de son chef.

Initialement, les membres du Gouvernement ne pouvaient être pris parmi les parlementaires. On craignait que le roi ne s'assure par des nominations judicieuses, une trop grande influence sur le Parlement. A la fin du XVIIe siècle, Guillaume d'Orange, pour se concilier les bonnes grâces du Parlement, devait renverser la règle en choisissant les ministres en son sein. Aujourd'hui, secrétaires d'Etat et ministres sont tous parlementaires et en grande majorité issus de la chambre des Communes. Cette pratique est d'ailleurs en quelque sorte imposée par la règle qui veut qu'un ministre n'ait accès qu'à la chambre dont il fait partie : un non-parlementaire ne peut représenter le Cabinet devant le Parlement, un Lord devant les Communes ; c'est pourquoi aussi, on l'a vu, le Premier ministre ne peut être un Lord. Depuis 1937, cependant, on a fait obligation au Premier ministre de choisir au moins trois Lords comme ministres et le ministre de la Justice est obligatoirement un Lord (il préside en même temps la chambre des Lords). D'autre part, pour limiter les inconvénients de cette situation, les secrétaires d'Etat et les ministres sont souvent flanqués d'une sorte d'adjoint, issu de l'autre Chambre, qui pourra y prendre séance et représenter le Gouvernement.

Les ministres sont placés sous l'autorité du Premier ministre qui peut modifier leur affectation, se substituer à eux (ce qui est fréquent dans le domaine des Affaires étrangères), les obliger à démissionner.

C Les autres membres de l'exécutif

227. Leur présence se justifie par la tradition ou par la transformation du rôle de l'exécutif.

1. — Les détenteurs de fonctions traditionnelles : Lord du Sceau privé, Lord président du conseil privé (qui, comme son nom l'indique, préside en outre le conseil privé) ; Sollicitor General, Attorney General, etc., pour ces deux derniers le titre correspond à des fonctions précises et importantes.

2. — Les secrétaires parlementaires (junior Ministers). Ils assistent un ministre pour une partie de ses attributions.

La structure gouvernementale englobe au total une centaine de personnes — 140, si on ajoute les *secrétaires parlementaires privés,* jeunes députés faisant la liaison entre un ministre et les Communes — ce qui est beaucoup trop large pour permettre un travail efficace. D'ailleurs toutes ces personnalités ne se retrouvent pas normalement en réunion plénière. Cette ampleur s'explique par l'*absence auprès des ministres d'un cabinet ministériel, au sens français du terme,* qui pousse à la multiplication des portefeuilles pour contrôler l'Administration. Chaque ministre est à la tête de ce qui constituerait une « direction » en France. D'autre part, cela fournit au Premier ministre un solide appui dans son parti, puisque un tiers environ de ses députés appartient au Gouvernement.

II. Le Cabinet

228. Le Cabinet est une émanation du Gouvernement, tous les ministres n'en font pas partie. Il est le centre de l'organisation gouvernementale. Organe collégial, placé sous l'autorité du Premier ministre, ses membres sont solidaires, c'est-à-dire que les décisions prises en commun les engagent tous, leur responsabilité est collective (et englobe même les ministres non membres du Cabinet qui n'ont donc pas participé à la décision). Cette responsabilité est théorique, — le cabinet est sûr de l'appui des Communes — elle ne joue donc que devant la Nation lors des élections.

A Composition

Ses membres sont choisis par le Premier ministre et démis par lui, et si les titulaires des fonctions les plus en vue s'y retrouvent toujours (Lord Chancelier, Chancelier de l'Échiquier, secrétaire d'Etat au Foreing Office, secrétaire d'Etat à l'Intérieur...), leur liste varie d'une législature à l'autre autour d'une vingtaine de personnes. Le Premier ministre y appelle généralement les chefs des différentes tendances de son parti et les ministres responsables des secteurs de la vie nationale les plus importants au regard de la conjoncture.

B Attributions

229. Le Premier ministre et le Cabinet ont hérité en pratique à peu près tous les pouvoirs reconnus au roi aux origines du régime parlementaire. Du fait du système électoral, il les tiennent non de la volonté du monarque, du Parlement ou des partis, mais du peuple, ce qui fonde leur autorité. Le cabinet débat, décide, coordonne la politique de la nation et surveille sa mise en œuvre.

1. Attributions exécutives

Le Cabinet détient les attributions traditionnelles de l'exécutif. En dehors de la définition des grandes lignes et des mesures d'exécution de la politique nationale, il a autorité sur l'Administration (le Civil Service), et procède aux nominations des hauts fonctionnaires — ce qui permet aussi de récompenser les fidélités politiques —, donne des directives et contrôle la façon dont elles sont appliquées.

Il dispose d'un pouvoir réglementaire qui prend la forme des « ordres en conseil privé » (v. 222).

Le droit de *dissolution* appartient au Premier ministre. La dissolution est très fréquente en Grande-Bretagne, mais elle n'intervient que rarement pour faire arbitrer par le peuple un conflit entre le Cabinet et le Parlement. Habituellement, la dissolution est prononcée parce que le Premier ministre choisit, à l'approche de la fin de la législature, le moment qui lui paraît le plus favorable — ou le moins défavorable — aux intérêts de son parti, pour provoquer des élections. Les Communes ne parviennent presque jamais au terme de leur mandat, elles sont dissoutes avant (15 élections entre 1945 et 1999, 10 dissolutions).

2. Attributions législatives

Le Cabinet a l'initiative des lois. Assuré du soutien de sa majorité, il peut faire adopter les textes qu'il désire et ne risque pas d'en voir l'économie bouleversée dans le cours du débat. Le Parlement n'a plus qu'un rôle formel de ratification des projets rédigés par le Cabinet.

Cette intervention dans le processus législatif est particulièrement marquée dans le domaine budgétaire et financier. *Le projet de budget* est préparé par la Trésorerie et *seul le Cabinet a la possibilité de proposer des dépenses ou des recettes.* Dans ces conditions, le débat budgétaire est réduit à sa plus simple expression. Il est d'ailleurs enfermé dans un délai très bref (25 jours) à l'issue duquel les Communes (la Chambre des Lords ne joue plus aucun rôle ici) doivent voter sans discuter les crédits demandés et non encore adoptés. Seules sont débattues les mesures contestées par l'opposition. Le système est beaucoup plus favorable au Gouvernement qu'en France.

Le Cabinet peut en outre se voir *déléguer par le Parlement une partie de son pouvoir législatif.* Une loi d'habilitation autorise le Cabinet à exercer la législation déléguée. Cette délégation législative est fréquente. Elle s'explique par la concentration des pouvoirs exécutif et législatif entre les mains du même parti : quand cela paraît préférable, on choisit la voie des décrets-lois.

Dans la pratique il semble pourtant que le Cabinet ne soit plus tout à fait le moteur de la vie politique. En effet :

— les premiers ministres constituent parfois un cabinet restreint *(inner cabinet)* dont le rôle peut être déterminant pour certaines décisions ;

— existent aussi des *Comités du Cabinet,* organes assez mystérieux, leur liste a été rendue publique en 1994 seulement (la vie politique n'est pas toujours très transparente ici), permanents ou ad hoc, créés à l'initiative du Premier ministre, où les fonctionnaires peuvent siéger à côté des ministres, qui examinent les dossiers avant la réunion plénière du Cabinet, le déchargeant ainsi d'une partie de ses tâches.

C La responsabilité politique

230. En théorie, les Communes peuvent refuser leur confiance au Gouvernement.

Mais le bipartisme corrige ici les mécanismes du parlementarisme. Le Cabinet est issu du parti majoritaire aux Communes, son chef est le leader de ce parti, les ministres des membres de son état-major. Sous les réserves exposées (V. 216), la discipline de parti se retrouve dans les scrutins importants (le principe est : liberté dans les débats, mais discipline dans les votes) et même si sa politique est considérée comme désastreuse (Chamberlain en 1940, Eden lors de l'affaire de Suez en 1956), pendant la durée de la législature le Cabinet n'a pas normalement à craindre de conflit avec les Communes mettant en péril son existence — ce qui n'exclut pas des désaccords sur des questions secondaires.

— En effet il est fréquent depuis toujours que des projets gouvernementaux soient repoussés et que le Cabinet soit ainsi mis en minorité. Déjà entre 1850 et 1865, le Gouvernement fut battu aux Communes en moyenne dix fois par session, la majorité des parlementaires de son parti votant même parfois contre lui. Dans les années 1970, le Cabinet travailliste de M. Callaghan, ne put, à plusieurs reprises, obtenir une majorité sur des questions souvent importantes ; des députés de la gauche du parti contestaient ainsi sa direction modérée. Mme Thatcher, de son côté, dut faire face à plusieurs reprises à la rébellion des députés conservateurs dont la discipline de vote est moins rigide. Mais une mise en minorité n'entraîne pas automatiquement le départ de l'équipe gouvernementale. En effet, *le Premier ministre peut considérer qu'un échec devant les Communes ne l'oblige pas à démissionner,* il peut estimer qu'il n'a pas perdu la confiance de la chambre, qu'il s'agit d'un désaccord ponctuel.

— Pour qu'il en soit autrement il faudrait, qu'il fasse connaître avant un vote son intention de se retirer s'il n'a pas la confiance des Communes. En principe, c'est le Cabinet lui-même qui apprécie s'il a toujours le soutien des députés.

— Enfin les députés peuvent prendre l'initiative d'une *motion de censure.*

Il est donc exceptionnel que la responsabilité du Cabinet soit mise en cause par les Communes. — Depuis 1895, deux Cabinets britanniques seulement ont été renversés par les Communes : Ramsey MacDonald en 1924 et Callaghan, à la suite d'une motion de censure votée par 311 voix contre 310, le 28 mars 1979.

Une crise n'est possible que dans deux circonstances :

— si le Cabinet ne s'appuie pas sur un parti majoritaire aux Communes mais a besoin du soutien d'un petit parti, qui peut un jour lui faire défaut : MacDonald 1924, Callaghan 1979 ;

— si une division apparaît au sein du parti majoritaire, une opposition résolue se manifestant contre le Premier ministre ou, pire, celui-ci perdant la confiance de son parti (Macmillan 1963).

Dans ces deux cas d'ailleurs, le Premier ministre n'attendra pas en général un scrutin de défiance, il prononcera la *dissolution.*

Les mécanismes de la responsabilité politique ne jouent donc pratiquement jamais. Le Premier ministre et son Gouvernement sont responsables devant la nation lors des élections.

§ 3. Le Parlement

Dans le vocabulaire politique britannique, le Parlement est constitué de trois éléments : le roi, les Communes et la Chambre des Lords. Mais l'expression est utilisée habituellement pour désigner les deux Chambres. Le Parlement siège au Palais de Westminster.

I. La Chambre des Communes

231. Elle comprend 659 membres, âgés de plus de 21 ans, élus pour cinq ans, au scrutin uninominal majoritaire à un tour. Ils portent le titre de « member of parliament » (M.P.). Depuis les élections de 1997, les Communes sont dominées par les Travaillistes (V. 215).

A Organisation

1. Le speaker

232. Les Communes sont présidées par le speaker. Son titre vient de ce que autrefois il représentait les Communes auprès du roi, il lui rendait compte des débats, il « parlait » en leur nom et avait pour mission de défendre leurs privilèges. La tradition marque encore largement sa fonction : il siège parfois en robe et en perruque, il se déplace précédé d'un homme d'arme portant la masse.

Il est désigné dans ses fonctions par les Communes à la suite d'un accord entre les deux partis — et donc sans vote — pour la durée de la législature. Habituellement, il est renouvelé dans sa charge s'il le désire, même si la majorité de la chambre a changé, il n'appartient donc pas nécessairement au parti majoritaire. Pour la première fois dans l'histoire, en 1992 une femme, Mme Boothroyd, a été désignée comme speaker. Après un vote — car il y avait un autre candidat — et bien qu'elle soit travailliste alors que les Communes étaient à majorité conservatrices. L'usage veut (avec de rares exceptions) qu'aucun candidat ne lui soit opposé quand il se représente aux élections de sa circonscription.

Le speaker dispose d'une autorité considérable. Bien qu'il soit un élu, comme les autres M.P., son comportement doit être totalement impartial et indépendant, il ne vote que lorsqu'il y a partage des voix, et alors dans le sens favorable au Gouvernement (ainsi le 22 juillet 1993 lors des débats sur le traité de Maastricht).

Le rôle du speaker est assez écrasant. Il est responsable en effet de l'organisation et du déroulement des débats. Il donne la parole aux intervenants. Il accepte ou refuse les amendements, clôt les débats, interprète les règles non écrites de fonctionnement des Communes. Il désigne les présidents de commissions et répartit les projets et propositions de lois entre celles-ci.

2. Les commissions

233. Pour faciliter le travail parlementaire, on a institué plusieurs types de commissions, différentes de celles qui existent en France. La Grande-Bretagne en effet est très attachée au principe de l'unité du Parlement, une section de celui-ci ne peut s'exposer à être accusée de s'emparer d'une partie de la souveraineté. D'où des réticences devant la création de commissions véritablement permanentes.

a) *Législatives*

— La commission de la Chambre entière

La Chambre se réunit en séance spéciale, distincte des séances publiques, pour étudier certains projets. Tous les parlementaires intéressés peuvent prendre séance, le débat est plus informel et la présidence est confiée non pas au speaker — à l'origine cette procédure avait été instituée, car on n'avait pas confiance dans son indépendance — mais à un chairman.

Cette procédure est très lourde, aussi n'y recourt-on que de façon peu fréquente.

— Les commissions permanentes (Standing Committees)

Depuis 1882, ont été créées des commissions quasi-permanentes, composées de 50 membres au maximum, désignés par un comité spécial, en tenant compte à la fois de la qualification des M.P. et de la composition des Communes (pour en être, en quelque sorte, une reproduction à échelle réduite, mêlant majorité et opposition). Leur présidence est toujours confiée à un parlementaire de la majorité.

Ces commissions sont au nombre de dix (dont deux pour l'Écosse) désignées par des lettres : A, B, C... et elles présentent la caractéristique de n'être pas spécialisées et de n'avoir pas de personnel fixe. Cependant, il existe un noyau permanent de 20 M.P. nommés pour la durée de la session, auquel viennent se joindre 30 parlementaires choisis en fonction de chaque projet. *Ainsi une commission différente est constituée pour chaque texte :* si dix bills sont confiés à la commission A, cette dernière changera dix fois de composition, en d'autres termes ce ne sont pas exactement les mêmes M.P. qui siègeront pour l'étude de chaque bill. On voit que la portée de la permanence est limitée.

Si les commissions ne sont pas spécialisées, c'est pour éviter qu'elles ne gênent, par un contrôle trop rigoureux, l'action de tel ou tel ministre. Leur rôle est d'ailleurs en définitive peu déterminant. La situation majoritaire du parti au pouvoir réduit la portée des amendements qui peuvent être admis, et l'examen exceptionnellement minutieux des textes auquel il est procédé apparaît à beaucoup comme une perte de temps.

b) *De contrôle : les Select Committees*

Là encore la tradition n'est pas favorable à la création de Commissions de contrôle spécialisées. Lorsque cependant il en fut créé dans le passé, elles étaient provisoires et chargées d'enquêtes ponctuelles.

Depuis 1979 ont été créées 16 *« select committees »,* dont les compétences correspondent à celles d'un ou de plusieurs ministères. Comprenant de 9 à 13 membres, leur composition s'efforce aussi de reproduire l'image de la Chambre, mais leur présidence peut être confiée à l'opposition. Leur rôle est d'examiner et d'enquêter sur les dépenses, la gestion et la politique des départements ministériels. La discussion y est plus libre, non partisane, les jeunes « *backbenchers* » (ce terme désigne, pour les distinguer des *frontbenchers,* les simples M.P. de base) tentent de s'y faire connaître. Chaque commission est libre de ses investigations, elle entend des hauts fonctionnaires et, sur autorisation de la Chambre, les ministres ; elle conclut ses travaux par un rapport qui peut être à l'origine d'un texte législatif. Ces commissions semblent s'être acclimatées, même si elles heurtent encore des habitudes ; elles font un travail utile.

B Fonctionnement

Les séances

234. L'ordre du jour est fixé par le « leader » de la Chambre, membre du cabinet chargé des relations avec elle, c'est-à-dire par l'exécutif.

Le fonctionnement de la Chambre est entouré d'un certain cérémonial. Les séances qui ont lieu l'après-midi, du lundi au vendredi, commencent par la lecture d'un psaume suivie d'une courte prière ; elles ne peuvent se tenir que s'il y a au moins 40 M.P. présents. Les parlementaires se répartissent dans la fort incommode salle des Communes (détruite pendant la guerre, elle a été reconstruite à l'identique) et si tous les membres voulaient prendre séance en même temps tous n'y trouveraient pas place (450 sièges seulement). Ils sont disposés en longueur de part et d'autre du speaker, la majorité étant à sa droite, l'opposition à sa gauche. En d'autres termes, en Grande-Bretagne, le pouvoir est toujours à droite. Le premier rang de chaque côté est réservé au Gouvernement et au shadow-Cabinet. Il n'y a pas de tribune, les M.P. parlent de leur banc, debout au milieu des leurs, dont ils semblent ainsi se faire les porte-parole et aux réactions desquels ils sont plus sensibles. Ils s'adressent au speaker. Le style des débats est différent de celui du Parlement français où l'on parle de la tribune qui isole. Les intervenants ne peuvent utiliser de notes, ils ne peuvent prendre la parole qu'une seule fois sur le même sujet, les accusations personnelles sont prohibées ; les débats sont pourtant parfois assez vifs, un sondage a révélé que pour 80 % des Britanniques ils leur faisaient penser à un « zoo » ! Les séances sont télévisées aux Communes depuis novembre 1989 (chez les Lords depuis 1985). Il n'y a qu'une seule session chaque année.

Les Whips (en français : fouets)

Le fonctionnement du Parlement est facilité par la présence des *Whips,* M.P. qui sont chargés, sous l'autorité de chief whips, de l'encadrement des membres de leur parti, de leur donner des consignes de vote, de veiller à la discipline, de négocier avec les Whips de l'autre parti l'abstention d'un certain nombre de parlementaires adverses pour compenser les absences dans les rangs de leur propre parti (système du pairing), de participer à l'élaboration de l'ordre du jour, de débattre du choix du speaker... ; ceux de la majorité font partie de Gouvernement.

Les questions

Une heure environ au début de chaque séance (question time) est consacrée aux questions orales posées par les parlementaires, mais connues à l'avance du Gouvernement. Ainsi est institué un contrôle constant et très contraignant du Gouvernement ; jusqu'à 8.000 questions sont posées chaque année. Leur nombre est trop grand pour qu'il soit répondu à toutes. Celles qui n'ont pu être inscrites à l'ordre du jour reçoivent une réponse écrite. Depuis 1961, des questions peuvent être posées directement au Premier ministre. Une fois par semaine, celui-ci doit ainsi répondre pendant 30 minutes à six ou sept M.P. qui, par le jeu des « questions complémentaires » posées en séance, peuvent l'entraîner sur des terrains imprévus où il n'est pas très à l'aise. Le Premier ministre n'étant pas titulaire d'un portefeuille spécialisé, ces questions sont d'ordre général et donnent à l'opposition un instrument redouté de mise en cause de la politique du Gouvernement. Le leader de l'opposition est le « questionneur » privilégié du Premier ministre. Nouvelle manifestation de *la situation considérable de l'opposition,* sans commune mesure, par exemple, à ce qu'elle est en France.

La discussion

Après les questions orales, on discute des projets législatifs inscrits à l'ordre du jour. Ces projets font l'objet de trois lectures successives, la première de pure forme, la deuxième donne lieu à une discussion approfondie, la troisième permet d'améliorer la rédaction du texte.

Pour accélérer la procédure, on a institué en 1887 le système de la « *guillotine* » qui permet de fixer une durée précise de discussion pour chaque partie du texte en examen (10 fois par an en moyenne), le débat s'arrête lorsque le temps prévu est écoulé et on passe au vote, même sur les dispositions qui n'ont pas été discutées. Ce sont les Communes elles-mêmes qui décident d'y recourir, à l'initiative du Cabinet. Depuis 1909, on peut utiliser un autre système, dit du « *kangouroo* », lequel autorise le speaker à choisir entre les amendements présentés ceux qui paraissent de nature à faire avancer le débat, évitant ainsi les discussions inutiles.

Au moment du scrutin, seuls les présents peuvent voter. *Le vote est en effet personnel.* Il s'effectue par « assis et debout » ; en cas de doute, les députés quittent la salle par la droite du speaker s'ils votent « oui », par la gauche s'ils votent « non ». Le vote électronique a été refusé en 1966.

C Pouvoirs

235. Les attributions théoriques des Communes sont considérables. Un adage célèbre prétend que « le Parlement peut tout faire sauf changer un homme en femme ».

— *Les Communes votent la loi* et l'absence de Constitution écrite fait que le domaine où elles peuvent légiférer est illimité. Cependant, leur pouvoir n'est pas absolu. Le principe s'est établi par la voie coutumière qu'*elles ne pouvaient créer de dépenses nouvelles ou augmenter des dépenses déjà existantes.* L'initiative des dépenses est réservée au Cabinet. D'autre part, si en théorie les parlementaires ont le droit de soumettre à la chambre des propositions de lois (private member's bills), l'habitude s'est prise de laisser un quasi-monopole de l'initiative législative au Gouvernement. Une proposition qui n'est pas reprise par le Cabinet a très peu de chances d'être adoptée, ne serait-ce qu'en raison de la difficulté pour la faire inscrire à l'ordre du jour. En principe pourtant à chaque session vingt jours sont réservés aux propositions de l'opposition, mais le quorum n'est pas toujours réuni, les M.P. ayant regagné leur circonscription et, dans le cas contraire, les propositions de l'opposition obtiendront rarement une majorité. Les 9/10e des lois sont d'origine gouvernementale.

— D'autre part, les Communes ont la possibilité de *renverser le Gouvernement* (v. 230). Celui-ci est responsable devant elles, mais le bipartisme rend tout à fait théorique une telle situation. Ce pouvoir a pourtant derrière lui une longue histoire (v. 191).

— Enfin, on a vu comment s'exerce un *contrôle* par les questions et les select committees.

II. La Chambre des Lords

La Chambre des Lords est la plus célèbre des chambres aristocratiques, la plus ancienne aussi. Survivance du passé, son rôle est allé en diminuant avec l'enracinement du régime démocratique. Elle est présidée par le Lord chancelier.

A Composition

236. L'élection n'intervient pas dans le recrutement de la Chambre des Lords. Celle-ci est composée d'environ 1 290 personnes qui se répartissent en plusieurs catégories.

— *Les Lords héréditaires* (750 environ) qui sont les pairs d'Angleterre et d'Écosse. Tout pair devient Lord à 27 ans. Le roi peut nommer de nouveaux Lords héréditaires sur proposition du Premier ministre. Cette possibilité a été utilisée 4 fois depuis 1983.

— *Les pairs nommés à vie* (478). Depuis le Life peerage Act en 1958, la couronne peut aussi, sur proposition du Premier ministre, nommer des pairs à vie. Entrent ainsi à la Chambre des Lords des personnalités politiques, syndicales, artistiques, sportives, des prix Nobel... Cela permet aussi de faire siéger plus de femmes à la Chambre haute (87). La menace de nommer une fournée de pairs favorables au Gouvernement peut permettre de faire cesser un conflit entre les Communes et les Lords. Mais il faut comprendre qu'une telle pratique retirerait à la Chambre des Lords une bonne part de son prestige et même, à la limite, son caractère parlementaire, pour en faire un instrument sans indépendance à l'égard du Cabinet.

— *Les Lords spirituels* (26) qui sont de hauts dignitaires de l'Église anglicane.

— *Les Lords judiciaires,* ou d'appel (27), hauts magistrats nommés à vie, qui ne participent pas aux débats. Ils jugent en moyenne 50 affaires par an.

Pendant longtemps, la grande majorité des Lords était proche du parti conservateur. La désignation de pairs à vie a un peu changé cette situation. En 1999, 474 pairs étaient inscrits au parti conservateur, 68 au parti libéral-démocrate, 176 au parti travailliste et 335 environ étaient sans affiliation politique. Mais l'absentéisme étant considérable, l'assemblée « réelle » réunit en séance environ 400 membres (376 en moyenne en 1996) et les pairs à vie font preuve de beaucoup plus d'assiduité que les Lords héréditaires. Aussi, lors des réunions de la Chambre, le déséquilibre au profit des conservateurs est-il moins accusé.

D'autre part, la discipline de vote est faible ; lors des votes sur des projets controversés, chacun se décide en conscience plutôt qu'en suivant les mots d'ordre d'un parti.

B Rôle

Placée sur un pied d'égalité en matière législative avec les Communes à l'origine, la Chambre des Lords n'a jamais eu la possibilité de mettre en jeu la responsabilité du Cabinet et elle a perdu la majeure partie de ses pouvoirs, à commencer par ses attributions financières.

Le mouvement de déclin, commencé dans le premier tiers du XIXe siècle et purement coutumier au début, a été sanctionné par deux textes au XXe siècle : les « Parliament Acts » de 1911 et 1949.

1. Les Parliament Acts

237. Au début de ce siècle, alors que l'accord des deux Chambres était nécessaire pour l'adoption d'une loi, un conflit, qui dura plusieurs années, opposa les Communes et les Lords. En 1909, à la suite du refus de ces derniers de voter le budget et les mesures sociales qu'il comportait, les Communes adoptèrent un texte réduisant les pouvoirs de la Chambre des Lords. Repoussée par les Lords, cette réforme entraîna à deux reprises la dissolution des Communes et des élections où le corps électoral confirma et renforça même la majorité sortante. Désavoués par l'arbitrage populaire, les Lords durent s'incliner. *La loi restreignant leurs pouvoirs fut approuvée en 1911.* Elle fut modifiée en 1949 dans le sens d'une nouvelle limitation des pouvoirs des Lords. Le Gouvernement travailliste de Clément Atlee craignait alors que la Chambre haute ne s'oppose aux nationalisations qu'il envisageait et fit voter une loi pour empêcher que sa résistance ne retarde trop longtemps la réforme.

Une distinction est faite entre :

• Les *projets financiers* auxquels les Lords n'ont plus la faculté de s'opposer ou d'amender. Tout « money bill » leur est cependant transmis, mais si au bout de 30 jours ils ne l'ont pas adopté et même s'ils l'ont repoussé, le monarque passera outre et promulguera la loi.

• Les *autres lois* peuvent être retardées pendant un délai de douze mois (2 ans en 1911) par la Chambre des Lords. Les Lords disposent ainsi d'un droit de veto temporaire. Curieusement d'ailleurs, ce droit a été utilisé une fois seulement depuis 1949, le 1er mai 1991, les Communes ayant fait alors prévaloir leur point de vue.

2. Pouvoirs actuels de la Chambre des Lords

238. Les Lords participent donc à l'élaboration des lois. Il est assez fréquent que des projets de lois leurs soient directement soumis et ils se prononcent aussi sur ceux qui ont déjà été approuvés par les Communes. La qualité des débats devant les Lords est souvent remarquable et le travail législatif bénéficie de leurs amendements.

Mais on a vu que depuis 1911, en cas de conflit avec les Communes, celles-ci, après un certain délai, ont le dernier mot, les Lords doivent s'incliner et approuver le texte des Communes. Le bicaméralisme britannique est *très inégalitaire.* Les Lords peuvent cependant s'opposer aux décrets (ordres en conseil) (V. 229) pris par le Cabinet *sur délégation législative.* Ces décisions doivent être contrôlées par les assemblées qui peuvent refuser de les entériner. Les Lords ont ici les mêmes pouvoirs que les Communes, mais ils n'en usent pratiquement jamais.

En définitive les Lords évitent les conflits avec l'autre Chambre. Mais ils gardent leur indépendance d'esprit, ils sont plus libres à l'égard de leur parti, s'opposant au besoin aux projets des Conservateurs, jouant un rôle progressiste dans les domaines touchant aux mœurs : homosexualité, avortement, divorce, et aux droits de l'homme ; ils sont les gardiens de l'autonomie locale et du consensus national. Contre-pouvoir face aux abus éventuels de majorité des Communes, ils n'hésitent pas à les affronter lorsqu'ils estiment qu'elles vont contre le sentiment du pays.

L'existence de la Chambre des Lords n'est pas véritablement menacée mais Tony Blair, qui entretient de mauvaises relations avec elles, est décidé à la réformer en profondeur. Il a fait annoncer par la Reine, dans le discours du Trône de Novembre 1998, que les pairs héréditaires disparaîtraient ou, tout au moins, seraient privés du droit de vote. La Chambre prendrait le nom de Sénat... *La procédure de cette réforme est actuellement en cours.*

Sous-section 3
Nature du régime britannique

239. L'étude du régime britannique apprend à douter des apparences. Beaucoup sont fausses : monarchie où la couronne a perdu la réalité du pouvoir, régime bicaméral où une chambre n'est qu'un pâle fantôme d'assemblée, archétype du bipartisme alors qu'il est imparfait, et, fait peut-être plus nouveau et plus inquiétant, démocratie où les citoyens se désintéressent de la chose publique. Faut-il alors aussi réviser l'idée que le régime britannique est un modèle de régime parlementaire ? Faut-il se rallier à l'idée provocante selon laquelle le régime britannique serait présidentiel.

Quelles raisons a-t-on de douter du caractère parlementaire du système ?

A L'absence de responsabilité politique du Cabinet

On a vu plus haut (p. 230) que, dans la pratique la responsabilité politique du Cabinet ne joue à peu près jamais.

B La collaboration des pouvoirs

240. En théorie, dans un régime parlementaire, l'exécutif et le législatif sont séparés, mais une collaboration s'établit entre eux. Cet aspect du schéma parlementaire est lui aussi difficile à retrouver en Grande-Bretagne.

Le bipartisme ici encore vient fausser le jeu des mécanismes parlementaires. Le législatif et l'exécutif sont entre les mêmes mains. Il n'y a pas d'équilibre entre des pouvoirs séparés, répartition des fonctions entre eux, mais *concentration des pouvoirs* entre les mains d'un seul parti : celui-ci a le quasi-monopole de l'initiative des lois qui sont préparées par le Cabinet, la politique du Cabinet est la mise en œuvre du programme du parti, le résultat des scrutins aux Communes est acquis à l'avance chaque fois que le parti au pouvoir le désire. Cabinet et Communes n'ont pas un rôle politique différent, ils apparaissent comme des rouages techniques destinés à mettre en œuvre la politique du parti. Dans ces conditions, on ne peut plus parler de collaboration des pouvoirs, car *il n'y a pas véritablement de pouvoirs distincts.*

C Gouvernement de Cabinet ? Régime présidentiel ou régime parlementaire ?

241. • Bon nombre d'auteurs se sont mis d'accord depuis longtemps pour admettre que la Grande-Bretagne ne pratiquait pas le Gouvernement parlementaire, mais le *Gouvernement de Cabinet.* Ils soulignent par-là la primauté que le Cabinet — irresponsable en pratique devant le Parlement — aurait prise sur les autres organes, sur le Parlement en particulier qui n'a que très peu d'influence sur l'élaboration de la politique. Les relations équilibrées entre exécutif et législatif n'existeraient plus, les moyens de pression réciproques subtilement dosés, qui caractérisent le régime parlementaire, non plus. Le pouvoir en Grande-Bretagne serait entre les mains du Cabinet « clé de voûte de l'édifice » institutionnel.

• D'autres observateurs mettent l'accent sur la prééminence du Premier ministre au sein du Cabinet et, comparant sa situation à celle du Président des Etats-Unis, affirment que la Grande-Bretagne vit sous un *régime présidentiel.* Ils soulignent qu'il est l'élu du peuple — indirectement peut-être, mais en votant pour le candidat travailliste ou conservateur, l'électeur sait qu'en même temps il vote pour tel Premier ministre, — qu'il choisit très librement les membres du Cabinet et peut les renvoyer ; qu'il préside le Cabinet et qu'il pourra, s'il a l'autorité suffisante, imposer sa politique et traiter même des affaires relevant des différents départements, par-dessus la tête des ministres. Tout ceci sans courir le risque d'un désaveu d'un Parlement dont la majorité le reconnaît pour son chef. L'accroissement des interventions de l'Etat dans la vie nationale n'a fait au surplus que renforcer ses possibilités d'action. *Le Premier ministre, et non le Cabinet, serait le véritable détenteur du pouvoir.* A la limite, il serait même plus puissant que le Président américain, puisqu'il dispose d'une majorité disciplinée aux Communes, alors qu'aux Etats-Unis, le Président doit compter avec le Congrès dont l'appui ne lui est jamais durablement acquis.

• En sens inverse, d'autres spécialistes des institutions britanniques insistent sur les traits parlementaires que comporte tout de même le régime. Ils s'efforcent de montrer en particulier qu'un Premier ministre dispose de beaucoup moins de liberté à l'égard de la majorité parlementaire qu'on ne l'affirme et qu'une véritable responsabilité politique existe, un Premier ministre ne pouvant se maintenir durablement au pouvoir contre le sentiment de sa majorité ; Margaret Thatcher en a fait l'expérience en 1990. On parle alors de *parlementarisme majoritaire.* Mais si l'on voit bien le phénomène majoritaire, on peut se demander où est le parlementarisme. Comme on le sait, la présence d'un Parlement n'est pas un gage de parlementarisme.

En définitive, le système britannique est original, car le pouvoir y est exercé à tour de rôle par deux partis. Ceux-ci sont alors en position d'exercer une dictature à laquelle ils se refusent et contre laquelle jouent la mentalité anglaise et le poids du passé.

Section 3
Les institutions politiques de la République Fédérale d'Allemagne

Bibliographie : *Pouvoirs* n° 66, « l'Allemagne », 1993. — Christian AUTEXIER : *Introduction au droit public allemand,* 1997.

Le précédent de Weimar (1919)

242. Déjà au lendemain de la Première Guerre mondiale, l'Allemagne de Weimar s'était donné en 1919 une Constitution particulièrement libérale qui apparaît comme la première des grandes Constitutions modernes. Rompant avec la tradition impériale de la Constitution de 1871, elle instituait une république parlementaire et faisait une large place aux procédés de démocratie directe. La primauté de l'exécutif qui caractérisait l'histoire allemande semblait ainsi écartée.

Mais le régime, placé sous d'aussi heureux auspices, allait offrir une faible résistance à ses ennemis. L'absence de racines parlementaires, la crainte de la révolution, la crise économique à partir de 1928-29, la multiplication des partis empêchèrent le nouveau régime de fonctionner selon ses règles. Bien plus, les mécanismes constitutionnels devaient favoriser la montée vers le pouvoir des nationaux-socialistes. 14 ans après la promulgation de la Constitution de 1919, la victoire d'Hitler — obtenue dans des formes régulières — mettait fin à la première république allemande.

Les refus de 1949

La leçon était présente à tous les esprits lorsqu'après la seconde guerre mondiale il fallut édifier les institutions du nouvel Etat allemand, amputé de ses provinces orientales. La loi fondamentale du 23 mai 1949 — l'élaboration d'une « Constitution » était renvoyée après la réunification des deux Allemagnes — est un texte mûrement réfléchi, construisant les institutions d'un régime parlementaire rationalisé en s'efforçant d'éviter les erreurs du passé et d'écarter les menaces du présent.

La Constitution allemande est fondée sur *une série de refus :* l'hitlérisme, le communisme, le parlementarisme weimarien. Les Allemands ont ainsi répudié :

— Le principe d'un chef de l'Etat fort, élu au suffrage universel direct et titulaire de pouvoirs étendus. On en avait fait l'expérience dans le régime de Weimar, elle s'était révélée désastreuse, Hindenburg —

le premier Président — ayant renoncé à user d'une autorité qu'Adolf Hitler allait relever de la façon que l'on sait.

— Le recours trop facile au référendum. Cette procédure avait en effet largement profité aux nationaux-socialistes, on craignait ses virtualités plébiscitaires (98 % de votants, 99 % de oui !).

— L'instabilité gouvernementale, favorisée en particulier par les conséquences nocives de la représentation proportionnelle et la multiplication des partis qu'elle entraîne. L'une des faiblesses du régime de Weimar avait été la difficulté de l'exécutif à s'imposer en face d'un Parlement lui-même voué à des dissolutions répétées faute de dégager une majorité stable.

L'Etat de droit, la Cour Constitutionnelle fédérale, l'Europe

Les juristes allemands sont très attachés à la notion d' *« Etat de droit »* (principe selon lequel : l'Etat est soumis au droit ; ce n'est pas une évidence et, dans l'histoire, c'est une idée récente) formulée par eux dès 1860, et dont ils font découler les grands principes du droit constitutionnel : séparation des pouvoirs, hiérarchie des normes, droits fondamentaux des individus, non-rétroactivité des lois et des actes administratifs... La Loi fondamentale, consacre l'Etat de droit, et témoigne ainsi de l'adhésion du peuple allemand aux valeurs démocratiques.

A ce titre les Allemands ont voulu assurer la suprématie de la Loi fondamentale en instituant des organismes destinés à en contrôler le respect. Le plus connu et le plus efficace est la *Cour Constitutionnelle fédérale* qui siège à Karlsrühe. Élue par les deux chambres en dehors de leur sein, composée de juristes, la Cour est à la fois la gardienne de la Constitution (juge de la constitutionnalité des lois), de la conformité du droit fédéré au droit fédéral, et le défenseur des principes politiques sur lesquels repose la démocratie allemande (à ce titre par exemple elle juge le Président de la République, elle vérifie en appel les pouvoirs des membres du Bundestag, elle apprécie la responsabilité des juges accusés d'avoir contrevenu à l'ordre constitutionnel, elle interdit les partis politiques qui tendraient à porter atteinte à cet ordre constitutionnel).

La Loi fondamentale de 1949 a ainsi établi à travers un schéma institutionnel classique, un régime parlementaire rationalisé qui a valeur d'exemple. Constitution rigide, elle ne peut être révisée qu'à la majorité des 2/3 des membres de chacune des deux chambres. Elle l'a été souvent. *La réunification* avec la R.D.A. intervenue le 3 octobre 1990, n'a pas entraîné de refonte des institutions, la R.D.A. a « adhéré » à la R.F.A. et la loi fondamentale continue à s'appliquer avec quelques aménagements pour tenir compte de l'existence de nouveaux länder.

Une révision intervenue en 1992 fait de l'édification d'une *Europe* unie un objectif constitutionnel : l'« Allemagne concourt au développement de l'Union européenne ». Les transferts de compétence à l'Union obéissent à des règles spéciales et on s'est efforcé d'associer les länder aux affaires de l'Union.

Sous-section 1
Le schéma institutionnel

A L'Etat fédéral

243. *L'Etat est fédéral,* l'Allemagne a renoué avec la tradition suspendue par Hitler, ceci avec la bénédiction des Alliés qui y voyaient un moyen de l'affaiblir. Il regroupe 16 *länder* (Etats fédérés) disposant chacun de sa Constitution, de son Parlement (« landtag »), de son Gouvernement et de sa Cour constitutionnelle. La répartition des compétences entre le Bund (Etat fédéral) et les länder est assez complexe, car entre les domaines ouverts à leur législation exclusive, existe un secteur de législation concurrente où le Parlement fédéral et les Parlements fédérés peuvent intervenir chacun, mais où, en pratique, le premier joue un rôle prédominant. L'autonomie des länder qui s'était progressivement réduite après 1949, a été de nouveau accrue par une revision constitutionnelle intervenue en 1992 pour défendre leurs droits dans le processus de l'édification européenne. Définie de façon résiduelle par la loi fondamentale (tout ce qui n'est pas confié par celle-ci au Bund), l'autonomie concerne essentiellement l'administration interne — y compris la police —, l'éducation, la culture, la télévision, la presse... et, dans une certaine mesure, les impôts. Son étendue reste bien moindre que celle des Etats fédérés américains.

Les länder pratiquent en outre un *« fédéralisme coopératif »,* caractérisé par une concertation poussée entre eux, ils s'entendent sans passer par les institutions fédérales (V. 14).

Le fédéralisme a une conséquence importante dans la vie politique allemande, il évite la mainmise d'un seul parti sur le pouvoir. En effet, le parti qui est dans l'opposition au Parlement fédéral contrôle toujours un certain nombre de länder, où il peut déployer ses compétences gouvernementales (V. aussi 245).

B Le Parlement

244. Le Parlement de la R.F.A. est composé de deux chambres.

• Le *Bundestag :* diète ou assemblée fédérale (662 membres)

Il représente le peuple. Il est élu pour quatre ans, dans chaque land, selon un système électoral compliqué combinant scrutin majoritaire et représentation proportionnelle. La moitié des sièges est attribuée au scrutin majoritaire uninominal à un tour dans des circonscriptions, l'autre moitié est répartie à l'intérieur de chaque land à la R.P. entre les listes présentées par les partis, en tenant compte des sièges déjà attribués au scrutin majoritaire. Mais il faut avoir obtenu au moins 5 % des voix au plan national (ou 3 sièges au scrutin majoritaire) pour pouvoir participer à la répartition des sièges à la R.P. (ce qui écarte les petits partis). L'électeur vote ainsi deux fois. On a essayé de combiner la justice électorale avec la personnalisation du choix des électeurs. Ce système a produit une assemblée constamment gouvernable.

La représentation de chaque land est proportionnelle à sa population.

• Le *Bundesrat :* conseil fédéral

Il représente les Etats et comprend 68 membres pour 16 länder. Conformément à la tradition de l'Empire, tous les Etats n'envoient pas un nombre égal de délégués au Bundesrat. Il est tenu compte de leur population pour fixer leur représentation qui varie de trois à six membres. Ceux-ci sont désignés par le Gouvernement de chaque land et sont donc des fonctionnaires. Lors des scrutins, les représentants de chaque land votent dans le même sens (mandat impératif) conformément aux directives qui leur sont données. *Il ne s'agit donc pas d'une assemblée parlementaire classique, d'une véritable seconde chambre.* C'est là l'une des originalités du fédéralisme allemand, on ne la retrouve nulle part.

• Attributions des chambres

245. Le bicaméralisme allemand est inégalitaire. Chambre populaire, le Bundestag a des attributions plus larges que l'autre chambre dont le rôle n'est cependant pas négligeable.

◊ L'élaboration de la loi

a) *L'initiative législative*

Les lois peuvent avoir trois origines différentes :

— *Les projets gouvernementaux.* Le plus souvent (dans les deux tiers des cas), le Cabinet prend l'initiative de la loi et six lois sur sept sont d'origine gouvernementale. Les projets sont communiqués au Bundesrat qui *peut* donner son avis, dans les trois ou les neuf semaines selon les cas ; ensuite de quoi le texte est transmis au Bundestag.

— *Les propositions des membres du Bundestag.* Une particularité ici : un député isolé ne peut déposer une proposition de loi, celle-ci doit être appuyée par 26 députés, c'est-à-dire par un nombre d'élus correspondant à celui nécessaire pour former un groupe parlementaire.

— *Les propositions du Bundesrat.* Les membres du Bundesrat n'ont pas l'initiative des lois, mais le Bundesrat lui-même peut décider à la majorité de déposer un texte, ce qui est peu fréquent : 6 % des textes. Le Cabinet dispose d'un délai de six ou neuf semaines pour donner son avis, puis le texte est transmis au Bundestag.

b) *La discussion et le vote de loi*

Devant le Bundestag

L'ordre du jour du Bundestag est fixé par le Conseil des Anciens, c'est lui qui décide qu'un texte viendra en discussion. La décision échappe donc entièrement au Cabinet. Mais le conseil étant élu à la R.P. des groupes, le Gouvernement y dispose d'une majorité. Le texte fait l'objet de trois lectures. Sauf lorsque se pose une question de principe, la première lecture est une simple formalité. La deuxième intervient après l'étude du texte par les commissions et en général les jeux sont faits et le Bundestag ne bouleverse pas l'économie du projet. La troisième donne lieu à un vote d'ensemble et ne suscite guère de discussion.

Deux caractéristiques intéressantes : le tiers des lois sont adoptées sans amendement et surtout une grande majorité est votée à l'unanimité (70 % dans les années 60 et 70). C'est là un symbole des relations qui s'établissent entre la majorité et l'opposition, celle-ci s'efforce de faire amender les textes, puis ensuite elle se rallie au compromis réalisé. Elle manifeste par-là que ses critiques ne sont pas systématiques, elle donne l'image d'une force responsable prête à prendre la relève du pouvoir.

Devant le Bundesrat

Le Bundesrat ne peut modifier la loi, il peut simplement l'approuver sans l'amender, lui opposer son veto, ou engager une procédure spéciale de discussion.

- *Le veto définitif*

Dans un certain nombre d'hypothèses prévues par la Constitution, l'accord des deux chambres est requis pour l'adoption de la loi. Il s'agit généralement de textes concernant les relations administratives et financières entre l'Etat fédéral et les länder, la défense nationale, l'Europe (ainsi que la révision de la loi fondamentale) ; ce domaine est très étendu, puisque aujourd'hui plus de 50 % des lois doivent obtenir un vote favorable des deux chambres. Lorsque la majorité du Bundesrat est différente de celle du Bundestag, ce qui est à nouveau le cas depuis Février 1999, le Bundesrat peut créer de grosses difficultés au Chancelier dans la mise en œuvre de sa politique. C'est ce qu'on pourrait appeler : « la cohabitation à l'allemande ». Cependant depuis cinquante ans le Bundesrat n'a repoussé définitivement qu'une loi par an en moyenne. Le recours à la commission paritaire de conciliation, évoquée ci-dessous, peut permettre d'éviter les blocages.

• *Le veto suspensif*

Si la loi n'exige pas son accord, mais que le Bundesrat souhaite que le texte soit modifié, il peut, dans les trois semaines, provoquer la réunion d'une commission de conciliation composée à parité de membres des deux assemblées. Le Bundesrat peut s'opposer aux propositions de la commission à la majorité simple ou des deux tiers selon les cas. Ce veto peut être levé par un vote du Bundestag à la majorité de ses membres dans le premier cas et des 2/3 des votants dans le second. Le recours au veto suspensif est peu fréquent (35 fois de 1949 à 1997).

On notera que le Cabinet ne peut intervenir dans la procédure législative.

◊ Le contrôle du Gouvernement (V. 248)

Seul le Bundestag peut mettre en cause la responsabilité politique du Gouvernement et éventuellement d'un ministre déterminé (ainsi le 4 juin 1997 la censure fut demandée et repoussée contre le Ministre des Finances). Il peut aussi créer des *commissions d'enquête* et il organise chaque semaine deux séances de *questions orales* au Gouvernement.

C Le Président de la République

246. Pour limiter son autorité, il est élu pour cinq ans au scrutin indirect. Le collège électoral est composé par les membres du Bundestag complétés par un nombre égal de délégués désignés par les länder (soit au total 1 324 personnes). A partir du troisième tour de scrutin, la majorité relative suffit. Il n'est rééligible qu'une fois.

Le Président est irresponsable et ses pouvoirs sont assez réduits sans être toutefois entièrement négligeables : il promulgue la loi, saisit le Tribunal constitutionnel, conclut les traités, nomme à certains emplois... Mais il ne préside pas le Conseil des ministres et le Chancelier n'est pas responsable devant lui, il n'a pas l'initiative de la loi, ne commande pas les armées et son rôle dans la désignation du Chancelier est assez limité. Son accord est indispensable pour des décisions importantes : dissolution, mise en vigueur des pouvoirs de crise. Il ne peut exercer le plus souvent ses attributions qu'avec le contre-seing du Chancelier. S'il n'a, en définitive, que peu de pouvoirs, il pourra, si sa personnalité est respectée, disposer d'une grande autorité.

D Le Chancelier

247. Le Chancelier est l'homme fort du régime. Il est le chef du Gouvernement et le constituant s'est employé à lui assurer l'appui d'une majorité au Bundestag. *Sa procédure de nomination est originale :*

— Le Président de la République propose au Bundestag un candidat qui ne peut être élu, sans débat, qu'à la majorité absolue des suffrages :

- Si le candidat du Président échoue, le Bundestag peut élire, toujours à la majorité absolue, son propre candidat dans les 14 jours du premier scrutin. S'il n'y est pas parvenu, on procède cependant au terme de cette période à un nouveau tour de scrutin.
- Si le Bundestag ne parvient pas à désigner un Chancelier, le Président de la République peut, soit nommer le candidat ayant obtenu la majorité relative, soit dissoudre le Bundestag.

Jusqu'à présent, jamais la procédure n'a dépassé le premier stade, mais en 1949, Konrad Adenauer, 1965 Willy Brandt et en 1994 Helmut Kohl ont obtenu la majorité absolue d'extrême justesse.

Les Présidents et Chanceliers fédéraux

PRÉSIDENTS	CHANCELIERS
Théodor Heuss (libéral) 1949-1959	Konrad Adenauer (C.D.U.) 1949-1963
Heinrich Lübke (C.D.U.) 1959-1969	Ludwig Erhard (C.D.U.-C.S.U.) 1963-1966
Gustav Heinemann (S.D.P.) 1969-1974	Kurt-Georg Kiesinger (C.D.U.-C.S.U.) 1966-1969
Walter Scheel (P.L.D.) 1974-1979	Willy Brandt (S.P.D.) 1969-1974
Karl Carstens (C.D.U.-C.S.U.) 1979-1984	Helmut Schmidt (S.P.D.) 1974-1982
Richard von Weizsäcker (C.D.U.-C.S.U.) 1984-1994	Helmut Kohl (C.D.U.-C.S.U.) 1982-1998.
Roman Herzog (C.D.U.-C.S.U.) 1994-1998.	
Johannes Rau (S.P.D.) 1999	Gerhard Schröder (S.P.D.) 1998

Les *pouvoirs du Chancelier* lui confèrent une forte autorité. Il lui appartient de choisir les ministres sans intervention du Parlement et de les faire nommer par le Président. Le Chancelier peut les révoquer discrétionnairement. Le Cabinet n'est donc pas, de ce point de vue, un organe collégial, puisque seul le Chancelier reçoit l'investiture du Parlement. Il est seul responsable devant ce dernier de la politique d'un Gouvernement dont il définit les lignes d'« orientations politiques générales ». Mais le Chancelier doit beaucoup dialoguer avec sa majorité, il est amené à lui faire des concessions, car il ne faut pas oublier, en particulier, qu'il n'a pas de moyens d'intervention dans la procédure législative.

D'autre part, c'est au Gouvernement dans son ensemble que la Constitution confie les attributions habituelles de l'exécutif (pouvoir réglementaire, etc.), faisant ainsi réapparaître le principe du Gouvernement collégial.

Dans la pratique, le Chancelier conserve la haute main sur des questions particulièrement sensibles, comme les relations extérieures.

Sous-section 2
Le parlementarisme rationalisé

248. La Constitution de 1919 s'inscrivait déjà dans le courant de rationalisation du parlementarisme. Les procédures retenues s'étaient révélées insuffisantes pour acclimater à elles seules un régime auquel rien ne prédisposait l'Allemagne. Aussi, en 1949, l'instabilité gouvernementale devait-elle être combattue et l'exécutif garanti contre les sautes d'humeur du Bundestag. Il fallait en outre permettre au Gouvernement d'exercer ses pouvoirs en certaines circonstances sans le soutien de celui-ci.

A La responsabilité politique

Les dispositions concernant la responsabilité politique du Gouvernement — en réalité seul le chancelier est mis en cause — sont peut-être les plus remarquables du régime allemand. Elles tendent à assurer au Chancelier une majorité sur laquelle il puisse compter.

Il faut distinguer deux hypothèses :

— Celle où c'est le Chancelier qui prend l'initiative d'un vote sur la confiance (art. 68). Si celle-ci lui est refusée, il peut, dans les trois semaines, soit démissionner, soit demander au Président de dissoudre le Bundestag. Pour éviter de revenir devant les électeurs, ce dernier peut profiter de ce délai pour élire un nouveau Chancelier à la majorité absolue. L'échec d'une question de confiance n'oblige donc pas le Chancelier à démissionner.

La question de confiance n'est qu'exceptionnellement posée. Depuis 1972 elle n'a abouti que deux fois à la mise en minorité du Gouvernement, les 20 septembre 1972 et 17 décembre 1982. Les deux fois le Chancelier (Brandt puis Kolh), qui n'était donc pas obligé de démissionner après le vote défavorable, provoqua la dissolution du Bundestag. En réalité la procédure de l'art. 68 n'avait été utilisée que pour permettre la dissolution, le Chancelier demandant même à ses amis de contribuer à le mettre en minorité. A chaque fois le parti du Chancelier est sorti renforcé des élections suivant la dissolution. Ce bel exemple d'utilisation instrumentale d'une règle constitutionnelle, montre en même temps que le régime actuel de la dissolution n'est pas satisfaisant, puisqu'il oblige à recourir à de tels subterfuges, il s'agit d'une sorte d'auto-dissolution.

— Celle où l'initiative vient du Bundestag (art. 67). La motion de censure doit inviter le Président à relever le Chancelier de ses fonctions et *comporter le nom d'un successeur.* Cette procédure est connue sous le nom de *défiance constructive.*

Le constituant a ainsi voulu mettre le Bundestag devant ses responsabilités. Il ne peut renverser le Gouvernement que s'il est en mesure de proposer un nouveau chef de l'exécutif, une coalition des extrêmes est normalement vouée à l'échec. Cette procédure rigoureuse n'a encore joué que deux fois et réussi une fois, le 1er octobre 1982, lorsque la coalition des chrétiens-démocrates et des libéraux a imposé, à la suite de l'adoption d'une motion de censure, M. Helmut Kohl pour remplacer le Chancelier Schmidt.

B L'état de détresse législative

249. Que peut faire un Chancelier sans majorité au Bundestag et sans successeur capable de rassembler les suffrages des députés ? Un Bundestag impuissant à se mettre d'accord sur le nom d'un nouveau Chancelier pourrait rendre la vie impossible au titulaire de la fonction en votant systématiquement contre ses propositions, en lui refusant les moyens de sa politique (rejet du budget par exemple). Dans cette situation, le Chancelier n'aurait d'autre issue que de démissionner. Pour éviter que les règles de la responsabilité gouvernementale ne soient ainsi tournées, la Loi fondamentale de Bonn a inventé une autre procédure originale permettant au Chancelier de gouverner, pendant un certain temps, sans majorité au Bundestag.

Dans l'hypothèse où le Chancelier n'a pas obtenu la confiance de la diète et, n'ayant pas fait dissoudre celle-ci, se trouve en butte à son obstruction systématique, il peut, avec l'accord du Bundesrat, obtenir du Président la proclamation de l'*état de détresse législative*. Pendant six mois, les projets de lois qui seraient repoussés par le Bundestag peuvent être approuvés par le seul vote du Bundesrat. Le Chancelier a ainsi les moyens de gouverner pendant un certain temps en mettant entre parenthèses le Bundestag à condition d'obtenir le concours du Président et du Bundesrat. A l'issue de cette période, s'il n'a toujours pas de majorité, il pourra faire prononcer la dissolution du Bundestag, le pays étant alors appelé à arbitrer le conflit. L'état de détresse ne peut être prorogé.

Cette procédure investit le Chancelier d'une sorte de dictature contre la volonté des élus directs de la nation, mais avec l'appui des länder. Les élus ne sont pourtant pas désarmés puisqu'ils peuvent mettre fin immédiatement à la situation en investissant un nouveau Chancelier à la majorité absolue. La prolongation de l'état de détresse est l'aveu de leur désunion et de leur impuissance.

L'état de détresse législative est une arme qui est restée jusqu'à maintenant inutilisée.

Sous-section 3
Le système partisan (le parteienstaat)

250. Si les procédures sophistiquées du parlementarisme rationalisé ont eu peu l'occasion de jouer, on le doit en grande partie à l'évolution du système des partis en R.F.A.

Les petits partis sont réduits à un rôle négligeable, la règle qui exclut de la répartition proportionnelle des sièges lors des élections au Bundestag les formations qui ont obtenu moins de 5 % des voix y est pour beaucoup (V. 244). D'autre part, une seule fois — en 1957 — les élections ont donné la majorité à un parti (la C.D.U.-C.S.U.).

Trois partis jouent un rôle important dans la vie politique : le parti démocrate-chrétien (C.D.U., 700 000 membres), le parti socialiste (S.D.P., 900 000 membres) et le parti libéral (F.D.P.). Les deux premiers dominent le jeu et — par un véritable « miracle électoral », si on compare avec Weimar — un bipartisme de fait s'est institué qui se renforce à chaque scrutin : alors qu'en 1949 ils recueillaient 60 % des voix à eux deux, ils en obtiennent maintenant près de 80 %. Pendant longtemps la C.D.U., qui se situe au centre-droit, a gouverné seule ou, de 1961 à 1966, avec le soutien du F.D.P. En 1966, les démocrates-chrétiens se sont unis aux socialistes pour créer *la grande coalition,* elle-même bien évidemment affranchie de toute menace parlementaire. A partir de 1969 et jusqu'en 1982, le S.D.P., qui ne se réclame plus du marxisme (programme de Bad-Godesberg), mais préconise la cogestion, a gouverné à son tour en s'appuyant sur le parti libéral. En dépit de sa faiblesse, ce dernier joue un rôle capital, aucun des « deux grands » ne parvenant à lui seul à la majorité.

Mais à l'automne de 1982, les libéraux mirent fin à leur soutien, provoquant la crise qui entraîna le remplacement de M. Helmut Schmidt par le Chancelier Kohl.

Les élections au Bundestag du 27 septembre 1998 ont donné :

— S.P.D.	40,9 % des voix	298 sièges
— C.D.U.-C.S.U. (Union chrétienne sociale, aile droite du C.D.U. propre à la Bavière)	35,2 % des voix	245 sièges
— F.D.P.	6,2 % des voix	44 sièges
— Alliance 90 (les « Verts »)	6,7 % des voix	47 sièges
— Parti du socialisme démocratique (P.D.S., ex parti communiste de l'Est)	5,1 % des voix (dans l'ex. RDA)	35 sièges

L'extrême droite, a obtenu 3,3 % des voix et zéro siège.

Le S.P.D. contrôle le Bundestag, la C.D.U. le Bundesrat.

L'expérience de la démocratie allemande est une réussite. Le système est caractérisé par une grande stabilité : en 1998 c'est la première fois depuis 1949 que le Chancelier est désavoué par les électeurs. Stabilité et alternance se combinent cependant harmonieusement, la R.F.A. n'a connu que sept Chanceliers depuis 1949.

En même temps la culture politique allemande est différente de la nôtre : plus soucieuse de parvenir au consensus, avec une opposition plus associée aux décisions, avec une vie politique plus décrispée.

Chapitre 2
Le régime présidentiel

Le régime présidentiel peut lui aussi se réclamer d'une origine ancienne. Avec le recul du temps, il apparaît comme l'une des formes possibles de transition entre la monarchie absolue et le régime parlementaire. Le roi voit son pouvoir réduit par l'apparition d'assemblées, mais il continue à exercer ses attributions en s'entourant de conseillers responsables devant lui seul ; en ce sens la monarchie limitée préfigure le régime présidentiel tel qu'il apparaîtra en Amérique à la fin du XVIIIe siècle. D'ailleurs, les Américains à l'origine avaient cherché à transposer le système britannique — ou tout au moins l'idée qu'ils s'en faisaient, car les institutions britanniques étaient alors déjà parlementaires — dans un régime républicain. Une interprétation stricte de la théorie de Montesquieu les portait dans le même sens : diviser le pouvoir pour le limiter, ne pas le confier à un titulaire unique. On s'employait à affaiblir le pouvoir et non à le renforcer.

Cependant, le régime présidentiel a fait beaucoup moins école que le régime parlementaire. Partant, il est plus facile à définir. Les Constitutions s'inspirant de lui sont moins nombreuses, on les trouve surtout en Amérique latine, et aussi, en apparence, en Russie depuis 1990, mais, en réalité, il ne s'agit pas de véritables régimes présidentiels. Et sur la trentaine de pays qui depuis 1945 l'ont adopté à un moment ou à un autre, tous ont connu des crises.

Section 1
Théorie du régime présidentiel

251. Le régime présidentiel est caractérisé par l'indépendance de l'exécutif à l'égard du législatif. Dans sa formulation théorique, il aboutit à un véritable isolement des pouvoirs que la Constitution française de 1791 a tenté de mettre en œuvre. La pratique devait à cette occasion montrer qu'une séparation aussi absolue était impraticable et pouvait aboutir rapidement à la paralysie du pouvoir. Aussi, une certaine souplesse marque-t-elle maintenant le régime présidentiel.

A L'élection du chef de l'Etat au suffrage universel direct

252. La première Constitution présidentielle, celle de 1787 aux Etats-Unis, a été taillée sur mesure pour l'homme auquel allait revenir le pouvoir, Washington, dont on s'est demandé un moment s'il ne convenait pas de faire un roi ?

Pour donner plus d'autorité à ce monarque républicain, on imagina donc de le faire désigner par le peuple. Le chef de l'Etat est ainsi placé sur un pied d'égalité avec le Parlement : l'origine de leur pouvoir est populaire.

Cependant, l'élection au suffrage universel n'est pas une condition suffisante pour qu'on se trouve en face d'un régime présidentiel, le procédé peut être utilisé parfois pour la désignation d'un chef d'Etat parlementaire. Il faut en outre que le Président soit le véritable chef de l'exécutif (ici il *gouverne*) et que le législatif et l'exécutif soient nettement séparés.

B L'absence de responsabilité du gouvernement devant le Parlement

253. Les ministres sont uniquement des collaborateurs du chef de l'Etat. Nommés et révoqués par lui, ils exécutent sa politique, le Parlement n'a pas le pouvoir de mettre en cause leur responsabilité, de les démettre ou de les forcer à démissionner. Dans ces conditions, l'exécutif est véritablement indépendant du législatif. En contrepartie, il n'a pas à s'immiscer dans la législation.

Comme on l'imagine, cette séparation tranchée entre des pouvoirs indépendants connaît bien des accommodements. On va le vérifier en étudiant le régime américain.

Section 2
Le régime américain

Bibliographie : Jean-Pierre LASSALE, *La démocratie américaine,* 1991. — Marie-France TOINET, *Le système politique des Etats-Unis,* 1990. — *Pouvoirs* n° 29, « Les Etats-Unis », 1984.

254. Les Etats-Unis naissent à la fin du XVIIIe siècle au milieu du grand tumulte des esprits où est remis en cause tout ce que l'on croyait savoir de l'homme, de la société, du pouvoir. Le Nouveau-Monde va se donner des institutions bien à lui, délaissant les modèles respectables que lui propose la vieille Europe. Même si passe parfois sur les institutions américaines comme un reflet des recettes et procédures chères aux Britanniques, le contraste est saisissant entre la Constitution imaginée en 1787 à Philadelphie, par ceux qu'on appellera « les Pères fondateurs », et les règles implicites patiemment affinées par des siècles de précédents en Grande-Bretagne.

En 1787, les Américains ont des idées et s'ils sont souvent divisés, ils finissent par s'entendre sur des principes concernant le pouvoir et ses relations avec la société, la conciliation de l'ordre et de la liberté. Bref, la Constitution américaine est la mise en forme réfléchie et logique d'un plan de limitation du pouvoir. Alors qu'on pourrait attendre des Américains la recherche de l'efficacité, de la rapidité de l'action étatique, eux, par pragmatisme, pensent surtout sécurité : comment se protéger contre un pouvoir aspirant toujours à plus de puissance, contre sa concentration entre les mains d'un homme ou d'une institution, contre l'arbitraire, comment mettre à l'abri les libertés ? Par esprit libertaire, en lecteurs attentifs de Locke et de Montesquieu, pour l'affaiblir ils divisent le pouvoir à l'extrême. Des compétences réparties en une large décentralisation entre l'Union et les Etats fédérés, trois pouvoirs séparés (aucun ne pouvant prétendre incarner la nation à lui seul), un Congrès bicaméral : fragmentations horizontales et verticales, freins et contrepoids *(checks and balances)* se combinent, se renforcent. Pour plus de sûreté, les pouvoirs sont interdépendants, laissé à lui-même, chacun est infirme, toute action sur la réalité suppose leur entente. Enfin, pour écarter le risque de leur collusion, ils sont désignés par des colléges électoraux différents et ont des mandats de durée inégale. Du peuple lui-même on se méfie pour ne lui confier qu'un rôle électoral mesuré.

A-t-on jamais vu dans l'Histoire une entreprise aussi systématique de neutralisation du pouvoir ? C'est un pouvoir en miettes que met en place la Constitution de 1787. De là va sortir une nation et, seulement beaucoup plus tard, un Etat ?

De ce mélange de fol enthousiasme pour un généreux idéal de liberté et d'une lucidité méfiante à l'égard du pouvoir, est née une Constitution qui deux siècles plus tard est la doyenne des chartes constitutionnelles en vigueur. Dans sa patrie ce texte d'un autre âge fait l'objet d'une vénération sans égale. Dans ce pays où le passé est pauvre, ignoré ou récent, il apparaît un peu comme les Tables de la Loi sur lesquelles le peuple a fondé son prodigieux destin. Pour les Américains, la Bible et la Constitution participent du même caractère sacré : voix de Dieu, voix du peuple. La Constitution est véritablement l'acte fondateur, la mise en forme du pacte social sur lequel repose la société, la nation, l'Etat.

Pourtant la lecture de la Constitution de 1787 n'est pas exaltante. La Déclaration d'indépendance de 1776 a plus de souffle, d'envolée, de lyrisme. Ici les Américains ne se sont pas souciés de faire joli, les élans se dégradent vite en recettes de procédures.

L'extraordinaire est que ce texte ait traversé tant d'événements et de transformations de la société américaine hors de portée de l'imagination de ses auteurs. A quoi le doit-il ? Pas tellement aux 27 amendements dont il a fait l'objet — ce qui est peu si l'on note que les 10 premiers intervinrent dès 1791 (le Bill of rights) pour donner aux Américains la Déclaration des Droits omise par les Fondateurs —. Bien davantage au législateur auquel la « clause élastique » (section 8, al. 18) donnait pouvoir de « faire toutes les lois qui sont nécessaires et appropriées pour l'application des pouvoirs ci-dessus mentionnés ». Invitation était faite au Congrés de dépasser, lorsque cela serait nécessaire au bien de la communauté (« pouvoirs implicites »), les principes assez sommaires destinés à l'origine à faire vivre ensemble et en paix les treize colonies rebelles de 1776, et le Congrès s'en est beaucoup servi. A la Cour suprême surtout : le droit constitutionnel américain est largement jurisprudentiel, c'est elle qui a créé le droit nouveau qui a permis la pérennité du système constitutionnel américain (v. 80).

Le timide Etat fédéral de la fin du XVIIIe s'est ainsi imposé et a su répondre aux défis lancés par la formidable diversité de la société américaine et par l'immensité de l'espace, des richesses, des ambitions. Contre la volonté de leurs auteurs, les institutions américaines ont donné naissance au plus puissant Etat du monde et celui-ci, bon gré, mal gré, a été amené à se définir une mission planétaire.

Si on fait le bilan de l'histoire américaine dans la perspective du droit constitutionnel, on relève un certain nombre de « premières ».

Il revient tout d'abord aux Américains d'avoir proclamé dans la Déclaration d'indépendance du 4 juillet 1776 que « les gouvernements sont établis parmi les hommes pour garantir (leurs) droits (inaliénables) et leur juste pouvoir émane du consentement des gouvernés. Toutes les fois qu'une forme de gouvernement devient destructrice de ce but, le peuple a le droit de le changer ou de l'abolir, et d'établir un nouveau gouvernement en se fondant sur les principes et en l'organisant en les formes qui lui paraîtront les plus propres à lui donner la sûreté et le bonheur ».

Colonisateurs et colonisés, auteurs de la première décolonisation réussie de l'histoire, *les Américains ont aussi été les premiers à l'époque moderne à fondre leurs institutions dans un texte, à mettre en œuvre un régime de type présidentiel, à garantir la suprématie de la Constitution sur la loi ; ils ont inventé la fédération* (à partir de la confédération, forme d'Etat déjà connue), *ils ont introduit la République dans les modes contemporains du gouvernement.*

En même temps le régime politique américain est sans postérité. Ses institutions constitutionnelles ont pu être adoptées dans d'autres Etats, leur mise en œuvre a toujours été un échec. Aucun régime au monde n'a durablement fonctionné comme lui.

Le régime américain est construit autour de trois éléments essentiels :

- la démocratie,
- le fédéralisme,
- le gouvernement présidentiel.

Depuis 200 ans le contenu de chacun de ces éléments a pu se modifier, ils n'en tracent pas moins les caractères essentiels du régime américain actuel.

Sous-section 1
La démocratie

La société américaine est devenue démocratique, à l'origine les exclusions étaient nombreuses : noirs, indiens, femmes, non-propriétaires...

§ 1. Les forces organisées

I. Les partis politiques

Bibliographie : J.-P. LASSALE, *Les partis politiques aux États-Unis,* 1996.

255. Le système américain est bipartiste mais il n'a rien à voir avec le bipartisme anglais. Il met en présence *Républicains* et *Démocrates.*

Le parti démocrate est le plus ancien (1837) ; le parti républicain, le Great Old Party (G.O.P.), est né en 1854 — c'est le parti de Lincoln et de l'anti-esclavagisme. En fait, le premier clivage de la société américaine est, dès l'origine, l'opposition des fédéralistes et des anti-fédéralistes, la division partisane actuelle y trouve ses racines.

Il existe aussi de nombreux **tiers partis** (que l'on appelle ainsi bien qu'on ait pu en recenser une centaine), souvent formés de façon éphémère autour d'un homme et dont les grands partis n'ont aucun mal à récupérer l'électorat. D'autres apparaissent pour défendre des intérêts particuliers (parti de l'Union créé en 1936 par les fermiers) ; d'autres enfin, plus stables se réclament d'une idéologie autour de laquelle ils rassemblent une maigre clientèle. Ainsi en est-il des partis marxistes qui n'ont jamais réussi leur percée, le socialisme est en effet considéré comme anti-démocratique. Les candidats communistes à l'élection présidentielle ne recueillent que quelques milliers de voix. Il existe aussi des partis qui peuvent être classés à l'extrême-droite. Leur poids s'est accru depuis les années 1970.

A Caractères des partis américains

256. Ne seront étudiés ici que les deux grands partis.

L'absence de bases idéologiques différentes

La première caractéristique des partis américains est *leur absence de base idéologique,* qui signifie d'ailleurs plutôt qu'ils adhèrent à la même idéologie. Ni les Démocrates ni les Républicains ne se réclament d'une doctrine. Les uns et les autres sont attachés au libéralisme ; les idées socialistes et à fortiori marxistes n'ont aucune prise sur eux. Ce qui ne veut pas dire qu'ils n'aient pas d'objectifs, mais, d'accord sur les fins, ils s'opposent sur les moyens, ils ne sont pas ennemis mais rivaux. L'alternance est moins la mise en œuvre d'une autre politique que l'arrivée au pouvoir d'une nouvelle équipe, d'une nouvelle « administration ». Cependant on assiste depuis quelques années à un durcissement idéologique des deux grands partis, surtout chez les Républicains dans un sens très conservateur.

On notera aussi que les Démocrates sont moins méfiants à l'égard de l'Etat fédéral — reniant en partie ici leurs origines —, moins opposés aux interventions publiques dans la vie économique et sociale, plus populistes, égalitaristes, attachés à la justice sociale (sous une présidence démocrate, le budget fédéral augmente plus vite que sous une présidence républicaine). Pour l'observateur étranger, ils apparaissent comme plus à gauche que les Républicains, conservateurs, isolationnistes, moralistes aussi, très attachés à la responsabilité individuelle, à la concurrence, à la libre entreprise mais qui savent être protectionnistes quand il le faut. L'innovation est plus démocrate, la continuité plus républicaine.

Mais la classification gauche-droite n'a pas beaucoup de sens aux Etats-Unis. Les partis ne sont pas homogènes mais se divisent en courants ou tendances entre lesquels les différences peuvent être plus grandes que l'opposition globale entre Démocrates et Républicains. La distinction essentielle oppose peut-être les *libéraux* et les *conservateurs* qui se retrouvent au sein de chaque parti (il y aurait alors, en quelque sorte, 4 partis). Ces tendances se manifestent souvent en présentant des candidats différents pour l'investiture aux élections (ainsi la rébellion de Goldwater contre le parti républicain en 1964). De même, lors des scrutins au Congrès, *le Président peut compter sur l'appui constant d'élus du parti adverse alors que des membres de son parti votent régulièrement contre lui.*

Des bases sociologiques assez voisines

Aussi bien les deux partis n'ont *pas de base sociologique très différente,* ils ne sont pas des partis de classe. Comme le dit Arthur Schlesinger (« La présidence impériale », p. 220) : « Pendant très longtemps... les électeurs trouvaient au berceau leur affiliation politique comme il y trouvaient leur religion. Il était aussi douloureux de déserter son parti que de déserter son Eglise. » La tradition familiale (les familles sont aussi notoirement républicaines ou démocrates qu'elles sont presbytériennes ou baptistes), l'histoire, le rayonnement d'une personnalité (par exemple John Kennedy dans certains milieux républicains), expliquent encore le succès de tel parti dans tel groupe social. Longtemps le Sud sera plus démocrate que le Nord, les villes le sont plus que les campagnes, les pauvres que les riches, les intellectuels voteront plus démocrate que républicain, les catholiques et les syndicats ouvriers aussi, et les noirs de même comme d'ailleurs toutes les minorités (juifs, hispaniques). Mais la clientèle de chaque parti contient des représentants de toutes les couches de la population et surtout elle est de plus en plus inconstante.

Des structures décentralisées

Les partis américains sont *très décentralisés,* « même s'ils sont dotés d'instances nationales, ils apparaissent surtout comme des fédérations d'organisations politiques locales » (J.-P. Lassale). Le cadre naturel de chaque parti est l'Etat fédéré et non l'Union. Comme le disait Eisenhower : « Il faut se rappeler qu'il n'y a pas de partis nationaux aux Etats-Unis. Il y a 48 partis d'Etat. » Dans chaque Etat « *la machine* » du parti est constituée par des politiciens de profession qui peuvent offrir leurs services au parti rival pour l'élection suivante. Ainsi se développe le phénomène du « bossisme » caractérisant l'emprise de quelques individus sur l'appareil local du parti. Le « spoil system » permet en outre à la machine du parti de renforcer sa puissance en récompensant les services rendus par la distribution des emplois publics importants aux personnalités du parti au lendemain d'élections victorieuses (patronage).

En même temps la force respective des partis est très différente selon les Etats. Dans beaucoup d'Etats un parti domine tellement qu'on pourrait presque parler de parti unique, mais le phénomène a tendance à s'atténuer.

Les militants du parti au niveau des Etats se réunissent dans de vastes conventions où s'affrontent les grands notables du parti sans arbitrage possible d'un organisme national. Les conventions nationales, elles, se réunissent tous les 4 ans et servent essentiellement à désigner le candidat du parti à l'élection présidentielle.

Depuis 40 ans cependant *la centralisation* progresse. Surtout chez les démocrates qui avaient un retard à rattraper sur les républicains. Les instances nationales ont renforcé leur influence, coordonné et aidé l'action des organisations locales (subventions), défini des règles de fonctionnement impératives.

Un rôle avant tout électoral

Les partis américains sont des partis de cadres dont l'activité est relativement réduite en dehors de la période électorale ils se réveillent tous les 4 ans. Elle est aujourd'hui moins importante qu'autrefois car la télévision et l'ordinateur ont modifié le rôle des partis comme intermédiaire entre l'électeur et l'élu : par l'écran l'élu entre dans chaque foyer, les sondages présentent directement les électeurs à l'élu. Quoiqu'il en soit lors de la campagne électorale, les responsables locaux des partis s'efforcent essentiellement de recueillir les souscriptions indispensables à son financement.

Les partis soutiennent leurs candidats aux élections et organisent leur campagne. Les deux grands partis disposent d'un monopole de fait des éligibles, les candidats des autres formations n'ont pratiquement aucune chance.

B Signification du bipartisme

257. Dans les assemblées, l'appartenance partisane n'impose pas d'obligations très contraignantes aux élus, la discipline de vote est faible et les majorités sont donc changeantes, les élus dépendent de leurs électeurs plus que de leur parti. D'autre part, ils sont assez sensibles à l'influence des groupes de pression. Cela donne beaucoup de souplesse au régime américain et permet en particulier au Président de gouverner avec, au Congrès, une majorité qui n'appartient pas en totalité à son propre parti.

Dans ces conditions, le bipartisme américain n'a absolument pas la même signification que le bipartisme anglais. L'alternance au pouvoir des Républicains et des Démocrates ne doit pas faire illusion les équipes qui se relaient n'arrivent pas avec un programme et des vues très différentes sur l'évolution de la société. Le pays n'est jamais entièrement gouverné par les Républicains ou par les Démocrates, le Président s'appuie sur telle ou telle majorité selon les problèmes, *un parti ne constitue pas la majorité présidentielle l'autre l'opposition,* il n'y a pas d'affrontements parti contre parti en dehors de l'élection présidentielle. Il n'y a donc pas comme en France de bipolarisation de la vie politique et peut on même parler d'alternance ? Sur le plan de la science politique, les Etats-Unis constituent l'exemple du faux bipartisme.

Ajoutons que les partis connaissent une lente mais importante désaffection. Alors qu'en 1937 16 % des Américains n'exprimaient pas de préférences partisanes, en 1992 27 % se considéraient comme indépendants de tout parti. Peut-être cependant y-a-t-il actuellement une inversion de tendance car ce chiffre est plus faible que celui de 1978 ?

II. Les groupes de pression

Les groupes de pression américains sont très originaux tant par leur statut que par la place importante qu'ils tiennent dans la vie politique. Leur influence a augmenté à mesure que celle des partis diminuait.

A Caractères des groupes de pression

258. Rappelons tout d'abord qu'à la différence des partis politiques, les groupes de pression ne cherchent pas à conquérir le pouvoir, mais seulement à l'influencer. Leur rôle politique n'est qu'un aspect particulier, mineur, de leur activité, ils interviennent dans la vie politique pour défendre, faciliter ce qui est leur activité principale. En outre bien souvent leur intervention dans le domaine politique sera occulte.

Ce qui frappe aux Etats-Unis c'est l'ampleur du phénomène groupes de pression, le fait qu'il est parfaitement accepté par la société américaine et que son action se développe largement au grand jour. Le « lobbying » est une industrie.

Ils existent aussi bien au niveau de l'Union qu'à celui des Etats et sont de deux types :

— Certains sont *inorganisés.* Ils sont formés par différentes strates économiques et sociales ayant en commun la race, la religion, la nationalité d'origine, etc. On parlera du lobby arabe, catholique, juif, noir ou italien. Ces groupes ont des intérêts communs et plus ses membres s'identifieront à lui, plus le groupe aura de cohérence, plus sa puissance sera considérable. Ces lobbies n'ont pas d'organisation propre, pourtant ils peuvent jouer un grand rôle dans la vie politique dans la mesure où, même s'ils ne s'expriment pas directement, le pouvoir doit supputer leurs réactions, favorables ou non, avant certaines décisions. Dans le même ordre d'idées, les auteurs soulignent l'influence depuis la guerre de Corée du « complexe militaro-industriel » né de la conjonction des intérêts de l'armée et des industries de l'armement. Son objectif est de pousser à l'accroissement des dépenses militaires.

— La deuxième catégorie de groupes de pression a au contraire une *origine volontaire et ils sont structurés, ce sont eux surtout qui nous intéressent ici :* leurs membres ont créé des associations pour défendre leurs intérêts : écologistes, féministes, agriculteurs, industriels, ouvriers et leurs puissants syndicats (l'A.F.L. - C.I.O.), patrons ; les anciens combattants ont fondé l'American Legion et les ligues de tempérance ont été assez fortes pour obtenir en 1918 le vote du XVIIIe amendement prohibant la vente et la consommation d'alcool (aboli en 1933). De son côté la National Rifle Association fait tout pour empêcher l'interdiction de la vente libre des armes.

B L'action des groupes de pression

259. Il serait inexact de croire que les groupes de pression utilisent des moyens illégaux pour arriver à leurs fins. La corruption, le chantage, les pots de vin existent certes, mais ne sont pas des pratiques courantes. Les lobbies sérieux n'y recourent pas et les hommes politiques qui céderaient à la tentation seraient vite discrédités, perdraient tout poids dans la prise de décision et en conséquence n'intéresseraient plus les groupes de pression.

Au surplus, des efforts ont été faits pour moraliser le lobbying dès 1927 et une réglementation assez complète a été mise sur pied en 1946. De leur côté, la majorité des Etats ont leur propre réglementation.

La loi de 1946 considère qu'il s'agit d'une véritable profession et lui donne un statut qui, en particulier, oblige tout individu ou organisation qui reçoit des fonds en vue de favoriser, d'empêcher ou d'influencer l'adoption d'une loi par le Congrès à se faire inscrire auprès du secrétariat des chambres (15 000 personnes à Washington). Le lobbyist doit aussi fournir la liste des gens à qui il remet de l'argent et préciser dans quel but, ainsi que la liste de ceux dont il reçoit de l'argent. Ceci sous peine d'amende et d'emprisonnement. Il existe de véritables cabinets de lobbyistes, employant parfois des centaines de salariés.

Les groupes ne prennent pas parti sur les grands problèmes politiques et, sauf exception, ils évitent l'identification avec l'un des deux grands partis. Leur rôle essentiel est un *rôle d'information.* Il s'agit de toucher d'une part l'opinion publique et d'autre part les milieux politiques. A l'égard de l'opinion publique, les groupes utilisent la radio, la télévision, les journaux, le cinéma, organisent des meetings, etc. Ils s'efforcent de présenter les problèmes sous un jour qui leur soit favorable. A l'égard des hommes politiques, les groupes de pression multiplient les contacts, ils participent aux « hearings » (v. 286), ils font les couloirs du Congrès et ceux des administrations, ils pratiquent le « button-holing » et l' « arms twisting » pour convaincre les congressmen. Ils diffusent des informations, préparent des projets de textes législatifs ou réglementaires, s'efforçant d'être utiles de multiples façons à leurs interlocuteurs.

Ces pratiques et leur caractère officiel sont très surprenants pour les tenants d'une démocratie puritaine à l'européenne où les représentants doivent décider en fonction de l'intérêt général et où tout contact avec les milieux intéressés, surtout s'il s'agit d'intérêts économiques, est compromettant. Aux Etats-Unis au contraire ces comportements ne choquent pas et sont même considérés comme normaux, dans la ligne de la démocratie. Les « décideurs » — Congrès ou Administration — doivent être informés avant d'agir, il est préférable que cette information se fasse de façon ouverte, au grand jour, et que chacun puisse exposer ou faire défendre son point de vue. Les groupes de pression interviennent à l'intérieur du processus de décision, et non de l'extérieur, en liaison avec les commissions parlementaires et les services des administrations ou des agences. Les décisions ne peuvent qu'y gagner en qualité. De là à dire qu'il n'y a pas d'abus... ; il existe d'ailleurs un puissant lobby anti lobbies, le « common cause » qui se veut défenseur de l'intérêt général contre les puissances d'argent.

§ 2. Les élections

1. Multiplicité des élections et complexité du système électoral

260. Pour les Américains, démocratie est synonyme d'élection. Lorsqu'un emploi politique ou public doit être pourvu, le procédé le plus régulier consiste à s'en remettre au peuple. Aussi aux Etats-Unis, l'élection ne sert pas simplement à choisir les gouvernants mais encore de très nombreux fonctionnaires et des juges. Les opérations électorales sont généralement bloquées sur un seul et même jour de façon à favoriser la participation électorale. La contrepartie est que les électeurs subissent plusieurs campagnes électorales à la fois : pour l'élection du Président, du gouverneur de leur Etat, des représentants de cet Etat au Congrès, des juges, des détenteurs du pouvoir dans les comtés et dans les communes (sheriff, coroner...), des directeurs de certains services publics (eaux, égoûts, forêts...), pour l'approbation d'un certain nombre de lois ou de révisions de la Constitution. Les électeurs ont beaucoup de mal à se retrouver dans ces dizaines de candidats et à utiliser les bulletins de vote qui, si on en croit un auteur américain (Graves, cité par Maurice Duverger), peuvent atteindre 3 m 50 de long ! Les Américains les comparent à des « draps de lit ». Le système des machines à voter, aujourd'hui généralisé, a un peu simplifié ces opérations. La contrepartie est que les citoyens sont saturés d'élections, toutes ne les intéressent pas et il se manifeste un *très fort abstentionnisme* sur le sens duquel on s'interroge (en 1998 la participation aux élections à la Chambre des représentants s'est élevée à38 % ; en 1996, 49 % des inscrits ont pris part à l'élection présidentielle, pourcentage le plus faible depuis 1924.

Le système électoral américain est encore compliqué par le fait que la *législation électorale,* même pour les élections nationales, *relève largement des Etats fédérés.* On rencontre donc une *multitude de règles différentes à travers le pays,* ce qui ne facilite pas la présentation du système. On peut cependant noter que le scrutin majoritaire uninominal à un tour est largement dominant. Comme en Grande-Bretagne, il appelle le vote utile et entraîne le bipartisme.

2. Développement des procédés de démocratie semi-directe

Bibliographie : France Becquart-Leclercq, *La démocratic locale à l'américaine,* 1988.

261. D'autre part, il faut souligner la place faite aux procédés de *démocratie semi-directe.* Ceux-ci sont utilisés au niveau des Etats — surtout dans ceux de l'Ouest, l'Est et le Sud étant restés plus fidèles à la démocratie représentative — des comtés et des communes. L'initiative populaire, le veto populaire, le référendum, sont de pratique courante (mais il faut souligner qu'il n'y a jamais eu de référendum à l'échelon national aux Etats-Unis). On estime que 10.000 à 15.000 référendums sont organisés tous les ans, portant sur les sujets les plus divers : financement des écoles, heures de fermeture des bars, interdiction de fumer dans les lieux publics, problèmes raciaux, euthanasie, avortement... Il y eut ainsi à travers le pays 70 référendums sur initiative des citoyens en 1998 en même temps que l'élection des représentants ! Un exemple spectaculaire est celui de la proposition 13 (dite proposition Jarvis) votée en Californie en juin 1978. Une pétition signée par 1.500.000 électeurs a été ratifiée par un référendum auquel a participé 70 % du corps électoral. Elle entraînait une diminution de 50 % de l'impôt foncier local — soit une perte d'environ 6 milliards de dollars. Cette révolte des contribuables a eu pour conséquence le licenciement de plusieurs dizaines de milliers de fonctionnaires locaux, une crise financière des écoles, l'arrêt des programmes sociaux, etc. Elle est caractéristique du sens très conservateur dans lequel peuvent jouer les procédés de démocratie semi-directe. On a ainsi longtemps remarqué que les électeurs préféraient régulièrement voter une émission d'emprunt qu'une augmentation d'impôt. Mais si le succès de la proposition Jarvis devait entraîner des initiatives similaires dans d'autres Etats, le corps électoral fut plus réticent car il avait pu mesurer les conséquences des diminutions d'impôts sur la vie de tous les jours. On peut maintenant considérer que la tendance est renversée, les réductions d'impôt sont repoussées et les augmentations de dépenses acceptées (avec cependant le maintien de la préférence pour le financement par l'emprunt).

Bien qu'il ne s'agisse qu'indirectement d'élection on doit rappeler ici une autre procédure de démocratie directe, très célèbre elle aussi, celle du « *recall* ». Elle permet au corps électoral de destituer de leurs fonctions les titulaires d'un mandat électif. Cette procédure a été adoptée dans 16 Etats. Elle s'ouvre par une pétition dirigée contre l'élu et nécessitant un nombre plus grand de signatures que les autres procédés de démocratie semi-directe (20 à 30 % des électeurs) ; le siège est alors remis en compétition dans une élection à laquelle l'élu contesté peut être candidat. Cette forme de contrôle populaire conçue comme « un fusil derrière la porte », c'est-à-dire une menace contre les fonctionnaires indélicats, incapables ou corrompus, est rarement utilisée.

3. Le système des primaires

262. L'une des caractéristiques essentielles du système électoral américain est l'existence des **primaires.**

Les primaires servent à désigner les **candidats des deux grands partis** aux diverses élections : cette procédure apparaît comme très démocratique car les **candidats** sont ainsi agréés directement par les électeurs et non par l'appareil du parti ou ses militants. Il ne s'agit pas d'éliminer les candidats d'un parti au profit des candidats d'un autre parti, mais de choisir parmi ceux qui briguent l'investiture de chaque parti ceux qui seront candidats. Elles n'ont donc rien à voir avec le premier tour dans les élections françaises.

L'autonomie des Etats en matière de législation électorale aboutit à une situation compliquée que montrent ces quelques aperçus : il n'est pas organisé de primaires dans tous les Etats ; là elles concernent les deux partis, ici un seul ; elles ont lieu le même jour ou un jour différent pour chaque parti ; le système électoral varie selon les Etats...

Pour l'essentiel, il existe deux sortes principales de primaires :

a) *Les primaires ouvertes*

Dans certains Etats, le jour du scrutin, les électeurs déclarent, en se présentant au bureau de vote, venir voter pour la désignation du candidat de tel parti. En principe, les Démocrates voteront pour sélectionner le candidat démocrate, les électeurs républicains pour choisir le candidat républicain et les électeurs indépendants ou sans parti voteront avec qui ils veulent. Comme on ne vérifie pas l'appartenance de l'électeur à tel parti, rien n'empêche de voter pour la détermination des candidats d'un parti autre que le sien, par exemple pour faire désigner des candidats médiocres qui auront ensuite peu de chances en face des candidats de son propre parti ; il y a là une possibilité de manœuvre qui peut fausser la consultation. Mais on ne peut participer qu'à une seule primaire, on ne peut voter qu'une fois.

b) *Les primaires fermées*

Aux Etats-Unis on l'a vu, les citoyens ne font pas mystère de leurs préférences politiques. Dans certains Etats ils s'inscrivent donc à l'avance comme désirant voter pour les candidatures républicaines ou démocrates — ce qui ne signifie pas du tout qu'ils soient « membres » de tel parti. On ne peut participer au vote que pour la désignation des candidats du parti qu'on a choisi.

Le système des primaires, qui a pour principal avantage de briser l'influence de la « machine » des partis n'est cependant pas sans inconvénients.

— La participation électorale y est la plupart du temps faible : autour de 20 % pour les primaires présidentielles. Parfois même très inférieure, ce qui remet le jugement de ce « concours d'entrée » à l'élection entre les mains d'une minorité.

— A ce stade il n'est pas besoin d'être présenté par un parti, où même d'être membre d'un parti, pour briguer la candidature au nom de ce parti. Ceci est lié à l'absence de base idéologique des partis mais a pour conséquence nocive la place de l'argent dans la compétition. Les ambitieux fortunés sont privilégiés pour devenir candidats.

— Il en résulte une déprofessionnalisation de la carrière politique qui transforme le fonctionnement de la démocratie. Élu non pour ses idées mais par ambition et grâce aux sommes dépensées lors de la campagne, l'élu n'a aucune raison d'observer une discipline de parti, aucune obligation de se consacrer aux affaires publiques, ceci renforce le « localisme » de la vie politique sur lequel on reviendra.

Sous-section 2
Le fédéralisme

Bibliographie : M.-F. TOINET (éd.), *L'État en Amérique,* 1989.

Le fédéralisme est une des réalités qui marque le plus la vie quotidienne du citoyen américain, en même temps beaucoup de ses aspects sont mal perçus à l'étranger.

§ 1. Histoire du fédéralisme américain

A Les origines

263. Par son origine le fédéralisme américain a un caractère véritablement exemplaire. En effet les treize colonies révoltées, si elles avaient une communauté de langue et de religion, n'en étaient pas moins bien distinctes les unes des autres. Disposant d'une base économique différente, elles possédaient leurs propres Administrations (parlement + gouvernement), leurs coutumes et n'étaient pas entièrement d'accord sur la forme que devait prendre leur lutte contre l'Angleterre.

Dans un premier temps les colonies établirent une *Confédération,* le 15 novembre 1777, en créant les Etats-Unis d'Amérique. Chaque colonie devint une République indépendante et souveraine, ayant sa Constitution. Le Congrès des Etats-Unis était la seule institution de la Confédération. Chaque Etat y disposait d'une voix. Il se réunissait une fois par an pour exercer les quelques compétences mises en commun par les Etats : diplomatie, traités internationaux, armée, guerre, monnaie, postes. La Confédération ne comportait pas d'exécutif.

A l'usage, dès le temps de la guerre contre la Grande-Bretagne, cette formule se révéla mal commode. La paix revenue, les particularismes étatiques, le protectionnisme économique des États, un moment sacrifiés à la lutte commune, réapparurent, amplifiés par les inégalités de fait (économiques, démographiques...)

En même temps les bienfaits de l'Union, en particulier dans le règlement du problème des territoires coloniaux — c'est-à-dire de la conquête de l'Ouest — convainquirent un certain nombre d'hommes influents de la nécessité de la renforcer par la création d'un Etat fédéral. La formule fut retenue par la Convention de 1787, réunie en principe pour réviser l'accord de 1777 et où les Pères fondateurs dépassèrent largement leur mandat. Pour cela il fallut inscrire dans le nouveau texte des dispositions qui garantissaient l'égalité entre les Etats quelle que soit leur puissance, leur superficie, leur population. Une vigoureuse campagne de presse, animée par Hamilton, Madison et Jay, appuyée sur le journal « le Fédéraliste », fut nécessaire pour obtenir la ratification des Etats. La Constitution put enfin entrer en vigueur le 1er janvier 1789.

B La guerre de Sécession (1861-1865)

264. Ses répercussions sur le fédéralisme américain ont été considérables. Elle fut causée par la crainte des Etats du Sud de se voir imposer par la Fédération l'abolition de l'esclavage considéré comme vital pour les économies agricoles du Sud. En 1861, onze Etats firent sécession et formèrent entre eux une nouvelle Confédération. La rébellion fut réduite par les armes sous la présidence de Lincoln. Ce fut la première grande guerre moderne (600 000 morts).

Sur le plan des institutions son résultat fut de détruire le caractère consensuel de la Fédération : un Etat fédéré ne peut plus sortir de l'Union, celle-ci est « indestructible », *le fédéralisme est « fermé »,* les Etats fédérés perdent un aspect essentiel de leur souveraineté. D'autre part, les pouvoirs du gouvernement fédéral commencèrent à évoluer dans le sens de leur renforcement ; au flou qui caractérise les relations entre l'Union et les Etats dans la Constitution de 1787 se substitue une tendance à la centralisation et le mouvement se poursuit aujourd'hui. Enfin, la guerre eut des effets durables sur les mentalités, à travers l'opposition du Nord et du Sud qui a marqué longtemps la vie politique.

C Le fédéralisme aujourd'hui

265. La création progressive de nouveaux Etats a amené aujourd'hui leur nombre à cinquante. De son côté la transformation de la société américaine a pesé sur le fonctionnement des institutions. C'est l'Union qui en a profité.

Le libéralisme foncier de la société américaine à la fin du XVIIIe, ses réserves à l'égard de l'Etat, ont subi bien des atteintes. L'Etat fédéral a été ainsi amené, qu'il le veuille ou non, à intervenir pour empêcher des disparités anarchiques dans la législation. Ce qui est vrai de l'économie l'est aussi du domaine social. Toute la politique du « New Deal » menée par Roosevelt pour combattre la grande crise de 1929 est une démonstration de l'emprise croissante du pouvoir central sur la société. Les autorités sub-nationales n'avaient pas les moyens, financiers surtout, de lutter contre la crise, le pouvoir fédéral intervint par des subventions versées directement aux Etats, comtés ou municipalités, pour leur permettre de réaliser des programmes de relance de l'activité économique ou d'aide aux chômeurs. De même la conduite des hostilités entre 1941 et 1945, l'accroissement du budget de la défense après les capitulations allemande et japonaise, à cause de la guerre froide puis des guerres de Corée et du Viêt-nam, ont renforcé le poids du pouvoir fédéral. Les commandes militaires décidées au niveau de l'Union jouent un rôle déterminant dans la prospérité de branches entières de l'économie. Enfin, la lutte contre la pauvreté, à partir de la présidence de Kennedy et sa politique de la « nouvelle frontière », devait conduire l'Etat fédéral à associer les collectivités locales par des transferts financiers à la réalisation des objectifs fédéraux. Depuis 1930, la politique des « aides fédérales » a bouleversé le schéma fédéral originaire en faisant perdre une part importante de leur autonomie aux Etats fédérés.

L'Etat fédéral est aujourd'hui incomparablement plus diversifié, plus fort qu'il ne l'était en 1787. Mais il est loin d'avoir réduit les Etats fédérés au statut de collectivités territoriales au sens français de l'expression et la Cour Suprême les défend contre les empiètements du pouvoir fédéral. Paralèllement, *la centralisation* s'est considérablement renforcée à la base au profit des Etats fédérés et au détriment des collectivités locales (villes et comtés).

§ 2. Les relations de l'Etat fédéral et des Etats fédérés

A La révision de la Constitution fédérale

266. L'accord fondateur de l'Union ne peut être révisé qu'avec la participation des Etats fédérés.

Deux procédures de *révision* sont prévues. L'une à l'initiative du Congrès suppose un vote par ses deux chambres à la majorité des deux tiers ; l'autre à la demande des législatures (Parlements) des deux tiers des Etats fédérés entraîne la réunion d'une Convention, c'est-à-dire d'une assemblée spécialement élue à cette fin. De toute façon, *les amendements ainsi adoptés doivent ensuite être approuvés,* dans un délai fixé par le Congrès (en général sept ans), *par les trois quarts des Etats fédérés* avant d'entrer en vigueur. Cette ratification est faite par les législatures locales ou par des Conventions d'Etat. *La Constitution peut donc être modifiée contre l'avis de certains Etats.*

Le Président n'a pas la possibilité d'engager une procédure de révision constitutionnelle.

Les 27 amendements apportés à ce jour à la Constitution de 1787 sont intervenus à l'initiative du Congrès. Cinq ont, en outre, été votés par le Congrès mais n'ont pas été ratifiés. La procédure de la ratification par des Conventions d'Etat n'a joué qu'une seule fois en 1933 pour le XXIe amendement (abrogation de la prohibition des ventes d'alcool).

B L'élaboration par chaque Etat de sa propre Constitution

267. Chaque Etat fédéré — ils sont au nombre de 50 — a sa propre Constitution. Celle-ci doit évidemment être compatible avec la Constitution fédérale, sous cette réserve elle organise les institutions comme elle l'entend. L'expérience constitutionnelle des Etats est d'une richesse considérable, ainsi la Louisiane a changé dix fois de Constitution en un siècle, la Floride et la Virginie six fois.

- Les Parlements locaux — les *législatures* — sont bicaméraux (sauf au Nebraska depuis 1937), solution qui s'explique par l'attrait du modèle fédéral, mais qui ne se justifie pas. Pourquoi un Sénat au niveau des Etats ? Les effectifs de ces assemblées varient d'un Etat à l'autre, et les zones rurales y ont été longtemps sur-représentées. Les législatures ont des sessions peu fréquentes — parfois tous les deux ans seulement — et brèves (90 jours souvent). Elles manquent de prestige, la qualité des débats y est faible et les travaux y ont été longtemps organisés de façon artisanale ; leur fonctionnement a tendance maintenant à s'améliorer. Les élus continuent à exercer leur profession.
- L'exécutif est entre les mains d'un *gouverneur* élu le plus souvent pour quatre ans au suffrage universel direct, ce qui lui donne une autorité considérable. Il est la réplique au niveau des Etats du Président des Etats-Unis. Ses pouvoirs sont souvent plus étendus que ceux de son modèle : il fixe les grandes lignes du programme législatif et dispose de moyens de pression pour le faire adopter par la législature. Dans tous les Etats, c'est lui qui a la charge de la préparation du budget. *Le gouverneur apparaît comme le centre du pouvoir dans les Etats.*

C La répartition des compétences législatives

268. La clé de la répartition des compétences entre l'Etat fédéral et les Etats fédérés est formulée par le Xe amendement : tout ce que la

Constitution n'attribue pas à l'Etat fédéral relève de la compétence des Etats fédérés. *La compétence de droit commun est celle de l'Etat fédéré.*

Compétences de l'Etat fédéré

Celui-ci dispose d'une série de domaines propres très proches de ceux appartenant en France aux collectivités décentralisées : finances, urbanisme, assistance. Mais ses compétences vont bien au-delà, puisqu'elles couvrent en particulier :

- la législation sur le statut des personnes : mariage, divorce, successions... ; ce qui affecte les personnes est décidé au niveau local ;
- la fixation des règles d'électorat : majorité, résidence... ;
- la législation pénale : hiérarchie des peines (peine de mort) ;
- la législation bancaire et des assurances ;
- la police de la circulation : code de la route (sauf les autoroutes fédérales) ;
- l'organisation judiciaire ;
- la législation sur l'enseignement, l'hygiène, les affaires sociales, les armes, les jeux, la drogue.

L'ampleur de ces compétences entraîne une série de conséquences :

— La première est l'importance des besoins d'argent des Etats entraînant une charge fiscale mal supportée par la population (V. la proposition n° 13 en Californie).

— Il existe, d'autre part, une grande variété de situation des collectivités locales, la centralisation étant plus ou moins poussée selon les Etats, car la Constitution n'a imposé aucun principe d'uniformité dans le domaine de l'organisation locale qu'elle laisse à l'initiative des Etats. L'autonomie crée en outre des différences considérables dans la législation et les Etats y sont fermement attachés.

— La vie quotidienne est plus structurée par le droit local que par le droit fédéral. Souvent, au surplus, l'Etat fédéral aura des difficultés à imposer une législation nationale qui heurte les traditions et les mœurs locales. La mauvaise volonté d'un certain nombre d'Etats a ainsi longtemps entravé l'effort du Gouvernement fédéral pour étendre le vote aux Noirs ou pour imposer la déségrégation scolaire.

— Surtout la variété de ces attributions multiplie les liens entre les citoyens et leur Etat, faisant apparaître au niveau local des solidarités extrêmement fortes qui pèsent sur la vie politique.

Compétences de l'Etat fédéral

Les compétences « énumérées » par la Constitution de l'Union sont celles attribuées de façon classique aux Etats fédéraux, elles n'en restent pas moins importantes. Parmi les principales on retiendra :

— les relations avec les Etats étrangers ;

— la protection contre les dangers extérieurs : armée, déclaration de guerre ;

— la préservation de l'harmonie entre les Etats fédérés : réglementation du commerce, des faillites, de la monnaie, de la nationalité... ;

— la garantie à chaque Etat fédéré de la forme républicaine de gouvernement.

Le pouvoir fédéral ne peut agir hors des domaines qui lui sont ainsi ouverts, ses interventions apparaissent comme exceptionnelles (on pense au principe de « subsidiarité » dans l'Union européenne).

Depuis 1787 cependant ces compétences on reçu une interprétation large sur la base des « pouvoirs implicites » (v. 254) et grâce à la Cour suprême. Celle-ci est en effet la gardienne de la répartition des compétences et, tout en faisant respecter les limites imposées au Congrès par la Constitution, elle leur a reconnu une souplesse suffisante pour s'adapter à l'évolution de la société. Depuis quelques années on note pourtant un durcissement de sa position dans un sens favorable aux pouvoirs des Etats.

D L'influence du localisme sur la vie politique américaine

269. Le provincialisme, ou *localisme,* est une des données de base de la vie politique américaine. Pour les citoyens, la vie politique se déroule d'abord au niveau de leur municipalité (il y en a 35.000), puis de leur comté (3.042), puis de leur Etat, ensuite au Congrès, enfin — mais c'est bien lointain — à l'échelle des relations internationales. On a souvent dénoncé l'isolationnisme américain, une de ses explications ne tient-elle pas à la force du localisme qui donne une autre dimension aux préoccupations politiques des Américains ?

Ce localisme se manifeste aussi au Congrès. Sénateurs et représentants sont avant tout soucieux des problèmes de leur Etat, bien plus que des questions nationales ou internationales — quoique, dans ce domaine, on relève une évolution depuis quelques années. Le parlementaire apparaît comme le commissionnaire de sa circonscription : il suit avec attention les nouvelles de son Etat, l'évolution de l'opinion publique locale, il consacre un temps considérable au volumineux courrier qu'il reçoit de ses électeurs. Il y a un certain temps, un sénateur évaluait son courrier annuel à 15.000 imprimés (journaux, magazines, rapports...) et à 110.000 lettres et cartes postales. Eux-mêmes prononcent des conférences, informent leurs électeurs, leur adressent félicitations et condoléances, leur font visiter personnellement le Congrès lorsqu'ils viennent à Washington. Ils leur obtiennent des contrats, font affecter leur fils à une bonne unité pour son service militaire... Tous ont la conviction que l'activité ainsi déployée fait partie des fonctions normales d'un parlementaire et de ses collaborateurs, et qu'au surplus elle est essentielle pour que soit assurée une protection convenable des Droits de l'homme.

Sous-section 3
Le Gouvernement présidentiel

La théorie du régime présidentiel prévoit une séparation de l'exécutif et du législatif particulièrement stricte. Mais une séparation absolue aboutirait au blocage du fonctionnement des institutions. L'exemple américain est là pour montrer comment apparaissent des moyens d'action réciproque assurant le bon fonctionnement du régime.

§ 1. Le Président des Etats-Unis

Bibliographie : M.-F. TOINET, *La présidence américaine,* 1991.

270. Tout l'exécutif américain est dominé par le Président. *Il est à la fois chef de l'Etat et chef du Gouvernement.*

Un **Vice-Président** est désigné en même temps que lui ; il est appelé à lui succéder en cas de décès ou d'empêchement en cours de mandat (il ne fait alors que terminer ce mandat). L'histoire montre qu'il a des chances appréciables de parvenir effectivement à la magistrature suprême, mais si un Président sur trois a d'abord été Vice-Président, il est parvenu le plus souvent à la présidence par l'élection et non par le décès de son prédécesseur.

A l'origine et jusqu'en 1804, le Vice-Président était le candidat arrivé en deuxième position à l'élection présidentielle, solution très révélatrice de la force du consensus de l'époque qui n'imaginait pas de graves antagonismes partisans. De nos jours, le Vice-Président fait équipe avec le Président lors de la campagne présidentielle, il compose avec lui le « ticket » républicain ou démocrate. Il est généralement choisi non pour ses affinités avec le candidat à la présidence mais, au contraire, parce que son image personnelle et politique est différente et de nature à attirer les suffrages d'une partie de l'électorat ; on proposera aussi la vice-présidence à un rival dangereux pour tenter de le faire renoncer ou au contraire elle servira à le remercier de s'être retiré de la course. Il n'est donc pas choisi pour être Président un jour. Cette situation n'est

Les présidents des États-Unis
depuis la Seconde Guerre mondiale

Franklin Roosevelt	1933
Harry Truman	1945
Dwight Eisenhower	1953
John Fitzgerald Kennedy	1961
Lyndon Jonhson	1963
Richard Nixon	1969
Gerald Ford	1974
Jimmy Carter	1977
Ronald Reagan	1981
Georges Bush	1989
Bill Clinton	1993

pas sans inconvénients lorsque le Vice-Président est appelé à succéder au Président en cours de mandat.

Mais elle explique aussi, pour partie au moins, que le *rôle du Vice-Président soit assez effacé.* Tant que le Président est en fonction, son attribution officielle essentielle est la présidence du Sénat (il ne vote que s'il y a partage des voix), fonction dans laquelle le « veep » se fait généralement remplacer par un sénateur. Rien n'oblige le Président à l'associer à la définition de sa politique, ce qui peut se révéler un inconvénient supplémentaire si le V.P. accède brutalement à la présidence en cours de mandat. Cependant, depuis Roosevelt, il assiste aux réunions du Cabinet et, depuis une quinzaine d'années, les Présidents successifs se sont efforcés de l'utiliser plus largement. En pratique, le rôle du « veep » varie selon la bonne volonté du Président.

Si le « veep » doit, pour une raison ou pour une autre, abandonner ses fonctions en cours de mandat, il est pourvu à son remplacement par le Président lui-même avec l'approbation de la majorité des deux chambres du Congrès ; il arrive donc que, le Président ne terminant pas son mandat, lui succède un V.P. qui n'est pas l'élu du peuple ; on imagine alors l'hypothèque qui pèse sur son autorité : ce fut le cas pour Gerald Ford remplaçant Nixon en 1974. Lorsque le Vice-Président accède à la présidence, il désigne à son tour, dans les mêmes formes, un nouveau V.P.

I. L'élection du Président

271. Le Président des Etats-Unis est élu pour quatre ans. Washington avait sagement refusé sa seconde réélection en 1797, mais Roosevelt, rompant avec la coutume, fut réélu trois fois. Aussi depuis le XXIIe amendement (1947) le Président n'est rééligible qu'une fois. Cependant, lorsque le Vice-Président succède en cours de mandat au Président (huit fois depuis l'origine), il pourra ensuite postuler deux mandats, à condition qu'il ait accédé à la présidence dans les deux dernières années du mandat de son prédécesseur. Cette règle porte à dix ans au maximum la durée des fonctions d'un Président. Elle permet d'éviter que le Président n'acquiert, par une trop longue stabilité, une autorité trop forte en face du Congrès.

Les Pères fondateurs n'ont pas voulu que le Président tienne ses pouvoirs du Congrès. La procédure de l'élection est complexe et peut être analysée comme une *élection directe par le peuple,* se déroulant en plusieurs étapes (on l'a comparée au « jeu de l'oie »). Elle fait du Président, avec le Vice-Président, la seule personnalité nationale.

Les règles pour être candidat sont fixées par la Constitution (être citoyen américain de naissance, âgé de 35 ans au moins et résider depuis quatorze ans aux États Unis) et aussi par les Etats (nombre de signatures de « parrains », paiement d'une taxe...). Ce sont les partis qui choisissent les candidats à la présidence et à la vice-présidence. L'élection se joue entre les candidats des deux grands partis. Cependant d'autres candidats peuvent concourir, ils furent ainsi 24 en 1992, tous n'étant pas en lice dans tous les Etats. En général, ils recueillent un pourcentage dérisoire de voix. Avec des exceptions parfois (F. Wallace : 13,5 % en 1968) ; la plus spectaculaire depuis 1912 étant constituée par Ross Perot en 1992 avec 19 millions de voix (19 %).

La procédure de désignation du Président se divise en deux phases :
— une phase partisane,
— une phase officielle.

A La phase partisane : le choix des candidats

272. Une première étape va aboutir à la désignation du candidat démocrate et du candidat républicain par la Convention nationale de leur parti. Elle se décompose elle-même en plusieurs stades.

1. La déclaration de candidature

Il ne s'agit pas d'une décision faisant l'objet d'un enregistrement formel, mais de l'intention exprimée par certaines personnalités de briguer l'investiture de leur parti et les suffrages des électeurs lors du scrutin présidentiel. Cette déclaration est l'aboutissement de manœuvres subtiles où le candidat prend l'avis de ses conseillers, peut annoncer, dès le lendemain de l'élection présidentielle précédente, qu'il ne sera pas candidat la prochaine fois, puis fait courir le bruit qu'il pourrait bien se représenter, observe attentivement l'accueil réservé à cette information, se fait prier d'être candidat — parfois par un comité créé à cet effet — surveille les propos et le comportement de ses adversaires éventuels, etc. Le choix du moment où sera faite l'annonce de la candidature est très important, il ne faut prendre la course ni trop tôt ni trop tard. Attitude avec laquelle les Français ont été familiarisés lors de leurs élections présidentielles.

2. La désignation des délégués à l'échelon local

Le candidat de chaque parti sera *choisi par la Convention nationale de son parti.* Celle-ci étant composée par des délégués du parti issus de chaque Etat, ceux qui postulent l'investiture par la Convention démocrate ou républicaine doivent faire campagne dans les Etats pour essayer d'obtenir l'appui du plus grand nombre possible de délégués.

Le nombre de délégués varie selon les Etats, et il n'est pas le même pour les deux partis dans chaque Etat. Les Conventions nationales fixent elles-même ce nombre, en tenant compte d'une série de paramètres : population de l'Etat, implantation du parti, derniers résultats électoraux, nombre de délégués dont dispose l'Etat à l'élection présidentielle elle-même (v. 276).

Si le nombre des délégués est fixé par les Conventions nationales, la façon dont ceux-ci seront désignés relève de la législation de chaque Etat, elle variera donc d'un Etat à l'autre, aucune harmonisation des règles électorales n'a été recherchée. Les tribunaux veillent cependant à ce que soit respectée l'égalité entre les candidats.

Aussi coexistent plusieurs types de système.

a) *Les primaires présidentielles* (v. 262)

273. Ce système ne concerne que les candidats des deux grands partis. On y a eu recours pour la première fois en Floride en 1901. En 1996 les Républicains ont organisé des primaires dans 42 Etats, les Démocrates ont pu s'en passer, Bill Clinton étant seul candidat à l'investiture du parti. A cette même élection, 80 % des délégués à la Convention républicaine étaient désignés par les primaires.

Les électeurs ne votent pas à ce stade pour le candidat lui-même, mais pour des « délégués » qui formeront la délégation du parti de chaque Etat à la Convention nationale. Les postulants à la délégation font, *en principe,* campagne pour un candidat, s'engageant à voter pour lui à la Convention. En réalité, le mandat donné aux délégués aux Conventions républicaine et démocrate, est relativement souple, ce qui explique que les candidats à l'investiture ne se croient pas obligés de se présenter dans toutes les primaires. Le sort de leur candidature se joue essentiellement lors de la Convention nationale de leur parti.

Les primaires ne se déroulent pas le même jour à travers tout le pays. Elles ont lieu entre février et juin de l'année de l'élection présidentielle. Selon les Etats et les partis, le vainqueur enlève tous les sièges de la délégation ou on recourt à la répartition proportionnelle (surtout chez les Démocrates).

Elles sont un bon baromètre de la cote des candidats. La première a lieu traditionnellement en février dans le New Hampshire, car la loi de cet Etat prévoit que la primaire doit y avoir lieu avant tous les autres Etats. Elle est suivie avec attention par la presse même si sa signification est contestable : Etat minuscule (951.000 habitants) et excentrique.

S'il ne se présente pas à toutes les primaires, le candidat doit choisir avec beaucoup d'attention les premières auxquelles il tentera sa chance, car elles servent de test pour l'avenir de sa candidature. Aussi, après une suite d'échecs dans des Etats importants, une personnalité a-t-elle intérêt à se retirer de la lutte. La nécessité d'être présent successivement sur plusieurs fronts est le début d'une épreuve physique harassante pour les candidats — et par-là une vérification de leur aptitude à remplir les fonctions de Président.

b) *Le système des Conventions d'Etat et des « caucuses »*

274. Ici la désignation des délégués n'est pas faite directement par les électeurs du parti se rendant aux urnes, mais au sein d'une assemblée réunissant les chefs du parti au niveau local avec des représentants des différents comités du parti dans la circonscription. Le choix des délégués est laissé à la « machine » du parti et aux militants. A l'origine, le caucus réunissait les membres du parti dans la législature de l'Etat qui proposaient les délégués à la Convention. De nos jours, les formules varient selon les Etats et les partis. Une tendance a associer les électeurs de base aux caucuses se développe cependant depuis quelques années. Les premiers caucuses ont lieu dans l'Iowa en février.

Ces procédés moins démocratiques — même s'ils rappellent, en mieux, ce qui se passe en France - désignent le cinquième environ des délégués à chaque Convention.

3. La désignation des candidats par les Conventions nationales

275. Le choix définitif du candidat de chaque parti (et du candidat à la vice-présidence) se fait lors des Conventions nationales des partis. Celles-ci adoptent aussi le programme, la plateforme du parti.

La Convention, réunie depuis 1837 pour les Démocrates et 1854 pour les Républicains, est organisée par le Comité national du parti : y siègent les délégués désignés par les 50 Etats (dont le nombre pour chacun est fixé, on l'a vu, par la Convention elle-même). Il s'agit d'une assemblée très nombreuse (plus de 4.000 personnes pour les Démocrates, plus de 2.000 pour les Républicains), colorée, animée (orchestres, confettis, majorettes...), où les délégués viennent généralement à leurs frais. Dans ces conditions, les débats sont le plus souvent confus, l'essentiel des tractations se passe dans les couloirs.

La présence de délégués issus de procédures de choix différentes explique que, pendant longtemps, le succès à la Convention nationale du candidat qui a montré par ses victoires dans les primaires qu'il disposait d'un large soutien populaire, n'était pas garanti. Certains délégués, on l'a vu, peuvent modifier leur vote, et surtout la machine du parti peut jouer un rôle déterminant grâce aux suffrages des délégués qui lui doivent leur nomination. Cependant, ce qui était très possible il y a quelques lustres l'est beaucoup moins aujourd'hui où le développement des primaires a rendu minoritaires à la Convention les délégués des caucuses.

Les règles de majorité sont variables. Jusqu'en 1936, les Démocrates exigeaient les deux tiers des suffrages. Aussi en 1924 fallut-il 103 tours de scrutin pour désigner le candidat du parti. Depuis 1952, un seul tour a toujours suffi.

La personnalité choisie par le parti portera ses espoirs lors de l'élection proprement dite. A partir de la Convention nationale, la campagne qui s'était déroulée dans un cadre partisan va s'adresser au corps électoral dans son entier, c'est « la campagne d'automne ».

B La phase officielle : le choix du Président

On désigne d'abord de « grands électeurs » qui éliront le Président en Décembre.

1. Le scrutin présidentiel

276. Les Conventions nationales s'étant tenues pendant l'été, on connaît les candidats et l'élection est fixée au mardi suivant le premier lundi de novembre. *La compétition qui jusqu'à présent s'était déroulée au sein des partis pour obtenir leur investiture oppose maintenant les candidats des deux partis désignés lors des Conventions.* Alors qu'en France, les candidats s'affrontent pendant de longs mois, aux Etats-Unis, où la campagne s'ouvre en pratique le premier lundi de septembre, chacun ne dispose que d'un peu plus de deux mois pour convaincre les électeurs de lui apporter leurs voix de préférence à leur concurrent.

A ce stade, on ne *procède pas encore à l'élection du Président, mais à celle de grands électeurs* qui à l'étape suivante désigneront le Président.

Les élections ne sont pas organisées au niveau de l'Union, mais à celui des Etats. Les grands électeurs, *« les électeurs présidentiels »,* sont au nombre de 538. Chaque Etat a droit à autant de grands électeurs qu'il dispose d'élus au Congrès. Ainsi la Californie avec 2 sénateurs et 52 représentants au Congrès désigne 54 électeurs présidentiels. Il ne s'agit donc pas d'une consultation nationale comme en France, il y a cinquante élections distinctes. Les candidats à la fonction de grand électeur se présentent devant le corps électoral en faisant connaître le nom de celui pour qui ils voteront lors du stade suivant, celui de l'élection présidentielle proprement dite (c'est-à-dire pour le candidat démocrate ou pour le candidat républicain).

Le scrutin est un scrutin de liste à un tour. Dans chaque Etat, la totalité des sièges de grands électeurs va au parti qui obtient la majorité (« winner takes all »).

Les résultats de l'élection présidentielle proprement dite (v. 272) sont ainsi connus avant même son déroulement, au lendemain de ce premier scrutin, par le décompte des grands électeurs sur lesquels chaque aspirant-président peut compter. Le vaincu adresse un télégramme de félicitations à son rival dès la publication des résultats.

Le résultat du scrutin peut tenir au vote de quelques grands Etats où l'un des candidats a obtenu de justesse cette majorité. Ainsi J. F. Kennedy fut élu en 1960 avec 110.000 voix de plus que son rival, Richard Nixon, sur près de 69.000.000 de suffrages exprimés, mais Kennedy avait alors obtenu 303 grands électeurs, Nixon 219. Si 8.849 électeurs de l'Illinois, 9.980 du Missouri et 115 d'Hawaï avaient voté Nixon, celui-ci aurait gagné, obtenant 263 mandats contre 259 à son adversaire. Il arrive aussi (13 fois sur 52 depuis Washington) que le Président n'ait pas obtenu la majorité des suffrages dans le pays (car il y a toujours des candidats marginaux, v. 271). Ainsi en 1992 Clinton a recueilli 43 % des voix (soit 24 % des inscrits), mais en 1996 il en a obtenu 50 %. A deux reprises même (Hayes en 1876 et Harrisson en 1888) le vainqueur a recueilli moins de suffrages que son concurrent.

2. Le vote des grands électeurs

277. Le collège des électeurs présidentiels se réunit le premier lundi suivant le deuxième mercredi de décembre, en principe dans la capitale de chaque Etat. Chaque électeur vote pour le candidat de son parti, ce scrutin apparaît comme une simple ratification. Le dépouillement n'a lieu que le 6 janvier à la Chambre des Représentants.

Le Président, comme le Vice-Président, doivent obtenir la majorité absolue, non pas des suffrages exprimés, mais des électeurs présidentiels (votants ou non) dans deux votes distincts, soit 538 : 2 = 270 voix. Au cas où aucun candidat n'obtient cette majorité, la Chambre des Représentants choisit elle-même le Président parmi les trois candidats arrivés en tête. Chaque Etat dispose alors d'une voix. Le cas s'est produit en 1800 (Jefferson) et 1824 (Adams). Quant au Vice-Président, il est choisi par le Sénat entre les deux candidats en tête.

Le Président prend ses fonctions le 20 janvier (« l'inauguration »).

Cette procédure paraît aujourd'hui aussi compliquée que désuète. Elle n'en correspond pas moins à une élection directe par le peuple dans la mesure où les grands électeurs abdiquent toute liberté de choix. Les Américains ont le sentiment de choisir eux-mêmes leur Président. Il n'en est que plus regrettable que le sytème permette la désignation d'un candidat qui est minoritaire dans le pays et parfois même minoritaire par rapport à son rival vaincu. Cette situation fâcheuse a suscité des projets de réforme du mode de désignation du Président.

Il faudrait aussi se demander si, en dépit de sa complexité, la procédure est efficace, c'est-à-dire si elle permet de porter aux fonctions présidentielles un candidat qui, sans être nécessairement le meilleur — quel système pourrait avoir cette ambition ? — présente de sérieuses garanties de remplir convenablement ses fonctions. La fortune, l'astuce politique et la santé sont certes des conditions indispensables pour être Président des Etats-Unis, mais ces facteurs ne préjugent pas le caractère, le jugement, la sagesse, toutes qualités indispensables (pour ne parler que des principales), à un bon Président. Les derniers choix faits par les Américains incitent au moins à s'interroger. Mais faut-il mettre en cause la procédure de désignation elle-même ou l'ensemble du système politico-social ?

II. Le statut du Président, le cabinet, l'organisation de la présidence

278. A son entrée en fonctions, le nouveau Président prête serment à la Constitution (et non à Dieu, ce qui souligne l'importance de la Constitution).

— Le Président forme son *Cabinet* — qui n'a pas d'existence constitutionnelle — en nommant ses ministres *avec l'accord du Sénat,* qui est à peu près automatique (10 refus depuis l'origine). Ceux-ci sont au nombre de 15 et sont appelés *« secretaries »*. Ils sont placés à la tête de Départements : Défense, Intérieur (qui ne recouvre pas le maintien de l'ordre), Trésor, Agriculture, Commerce, Santé, Énergie, Éducation... ; l'un des plus importants est celui chargé des Affaires Étrangères auquel est réservé le titre de « Secrétaire d'Etat ».

Les Ministres ne peuvent être membres du Congrès, ils sont choisis dans le secteur privé, dans les universités ou dans les Administrations. Parfois même ils sont membres du parti adverse, c'est la pratique du « bipartisanship », utile lorsque le Président et la majorité du Congrès n'appartiennent pas au même parti. Le Cabinet n'a pas d'existence autonome en dehors du lien avec la personne du Président, toute analogie avec le Cabinet britannique, en particulier, est exclue. Ses membres sont révocables discrétionnairement par le chef de l'exécutif et si un désaccord survient au cours d'une réunion entre le Président et les ministres, le Président reste entièrement libre de sa décision, il s'agit donc d'un organe consultatif, le *gouvernement américain ne pratique pas la collégialité, il ne prend pas de décisions collectives.* A ce propos, on cite traditionnellement une phrase célèbre de Lincoln qui s'était trouvé seul contre tout le Cabinet : « sept oui, un non : le non l'emporte ». Les ministres sont en définitive des collaborateurs personnels du Président.

— A côté du Cabinet on trouve le *White House Office* (650 personnes environ) composé de conseillers politiques et le *Bureau* du Président, ou « Executive Office », organe plus technique, créé par Roosevelt en 1939. C'est le « brain trust » du Président qui a pris avec le temps des proportions considérables, démesurées même ; il est passé de 1.500 personnes avec Kennedy à plus de 5.000 aujourd'hui.

Toute une série d'offices ou d'agences sont rattachés au Bureau, ainsi le Conseil national de sécurité (N.S.C., chargé de conseiller le Président en matière de politique étrangère et de défense nationale) dont dépend la C.I.A., l'Office of managment and budget, le Council of economic advisers, la Commission fédérale du service postal, le Conseil fédéral de réserve, la Commission de réglementation de l'énergie atomique...

III. Pouvoirs propres du Président des Etats-Unis

279. Chef de l'Etat, symbole de l'unité nationale, ce qui est important dans un système fédéral, le Président des Etats-Unis est aussi en quelque sorte *le gouvernement en entier* puisque le Cabinet n'est pas un organe distinct de lui.

Ses pouvoirs sont extrêmement étendus mais sa personnalité influe sur leur portée. Kennedy, Johnson, Nixon ont été des Présidents forts alors que Gerald Ford et Jimmy Carter n'ont pas eu les mêmes possibilités d'action.

En dehors des pouvoirs partagés avec le Congrès, le Président est titulaire de pouvoirs propres, c'est-à-dire qu'il peut mettre en œuvre comme il l'entend, mais qui sont cependant soumis — comme toute son action — au *contrôle* du Congrès, sans pouvoir aller cependant jusqu'à une mise en cause de sa responsabilité.

En se limitant à ses pouvoirs les plus importants, on dira qu'il est :

1. Le détenteur du pouvoir réglementaire

280. Chargé de veiller à l'exécution des lois, le Président peut prendre toutes les mesures qu'il juge indispensables à la mise en œuvre de la loi (executive orders). Ces mesures sont prises soit spontanément par le Président, sur la base de son pouvoir constitutionnel de veiller « à ce que les lois soient fidèlement exécutées », soit à partir d'une *délégation législative* votée par le Congrès, car c'est là l'un des paradoxes du régime américain que la séparation stricte des pouvoirs ne s'oppose pas à cette délégation, que la Cour Suprême ait reconnue sa constitutionnalité (à la condition — subtile — qu'il s'agisse d'un élargissement des compétences présidentielles et non d'un abandon par le Congrès de ses prérogatives) et que sa pratique soit fréquente, en particulier en cas de guerre ou de crise *(pouvoirs d'émergency),* économique en particulier.

Ces attributions règlementaires sont écrasantes et une partie en est exercée en fait de façon indépendante par *« des agences à pouvoir réglementaire »* dont relèvent de vastes secteurs de la vie nationale : commerce interétatique, marchés boursiers, environnement... et qui parfois prennent des décisions qui semblent appartenir au Congrès.

Finalement à travers ce premier pouvoir le Président peut s'assurer, s'il le souhaite, la maîtrise de l'application de la loi, qu'il en étende la portée, la restreigne, voire même la laisse devenir lettre morte.

2. Le chef de l'administration fédérale

281. A ce titre il nomme et révoque un grand nombre de fonctionnaires (9.000 environ). Si le *« spoils system »* (au vainqueur les dépouilles), institué par Jackson en 1829 et considéré comme peu choquant dans la mentalité américaine, a perdu de son ampleur au profit du « merit system », beaucoup d'emplois changent encore de titulaires au lendemain de chaque élection présidentielle. Il en est ainsi par exemple pour les ambassadeurs qui doivent être confirmés dans leurs fonctions par le nouveau Président. Pour les emplois les plus importants l'accord du Sénat est nécessaire (V. 289).

En outre l'administration fédérale est à ses ordres et il la contrôle comme il l'entend.

3. Le commandant en chef des forces armées

282. La Constitution fait du Président le chef des armées, ce qui lui donne le droit en temps de guerre de diriger les opérations militaires et en temps de paix de décider d'utiliser les forces armées pour repousser une attaque soudaine.

La déclaration de guerre en effet appartient au Congrès. Lincoln avait déclaré qu'il n'était pas bon « qu'il soit au pouvoir d'un seul homme » d'entraîner son pays dans la guerre — formulant par-là un principe que l'on retrouve dans presque tous les régimes démocratiques —. Mais il faut laisser au Président la possibilité d'agir vite en face d'une situation imprévue pouvant mettre en péril l'avenir du pays. S'il ne peut « déclarer » la guerre, il peut la « faire » lorsqu'elle est imposée.

Le partage des compétences en ce domaine n'est pas net et les caractères des conflits armés actuels ont entraîné un élargissement des pouvoirs de l'exécutif dans la plupart des Etats, et aux Etats-Unis en particulier. Peu à peu on en est venu à considérer que le Président avait le pouvoir d'utiliser la force armée pour protéger les citoyens américains à travers le monde et non pas simplement pour défendre le territoire national. Le Congrès lui-même ne fut pas toujours très ferme sur ces prérogatives puisqu'en 1964 par exemple il autorisa le Président à décider toutes mesures propres « à prévenir une agression dans l'avenir ».

Aussi le Président a-t-il pris toute une série de décisions qui, sans correspondre à une déclaration de guerre formelle, constituaient des actes de guerre, ceci sans autorisation du Congrès. Qu'il suffise de rappeler l'envoi de troupes en Corée en 1950, le blocus de Cuba en 1962, l'intervention militaire en République Dominicaine en 1965, l'envoi d'unités de combat au Sud Viêt-nam la même année, les bombardements du Nord Viêt-nam en 1972 et de la Libye en 1986, le débarquement à la Grenade en 1983 et au Panama en 1989 à Haïti en 1994.

Cependant une réaction s'est esquissée depuis qu'en 1973, en dépit du veto de Nixon, a été votée *la loi sur les « War powers »* qui interdit au Président d'engager, sans l'accord du Congrès, des troupes à l'étranger au-delà de 60 jours, et l'oblige à lui faire rapport dans les 48 heures ; ainsi averti, le Congrès pourra y mettre un terme sans attendre. Ceci ne s'oppose pas au pouvoir d'initiative du Président, qui est même clairement reconnu, il pourra toujours mettre le pays devant le fait accompli en l'entraînant dans une aventure militaire que le Congrès aura ensuite du mal à désavouer et à interrompre. Il ne faut pas se dissimuler qu'en réalité c'est bien aujourd'hui le Président qui déclare la guerre, même si, comme pour la guerre du Golfe en 1990-91, ou du Kosovo en 1999, il s'efforce d'obtenir la caution du Congrès.

4. Le maître de la politique étrangère

283. Cette attribution est exercée en collaboration avec le secrétaire d'Etat qui n'a pas plus de pouvoirs que les autres membres du Cabinet et auquel le Président se substitue souvent.

La Constitution prévoit que le Président négocie seul les traités, ses pouvoirs d'initiative ne sont donc pas partagés ici ; par-là il définit en pratique la politique étrangère des Etats-Unis. Mais, le Président est soumis à un contrôle très strict du Sénat (v. 289) et la vigilance du Congrès est devenue beaucoup plus grande depuis les années 70. La complaisance fait maintenant parfois place à l'affrontement (accords SALT, traité sur le canal de Panama en 1978, aide aux Contras, Irangate, etc.). Mais le Congrès ne peut que conseiller et contrôler, il n'a pas l'initiative et l'exécution lui échappe, le Président est toujours le maître d'autant que les négociations sont très souvent secrètes.

§ 2. Le Congrès

Bibliographie : C.-E. LONGUET, *Le Congrès des États-Unis,* 1989.

Le Parlement américain s'appelle le « Congrès ». Il est formé de deux Chambres — ce qui est normal s'agissant d'un régime fédéral : la Chambre des Représentants et le Sénat.

A Les Chambres

1. La Chambre des Représentants

284. Composée de 435 membres (plus 3 pour le district de Washington) — auxquels les Américains réservent l'appellation de « congressmen » — elle est élue pour deux ans. L'élection se déroule au scrutin uninominal à un tour, chaque Etat étant divisé en circonscriptions et les modalités du vote étant fixées par les Etats. La représentation des Etats est à peu près proportionnelle à leur population, mais il y a parfois de grandes inégalités entre les circonscriptions.

La durée du mandat — deux ans - mérite d'être soulignée. Par sa brièveté, elle posera parfois des problèmes au Président car à la fin de la seconde année de son mandat la Chambre des Représentants élue en même temps que lui est entièrement renouvellée (*mid-term elections*) et la majorité peut changer ; le parti du Président perd régulièrement des sièges lors de ces élections intermédiaires (exception : 1998). On verra plus loin comment le Président s'efforce alors de gouverner. D'autre part la perspective des élections tend à occuper l'esprit et l'activité des représentants. Ces derniers souhaitent être réélus, ceci d'autant plus vivement que les postes importants du Congrès sont attribués largement à l'ancienneté et que des mandats successifs permettent aussi de se faire mieux connaître et de briguer des fonctions plus en vue (gouverneur, membre du Cabinet...). Les représentants sont donc tentés de négliger les travaux de la Chambre pour rester en contact avec leur circonscription. Aussi 90 % des représentants sont-ils réélus lors d'une nouvelle candidature.

Sociologiquement les représentants ne reflètent que très imparfaitement l'image de la société américaine. Les femmes, les catholiques, les noirs sont sous-représentés ; les milieux aisés, les juristes, sont au contraire sur-représentés.

Les Républicains détiennent la majorité au sein de la Chambre. Les élections de novembre 1998 (106ᵉ Congrès) leur ont donné 223 sièges contre 211 aux démocrates) et un indépendant.

2. Le Sénat

285. Le Sénat est composé de deux sénateurs par Etat, quelle que soit sa population, ce qui est conforme au principe traditionnel du système fédéral mais crée des inégalités de représentation considérables : l'Alaska avec 407.000 habitants, ou Hawaï avec 895.000 ont deux sénateurs comme la Californie avec 22.000.000 d'habitants. A l'origine, lors de la Convention de Philadelphie, la règle de la parité de représentation avait donné lieu à des débats très vifs entre représentants des grands et petits Etats. Il y a 100 sénateurs.

Les sénateurs sont élus pour six ans, directement par le peuple au scrutin majoritaire à un tour (depuis 1913), leur renouvellement s'effectue par tiers. La circonscription électorale est constituée par l'Etat (à la différence de ce qui se passe pour la Chambre des Représentants). Sociologiquement le recrutement du Sénat accentue les distorsions signalées pour la Chambre, les noirs et les femmes y sont encore moins représentés.

La fonction de sénateur a plus de prestige que celle de représentant, et ceux-ci du fait de la longueur de leur mandat peuvent mieux se consacrer aux affaires de l'Etat.

Le Sénat est dominé depuis 1994 par les Républicains qui disposent en 1998 de 55 sièges contre 45 aux Démocrates.

3. Fonctionnement du Congrès

286. Le Congrès tient une session annuelle qui s'ouvre le 3 janvier et dont il décide lui-même la clôture. En pratique elle se poursuit couramment pendant dix mois, elle est donc quasi permanente.

Les débats

Les débats sont moins rigoureusement organisés que dans les Parlements européens et personne ne parvient à les contrôler véritablement. Le *speaker* qui préside la Chambre des Représentants n'a ni la stabilité, ni l'impartialité, ni l'autorité de son homologue des Communes, il est en même temps chef du parti majoritaire. Le Sénat est, rappelons-le, présidé par le Vice-Président des Etats-Unis qui le plus souvent se fait suppléer par un sénateur. Le véritable chef du Sénat est le *leader* du parti majoritaire.

La particularité la plus originale du déroulement des débats, qui est propre au Sénat, est la pratique du « *filibuster* ». Elle permet aux adversaires d'un projet de faire obstruction à son adoption. Les interventions et le temps de parole ne sont en effet pas limités. Chaque sénateur peut prendre la parole aussi souvent qu'il le veut et la conserver aussi longtemps qu'il en a la force. Faute de pouvoir développer leur argumentation plus avant, certains orateurs en viennent à lire la Bible ! En 1953 un orateur a ainsi réussi à se maintenir à la tribune pendant plus de 22 heures. Cette tactique ne pouvant être entravée que par un vote exigeant une majorité des 3/5 des membres du Sénat, la minorité peut ainsi bloquer longuement un débat. Ce respect de la liberté des parlementaires n'est pas de nature à faciliter l'efficacité du Congrès mais renforce les pouvoirs du Sénat. Les Sudistes l'ont beaucoup employé contre les lois anti-ségrégationnistes.

Les Commissions

• Des *commissions permanentes* (26 à la Chambre, 20 au Sénat) concourent au travail parlementaire en procédant à un examen préalable des projets de lois ; *leur rôle est déterminant dans la procédure législative.* Elles enterrent certains projets, elles proposent pour d'autres une rédaction nouvelle. Traditionnellement — avec une atténuation depuis 1975 — leur présidence revient au parlementaire le plus ancien, ce qui supprime les inconvénients de la compétition, donne une réelle indépendance à la présidence mais instaure une gérontocratie conservatrice très puissante (trop même) à la Chambre des Représentants surtout. Leurs méthodes sont différentes de celles de leurs homologues européens. En particulier elles peuvent procéder à des auditions, les « *hearings* », auxquels elles convoquent qui elle jugent bon. L'un des intérêts de cette procédure est de permettre aux parlementaires de connaître, en dehors du point de vue des particuliers et groupements intéressés, celui de l'Administration, car la conception de la séparation des pouvoirs n'autorise pas les membres du Cabinet à prendre séance au Congrès.

• Les Chambres procèdent aussi à un contrôle de l'Administration. Les *Commissions spéciales* se comportent parfois de façon déplaisante, proche d'un contrôle policier, avec des « dépositions » faites en présence des chaînes de radio et de télévision. On peut citer en ce sens celle sur les activités antiaméricaines dirigée en 1954 par le sénateur MacCarthy, celle sur la C.I.A. créée en 1975, celle sur le scandale du Watergate en 1973, celle sur l'Irangate en 1987. Cette forme d'activité des commissions est fort critiquée, en particulier en raison de l'inconstitutionnalité qui résulte de la violation de la séparation des pouvoirs, les commissions d'enquête se comportant comme de véritables organes judiciaires.

• Enfin c'est une commission qui dispose du pouvoir redoutable de fixer l'ordre du jour de la Chambre des Représentants ; au Sénat c'est le leader de la majorité.

• Dans l'hypothèse d'un désaccord entre les deux Chambres au cours de la procédure législative, on crée une sorte de *commission de conciliation*, proche de la Commission mixte paritaire française (v. 500), « la conférence », destinée à proposer un texte commun. Aucune des Chambres n'ayant de suprématie sur l'autre, l'échec de cette procédure entraîne l'abandon du projet.

B Les pouvoirs du Congrès

287. *Le Congrès n'est pas une institution efficace*, l'impulsion de la vie politique vient de la présidence. Le Congrès peut la contrarier, s'y opposer, dire non, faire preuve d'inertie, mais il n'a pas un rôle créateur et d'innovation, il manque d'imagination collective. Cette faiblesse tient beaucoup à l'absence de majorité, comme d'opposition, cohérentes, centralisées, se reconnaissant un véritable chef, et aussi au fait que les parlementaires sont avant tout sensibles aux intérêts (forcément antagonistes) de leurs électeurs. Les propositions de lois s'enlisent dans un véritable labyrinthe à la sortie duquel sont votées, chaque année, une quinzaine de lois importantes seulement.

Les deux Chambres disposent de pouvoirs communs, mais le Sénat apparaît comme l'assemblée la plus puissante et la plus importante et bénéficie de pouvoirs propres.

1. Attributions communes

288. Le Congrès est dépositaire tout d'abord, au moins partiellement on l'a vu, du *pouvoir constituant* (v. 266). Il a aussi le pouvoir de *déclarer la guerre* (v. 282).

Il exerce le *pouvoir législatif* : les deux Chambres sont sur un pied d'égalité mais la plupart du temps l'initiative vient de la Chambre des Représentants. En matière d'impôts les Représentants ont même le monopole de l'initiative. Mais le Sénat peut proposer des amendements.

D'autre part, le Congrès peut mettre en œuvre *la procédure d'impeachment* contre les fonctionnaires fédéraux (y compris les juges) ayant commis des infractions graves (corruption, trahison...). Les poursuites sont déclenchées par les représentants, le Sénat juge les inculpés. Trop lourde cette procédure n'est presque jamais utilisée.

Enfin le Congrès dispose d'un large *pouvoir de s'informer,* d'enquêter sur l'action de l'exécutif. *Il peut obliger le Président à s'expliquer* et il contrôle ainsi son action. Mais, comme on le sait, ce contrôle est dénué de sanctions juridiques.

2. Les pouvoirs propres au Sénat

289. La Convention de Philadelphie avait voulu faire du Sénat plus qu'une Chambre législative en lui confiant aussi un rôle de conseil du gouvernement, facilité par le fait qu'à l'origine il n'y avait que 26 sénateurs. Il reste quelque chose de cette idée initiale.

Le Sénat doit donner son *accord à la nomination des hauts fonctionnaires fédéraux.* Plusieurs dizaines de milliers de nominations et promotions lui sont ainsi soumises chaque année. Généralement le Sénat, s'inspirant du principe de la « courtoisie sénatoriale », ne s'oppose pas au choix du Président. Mais certains Présidents (Nixon, Reagan, Bush) ont connu quelques déboires.

D'autre part, le Sénat a des pouvoirs *en matière de relations internationales :* si le Président conclut les traités, ceux-ci doivent être ratifiés par le Sénat à la majorité des deux tiers des présents. En d'autres termes, il suffit de l'opposition d'un tiers des sénateurs pour qu'un traité ne soit pas ratifié, un droit de veto est ainsi remis à la minorité du Sénat. Si le parti du Président n'est pas majoritaire au Sénat, il risque d'avoir des difficultés à faire ratifier les traités. L'exemple le plus célèbre est le refus par le Sénat de ratifier le Traité de Versailles, ce qui a entraîné en outre la non-ratification du pacte de la S.D.N. placé en tête du Traité.

Pour tourner l'obligation de cette procédure périlleuse, le Président a pris l'habitude de négocier des « *executive agreements* » (correspondant à nos « accords en forme simplifiée », ils sont 15 fois plus nombreux que les traités) qui n'ont pas à être soumis au Sénat et auxquels la Cour suprême devait reconnaître les mêmes effets qu'aux traités. Dans les premières années du XIXe siècle il s'agissait par-là de régler des questions techniques mineures sans déranger le Sénat, ou de mettre en œuvre des traités dûment approuvés par lui. Progressivement le procédé a pris une extension considérable (accords de Yalta en 1945), en particulier dans le domaine militaire, et constitue aujourd'hui un véritable pouvoir propre du Président. Ils doivent cependant être transmis au Congrès pour information (loi Case 1972), obligation qui n'est pas toujours respectée.

§ 3. Les moyens d'action respectifs du Président et du Congrès

290. Nombre d'aspects qui caractérisent la séparation des pouvoirs dans le régime parlementaire sont absents d'un système fondé en théorie sur une séparation des pouvoirs stricte :

— *le Congrès ne peut renverser le Président ou démettre ses ministres,*

— *le Président ne peut dissoudre le Congrès,*

— *les ministres, pas plus que le Président, n'assistent aux séances du Congrès,*

— *l'exécutif n'a pas l'initiative des lois.*

Mais le système ne pourrait pas fonctionner si chaque pouvoir restait enfermé dans l'isolement ou si l'un dominait l'autre : il faut assurer de délicats *équilibres* entre les pouvoirs constitutionnels.

A Les moyens d'action du Président sur le Congrès

291. Le Parti du Président n'est pas nécessairement majoritaire au Congrès et, à supposer qu'il le soit, il ne se considère pas comme obligé de le soutenir fidèlement. *La discipline de vote est peu stricte,* les défections lors des scrutins sont nombreuses. Aujourd'hui, par exemple, le parti de M. Clinton n'est plus majoritaire au Congrès, situation que M. Reagan et M. Bush ont connue avant lui. Ajoutons que la Chambre des Représentants est entièrement renouvelée au milieu du mandat présidentiel, ainsi que le tiers du Sénat et que le parti du Président sort le plus souvent affaibli de ces élections. En même temps, il n'y a pas non plus au sein du Congrès une opposition structurée ayant un leader. Les mots d'ordre des partis ne sont suivis que dans 70 % des cas, cette absence de discipline engage le Président dans des manœuvres délicates et constantes pour obtenir l'appui des Chambres (en réalité les États-Unis sont un « no-party system »). Le compromis est à la base de son comportement ; il est considéré comme démocratique, au contraire de ce qui se passe en France où une partie du pays gouverne contre l'autre. Aussi le chef de l'exécutif doit-il « vendre » en quelque sorte sa politique au Congrès. Sa personnalité, son autorité, son rayonnement, jouent. Ses succès de politique étrangère et la stature internationale qu'ils lui confèrent peuvent lui faciliter la tâche. Il dispose aussi de prérogatives pour faire pression sur les Chambres et passer outre, s'il le faut à leur résistance.

1. Les messages au Congrès

292. L'interprétation stricte de la séparation des pouvoirs interdit au Président de prendre part aux débats du Congrès. Cependant la Constitution a prévu qu'il pouvait communiquer avec lui par la voie de messages.

Le message sur l'Etat de l'Union

Le plus connu est le « *message sur l'état de l'Union* ». Au début de chaque session, le Congrès, réuni en séance commune aux deux Chambres, est informé par son intermédiaire des problèmes de la vie de la nation. Le Président peut venir lire lui-même son message qui ne peut donner lieu à discussion. Le constituant a rendu obligatoire cette information du législatif par le Président et la lecture du message sur l'état de l'Union est un des moments importants de la vie politique américaine.

Cette importance a été renforcée par une évolution du contenu et de la signification de ce message, son rôle traditionnel est un peu passé au second plan. Le Président utilise en effet maintenant les possibilités qu'il lui offre de prendre l'initiative des lois. Le message que prononce chaque année le Président est un exposé de son programme, précisant les mesures législatives que sa réalisation implique. Cette invite est complétée en dehors du discours public, par des projets de lois annexés au message : *« le message législatif »*. Des parlementaires amis du Président n'ont plus qu'à reprendre à leur compte ces projets. Le Président est devenu le « chief législator », il est à l'origine de la plupart des lois.

Ceci ne veux pas dire que tous les projets présentés au Congrès seront votés par lui. Beaucoup échouent et le phénomène est surtout sensible lorsque le Congrès a une coloration partisane différente de celle du

Président. Aussi le pourcentage des projets adoptés varie-t-il entre 93 % pour Johnson en 1965 et 51 % pour Nixon en 1973 ; la moyenne est des trois-quart. En général le Président à moins de facilités pour faire passer ses projets qu'un Premier ministre parlementaire.

Le message sur le budget

La pratique des messages ne s'arrête pas là. Le Président expose son programme financier dans un *message sur le budget.* Depuis 1921 en effet la préparation du budget est assurée par l'Office du budget qui, rappelons-le, relève du Président, et non par le Congrès. Cependant, ce dernier a réagi contre cette situation, en particulier à la suite de l'attitude spécialement désinvolte de Richard Nixon, moins d'ailleurs à propos de l'élaboration du budget que de son exécution. Nixon eut en effet recours à « *l'impoundment* », c'est-à-dire qu'il refusait de consommer les crédits votés contre sa volonté par le Congrès ; estimant ces opérations non-prioritaires, il en empêchait ou retardait la réalisation. Il exécutait le budget comme il l'entendait. Aussi un bureau et, dans chaque Chambre, une commission du budget furent-ils créés, pour conseiller le Congrès en matière budgétaire et fiscale (Congressionnal Budget Act de 1974). Ainsi un semblant d'égalité a été rétabli entre les pouvoirs, les propositions présidentielles sont souvent bouleversées et le Président est contraint de dépenser les crédits votés.

Le Congrès a d'ailleurs le dernier mot puisque c'est lui qui discute et vote en définitive le budget ; il tient les cordons de la bourse mais la procédure est si lourde qu'il n'a guère le temps de descendre dans les détails.

Les autres messages

Enfin le Président adresse au Congrès tous les semestres un rapport économique et peut lui demander par des messages spéciaux de légiférer dans des domaines particuliers où une réforme apparaît urgente.

2. Le veto présidentiel

Le principe

293. Les textes de lois votées par le Congrès doivent être promulguées par le Président dans les 10 jours. Celui-ci peut refuser, dans ce délai, leur promulgation, pour simple opportunité éventuellement, mais en faisant connaître ses raisons. Jusqu'à ces dernières années son veto s'appliquait à la totalité du texte et *non à certaines de ses dispositions (item veto).* L'absence de « veto sélectif » empêchait le Président de s'opposer à une, ou à quelques dispositions de la loi seulement, aussi le Président pouvait hésiter à l'utiliser lorsqu'il était d'accord avec les autres articles de la loi. Le Congrès par une loi de 1996 *a finalement accordé l'item veto au Président* à certaines conditions. Rarement utilisé à l'origine, le veto devint fréquent sous Cleveland et F.D. Roosevelt. Celui-ci l'opposa 635 fois. Il ne peut être détruit que par un vote de chaque Chambre à la majorité des deux tiers de ses membres (ce qui arrive dans 6 % des cas). Le Congrès se plie généralement à la volonté du Président : pour Roosevelt le veto ne fut levé que neuf fois. On notera qu'actuellement les Républicains ne disposent pas de la majorité des 2/3 permettant de lever un veto.

« Le pocket veto »

Nixon devait recourir largement au droit de veto, en particulier à sa seconde variété : le veto de poche (*« pocket veto »*). La Constitution prévoit en effet que : « si un bill n'est pas renvoyé par le Président dans les dix jours... qui suivront sa présentation, il deviendra loi de la même manière que s'il avait été signé, à moins que le Congrès, en s'ajournant, n'ait empêché le bill de lui être envoyé, auquel cas le bill ne deviendra pas loi ». La ratification est donc implicite si le Président n'a pas signé au bout de dix jours, ceci de façon à empêcher l'exécutif de gagner du temps en faisant attendre sa signature. Mais lorsque le Congrès s'ajourne ou met fin à la session pendant ce délai, il empêche par-là le Président de lui retourner le texte de loi — approuvé ou rejeté —. En conséquence, le Président peut « conserver dans sa poche » les textes qui ne lui plaisent pas, votés dans les dix derniers jours de la session du Congrès, ceux-ci ne pourront entrer en vigueur et il faudra reprendre toute la procédure législative à la session suivante. Avantage supplémentaire : ce veto n'a pas à être motivé. Les 2/5 des vetos sont des vetos de poche. Saisie à plusieurs reprises de la constitutionnalité de l'utilisation du veto de poche, la Cour Suprême l'a toujours confirmée.

B Les moyens d'action du Congrès sur le Président

294. De son côté, le Congrès dispose de moyens d'action très développés qui font de lui une puissance face au Président. Si le Congrès légifère mal, il contrôle efficacement. Ce sont surtout des moyens indirects qui font la force du Congrès.

1. L'action directe : l'« impeachment »

Le Congrès peut destituer le Président.

Il s'agit d'une procédure destinée à mettre en cause la responsabilité *pénale* et non politique du chef de l'exécutif (et, rappelons-le, de ses agents ainsi que des juges). Son origine est la même que celle de son homonyme anglais mais la pratique n'a pu, malgré une tentative au XIXe siècle, transformer le régime en régime parlementaire. Conformément à la Constitution, le Président ne peut être poursuivi que pour « trahison, concussion ou autre crime ou délit grave » — on notera que ce dernier qualificatif est remarquablement vague.

La mise en accusation est décidée à la majorité simple par la Chambre des Représentants, le jugement est rendu par le Sénat, présidé pour l'occasion par le Président de la Cour suprême ; la majorité des deux tiers des membres est requise pour une condamnation.

Même si le Sénat s'est réuni 14 fois jusqu'à présent (dont dix pour juger des juges V. 288), cette procédure n'a jamais abouti contre un Président des États-Unis.

• Elle fut utilisée en 1868 contre Andrew Johnson mais échoua devant le Sénat à une voix de majorité.

• Il est certain que sa menace a entraîné la démission du Président Nixon le 8 août 1974. La commission judiciaire de la Chambre des Représentants avait en effet recommandé à la Chambre l'ouverture d'une procédure de mise en accusation à son égard, un processus était engagé dont Nixon savait qu'il ne sortirait pas vainqueur ; il est le seul Président à avoir démissionné.

• Enfin *le Président Clinton a fait l'objet d'une procédure d'impeachment* dans l'affaire Monica Lewinsky, pour parjure et entrave à la justice. Mis en accusation par la Chambre des représentants le 19 décembre 1998, son procès s'est ouvert devant le Sénat, présidé par le *chief justice* de la Cour suprême, William Rehnquist, le 7 janvier 1999. Après une série d'audiences et d'auditions de témoins, Bill Clinton a été acquitté le 12 février par 54 voix contre 45 et un bulletin blanc sur le premier chef d'accusation et 50 contre 50 sur le second. La majorité requise pour une condamnation était de 67 voix.

L'impeachment est une procédure solennelle et très grave, sans rien de commun avec la mise en cause de la responsabilité politique dans un régime parlementaire.

2. L'action indirecte

295. Le moyen de pression le plus radical dont dispose le Congrès à l'égard du Président consiste à lui refuser les moyens de sa politique. S'il ne peut engager sa responsabilité, il peut l'empêcher d'agir : lorsque le Congrès *rejette les crédits* nécessaires au Président, celui-ci ne peut plus gouverner. Cette arme oblige le Président à rechercher de bonnes relations avec les parlementaires, d'autant plus, on le sait, qu'il ne peut pas toujours s'appuyer sur une majorité issue du même parti que lui dans les Chambres. Ses efforts restent souvent vains et il doit se résigner à voir ses projets démantelés par le Congrès. Depuis la fin de la présidence de Nixon le Congrès a largement utilisé cette voie pour faire sentir sa puissance. Mais celle-ci est toute relative comme le montre l'échec de *l'amendement Gramm-Rudman.* Celui-ci, voté par le Congrès en 1985, prévoyait que l'impressionnant déficit budgétaire américain serait réduit progressivement pour disparaître en 1995. L'objectif n'a pas été réalisé, mais le débat reste ouvert, on parle de constitutionnaliser la règle de l'équilibre budgétaire ; Clinton s'est engagé à l'atteindre d'ici 2002.

A ce procédé il faut ajouter le *veto législatif.* Utilisé pour la première fois en 1932, il est devenu d'usage très fréquent sous la présidence de MM. Ford et Carter. Cette pratique consiste à faire figurer dans une loi habilitant le Président à prendre des mesures de portée générale (forme atténuée de délégation du pouvoir législatif qui est largement pratiquée aux Etats-Unis. V. 280), une clause prévoyant que ces mesures ne prendront effet qu'après leur approbation par le Congrès, qui dispose d'un délai de 30 à 60 jours pour cette ratification. Dans ce cas, le veto législatif n'est pas contestable mais depuis 1975 le Congrès s'est efforcé d'en élargir la portée dans un sens plus difficilement acceptable. La Chambre des Représentants a en effet adopté une résolution demandant que toutes les réglementations élaborées par les autorités administratives soient publiées au « Federal register » pour entrer en vigueur 30 jours après cette publication. Dans ce délai le Congrès pourra examiner ces textes et y opposer son veto. La pratique montre d'ailleurs qu'il s'agit avant tout d'une menace. Le Président Carter s'était élevé contre cette prétention et en avait appelé à la Cour suprême. Celle-ci, dans l'*arrêt Chadha* du 23 juin 1983 semblait devoir mettre un terme à cette pratique en la déclarant inconstitutionnelle. Le Congrès ne s'est pourtant pas incliné et il continue à recourir au veto législatif.

Sous-section 4
Qui gouverne les Etats-Unis ?

La Constitution américaine s'est efforcée de *réaliser un équilibre entre des pouvoirs indépendants.* C'est ainsi que chacun interprète la Constitution et donc ses pouvoirs comme il l'entend, et ne peut se voir imposer le point de vue d'un autre pouvoir. Il n'y a pas de solution constitutionnelle aux crises, aux conflits entre pouvoirs, et ceux-ci sont fréquents. La Cour Suprême en particulier n'est pas un arbitre.

Mais dans la pratique on est bien amené à se demander si un pouvoir ne domine pas les autres. Et il y a eu des auteurs pour soutenir,les uns que les Etats-Unis étaient gouvernés par le Congrès, les autres par la Cour suprême, les derniers enfin par le Président. En réalité d'ailleurs si la question se pose, n'est-ce pas que les pouvoirs sont relativement égaux ?

A Le Congrès

296. La thèse selon laquelle les Etats-Unis sont gouvernés par le Congrès a été développée avec éclat à la fin du XIXe siècle par un homme, un professeur de droit, qui devait par la suite devenir Président des Etats-Unis : Woodrow Wilson. Le titre de son ouvrage paru en 1887 : *« Le gouvernement congressionnel »* est resté attaché à cette interprétation.

Pour Wilson, la séparation des pouvoirs instituée en 1787 ne fonctionne pas et le Congrès est devenu le pouvoir prédominant. En son sein ce sont d'ailleurs les présidents des commissions permanentes qui détiennent la réalité du pouvoir. Wilson ne condamne pas cette situation, ce qu'il regrette c'est qu'elle n'ait pas évolué comme en Angleterre vers le régime parlementaire.

En période de cohabitation, où le Président n'appartient pas au même parti que la majorité du Congrès, ce dernier pourra utiliser ses pouvoirs d'enquête (V. 288) pour chercher à déstabiliser le Président ou à le discréditer.

B La Cour suprême

297. La thèse du « gouvernement des juges » a déjà été exposée. Elle souligne le rôle des tribunaux et particulièrement de la Cour suprême dans la vie politique américaine. Les virtualités du contrôle de la constitutionnalité des lois expliquent cette influence.

L'accusation a pu être vraie à certaines époques : à la fin du XIXe siècle, au début du New Deal ; elle a perdu beaucoup de sa pertinence aujourd'hui. En outre, le pouvoir du juge renferme une faiblesse essentielle, il ne peut véritablement gouverner, il peut tout au plus *empêcher,* son rôle n'est pas actif, il n'a pas de possibilité d'initiative. Enfin, la Cour n'est pas issue de l'élection, sa légitimité n'est pas de même nature que celle du Président ou du Congrès.

C Le Président

298. La majorité des auteurs soutiennent qu'en définitive, le pouvoir suprême appartient au Président. Le renforcement des attributions de l'Etat, les responsabilités internationales des Etats-Unis, la crise économique de 1929, tous ces facteurs ont contribué à accroître l'autorité du chef de l'exécutif, surtout depuis le début de ce siècle, mais déjà pendant la guerre de Sécession sous la présidence de Lincoln.

La politique étrangère en particulier, à partir des années 50, a été très marquée par les initiatives du Président, qu'il s'agisse de la guerre de Corée, de la crise de Cuba, de la guerre du Viêt-nam ou de la politique chinoise. Arthur Schlesinger a montré dans « La présidence impériale », comment s'est affirmée à travers elle la primauté du Président. Mais ce ne sont pas là ses seuls atouts. Le Président dispose, en outre, de capacités d'initiative sans commune mesure avec celles du Congrès et à fortiori de la Cour suprême. Le pouvoir actif c'est lui, l'institution permanente c'est encore lui et les médias par leur attention à ses moindres faits et gestes consacrent sa suprématie. Dès qu'un problème nouveau se pose, on se tourne tout naturellement vers le Président. Et, de précédent en précédent, se constitue une coutume élargissant ses pouvoirs. On est loin de l'arbitre et du gardien voulu par les « Pères fondateurs », l'évolution est proche de celle que connaîtra le Président de la Ve République.

Que peut-on en penser ?

En réalité, le régime est placé sous le signe de la *concurrence entre le Congrès et le Président,* le premier disposant de redoutables armes défensives dont il n'est pas toujours capable de se servir.

A certaines époques, le Congrès durcit son comportement et impose sa volonté au Président. C'était vrai déjà à l'époque où écrivait Wilson et où le libéralisme réel limitait considérablement les interventions d'un exécutif fédéral souvent incarné en outre par un Président sans grande personnalité. Cette situation se produit maintenant au lendemain des crises intérieures et extérieures pendant lesquelles, par la force des choses et avec l'aval du Congrès, les pouvoirs du Président ont été renforcés. Par une sorte de mouvement de balancier, le Congrès tient à rappeler son existence et son pouvoir. Cette forme d'alternance au pouvoir entre le Congrès et le Président est normalement de courte durée. Le Congrès s'est ainsi affirmé au lendemain de la première guerre mondiale face à Wilson (qui alors ne défendait plus la thèse du gouvernement congressionnel) et à ses successeurs jusqu'en 1933 ; à l'issue de la seconde guerre mondiale ensuite — en votant le XXIIe amendement limitant à deux le nombre des mandats présidentiels et en contrariant le programme économique de Truman — ; à nouveau après la chute de Nixon (qui l'avait aussi frustré de ses succès de politique étrangère), et enfin il a beaucoup relevé la tête au cours de la seconde présidence de Reagan.

D'autre part, il est certain que le Président, quels que soient son autorité personnelle et le prestige de la fonction, ne peut gouverner seul ; beaucoup de ses décisions ne deviennent exécutoires qu'une fois approuvées par le Congrès. Son succès est pour une large part tributaire de la bonne volonté d'un Congrès, dont l'une des Chambres est renouvelée tous les deux ans, et peut-être dominée par le parti opposé au Président. Le Congrès est maître du budget, les « agences » qui assistent le Président dépendent du Congrès pour leurs crédits ; le Président est amené à composer avec lui, *le contrepoids prévu par les Constituants de 1787 joue efficacement son rôle.*

Enfin le Président doit tenir compte de ce redoutable quatrième pouvoir qu'est *la presse*. Son indépendance, son irrespect, son agressivité sont beaucoup plus considérables aux Etats-Unis qu'ailleurs. Avec l'affaire du Watergate, elle a montré qu'elle pouvait défaire un Président beaucoup plus sûrement qu'une procédure d'impeachment, et l'affaire de l'Irangate a beaucoup affaibli Reagan.

Est-ce à dire qu'en définitive, dans cet affrontement, l'avantage soit au Congrès et que ce dénouement soit heureux ? La conclusion serait prématurée, car on l'a vu, ce qui caractérise la vie politique aux Etats-Unis, c'est un va-et-vient du pouvoir entre le législatif et l'exécutif au hasard des circonstances, des vertus et de l'autorité des partenaires. Il est sûr cependant que les Etats-Unis ont besoin d'une présidence forte qui reste, comme elle l'a toujours fait, dans les sages limites que lui a fixées la Constitution.

Chapitre 3
Le régime d'assemblée

Le régime d'assemblée est aussi appelé *« gouvernement conventionnel »*, car on considère, qu'il fut appliqué en France sous la Révolution par la Convention avant d'aboutir à la dictature de Robespierre. De cette première expérience et de ses conséquences fâcheuses vient une réputation qui n'est guère flatteuse.

Section 1
Théorie du régime d'assemblée

299. Comme son nom l'indique, le régime est celui où l'assemblée domine les autres pouvoirs, où l'exécutif apparaît comme une autorité subordonnée. Le régime est monocaméral, ou tout au moins, il n'y a qu'une assemblée qui compte. Dans son principe, il repose sur une intention généreuse qui peut se réclamer de Rousseau : faire du peuple à travers l'assemblée le véritable titulaire du pouvoir. Les élus seront des *délégués et non des représentants,* tenus par un mandat impératif ils expriment la volonté populaire et sont soumis à son contrôle. La méfiance à l'égard de tous les intermédiaires, la crainte d'une confiscation de la souveraineté par des représentants, expliquent la vogue que rencontre ce système dans les périodes révolutionnaires ; il a longtemps constitué l'une des utopies stérilisantes de la gauche française dont il continue parfois à entretenir les nostalgies. En effet, ses limites sont celles du mandat impératif et celui-ci, on le sait, n'est pas adapté à la solution des problèmes de l'Etat moderne. D'autre part, le régime d'assemblée, reniant ses fondements, met souvent en œuvre le potentiel dictatorial qu'il contient. Faute de rencontrer un pouvoir concurrent qui lui fasse contrepoids, l'assemblée échappe au contrôle du peuple, se laisse guider par les apparences de sa toute-puissance, et, poussée par des minorités, elle est portée à exercer le pouvoir pour son compte au détriment de la liberté de tous.

Ici encore, ce régime n'existe que rarement à l'état pur, plus courantes en sont ses formes atténuées.

§ 1. Conception étroite du régime d'assemblée

300. Dans sa forme la plus stricte, le régime d'assemblée fait disparaître la séparation des pouvoirs pour instituer une *confusion des pouvoirs* au profit du législatif, une séparation des fonctions subsistant cependant entre celui-ci et l'exécutif.

L'exécutif est *le commis* de l'assemblée, il n'a pas d'indépendance à son égard. D'accord ou pas, son rôle est littéralement d'exécuter ses volontés. Nommé par l'assemblée, l'exécutif ne peut engager sa responsabilité en posant la question de confiance, il ne peut démissionner — car la menace d'une démission serait une façon indirecte de poser la question de confiance — et il n'est pas question, bien sûr, qu'il prononce la dissolution de l'assemblée. Absence d'autonomie, absence de volonté propre, son rôle est purement passif, il exécute les ordres de l'assemblée. En définitive, l'exécutif n'est qu'une courroie de transmission à laquelle son mandat peut être retiré à tout moment.

Dans la pratique, un tel régime ne peut fonctionner, tout au moins durablement et avec un minimum d'efficacité. Pendant un temps peut-être l'assemblée tentera de décider de tout, et exercera une dictature brouillonne et peu tolérante. Puis l'exécutif lassé de sa soumission et spectateur attentif du développement de l'anarchie, aura tendance à prendre les choses en main et à s'imposer, par la force au besoin, à une assemblée incapable de gouverner. Sa dictature succédera à celle des élus de la nation et finira par peser sur eux, ce fut le cas de la Convention.

Sous cette forme, le régime d'assemblée n'introduit pas l'instabilité ministérielle, au contraire.

§ 2. La conception large du régime d'assemblée

301. Dans sa conception large, le régime d'assemblée est le produit de l'évolution d'un régime qui à l'origine n'était pas conventionnel, mais où le Parlement a progressivement conquis en pratique la primauté et exerce une domination forte sur l'exécutif. *C'est une situation de fait.*

L'évolution du régime parlementaire en France sous la Constitution de la IIIe puis de la IVe République a rapproché dans les faits le régime d'un régime d'assemblée. Le Parlement, fort de son investiture populaire directe, avait tendance à se comporter comme le souverain. En face de cette situation, l'exécutif a abandonné toute une série de positions : le choix des ministres par le Président, l'exigence d'une majorité absolue pour le refus de la confiance, le recours au droit de dissolution. Il en est résulté des crises ministérielles à répétition au gré des variations d'humeur du Parlement. Sans être tout à fait le commis de l'assemblée, l'exécutif en était étroitement dépendant.

On ne vit plus alors dans le drame ni dans la dictature, mais dans l'impuissance et l'immobilisme. L'assemblée souhaite ici encore tout faire, mais tiraillée entre ses composantes — dans une société libérale — elle s'épuise à ne rien faire sans qu'aucun Gouvernement ait jamais l'autorité suffisante pour exercer un pouvoir en déshérence.

Le régime conventionnel est une forme relativement peu répandue de régime politique. En dehors de l'expérience tronquée de la Convention, la France l'a utilisé entre deux Constitutions avec les assemblées constituantes de 1848, 1871 et, dans une certaine mesure, de 1945. La Turquie en a fait l'expérience en 1924.

Dans les sociétés contemporaines, il n'existe que peu d'exemples d'un vrai régime d'assemblée. Les régimes marxistes en présentent les apparences, mais ils ne fonctionnent pas conformément aux canons du droit libéral. Des régimes parlementaires ont parfois une pratique qui les rapproche du régime d'assemblée. Et on va voir que la Suisse, référence classique dans ce domaine, n'est pas véritablement un régime d'assemblée.

Section 2
La Suisse a-t-elle un régime d'assemblée ?

Bibliographie : *Pouvoirs* n° 43, La Suisse (1987).

302. La forme de leur Gouvernement n'a été pour les Suisses qu'une préoccupation secondaire aussi longtemps qu'ils cherchèrent à définir les liens à établir entre eux : confédéraux ou fédéraux ?

La Constitution suisse actuelle date du 12 septembre 1848 ; refondue en 1874, elle a fait l'objet de révisions très fréquentes, destinées pour la plupart à aménager le pouvoir fédéral : 140 de 1874 à 1999.

En dehors de l'originalité de son régime, la Suisse est intéressante pour la conception et le fonctionnement de son système fédéral et par la large place faite aux procédés de démocratie semi-directe.

§ 1. L'assemblée fédérale

303. S'agissant d'un régime fédéral (depuis 1848), l'assemblée se divise en deux Chambres aux pouvoirs égaux, le *Conseil national* (200 membres) et le *Conseil des Etats.*

Le Conseil des Etats représente les cantons sur la base de deux délégués par canton ou d'un par demi-canton, soit 46 membres. Ils sont élus au scrutin majoritaire à deux tours, en général — car le régime électoral relève des cantons —. Le Conseil national est élu au suffrage universel direct à la répartition proportionnelle sur la base d'un député pour 25.000 habitants environ. L'un et l'autre sont élus pour quatre ans.

Les deux chambres ont des pouvoirs égaux.

§ 2. Le Conseil fédéral

304. Le Conseil fédéral est composé de sept membres élus, un par un et non en bloc, pour quatre ans par l'assemblée (leurs mandats coïncident donc). En pratique, ils sont indéfiniment réélus et on s'efforce de réaliser un dosage équilibré entre les cantons et entre les partis (la répartition entre eux n'a pas changé depuis 1959 !).

L'un des membres du Conseil fédéral est élu pour un an Président de la Confédération par l'Assemblée, il n'est pas immédiatement rééligible et la tradition veut que chaque membre du Conseil fédéral soit désigné comme Président par roulement. *Il n'est pas Chef de l'Etat, c'est le Conseil en entier qui l'est.* De toutes façons ses attributions sont purement honorifiques.

Le Conseil fédéral *ne forme pas un Cabinet,* il n'a pas de « programme », il exécute collégialement la politique définie par l'assemblée et en cas de désaccord, il ne démissionne pas, il s'incline. Il n'a pas non plus la possibilité d'engager sa responsabilité, c'est-à-dire de vérifier s'il dispose d'une majorité (il n'y a donc pas de crise gouvernementale), il ne peut non plus dissoudre l'assemblée. Simples agents de l'assemblée, les membres du Conseil qui sont spécialisés dans un département ministériel bénéficient d'une grande stabilité, on siège parfois pendant 25 ans au Conseil, en fait jusqu'à la mort ou à la démission ; le départ contraint de Mme Kopp en 1989 est exceptionnel. Il n'y a jamais eu de renouvellement global du Conseil. Depuis 1872, il n'est jamais arrivé qu'un membre du Conseil ne soit pas réélu. Cette stabilité ne peut que renforcer l'exécutif.

§ 3. La répartition des compétences entre la fédération et les cantons

305. Le principe est celui de la compétence de droit commun des cantons, elle a pour limite les droits que la Constitution attribue à la Fédération.

La première Constitution fédérale, celle de 1848, procédait à un partage classique des compétences où la Fédération ne possédait encore que des pouvoirs restreints : guerre, douanes, postes, transports, monnaie, poids et mesures... La large autonomie des cantons devait produire des systèmes si différents qu'ils furent peu à peu ressentis comme porteurs d'entraves ou d'inégalités insupportables. Aussi depuis 150 ans les révisions constitutionnelles qui se sont succédé — souvent à l'initiative des citoyens — ont réduit les domaines laissés aux cantons, ou autorisé la Fédération à poser des règles générales à l'intérieur desquelles les cantons à leur tour pourraient légiférer. Le développement d'un marché commun inter-cantons a poussé à l'uniformisation des règles en matière économique et les guerres mondiales ainsi que les crises ont joué dans le même sens. Le mouvement a aussi gagné le domaine social, celui de la législation concernant les étrangers, l'instruction, la santé, le logement, l'environnement...

Aujourd'hui les cantons ont été dépossédés d'une part considérable de leurs attributions dans le domaine économique et social ; le droit s'est unifié ou harmonisé. Il leur reste des pouvoirs importants concernant leur organisation intérieur, ou les règles de procédure, mais la Fédération s'est souvent donnée les moyens de leur dicter leur choix dans l'exercice de leur compétence.

La Suisse s'inscrit ici dans une évolution assez générale dans les régimes fédéraux, la centralisation des pouvoirs de décision s'accroît sans cesse.

§ 4. Signification du régime

306. Les apparences sont favorables à un régime d'assemblée : la dépendance statutaire de l'exécutif, la coïncidence de la durée des mandats, le fait que le Conseil doive tous les ans présenter un rapport à l'assemblée, la possibilité pour celle-ci d'adresser au Conseil des interpellations, ou des motions, lui demandant de modifier sa politique ou de préparer un projet de loi.

En revanche, d'autres éléments conduisent à nuancer au moins cette première impression.

Le Conseil participe en effet à la procédure législative : il a l'initiative des lois, il donne son avis sur des propositions de lois, ses membres assistent aux débats de l'assemblée et peuvent intervenir pour défendre leur point de vue. Cette collaboration est étrangère au régime d'assemblée.

D'autre part, les nécessités de l'action politique font obligatoirement passer des attributions nombreuses entre les mains du Conseil qui représente la continuité en face d'une assemblée dont les sessions sont brèves et aussi la compétence en face de ces amateurs que sont les membres de l'assemblée. Le Conseil est à la fois Chef de l'Etat, Chef de l'armée en temps de paix, responsable du maintien de l'ordre, autorité judiciaire suprême pour certains recours. On comprend, dans ces conditions, combien est forte sa situation.

Aussi les auteurs sont-ils embarrassés au moment de classer le régime suisse dans les catégories traditionnelles. On a parlé de « gouvernement directorial » (par analogie avec le Directoire de l'an III), de « conseil d'administration de la société anonyme suisse ». Il semble qu'on soit en présence d'une forme originale de Gouvernement, qui n'a fait école — pour un temps — qu'en Uruguay entre 1951 et 1966.

Le recours fréquent aux *procédés de la démocratie directe* renforce la spécificité du régime suisse (V. 145). Depuis 1848, plus de 400 référendums nationaux ont été organisés, sans compter ceux qui ont eu lieu dans les cantons. Dans les domaines les plus divers, les Suisses sont ainsi régulièrement interrogés ; ils assurent en outre par-là un *contrôle de la constitutionnalité* que la Constitution n'a pas organisé puisqu'ils peuvent obtenir l'abrogation d'une loi. Cette association étroite du peuple à la conduite des affaires publiques rend assez vaine la recherche de la catégorie de régime politique à laquelle rattacher la Suisse.

Titre II
Les régimes autoritaires

Chapitre 1
Considérations générales

Les peuples, dans leur grande majorité, vivent sous des régimes autoritaires. De la Chine au Vuanatu, de l'Algérie au Pérou, la Corée du Nord comme le Soudan, etc. En tout peut-être les 4/5e de l'humanité. Ces seuls exemples suggèrent à quel point *la catégorie est hétérogène* et combien il est difficile de définir ce qu'on entend par « régime autoritaire ». Le degré d'autoritarisme, ses formes, son origine aussi bien que ses fondements, varient : le critère le plus communément admis : la concentration des pouvoirs au profit d'un exécutif peu ou pas contrôlé se retrouve bien dans la plupart des régimes autoritaires, mais il ne rend pas compte avec exactitude de la situation de pays comme l'ex-U.R.S.S., l'Iran ou Cuba. Aussi vaut-il mieux privilégier la situation faite à *l'opposition* — combattue et interdite — et son corollaire : *le parti unique.* C'est à ces caractères que l'on s'arrêtera pour commencer, puis — faute de pouvoir ici en donner une présentation détaillée — on montrera la diversité des autoritarismes.

§ 1. La situation de l'opposition et le parti unique

307. Dans les régimes autoritaires il n'y a *pas de compétition publique, officielle, pour le pouvoir,* pas de perspectives d'alternance. Ceux qui gouvernent sont décidés à réaliser leurs objectifs — de l'édification d'une société rêvée à la défense de leurs intérêts égoïstes — sans être entravés, contrariés, retardés par les désaccords, les contestations, les oppositions. La liberté — valeur centrale des régimes libéraux — disparaît de la vie politique, soit parce qu'elle est considérée comme une fausse valeur, soit parce qu'elle constitue un obstacle à la mise en œuvre de la politique définie par le pouvoir. Aucun débat contradictoire au grand jour n'est organisé ou accepté. Les opposants sont baillonnés, parfois traqués et emprisonnés, car la police est toujours l'un des piliers du régime. Aussi le *pluralisme* — prolongement de la liberté dans les sociétés libérales — *est-il banni,* celui des opinions, de la presse, de l'école, des syndicats, des partis.

De partis il n'en est qu'un et il contrôle toute la vie politique ou ce qui en tient lieu. Il encadre la société civile, surveille la population, s'efforce de mobiliser les énergies, cherche à réaliser la société unanimitaire, dispense les postes, prébendes et responsabilités, sert de relais et d'amplificateur aux mots d'ordre et aux entreprises du pouvoir. Le parti est l'instrument dévoué de celui-ci, tout passe par lui, il possède le monopole des initiatives. Le parti unique représente en pratique le pouvoir auprès du peuple. On n'adhère pas au parti parce qu'on est d'accord avec ses idées et son programme (d'ailleurs il n'y a pas de choix), mais le pouvoir passe par cette voie pour imposer ses idées et son programme. Parfois on arrivera au *parti-Etat* dans lequel a disparu la distinction entre le parti et l'Etat, le pouvoir est exercé par le parti à l'égard duquel l'appareil d'Etat n'a pas d'autonomie.

A ce schéma il faut apporter des correctifs. L'adhésion populaire est souvent tiède et relève de l'apathie plus que de l'enthousiasme. Le parti unique sera alors peu efficace et sera ressenti comme étranger par un corps social qui le craint et le courtise plus qu'il ne le soutient. La société civile se tait et le pouvoir se satisfait de son silence.

Il faut d'autre part faire une place aux *situations de faux multiparisme* où subsistent — survivance du passé — à côté du parti au pouvoir, quelques formations politiques maintenues à l'intention des catégories sociales, ou des familles d'esprit mi hostiles, mi ralliées au régime. Ces formations ne disposent pas d'autonomie réelle et ne sont pas en concurrence avec le parti dominant ; si par hasard elles apparaissaient comme menaçantes, des aménagements au système électoral ou la manipulation des résultats des scrutins anéantiraient leurs chances.

Sur le plan du droit constitutionnel, l'existence du parti unique *exclut toute séparation des pouvoirs.* Horizontale d'abord, puisqu'on l'a vu, l'Etat n'a pas d'autonomie à l'égard du parti, l'exécutif et le législatif sont confondus et la justice n'est pas indépendante. Conséquence : si les droits de l'homme sont proclamés — et ils le sont toujours — ils ne bénéficient d'aucune protection réelle. Verticale ensuite, en ce sens que les autorités locales sont soumises étroitement au pouvoir central, elles se consacrent à la mise en œuvre de ses directives, toute décentralisation est refusée et le fédéralisme éventuel est une façade.

Les régimes autoritaires évoluent peu d'eux-mêmes et aucune pesanteur ne les amène à se transformer dans un sens libéral, l'autoritarisme n'est pas une forme de gouvernement un peu aberrante et transitoire. Ce qui ne veut pas dire que ces régimes soient stables, le coup d'Etat y est bien connu, mais il débouche rarement sur une avancée de la démocratie.

Depuis 1989 cependant l'histoire montre que les peuples parviennent parfois à secouer leur joug et à renverser les pouvoirs autoritaires.

§ 2. Formes et degrés de l'autoritarisme

308. La diversité des régimes autoritaires ne s'oppose pas à des classifications autour de clivages qui, d'ailleurs, se recoupent et se combinent.

— *Régimes civils et les régimes militaires*

Très fréquemment le pouvoir sera entre les mains de l'armée. La situation est courante en Amérique du Sud ou en Afrique ; on la rencontre aussi dans le monde arabe (Algérie) et en Asie (Birmanie). Le pouvoir militaire trouve souvent son origine (illégitime) dans un coup d'Etat provoqué par l'inefficacité, les divisions, la corruption du régime en place. Il arrive qu'après une remise en ordre, l'armée restitue le pouvoir aux civils (Nigéria en 1999). De toutes façons, tant sur le plan idéologique — l'armée peut faire aussi bien une politique de gauche que de droite — que de leur pratique, les régimes militaires ne se différencient pas des régimes autoritaires civils. De toutes façons aucun dirigeant, dans le Tiers-Monde, ne peut gouverner si l'armée n'est pas avec lui. Pour plus de sûreté on la complètera de *milices* composées de civils.

— *Le pouvoir personnel : Dictatures et présidentialismes*

Les régimes autoritaires sont des régimes de pouvoir personnel. Pas toujours cependant. Une famille, élargie parfois à un clan, peut exercer un pouvoir oligarchique ; une ethnie, une minorité religieuse, l'armée, une aristocratie, peuvent faire peser sur le pays une domination de type corporatiste. Mais il est rare que ces formes de gouvernement soient durables ; en général, un homme se détache qui, un jour, confisque le pouvoir.

Pouvoir personnel signifie concentration de l'autorité et des décisions entre les mains d'un seul, d'un chef centre de la vie politique, clé de voûte du régime. Et le pouvoir est attaché à sa personne plus qu'il ne le doit à sa fonction, on parlera alors de *personnalisation du pouvoir.* Celle-ci se manifeste dans une très forte présence médiatique de son titulaire, le développement d'un *culte* exaltant ses faits et gestes. La contrepartie tient à la fragilité d'un pouvoir incarné dans un individu, sa disparition apparaît comme la solution aux tensions, difficultés et frustrations politiques ; d'où les complots, les tentatives souvent réussies d'assassinat, provoquant une redistribution totale des cartes.

Le pouvoir personnel connaît une multitude de degrés, de la dictature au régime présidentialiste.

Dans les dictatures franches (Amine Dada, Bokassa, Pol Pot, Sekou Touré...), le pouvoir est largement arbitraire, il repose sur la volonté du chef sans limitations juridiques, c'est le règne de la force et parfois la terreur. Par une série de situations intermédiaires, on arrive au *présidentialisme* dans lequel le pouvoir personnel repose sur la Constitution et se soucie de respecter les formes juridiques. Le Président y est, en général, élu au suffrage universel direct (même si c'est de façon plébliscitaire), il est investi de la totalité du pouvoir à travers des attributions largement conçues : choix et révocations de ses collaborateurs et donc des ministres, possibilité de se substituer à eux, initiative des lois et du référendum (appel au peuple), monopole des relations extérieures et commandement de l'armée, dissolution discrétionnaire du Parlement, et pourtant il n'est responsable devant personne. A la différence des dictatures, les présidentialismes sont des Etats de droit où l'on s'en remet dans l'exercice d'une vaste autorité à la modération et à la sagesse du chef, et il s'en rencontre de sages...

Le présidentialisme, lui aussi susceptible de bien des variantes, est répandu en Amérique du Sud et en Afrique, il caractérise aussi les institutions algériennes. On notera que l'absence d'équilibre entre les pouvoirs, quand ce n'est pas la négation de toute séparation des pouvoirs, montre bien qu'au-delà d'une évidente parenté terminologique, toute assimilation entre présidentialisme et régime présidentiel est exclue. En revanche, un rapprochement inattendu peut être fait avec la pratique de la Ve République.

— *Autoritarismes empiriques et dictatures idéologiques*

Enfin — mais on pourrait retenir beaucoup d'autres distinctions — *les autoritarismes empiriques* s'opposent aux *dictatures idéologiques.*

Dans les premiers, on ne se soucie guère de donner des fondements philosophiques au régime, *on n'a pas de projet de société,* on ne théorise pas sur la place du citoyen et ses rapports avec le pouvoir. Gouverner consiste à résoudre au coup par coup et au jour le jour les difficultés, en cherchant d'abord à se maintenir au pouvoir, à tirer profit de celui-ci et, pourquoi pas aussi, à améliorer les conditions de vie de la population. Pour cela on puise dans les expériences des autres sans exclusive, on improvise, sans préoccupations éthiques ou esthétiques. Le pouvoir n'est pas mis en compétition, il va son chemin en imposant ses choix, sans ouvrir de vains débats dans le pays.

Les dictatures idéologiques, au contraire, sont fondées sur une *doctrine,* une idéologie officielle, justifiant la soumission de la société ou de la nation à un individu, un groupe ou une classe sociale. Le totalitarisme n'est pas une réponse à des circonstances concrètes, *il est délibérément voulu comme la mise en œuvre d'une théorie de gouvernement.*

Dans le monde contemporain, des dictatures se sont réclamées de deux idéologies : le marxisme et le fascisme. Les dictatures fascistes ne sont pas représentées aujourd'hui et leur étude n'a plus qu'un intérêt historique. Aussi limitera-t-on l'étude des régimes autoritaires aux régimes marxistes.

§ 3. La fin des régimes autoritaires : une transition vers la démocratie ?

309. L'univers totalitaire, qu'on avait cru figé pour un temps indéterminé, a beaucoup bougé ces dernières années et il continue à se décomposer sous nos yeux. Sa configuration s'est transformée et la conception libérale de la démocratie recueille sur ses ruines des adhésions encore inconcevables il y a dix ans. Pas seulement en Europe avec l'effondrement inattendu des régimes marxistes, mais le mouvement touche aussi les régimes autoritaires en Amérique du Sud : Chili, Argentine, Brésil, en Asie avec l'évolution de Taïwan ou de la Corée du Sud, en Afrique aussi, de façon plus limitée et précaire comme le montre l'arrêt de l'expérience démocratique en Algérie. La démocratie libérale apparaît ainsi à certains comme le point d'aboutissement inéluctable de l'évolution des régimes politiques et on parle de « la fin de l'histoire ».

En même temps l'expérience montre que le passage de l'autoritarisme, ou du totalitarisme, à la démocratie ne peut se faire d'un coup mais s'effectue par étapes, dans la confusion souvent, avec des désillusions toujours. Il est vrai que les obstacles sont redoutables.

a) *Le refus des entités étatiques antérieures*

Les empires se défont, les Etats se déchirent. Dans bien des cas l'unité étatique était artificielle, imposée par la force, cimentée par le parti unique, elle ne résiste pas à l'effondrement du pouvoir central autoritaire. Les peuples se réveillent et choisissent de reprendre leur liberté. L'ex-U.R.S.S. éclate en tentant de maintenir des liens bien fragiles à travers la Communauté des Etats Indépendants (C.E.I.) ; la Yougoslavie se dissocie et sombre dans la guerre civile ; Tchèques et Slovaques se séparent. Partout les nationalismes, si longtemps contenus, s'affirment : Tchétchène, Moldave, Ossète, Arménien, Azéri, Kosovar... en attendant demain peut-être les Hongrois de Roumanie ; chacun partout lutte pour déplacer à son avantage les frontières. Ce contexte ne se prête guère à l'édification d'institutions démocratiques, l'affirmation nationale est la priorité. En Afrique, où bien souvent la nation n'existe pas, les affrontements entre les ethnies éclatent au grand jour et peuvent prendre un tour dramatique (v. le Rwanda). Les partis qui se créent ont eux-mêmes une base ethnique que le pouvoir pourra s'efforcer de faire disparaître en imposant le parti unique (V. 307).

On pensait *le nationalisme* rangé au nombre des idéologies dépassées par l'histoire. L'actualité montre sa vitalité persistante et ses méfaits renouvellés. Un espoir cependant : sur notre continent la construction européenne pourra peut être jouer ici le rôle de contre feu efficace ?

b) *La faiblesse de l'enracinement démocratique*

Si l'attrait pour le modèle démocratique occidental est sans concurrent, cette aspiration dispose de peu de points d'appuis concrets pour s'inscrire dans la réalité.

Le peuple n'a guère de traditions, d'éducation et de réflexes démocratiques. Si l'accord se fait sur la nécessité d'instaurer un Etat de droit, ses procédures sont ignorées, on ne sait comment s'en réclamer. Les mentalités sont marquées par des décades de régime autoritaire engendrant la passivité, la soumission au pouvoir, le conformisme, l'absence d'autonomie et d'initiatives individuelles. On a pu parler de situation « post pénitentiaire ». Les peuples sont comme des individus qui retrouvent la liberté après de longues années de prison, aussi démunis qu'eux devant un univers qu'ils ne connaissent pas. Une information unilatérale, censurée et déformée, les a privé durablement d'ouverture sur le monde, de la connaissance des expériences étrangères, du sens du possible, de la prise consciente de responsabilités.

Les élites, c'est-à-dire les individus formés, souffrent du handicap — insurmontable pour beaucoup — d'avoir collaboré avec le régime précédent et bénéficié de ses faveurs, d'avoir milité au sein du parti, d'avoir rendu des services à la police, participé à la répression contre les opposants, d'avoir fait barrage à toute évolution. Rares sont en définitive ceux qui sont à la fois compétents et vierges de toute compromission. Dans ces conditions les hommes incontestables sont si peu nombreux qu'il faut bien utiliser ceux qui ont eu la sagesse ou l'habilité de quitter le navire avant le naufrage, et même après... Ceci aux échelons supérieurs. Aux échelons intermédiaires et inférieurs on a besoin de tout le monde et on ne peut que jeter un voile sur les passés individuels. Cette situation n'est guère exaltante et reste en outre à voir le zèle avec lequel le nouveau régime sera servi.

Dans la désorganisation qui suit la chute du régime autoritaire *aucune force politique n'a vocation à recueillir le pouvoir.* Ce vide offre une chance à d'anciens apparatchiks pour se présenter en hommes nouveaux sous les couleurs d'un parti créé pour la circonstance. Ce fut le cas en Roumanie et dans certaines Républiques du Caucase. Ailleurs si personne ne s'impose (contre-exemple : Václav Havel en Tchécoslovaquie), ou n'a la notoriété et la compétence nécessaires, on assiste à une floraison de partis politiques décidés à tenter leurs chances lors des élections, quitte à ce que leur nombre déroute les électeurs (cent partis enregistrés en Pologne aux élections de 1991).

Aucune majorité ne se dégage au Parlement, l'équipe gouvernante est difficile à constituer et risque de manquer de la stabilité indispensable à une action politique efficace (V. la Pologne). La situation n'est pas sans rappeler celle de l'Allemagne de Weimar en 1918-1919.

c) *Désillusions et découragement*

La population attendait beaucoup, trop, du changement de régime. Surtout elle espérait moins la liberté sous toutes ses formes qu'une transformation de ses conditions matérielles d'existence, la fin des pénuries, un rapprochement rapide de son niveau de vie de celui des sociétés démocratiques. Bien souvent elle constate plutôt une *aggravation des difficultés quotidiennes.* Parallèlement des habiles bâtissent des fortunes considérables, vivent dans un luxe ostentatoire, trafiquent sans scrupules, établissent des réseaux mafieux (Russie), l'insécurité se développe, la corruption fleurit. Le système précédent fonctionnait mal mais il fonctionnait ; les approvisionnements minimaux étaient assurés, l'ordre était assuré, alors que la désorganisation des structures étatiques, dans une économie planifiée et centralisée de surcroît, bouleverse les circuits habituels. La vie ne s'est pas améliorée et l'incertitude du lendemain est apparue. Comment s'étonner que, dans ces conditions, les citoyens déchantent, d'autant qu'ils ont en outre le sentiment d'avoir peu de prise sur les décisions du pouvoir ? Cette atonie peut favoriser l'affirmation de mouvements extrémistes peu portés à instituer un régime démocratique. Et déjà, on constate que les nostalgiques du passé sont assez nombreux et puissants pour voter, parfois en masse, lors des élections pour les candidats présentés par des partis que l'on pouvait croire totalement discrédités par leur rôle sous la dictature, le parti communiste par exemple.

L'issue de l'évolution en cours est donc incertaine. Certains pays peuvent retomber dans une expérience autoritaire alors que d'autres connaîtront une phase plus ou moins longue d'anarchie. Dans tous les cas il faudra du temps pour que s'installe une démocratie paisible et stable. Signe encourageant cependant : *l'alternance au pouvoir* entre dans les mœurs politiques (Pologne, Roumanie, Albanie, Slovaquie...) ; elle intervient à l'issue d'élections régulières et est acceptée par l'opinion et par les milieux politiques.

Bibliographie : Ch. BIDEGARAY, *Réflexions sur la notion de transition démocratique en Europe centrale et orientale.* Pouvoirs n° 65, 1993, p. 129.

Chapitre 2
Les régimes marxistes

Les régimes marxistes apparaissent comme en voie de disparition. Mais ils ont trop profondément marqué l'histoire du XXe siècle et encore aujourd'hui certains Etats (Chine, Cuba, Viet Nam, Corée du Nord), pour qu'on n'en fasse pas une présentation au moins sommaire (1).

Après avoir exposé les principes théoriques qui fondent ces régimes et les spécificités de la vie politique, on analysera les traits caractéristiques du régime chinois.

Section 1
Caractères communs

Les régimes marxistes reposent sur des bases juridiques et une conception de la démocratie en rupture avec les théories libérales.

Sous-section 1
Les fondements juridiques

La spécificité concerne principalement ici les conceptions de l'Etat, de la séparation des pouvoirs et de la Constitution.

---

(1) Cette présentation est nécessairement schématique et grossière. Le lecteur qui souhaiterait une information plus développée peut se reporter aux précédentes éditions du présent manuel.

1. L'Etat

310. Pour les marxistes *l'Etat est un produit de l'histoire,* une société donnée secrète à une époque donnée un type d'Etat déterminé. L'Etat capitaliste, né de la société bourgeoise, est renversé un jour par les classes exploitées qui retournent ses appareils de contraintes (armée, police, droit, justice) contre la bourgeoisie et établissent l'Etat prolétarien. L'Etat instrument d'oppression de la classe dominante est mis au service du prolétariat triomphant : c'est la phase de la *dictature du prolétariat* qui permet de transformer la société, de faire disparaître les classes sociales et de réaliser le socialisme. A cette étape succède *« l'Etat du peuple tout entier »* où les conflits internes ont disparu avec les classes, où la contrainte n'est donc plus nécessaire, où l'Etat (instrument d'oppression) dépérit et finit par disparaître.

On observera que partout au contraire le marxisme a abouti à un renforcement de l'Etat.

2. La séparation des pouvoirs

La séparation des pouvoirs est considérée comme une invention hypocrite de la bourgeoisie : il ne peut y avoir de pouvoirs indépendants puisque tout le pouvoir est entre les mains de la même classe sociale.

Les marxistes substituent à la séparation le principe de *l'unité du pouvoir d'Etat.* Une séparation des fonctions subsiste mais elle ne constitue pas une garantie du citoyen contre le pouvoir, le juge n'est pas son défenseur, il est livré seul aux abus de ce pouvoir.

3. La Constitution

La Constitution ne sert pas à limiter le pouvoir, elle organise le pouvoir dans l'intérêt de la classe dominante.

Dans les régimes marxistes la Constitution :

— n'est *pas un programme mais un bilan,* elle est le reflet de la société au moment de son élaboration ;

— elle n'est donc *pas faite pour durer,* elle change avec les transformations de la société, elle n'a rien de sacré ;

— elle *contribue à l'édification de la société communiste,* comme toute règle de droit elle a une action sur la société.

En réalité la Constitution comme tout le système juridique est dominée par le principe de l'intérêt supérieur du communisme défini par le Parti.

Sous-section 2
Les spécificités de la vie politique

311. Les marxistes ont développé leur conception de « la vraie démocratie ». Contre l'individualisme libéral, ils estiment que l'homme ne peut se réaliser qu'en s'intégrant à la collectivité, il faut libérer l'homme « aliéné » dans la société de classes. La liberté est la possibilité de participer à l'édification du socialisme.

Cela implique l'existence du parti unique et influence la vie politique.

1. Le parti unique

La pluralité de partis n'a pas de raison d'être dans une société d'où ont disparu les contradictions de classe, l'affrontement d'intérêts opposés. En conséquence un seul parti est autorisé : *le parti communiste.*

Celui-ci accueille l'élite du prolétariat, il constitue une « avant-garde » dans la marche vers le socialisme. Y être admis est un honneur.

Les partis communistes sont des sociétés très hiérarchisées dont la vie est commandée par le principe du *centralisme démocratique,* si la discussion est libre en théorie, la minorité doit ensuite se soumettre entièrement à la majorité. Les membres du parti sont assujettis à une discipline rigoureuse.

A côté de son rôle d'éducation des masses le parti a un rôle dirigeant dans la société. Ses adhérents occupent les postes de responsabilité et l'appareil d'Etat n'a aucune indépendance à l'égard du parti, au point qu'on a pu parler de « parti-Etat », le parti se confondant avec l'Etat.

2. La vie politique

La vie politique n'a aucun rapport avec celle des sociétés libérales. Il n'existe pas en effet de lutte pour le pouvoir entre des partis opposés, même si celle-ci se développe parfois de façon occulte au sein du parti. De même le pouvoir n'a pas à tenir compte du contrôle d'une opinion publique, inexistante.

Plusieurs conséquences :

— il n'y a *pas d'élections disputées,* le vote sert à ratifier les listes de candidats choisis par le parti ;

— il n'y a *pas non plus de responsabilité politique des gouvernants* devant le peuple ou ses représentants. Le peuple n'a pas les moyens de sanctionner les erreurs de ses dirigeants, ceux-ci ne répondent de leurs actes que devant leurs pairs à l'intérieur du parti ;

— de toutes façons le monopole de l'information dont dispose le pouvoir ne permet pas d'apprécier son comportement, d'exprimer et de coordonner les mécontentements ;

— l'apparition de contre-pouvoirs est exclue (ce rôle est cependant parfois tenu par les Eglises).

Section 2
Le régime chinois

Bibliographie : Jean-Pierre CABESTAN, *Le système politique de la Chine populaire,* 1994. Pouvoirs n° 81, *La Chine après Demg,* 1997.

312. Le régime marxiste est plus récent en Chine qu'en U.R.S.S. puisqu'il date de 1949.

La Chine a connu depuis lors *quatre Constitutions.*

• Après le programme commun de gouvernement, qui a servi de Constitution provisoire à partir de 1949 au moment où le régime s'enracinait, une première Constitution fut adoptée le *20 septembre 1954.* Son inspiration, la structure de l'Etat et les mécanismes institutionnels la rapprochent de la Constitution soviétique de 1936 : un Parlement au rôle rendu symbolique par la création d'un Comité permanent et un Conseil des affaires de l'Etat, gouvernement étroitement soumis en droit à l'assemblée et à son comité. Deux originalités cependant, le Parlement était monocaméral et à la tête du système étatique figurait un Président de la République aux pouvoirs théoriques non négligeables — il faut dire que le premier Président fut Mao Zedong, en même temps Président du parti, qui ne pouvait se contenter d'un rôle honorifique.

• A la fin de la Révolution culturelle, le *17 janvier 1975,* une deuxième Constitution fut votée. Symbole d'un retour au droit après l'anarchie des années précédentes, elle reprend le même schéma institutionnel, la présidence de la République, compromise par Liu Shaoqi, étant cependant supprimée. Elle porte en même temps la trace de l'époque. Moins peut-être par méfiance à l'égard des dispositions contraignantes que par souci de clarté et de concision, sa longueur est ramenée à 30 articles (au lieu de 106 en 1954). D'autre part, alors que le texte de 1954 mentionnait une seule fois le P.C., la nouvelle Constitution consacrait sa suprématie et son rôle de direction à l'égard de l'Etat.

• Puis, au lendemain de la mort de Mao Zedong et de la prise du pouvoir par Hua Guofeng, une troisième Constitution a été adoptée par l'Assemblée populaire nationale (A.P.N.) *le 5 mars 1978.* Dans son esprit, elle se situe moins « à gauche » que sa devancière, mais elle non plus n'apporte pas de changements substantiels aux institutions.

• Enfin, *le 4 décembre 1982* a été votée la Constitution actuelle. Celle-ci a fait l'objet de plusieurs révisions, touchant moins la structure des institutions qu'un certain nombre de principes de base dans les domaines économiques et sociaux. La dernière est intervenue le 15 avril 1999.

Si l'influence du modèle soviétique est encore considérable, la réalité chinoise et les conceptions théoriques des marxistes chinois marquent le régime de leur empreinte.

§ 1. Les principes

313. Les Chinois se réclament du marxisme-léninisme complété par la « pensée Mao Zedong ». Celle-ci est l'apport personnel du président Mao au marxisme, l'adaptation du marxisme à l'époque actuelle, la seule pensée orthodoxe au moment où les Soviétiques s'engageaient dans la voie du révisionnisme. Même si la Chine a réévalué l'héritage de Mao Zedong, si sa pensée n'est plus un dogme au-dessus de toute critique, le régime est trop profondément façonné par lui pour qu'un changement se manifeste dans les institutions.

Le dépassement de la dictature du prolétariat

La dictature du prolétariat n'est plus évoquée aujourd'hui en Chine, on parle encore parfois de « dictature démocratique populaire » mais le plus souvent on caractérise la situation actuelle par la formule : « première phase du socialisme ». La Révolution culturelle avait été utilisée par Mao pour épurer le parti communiste, lutter contre l'embourgeoisement qui le menaçait, son soubassement était à la fois idéologique et tactique. elle lui permettait en même temps de ressaisir un pouvoir qui lui échappent.

Maintenant la primauté est donnée au développement de l'économie pour édifier « un socialisme aux couleurs de la Chine ». Si, pour les gouvernants chinois, la lutte des classes continue d'exister, la réforme économique — avec l'instauration des « structures économiques socialistes de marché » —, l'ouverture sur l'étranger et la reconnaissance d'un secteur privé, l'emportent sur les préoccupations idéologiques. Etant entendu cependant que le parti contrôle étroitement le pouvoir politique.

Le front uni

Quoiqu'il en soit, les éléments non encore prolétarisés, ou non acquis au marxisme, doivent soit être éliminés, soit être utilisés pour la construction de la société socialiste. Depuis l'origine, on considère que parmi eux beaucoup ne sont pas des adversaires du régime, il faut les rassurer, les regrouper, les mobiliser avec les autres forces progressistes pour l'édification nationale. D'où l'idée, formulée par Mao et toujours actuelle, d'un *Front uni révolutionnaire* placé sous le contrôle du parti et rassemblant tous les éléments de la société non opposés au socialisme. A leur intention une institution, sans équivalent dans les autres régimes marxistes, a été créée : la *Conférence Consultative Politique du Peuple Chinois* (C.C.P.P.C.), organe destiné à structurer le Front uni, qui se réunit en même temps que l'A.N.P., dont les membres sont traités avec prévenance, informés et consultés sur toute une série de problèmes nationaux.

L'Etat socialiste

Mais en même temps la Chine proclame depuis 1975 qu'elle est un *Etat socialiste.* La révolution socialiste y est terminée, les biens de production appartiennent à la collectivité, les rapports de production ont été transformés, l'exploitation de l'homme par l'homme a cessé. L'étape de la « démocratie populaire » à laquelle se référait la Constitution de 1954 est dépassée. La lutte des classes subsiste en effet, même s'il n'existe plus en Chine de classes réactionnaires à proprement parler. Mais un petit nombre d'individus conservent une mentalité de classe, peuvent trahir ou se livrer à des activités contre-révolutionnaires.

Le parti communiste

Un rôle dirigeant était attribué par la Constitution de 1978 au parti communiste. Celui-ci était « le noyau dirigeant du peuple chinois tout entier » et « le détachement d'avant-garde par l'intermédiaire duquel la classe ouvrière exerce sa direction sur l'Etat ». A plusieurs reprises, la Constitution réaffirmait ce rôle de direction : à propos de l'agriculture, du commerce, de l'économie, de la culture, de l'armée, des organisations d'Etat ou de masse. Seule exception notable, l'Assemblée populaire nationale, restriction logique car les élus du peuple n'ont pas à être subordonnés à un parti qui ne représente qu'une fraction du peuple. Le texte de 1982 ne reprend pas ces dispositions concernant le parti. Il y a là l'expression d'une volonté de séparer le parti communiste de l'Etat que les autorités hésitent à mettre en œuvre. Dans la pratique le Parti « conserve le monopole de l'action politique, administrative et idéologique. Seule l'économie lui échappe en partie » (Cabestan). De toutes façons, les choses changent très vite en Chine et on ne sait plus trop ce qui subsiste véritablement des principes proclamés depuis 1949.

§ 2. Les institutions

Les institutions de l'Etat et celles du parti sont construites sur le même modèle.

A Le schéma institutionnel

314. Ce schéma est très voisin de celui qui avait été adopté en Union Soviétique.

1. L'appareil du parti

— *Le Congrès* est le Parlement du parti. C'est un organe large, qui rassemblait 2.000 délégués lors du XVe Congrès en septembre 1997. Il se réunit de façon irrégulière (15 fois en 76 ans) et ratifie en quelques jours les décisions que lui soumet le Comité central. En temps de crise, on se garde de le convoquer. Une fois les difficultés surmontées, il est appelé par les vainqueurs de la lutte au sein du parti à légitimer leur pouvoir. Jamais un conflit ou un débat important n'a été arbitré par lui.

— *Le Comité central,* composé de 189 membres et 126 suppléants : il exerce les attributions du Congrès entre ses sessions. De lui dépendent des départements qui contrôlent la vie économique et politique ; ils emploient plusieurs dizaines de milliers de personnes.

— *Le Bureau politique* (21 membres) : il se réunit une fois par mois.

— *Le Comité permanent* du bureau politique. Particularité du système chinois, composé de sept membres, il est l'organe exécutif le plus important ; à la vérité, il constitue le centre du pouvoir exécutif au sein du parti, mais se réunit en fait assez rarement. Depuis 1997 aucun militaire n'en fait partie.

— *Le secrétariat,* formé de huit membres, dont deux siègent aussi au Comité permanent. Présidé par Jiang Zemin, il joue le rôle d'un organe de travail, d'un secrétariat administratif plus que d'un organe de décision, mais il supervise les départements du Comité central.

Dans la pratique, au cours des quinze dernières années, la prééminence entre les trois derniers organes a varié, c'est depuis 1987 que le Comité permanent a pris la première place.

— Enfin, il faut faire une place à la très puissante *Commission des affaires militaires du Comité central,* dont Jiang Zemin assure la présidence, il a succédé à ce poste en novembre 1989 à Deng Xiaoping.

2. L'appareil de l'Etat

— *L'Assemblée populaire nationale* (A.P.N.), chambre unique élue au suffrage universel *indirect* (seules les élections locales ont lieu au scrutin direct), comprend un peu moins de trois mille membres dont les 2/3 viennent du P.C. C'est « l'organe suprême du pouvoir d'Etat ». Suprématie toute théorique puisqu'elle se réunit chaque année pour une session de quelques jours où elle ratifie les décisions qui lui sont présentées. En principe, elle possède le pouvoir constituant et le pouvoir législatif, mais ce dernier est en pratique exercé par son Comité permanent.

— *Le Comité permanent* (134 membres) : élu par l'A.P.N., il correspond, en plus réduit, au Soviet suprême dans l'ex-U.R.S.S.

— *Le Conseil des affaires de l'Etat* (C.A.E.) : présidé par un Premier ministre nommé pour 5 ans, M. Zhu Rongji, il *constitue le Gouvernement de la Chine.* Un effort important de réduction de ses services et de ses fonctionnaires est mené depuis quelques années. Au nombre d'une quarantaine aujourd'hui, les ministres devraient être ramenés à 29 en l'an 2000. Cette restructuration s'est doublée d'une amorce d'émancipation de la tutelle du P.C. Les autorités chinoises affectent une volonté de renforcer l'indépendance des deux appareils, mais elle se heurte à bien des résistances des hommes en place. La rationalisation de l'appareil d'Etat a encore beaucoup de progrès à faire. Pourtant, c'est par le C.A.E. que passe la mise en œuvre des réformes, dans le domaine économique en particulier. Si son autorité s'est accrue, il constitue encore aujourd'hui moins l'exécutif de l'A.P.N. — comme le prévoit la Constitution — que le bras administratif du Bureau politique et de son Comité permanent.

— *La Présidence de la République :* la fonction rétablie en 1982, est largement honorifique, elle est occupée par Jiang Zemin.

B Le refus du fédéralisme

315. La Chine est un Etat unitaire, ce qui explique que son Parlement soit monocaméral.

La solution peut paraître surprenante dans un Etat composé de *56 nationalités,* les non-Han, c'est-à-dire les non-Chinois (Kazaks, Tibétains, Mongols, Miao, Hui...), occupant 60 % du territoire. L'attrait du modèle soviétique aurait été une raison supplémentaire d'adopter le fédéralisme.

A l'origine d'ailleurs, les dirigeants communistes avaient repris les idées de Lénine sur le droit à l'autodétermination et à la sécession. Mais lorsqu'ils furent au pouvoir, ils instaurèrent un Etat unitaire. Leur choix se justifie tout d'abord par le fait que le fédéralisme a toujours été en Chine dans le passé une idée d'importation étrangère, destinée à démembrer ou affaiblir l'Empire chinois. D'autre part, « les minorités nationales », avec leurs 55 millions de personnes, ne représentent que moins de 5 % du milliard deux cent millions d'habitants de la Chine — la situation n'est pas comparable à celle de l'ex-Union Soviétique. Enfin, et peut-être surtout, les minorités tiennent 90 % des frontières chinoises, il est indispensable de les contrôler.

La Chine est donc un *Etat multinational* qui refuse l'uniformisation, puisque les minorités nationales bénéficient d'un régime d'autonomie administrative leur garantissant une représentation propre et le respect de leurs langues et de leurs coutumes. En même temps, les autorités poursuivent une politique très active de colonisation en installant des immigrants Han dans les zones de minorités, celles-ci se retrouvent submergées par les Han. Ainsi en Mongolie, le rapport Han/Mongol qui était de 3/1 en 1947 était passé à 15/1 en 1971. A terme, cette politique est de nature à régler définitivement sans secousses le problème des minorités nationales.

Il n'en reste pas moins que l'affaiblissement du pouvoir central et les inégalités dans le développement économique ont renforcé les particularismes locaux dans l'immense territoire chinois, en dehors même des zones occupées par les minorités nationales. Les intérêts sont différents entre les 33 provinces, régions ou municipalités autonomes qui structurent l'administration du pays. Une *certaine décentralisation* a renforcé les autorités locales en même temps que les contrôles se sont distendus. Dans l'histoire de la Chine, on dit souvent que « la division succède à l'unité et l'unité à la division », mais il ne semble pas que, en dépit de l'aggravation des inégalités de niveau de vie en particulier, on soit à la veille d'une décomposition à la Yougoslave.

Quelle évolution ?

La fin des régimes communistes européens incite à s'interroger sur l'évolution de la Chine dans les années qui viennent. Parmi les nombreux éléments à prendre en compte, on retiendra :

— le fait que le développement d'une *« économie socialiste de marché »* ne se conjugue pas avec une libéralisation du système politique ;

— ce système est toujours *dominé par le parti.* La séparation du parti et du Gouvernement préconisée par Zhao Zi Yang (Premier ministre réformiste, éliminé en 1989 après les événements de la place Tien An Men) en 1987 a été sacrifiée dans le conflit qui oppose les conservateurs et les réformistes. Elle est apparue comme trop dangereuse pour être mise en œuvre ; comme le dit Jean-Luc Domenach, « Pour avoir eu trop de Parti la Chine n'a plus assez d'Etat : c'est un des problèmes majeurs de son développement économique comme de son évolution sociale » ;

— on constate *un début d'apparition d'une société civile* qui pourrait faire évoluer vers la démocratie. Quelques timides manifestations de celle-ci apparaissent ici ou là : lors des élections le nombre des candidats dépasse celui des sièges à pourvoir ; lors des votes à l'Assemblée nationale les décisions ne sont pas toujours prises à l'unanimité, il peut y avoir 10 ou 20 % d'abstentions...

Parallèlement la dissidence ne représente plus grand chose, l'amélioration du niveau de vie ayant désamorcé les plus grandes causes de mécontentement. Le mot d'ordre est de s'enrichir, la recherche du bonheur matériel est la préoccupation première.

En contrepartie la corruption gagne peu à peu l'ensemble de la société minée par une grave crise morale en dépit de l'affirmation du Comité central du Parti en 1996 selon laquelle « la tâche stratégique est la construction d'une civilisation spirituelle socialiste ».

Mais le parti lui-même, malgré ses 57 millions de membres, est veillissant et semble avoir perdu la foi.

— Si quelque chose peut encore rassembler les Chinois — au-delà de la poursuite de la prospérité individuelle — c'est peut-être le nationalisme avec ses dangers. Les succès de l'économie ravivent la fierté nationale. Le pays défend avec acharnement ses frontières (Tibet) et le retour de Hong Kong à la mère patrie n'a pas fait cesser les revendications territoriales (Taïwan, îles de la mer de Chine). De là à ce que les Chinois aspirent au premier rôle dans la région (et le Japon ?) et même au-delà...

Troisième partie
Les institutions politiques de la France

Les institutions françaises actuelles, décrites par la Constitution du 4 octobre 1958, sont le point de convergence d'une histoire, d'une tradition, de mœurs et d'une mentalité politiques, avec une série de facteurs circonstanciels, un rapport de forces et aussi avec la personnalité d'un homme : le général de Gaulle.

Pour les comprendre, il est indispensable de les replacer dans une perspective historique, de retracer l'évolution dont elles sont l'aboutissement.

La Constitution de 1958 est, bien sûr, en réaction contre certains aspects jugés néfastes des régimes précédents mais elle ne refuse pas en bloc tout l'héritage, elle confirme, pérennise, renforce toute une série de principes et de procédures, acceptés par les Français, faisant partie de leur patrimoine politique et qui représentent les constantes dans notre système politique.

A travers l'histoire, *des acquis et des refus* se dégagent qui éclairent les institutions actuelles.

Titre I
L'histoire constitutionnelle de la France

Bibliographie : Claude EMERI et Christian BIDEGARAY, *La Constitution en France de 1789 à nos jours, 1997.*

316. L'histoire constitutionnelle française ne commence pas en 1789. Des siècles de monarchie avaient façonné des institutions, dégagé des *lois fondamentales du royaume,* fait accepter l'idée d'une auto-limitation du pouvoir. Mais ces règles coutumières ne concernent pas les relations entre le pouvoir royal et les gouvernés. Elles concernent l'Etat, le pouvoir et ses titulaires ; *les sujets* ne sont pas partie prenante, et encore moins acteurs, dans la vie politique.

De ce passé, la Révolution n'a pas fait entièrement table rase. Si beaucoup des grands principes de notre droit public trouvent leur origine à la période révolutionnaire (les « immortels principes »), certains sont plus anciens, d'autres se sont imposés progressivement depuis. Il n'en reste pas moins que la référence aux *« grands ancêtres »* — à l'image des « Pères fondateurs » aux Etats-Unis — est rituelle dans l'étude de notre droit constitutionnel. Il faut reconnaître que 1789 marque à la fois une révolution, au sens de rupture, et aussi l'« instauration » d'un ordre et de principes nouveaux.

Une autre charnière existe dans cette histoire : 1875. A ce moment bon nombre d'éléments de notre tradition constitutionnelle sont en place, une expérience parlementaire s'ouvre qui va mettre en lumière les avantages et les défauts de ce régime dans le contexte français, influençant par là les Constitutions qui suivront.

Chapitre 1
Avant 1875

Bibliographie : M. MORABITO, D. BOURMAUD, *Histoire constitutionnelle et politique de la France (1789-1948),* 5e éd., 1998. — Pouvoirs no 50, *Histoire constitutionnelle,* 1789-1989. — Olivier DUHAMEL, *Histoire constitutionnelle de la France,* 1995.

317. Si l'on s'en tient à la période qui s'étend de 1789 à 1875, son caractère mouvementé en fait la plus fertile de notre histoire en expériences constitutionnelles.

CONSTITUTIONS FRANÇAISES DE 1791 À 1875

— 3 septembre 1791
— 24 juin 1793 (inappliquée)
— 5 Fructidor an III (22 août 1795)
— 22 frimaire an VIII (15 décembre 1799)
— Charte du 4 juin 1814
— Charte du 14 août 1830
— 4 novembre 1848
— 14 janvier 1852
— 21 mai 1870 (inappliquée)

Neuf Constitutions ont été adoptées (dont deux ne purent pas être appliquées), deux projets ont été discutés sans être votés. Des textes à valeur constitutionnelle, nombreux et parfois fort longs — qu'on songe, par exemple, aux sénatus-consultes de l'an X et de l'an XII, ainsi qu'à l'Acte additionnel aux Constitutions de l'Empire du 22 avril 1815, qui n'abrogent pas la Constitution de l'an VIII mais réorganisent profondément les pouvoirs publics —, sont venus compléter, corriger, les Constitutions. Enfin, plusieurs régimes provisoires et de fait ont fonctionné. Il y a là un fonds incomparable de références dont la *richesse* sera encore accrue par les 3 Républiques qui se succèderont de 1875 à nos jours, on pourrait y puiser la plupart des exemples d'un cours de droit constitutionnel.

On ne peut éviter de s'interroger sur les raisons de cette *instabilité*. Peut-être tient-elle surtout à cette rupture que représente la Révolution. La société française a mis du temps à sortir de l'Ancien Régime, le droit et les institutions ont précédé les traditions, les mœurs et les mentalités. Le citoyen ne se fait pas en un jour ; l'attachement à l'institution monarchique est resté longtemps profond dans une bonne partie du peuple ; les hiérarchies sociales et politiques de l'ancienne société se sont aussi maintenues ; la conscience de la liberté l'a emporté lentement sur l'habitude de la soumission. Peu à peu en France de 1789 à 1875 un ordre nouveau s'est mis en place, il aura fallu presque un siècle pour que soit absorbé le choc de la Révolution.

Mais le mouvement ne s'est pas développé de façon linéaire et rationnelle, il ne s'analyse pas comme la mise en place réfléchie d'institutions toujours plus efficaces et démocratiques. Il n'y a pas de recherche d'un idéal constitutionnel mais réaction aux circonstances et aux variations du rapport de forces.

Plutôt que d'étudier une par une les Constitutions qui jalonnent cette période — textes d'intérêt inégal et à la vie plus ou moins brève — il a paru préférable de dresser ici un bilan synthétique de cette expérience constitutionnelle, de rechercher dans les textes l'apport neuf et durable, de dégager les principes acceptés comme les solutions rejetées, de préciser les problèmes en suspens que la République enfin triomphante aura à tenter de régler, quitte à anticiper parfois sur les évolutions et les solutions.

Section 1
L'Etat

Un certain nombre de caractères de l'Etat français sont fixés au moment où intervient la Constitution de 1875 et ils ne seront plus guère mis en cause par la suite.

§ 1. L'Etat unitaire

318. *La France est un Etat unitaire,* situation qui n'avait rien d'inéluctable si on songe aux conflits qui ont déchiré le pays.

L'idée selon laquelle ce sont « les rois qui ont fait la France » correspond assez bien à la réalité. L'unité nationale a été une préoccupation constante pour les monarques depuis la féodalité. Ils l'ont imposée contre les féodaux, contre l'étranger — les Anglais en particulier —. Les rois furent des *« rassembleurs »,* l'unité de la nation française s'est inscrite dans l'unité de l'Etat.

Sous la Révolution cette unité est un moment compromise à la fois par les idées très décentralisatrices des Girondins et le laisser-aller, pour ne pas dire l'anarchie, qui gagne les provinces. Mais les *Jacobins* l'emportent ; farouchement *centralisateurs,* aidés par la nécessité de lutter contre l'invasion étrangère des « Coalisés », ils éliminent, par la force au besoin, les idées « fédéralistes » qui un temps avaient recueilli quelques échos. L'unité française commencée à Bouvines est définitivement scellée à Valmy, la nation s'est faite contre « le parti de l'étranger ». Le rattachement de Nice à la France en 1863 devait donner à l'unité française ses contours actuels.

En même temps l'interprétation du principe unitaire s'est faite dans le sens d'une *centralisation* poussée, uniformisante et stérilisante. A travers ses avatars, le pouvoir en France est resté jacobin. *Un même moule est imposé* — à quelques variantes près, pour tenir compte des écarts de population — à l'administration de l'ensemble du territoire. Et surtout Paris tient un rôle insolent dans la vie politique. Dans la plupart des périodes troublées Paris, qui alors est « à gauche », fait la politique de la France (1830, 1848, la Commune...) avec l'assentiment passif et parfois même contre la volonté implicite de la nation. Pour une bonne part c'est le peuple de Paris qui a fait l'histoire et non le peuple français. Le suffrage universel à partir de 1848 diminuera son poids et après la Commune s'en est fini de sa prééminence.

§ 2. L'Etat républicain

319. La déposition de Louis XVI le 16 septembre 1792, son exécution le 21 janvier suivant, ont marqué une rupture avec l'ordre monarchique dont la royauté ne s'est jamais relevée. Certes l'institution est réapparue entre 1814 et 1848 et les Empires eux-mêmes étaient des monarchies, mais *jamais la monarchie n'a réussi à retrouver sa légitimité.* Les décisions quasi sacrilèges de la Convention ont eu un retentissement considérable sur des esprits qui n'imaginaient pas, dans leur grande majorité, que la royauté puisse être abolie. Une nouvelle légitimité était née.

Les maladresses, les dissensions, l'absence de sens politique des chefs monarchistes et du prétendant au Trône, le comte de Chambord, au lendemain du désastre de 1870 alors que la conjoncture était favorable à une restauration, devaient donner le coup de grâce à toute perspective réaliste de rétablissement de la monarchie.

Est-ce à dire que la France, le peuple français, ait été républicain en profondeur dès la Révolution ? Le contraire semble avéré. L'idée républicaine a soulevé des flambées d'enthousiasme dans les dernières années du XVIIIe et en 1848-1849, mais en dehors de ces périodes elle n'a mûri que dans des catégories sociales assez limitées et dans certaines régions ou localités : Paris, Lyon et le Sud-Est, l'ouest du Massif Central. C'est progressivement que la République s'est imposée avec, les progrès de l'instruction comme l'avaient bien compris certains chefs républicains, et les divisions des tenants de la monarchie. Mais, comme on le verra, la Constitution républicaine de 1875 est offerte à un *pays qui est encore majoritairement monarchiste.* C'est seulement à la fin du XIXe — après en particulier le ralliement de l'Église à la République symbolisé par le toast du Cardinal Lavigerie en 1890 — que l'idée républicaine est largement dominante dans le pays.

Dans le prolongement de l'établissement d'un régime républicain, toutes les *institutions à base héréditaire* ont été contestées et ont disparu. Les *Chambres des pairs* de la Restauration ont été les dernières manifestations de l'hérédité dans nos Assemblées. Dès 1830 d'ailleurs le roi ne peut plus nommer que des pairs à vie, et les charges attribuées à vie elles-mêmes devinrent suspectes. La Constitution de 1875 devait bien prévoir la nomination de sénateurs à vie mais l'expérience fut de brève durée et la fonction n'était pas héréditaire.

En même temps, les Français ont du mal à se faire à un gouvernement anonyme, ils se déprennent difficilement de la tradition du pouvoir personnalisé. Dans les temps de crise, ils s'en remettent volontiers à un chef, à un sauveur.

§ 3. L'Etat démocratique

320. De 1789 à 1875 la France n'a guère eu d'expériences de gouvernement démocratique. A l'exception de quelques mois sous la Révolution, puis en 1848, elle a constamment vécu sous des régimes autoritaires, souvent fort populaires. Pourtant, l'idée que la légitimité ne peut venir que du peuple fait son chemin et elle est acquise au moment où on élabore les institutions de 1875. Le pouvoir ne peut être fondé que sur l'assentiment du plus grand nombre et doit être exercé dans l'intérêt du peuple.

L'Etat doit aussi assurer la sécurité de la nation, le respect de ses frontières ; sa charge la plus haute est de protéger l'indépendance nationale, de faire triompher — par les armes au besoin — la cause de la France dans les conflits. Dès cette période *un régime politique ne survit pas à un désastre militaire,* vaincu il disparaît. Il y a là une forme de responsabilité politique coutumière qui n'est d'ailleurs pas propre à la France.

Cet enracinement progressif de la démocratie se manifeste de plusieurs façons :

1. Le suffrage universel

321. Le suffrage universel a été introduit très rapidement au début de la Révolution en 1792 par l'Assemblée législative pour la convocation et l'élection de la Convention. Mais curieusement, pendant longtemps par la suite, les textes organisant le droit de suffrage ont eu pour effet de le réduire considérablement ou de l'entourer de modalités — le vote public par exemple — qui lui enlevaient une bonne part de sa signification en retirant à l'électeur sa liberté. La Constitution de 1793 prévoit l'institution du suffrage universel à deux degrés, mais lors de sa ratification plus de 4 millions d'électeurs, sur un total de 6 millions, préfèrent s'abstenir plutôt que d'exprimer publiquement leur vote comme le texte les y incitait.

Jusqu'en 1848 le suffrage universel a du mal à s'acclimater durablement en face du suffrage censitaire. L'Empire l'instaure après sa suppression par le Directoire, il disparaît de nouveau à la Restauration. Alors qu'en 1791 il y avait 4.300.000 électeurs (et le système était déjà censitaire), en 1814 il n'y en a plus que 102.000. Les inégalités étaient considérables : la Seine comptait 8.800 électeurs, la Corse 8. Les conditions d'éligibilité étaient encore plus restrictives, les 3/4 des départements n'avaient pas 100 éligibles, les Hautes Alpes en avaient 4.

L'ÉTABLISSEMENT DU SUFFRAGE UNIVERSEL

— Constitution de 1791 : suffrage censitaire (citoyens actifs et citoyens passifs)
— En 1792, l'Assemblée législative proclame le suffrage universel pour l'élection de la Convention
— Constitution de l'an III : suffrage censitaire
— Constitution de l'an VIII : suffrage universel
— Charte de 1814 : suffrage censitaire (très rigoureux). Encore renforcé par l'Ordonnance du 25 juillet 1830
— Charte de 1830 : suffrage censitaire assoupli
— Constitution de 1848 : suffrage universel (dès le décret du 5 mars 1848)
— Loi du 31 mai 1850 : réduit le suffrage universel (condition de domicile)
— Constitution de 1852 : suffrage universel
— Ordonnance du 21 avril 1944 : le droit de vote est accordé aux femmes
— Loi du 5 juillet 1974 : la majorité électorale est fixée à 18 ans

Le législateur puis la Constitution de 1848 devaient consacrer le suffrage universel qui, cette fois-ci, est direct et secret. La monarchie de juillet était tombée sur son refus d'élargir le corps électoral, aussi l'événement est-il considérable et l'exercice du droit de suffrage apparaît comme un acte grave et solennel. Situation de courte durée, dès 1850 une obligation de résidence de 3 ans et l'exigence du paiement d'une taxe suppriment 3 millions d'électeurs. Rappelons en outre que pour près de cent ans le suffrage devait rester encore exclusivement masculin. Cependant 1848 marque l'étape à partir de laquelle l'idée de privilège électoral fondé sur la fortune ou la capacité est définitivement abandonnée ; tout homme est citoyen, et pas seulement celui qui est propriétaire et capable, la transformation psychologique est profonde.

2. La démocratie représentative

322. Les premières institutions françaises, celles de la Constitution des 3-14 septembre 1791, instituaient une démocratie représentative. Dès 1789 d'ailleurs, la Déclaration des droits de l'homme et du citoyen s'ouvrait par la formule « les représentants du peuple français réunis en Assemblée Nationale... ». La Constitution confirme la qualité de représentants conférée aux élus et ne fait place à aucune procédure de démocratie directe ou semi-directe. Pourtant la Déclaration des Droits de l'Homme (art. 6) suggérait la possibilité recourir au référendum.

LES PROCÉDÉS DE DÉMOCRATIE SEMI-DIRECTE

Décret du 21 septembre 1792 : toute constitution doit être approuvée par le peuple.
Constitution de 1793 (approuvée par référendum) : initiative populaire en matière de révision ; référendum législatif
Constitution de l'an III (approuvée par référendum) : référendum constituant
Constitution de l'an VIII (approuvée par référendum) : référendum constituant
Constitution de 1852 : référendum constituant
Constitution de 1870 (approuvée par référendum) : référendum constituant
Constitution de 1946 (approuvée par référendum) : référendum constituant
Constitution de 1958 (approuvée par référendum) : référendum constituant et référendum législatif.

Les expériences ultérieures d'appel au peuple — qu'il s'agisse de la ratification de la Constitution montagnarde en 1793 ou des référendums des deux Empires — ont beaucoup altéré l'image des procédés de démocratie directe. Les pressions exercées sur les citoyens en ces occasions étaient telles que le caractère plébiscitaire de l'opération était patent. D'ailleurs sous l'Empire le référendum était très officiellement appelé « plébiscite ». Il en est resté une méfiance à l'égard du référendum qui est encore vivace dans certains milieux politiques (v. 146).

3. Les droits du citoyen

323. Dans une société démocratique le pouvoir n'est pas illimité, il se heurte à un certain nombre de droits de l'individu. Posé pour la première fois dans notre pays en 1789 par la *Déclaration des droits de l'homme et du citoyen,* ce principe ne devait pas être remis en cause par la suite. L'absolutisme a disparu de notre histoire, même dans les périodes où la Constitution ne comportait pas de Déclaration des droits.

Lors de la Restauration en 1814, Louis XVIII a confirmé les conquêtes révolutionnaires et la Charte s'ouvre par un développement intitulé « Droit public des Français » qui énumère les libertés des citoyens déjà énoncées dans les Constitutions révolutionnaires.

Sans doute les régimes successifs — les Empires en particulier — n'ont-ils pas toujours été très respectueux des droits proclamés, mais leur existence n'a jamais été contestée. Le pouvoir savait parfaitement qu'il n'avait pas le droit pour lui lorsqu'il violait les libertés.

En outre l'interprétation donnée aux Droits de l'homme a toujours été pluraliste. La démocratie française est *une démocratie pluraliste,* elle permet un choix entre plusieurs candidats aux élections, entre plusieurs partis, plusieurs religions, plusieurs journaux et, par la suite, entre plusieurs syndicats ou associations. Les frontières de ce pluralisme ont été de plus en plus ouvertes. L'adhésion à la forme libérale de la démocratie est acquise en 1875.

Section 2
Les institutions

324. Dès le début de la Révolution, l'accord se fit sur la nécessité d'inscrire les institutions dans une *Constitution écrite.* L'exemple américain a joué mais par là s'exprime aussi la volonté de rompre avec l'Ancien Régime, de symboliser la fin d'une époque et le début d'une autre. La Constitution apparaît en outre comme une garantie contre les abus éventuels du pouvoir, celui-ci n'est pas absolu, la Constitution trace ses limites.

Valeur symbolique, garantie contre l'arbitraire, l'habitude de rédiger une Constitution était prise et une suite de Constitutions devait ponctuer les soubresauts de la vie politique française. A travers cette instabilité, l'aspiration à une Constitution écrite subsistait. Et l'idée se faisait jour qu'elle devait être rédigée par une Assemblée élue par le peuple. Procédure elle-même complétée souvent — mais pas toujours — par le principe qu'ensuite son approbation définitive devait être demandée au peuple (le décret du 21 septembre 1792 avait d'ailleurs dès l'origine imposé cette obligation « il ne peut y avoir de Constitution que celle qui est acceptée par le peuple »). En même temps, la procédure de révision était rendue difficile, trop parfois puisqu'avec la Constitution de l'an III, par exemple, il fallait 6 ans pour qu'elle aboutisse ; ce qui explique que les changements de Constitution se soient rarement faits dans les règles. La Constitution de l'an III est l'un des exemples de Constitution établie dans des formes régulières avec la Constitution impériale de 1870. Pourtant la Constitution n'est pas parvenue à susciter le même respect, n'a pas acquis le même caractère sacré qu'aux Etats-Unis. Comment acquérir de la considération pour un texte en quelques années effacé par un autre, organisant un système impraticable et violé par ceux qui ont prêté serment de le respecter ? Le mythe de la Constitution, très fort en 1789, n'a pas survécu aux échecs successifs de nos institutions.

A l'intérieur de ces textes cependant, un certain nombre de principes d'agencement des institutions devaient finir par s'imposer.

§ 1. La séparation des pouvoirs

325. « Toute société dans laquelle... la séparation des pouvoirs (n'est pas) déterminée n'a point de Constitution ». D'entrée de jeu la Déclaration de 1789 (art. 16), pose un axiome qui ne sera pas répudié même si la pratique lui a porté bien des atteintes. *En 1791, la Constitution instituait même une séparation des pouvoirs tranchée* dans une réaction de méfiance contre le roi. Comme aux Etats-Unis, il s'agit d'*affaiblir l'exécutif,* le pouvoir gouvernemental apparaît comme le plus menaçant et nos républiques successives reprendront cette hostilité. L'Assemblée législative donne au roi — qui choisit ses ministres mais est irresponsable et ne peut ni présenter de projet de loi, ni faire de règlements, ni dissoudre — par *le droit de veto,* ce « pouvoir d'empêcher » cher à Montesquieu. Est ainsi institué un régime présidentiel infléchi en faveur du législatif. Ce système ne pouvait que difficilement fonctionner, l'Assemblée législative en profita pour empiéter sur les attributions de l'exécutif suscitant des conflits auxquels la Constitution n'avait pas prévu de solution.

Une telle expérience aurait pu être fatale à la séparation des pouvoirs. Mais la confusion des pouvoirs qui allait s'installer est apparue finalement beaucoup plus redoutable. Dès lors l'interprétation de la séparation des pouvoirs, considérée comme un *dogme* emporte deux conséquences :

LA SÉPARATION DES POUVOIRS

1791 :	tranchée ; institue une sorte de régime présidentiel
1793 :	concentration des pouvoirs au profit de l'Assemblée unique
an III :	pouvoirs spécialisés avec subordination de l'exécutif au législatif
an VIII :	concentration des pouvoirs au profit de l'exécutif
1814 :	peu affirmée ; potentialités de transformation en régime parlementaire
1830 :	assez souple ; en pratique le régime parlementaire se met en place
1848 :	tranchée, proche du régime présidentiel
1852 :	concentration des pouvoirs au profit de l'exécutif (évolution vers le régime parlementaire)
21 mai 1870 :	collaboration des pouvoirs, régime parlementaire
1875 :	collaboration des pouvoirs, régime parlementaire (évolution vers le régime d'Assemblée)
1946 :	collaboration des pouvoirs, régime parlementaire (évolution vers le régime d'Assemblée)
1958 :	collaboration des pouvoirs, régime parlementaire

A Le refus du régime d'Assemblée

326. Il est largement fondé sur une interprétation de la Convention, qui pratiqua le régime d'Assemblée, dont la Terreur apparaît alors comme l'aboutissement à peu près inévitable. Or il faut admettre que cette interprétation est discutable. En réalité le pouvoir a glissé des mains de la Convention, censée le contrôler, entre celles du Comité du Salut public, puis de Robespierre, qui ont bénéficié d'une formidable concentration des pouvoirs dont ils ont usé comme on sait. Ce glissement est largement dû aux circonstances. On ne peut affirmer qu'il est inscrit dans la nature du régime d'Assemblée. Il n'y a pas eu de dictature des représentants élus de la nation : *régime d'Assemblée peut-être mais la Terreur n'en est pas une conséquence directe et inéluctable.* En réalité, sous la Terreur, la Convention était largement dessaisie de ses pouvoirs.

Quoi qu'il en soit, le lien établi entre le régime d'Assemblée et les désordres de la Convention a, dans notre pays, discrédité durablement le premier, associé dans les esprits aux périodes révolutionnaires et à leurs excès. La France ne devait plus le connaître par la suite que pendant des périodes de transition.

B L'attirance pour le modèle parlementaire

327. Le modèle britannique — parlementaire — un moment éclipsé par le modèle américain — présidentiel et qui semblait à ce titre faire une place plus adéquate au roi — allait connaître un regain de faveur avec la Restauration.

Trois raisons expliquent cette attitude :

— la première, évoquée ci-dessus, tient à la méfiance à l'égard de la confusion des pouvoirs et du régime d'Assemblée.

— la deuxième, inversement symétrique, découle des leçons tirées de l'expérience d'une séparation trop stricte des pouvoirs. Les Constitutions de 1791 et de l'an III avaient montré qu'en cas de conflit entre le législatif et l'exécutif, si le texte ne prévoyait pas de solution, la vie institutionnelle était bloquée ou bien la Constitution violée. Un souci de réalisme conduisait à nuancer ce qu'on avait trouvé dans une interprétation rigide de la séparation.

— à l'analyse le régime parlementaire apparaissait comme le plus apte à une organisation rationnelle des institutions, encore fallait-il découvrir une volonté et une autorité qui puisse l'imposer. Louis XVIII et son entourage avaient vu fonctionner le régime britannique. Mais s'il était porté à la souplesse, à la mesure, au compromis, le roi était en même temps très imbu de la majesté royale et soucieux de la primauté de l'exécutif. Aussi la *Charte de 1814,* bâclée en quelques jours, n'adopte-t-elle pas le régime parlementaire mais contient des dispositions dont les *virtualités parlementaires* sont claires : possibilité pour la Chambre des députés de refuser le budget, de mettre en accusation les ministres pour faute pénale, de recevoir des pétitions de la population, de demander au roi (qui a seul en principe l'initiative législative) de déposer un projet de loi... Il y a là l'amorce d'un équilibre entre les pouvoirs, d'une collaboration entre eux, l'esquisse d'un régime parlementaire auquel Louis XVIII se résignera.

Ce régime parlementaire allait se réaliser progressivement entre 1814 et 1848.

Ce qu'il y a de remarquable, c'est que le régime parlementaire s'est introduit en France *en fait avant de recevoir une consécration constitutionnelle.* L'évolution rappelle celle qui s'est produite en Grande-Bretagne, elle intervient un siècle plus tard, Ainsi la Charte de 1814 ne prévoyait pas de Cabinet royal, mais des ministres librement nommés par le roi et traitant les affaires directement avec lui. Leur responsabilité ne pouvait être mise en cause devant la Chambre que pour trahison ou concussion. Pourtant la pratique allait faire apparaître un Cabinet, organe collectif, responsable politiquement devant les Chambres. Dès 1824 (Ministère Villèle), les ministres se réunissent en dehors de la présence du roi, c'est l'origine des Conseils de Cabinet. D'autre part, les ministres avaient droit d'accès et de parole devant les Assemblées — dont ils pouvaient être membres, ce qui est une innovation dans notre histoire constitutionnelle — et l'accord de celles-ci était indispensable pour qu'une loi soit adoptée. Au cours des débats des ministres furent mis en cause, obligés de justifier ou de défendre leurs décisions ainsi que la politique de l'exécutif, et Louis XVIII en vint tout naturellement à démettre le gouvernement lorsqu'il estimait qu'il n'avait plus la confiance du Parlement (par exemple Decazes au début de 1820). L'usage devait confirmer cette responsabilité politique, principe essentiel du régime parlementaire. Et il vint un jour, sous la monarchie de Juillet, où le Cabinet sollicita lui-même un vote sur la confiance... Il dépend alors à la fois du monarque et du Parlement, *c'est le parlementarisme dualiste.* La Constitution de 1848 revint à une séparation assez rigide et la pratique allait faire apparaître un système hybride mi présidentiel mi parlementaire, qui caractérise aussi les débuts du Second Empire.

A partir de 1860 l'attirance vers le parlementarisme se précise (débat de politique générale, droit d'amendement...) et le régime évolue à tel point que la Constitution du 21 mai 1870 consacre le régime parlementaire. Elle ne devait pas avoir le temps d'être appliquée à cause de la guerre franco-allemande et du désastre de Sedan. Singularité, en l'absence de l'Empereur le Conseil des Ministres était présidé par l'Impératrice !

C Le mythe de la loi

328. L'attrait pour le régime parlementaire n'a pas empêché un certain déséquilibre des pouvoirs, favorable au législatif en face de l'exécutif, de s'amorcer à la fois dans les textes, dans la pratique et dans les esprits. La suprématie du pouvoir législatif, déjà acceptée sous la Révolution, ne devait pourtant s'épanouir que sous la IIIe République pour aboutir à la souveraineté parlementaire.

L'instrument de cette évolution réside dans la conception de l'œuvre du législateur : *la loi est l'expression de la volonté générale, elle est souveraine et ne peut être contrôlée.* Concrètement cela signifie que la loi est l'œuvre du Parlement élu par le peuple — et non plus du monarque — et qu'elle est générale, c'est-à-dire que son domaine est illimité.

Dès le début de la Révolution, la loi acquiert un caractère sacré. La Constitution de 1791 proclame : « Il n'y a point en France d'autorité supérieure à la loi. Le roi ne règne que par elle, et ce n'est qu'au nom de la loi qu'il peut exiger obéissance ». L'influence des idées de Rousseau aboutit à une sorte de souveraineté, de *dictature de la loi,* dont le danger est écarté dans l'esprit des Constituants par l'idée que la loi ne peut être oppressive.

D'où une exaltation de la loi entraînant :

— le refus du contrôle de sa constitutionnalité ;

— l'interdiction faite au juge d'interpréter la loi lorsqu'elle est obscure. Sous la Révolution fut institué le *référé législatif* par lequel le Parlement se réservait le droit d'interpréter lui-même son œuvre.

§ 2. Le bicaméralisme

329. Si tous les Parlements français depuis la Révolution n'ont pas été bicaméraux, les expériences de monocamérisme ont été limitées en nombre et en durée. Pourtant en 1791 on avait considéré que la nation étant une, la représentation devait elle-même être une, et la Constitution avait donc institué un Parlement réduit à une seule « Assemblée législative ». En outre, il est clair qu'après avoir fait disparaître en 1789 la division en trois ordres, qui caractérisait les Etats généraux, on n'allait pas la faire revivre en quelque sorte, en 1791, à travers un Parlement bicaméral.

Il fallut attendre notre troisième Constitution, celle de *l'an III,* pour qu'apparaisse pour *la première fois* un Parlement bicaméral composé du Conseil des Anciens et du Conseil des Cinq-Cents. Si on adopte alors un bicamérisme — dans lequel les deux chambres se différencient par l'âge d'éligibilité plus élevé au Conseil des Anciens, et par des pouvoirs inégaux, les Anciens ne pouvant qu'adopter ou refuser les textes votés par les Cinq-Cents — c'est pour éviter les dérèglements, la dictature d'une assemblée unique. L'expérience de la Convention justifie ce choix. Le bicaméralisme apparaît comme une *règle de sagesse politique* qui sera invoquée pour tous nos Parlements bicaméraux jusqu'à nos jours. Sous la première Constitution napoléonienne, celle du 28 frimaire an VIII, le pouvoir législatif était même réparti entre trois Assemblées : le Tribunat, le Corps législatif et le Sénat. Par la suite, on revient au bicaméralisme, la composition de la Chambre haute — pairs ou sénateurs — en faisant une chambre de réflexion.

La seule exception au bicamérisme entre 1795 et 1875 est le fait de la Constitution de 1848. La tentative ne fut pas heureuse et ne fit qu'aggraver les réserves à l'égard du monocamérisme.

Mais en même temps dans l'opinion on en vint à associer république et monocamérisme et l'attachement au bicamérisme est longtemps apparu comme une attitude de droite, l'institution d'une chambre haute étant considérée comme un acte de méfiance à l'égard du peuple. Aussi, lors de l'élaboration des lois constitutionnelles de 1875, la création de deux chambres fut-elle le fruit d'une transaction entre les forces composant l'Assemblée Nationale.

Tels sont les grands traits de notre histoire constitutionnelle de 1791 à 1875. Certains sont affirmés et durables — la plupart de ceux qui concernent les caractères de l'Etat — d'autres sont plus flous et fragiles : le rôle du Chef de l'Etat (Bonaparte ou arbitre ? En 1875 on préféra plutôt Bonaparte. Pour peu de temps) ; assemblée constituante souveraine ou non, rigidité ou souplesse de la Constitution. Une grande question au moins reste en suspens qui va empoisonner la vie politique jusqu'à la guerre de 1914, celle de la laïcité. Par résignation ou par conviction, les Français se sont ralliés à l'idée d'un Etat laïc — en 1848 pourtant la Constitution commence par : « En présence de Dieu » — mais ils seront longs à se mettre d'accord sur ce que recouvre ce principe.

D'autre part, au terme de cette première période une constatation s'impose : notre régime politique a toujours été déséquilibré, soit au profit du Parlement, soit au profit de l'exécutif. Toujours l'un a dominé l'autre, durement parfois, situation qui ne va pas changer dans les décennies suivantes, en faveur du Parlement jusqu'en 1958, de l'exécutif depuis.

Chapitre 2
La IIIe République

Bibliographie : Joseph-Barthelemy et Paul Duez, *Traité de droit Constitutionnel,* 1933, réédition 1985. — Joseph Chastenet, *Histoire de la IIIe République,* 7 volumes, 1952-1963.

330. La IIIe République a duré de 1875 à 1940. Ces 65 ans, succédant à tant d'instabilité, ont marqué très profondément à la fois nos institutions et nos mœurs politiques.

LA IIIe RÉPUBLIQUE

Quelques repères

1875	30 janvier	Amendement Wallon (la République)
	24 février	
	25 février	Vote des lois constitutionnelles
	16 juillet	
1877	16 mai	Révocation de Jules Simon
	25 juin	Dissolution de la Chambre
1879	30 janvier	Démission de Mac Mahon
		Élection de Jules Grévy
1884		Révision de la Constitution
1918		Apparition des Décrets-Lois
1924		Démission de Millerand
1934		Institutionnalisation de la Présidence du Conseil
1940	10 juillet	Fin de la IIIe République

Section 1
L'élaboration de la Constitution de 1875

Les périodes de transition sont toujours intéressantes. Celle qui va de la chute de l'Empire à l'approbation des lois constitutionnelles de 1875 nous apprend beaucoup sur la conception des institutions de la IIIe République. Celles-ci se sont mises en place avec prudence.

§ 1. Le contexte historique

331. 1870 : Guerre contre la Prusse ; l'Empire ne va pas survivre au désastre de Sedan. L'Empereur est prisonnier et le 4 septembre la déchéance de l'Empire est proclamée ainsi que l'instauration de la République. Mais il va falloir plusieurs années avant que celle-ci soit véritablement acceptée et consacrée. On évite de prendre des décisions qui paraîtraient engager l'avenir.

Un *Gouvernement de la défense nationale* investi par le Corps législatif (l'une des Assemblées impériales), va exercer une sorte de dictature, finir de perdre la guerre, signer l'armistice et organiser, le 8 février 1871 — les vainqueurs voulant négocier avec un pouvoir élu —, l'élection d'une *Assemblée Nationale*. Les conservateurs plus ou moins royalistes y sont largement majoritaires, les républicains n'étant que 200 sur 675 députés, et les bonapartistes virtuellement éliminés.

Le rôle de l'Assemblée Nationale est d'abord de faire la paix avec les Prussiens. Aussi est-on d'accord sur le fait que les références à la République ne préjugent pas la nature future du régime (république ou monarchie ?) ; il en sera débattu plus tard lorsqu'on se consacrera à l'élaboration de la Constitution. Tel est le sens du *Pacte de Bordeaux* adopté par l'Assemblée le 17 février 1871.

L'Assemblée est dominée par *Thiers,* nommé dans un premier temps « Chef du pouvoir exécutif de la République française », puis — à la suite de la *proposition Rivet* du 31 août 1871 — *« Président de la République française »*. Fonctionne alors une forme de régime d'Assemblée, où le Président, en même temps chef du gouvernement et responsable devant les députés, est en réalité étroitement soumis à ceux-ci qui craignent son ascendant et sa popularité.

Thiers signe la paix (Traité de Francfort, 10 mai 1871) et écrase le soulèvement de la Commune, ce qui va marquer profondément la mythologie politique d'une large partie de la gauche. Mais il n'aura guère de temps de savourer ses succès, ses relations avec l'Assemblée se détériorent. Déjà le 13 mars 1873 une loi (dite : *Constitution de Broglie*) limite ses possibilités de contact, et donc d'influence, avec les députés (« le cérémonial chinois ») et, le 24 mai de la même année, mis en minorité, il est obligé de démissionner.

Son départ ouvre la question de la nature du régime, compliquée par l'attachement obstiné du Comte de Chambord — prétendant monarchiste — au drapeau blanc. L'Assemblée prolonge le provisoire (les républicains s'abstenant) en confiant l'exécutif *pour 7 ans* au Maréchal de Mac Mahon (*loi du Septennat :* 20 novembre 1873) ; en même temps elle charge une Commission, dite *Commission des Trente,* de proposer de nouvelles institutions. Mac Mahon apparaît comme un régent attendant une Restauration.

Les jeux ne sont donc pas faits, l'histoire hésite, monarchistes et républicains se comptent, s'observent et se marquent, aucun des camps n'a pris d'avantage décisif au cours des années 1870-1873.

§ 2. La rédaction de la Constitution

332. La Commission des Trente prend son temps, espérant ainsi favoriser une solution monarchiste, et ne remet son rapport qu'au début de 1875.

La question de la nature du régime est alors très rapidement tranchée par l'adoption le 30 janvier 1875 d'un *amendement* déposé par Henri *Wallon* « Le Président de la République est élu à la majorité des suffrages par le Sénat et la Chambre des députés réunis en Assemblée Nationale ». Ce texte obtient 353 voix contre 352, la République entre dans nos institutions à une voix de majorité, d'une certaine manière à contrecœur. Le pays s'incline. Dans combien d'Etats aurait-on pu faire ainsi accepter sans secousse une décision de cette importance prise dans des conditions aussi aléatoires ? Ce vote devait entraîner le déclin des espoirs monarchistes, la majorité républicaine se renforçant — par découragement et lassitude — de scrutin en scrutin

Puis furent votées successivement *trois lois constitutionnelles :*

— 24 février 1875, relative à l'organisation du Sénat ;

— 25 février 1875, concernant l'organisation des pouvoirs publics ;

— 16 juillet 1875 sur les rapports des pouvoirs publics.

Si on commence ainsi par la seconde Chambre, c'est que la droite veut faire consacrer le principe du bicaméralisme en préalable à toute discussion. Quelques semaines après le vote de la deuxième loi, on se rendit compte que subsistaient bien des lacunes, elles furent comblées par la loi de Juillet. Procédure d'élaboration singulière et peu cohérente. Cette constitution devait entrer en vigueur le 8 mars 1876.

Ainsi *il n'y a pas à proprement parler de Constitution de 1875,* celle-ci est formée par la juxtaposition de trois lois constitutionnelles, sans références philosophiques, sans proclamation de principes ni Déclaration des Droits. C'est l'exemple-type de la *Constitution procédurale et de compromis.* Le texte est plat et terne, purement fonctionnel. Aucun rêve ne se développe à travers lui, il reflète la résignation morne à une République qu'on n'a pas pu empêcher. Ces brefs documents — 34 articles — sont le fruit de multiples tractations entre Monarchistes, Bonapartistes et Républicains. Chaque parti considère l'aménagement des pouvoirs publics comme provisoire et espère reprendre à brève échéance les concessions qu'il a dû consentir ; les arrière-pensées éclairent l'interprétation des dispositions constitutionnelles. Une procédure de révision très simple a d'ailleurs été prévue, qui, en définitive, devait à peine servir.

Section 2
Les institutions

Les lois constitutionnelles de 1875 comportent une innovation considérable, elles instaurent une République parlementaire, alors qu'à travers le monde on n'avait connu jusqu'ici que des monarchies parlementaires.

Sous-section 1
Le Parlement

333. Le Parlement est bicaméral. Il s'agit là d'une concession faite par les Républicains aux Monarchistes, les seconds n'acceptent la République qu'à condition que soit créé un Sénat, et ils veulent que celui-ci soit une assemblée puissante.

§ 1. Les Chambres

A La Chambre des députés

334. La Constitution prévoit que la Chambre des députés est élue au suffrage universel (masculin) *direct* pour 4 ans.

Pendant la IIIe République, le mode de scrutin fut *le scrutin majoritaire uninominal à deux tours,* la circonscription étant l'arrondissement. La Constitution n'ayant pas précisé le système électoral, celui-ci fut élaboré par l'Assemblée Nationale avant de se séparer. La tradition qui réserve la définition du mode d'élection au législateur a depuis lors toujours été respectée. Entre 1919 et 1927 une expérience de représentation proportionnelle départementale fut tentée (v. 180).

L'âge de l'éligibilité est fixé à 25 ans. L'effectif des Assemblées n'était pas précisé par la Constitution mais par la loi. Le nombre des députés a varié de 523 à 624.

B Le Sénat

335. Son recrutement est beaucoup plus complexe que celui de la Chambre basse. On a voulu en faire une « chambre de résistance » et la procédure de désignation de ses membres a été contestée comme peu démocratique.

A l'origine composé de 300 membres, son effectif fut porté en 1919 à 314 sénateurs pour tenir compte de la réintégration des départements d'Alsace et de Lorraine dans le territoire français.

Le texte de 1875 prévoyait que 75 d'entre eux seraient des *sénateurs nommés à vie* et recrutés par cooptation. La présence de ces membres inamovibles était destinée en principe à associer à la représentation nationale le monde de l'intelligence, c'est-à-dire des personnages distingués pour leurs talents ou leurs compétences, en les dispensant de se soumettre à l'élection. La droite y voyait surtout une façon d'y appeler des notables proches d'elle.

Les autres sénateurs sont recrutés au *scrutin indirect.* Le collège électoral est composé *dans chaque département* par les députés, les conseillers généraux, les conseillers d'arrondissement et un délégué par Conseil municipal. Cette représentation qui, à l'origine, ne tenait donc pas compte de la population de chaque commune, fut modifiée en 1884, les grandes communes obtenant plusieurs délégués sénatoriaux (l'échelle allait de 1 à 24, Paris ayant droit à 30). L'ensemble des collèges électoraux compte environ 75.000 personnes.

Ce mode de recrutement a pour effet de favoriser considérablement les zones rurales, donnant au Sénat l'image d'une *chambre d'agriculture.* On a dit aussi qu'il était « le grand Conseil des communes de France » et on a brocardé les sénateurs « élus du seigle et de la châtaigne ». En fait, à partir de 1884 les gros et moyens bourgs sont les premiers avantagés. Les délégués de communes groupant 35 % de la population constituent 58 % du corps électoral du Sénat.

La durée du mandat de sénateur est de 9 ans, le renouvellement s'effectuant par tiers tous les 3 ans. L'âge de l'éligibilité est fixé à 40 ans.

§ 2. Attributions

336. En principe les deux Chambres ont des attributions identiques avec quelques pouvoirs propres, les Constituants ont institué un *bicaméralisme égalitaire, qui, en réalité, est plutôt favorable au Sénat.*

• Par définition le Parlement a pour première attribution de *voter la loi.* Les parlementaires partagent l'initiative des lois avec le Président de la République (et non avec le Gouvernement qui, en conséquence, n'a pas le pouvoir d'amendement). L'égalité entre les deux Chambres implique qu'elles doivent se mettre d'accord sur un texte au terme d'une éventuelle procédure de *navette* consistant à renvoyer le projet ou la proposition d'une Chambre à l'autre pour arriver à un accord sur un texte identique. Si cette procédure n'aboutit pas, la loi n'est pas adoptée, la Chambre basse ne peut faire prévaloir son point de vue. En particulier, le budget, qui est une loi, doit être voté dans les mêmes termes par les deux Chambres ; mais, *prééminence traditionnelle des Chambres basses en matière financière,* il est discuté et voté en priorité par la Chambre des députés.

• D'autre part, *les deux Assemblées peuvent mettre en cause la responsabilité du Gouvernement.* Le Sénat peut le renverser aussi bien que la Chambre des députés.

En outre, le Sénat se transforme en Cour de justice pour juger les personnes poursuivies pour attentat contre la sûreté de l'Etat, ainsi que, à l'initiative des députés, le Président de la République pour haute trahison et les ministres pour les crimes commis dans l'exercice de leurs fonctions.

On voit déjà que la Chambre haute dispose de pouvoirs assez exceptionnels.

Si on ajoute qu'à l'inverse de l'autre Chambre, *le Sénat ne peut être dissout* et doit donner un avis favorable à la dissolution de la chambre des députés — il est paradoxal que le Sénat puisse renverser le Gouvernement sans que celui-ci en contrepartie puisse renvoyer les sénateurs devant le corps électoral — on peut même estimer que le *bicamérisme penche en faveur du Sénat : il peut résister, mettre en échec la volonté des députés, et il est maître de la durée de leur mandat.*

Les attributions des Assemblées sont exercées au cours de sessions relativement courtes puisque le Président peut prononcer *la clôture* après 5 mois. Les deux Chambres siègent en même temps.

Sous-section 2
L'exécutif

L'exécutif est composé du Président de la République et du Cabinet. Son schéma est très proche de celui de la monarchie de Juillet.

§ 1. Le Président de la République

a) *Désignation*

337. • Le Président de la République est élu au scrutin secret à la majorité absolue des suffrages par la Chambre des députés et le Sénat réunis en Assemblée nationale à Versailles. C'est la procédure la plus simple qui soit ; elle permet de remplacer presque sur-le-champ un Président démissionnaire ou décédé, elle est peu coûteuse, elle ne compromet pas l'autorité du Président car il n'y a pas de débats où sa personnalité pourrait être éclaboussée, la seule attribution de l'Assemblée est de voter. Mais en même temps on ne retenait pas l'élection directe par le peuple, adoptée pourtant en 1848 mais discréditée par Louis-Napoléon, qui en avait profité pour instaurer un pouvoir personnel. Tenant ses pouvoirs des *représentants* de la Nation, le Président subit une perte de légitimité et de prestige.

• *La durée du mandat est de 7 ans.* Cette règle, devenue traditionnelle, ne répondait à l'origine à aucune préoccupation constitutionnelle précise. Posée en 1873, avant l'adoption de la Constitution au moment de la désignation de Mac-Mahon, elle correspondait au temps pendant lequel celui-ci, vu son âge, était supposé pouvoir, selon ses propres termes, « consacrer ses forces au pays ». Cette durée donne une stabilité certaine à un des rouages essentiels des institutions. Cependant, si ce mandat est plus long que celui de la Chambre (4 ans), il est plus bref que celui du Sénat (9 ans). Le Président est rééligible. Seuls Grévy et Lebrun ont été réélus ; ni l'un ni l'autre n'a terminé son second mandat.

b) *Attributions*

Les pouvoirs du Président brièvement définis par la Constitution sont cependant très larges. Ceci peut paraître surprenant si on considère son mode de désignation, mais il ne faudrait pas oublier qu'on attendait une restauration monarchique et que le Président était appellé à y jouer un rôle déterminant : lui seul, à l'origine, avait l'initiative de la révision constitutionnelle (à partir de 1879 l'initiative appartient aussi aux Chambres).

Le Président est à la fois Chef de l'Etat et Chef de l'exécutif. Ses fonctions sont à la fois protocolaires et politiques. Il représente la France dans les cérémonies officielles et à l'étranger, il accrédite ses représentants diplomatiques et reçoit les lettres de créance des ambassadeurs étrangers ; il est le Chef des Armées. Ses attributions politiques — que la pratique va faire disparaître — sont étendues : il a l'initiative des lois, il peut en demander une nouvelle lecture (veto provisoire), il les promulgue et veille à leur exécution. A ce titre *il est le titulaire du pouvoir réglementaire.* Il nomme aux emplois publics — sur cette base *il désigne les ministres* —, dissout la Chambre des députés sur avis conforme du Sénat, peut faire lire par un ministre des messages devant les chambres ou prononcer après un certain délai la clôture de leurs sessions, négocie et ratifie les traités (expression qui sera reprise dans la Constitution de 1958). Une attribution lui est refusée : le droit de déclarer la guerre, car il doit obtenir l'accord préalable des Assemblées.

c) *L'irresponsabilité*

Mais son statut est celui d'un Chef d'Etat parlementaire, il est donc *irresponsable.* La liste de ses attributions doit être envisagée en considération d'une limite : tous ses actes doivent être *contresignés* par un ministre qui en assume alors la responsabilité. Même dans ses déplacements et audiences officielles, il doit être accompagné d'un ministre. On a pu le qualifier de « mutilé constitutionnel ».

Quoi qu'il en soit, ce statut est très proche de celui d'un monarque républicain. Parlant de lui, le duc de Broglie disait : « un chef revêtu de tous les attributs de la royauté, un chef-roi sans le nom et sans la durée ». *En théorie le Constituant de 1875 a voulu que le Président règne et gouverne.*

§ 2. Le Cabinet

338. Les ministres sont nommés par le Président. Dans le silence de la Constitution, on fait découler ce pouvoir de sa disposition concernant la nomination aux emplois publics. Le Président est la seule tête de l'exécutif car les Constituants (dans la continuité de la tradition monarchique) n'ont pas prévu non plus l'existence d'un chef de Gouvernement. Dès 1876 cependant, Dufaure s'attribua le titre de Président du Conseil et l'expression entra dans le vocabulaire politique. Mais il fallut attendre 1934 pour que son existence soit reconnue officiellement. Jusque-là, le Président du Conseil fut obligé de cumuler ses fonctions avec un portefeuille ministériel, car il ne possédait pas de services propres (bureaux, personnel).

En théorie les chambres n'ont pas à intervenir puisque la Constitution n'exige pas *de vote d'investiture* du Parlement. Dans la pratique les Présidents du Conseil présenteront leur équipe et leur programme aux Assemblées en sollicitant leur confiance.

Les ministres ont le droit d'entrée dans les deux Assemblées et sont *solidairement responsables* devant elles. Ainsi est affirmé le caractère collégial de l'équipe gouvernementale qui, jusqu'alors, n'était pas assuré.

Le système institué en 1875 correspond ainsi à un parlementarisme équilibré dans lequel au droit pour le Parlement de renverser le Gouvernement correspond le droit pour le Chef d'Etat de dissoudre la Chambre des députés.

Ces caractères largement liés aux circonstances vont être remis en cause par l'évolution du régime pendant les 65 ans de son existence. Si la Constitution a duré, c'est peut-être parce qu'elle était courte, souple et sans contrôle.

Sous-section 3
Le fonctionnement du régime

339. Régime de transaction promis à un destin limité, la IIIe République, à travers des divisions profondes de la Nation, des affaires et des scandales (Boulanger, Wilson, Dreyfus, Panama...), une guerre passée à la postérité sous le nom de « Grande Guerre », une crise économique et financière sans précédent, devait déjouer les prévisions pessimistes de ses auteurs et trouver un équilibre et un style très éloignés de leurs vues. Le régime, déformé certes, a fonctionné de façon à peu près satisfaisante jusqu'à la guerre de 1914.

Pour la première fois dans notre histoire, un régime démocratique a réussi à durer. A l'apport révolutionnaire s'est ajouté à partir de lui une « tradition républicaine » qui pèse autant sur notre vie politique que les « immortels principes » de 1789.

§ 1. Le passage au parlementarisme moniste

340. Dans l'esprit des Constituants, le Cabinet dirigé par le Président de la République et responsable devant les Chambres devait jouir de la confiance à la fois du Chef de l'Etat et du Parlement. L'ébauche de la monarchie de Juillet était mise en forme, *le parlementarisme serait orléaniste, autrement dit, dualiste.* Cependant, ce régime correspondait plus aux souhaits des Monarchistes qu'aux vues des Républicains. Les succès des seconds, la majorité rapidement acquise par eux au Parlement, devaient transformer le régime conformément à leur conception en un parlementarisme moniste.

A La crise du 16 mai et la Constitution Grévy

341. Mac-Mahon, installé depuis 1873 à la tête de l'Etat, entendait utiliser toutes les prérogatives, et on a vu qu'elles étaient étendues, que lui conférait la Constitution.

Les élections de 1876 allaient mettre ce royaliste dans une situation imprévue et difficile : les Républicains obtiennent 360 sièges à la Chambre contre 280 aux monarchistes et aux bonapartistes. Plutôt que de choisir un chef de gouvernement au sein de la gauche victorieuse — où la personnalité dominante, Gambetta, inquiétait et était contestée — Mac Mahon nomma un homme du centre gauche, Dufaure, qui fut rapidement amené à démissionner. Jules Simon, qu'il appela pour lui succéder, essaya de se concilier à la fois la gauche et les conservateurs, mais il fut obligé de cautionner une initiative de la première contre les « menées cléricales » qui déplut au chef de l'Etat. Celui-ci le démit de ses fonctions *le 16 mai 1877* sans que la Chambre lui ait refusé sa confiance : Mac Mahon précisait : « Si je ne suis pas comme vous responsable devant le Parlement, j'ai une responsabilité envers la France » ; il affirmait par là le principe du parlementarisme dualiste.

Les Républicains rédigèrent en réponse une déclaration *(le Manifeste des 363)* posant, eux, en principe que « le Cabinet doit avoir la confiance de la Chambre », et ils renversèrent le ministère Broglie qui avait remplacé Jules Simon. Mac Mahon répliqua en prononçant la dissolution de la Chambre des députés (25 juin 1877). Dans ce conflit ouvert entre le Président et la représentation nationale, le premier en appelait à l'arbitrage du peuple. Gambetta proclamait alors que si les élections étaient défavorables au chef de l'Etat, celui-ci devrait *« se soumettre ou se démettre ».*

Les élections du 14 octobre devaient donner la victoire à la gauche, les 363 ne se retrouvaient que 323, mais ce nombre fut grossi par des invalidations judicieuses de députés de droite. Mac Mahon ne voulut pas s'incliner et plaça à la tête du gouvernement le Général de Rochebouët. La Chambre ayant refusé de travailler avec celui-ci, il dut « se soumettre » et nommer Dufaure qui obtint la confiance de la Chambre. En même temps il signait une lettre où il admettait que « l'indépendance des ministres est la condition de leur responsabilité » et acceptait de revenir « à la pratique sincère des lois constitutionnelles ».

En janvier 1879, les Républicains conquirent la majorité au Sénat. Ayant perdu son dernier soutien, il ne restait plus à Mac Mahon qu'à démissionner, à « se démettre » (30 janvier 1879). Il fut remplacé le jour même par Jules Grevy. Celui-ci adressa alors au Parlement un message où il déclarait : « je n'entrerai jamais en lutte contre la volonté nationale exprimée par ses organes constitutionnels » ; en d'autres termes le Président s'efface, le Cabinet a besoin pour gouverner de la seule confiance du Parlement. Cette interprétation, en rupture totale avec l'esprit des lois de 1875, a été appelée : *Constitution Grévy.*

B Les conséquences de la crise

342. La crise du 16 mai 1877, a pesé considérablement sur les institutions et la vie politique sous toute la IIIe République et encore sous la IVe.

1. Le parlementarisme moniste

L'apparition du parlementarisme moniste est la conséquence la plus évidente de la crise : le Gouvernement n'est plus responsable que devant les Chambres. Ce qui entraîne l'effacement du Président. Mais, au contraire de ce qui s'était passé en Grande-Bretagne au siècle précédent, le Président du Conseil ne saura pas en profiter.

2. La désuétude du droit de dissolution

L'usage fait par Mac-Mahon du droit de dissolution, en quelque sorte contre la République (« le coup de force »), a discrédité cette procédure pendant près de 80 ans. Qu'une autorité non issue du suffrage universel se permette de renvoyer les élus du peuple devant leurs électeurs apparaissait comme impie ou au minimum comme antidémocratique. Le Président ne pouvait plus prendre sur lui de dissoudre et jamais un Président du Conseil n'osa le lui proposer.

Le gel de ce moyen d'action de l'exécutif sur le législatif n'est pas étranger à la transformation progressive de la souveraineté nationale en souveraineté parlementaire.

3. La modernisation de la Constitution

Forts de leur victoire, les Républicains auraient pu modifier une Constitution qu'ils n'avaient acceptée que du bout des lèvres. Mais la « Constitution Grévy » infléchissait le texte dans un sens qui répondait à leur préoccupation la plus vive. Aussi se contentèrent-ils d'apporter quelques retouches de détail aux textes de 1875 pour « *républicaniser* » le régime.

Au total assez peu de choses. De la révision de 1884 on retiendra :

- suppression des sénateurs à vie ;
- modification des règles de désignation des sénateurs pour diminuer la sur-représentation des petites communes ;
- affirmation selon laquelle « la forme républicaine du gouvernement ne peut faire l'objet d'une proposition de révision » et inéligibilité à la Présidence de la République des membres des familles ayant régné sur la France.

§ 2. De la primauté des assemblées au renforcement de l'exécutif

Le passage d'un parlementarisme dualiste à un parlementarisme moniste allait inverser le rapport de forces à l'intérieur du régime, la suprématie passant de l'exécutif au Parlement. A la longue, le Gouvernement préoccupé surtout d'une stabilité que les parlementaires lui refusaient, se révéla impuissant à diriger et à coordonner la politique de la Nation. Une réaction finit par se dessiner, tendant à renforcer les pouvoirs de l'exécutif.

A La primauté du Parlement

Dans les faits une sorte de régime d'Assemblée, tempéré par le bicaméralisme égalitaire, s'institua. Et avec lui la *souveraineté parlementaire*.

1. L'effacement de l'exécutif

343. Le Président n'est plus qu'un chef de l'Etat effacé, le Président du Conseil devient un chef du gouvernement faible.

Un chef de l'Etat effacé

La République à ses débuts vit dans la crainte de l'exécutif et surtout d'un gouvernement fort. Les ombres de la monarchie et de l'Empire pèsent sur les esprits, Mac Mahon renforce des préventions que Boulanger confirmera. Aussi *le Chef de l'Etat* est-il mis à l'écart. Il assiste au Conseil des Ministres — qui est convoqué par le Président du Conseil — mais il ne le préside plus ; il perd toute initiative et n'ose plus décider : il n'utilise ni la seconde lecture, ni l'ajournement des chambres et deux fois seulement le message, laissant se créer une tradition dont aucun Président ne pourra s'affranchir. Il lui reste une attribution : choisir au sein de la coalition majoritaire à la Chambre la personne chargée de former le Gouvernement. Mais l'exigence du contreseing ne le laisse pas toujours libre de son choix. Et, d'autre part, une fois désigné, le Président du Conseil constitue son équipe à sa guise et se présente devant les Chambres pour solliciter leur confiance, le Président reste en dehors de la procédure. En réalité il a perdu toute volonté propre, sa signature formalise la volonté ministérielle. Aussi, en 1897, Clémenceau conseillait-il aux parlementaires de « voter pour le plus bête ».

Bien plus, alors qu'en principe il est irresponsable, si un conflit s'ouvre entre lui et le Parlement, ce dernier peut *le forcer à démissionner.* L'hypothèse s'est réalisée à plusieurs reprises (4 Présidents sur 13 se sont retirés). Grévy fut contraint au départ en 1887 à la suite de l'affaire Wilson (« quel malheur d'avoir un gendre ») et surtout Millerand, en 1924, parce qu'il voulait rompre avec le rôle effacé où depuis 1877 était cantonné le Président. On entre alors dans le *gouvernement de Cabinet* où celui-ci exerce les pouvoirs que la Constitution attribuait au Président de la République.

Un Gouvernement affaibli en face du Parlement

Le Gouvernement lui-même voit disparaître les moyens d'action dont il dispose normalement dans un régime parlementaire à l'égard des Assemblées, à commencer par la dissolution. Les Assemblées s'institutionnalisent (création des commissions, des groupes ...), siégeant à peu près en permanence elles sont aussi maîtresses de leur *ordre du jour* et donc de discuter ou non les projets gouvernementaux. Quand ceux-ci sont appelés à être débattus, ils sont, avant toute discussion par les Chambres, examinés par les très puissantes Commissions qui ont tout pouvoir pour les modifier, les retoucher, les mettre en pièces.

D'autre part la *Constitution ne prévoit pas les conditions de mise en jeu de la responsabilité gouvernementale.* La question de confiance ne nécessite pas une délibération préalable spéciale du cabinet ; bien plus, n'importe quel ministre peut engager la responsabilité du Gouvernement devant les Chambres et celui-ci peut être renversé sans que le Président du Conseil soit présent ou ait donné son accord (cela s'est produit deux fois, en 1924 et 1930). Aucune condition de forme ou de majorité n'est mise au refus de la confiance. Un Gouvernement pourra donc démissionner après un refus de confiance à la majorité relative sur un problème secondaire. Des cabinets se retireront même sans avoir été formellement désavoués par une Assemblée. Souvent ce sera un parlementaire qui, par une demande d'explications au gouvernement, appelée *« interpellation »,* déclenchera la chute du ministère. Le débat sur l'interpellation est clos par le vote d'une résolution par laquelle la Chambre exprime sa confiance ou sa défiance au Gouvernement, exerçant une véritable censure.

Le Sénat de son côté use avec beaucoup de modération de son pouvoir de renverser le Cabinet, il l'utilise 7 fois seulement pendant toute la IIIe République. Mais presque à chaque fois il manifeste par là une opposition conservatrice à des initiatives gouvernementales, en particulier contre les Cabinets du Front Populaire présidés par Blum. Le Sénat renforce ainsi les préventions de la gauche à son égard, qui seront sur le point de mettre en cause son existence en 1946.

2. L'instabilité gouvernementale

344. L'instabilité gouvernementale va devenir une des caractéristiques du parlementarisme français contrastant avec la continuité des gouvernements britanniques. De 1871 à 1940 la France a connu 104 gouvernements. Pourtant, il y eut pendant les 15 années qui précédèrent la guerre de 1914 une relative stabilité gouvernementale. C'est ainsi que le Cabinet Waldeck-Rousseau établit avec 3 ans (1899-1902) un record de longévité gouvernementale. Après 1918 la durée moyenne descend à 6 mois. Il n'y eut même pas de trêve pendant les guerres, puisque 6 cabinets furent renversés pendant la première guerre mondiale ; durant la seconde, Daladier dut céder la place à Paul Reynaud en mars 1940, celui-ci étant investi à une voix de majorité !

La raison essentielle de cette instabilité réside dans la *multiplication des partis.* Aucun parti n'est capable à lui seul de s'assurer la majorité du Parlement et pendant toute la durée du régime deux majorités seulement sont sorties des élections (1876 et 1914), c'est-à-dire qu'au soir du scrutin on ne sait qui va gouverner. Aussi les gouvernements sont-ils le fruit de *coalitions,* dites de « concentration », dans lesquelles le Centre joue un rôle déterminant. Ils sont des « parlements en miniature » (F. de Tarr). Lorsque la coalition est cohérente, la stabilité peut apparaître, ce fut le cas de 1899 à 1914. Mais le plus souvent les coalitions se font et se défont, du fait de l'absence de discipline partisane et du rôle déterminant des petits partis à la charnière de la majorité. On parle de « combinaisons ministérielles » ou d'existence de « majorité de rechange ». Il n'y a pas renversement de majorité mais glissement. Les gouvernements ne tombent pas sur un désaccord de « politique générale », mais sur des incidents de troisième ordre, par exemple sur la suppression de crédits affectés aux sous préfets. A l'instabilité gouvernementale correspond une assez remarquable *stabilité des ministres.* Ce sont les mêmes personnages qui siègent au banc des gouvernements successifs. Il se crée une catégorie de « ministrables » qui, une fois passé le cap difficile du premier portefeuille, ont vocation à une carrière ministérielle où certains battent les records de participation : ainsi Henri Queuille fut-il 19 fois ministre entre 1920 et 1940 ; ils sont presque toujours députés, rarement sénateurs (48 sur 631 sous la IIIe) et encore moins non parlementaires : 8.

Cette relative stabilité des ministres ne compense pas les inconvénients de l'instabilité gouvernementale. Souvent ils ne sont pas là pour gouverner, mais pour faciliter la constitution puis la survie du gouvernement, ou plutôt de sa majorité, grâce aux voix de leurs amis. Les vrais problèmes ne sont jamais tranchés, à peine sont-ils posés et effleurés dans un débat que le Cabinet cède la place. Par prudence le Gouvernement est porté à esquiver les questions délicates qui peuvent hâter sa fin. L'impératif est de durer.

3. Une administration qui gouverne

345. Le Gouvernement n'est donc pas en mesure de gouverner, de diriger le pays. Mais le Parlement ne se substitue pas vraiment à lui. Lui-même travaille peu (il siège trois fois moins qu'aujourd'hui) et mal ; surtout *il empêche le gouvernement de gouverner.* Ainsi le budget ne sera voté à temps que douze fois de 1875 à 1940.

Les parlementaires acquièrent progressivement une nouvelle conception de leurs fonctions. De représentants de la Nation dans son ensemble ils se muent en défenseurs de leurs circonscriptions, on dira plus tard en « assistantes sociales ». Le député ou le sénateur devient l'intercesseur de ses électeurs auprès des administrations.

Dans ces conditions *le pouvoir est vacant.* Il est recueilli par l'Administration. Les ministres, chefs théoriques des administrations, ne font que passer, les services et leurs directeurs restent. Grâce aux services, l'Etat est relativement efficace. Les citoyens se rendent compte de ce transfert et l'impuissance corrélative du Parlement provoque dans l'opinion cet anti-parlementarisme, dont il a déjà été question, qui se manifestera avec éclat pour la première fois sous la forme du boulangisme (1886-1889).

La primauté du Parlement finit par stériliser le régime parlementaire, les Chambres étant incapables d'exercer les pouvoirs qu'elles se sont arrogés.

Il fallait réagir.

B Les tentatives de renforcement de l'exécutif

a) *Institutionnalisation de la Présidence du Conseil*

346. L'une des faiblesses de l'exécutif est peut-être de n'avoir pas de chef véritable. Le Président de la République est en dehors du jeu et le Président du Conseil n'a pas d'existence constitutionnelle. Progressivement pourtant l'institution prendra du prestige et de l'importance, quelques services sont créés : un cabinet et un secrétariat général, et en *1934 enfin la Présidence du Conseil bénéficie d'un véritable statut* et peut installer ses services à l'Hôtel Matignon (Doumergue après la crise du 6 février).

b) *Recours aux décrets lois*

La Première Guerre mondiale avait souligné l'inefficacité du système politique français pour faire face aux problèmes d'une nation en guerre : lenteur du Parlement alors qu'il faut agir vite, faiblesse du Gouvernement alors que le pouvoir doit être fort.

Dans cette situation *les Chambres délèguent au Gouvernement le pouvoir d'élaborer des lois, ainsi apparaissent les décrets-lois.* Ceux-ci naquirent en trois temps. A la fin de la guerre, en 1918, tout d'abord, le Gouvernement se substituant au législateur prit des décrets qu'il fit ensuite ratifier par le Parlement. Puis en 1924 Poincaré fit voter une loi l'habilitant à prendre par décrets des mesures relevant normalement du législateur, mais son Gouvernement fut renversé avant qu'il ait pu utiliser ce pouvoir. Enfin, en 1926, Poincaré redevenu Président du Conseil obtint une nouvelle délégation et prit un certain nombre de décrets-lois.

La procédure est la suivante :

— par une *loi de pleins pouvoirs* (ou loi d'habilitation), le Parlement autorise le Gouvernement à agir à sa place, c'est-à-dire à prendre par décret des mesures qui relèvent de la loi, *et aussi à modifier par décret des lois déjà existantes.*

— En principe ce pouvoir est accordé au Gouvernement *pour un certain délai (3-4 mois en général) et son domaine n'est pas illimité* en ce sens que le Parlement précise les matières où le Gouvernement peut intervenir. En fait le domaine des décrets-lois est très largement défini grâce à des habilitations fort vagues comme par exemple « prendre les mesures nécessaires pour la défense de la monnaie ».

— enfin si les décrets-lois entrent en vigueur dès leur publication, ils doivent être soumis à *la ratification du Parlement.* On régularise par là a posteriori ce que la procédure peut avoir d'irrégulier. Dans la pratique, le Parlement n'examine qu'exceptionnellement les décrets-lois, ceux-ci continuent à s'appliquer, leur ratification implicite étant admise.

Dans son principe, cette *procédure est certainement irrégulière :*

- un organe n'est pas libre de déléguer une compétence qui lui a été confiée par la Constitution. C'est la conséquence d'un principe général : *« pas de délégation sans texte »*. Il s'agit là d'une révision indirecte de la Constitution.
- en considération de la hiérarchie des normes c'est une monstruosité juridique que de permettre à un décret de modifier une loi. L'argument est si fort qu'on a construit pour le combattre la théorie du *« déclassement »*. Le Parlement commencerait par retirer à la loi sa nature législative pour autoriser ensuite l'exécutif à la modifier, en d'autres termes la loi d'habilitation confèrerait le caractère réglementaire — « déclasserait » — aux dispositions que les décrets-lois amenderaient.

Quoi qu'il en soit de la régularité constitutionnelle du procédé, celui-ci a été de plus en plus fréquemment utilisé, surtout à partir de la fin des années 20. Le domaine de l'économie sera la terre d'élection des décrets-lois, en raison en particulier de la grande crise de 1929. A partir de 1935 jusqu'à la guerre, il y a pratiquement chaque année une loi accordant les pleins pouvoirs. Les grandes réformes de cette période ont presque toutes été réalisées par décrets-lois. C'est là l'un des signes les plus nets de l'inadaptation des institutions, de la crise du régime.

Chapitre 3
La IVe République

Bibliographie : Georges VEDEL, *Droit Constitutionnel,* 1949, réédition 1984 — Colloque de Nice, *La IVe République,* 1978 — *La IVe République,* Pouvoirs, n° 75.

347. La IIIe République a été emportée par la défaite de 1940. La rapidité de l'effondrement de la France succédant à un optimisme stupide ouvrit une crise morale profonde. Le pays avait le sentiment de payer les erreurs et les lâchetés d'un système incapable de gouverner le pays, de prévoir et préparer la guerre, de lui insuffler l'énergie indispensable pour se défendre contre l'Allemagne. Le vieux réflexe d'anti-parlementarisme se réveilla comme une vague de fond, condamnant les jeux parlementaires, l'impuissance de l'exécutif, le laisser-aller général, l'esprit de jouissance.

En même temps la France, fidèle à ses réflexes, cherchait un sauveur. Elle en trouva deux et par instinct choisit le plus vieux, le plus gradé, le plus rassurant. Le Maréchal Pétain réunit autour de lui, au lendemain de l'Armistice du 24 juin 1940, la grande majorité des Français alors qu'à Londres de Gaulle ne rassemblait au départ qu'une poignée d'audacieux.

La fin de la IIIe République

Dans la débâcle des armées et des esprits, un souci de constitutionnalité subsistait. Le Maréchal Pétain réunit la Chambre des députés et le Sénat en Assemblée Nationale à Vichy pour entreprendre une révision de la Constitution. Après avoir accepté, le 9 juillet, la révision à la quasi-unanimité, les Chambres votèrent sans débat le 10 juillet 1940 par 569 voix contre 80 une loi qui investissait le Maréchal Pétain du pouvoir constituant. La régularité de cette loi, votée par un Parlement de gauche, celui du Front populaire, a été longtemps contestée, en même temps que ses 80 opposants étaient glorifiés. Les passions un peu apaisées, on doit admettre maintenant que la Constitution ne fut pas alors violée en la forme et que la liberté des parlementaires n'était pas annihilée par des pressions de l'occupant qui ne s'intéressait guère à nos problèmes juridiques. *La IIIe République prend fin à cette date du 10 juillet 1940.*

Le régime de Vichy

La loi du 10 juillet 1940 donnait « tous pouvoirs au Gouvernement de la République sous l'autorité et la signature du Maréchal Pétain, à l'effet de promulguer, par un ou plusieurs actes, une nouvelle Constitution de l'Etat français ». Le nouveau texte devait être ratifié par la Nation (référendum) et appliqué par les Assemblées qui seraient créées (exigence d'un Parlement et d'un Parlement bicaméral). La nouvelle Constitution ne vit jamais le jour. Pétain édicta simplement quelques *actes constitutionnels* organisant provisoirement le pouvoir.

Dans la pratique une sorte de dictature à la romaine fut instituée, avec une concentration des pouvoirs constituant, législatif et exécutif, entre les mains d'un Chef de l'Etat paternaliste. Aucune assemblée élective ne fut organisée, alors que les organes consultatifs étaient multipliés. La méfiance à l'égard des politiciens devait entraîner les premières manifestations d'une *technocratie* promise à un bel avenir. A partir d'avril 1942 la reconstitution du poste de Chef du Gouvernement au profit de Pierre Laval devait aboutir à un dualisme de l'exécutif où le Chef de l'Etat n'avait plus le premier rôle. En même temps le terme « république » disparaissait des actes officiels, l'« Etat français » se substitue à la République française.

Ce régime devait à son tour sombrer en 1944 avec la libération du territoire et la victoire des Alliés. Le problème des institutions se posait à nouveau.

Section 1
La genèse de la Constitution de 1946

Des institutions provisoires s'organisèrent progressivement qui devaient fonctionner jusqu'en 1946 tout en s'efforçant de régler le problème constitutionnel.

LA IVe RÉPUBLIQUE

Quelques repères

1945	21 octobre	Référendum. Élection de l'Assemblée Constituante
1946	20 janvier	Démission du Général de Gaulle
	5 mai	Échec du Référendum sur le 1er projet de Constitution
	16 juin	Discours du Général de Gaulle à Bayeux
	13 octobre	Approbation de la Constitution par référendum
1947	mai	Fin du tripartisme (Les Communistes exclus du Gouvernement)
1954		Révision de la Constitution
1955	2 décembre	Dissolution de l'Assemblée Nationale
1958	3 juin	Fin de la IVe République

Sous-section 1
Les institutions provisoires et l'élection de la Constituante

348. De Gaulle avait créé à Alger en avril 1944 le Gouvernement provisoire de la République française (G.P.R.F.) en même temps qu'il s'engageait à réunir une Assemblée constituante au plus tard dans l'année de la libération du territoire. Le G.P.R.F. concentrait les pouvoirs législatif et exécutif en s'appuyant sur une Assemblée consultative.

A son installation à Paris le G.P.R.F. se trouvait devant un dilemme :

— fallait-il revenir à la Constitution de 1875 et remettre en vigueur les institutions existant en 1940 ?

— fallait-il au contraire élire une assemblée constituante et lui accorder soit un pouvoir souverain, soit seulement un pouvoir limité ?

Les deux solutions avaient leurs partisans. Finalement le général de Gaulle décida qu'il appartenait au peuple de trancher et *un référendum fut organisé, le 21 octobre 1945,* posant deux questions :

• « Voulez-vous que l'Assemblée élue ce jour soit constituante ? ». Répondre « oui » était refuser le retour à la IIIe.

• « Voulez-vous que, jusqu'à l'adoption d'une nouvelle Constitution, les pouvoirs publics soient organisés selon le texte joint ? » Répondre « oui » signifiait que l'Assemblée ne serait pas souveraine, car le texte prévoyait que le projet de Constitution élaboré par l'Assemblée devrait être soumis au référendum.

Le général de Gaulle préconisa la réponse : oui-oui ; les Communistes, qui rêvaient d'une Assemblée souveraine qu'ils contrôleraient, le non à la seconde question, alors que les Radicaux appelaient, par un vote négatif à la première question, à un retour à la IIIe République.

Le peuple répondit largement (96 %) de façon affirmative à la première question et, avec quelques réticences, « Oui » à la seconde : 66 %.

Les élections avaient lieu, à *la représentation proportionnelle* à la plus forte moyenne, en même temps que le référendum. Elles permirent de mesurer le nouveau rapport entre les forces politiques au lendemain de la guerre, de l'occupation et de la libération du territoire : les Communistes et les Socialistes comptent 302 députés sur 586. Pour la première fois de notre histoire, ils sont majoritaires à l'Assemblée.

Le régime provisoire établi par le référendum (loi du 2 novembre 1945) est de type parlementaire avec une Chambre unique et la confusion des fonctions de Chef de l'Etat et de Président du Conseil. Ces fonctions sont confiées à l'unanimité au général de Gaulle. La Chambre dispose du pouvoir législatif et du pouvoir constituant.

Sous-section 2
L'élaboration de la Constitution

349. Les institutions provisoires mises en place, il faut ensuite élaborer la Constitution.

La situation n'est pas simple.

— *la Constituante est élue pour 7 mois.* Lorsqu'elle aura adopté un projet, celui-ci devra être soumis au *référendum* dans le mois. Au cas de rejet de ce projet par le peuple, une nouvelle Constituante devra être élue, elle aussi pour 7 mois et la procédure recommencera... Là est la limitation essentielle de la souveraineté de l'Assemblée Constituante. Son mandat est enfermé dans un délai pour l'obliger à travailler vite ; mais surtout l'Assemblée n'adoptera pas elle-même la Constitution, le peuple se prononcera sur son projet. C'est ce que ne voulaient pas les Communistes car la perspective d'avoir à en référer au peuple oblige à des compromis pour ne pas effaroucher les électeurs.

— les hommes issus de la Résistance ont peu d'idées en commun sur le contenu des institutions et la façade unitaire maintenue pendant la lutte contre l'Allemagne va éclater. Des divisions apparaissent, des clans se forment, opposant les communistes et les socialistes à la droite, au centre et aux restes du Parti radical, regroupés autour du Mouvement républicain populaire (M.R.P.).

— enfin, le général *de Gaulle* qui aurait peut-être pu imposer son autorité, *démissionne le 20 janvier 1946*. Il cède à l'hostilité et à l'impatience des politiciens désireux de se retrouver entre eux pour reprendre les jeux du passé et à la hargne des Communistes dépités d'être tenus en lisière des postes importants.

Deux textes vont successivement voir le jour.

A Le projet d'avril 1946

Dès le début, la Commission constituée par l'Assemblée pour lui soumettre un projet est très divisée. Les Communistes et les Socialistes majoritaires font prévaloir leur point de vue contre toute opposition.

Au bout de 6 mois un texte est adopté par 309 voix socialo-communistes contre 249.

1. Les institutions

350. Leurs caractères sont les suivants :

— *le texte crée une Assemblée unique,* assistée de deux organes consultatifs : le Conseil de l'Union française et le Conseil économique.

— *il institue un Président de la République,* élu par l'Assemblée au scrutin public et *cantonné dans un rôle honorifique et de représentation.* Édouard Herriot disait de lui « un greffier et un facteur ».

— le *Président du Conseil est élu par l'Assemblée Nationale sans intervention du Président de la République.* Il choisit lui-même ses ministres mais doit obtenir la confiance de l'Assemblée sur la composition du Gouvernement et sur son programme. Il est le titulaire du pouvoir exécutif. Le Cabinet est responsable devant l'Assemblée.

— la Constitution est précédée d'*une longue Déclaration des droits, énonçant les libertés et les droits économiques et sociaux.* Dans ce texte généreux, on trouve le reflet des principes de la Révolution et des idées socialistes.

2. La nature du régime

Le régime ainsi institué est généralement considéré par les auteurs comme proche d'un *régime d'Assemblée.* Ils se fondent en particulier sur l'intention déclarée des Constituants de placer l'exécutif sous la dépendance du législatif, semblant mettre fin par là à la séparation des pouvoirs. La lettre du texte est beaucoup moins catégorique et suggère plutôt *le caractère parlementaire* du régime : la responsabilité politique du Gouvernement est minutieusement organisée et le droit de dissolution — entouré certes de conditions rigoureuses — est remis au Conseil des ministres. Si on ajoute que le Chef du Gouvernement a l'initiative des lois et que les ministres ont accès à l'Assemblée, on doit admettre que la Constitution envisageait une collaboration des pouvoirs et non une subordination de l'exécutif au législatif. Le projet renfermait certes des potentialités dangereuses pour la séparation des pouvoirs, et ses adversaires ont eu raison d'agiter l'épouvantail du régime d'Assemblée — rendu plausible par la formule de l'Assemblée unique —, mais nul ne peut savoir si à l'usage ses virtualités parlementaires ne l'auraient pas emporté.

3. Le référendum

Soumis au peuple le 5 mai 1946, le texte est repoussé par 10.584.000 voix contre 9.454.000. C'est la première fois qu'en France un référendum échoue.

Pourquoi cet échec ? Le M.R.P., la droite et les radicaux avaient fait campagne contre le projet. Les élections avaient montré quelques mois auparavant que cette coalition était minoritaire dans le pays, et le silence observé par le général de Gaulle n'était pas fait pour renforcer sa position. Dans ces conditions, certains aspects du texte ont dû effrayer une partie du corps électoral du centre-gauche : le monocamérisme, l'absence de proclamation de la liberté de l'enseignement, l'équivoque entretenue par la Déclaration sur le droit de propriété. La perspective d'une alliance de gouvernement socialo-communiste a fait réfléchir aussi des électeurs socialistes inquiets de ce tête-à-tête alors que les Communistes revendiquaient la direction du futur gouvernement. C'est de ces électeurs que viennent les défections qui coûtent la victoire à la gauche.

Une nouvelle Assemblée fut élue le 2 juin 1946.

B Le projet de septembre 1946

351. A la nouvelle Assemblée constituante, le M.R.P. est devenu le parti les plus important et l'alliance socialo-communiste n'est plus majoritaire, une donnée essentielle de la situation est ainsi changée : P.C. 153 sièges ; Socialistes : 127 ; M.R.P. : 169 ; Radicaux : 49 ; droite : 70.

Un autre élément va intervenir qui n'aura pas une portée immédiate considérable : *le 16 juin à Bayeux,* de Gaulle sort de son silence et expose ses idées constitutionnelles. Celles-ci ne seront pas sans influence sur la nouvelle Constitution mais elles marqueront surtout le texte de 1958. De Gaulle condamne fermement ensuite l'œuvre de la Constituante, en particulier le 22 septembre dans le discours d'Épinal — mettant le M.R.P., le parti le plus proche de lui, dans une situation fausse.

Le 30 septembre l'Assemblée adopte un nouveau projet par 440 voix contre 106. La majorité regroupe cette fois les trois grands partis et l'on s'attend à un succès écrasant du projet au référendum du 13 octobre 1946. Or, si le peuple accepte la Constitution, il le fait de façon assez réticente : 9.300.000 voix pour 8.165.000 contre et 8.519.000 abstentions. En définitive la Constitution est adoptée par lassitude — si les dispositions les plus contestées sont gommées, le texte, en effet, n'est pas fondamentalement différent du projet d'avril —. Elle obtient les suffrages de moins de 36 % du corps électoral ; le nombre des électeurs qui ont voté pour elle est moindre que celui qui s'était porté sur le projet repoussé par le peuple en avril. La Constitution promulguée le 27 octobre 1946 ne se présente pas sous les meilleurs auspices.

D'ailleurs, le M.R.P. dont le ralliement au texte en a assuré l'adoption a fait campagne sur le thème : « Votez pour la Constitution afin de pouvoir la réviser ». La situation est assez voisine de celle de 1875, le texte est considéré comme provisoire.

Décidément la mise au monde de nos constitutions républicaines est difficile et sans joie.

Section 2
L'organisation des pouvoirs

352. La Constitution de 1946 institue un parlementarisme bicaméral. Comme toujours elle est le fruit d'un *compromis* à l'intérieur du rapport de forces : le M.R.P. n'avait pas la majorité absolue et a dû composer avec les socialistes et le P.C.

Le texte s'ouvre sur un *Préambule* qui complète et précise la Déclaration de 1789, en proclamant, en particulier, une série de droits économiques et sociaux.

Sous-section 1
Le Parlement

Le Parlement est bicaméral mais changement de terminologie ayant valeur symbolique, signe de rupture avec la IIIe : les deux Chambres sont l'Assemblée Nationale et le Conseil de la République.

§ 1. Les Chambres

A L'Assemblée Nationale

353. L'Assemblée Nationale est élue au suffrage universel direct pour 5 ans ; la circonscription est le département. L'innovation essentielle est l'introduction par la loi du scrutin à un tour avec *représentation proportionnelle.* L'un des effets de la R.P. était de favoriser les extrêmes (Parti communiste et Gaullistes du Rassemblement du Peuple Français, R.P.F.), aussi en 1951 la loi électorale fut-elle modifiée par l'application du principe majoritaire avec *apparentements* (v. p. 180). Le nouveau système devait permettre à la « troisième force » (formations centristes et socialistes de la S.F.I.O.) d'obtenir une meilleure représentation parlementaire.

B Le Conseil de la République

La seconde Chambre est élue pour 6 ans au scrutin indirect départemental. Le système utilisé à l'origine était extrêmement compliqué et destiné à diminuer le privilège antérieur des zones rurales. Dès 1948 on revint au système de la IIIe République. Après quelques années, les membres du Conseil de la République reprirent le titre de « sénateurs ».

§ 2. Les pouvoirs des Chambres et leurs relations

354. Le bicaméralisme était le résultat d'un compromis. Ses adversaires obtinrent que le bicaméralisme soit *inégalitaire :* en fait, il s'agissait plutôt d'une sorte de *« monocamérisme tempéré ».*

Le Conseil de la République apparaît comme une chambre de réflexion destinée à améliorer la qualité du travail législatif. L'Assemblée Nationale a le monopole de la souveraineté nationale et le Conseil fait à ses côtés figure d'organe consultatif.

• Certes le Conseil de la République est associé au choix d'un certain nombre de titulaires de hauts emplois publics : Président de la République, Conseil Supérieur de la Magistrature, Comité Constitutionnel (V. 72). Mais il n'a pas la possibilité de mettre en cause la responsabilité politique du gouvernement, pouvoir réservé à l'Assemblée Nationale, et *son rôle est très diminué dans la procédure législative.*

D'une part, en effet, son initiative est limitée. Si ses membres formulent des propositions de lois, celles-ci sont transmises à l'Assemblée pour être discutées par elle, tous les textes viennent en première lecture devant l'Assemblée. D'autre part, la prépondérance de cette dernière dans la procédure est écrasante. Après avoir été votée par elle la loi est adressée au Conseil de la République qui donne *un avis* et peut proposer des amendements. Le texte revient alors devant l'Assemblée qui statue définitivement sous la réserve que les *modifications proposées par le Conseil à la majorité de ses membres ne peuvent être écartées par l'Assemblée qu'à la même majorité.*

• Ce système devait être réformé par la *révision constitutionnelle de 1954.* Le droit d'initiative des sénateurs est pleinement rétabli (sauf en matière financière), ainsi que la possibilité pour le Conseil d'examiner en première lecture un projet d'origine gouvernementale. D'autre part, une navette (v. 500) est instituée, permettant la recherche d'un accord entre les deux Chambres. Cette navette est cependant limitée dans le temps : après transmission d'un texte déjà débattu et voté par l'Assemblée, le Conseil dispose de deux mois pour se prononcer en première lecture. L'Assemblée procède ensuite à un nouvel examen à l'issue duquel le texte adopté est adressé au Conseil et, en cas de désaccord persistant, la navette se poursuit. Mais si 100 jours après cette transmission un texte identique n'a pas été adopté par les deux chambres, l'Assemblée Nationale statue définitivement. Ainsi le Conseil est associé beaucoup plus étroitement à la procédure législative, on est en présence d'*une véritable seconde Chambre.* En contrepartie, l'exigence d'un vote à la majorité absolue de l'Assemblée, pour refuser les modifications apportées au texte par le Conseil, disparaît. *Le bicaméralisme rénové reste inégalitaire, la primauté de l'Assemblée Nationale est atténuée mais elle subsiste.*

Sous-section 2
L'exécutif

Comme sous la IIIe République, l'exécutif est bicéphale. Mais le Président de la République perd bon nombre d'attributions que la Constitution précédente lui avait confiées et que la pratique avait rendues formelles.

§ 1. Le Président de la République

355. 1. — *Désignation et statut.* — Le Président est élu pour 7 ans — une tradition se forme — par les deux chambres réunies en Congrès à Versailles et, dans le silence de la Constitution, à la majorité absolue des suffrages exprimés et au scrutin secret. Il est procédé à autant de tours de scrutin qu'il est nécessaire (il en faudra treize pour élire le Président Coty). Il n'est rééligible qu'une fois.

Conformément à la règle des régimes parlementaires, le Président est *irresponsable* politiquement. Tous ses actes doivent donc être revêtus du *contreseing*.

2. — *Attributions.* — Les pouvoirs nominaux du Président restent nombreux, mais l'exigence du contreseing leur enlève toute portée réelle.

— Il préside, et beaucoup : l'Union française, le Conseil des Ministres, le Comité Constitutionnel, le Conseil supérieur de la Magistrature, le Conseil supérieur et le Comité de la Défense Nationale ; il est en outre chef des armées ;

— Il nomme en Conseil des Ministres les plus hauts fonctionnaires ; préfets, recteurs, ambassadeurs, généraux, conseillers d'Etat... ;

— Il promulgue les lois, il peut adresser des messages aux Assemblées et leur demander une nouvelle délibération de la loi ;

— Il est tenu informé des relations internationales et ratifie les traités.

Tout ceci est très formel ; en réalité, le plus souvent, le Président entérine et authentifie des décisions prises par d'autres et ses initiatives doivent recevoir l'accord du Gouvernement ; en revanche il a les moyens d'être bien informé (en particulier grâce à la présidence du Conseil des Ministres).

Le Président a perdu plusieurs prérogatives essentielles de son devancier de 1875 : le droit de dissolution, l'initiative législative, la responsabilité de l'exécution des lois, etc... On est loin du monarque républicain voulu par les Constituants de 1875.

Une attribution cependant lui reste qui n'est pas négligeable, d'autant que la pratique l'a affranchi du contreseing : *présenter à l'investiture de l'Assemblée un candidat à la Présidence du Conseil*, le Président peut ainsi jouer un rôle important dans la solution des crises.

§ 2. Le Conseil des ministres

356. La Constitution consacre un titre — le sixième, seulement — au Conseil de Ministres », et non au « Gouvernement », ce qui est révélateur de l'abaissement de l'exécutif : comme si les ministres n'avaient qu'à se réunir et à délibérer et non à décider, à gouverner. Pourtant l'exécutif est renforcé par rapport à la pratique de la IIIe République.

A Désignation

La Constitution imaginait un système compliqué de désignation du ministère, réduisant à assez peu de choses le rôle du Président de la République ; ce système assurait en principe au Gouvernement le soutien de l'Assemblée Nationale.

La procédure ainsi instituée devait mal fonctionner et fut modifiée par *la révision constitutionnelle du 7 décembre 1954.*

1. Le système initial

Il se décompose en *3 étapes :*

1 : Le Président présente à l'Assemblée un candidat. 2 : Celui-ci lui propose un programme et sollicite son investiture. 3 : Une fois celle-ci acquise, le Président du Conseil constitue son Gouvernement.

D'autre part on a exigé, à juste titre, que *le Président du Conseil soit investi à la majorité absolue des députés.* On y voit la garantie que le Chef du Gouvernement aura à la chambre une majorité sur laquelle il pourra s'appuyer durablement. Par là on veut le faire apparaître comme *le chef de la majorité parlementaire.* En même temps cette exigence introduit une complication supplémentaire dans la solution des crises.

Ce qu'il y a de remarquable c'est que le Président du Conseil se présente *seul* devant l'Assemblée, il est seul investi par elle. Son *autorité* à la tête de l'équipe gouvernementale devait en être, espérait-on, considérablement accrue et il en acquerrait aussi plus de poids dans ses rapports avec le Parlement. Ce renforcement de la position du Président du Conseil est une manifestation de la *volonté de rationalisation du parlementarisme* qui apparaît aussi dans d'autres domaines du statut de l'exécutif.

Malheureusement dès le premier Gouvernement, celui de Paul Ramadier, le Président du conseil demanda une seconde investiture après la constitution de son équipe. Il revenait tout naturellement à la tradition qui s'était instituée sous la IIIe République, mais il contrevenait par là tant à la lettre qu'à l'esprit de la Constitution de 1946. L'une des premières conséquences de cette déformation, de l'apparition de ce système de *« la double investiture »,* fut l'échec lors du second scrutin d'investiture de Présidents du Conseil qui avaient passé avec succès l'obstacle du premier vote.

2. La réforme de 1954

La révision de 1954 tend à supprimer la pratique contestable et néfaste de la double investiture.

Le Président du Conseil est toujours « pressenti » par le Chef de l'Etat, puis, une fois qu'il a accepté de former le Cabinet, qu'il a été « désigné » par lui, son investiture par la chambre obéit à une nouvelle procédure.

— *le Gouvernement en son entier est investi* par l'Assemblée et non plus le Président du Conseil seul. Celui-ci en effet, lorsqu'il se présente devant la chambre, fait connaître la liste des membres de son équipe ainsi que son programme. Après avoir franchi avec succès l'obstacle du vote d'investiture, il est « nommé » par le Président de la République.

— la majorité requise pour l'investiture est *la majorité simple,* c'est-à-dire la moitié des suffrages exprimés.

Destinée à faciliter la solution des crises ministérielles, la révision de 1954 enlevait une bonne partie de son autorité au Président du Conseil qui perdait le bénéfice de son investiture personnelle et pouvait se trouver placé à la tête du Gouvernement sans le soutien déclaré de la majorité de l'Assemblée.

B Attributions

357. Le Cabinet est dominé par le Président du Conseil. La volonté des constituants était en effet d'en faire le véritable chef de l'exécutif. Concrètement cette situation se traduit par le fait que le Président du Conseil recueille certaines des prérogatives appartenant auparavant au Président de la République.

— il a l'*initiative des lois* et pose, seul, la question de confiance ;

— il est *chargé de l'exécution des lois,* ce qui constitutionnalise sa qualité de *chef de l'exécutif.* A ce titre, il devient le *titulaire du pouvoir réglementaire,* il signe lui-même les décrets.

Dans sa tâche d'exécution des lois, il est assisté par les ministres qui lui sont *solidaires* et qui disposent eux-mêmes d'un pouvoir réglementaire pour les affaires de leur département.

— il *nomme* aux emplois civils et militaires autres que ceux réservés au Président de la République ;

— il assume la direction des forces armées, il coordonne aussi la mise en œuvre de la défense nationale. *En fait c'est lui le véritable chef de la défense nationale* et non le Président de la République dont le titre de Chef des Armées est avant tout protocolaire.

— il dispose du droit de *dissolution* (v. 365) ;

— enfin la pratique l'autorise à réunir les ministres en *Conseil de Cabinet,* formation à laquelle le Président n'assiste pas.

C Relations avec le Parlement

Le régime étant parlementaire, l'exécutif et le législatif sont amenés à collaborer et disposent de moyens de pression réciproques. ainsi les ministres ont le droit d'entrée dans les Chambres, où ils peuvent participer aux votes dans leur assemblée, et on a vu que le chef du gouvernement avait l'initiative des lois concurremment avec les parlementaires.

Deux moyens de pression méritent quelques explications.

1. La responsabilité politique du Gouvernement

358. Les deux procédures classiques de la question de confiance et de la motion de censure figurent dans la Constitution (art. 49 et 50). En pratique la première fut la plus utilisée pendant la IVᵉ République. Il y eut néanmoins vingt motions de censure déposées, cinq discutées, aucune d'approuvée.

Dans un souci de *rationalisation du parlementarisme* et donc de renforcement de l'exécutif, les auteurs du texte de 1946 ont élaboré une procédure assez contraignante qui fut légèrement retouchée par la révision de 1954.

Le système imaginé est le suivant :

— *seul le Président du Conseil peut engager la responsabilité du Gouvernement* (la motion de censure étant à part). Ainsi est consacrée une règle de bon sens à laquelle le Constituant de 1875 n'avait pas songé.

— *seule l'Assemblée Nationale peut mettre en cause la responsabilité du Gouvernement.* Sous la IIIᵉ République au contraire le Sénat disposait de ce pouvoir ;

— le vote sur la confiance ne peut intervenir immédiatement, *un délai de 24 heures doit être respecté* (un jour franc de 1947 à 1954) ;

— *la confiance doit être refusée « à la majorité absolue des députés à l'assemblée »,* c'est-à-dire composant celle-ci. Si le Gouvernement est battu à la majorité relative il n'est pas obligé de démissionner, il peut rester en fonction. La révision de 1954 a rompu ici le parallélisme existant en 1946 entre l'investiture et la censure du Gouvernement. Après 1954 : majorité des votants là, majorité des députés pour la seconde.

2. La dissolution

359. La dissolution a été conservée dans la Constitution mais elle est entourée de conditions qui la rendent très difficile et en font avant tout une menace destinée à lutter contre l'instabilité ministérielle.

La première limitation tient au fait qu'elle est *impossible dans les 18 premiers mois de la législature.* On veut espérer que l'Assemblée mettra à profit ce délai pour dégager une majorité cohérente et stable.

Pour que la dissolution soit possible il faut d'autre part que *deux crises ministérielles éclatent pendant une période de dix-huit mois.* Mais sont prises en considération uniquement les crises ouvertes dans les formes constitutionnelles, c'est-à-dire à l'issue des procédures prévues par la Constitution comme *obligeant* le Gouvernement à se retirer (v. ci-dessus). Ceci permet à l'Assemblée Nationale d'échapper à la dissolution en forçant, en dehors des procédures régulières, le Gouvernement à se démettre. Avec un peu de vigilance les parlementaires peuvent éviter de créer la situation où la dissolution est possible (en émettant des « votes calibrés », c'est-à-dire se gardant d'atteindre la majorité absolue).

Ainsi la dissolution est avant tout une arme dissuasive anti-crise. Pourtant elle n'est pas définitivement rangée au magasin des accessoires. En effet, le 29 novembre 1955 Edgar Faure est renversé sur une question de procédure. Par inadvertance, ou à la suite d'une manœuvre du Président du Conseil, les députés se sont prononcés à la majorité constitutionnelle. Or le 5 février déjà Pierre Mendès-France avait démissionné après avoir été battu à la même majorité. Les conditions de la dissolution sont donc réunies : *Edgar Faure dissout l'Assemblée le 2 décembre 1955.* En réalité il s'agit moins de faire arbitrer par le peuple un conflit entre le Gouvernement et le Parlement que de gagner de vitesse, par des élections anticipées, l'autre leader radical, Pierre Mendès-France, qui cherche à regrouper une « nouvelle gauche » autour de lui. Les élections allaient déjouer ce calcul en ouvrant la porte aux Poujadistes appuyés par un courant nationaliste, anti-parlementaire et populiste et en assurant le succès des socialistes de Guy Mollet.

Section 3
La vie du régime

La IVe République devait durer 12 ans et 5 mois. Affaiblie par les querelles politiques et les luttes partisanes, elle se révéla incapable de résoudre les problèmes graves — sur le plan de la politique coloniale et extérieure essentiellement — qui se posaient à la Nation dans un monde en transformation. L'impuissance du régime finit par le discréditer. *La IVe prolonge plus la IIIe République, dans ce qu'elle avait de plus contestable, qu'elle n'annonce la Ve République.*

Sous-section 1
Les causes de l'impuissance du régime

1. L'échec de la rationalisation du parlementarisme

360. Le renouvellement, partiel il est vrai, du personnel politique, n'empêche que subsistent les réflexes du parlementarisme moniste qui contrarient la stabilité et l'autorité souhaitées de l'exécutif. Les procédures de rationalisation sont tournées, le Président doit parfois « pressentir » 7 ou 8 parlementaires avant d'en trouver un qui accepte de tenter de constituer une équipe et de se présenter avec elle devant l'Assemblée. Les Gouvernements sont investis (v. 362) et renversés dans des formes non prévues par la Constitution (même si la confiance est refusée à la majorité relative le cabinet considère qu'il lui faut démissionner). De son côté le Gouvernement utilise la question de confiance comme moyen de pression sur l'Assemblée, pour l'obliger à inscrire un projet (qui peut être le budget) à son ordre du jour, ou pour écarter un amendement. Hésitant malgré tout à ouvrir des crises trop rapprochées l'Assemblée se résout à donner satisfaction au cabinet.

2. L'absence de majorité de gouvernement

361. Les institutions sont contestées à l'intérieur par les Gaullistes et les Communistes. Les premiers rassemblés dans le R.P.F. développent les critiques formulées par de Gaulle en 1946, ils combattent le régime et s'efforcent de bloquer son fonctionnement. A partir de 1952, las d'attendre, beaucoup acceptent de participer au pouvoir et sont désavoués par le Général. Les Communistes, eux, siègent au Gouvernement jusqu'en 1947 dans la formule dite du « tripartisme ». Leur exclusion de la vie politique à cette date empêche la constitution d'une majorité de gauche. Si Gaullistes et Communistes ne peuvent s'allier pour gouverner ensemble, ils forment parfois une majorité négative capable de renverser le gouvernement.

Une majorité de Gouvernement ne peut donc se former qu'au centre, là où la représentation proportionnelle a entraîné la multiplication des partis, obligés de s'opposer les uns aux autres pour affirmer leur originalité, et à la discipline de vote faible. Les gouvernements s'appuient sur des majorités de coalition plus ou moins homogènes et toujours fragiles. En votant l'investiture les députés ne s'engagent pas à soutenir le Gouvernement. Les changements de majorité interviennent en cours de législature plutôt qu'à la suite des élections. La solidarité du Cabinet est souvent à l'épreuve, chaque ministre étant tenté de jouer son propre jeu et restant exposé aux pressions de son parti. Les Présidents du Conseil doivent donc louvoyer, marchander, au détriment de leur autorité.

Ajoutons que celui qui gagne les élections n'est pas nécessairement celui qui forme le cabinet. Ainsi en 1956, Guy Mollet est préféré à Pierre Mendès-France, alors que le parti de celui-ci, le Front républicain, est arrivé en tête aux élections. Le pays se sent exclu, désavoué, hors du jeu politique, ce sont les états-major des partis qui décident.

3. Le discrédit du système

L'anathème est lancé par de Gaulle contre le « système », c'est-à-dire contre les partis accusés de sacrifier l'intérêt du pays à leurs ambitions partisanes. Les Français sont sensibles à la critique et à la dénonciation « des jeux, des poisons, des délices » du régime ; l'anti-parlementarisme refait surface. Dans le scepticisme général, seul le Gouvernement de Pierre Mendès-France en 1954 saura susciter la confiance et l'espoir.

Sous-section 2
Les manifestations de l'impuissance du régime

1. L'instabilité gouvernementale

362. En 12 ans la France connaît 20 ministères. Sur le nombre, 6 seulement seront renversés dans les formes constitutionnelles. Le pays reste 256 jours sans gouvernement, et il arrivera que le pouvoir soit vacant pendant 37 jours. L'opinion publique accueille ces crises avec indifférence, elles se jouent souvent sur des questions mineures, et apparaissent comme une péripétie des luttes parlementaires. Elles ne traduisent pas l'échec d'une politique, sanctionnée par le Parlement, mais la versatilité et les velléités de celui-ci.

Dans ces conditions comment l'exécutif pourrait-il définir et réaliser une politique cohérente ?

2. Efficacité économique et immobilisme politique

363. Le bilan de la IVe République n'est pas globalement négatif ; le régime a trouvé une réelle efficacité dans le domaine économique — il posera les bases d'une économie moderne et prospère — et il édifiera un système remarquable de protection sociale. La détermination des services compensera ici l'instabilité de l'exécutif et l'aboulie du Parlement. Mais, à côté de ces succès que de problèmes laissés sans solution de peur de compromettre une coalition fragile ! Il est vrai aussi que les crises financières et monétaires ne facilitent pas les initiatives, comment réformer sans argent ? A moins que le Gouvernement ne cède à la veulerie et à la démagogie, en réglant les difficultés par des concessions dont il sait que son successeur paiera le prix.

En politique extérieure, si la construction économique de l'Europe prend son essor, la crise de la Communauté Européenne de Défense (C.E.D., c'est-à-dire la tentative, au début des années 50, d'organiser une armée européenne, torpillée par la gauche et les gaullistes) va empoisonner la vie du régime durant des années. Et que dire de l'incapacité à sortir de l'enlisement de la guerre d'Indochine et de maîtriser la crise algérienne ?

Le Parlement ne décide plus et abdique ses pouvoirs au profit d'un exécutif lui-même incertain de ses lendemains. Les parlementaires abandonnent de plus en plus l'initiative des lois et surtout les décrets-lois font une réapparition en force en dépit de l'interdiction formelle posée par l'article 13 de la Constitution. Plus inconstitutionnels encore qu'auparavant ils sont aussi plus nombreux ; leurs domaines privilégiés sont l'économie, le social, le fiscal. Avoir voulu les interdire était d'ailleurs une erreur, la multiplication des interventions de l'Etat ne peut être prise en charge dans sa totalité par le Parlement ; s'opposer à l'extension du domaine réglementaire, c'est se condamner à l'immobilisme. On devait vite le comprendre puisqu'une loi du 17 août 1948 — préfigurant les articles 34 et 37 de la Constitution de 1958 — devait tenter d'alléger la tâche du Parlement en définissant des domaines réglementaires par nature, c'est-à-dire ouverts à l'exécutif sans intervention du Parlement.

*
* *

364. Dans ses dernières années l'échec du régime est mis au compte de l'inadaptation des institutions. Nombre d'hommes politiques sont convaincus de la nécessité de réviser la Constitution. Les propositions de révision ne manquent pas et Félix Gaillard, alors Président du Conseil, parvient même à faire adopter un projet assez ambitieux le 21 mars 1958, mais le Conseil de la République n'a pas le temps de l'examiner avant que le régime ne soit emporté.

Une question reste posée : comment aurait évolué le régime si, comme certains de ses conseillers l'avaient envisagé, le général de Gaulle avait en 1946 posé sa candidature à la Présidence de la République et avait été élu ? La Constitution de 1946 n'était pas aussi calamiteuse qu'on le dit souvent. De Gaulle aurait pu modeler les institutions pour donner au Chef de l'Etat un rôle important et user de son autorité pour faire réviser la Constitution. La façon dont il a interprété et modifié le texte de 1958 montre que cela était possible. Sa présence aurait pu entraîner une simplification du système des partis, avec la création d'un grand bloc du centre-droit à vocation majoritaire qui aurait donné au pouvoir la stabilité qui lui a manqué. Car, en définitive, l'échec de la IVe République tient avant tout au système des partis et à l'absence de majorité stable empêchant les institutions de fonctionner avec efficacité. C'est pourquoi d'ailleurs on ne peut qu'être sceptique sur le résultat de la révision engagée par Félix Gaillard dans la mesure où elle ne pouvait toucher au système des partis.

Titre II
Les institutions françaises actuelles

Bibliographie : Philippe ARDANT, *Les institutions de la Vᵉ République,* 5ᵉ éd., 1998. — Olivier DUHAMEL, *Le pouvoir politique en France,* 1993. — Dimitri Georges LAVROFF, *Le droit constitutionnel de la Vᵉ République*, 1997. — J.-L. QUERMONNE et D. GHAGNOLLAUD, *Le Gouvernement de la France sous la Vᵉ République,* 5ᵉ éd. 1996. — B. TRICOT, R. HADAS-LEBEL, D. KESSLER, *Les institutions politiques françaises,* 2ᵉ éd. 1995.

365. La IVᵉ République est morte de son inaptitude à régler le problème colonial. En dépit de ses faiblesses elle aurait probablement pu durer encore longtemps et même se réformer si elle avait su trouver une solution à ce qu'on appelait pudiquement « les événements d'Algérie ».

La décolonisation a été amorcée en Indochine en 1954, en Tunisie et au Maroc en 1955-1956 ; mais, en 1958 en Algérie, l'Armée ne parvient pas à mettre fin au soulèvement qui a éclaté le 1ᵉʳ novembre 1954. Elle contrôle difficilement la situation et l'opinion publique internationale devient de plus en plus hostile à notre politique algérienne. De leur côté les Européens d'Algérie s'inquiètent des tergiversations parisiennes et reçoivent l'appui, au moins moral, de l'Armée traumatisée par ses précédentes mésaventures coloniales.

La situation paraît bloquée lorsque le bombardement par l'aviation française, le 8 février 1958, du village tunisien de Sakiet Sidi Youssef (69 victimes, dont 21 enfants) provoque une intense émotion internationale et la chute le 15 avril du Gouvernement Félix Gaillard. Son remplacement par Pierre Pflimlin, considéré comme ouvert à des négociations avec le Front de Libération Nationale (F.L.N.) algérien, entraîne à Alger, le 13 mai, des émeutes dont va découler la chute de la IVᵉ République. Abandonné par tous — sauf par les communistes et quelques parlementaires —, car les citoyens n'étaient pas prêts à se battre pour une République qu'ils n'avaient jamais aimée, le régime va s'effondrer en quelques jours.

Chapitre 1
Origines et caractères généraux des institutions actuelles

Bibliographie : Jean Marie DENQUIN, *La genèse de la Ve République,* 1988. — F. ROUVILLOIS, *Les origines de la Ve République,* 1998.

Lorsqu'on retrace le scénario qui a abouti à la rédaction de la Constitution de 1958, on s'aperçoit qu'une fois encore il ne doit pas grand-chose aux dispositions concernant la révision inscrites dans la Constitution précédente.

Section 1
La crise du 13 mai et le déclenchement de la procédure de révision

La crise du pouvoir va entraîner le retour du général de Gaulle.

A La crise du 13 mai 1958

366. Le 13 mai des émeutiers prennent d'assaut le Gouvernement général à Alger. Des Comités de Salut Public, composés de civils et de militaires sont créés, mais très rapidement les insurgés sont dans l'impasse. Si l'Armée a des sympathies pour le mouvement, elle reste passivement dans la légalité et, en métropole, aucune réaction populaire favorable ne se dessine.

Dans ces conditions l'idée d'un recours à de Gaulle (totalement absente dans l'esprit des émeutiers à l'origine et alors que les Gaullistes sont peu nombreux à l'Assemblée) va s'imposer en quelques jours. Le Président du Conseil, Pierre Pflimlin, démissionne le 28 mai et, le lendemain, le

Président de la République, René Coty, informe le Parlement par un message qu'il propose la Présidence du Conseil au « plus illustre des Français » et précise que si de Gaulle n'obtient pas l'investiture de l'Assemblée, lui, René Coty, démissionnera. Attitude stupéfiante d'un Président de la République irresponsable qui pose ainsi en réalité la question de confiance à l'Assemblée.

De Gaulle accepte de solliciter l'investiture de l'Assemblée Nationale. Devant celle-ci il précise le 1er juin, qu'une fois investi il demandera les pleins pouvoirs (c'est-à-dire la délégation du pouvoir législatif) et que le Gouvernement entreprendra dans les formes constitutionnelles une révision de la Constitution. Une fois sa déclaration lue, il se retire, refusant d'assister au débat sur l'investiture.

Les conditions dans lesquelles de Gaulle est revenu au pouvoir ont soulevé de vives critiques, on a pu écrire que la Ve République « était née casquée » (G. Soulier).

B De Gaulle au pouvoir

367. Le 1er juin 1958, par 329 voix contre 224, de Gaulle est investi à la tête d'un Gouvernement qui sera le dernier de la IVe République. Les Communistes ont voté contre, ainsi que la moitié des Socialistes, François Mitterrand et quelques Radicaux dont Pierre Mendès-France.

De Gaulle obtient ensuite, le 2 juin, les pleins pouvoirs, et donc la possibilité de gouverner par décrets. Puis l'Assemblée se met en congé, se plaçant en quelque sorte en dehors du jeu, après avoir investi de Gaulle, le 3 juin, de *la mission de réviser la Constitution.* Pour cela le Parlement accepte de déroger à l'article 90 de la Constitution de 1946 concernant la révision : on révise la procédure de révision pour transférer le pouvoir constituant au Général de Gaulle, ou plutôt au « gouvernement » — mention purement formelle destinée à brouiller le parallèle avec l'investiture donnée dans le même but, le 10 juillet 1940, au « Gouvernement du Maréchal Pétain » (nommément désigné). Pourtant, dans les deux cas on s'en remet à un homme pour réformer les institutions —. De ce jour, *date politiquement la fin de la IVe République.*

Mais la loi du 3 juin 1958 ne donne pas un blanc-seing à de Gaulle, elle impose certaines conditions.

- Les Assemblées précisent d'abord *des principes de fond* que devra respecter la nouvelle Constitution ; une partie de son contenu est définie par le Parlement. Les *« cinq bases »* ainsi posées sont les suivantes : le suffrage universel seule source du pouvoir, la séparation des pouvoirs, la responsabilité politique du Gouvernement devant le Parlement, l'indépendance de l'autorité judiciaire, l'organisation de nouveaux rapports avec les peuples associés (l'Outre-Mer). Au cours du débat le général de Gaulle avait précisé qu'il s'engageait à instaurer un régime parlementaire et à maintenir la distinction du Chef de l'Etat et du Chef de Gouvernement. Le régime présidentiel dans lequel certains avaient vu la solution à la crise des institutions est donc rejeté.

• Des *conditions de forme* sont aussi arrêtées : il est prévu que le Gouvernement devra consulter un Comité Constitutionnel, composé aux deux tiers de parlementaires, et soumettre ensuite son projet au référendum. Le Parlement et le peuple sont ainsi associés à la révision, de Gaulle ne se voit pas remettre un pouvoir souverain mais simplement la mission de rédiger un projet. Il ne va d'ailleurs pas se contenter de réviser la Constitution, il en élabore une entièrement nouvelle.

Section 2
La rédaction et l'adoption de la Constitution

Les sources d'inspiration de la Constitution sont multiples. L'idée d'une réforme constitutionnelle était débattue depuis des années et les Chambres en avaient accepté le principe avant même la crise du 13 mai. Les Constituants surent profiter des réflexions antérieures : beaucoup d'innovations adoptées étaient « dans l'air ». Et surtout se manifestait une volonté très forte de réagir contre les insuffisances qui auraient entraîné l'impuissance puis la chute de la IVe République.

A Les sources de la Constitution de 1958

368. Les idées maîtresses de la Constitution de 1958 viennent de trois origines principales :

— Le *général de Gaulle* avait à plusieurs occasions fait connaître ses conceptions sur l'organisation des pouvoirs publics. Sa prise de position la plus importante remontait au *Discours de Bayeux* du 16 juin 1946, auquel on se réfère parfois en parlant de « Constitution de Bayeux », mais ce n'est pas un projet de Constitution, tout au plus un « brouillon » de la Constitution de 1958, si de Gaulle a des idées il n'a pas de Constitution toute prête. Il a seulement dans l'esprit quelques principes simples, d'architecture pourrait-on dire, et surtout il n'a cure de faire l'unanimité sur un texte acceptable par tous, il veut des institutions efficaces permettant à la France de remplir sa mission.

Quels sont ces principes ?

• une *exaltation de l'Etat,* de Gaulle est étatiste et pas du tout libéral.

• nécessité d'un *Chef d'Etat fort.* Elu par un collège plus large que le Parlement, « placé au-dessus des partis », le chef de l'Etat sera un arbitre « placé au-dessus des contingences politiques ». De Gaulle estime que ce Chef de l'Etat doit disposer de compétences importantes en période normale et avoir les mains libres en temps de crise : garant de l'indépendance nationale il doit alors être investi de pouvoirs exceptionnels.

La première préoccupation est donc de renforcer l'autorité du Chef de l'Etat, d'en faire un chef digne de ce nom ; de lui « doit procéder le pouvoir exécutif », en conséquence il nommera directement le chef du Gouvernement. Cela implique une séparation des pouvoirs assez tranchée, sans empiètements du législatif sur l'exécutif.

• attachement au *bicaméralisme,* la seconde chambre a un rôle de réflexion et d'amélioration de la législation. Sa composition doit l'ouvrir à des représentants des organisations économiques, familiales et intellectuelles, la rapprochant ainsi d'une chambre corporative.

• méfiance profonde à l'égard du *« régime des partis ».* Les intérêts des partis l'ont trop longtemps emporté sur l'intérêt national, les jeux des partis ont réduit le régime à l'impuissance. De Gaulle veut *restaurer l'autorité de l'Etat, en qui il voit l'instrument d'édification de la puissance nationale.*

— *Michel Debré.* Garde des Sceaux, il devait jouer un rôle essentiel dans l'élaboration du projet de Constitution en animant les différents groupes et conseils chargés d'y participer. Michel Debré était d'accord avec de Gaulle sur la nécessité de restaurer l'autorité de l'Etat et de son chef (c'est lui qui parlera d'un « monarque républicain »), mais, juriste, il avait une vue plus claire du fonctionnement concret des institutions. Pour assurer la primauté de l'exécutif il inspirera les dispositions de rationalisation du parlementarisme concernant la fixation de l'ordre du jour des assemblées, les pouvoirs d'amendement et le rôle des commissions permanentes. De lui vient aussi l'idée du non-cumul d'un portefeuille ministériel et d'un mandat parlementaire.

Sur un point cependant Michel Debré ne pourra imposer ses vues. Il aurait souhaité que la Constitution consacre le scrutin uninominal à un tour tel qu'il est pratiqué en Grande-Bretagne. On se contenta de revenir au scrutin uninominal majoritaire à deux tours.

— l'influence diffuse des idées constitutionnelles de l'époque à travers, tout d'abord, les *hauts fonctionnaires*, issus du Conseil d'Etat pour la plupart, qui tirèrent les leçons des faiblesses de la IVe République.

C'est l'un deux, Raymond Janot, qui fit accepter à de Gaulle le principe d'une limitation du domaine du Parlement. D'autre part les *anciens Présidents du Conseil de la IVe*, en particulier Guy Mollet et Pierre Pflimlin, associés à l'élaboration du projet, jouèrent un rôle non négligeable dans la rédaction des dispositions concernant la conception du rôle du Président, la responsabilité politique du Gouvernement, le champ du référendum.

De toute façon il est difficile d'attribuer la « propriété » de telle idée à telle personne. Encore une fois, depuis la guerre, et même depuis 1930, on avait beaucoup réfléchi à la réforme des institutions et les Constituants ont puisé les innovations du texte dans ce débat prolongé.

B La procédure d'élaboration de la Constitution

369. La Constitution fut l'œuvre de groupes d'experts beaucoup plus que de représentants élus de la Nation. Son élaboration s'est effectuée largement en secret et dans une certaine indifférence de l'opinion plus occupée par les vacances et préoccupée par l'Algérie.

1. La rédaction du projet

— *La phase gouvernementale.*

Un avant-projet fut préparé dès le mois de juin par *un groupe de travail,* composé des hauts fonctionnaires évoqués ci-dessus et présidé par Michel Debré. Ce texte fut examiné par *un Conseil interministériel* (réunissant les Ministres les plus concernés) ; le projet adopté fut soumis à l'approbation du *Conseil des ministres* et publié le 29 juillet.

— *Le comité consultatif constitutionnel.*

Cette phase gouvernementale terminée, le projet fut examiné par *le Comité Consultatif Constitutionnel* prévu par la loi du 3 juin. L'intervention de cet organe était destinée à associer des parlementaires à l'élaboration de la nouvelle Constitution. Sur ses 39 membres ils sont en effet 26 (16 pour l'Assemblée Nationale, 10 pour le Sénat) à côté des 13 personnalités nommées par le Gouvernement.

— *L'adoption définitive du projet.*

Enfin le texte, ainsi modifié sur quelques points, fut envoyé pour avis au *Conseil d'Etat* et adopté définitivement par le Conseil des ministres le 3 septembre.

Cette procédure particulière, rompait avec la tradition de l'élaboration de la Constitution par une Assemblée élue.

2. L'approbation par référendum

Comme l'exigeait la loi du 3 juin, le texte fut ensuite soumis au *référendum*. Seules les formations d'extrême-gauche, y compris le Parti communiste, firent campagne contre son adoption, ainsi que des personnalités telles que Pierre Mendès-France et François Mitterrand. Les partis du Centre et la S.F.I.O. invitèrent leurs électeurs à ratifier le projet. Le corps électoral accepta très largement le 28 septembre 1958 le texte qui lui était soumis ; en France métropolitaine il y eut 17.668.000 oui ; 4.624.000 non et 4.016.000 abstentions. Dans les T.O.M. la majorité fut encore plus écrasante, sauf en Guinée où la Constitution fut repoussée, ce qui entraîna l'indépendance du pays car le « non » était le refus de la Communauté française, organisée par le texte. Au total, 79,25 % des suffrages exprimés sont favorables à la Constitution, tous les départements ont voté oui (sauf la Lozère), une bonne partie de ses électeurs a abandonné le P.C... Le résultat est autrement plus brillant qu'en 1946. Mais en fait, c'est *de Gaulle qu'on plébiscite* plus que la Constitution qu'on approuve.

3. La mise en place des institutions

La Constitution devait être *promulguée le 4 octobre 1958*. La mise en place des nouvelles institutions se déroula progressivement : élection de l'Assemblée Nationale les 23-30 novembre 1958, élection du Président de la République le 21 décembre 1958, constitution du Gouvernement (M. Debré) les 8-9 janvier 1959, élections sénatoriales le 26 avril 1959. Parallèlement avaient été élaborées par ordonnances — procédure prévue à l'article 92 — les lois organiques précisant les dispositions de la Constitution (nombre des membres des Assemblées, durée de leur mandat, règles de fonctionnement du Conseil Constitutionnel...).

C Caractères généraux de la Constitution

1. Des critiques initiales au consensus actuel

370. Tel qu'il se présente, le texte ne correspond pas exactement à ce qu'auraient souhaité le général de Gaulle et Michel Debré. Comme ses devancières, la Constitution de 1958 est une *constitution de compromis* — et n'est-ce pas là une règle générale dans les sociétés démocratiques ? D'une part de Gaulle ne pouvait pas aller aussi loin qu'il l'aurait voulu dans la voie du renforcement de l'exécutif, de l'affirmation de la primauté du Chef de l'Etat, sans accréditer l'idée qu'il cherchait à instaurer un pouvoir personnel. D'autre part le Conseil interministériel et surtout le

Comité Consultatif, sans le bouleverser, ont retouché le premier projet, donnant une définition plus étroite de la fonction présidentielle et défendant certains aspects du parlementarisme français traditionnel dans les rapports des Chambres et de l'exécutif.

La Constitution a été plutôt mal accueillie à l'origine par les spécialistes du droit constitutionnel. Elle serait *un texte de circonstance,* une Constitution sur mesure pour le général de Gaulle. On lui a reproché aussi d'être imprécise et confuse, ce qui n'est pas toujours faux et accentue la liberté des acteurs et sa souplesse d'adaptation. D'ailleurs une pratique constitutionnelle — pas toujours très orthodoxe, il est vrai — s'est développée permettant à la Constitution de survivre à son principal inspirateur et démentant ainsi les sombres pronostics faits à l'origine. La Ve République a maintenant plus de 40 ans et après la IIIe République, c'est le régime qui a le plus duré dans notre pays.

Aujourd'hui il est clair que la Constitution de 1958 n'était pas une simple parenthèse. A travers 5 Présidents de la République, dont deux ne se réclamaient même pas du gaullisme, et une multitude de consultations électorales, le régime s'est institutionnalisé. Il a connu avec succès, en 1981, 1986, 1988, 1993 et 1997, *l'épreuve de l'alternance,* et François Mitterrand, par exemple, a pu déclarer qu'il se sentait à l'aise dans ce vêtement non conçu pour lui. Entre mars 1986 et mai 1988, et 1993 et 1995, les institutions ont fonctionné dans la situation inédite où un Président de la République de gauche *« cohabite »,* ou « coexiste », avec un Premier ministre de droite, et l'Etat n'a pas été paralysé. De même depuis juin 1997, dans le cas de figure contraire. La Constitution s'est révélée tout à fait adaptée à une telle conjonction, son autorité en est même sortie renforcée, jamais le fonctionnement des pouvoirs publics n'a été aussi respectueux de ses prescriptions. Aussi bien, même les formations politiques de gauche se sont maintenant ralliées aux institutions de la Ve. Il existe un consensus assez général sur les institutions qui est confirmé à chaque sondage d'opinion.

2. Permanence et innovations dans le contenu du texte

Aujourd'hui la Constitution de 1958 est composée de 77 articles, répartis en 16 titres.

a) *Les citoyens, la République, la souveraineté*

371. En tête de la Constitution figure une série de dispositions qui consacrent des principes et des caractères de l'Etat, traditionnels dans la France républicaine.

• *Les citoyens.* Les citoyens sont singulièrement absents d'un texte qui règle avant tout, lorsqu'il s'intéresse à eux, leurs rapports avec leurs représentants. C'est ainsi que la Constitution ne contient pas de Déclaration des Droits ; elle s'ouvre seulement par un bref Préambule réaffirmant l'attachement aux Droits définis en 1789 et complétés par le Préambule de 1946. Il n'a pas semblé nécessaire en 1958 de revenir sur la définition et l'énumération des libertés. Cependant l'article 1 proclame à nouveau « l'égalité devant la loi de tous les citoyens sans distinction d'origine, de race ou de religion » ainsi que le respect dû à toutes les croyances.

• *La République.* La France est une République, l'article 89 interdit de revenir là dessus par une révision. Cette République est *indivisible,* règle venue de l'Ancien régime et porteuse de complications redoutables lorsque des populations souhaitent acquérir leur indépendance (Algérie, Comores, Nouvelle Calédonie). Peut-on leur donner satisfaction sans remettre en cause l'intégrité du territoire prolongement naturel de l'indivisibilité ? Heureusement la Constitution laisse la porte ouverte à la sécession après consultation des intéressés (art. 53, v. 147).

La notion d'*« indivisibilité »* devait susciter un vif débat lorsqu'en 1991 une loi votée à l'initiative du gouvernement évoqua « le peuple corse, composante du peuple français ». Le Conseil Constitutionnel devait déclarer cette formule non conforme à la Constitution car le peuple français comprend tous les citoyens sans que des distinctions puissent être établies entre eux, en particulier en raison de leur origine. Par là le Conseil consacrait le principe de l'unité du peuple français et la non-reconnaissance de « minorités ».

Ces principes ont été remis en cause par la révision de 1998 concernant le statut de la Nouvelle-Calédonie. Alors que l'indivisibilité s'oppose à ce que les autorités locales aient d'autres pouvoirs d'organisation que ceux accordés par le législateur — et que celui-ci peut modifier — la Nouvelle-Calédonie pourra exercer des compétences sur lesquelles le législateur ne pourra revenir. D'autre part, elle pourra élaborer des *« lois de pays »,* actes ayant le caractère législatif et contrôlés à ce titre par le Conseil constitutionnel ; l'unité du pouvoir normatif de l'Etat disparaît. Enfin l'égalité entre les citoyens est malmenée. En effet tous les citoyens français installés en Nouvelle-Calédonie n'auront pas les mêmes droits en matière électorale et d'emploi. L'unité de la citoyenneté et le jus soli sont abandonnés. Demain, la Corse ?

Enfin la référence à *l'indivisibilité* est l'un des fondements de la décision du Conseil constitutionnel du 16 juin 1999 jugeant contraires à la Constitution certaines dispositions de la Charte européenne des langues régionales. L'indivisibilité s'oppose « à ce que soient reconnus des droits collectifs à quelque groupe que ce soit, défini par une communauté d'origine, de culture, de langue ou de croyance ».

D'autre part la *laïcité* de la République est confirmée : ce qui signifie que la religion est affaire privée et que l'Eglise et l'Etat sont séparés. La République est aussi « *démocratique* » — et la Constitution adopte la formule de Lincoln sur « le Gouvernement du peuple, par le peuple et pour le peuple » ; elle est enfin « *sociale* », en écho aux préoccupations de justice sociale qui doivent l'animer.

La Constitution définit en outre :

— les couleurs du drapeau national : bleu, blanc, rouge ;

— l'hymne national : la Marseillaise ;

— la devise de la République : liberté, égalité, fraternité ;

— elle précise depuis 1992 que « la langue de la République est le français ».

— Enfin, toujours depuis 1992, elle proclame que la République « participe aux Communautés européennes et à l'Union européenne » pour « exercer en commun certaines de leurs compétences ». Cette adhésion à l'Europe apparaît comme un article de foi et comme une réponse à ceux qui dénoncent les abandons de souveraineté consentis aux institutions européennes.

• *La souveraineté et le régime représentatif.* Le texte de 1958 reprend la formule de compromis selon laquelle « la souveraineté nationale appartient au peuple ».

Le peuple « exerce sa souveraineté par ses représentants ou par la voie du référendum » (art. 3), les Français vivent donc dans un régime représentatif autorisant le recours à un procédé de démocratie directe. Le constituant a jugé bon d'ajouter que nul ne peut s'en attribuer l'exercice.

Il y a d'ailleurs une certaine contradiction entre l'affirmation (art. 2) selon laquelle « le principe » de la République est « le Gouvernement du peuple, par le peuple et pour le peuple » qui semble impliquer la démocratie directe et le choix du régime représentatif tempéré par le référendum. Ou le peuple se gouverne lui-même, ou il se gouverne par ses représentants. La réaffirmation des grands principes a une portée symbolique importante, elle se désintéresse de savoir s'ils sont conciliables !

Quand à la souveraineté elle-même la Constitution ne la définit pas, la notion conserve tout son mystère. Le Conseil Constitutionnel n'a pas été plus explicite lorsque, à propos des accords de Maastricht en particulier, il a évoqué « les conditions essentielles d'exercice de la souveraineté » auxquelles il ne peut être porté atteinte (v. 6). Il est vrai que depuis quelques années les restrictions apportées, à l'occasion de l'édification européenne, aux fonctions de l'Etat traditionnellement considérées comme de souveraineté : citoyenneté, justice, police, monnaie, ont été si nombreuses et importantes que l'imprécision est ici sagesse et souci de ne pas compromettre l'avenir (v. 380).

b) *Les lignes de force du texte*

372. Deux préoccupations maîtresses du Constituant : restaurer l'autorité de l'Etat et limiter les pouvoirs des partis (V. 368), vont donner à la Constitution ses principales originalités.

— *L'exécutif bicéphale et renforcé*

La tradition du bicéphalisme de l'exécutif est respectée, mais elle recouvre une réalité nouvelle.

• Le statut du Chef de l'Etat et ses attributions tranchent sur ceux de ses devanciers et lui confèrent une autorité sans commune mesure avec la leur. De Gaulle le voulait ainsi, étant peu porté à jouer les utilités, exigeant de disposer des pouvoirs nécessaires pour régler le problème algérien, et plus profondément parce qu'il tenait qu'en toutes circonstances il faut une « tête à l'Etat ». D'où un Président de la République qui prend ses distances à *l'égard du Parlement* dont il n'est plus l'élu, dont il ne reçoit donc pas ses pouvoirs, et dont — à partir de 1962 — désigné comme lui par le suffrage universel direct — il sera l'égal en légitimité. D'où aussi son autonomie à *l'égard du Gouvernement,* symbolisée par l'attribution de « pouvoirs propres », c'est-dire affranchis du contreseing. Et, paradoxe, ce Chef d'Etat si peu dépendant n'en reste pas moins *irresponsable.*

• A côté de lui, un Premier ministre auquel la Constitution taille un vaste rôle : il choisit les orientations et les traduit en actes, sur lui pèse la responsabilité politique. Il n'est pas exactement sur le même plan que le Président puisque celui-ci le nomme, sans que la Constitution prévoit cependant qu'il puisse ensuite le révoquer.

• Il y a, en réalité, *dyarchie,* le Président est en charge des intérêts vitaux de la nation et le Premier ministre est responsable de l'action du Gouvernement placé sous sa direction. Ceci ne va pas d'ailleurs sans ambiguïtés et les rapports du Président et du Premier ministre constituent l'un des points les moins clairs du texte de 1958. La pratique est venue ici définir leurs attributions respectives, pratique elle-même changeante et longtemps contraire à la Constitution. Mais une chose est sûre : en réaction contre le dévoiement des républiques précédentes, la Constitution non seulement met l'executif et le législatif sur un pied d'égalité mais a tendance à assurer la primauté de l'exécutif.

— *L'abaissement du Parlement*

Le Parlement paie dans le texte de 1958 le discrédit qui s'est accumulé sur lui.

• *La perte de son monopole d'élaboration de la loi.* On l'a vu, la Constitution dispose que le peuple exerce la souveraineté nationale par l'intermédiaire de ses représentants et « par la voie du référendum ».

Le peuple peut donc approuver lui même la loi, le *référendum législatif* fait sont entrée dans notre droit constitutionnel.

A cette brèche dans le monopole du Parlement, importante surtout sur le plan des principes, il faut en ajouter une autre, à la portée théorique (V. 488) beaucoup plus considérable : la Constitution énumère les domaines où le Parlement peut légiférer, les autres appartiennent au Gouvernement, c'est-à-dire au pouvoir réglementaire,

• *La disparition de la souveraineté de la loi :* celle-ci peut être contrôlée par le Conseil Constitutionnel,

• *L'affirmation de prérogatives au profit de l'exécutif dans la procédure législative :* des procédures de *rationalisation du parlementarisme* permettent au Gouvernement de conduire les débats à peu près comme il l'entend et de contraindre un Parlement réticent à discuter et à voter ses projets. Les droits traditionnels des députés — de l'opposition en particulier — en sont très amoindris.

• *Les obstacles à l'exercice de son rôle de contrôle :* autres aspects de la rationalisation du parlementarisme, la mise en cause de la responsabilité du Gouvernement est rendue difficile, les questions des parlementaires ne peuvent donner naissance à une interpellation, les Commissions sont étroitement réglementées.

• Enfin le Parlement n'élit plus le Président de la République et le Gouvernement n'a pas besoin d'être investi par l'Assemblée pour être doté de la plénitude de ses attributions.

On mesure l'importance du changement, on pourrait même dire de la *rupture,* avec le régime précédent.

— Même si la Constitution de 1958 instaure un parlementarisme moniste, la pratique va transformer très rapidement le schéma initial. L'abaissement du Parlement ne sera pas remis en cause, il est même plutôt confirmé, mais la primauté du Président de la République au sein de l'exécutif s'affirme, la dyarchie disparaît, l'exécutif est déséquilibré au détriment du Premier ministre. Le Gouvernement apparaît comme responsable devant le Président, sans que le régime devienne à proprement parler dualiste mais pratique un *monisme inversé,* dans lequel le Gouvernement relève seulement du Chef de l'Etat. En 1986, 1993 et 1997, la *cohabitation* met en place un nouveau schéma, on en revient à la dépendance du Gouvernement à l'égard de la seule Assemblée Nationale. Entre temps l'alternance de 1988 inaugure une situation inédite : le Premier ministre sans majorité stable à l'Assemblée, doit gouverner en se conciliant tour à tour les Communistes et les Centristes.

Section 3
L'évolution des institutions et des forces politiques

Bibliographie : Hugues PORTELLI, *La Vᵉ République,* 1994. — Pierre AVRIL, *La Vᵉ République. Histoire politique et constitutionnelle,* 1994. — Jean-Marie DONEGANI et Marc SADOUN, *La Vᵉ République. Naissance et mort,* 1998.

En plus de trente-cinq ans de fonctionnement, le régime a secrété une pratique, qui en a modifié les équilibres. Des révisions du texte de 1958 sont intervenues, renforçant cette évolution. Enfin, la personnalité des acteurs a, elle aussi, exercé une influence, et les forces politiques en présence se sont modifiées.

A Les modifications apportées au texte de la Constitution

La Constitution n'est pas restée immuable, elle a subi plusieurs révisions d'importance inégale. Elles ont été étudiées précédemment (v. 53). On se contentera d'en souligner ici certaines.

1. Disparition de la Communauté

373. Le titre XIII de la Constitution créait une union de type fédéral entre la France, les territoires d'Outre-Mer et les Etats qui demanderaient à s'y associer. La *Communauté* ainsi proposée était ouverte et on pouvait rêver que les Etats qui ne faisaient pas partie de la France d'Outre-Mer (Maroc, Tunisie), et l'Algérie peut-être un jour, viendraient y prendre place. La Communauté devait avoir une existence éphémère, elle cessa de fonctionner en 1961. Mais il fallut attendre la révision de 1995 pour que l'ancien titre XIII soit abrogé et que la Communauté disparaisse.

2. L'élection du Président au suffrage universel direct

374. La révision du 6 novembre 1962 marque une étape dans l'histoire du régime. Elle parachève la Constitution de la Vᵉ République dont certains proposent de parler en disant « la Constitution de 1958-1962 ». C'est en 1962 qu'on serait entré dans la Vᵉ République. La rupture avec la tradition serait autant là que dans le texte de 1958. L'importance ainsi donnée à la révision de 1962 nous paraît excessive. Celle-ci est l'aboutissement du discours de Bayeux, du dessaisissement en 1958 du Parlement de l'élection du Président de la République, elle n'est pas rupture. La vraie rupture est intervenue en 1958.

Quoi qu'il en soit l'élection du Chef de l'Etat au suffrage universel direct renforce considérablement l'*autorité* du Président de la République en lui donnant la même origine populaire que l'Assemblée nationale : élu par l'ensemble des citoyens, il a même plus de légitimité que les députés élus dans les circonscriptions ; il est, en effet, le seul élu national. Mais elle ne change rien à ses *pouvoirs.*

3. L'élargissement de la saisine du Conseil constitutionnel

On a déjà montré la portée de la réforme de la saisine du Conseil constitutionnel par la révision de 1974. (v. 90).

B L'évolution du système des partis : le fait majoritaire

375. La Constitution de 1958 est la première en France à avoir *constitutionnalisé l'existence des partis politiques.* Son article 4 dispose en effet : « les partis et les groupements politiques concourent à l'expression du suffrage. Ils se forment et exercent leur activité librement. ils doivent respecter les principes de la souveraineté nationale et de la démocratie ». Et c'est de Gaulle qui leur donne cette consécration ! Aussi bien le rôle reconnu aux partis n'a rien d'exaltant, la formule : ils « concourent à l'expression du suffrage » reconnaît certes l'utilité de leur participation à l'opération électorale, mais semble en même temps vouloir les cantonner à cet étroit domaine.

Le trait le plus marquant de la vie politique va être la transformation du système de partis. Ici la rupture avec la IVe République est nette : *la bipolarisation* se substitue à un multipartisme instable.

Le phénomène aura une influence déterminante sur la pratique constitutionnelle et, en particulier, sur l'évolution des relations à l'intérieur du trio Président-Gouvernement-Parlement. On ne peut comprendre la façon dont la Constitution a été appliquée, si on ne tient pas compte de la mutation intervenue dans le régime des partis.

1. L'apparition du fait majoritaire

376. Les auteurs du projet de Constitution ont imaginé la vie politique sous le nouveau régime comme *caractérisée par une lutte des partis analogue à celle des républiques précédentes.* Les élections à leurs yeux ne parviendraient pas, même avec l'aide du scrutin uninominal à deux tours, à dégager une majorité stable de gouvernement. L'exécutif ne recevrait qu'un soutien fragile et aléatoire de coalitions de rencontre et la hantise d'une rémanence de l'instabilité gouvernementale a truffé la Constitution de dispositions de rationalisation du parlementarisme destinées à renforcer l'autorité et la continuité de l'équipe gouvernementale.

Les augures s'étaient trompés et aux divisions attendues s'est substitué à partir de 1962, le fait majoritaire : l'exécutif a pu compter au Parlement sur une majorité fidèle pour la durée de la législature. C'est là la caractéristique fondamentale de la vie politique de la Ve République : jusqu'en mars 1986 *le fait majoritaire a été parfait :* les électeurs désignent un Président et envoient des députés siéger à l'Assemblée avec mission de soutenir le Président et le Gouvernement nommé par lui. Depuis lors le fait majoritaire s'est modifié : il est devenu *imparfait,* jouant en faveur du Premier ministre contre le Président (1986-88, 1993-95 et depuis juin 1997), ou encore il a disparu (1988-93), pour réapparaître de 1995 à 1997.

a) *Raisons d'être*

Le phénomène du fait majoritaire est lié avant tout au nouveau mode de désignation du Président de la République qui ne laisse en présence, au second tour, que deux candidats ; le pays est divisé en deux camps qui soutiennent chacun un des prétendants et s'identifient à lui. L'élu peut se réclamer pendant 7 ans de l'investiture de la majorité de la nation.

La modification du système des élections législatives a renforcé ce premier facteur en substituant le scrutin uninominal majoritaire à deux tours à la représentation proportionnelle. Pourtant ce mode de scrutin n'avait pas empêché le multipartisme de la IIIe République. *A partir de 1962 les électeurs y ont trouvé la possibilité de se prononcer pour ou contre le Président et son Gouvernement, pour le pouvoir ou pour l'opposition. Les partis sont jugés sur leur attitude à l'égard du Gouvernement, mandat est donné aux élus de le soutenir ou de le combattre, sans qu'il soit question de remettre ce choix en cause au cours de la législature et d'ouvrir des crises à répétition comme sous les régimes antérieurs. A la différence de la IVe République ce sont les électeurs, et non les partis, qui déterminent la majorité.* Sous la IIIe et IVe République lors de leur élection les députés n'avaient d'engagement à l'égard de personne, ils étaient libres d'apporter leur soutien à qui ils voulaient et de le reprendre. Sous la Ve ils s'engagent pour la majorité ou pour l'opposition. Leur liberté en est très diminuée — on est à la limite du mandat impératif —. Ceux qui parfois seraient tentés de se rapprocher de l'autre camp sont suspects de vouloir trahir. Il n'y a qu'une majorité possible au sein de l'Assemblée.

b) *Naissance*

Les élections de 1958 se situent dans la continuation de la IVe République : les anciens partis résistent honorablement — à l'exception des Communistes réduits à 10 sièges (pour 18,9 % des voix) — et la formation gaulliste, l'U.N.R., hâtivement constituée, se taille un demi-succès avec 17,6 % des voix (mais, grâce au mode de scrutin, 198 sièges). Si de Gaulle et Michel Debré parviennent à gouverner c'est sans l'appui automatique d'une majorité permanente, mais grâce à des majorités à la composition changeante selon les problèmes (en quelque sorte des « majorités d'idées »). Et, en octobre 1962 la démonstration est faite de la précarité de cette situation, le Gouvernement Pompidou est censuré ; c'est la revanche des partis traditionnels. Les élections de novembre 1962 vont humilier ces partis. Ceux qui avaient fait campagne pour le « non » au référendum sont désavoués (V. 59), alors que l'emportent l'U.N.R. et ses alliés favorables au « oui ». Cet affrontement différé entre partisans et adversaires de l'élection du Président au suffrage universel préfigure le clivage majorité présidentielle-opposition qui va dominer l'histoire de la Ve République jusqu'en 1986. Chaque renouvellement de l'Assemblée Nationale met en présence ceux qui soutiennent le Président et le gouvernement et ceux qui les critiquent. Parfois un parti emporte à lui seul la majorité. En 1968 les gaullistes, regroupés dans l'U.D. V^{e} obtiennent 297 sièges sur 482 à l'Assemblée Nationale. Exploit renouvelé par le P.S. en juin 1981 (285 sièges sur 491) et par la droite en 1993 (485 sièges sur 577). Lorsqu'une coalition triomphe, elle ne se dissout pas au lendemain de l'élection comme sous les républiques précédentes, mais reste stable et unie pour la durée de la législature.

Jusqu'en 1986 on est dans la situation exposée ci-dessus où les électeurs qui ont élu le Président de la République (et qui forment la *majorité présidentielle*) envoient à l'Assemblée Nationale une majorité (qui constitue *la majorité parlementaire*) en lui donnant pour mandat de soutenir le gouvernement nommé par le Président (de se comporter en *majorité gouvernementale*). Les trois majorités coïncident mais *leur unité dérive de la primauté de la majorité présidentielle.*

2. Evolution du fait majoritaire

377. Même entre 1962 et 1986 le fait majoritaire recouvre des réalités différentes et des rapports de force variables. Depuis lors il s'est profondément transformé et les alternances au pouvoir se sont succédées.

a) *L'affaiblissement du fait majoritaire sous la présidence de Valéry Giscard d'Estaing (1974-1981)*

Pendant la présidence de Georges Pompidou le fait majoritaire s'est maintenu. Mais sous celle de Valéry Giscard d'Estaing, la situation devait perdre de sa pureté et le fait majoritaire s'atténuer. En effet, M. Giscard d'Estaing n'était pas l'élu d'un parti disposant de la majorité des sièges à l'Assemblée, mais le chef de l'une des deux formations composant cette majorité, et de la moins nombreuse des deux. Les Gaullistes eurent quelques difficultés à accepter l'élection d'un non-gaulliste au comportement souvent provocant dans le passé à leur égard. Le nouveau Président se trouvait donc en présence d'un problème de cohésion de la majorité, qu'il résolut, en 1974, en choisissant comme Premier ministre Jacques Chirac, qui allait s'affirmer comme chef des gaullistes. Trop de causes de dissensions existaient au sein de la majorité pour que celle-ci ne soit pas fragile. La démission de Jacques Chirac, pendant l'été 1976, mettait fin à un désaccord latent qui ne pouvait qu'empirer. Les gouvernements Barre, qui lui succédèrent, durent composer et le Premier ministre user des ressources des *procédures du parlementarisme rationalisé — qui retrouvent alors leur utilité* — pour imposer sans crise la politique du Gouvernement. Si la majorité n'a jamais éclaté, ses rapports avec le Président n'étaient pas les mêmes que sous ses prédécesseurs. Le Chef de l'Etat était beaucoup moins libre dans la définition de sa politique, il ne pouvait dépasser un point de rupture à partir duquel les gaullistes préféreraient sacrifier la solidarité gouvernementale à leurs idées. Giscard n'avait pas toujours de majorité pour sa politique, mais il n'existait pas non plus de majorité contre. Pouvait-on cependant continuer à parler de fait majoritaire ?

b) *Le fait majoritaire au profit des socialistes (1981-1986)*

En juin 1981, le fait majoritaire a été rétabli dans toute sa perfection. Le parti socialiste à lui seul disposait d'une large majorité à l'Assemblée et pouvait s'appuyer, jusqu'en juillet 1984, sur le soutien des députés communistes. Mais la situation n'était pas entièrement clarifiée pour cela. François Mitterrand devait compter en effet à la fois avec le groupe P.S. à l'Assemblée Nationale et avec le parti socialiste lui-même. Des tensions devaient apparaître entre le Gouvernement, le groupe et le parti, et surtout entre les différents courants de ce dernier. Aussi, les relations entre le Président et le P.S. n'ont pas toujours été faciles, une partie de la « base » manifestant son impatience devant la lenteur du « changement » promis et son incompréhension à l'égard de certaines mesures imposées par l'Élysée. Mais cette grogne n'est jamais allée jusqu'à mettre en péril l'existence des gouvernements Mauroy ou Fabius. La logique du fait majoritaire a été respectée.

c) *La transformation du fait majoritaire : la majorité contre le Président (1986-1988)*

Les élections de mars 1986 devaient créer une situation inédite : la majorité de l'Assemblée Nationale passait entre les mains de partis opposés au Président. Celui-ci ne s'estimait pas désavoué par le peuple en même temps que ses amis politiques et décidait de rester en place pour terminer son mandat. Une majorité de gouvernement existait (étroite : 3 voix) — composée du R.P.R. et de l'U.D.F. — qui acceptait de « *cohabiter* » avec un Président socialiste. *La coïncidence des majorités présidentielle et parlementaire qui caractérisait la Ve République était rompue, la politique du Gouvernement ne pouvait plus être celle du Président.* Une forme nouvelle de fait majoritaire apparaît, en faveur non plus du Président mais *autour du Premier ministre.*

d) *La disparition du fait majoritaire (1988-1993)*

Les élections de 1988 ont ouvert un nouvel épisode : à la majorité présidentielle dégagée par la réélection de F. Mitterrand n'a pu correspondre la mise en place d'une majorité parlementaire (le P.S., ou une coalition formée autour de lui, n'avait pas la majorité à l'Assemblée), et il n'y avait donc pas non plus de majorité gouvernementale disposée à soutenir fidèlement le gouvernement. En même temps une alliance du P.C. et de la droite pour l'empêcher de gouverner n'était pas concevable. M. Michel Rocard, puis E. Cresson et P. Bérégovoy, appuyés par le seul Parti socialiste, ont dû chercher des appuis (ou des abstentions) à gauche ou au centre pour gouverner, situation proche de celle de M. Michel Debré puis de Georges Pompidou de 1958 à 1962.

e) *La réapparition du fait majoritaire au profit du Premier ministre (1993-1995)*

Les élections de 1993 ont reconstitué une situation de « cohabitation » (comme de 1986 à 1988), où le fait majoritaire joue au profit du Premier ministre, M. Balladur disposait d'une confortable majorité : 485 sièges/577.

f) *La reconstitution du fait majoritaire parfait en mai 1995*

L'élection de Jacques Chirac en 1995 a reproduit la situation que ses prédécesseurs avaient connue jusqu'en 1986 : les trois majorités présidentielles, gouvernementale et législative ont coïncidé, le Sénat lui-même étant dominé par la droite.

g) *Le retour au fait majoritaire au profit du Premier ministre (juin 1997)*

Les élections législatives de 1997 ont reconstitué le cas de figure déjà rencontré en 1986 et en 1993, celui de la cohabitation. Avec cette nouveauté toutefois que le Premier ministre se réclame de la gauche alors que le Président est l'élu de la droite.

Ce dernier est d'ailleurs dans une situation plus difficile que François Mitterrand précédemment. Ceci dans la mesure où il est à l'origine de la situation, pour avoir, par la dissolution, provoqué des élections, dont il attendait au sein de l'Assemblée une majorité disposée à le soutenir jusqu'à la fin de son mandat. Son échec apparaît comme un désaveu populaire qui mine son autorité. Mais de son côté Lionel Jospin s'appuie sur une majorité « plurielle », c'est-à-dire composite, dont le soutien ne lui est peut être pas durablement acquis. On pourrait retrouver un jour la situation des Premiers ministres socialistes de 1988 à 1993.

3. Conséquences du fait majoritaire

378. Le fait majoritaire a durablement modifié le fonctionnement des institutions et bouleversé aussi le paysage et le jeu politiques. Le clivage n'est plus gouvernement-Parlement mais majorité-opposition.

a) *Le fonctionnement des institutions*

• Le fait majoritaire fait perdre une bonne part de leur utilité aux mécanismes du *parlementarisme rationalisé,* inscrits dans la Constitution pour permettre à l'exécutif de gouverner avec des majorités instables. Nul besoin alors en général de contraindre les députés à adopter un texte, nul risque de mise en cause de la responsabilité, le Gouvernement est tranquille du côté du Parlement pour la durée de la législature, il dispose de temps, il peut réaliser son programme. S'il a des problèmes, c'est avec la majorité, en général de coalition, — qui a parfois des états d'âme — et non avec l'opposition, alors la rationalisation lui est utile.

• En contrepartie, jusqu'en 1986, et encore en 1995, le Gouvernement s'est retrouvé plus étroitement *subordonné à l'égard du Président.* La position de celui-ci est renforcée dans la mesure où c'est à lui que le peuple a fait confiance en priorité. Et le Président pourra en profiter pour changer de Premier ministre en cours de législature (alors que rien dans la Constitution ne l'y autorise). Le Gouvernement n'est plus renversé par le Parlement, mais changé par la volonté du Président, non pour résoudre une crise, mais pour des raisons d'opportunité. Le fait majoritaire parfait favorise le déplacement du pouvoir vers le Président : ce n'est pas la majorité qui gouverne, elle est l'instrument et la caution du pouvoir présidentiel.

• En revanche pendant les *« cohabitations »* le fait majoritaire imparfait renforce le Premier ministre et affaiblit corrélativement le Président ; la Constitution fonctionne dans le respect de ses dispositions.

• Enfin, la *séparation des pouvoirs* doit être appréciée dans une nouvelle perspective : le fait majoritaire rend assez illusoire la distinction entre l'exécutif et le législatif. Lorsque le même parti (ou coalition) contrôle chacun d'eux, sont-ils indépendants l'un et l'autre ?

b) *La transformation du paysage politique : la bipolarisation*

— *La naissance de la bipolarisation*

379. • L'existence d'une majorité stable, unie dans son soutien à la politique du Président et/ou du Gouvernement a entraîné par contre coup un rapprochement entre les formations critiques à l'égard de cette politique. Elles ont été poussées à s'entendre, à s'allier, à se regrouper pour constituer une opposition cohérente, ayant pour objectif la conquête du pouvoir. Ce processus engagé autour de la candidature de François Mitterrand à l'élection présidentielle de 1965 a connu son couronnement en 1972 avec la signature d'un programme commun de gouvernement, associant communistes, socialistes et radicaux de gauche.

De leur côté les partis du centre ne sont pas parvenus à préserver leur identité et leur autonomie. Constamment sommés de se définir par rapport à la majorité et à l'opposition, ils ont fini par se rallier à l'une ou à l'autre. Le mouvement est achevé en 1974, *la bipolarisation est alors parfaite*.

• Avec la disparition du Centre la vie politique s'est organisée autour de deux pôles : majorité-opposition, droite-gauche, dont les frontières sont gelées, c'est-à-dire sans qu'existent de véritables possibilités de passage d'un bloc à l'autre. A l'Assemblée les votes se sont faits droite contre gauche, à de rares exceptions près (par exemple sur la légalisation de l'I.V.G.). Les deux camps sont d'importance à peu près égale et leur *alternance* au pouvoir réalisée en 1981 s'est poursuivie en 1986, puis en 1988, 1993 et 1997. D'ailleurs cette bipolarisation est dans la logique d'une situation où l'électeur est mis en demeure de voter pour ou contre le pouvoir. Mais cette configuration bipolaire n'est pas inéluctable, en théorie au moins, le fait majoritaire n'entraîne pas nécessairement la bipolarisation. Un parti, ou une alliance, pourrait être majoritaire et co-exister avec deux ou trois autres pôles qui se concurrencent et vont seuls aux élections au lieu de s'unir (c'est ce qui s'est passé aux élections européennes de 1999). Au surplus, pendant longtemps on a pu parler de *« quadrille bipolaire » :* chaque camp se décomposait en deux éléments : P.C. + P.S., R.P.R. + Républicains Indépendants.

— *L'avenir de la bipolarisation*

Depuis 1986 la bipolarisation n'est plus aussi enracinée qu'auparavant dans notre vie politique. En 1997 les quatre grands partis ne réunissent que 67 % des suffrages contre 95 % en 1981.

• *Des forces politiques nouvelles sont apparues.* Le Front national et les écologistes sont devenus des acteurs permanents du jeu politique et troublent le face-à-face droite-gauche, avec une audience variable, il est vrai, auprès des électeurs. Mais la marche en avant de ces forces semble contenue et elles ne paraissent pas pouvoir rivaliser avec les deux blocs. En 1997 le Front National, quoique seul parti exclu des alliances, a légèrement progressé, alors que les écologistes perdaient des voix ; il est vrai que le premier est maintenant affaibli par sa scission.

• Les deux pôles, droite-gauche, ont perdu de leur cohésion depuis 1988. Les Communistes s'interrogent sur leur politique de soutien aux Socialistes. L'alliance électorale pratiquée régulièrement avec eux leur permet d'obtenir un nombre appréciable de sièges à l'Assemblée, mais une association à l'exercice du pouvoir leur fait assumer les renoncements et les échecs du Gouvernement, provoquant la déception chez leurs électeurs. Leur participation actuelle au Gouvernement Jospin se veut donc critique, elle est fragile. De leur côté, les Ecologistes ont obtenu pour la première fois en 1997, grâce à leur accord avec les Socialistes, une représentation au Parlement et au Gouvernement. Mais avec eux aussi la bonne entente survivra-t-elle aux compromis inéluctables de l'action gouvernementale ?

En revanche, le Parti socialiste a su tirer la leçon de sa déroute de 1993 et a réussi à mettre en veilleuse les conflits entre ses différents courants. Là encore la cohésion du parti est liée à la réussite de l'action gouvernementale. Mais les situations de cohabitation renforcent en principe la cohésion de la majorité, ne serait-ce qu'à cause de la menace de la dissolution restée entre les mains du Président.

A droite l'union s'est désagrégée. Forgée dans l'opposition à la gauche pendant les Présidences de F. Mitterrand, elle a connu un passage difficile au moment des querelles nées lors de la ratification du Traité de Maastricht (1992), en raison des divergences de conception de l'Europe. La campagne présidentielle de 1995 l'a mise à l'épreuve à nouveau. Puis la défaite électorale de 1997 l'a traumatisée, a renforcé ses clivages et réveillé des ambitions. Elle pose aussi la question des relations avec le Front National, source inévitable de discorde, comme on l'a vu au lendemain des élections régionales de 1998. Les élections européennes de 1999 n'ont fait qu'aggraver les divisions de la droite et les querelles de personnes.

Section 4
L'influence de l'édification de l'Europe sur les institutions

380. L'édification de l'Europe a commencé véritablement avec le Traité de Paris du 18 avril 1951 créant la Communauté européenne du charbon et de l'acier (C.E.C.A.). Elle s'est poursuivie, toujours sous la IVe République, en 1957, avec le Traité de Rome posant les bases de la Communauté économique européenne (C.E.E.), puis sous la Ve avec l'Acte unique européen (1986) étendant la compétence communautaire à de nouveaux domaines et ouvrant la porte à une coopération politique. Mais ce sont surtout les Traités de Maastricht (1992) fondant l'Union européenne (U.E.) et d'Amsterdam, ratifié en 1999, qui auront une influence sur les institutions françaises. En même temps l'Europe dépassait le seul champ économique de l'origine pour s'engager dans une construction politique ; ce rappel des étapes de l'édification européenne doit d'ailleurs être complété par l'évocation de la Convention européenne de sauvegarde des droits de l'homme (1950) et des Accords de Schengen (1985) sur la suppression des contrôles aux frontières intérieures de l'Union.

Ces traités entraînaient à des degrés divers des atteintes à la souveraineté française, mais c'est seulement à partir de Maastricht que le débat constitutionnel s'est amplifié.

Il ne peut être question ici de retracer les controverses autour de la naissance de l'Europe politique et d'exposer l'état actuel de l'édification de celle-ci. D'autres enseignements, tels les cours d'institutions européennes, y sont consacrés. Mais il est indispensable de montrer — au-delà des problèmes de principe évoqué précédemment à l'occasion de l'étude de la souveraineté (V. 6 *bis*) — les incidences de la construction européenne sur nos institutions et leur fonctionnement.

Des adaptations ont dû être apportées à la Constitution de 1958, des domaines échappent à la compétence des institutions françaises, des normes européennes s'imposent à la France, mais celle-ci est associée à leur élaboration par sa présence au sein des institutions européennes.

Sous-section 1
L'adaptation de la Constitution

381. Les inquiétudes qui s'étaient déjà manifestées de façon très vive à propos de la compatibilité des traités européens avec la Constitution au moment de la ratification de l'Acte unique européen, se sont exprimées à nouveau lors des négociations des Traités de Maastricht et d'Amsterdam. Aussi dans les deux cas le Président de la République, associé dans le second au Premier Ministre, a-t-il tenu à saisir le Conseil constitutionnel avant d'entreprendre la procédure de ratification des Traités. Le Conseil ayant conclu à la contrariété à la Constitution de certaines dispositions de ces traités, il fallut réviser la Constitution (V. 53).

— *Le Traité de Maastricht (1992)*

Il a créé l'Union européenne qui réunit, en 1999, 15 Etats.

Après la décision du Conseil (9 avril 1992) constatant l'inconstitutionnalité de certaines de ses dispositions et donc l'impossibilité de le ratifier en l'état, la Constitution fut révisée.

Un nouveau titre XV fut introduit dans la Constitution, intitulé : « Des Communautés européennes et de l'Union européenne ». Il constitutionnalise l'appartenance de la France aux Commmunautés et à l'Union, ce qui signifie en particulier que notre pays ne pourrait en sortir sans une modification de la Constituiton. Il prévoit que la France pourra exercer en commun avec ses partenaires, certaines compétences.

D'autre part, pour répondre aux observations du Conseil constitutionnel un article 88-2 consentait à des transferts de compétence dans certains domaines.

— *Le Traité d'Amsterdam (1997)*

Il modifie les Traités précédents, dont celui de Maastricht. Il ne comporte que des avancées limitées dans la voie de l'édification européenne, mais ici encore le Conseil constituionnel a estimé (31 décembre 1997) qu'il ne pouvait être ratifié sans révision préalable de la Constitution. Celle-ci est intervenue le 25 janvier 1999.

Les dispositions concernant les transferts de compétence ont été légèrement modifiées et les pouvoirs de contrôle du Parlement sur les normes européennes ont été étendus.

A l'avenir l'édification de l'Europe entraînera d'autres révisions de la Constitution.

Sous-section 2
Les domaines échappant à la compétence des autorités françaises

382. Jusqu'au Traité de Maastricht on avait assisté à un grignotage lent et assez silencieux des compétences souveraines de l'Etat français, dans le domaine économique essentiellement. Des pouvoirs de réglementation étaient confiés aux institutions communautaires, que celles-ci avaient tendance à étendre en « tâche d'huile ». Le Traité de Maastricht devait permettre aux Communautés d'élargir leurs compétences, sur le fondement du principe de « subsidiarité », les autorisant à intervenir dans les domaines laissés aux Etats membres, pour mieux réaliser les objectifs communautaires. Des pans entiers de notre système juridique échappent aujourd'hui aux autorités françaises, au législateur en particulier, ainsi dans le domaine des transports, de la concurrence, de l'agriculture, de l'environnement (la chasse !)...

A partir de 1992 le mouvement se précise et s'officialise à travers les révisions constitutionnelles, évoquées ci-dessus.

Si on établit un bilan des transferts de souveraineté instaurés en dehors du domaine économique au sens large, ceux-ci concernent :

— la création de l'euro (1995), monnaie européenne unique qui, à terme (2002) est appelée à remplacer le franc. La France s'est dessaisie de la maîtrise de sa politique monétaire et de change au profit de la Banque Centrale Européenne (B.C.E.). Il est vrai qu'avec la mondialisation la liberté de la Banque de France et du gouvernement était dans la pratique déjà très réduite ici. La valeur du franc était en réalité fixée par les marchés.

— L'abandon du contrôle aux frontières avec nos partenaires de l'Union et d'une politique des visas concernant le franchissement des frontières extérieures de l'Union. Les accords de Schengen (1986, entrés en vigueur en 1995), destinés à organiser la sécurité à l'intérieur de l'Union, concernant à l'origine certains seulement des partenaires, ont été communautarisés par le Traité d'Amsterdam.

— Enfin la France a été contrainte, comme on l'a vu (V. 159), d'accorder le droit de vote aux étrangers, citoyens de la Communauté, vivants sur son sol, mais selon les modalités définies par elle.

Sous-section 3

La France au sein des institutions européennes

383-384. Dans la mesure où des décisions prises par les institutions européennes peuvent s'imposer à la France, il est normal que celle-ci soit associée à leur élaboration en étant représentée en leur sein.

Quelles sont ces institutions ? Comment la France y est-elle représentée et comment peut-elle défendre ses opinions et ses intérêts ?

A Les institutions européennes

On se contentera ici de les décrire en quelques lignes, un enseignement spécial leur étant consacré (1).

— Le *Parlement européen,* qui comprend 626 députés, dont 87 Français, il a été renouvelé le 13 juin 1999. Il rend des « avis conformes » en certains domaines et dispose de pouvoirs de codécision et de veto dans d'autres, il adopte le budget, contrôle et peut censurer la Commission (ce qu'il a fait en 1999).

— Le *Conseil européen* qui réunit les 15 Chefs d'Etat ou de gouvernement des Etats-membres. Il est présidé à tour de rôle pour 6 mois par chaque Etat. Il organise la coopération politique entre les Etats, donne l'impulsion, fixe les orientations ; il n'adopte pas d'actes juridiques.

— Le *Conseil des ministres,* ou *Conseil de l'Union,* composé d'un représentant par Gouvernement, mais chaque Gouvernement se fait représenter par un ministre différent en fonction des questions inscrites à l'ordre du jour ; il se réunit donc en une vingtaine de formations spécialisées. C'est lui qui assure la participation des Etats à l'Union, il adopte les principales normes européennes : règlements et directives (V. 462).

— La *Commission :* y siègent 20 commissaires, un par Etat mais deux pour les grands Etats (dont la France). Elle dispose d'un pouvoir de proposition auprès du Conseil de l'Union et elle prend les mesures d'exécution des décisions adoptées par lui — sous forme d'actes réglementaires ou individuels — et, gardienne des Traités européens, elle peut engager des poursuites contre leur violation.

Dans cette hiérarchie des institutions le Parlement européen, même si ses pouvoirs ont été renforcés par le Traité d'Amsterdam, ne joue pas les premiers rôles — bien qu'il soit l'institution symbole de la démocratie européenne, étant le seul à être élu par la population des Etats-membres au suffrage universel direct. Dans la pratique le rôle moteur est assumé par la Commission et le Conseil des Ministres.

B La participation de la France

385. On vient de le voir la France est représentée dans chacune de ces institutions. Un représentant au Conseil européen et au Conseil des Ministres, deux à la Commission, quatre vingt-sept au Parlement. Cela lui permet d'être informée et de se faire entendre.

---

(1) On laissera de côté la Cour de justice des Communautés et le Conseil de l'Europe.

Surtout cela l'autorise à participer à l'adoption des décisions par ses votes. Au Conseil des Ministres le poids des Etats est pondéré selon leur importance. La France dispose de dix voix sur un total de quatre vingt-sept.

Les règles de majorité varient selon les institutions et les matières. La règle de l'unanimité — garantie de la souveraineté des Etats, puisqu'elle leur permet de faire échouer une initiative qui ne leur convient pas — est largement répandue mais elle est de plus en plus concurrencée par l'extension des domaines où les votes sont acquis à la majorité qualifiée. Ainsi au Parlement les décisions sont prises à la double condition de la majorité des suffrages exprimés et de la majorité des Etats-membres. Au Conseil des Ministres, l'institution de la majorité qualifiée est limitée depuis 1966 par le *compromis de Luxembourg,* imposé par de Gaulle, qui exige de poursuivre la discussion pour obtenir un accord unanime, lorsqu'un Etat estime que des intérêts très importants sont en jeu.

On verra plus loin comment les normes européennes sont contrôlées par le Parlement français (V. 511).

Chapitre 2
L'exécutif

386. Sur le plan formel, déjà la Constitution de 1958 tranche avec celle qui l'a précédée. Elle traite en effet du Président de la République et du Gouvernement avant de consacrer un titre au Parlement alors que la présentation inverse avait été suivie en 1946. L'ordre adopté par la Constitution a valeur de *symbole,* il traduit la volonté de renverser la suprématie parlementaire héritée par la IVe République de sa devancière et de restaurer l'exécutif.

L'exécutif ainsi revalorisé est *bicéphale.* Il est composé d'un Président de la République et d'un Gouvernement : le Président est l'autorité suprême ; élu depuis 1962 par le peuple, il n'est responsable que devant lui. Le Gouvernement, nommé par le Chef de l'Etat et ayant à sa tête un Premier ministre, doit jouir de la confiance de l'Assemblée nationale. Ce bicéphalisme est la continuation du schéma adopté depuis la IIIe République par nos institutions républicaines. Tout le problème est de savoir quel sera le vrai Chef de l'exécutif. Aux États-Unis la question ne se pose pas : c'est le Président. Ailleurs, en Grande-Bretagne ou en Allemagne par exemple, le Chef de l'État n'est pas le véritable Chef de l'exécutif, c'est le Premier ministre ou le Chancelier. En France la situation est originale et la pratique a assuré jusqu'en 1986 — et de 1988 à 1993, puis de mai 1995 à juin 1997 —, la domination du Président sur l'exécutif.

Section 1
Le Président de la République

Bibliographie : Jean MASSOT, *La présidence de la République en France,* 1986 ; — Jean MASSOT, *L'arbitre et le capitaine,* 1987.

Le texte de 1958 fait au Président de la République une place dans les institutions qui n'est pas très éloignée de celle prévue par la Constitution de 1875. Mais alors que la pratique de la IIIe République avait réduit à peu de chose le rôle du Chef de l'Etat, la Ve République devait connaître l'évolution inverse et le Président devenir pour longtemps le premier acteur du jeu politique.

Sous-section 1
Désignation du Président de la République

Il n'y a pas de système idéal de désignation du Président de la République. Toutes les républiques se trouvent confrontées à ce problème qui rejaillit sur l'autorité du Chef de l'Etat : en théorie, une investiture parlementaire lui donne un médiocre prestige, alors qu'une investiture populaire lui confère une autorité considérable de nature à bouleverser l'équilibre institutionnel à son profit.

En 1958, l'investiture parlementaire fut écartée, mais le système original alors retenu a été révisé en 1962 pour faire place à l'élection au suffrage universel *direct.*

§ 1. Le système de 1958

387. De Gaulle était hostile à l'investiture parlementaire qui fait du Président l'élu des partis. Mais, dans un premier temps, il ne voulut pas retenir l'élection au suffrage universel direct, pour ménager « les susceptibilités » politiques et par crainte de se faire accuser d'instituer un régime plébiscitaire. En outre, à l'époque, il aurait fallu résoudre le délicat problème du droit de vote des populations d'outre-mer plus nombreuses que les citoyens de la métropole.

Le Président est donc élu par un collège électoral composé par les membres du Parlement, les conseillers généraux, des représentants élus des conseils municipaux (en nombre variable selon l'importance de la commune, mais, conformément à la tradition française, les zones rurales étaient largement favorisées), des représentants des territoires d'outre-mer. Approximativement on désignait 1 électeur pour 700 habitants.

En pratique, *l'élection au suffrage universel indirect* du Chef de l'Etat était l'œuvre d'un collège de notables réunissant environ 80.000 personnes, sur lesquelles 95 % à peu près avaient été désignées par les conseils municipaux, et au sein duquel les parlementaires étaient noyés.

Ce collège désignait, pour 7 ans, un Président indéfiniment rééligible.

Ce système n'a joué qu'une fois. Il a permis d'élire pour son premier mandat le Général de Gaulle le 21 décembre 1958, celui-ci obtenant 78,5 % des voix.

§ 2. Le système de 1962

388. La révision constitutionnelle promulguée le 6 novembre 1962 parachève les institutions de la Ve République. Elle instaure l'élection du Président au suffrage universel direct (v. 59).

De Gaulle a préconisé cette réforme en pensant à ses successeurs qui n'auraient pas sa légitimité historique et qui devraient, pour pouvoir assumer la charge suprême, bénéficier de la « confiance explicite » de la nation (discours du 20 septembre 1962). Lui, n'en avait pas besoin. Il y voyait aussi une façon de soustraire la désignation du Chef de l'Etat aux intrigues des partis.

A La période électorale

Quand procède-t-on à l'élection ? Il faut distinguer deux hypothèses :

— *l'hypothèse normale* dans laquelle le Président parvient au terme de son mandat de 7 ans. Cette situation s'est produite quatre fois, en 1965, en 1981, en 1988 et en 1995.

La nouvelle élection a lieu 20 jours au moins, 35 jours au plus avant la fin du mandat présidentiel. Il faut éviter une vacance de la présidence, aussi consulte-t-on le corps électoral avant le terme des fonctions du Président en place, mais, comme il faut conserver son autorité à celui-ci le plus longtemps possible, la coexistence d'un Président sortant et d'un Président désigné est limitée au maximum, elle est beaucoup plus brève qu'aux Etats-Unis par exemple.

— *l'hypothèse exceptionnelle* constituée par le décès (Pompidou, 1974), la démission (de Gaulle, 1969), la destitution du Président, ou encore l'empêchement définitif d'exercer ses fonctions constaté par le Conseil constitutionnel à la demande du Gouvernement. Le délai est ici encore de 20 à 35 jours mais *après* la déclaration de vacance. On concilie ainsi la nécessité de pourvoir au plus tôt au remplacement du Président précédent et l'exigence de l'organisation d'une campagne électorale régulière et suffisamment longue.

La date de l'élection est fixée par décret en Conseil des Ministres.

B Les candidatures

389. Le Constituant souhaitait que seules des personnalités d'envergure nationale puissent se présenter. Mais les règles posées à l'origine se sont révélées insuffisantes pour faire barrage aux candidatures fantaisistes. Leur multiplication, sensible en 1974 avec 12 candidats, risquait de fausser le scrutin et d'enlever du sérieux à une compétition dont l'enjeu est la plus haute charge de l'Etat. Aussi les dispositions initiales ont-elles été renforcées par la révision constitutionnelle du 18 juin 1976. Il n'est pas certain d'ailleurs qu'on soit allé assez loin. En 1981, il y eut 10 candidats, 9 en 1988 et 9 encore en 1995.

1. Candidatures pour le premier tour

a) *La présentation des candidats*

• Tout citoyen peut poser sa candidature à l'élection présidentielle à condition de recevoir le *patronage* de 500 élus nationaux ou locaux (avant 1976 : 100) : parlementaires, conseillers régionaux, conseillers généraux, délégués des Français de l'étranger, conseillers de Paris, maires, membres de l'assemblée de Corse et des assemblées territoriales des T.O.M., (mais non les simples conseillers municipaux), soit environ 1/80e des « parrains » possibles (40519 en 1988). Les élus doivent appartenir à 30 départements ou territoires différents et le nombre des signataires élus du même département ne doit pas dépasser 10 %. Il ne suffit donc pas d'être un notable régional, il faut avoir une *audience nationale.*

• Les *noms des « présentateurs » sont publiés au Journal Officiel* 8 jours avant l'élection et chaque personnalité ne peut parrainer qu'un candidat en utilisant un formulaire spécial. Cette publicité a été sagement prescrite par la réforme de 1976 ; les citoyens ont le droit de savoir aux côtés de qui leurs élus s'engagent. Dans l'hypothèse où un candidat a obtenu le soutien de plus de 500 signataires, 500 noms seulement seront publiés après tirage au sort.

Les nouvelles règles de présentation ont pour effet d'écarter de l'élection présidentielle les dirigeants des formations ou courants politiques mineurs qui se plaignent amèrement de ne pouvoir être présents lors du plus grand débat de notre vie politique. Les grands partis sont au contraire assez favorables à ces dispositions qui suppriment une concurrence de nature à leur faire perdre quelques points de pourcentage au premier tour de l'élection et ils donnent consigne à leurs élus de ne pas céder à l'insistance des candidats marginaux venus solliciter leur signature. En même temps, un jeu subtil peut s'établir, certains partis suggérant à leurs élus locaux d'accorder leur patronage à des candidats suffisamment éloignés d'eux pour ne pas mordre sur leur corps électoral mais, en revanche, tout à fait capables d'amputer la clientèle de leurs adversaires. De toute façon, les 9 candidats à l'élection présidentielle de 1995 couvraient convenablement les différents courants politiques.

b) *Les formes et délais de candidature*

• Il n'y a pas *d'acte de candidature à proprement parler,* les candidats sont présentés par leurs parrains et les présentations doivent parvenir au Conseil constitutionnel 18 jours au moins avant le premier tour du scrutin. Le Conseil s'assure du consentement des candidats et vérifie que les conditions requises pour que la candidature soit régulière sont remplies, en particulier il contrôle par des sondages l'authenticité des signatures des présentateurs, et il arrête, et le Gouvernement publie, la liste des candidats 15 jours au moins avant le premier tour.

Le candidat doit déposer un état chiffré de son patrimoine. Celui du candidat élu sera publié au Journal Officiel et à la fin de son mandat le Président devra déposer un nouvel état que publiera le Journal Officiel. Cette formalité permet de vérifier que le Président ne s'est pas servi de ses fonctions pour s'enrichir.

• L'élection aurait pu être faussée *si un candidat décède ou est empêché avant le premier tour.* Si rien n'avait été prévu, le délai restant étant trop bref, ou la liste des candidats étant arrêtée, une fraction importante et peut-être même majoritaire de la population aurait pu se retrouver sans candidat dans lequel se reconnaître. Aussi, comblant une lacune, la révision constitutionnelle de 1976 dispose-t-elle que si moins de 30 jours avant la date de clôture des présentations une personnalité a fait connaître son intention d'être candidate et qu'elle décède dans les 7 jours précédant cette date, le Conseil constitutionnel *peut* décider le report de l'élection. Un pouvoir d'appréciation est laissé au Conseil sur l'influence de cette défection sur le résultat de l'élection et sur la possibilité de trouver un autre candidat dans le délai restant à courir. Si l'empêchement intervient après la clôture du délai de présentation, le Conseil perd toute liberté du jugement et *doit* reporter l'élection.

2. Candidatures pour le second tour

390. Si aucun candidat n'a obtenu la majorité absolue des suffrages exprimés au premier tour, un second tour est organisé 15 jours après le premier ; *deux candidats seulement restent alors en compétition.* Cette originalité du scrutin de ballottage renforce l'autorité de l'élu, celui-ci recueillant nécessairement la majorité absolue des suffrages exprimés.

En principe, ce sont les deux candidats ayant obtenu le plus de suffrages au premier tour qui se retrouvent au second. Cependant des désistements sont possibles. Des alliances partisanes entraînées par ce duel peuvent amener à favoriser un candidat moins bien placé qui apparaît comme présentant de meilleures chances au second tour. Ainsi dans l'hypothèse de deux candidats de gauche arrivés en 2e et 3e position, le communiste pourrait être amené à se retirer pour assurer le succès du candidat socialiste arrivé derrière lui, mais plus acceptable par la majorité du corps électoral. Aussi la Constitution prévoit-elle que sont admis à se présenter au second tour les deux candidats qui, compte tenu des retraits éventuels, ont recueilli le plus grand nombre de voix au premier tour.

Ici encore, il fallait envisager le décès ou l'empêchement de l'un des candidats entre le premier et le second tour. Dans ce cas, le Conseil constitutionnel déclare que *l'ensemble* de l'opération électorale doit être recommencé.

C La campagne électorale

391. L'élection au suffrage universel a bouleversé la physionomie de la compétition, elle est devenue *l'événement majeur de la vie politique.* Sous les républiques précédentes les candidats à la présidence n'avaient pas à faire campagne. Ils étaient élus par le Parlement sur leur nom, leur image, la réputation qu'ils avaient réussie à se faire au sein des Assemblées. Il n'était pas question pour eux de définir et défendre un programme. De tels comportements ne sont plus de mise aujourd'hui, il faut s'assurer les suffrages du corps électoral dans son ensemble.

La campagne *officielle* est très brève puisqu'elle ne dure que quinze jours pour le premier tour et huit jours pour le second. Dans la pratique, elle s'ouvre des mois à l'avance, les candidats prenant position pour se faire connaître, s'assurer le soutien de leur parti, éliminer des rivaux...

La campagne officielle est réglementée. Elle est placée sous la surveillance d'une *Commission nationale de contrôle* (C.N.C.) dont la mission principale est d'assurer *l'égalité entre les candidats* dans les domaines autres que l'audiovisuel. Outre une organisation de l'affichage, trois aspects font l'objet de dispositions particulières :

— *le financement de la campagne.* — Plusieurs lois, la dernière du 19 janvier 1995, se sont efforcées d'instaurer une certaine « transparence » sur les ressources et les dépenses des candidats et, en même temps, d'instituer par un financement public une certaine égalité entre eux.

Le plafond des dépenses que peut engager un candidat est fixé à 90 millions, somme portée à 120 millions pour chacun des deux candidats présents au second tour. Le financement est mixte : privé et public. Les dons des entreprises sont interdits et ceux des particuliers sont plafonnés (à 30 000 francs), ceux des partis sont libres. De son côté l'Etat verse à chaque candidat une avance forfaitaire de un million de francs. Après l'élection le candidat recevra, au titre de remboursement de ses frais de campagne, 1/20e ou 1/4 du montant du plafond — selon qu'il a obtenu moins ou plus de 5 % des suffrages — (sans pouvoir excéder les dépenses engagées). Les comptes de campagne (retraçant les dépenses et les recettes des douze mois précédant le scrutin) sont déposés au Conseil constitutionnel et publiés au Journal Officiel, esquissant ainsi un embryon de contrôle sur leur véracité.

— *la propagande à la radio et à la télévision.* — L'utilisation de la radio et de la télévision est contrôlée par le *Conseil Supérieur de l'Audiovisuel* (C.S.A.). Le Conseil veille à l'égalité entre les candidats, c'est-à-dire à ce que ceux-ci disposent sur les antennes du même nombre et du même temps d'émission. Ainsi, en 1995, chaque candidat a bénéficié, par exemple au premier tour d'1 h 30 sur France 2 et d'1 h sur France Inter. Depuis 1974 les deux candidats restés en lice au second tour prennent part à un face à face télévisé en direct. Des règles très minutieuses ont aussi été posées concernant les modalités de ces émissions. Mais les compétences du C.S.A. se superposent parfois à celles de la C.N.C. Une harmonisation est souhaitable.

Dans le domaine de l'audiovisuel, qui tient une place considérable et peut-être déterminante dans la campagne, toute réglementation ne peut qu'être imparfaite : dans la pratique, on l'a dit, les candidats n'attendent pas la campagne officielle pour se manifester, comment assurer un traitement équilibré entre eux à la radio et à la télévision pendant la pré-campagne ? D'autre part, il faut tenir compte de l'existence de stations et de chaînes privées à l'égard desquelles le C.S.A. n'a pas les mêmes pouvoirs que sur les sociétés nationales de programme et ne peut intervenir que par des « recommandations ». Comment éviter que certains candidats ne soient favorisés par leurs moyens financiers et leurs relations ?

— *les sondages électoraux* sont réglementés depuis une loi du 19 juillet 1977 valable pour toutes les élections nationales. Une *commission des sondages* est instituée pour veiller au respect de la déontologie de la profession. D'autre part, la publication des résultats des sondages est suspendue pendant la semaine qui précède chaque tour de scrutin. On a voulu éviter par là que la connaissance des intentions de vote n'influence le comportement des électeurs. Pourtant les effets de cette publication sont très controversés, les citoyens pouvant d'ailleurs s'informer par la presse étrangère ou par Internet, non touchés par la loi. En outre, le Tribunal correctionnel de Paris a estimé, le 15 décembre 1998, que cette prohibition était contraire au principe de la liberté d'expression, consacrée par la Convention européenne des droits de l'homme. La loi de 1977 paraît condamnée à disparaître.

D Les résultats

392. Les résultats de l'élection sont arrêtés et proclamés par le Conseil constitutionnel. Est déclaré élu le candidat qui a obtenu la majorité absolue des suffrages exprimés. Le Conseil est aussi chargé du *contentieux* de l'élection, c'est-à-dire que les réclamations éventuelles sont tranchées par lui. Elles doivent être formées dans les 48 heures après le scrutin par un candidat, un électeur ou le Préfet.

§ 3. Les élections présidentielles de la Ve République

393. Si on laisse de côté l'élection au suffrage universel indirect de 1958, six élections présidentielles ont été organisées au suffrage direct depuis la révision de 1962.

— L'élection des 5 et 19 *décembre 1965* où, à la surprise générale, de Gaulle est mis en ballotage par F. Mitterrand, candidat unique de la gauche, et surtout par Jean Lecanuet, représentant l'opposition centriste. *Charles de Gaulle*, sûr de sa légitimité et de son investiture historique n'a pratiquement pas fait campagne ; il doit descendre dans l'arène et batailler avant d'être élu au second tour (55,20 %). Cette élection permet à l'union de la gauche de s'amorcer et à la bipolarisation de se confirmer.

— L'élection des 1er et 15 *juin 1969.* A la suite de la démission du Général de Gaulle, *Georges Pompidou* l'emporte sur Alain Poher qui assurait l'intérim de la présidence (58,21 %). La particularité de ce scrutin est l'absence au second tour de la gauche, incapable de se mettre d'accord sur un candidat unique au premier tour. Georges Pompidou assure la continuité du Gaullisme.

— L'élection des 5 et 19 *mai 1974.* Causée par le décès de Georges Pompidou. Au premier tour une « primaire » à droite oppose Jacques Chaban-Delmas à Valéry Giscard d'Estaing. Elle tourne à l'avantage du second auquel Jacques Chirac a rallié une partie des gaullistes. François Mitterrand, candidat de l'union de la gauche (retour à la bipolarisation) est très près de l'emporter au second tour sur *V. Giscard d'Estaing,* qui obtient 50,80 % des suffrages, soit 480.000 voix de majorité. Cette élection marque la disparition du Centre ; en outre un non gaulliste est Président.

— L'élection du 26 avril-*10 mai 1981.* La primaire à droite oppose cette fois le Président sortant à Jacques Chirac et tourne à l'avantage du premier. Mais les partisans de J. Chirac, déçus par son échec, boudent le second tour et n'apportent pas à Valéry Giscard d'Estaing les suffrages qu'il pouvait escompter. A gauche *François Mitterrand*, qui a, cette fois-ci, contre lui un candidat communiste, fait campagne sur la « force tranquille », la perspective de « changer la vie » et la réalisation d'un programme en 110 propositions ; il l'emporte au second tour de plus d'un million de voix (51,75 contre 48,24 %). Ainsi est réalisée « l'alternance » que les élections législatives de juin vont confirmer.

— L'élection du 24 avril-*8 mai 1988*. Le Président sortant, François Mitterrand, fait une campagne très « désidéologisée » de « rassembleur ». Il est facilement réélu au second tour : 2.500.000 voix de différence, 54 % contre 46 % à Jacques Chirac. Au premier tour, *F. Mitterrand* avait pris sans difficulté le dessus sur le candidat du P.C., alors que Jacques Chirac, malgré un résultant décevant (19,94 %) emportait la primaire à droite sur Raymond Barre (16,54 %). Cette élection a été marquée en particulier par la confirmation du poids électoral de la formation d'extrême droite du Front National : Jean-Marie Le Pen obtient 14,39 % des suffrages exprimés.

— L'élection du 23 avril- et *7 mai 1995*. Cette fois encore l'élection se joue droite contre gauche. Au premier tour, Lionel Jospin (P.S.) arrive en tête avec 23,30 % des suffrages, suivi par Jacques Chirac (20,84 %) qui devance trois autres candidats de droite : E. Balladur (18,58 %), J.-M. Le Pen (15 %) et Ph. de Villiers. Au second tour *J. Chirac* l'emporte avec 52,64 % des voix contre 47,36 à L. Jospin.

Tous les Présidents donc ont été élus au second tour et, sauf en 1969, celui-ci a opposé, à travers les candidats, la droite à la gauche.

Sous-section 2
Le statut du Président de la République

Le statut du Président est destiné à garantir l'exercice régulier et effectif de ses fonctions et à limiter sa responsabilité à l'hypothèse où il trahit les devoirs de sa charge.

§ 1. L'exercice des fonctions

Le Président doit se consacrer à ses fonctions pendant la durée de son mandat, il ne peut donc exercer d'autres activités publiques ou privées. Une tradition veut qu'il abandonne ses mandats électifs.

A La durée du mandat du Président

394. Le *mandat* du Président est de 7 ans, il est indéfiniment renouvelable. Cette règle est assez exceptionnelle pour un Chef de l'Etat ayant de tels pouvoirs.

Aussi a-t-elle donné lieu à de vives controverses qui ne sont pas éteintes. Alors que le Programme commun de Gouvernement de la gauche mettait en cause, en 1972, le septennat, Georges Pompidou, en 1973, faisait voter par les Chambres une révision de la Constitution ramenant le mandat à 5 ans, mais sans réunir le Congrès pour achever la réforme ; puis, tour à tour, Valéry Giscard d'Estaing (1974), François Mitterrand (1977 et 1981) et, à nouveau V. Giscard d'Estaing (1987 et 1990) proposèrent un mandat de 5 ou de 6 ans, ou encore de 7 ans non renouvelable. Le débat a rebondi au lendemain des élections de 1997.

A vrai dire, les attitudes à l'égard de la révision constitutionnelle font preuve de peu de cohérence. L'histoire de la Ve montre un chassé-croisé des positions des formations politiques selon qu'elles se trouvent ou non au pouvoir. Révisionnistes dans l'opposition, les partis se transforment en conservateurs lorsqu'ils le conquièrent. Plus ils sont proches du pouvoir, plus ils se satisfont des institutions.

1. Les arguments en faveur de la réduction de la durée du mandat

• Les adversaires du septennat font valoir qu'il n'est pas conforme à l'idéal démocratique qu'un Président, titulaire de pouvoirs si considérables, reste aussi longtemps *affranchi de tout contrôle* populaire ou parlementaire. Il serait souhaitable que la durée de son mandat soit alignée sur celle de l'Assemblée, c'est-à-dire ramenée à 5 ans. C'est là l'argument essentiel.

• Cela résoudrait aussi le problème de la *cohabitation,* où un Président élu par une certaine majorité se trouve en présence d'une Assemblée nationale où dominent les députés élus par une majorité opposée à lui. Mais le quinquennat ne réglerait rien, car rien ne prouve que le corps électoral choisirait nécessairement le Président de la République dans le même camp que la majorité parlementaire. Il peut au contraire trouver une garantie supplémentaire contre les abus de cette majorité dans la présence à la tête de l'Etat d'une personnalité appartenant à une autre famille politique. On ne vote pas aux élections présidentielles comme aux élections législatives, cela se constate aux Etats-Unis et s'est produit au Portugal.

• D'autre part et surtout, il arrivera soit que le Président décide une dissolution, soit qu'il n'achève pas son mandat (décès, démission), ce qui dissociera le rythme des deux élections. Il faut imaginer alors que la dissolution entraîne automatiquement la démission du Président afin de rétablir la coïncidence des mandats, élections législatives et élections présidentielles étant organisées en même temps ; ou, dans la seconde hypothèse, l'institution d'un Vice-Président de la République qui terminerait le mandat du Président (perspective débattue d'ailleurs à plusieurs reprises depuis 1958). Il faut se demander aussi ce que devient alors le Premier Ministre : peut-il se maintenir ou doit-il se retirer ? La réforme prend, on s'en aperçoit, une autre ampleur, la dissolution en particulier perd beaucoup de sa crédibilité : le Président y regardera à deux fois avant d'abréger ainsi son propre mandat.

2. Les arguments en faveur du septennat

395. Les défenseurs du septennat, de leur côté, estiment que *l'esprit de la fonction présidentielle* veut que le statut du Président soit détaché de celui de l'Assemblée pour lui assurer l'indépendance, la continuité, et permettre une appréciation sereine des intérêts à long terme de la nation. Il est concevable certes de réduire à 5 ans le mandat du Président, mais alors c'est un autre régime qui se met en place. Dans cette réforme s'inscrirait pour l'avenir soit le retour aux présidents effacés de la IIIe République, soit au contraire l'affirmation d'un Président étroitement engagé dans l'action politique aux côtés du Gouvernement.

Il n'en reste pas moins que 7 ans c'est long et qu'en certaines circonstances le Président peut s'interroger sur le soutien de la nation à sa politique. Sa légitimité originelle s'estompe peu à peu au cours de son mandat. Aussi le Général de Gaulle comme Georges Pompidou ont-ils usé du référendum comme substitut à l'élection présidentielle pour éprouver les sentiments des citoyens à leur égard. Retrempée dans l'approbation populaire, l'autorité du Président peut s'exercer avec une vigueur renouvelée ; désavoué par les électeurs, il lui faut se retirer, c'est ce que fit de Gaulle en 1969.

3. Pour un septennat non renouvelable

A la vérité, le septennat se justifie si le Président accepte de se tenir à l'écart du jeu politique, apparaît comme un facteur d'unité, défend les intérêts vitaux et permanents de la nation. Si, au contraire il se comporte en acteur principal de la vie politique, en chef de la majorité, le septennat n'a plus de raison d'être. Les cohabitations ont d'ailleurs montré que le pays apprécie que le Président prenne de la distance par rapport au jeu politique, qu'il s'estime en charge seulement de la défense de l'intérêt supérieur de la nation.

En définitive on peut se demander si la meilleure solution ne consisterait pas en un *septennat non renouvelable.* Le Président y gagnerait en indépendance et en liberté d'esprit. On éviterait l'impression désagréable que dans la seconde partie de son mandat, et parfois plus tôt, le Président est surtout préoccupé de sa future réélection. Et on devrait quand même trouver tous les sept ans en France un homme capable d'être Président.

B L'intérim et la suppléance

395 *bis.* 1) En cas de vacance de la présidence ou d'empêchement du Président, un *intérim* est organisé.

• *La vacance* se produit lorsqu'il n'y a plus de Président : démission, décès, destitution par la Haute Cour. Dans le silence de la Constitution, c'est le Conseil Constitutionnel qui, en pratique, la *constate* et déclare ouvert le délai pour l'élection d'un nouveau chef de l'Etat.

• *L'empêchement,* lui, est *déclaré* par le Conseil, à la demande du Gouvernement, lorsque le Président n'est plus en état de façon définitive, d'exercer ses fonctions : maladie, captivité... Dans certains cas il sera délicat pour le Gouvernement de saisir le Conseil... (Pompidou, Mitterrand).

• Dans ces deux cas, un *intérim* est confié au Président du Sénat dont le rôle essentiel est d'organiser les élections présidentielles dans un délai de 20 à 35 jours. Si le Président du Sénat était à son tour empêché, l'intérim serait assuré par le Gouvernement. Les pouvoirs du Président par intérim sont très larges : il dispose de toutes les compétences présidentielles avec trois exceptions : il ne peut ni dissoudre la Chambre — qui ne peut, de son côté, renverser le Gouvernement — ni organiser de référendum, ni réviser la Constitution. En revanche, il peut parfaitement recourir à l'article 16 (v. 420).

Ces dispositions ont joué deux fois en vingt-cinq ans : lors de la démission du Général de Gaulle en 1969 et en raison du décès de Georges Pompidou en 1974. Les deux fois, ce fut Alain Poher, alors Président du Sénat, qui assura l'intérim.

2) En cas d'absence du Chef de l'Etat (maladie, voyage à l'étranger), une *suppléance* peut être organisée. Ainsi le Président de la République peut déléguer au Premier ministre le droit de présider le Conseil des ministres convoqué sur un ordre du jour déterminé. Cette situation s'est produite 5 fois (2 en 1964, 1 en 1973, 1 en 1992 et en juillet 1994).

C L'organisation de la présidence

396. Le Président est assisté dans son travail par une équipe de collaborateurs directs. Une quarantaine de personnes aujourd'hui. Le choix est effectué discrétionnairement par lui sans contreseing. Au total, avec le personnel d'exécution, près de 800 personnes travaillent dans les services de la présidence.

On distingue trois sortes de services :

— *Le secrétariat général de la présidence de la République* qui assure le lien avec les services et les administrations et instruit les dossiers importants. Il est *tourné vers l'Etat.* Il est placé sous l'autorité d'un secrétaire général (actuellement M. Dominique de Villepin) qui est le collaborateur le plus direct du Président.

— *Le cabinet* qui assure la liaison avec le pays (courrier, déplacements, audiences, réceptions, sécurité, mais pas les relations avec la presse) et la marche des services internes de l'Élysée. Son rôle est moins politique que celui du secrétariat. Il est *tourné vers la nation.* A sa tête est placé un directeur qui est actuellement M. Bertrand Landrieu.

— *La maison militaire* qui constitue l'état-major particulier du Chef de l'Etat, placé sous l'autorité d'un officier général. C'est l'homologue, pour les affaires militaires, du secrétariat général.

Le budget de la présidence est inscrit dans le budget de l'Etat (au titre des « charges communes »), traditionnellement sans débat, et il est affranchi des contrôles administratifs habituels. Beaucoup de dépenses sont prises en charge par les ministères (qui rémunèrent 98 % du personnel), au total il représente 250 à 300 M.F. environ.

§ 2. La responsabilité du Président de la République

L'irresponsabilité traditionnelle du Chef de l'Etat connaît des limites. Et on peut se demander si la contrepartie de cette irresponsabilité ne devrait pas être l'impartialité, l'indépendance à l'égard des partis ?

A Responsabilité devant le peuple

397. — Si « en théorie » le Président est irresponsable politiquement, il faut cependant se demander si *en pratique,* dans certaines circonstances *il n'est pas responsable devant le peuple ?*

a) soit s'il engage explicitement son mandat *lors d'un référendum* comme le Général de Gaulle en 1962 et 1969. Il pose alors une véritable question de confiance à la nation.

b) Soit même, selon certains, *lors des élections législatives* organisées au moins une fois pendant sa présidence. On a soutenu en effet qu'elles étaient l'occasion pour le peuple de mettre en cause la responsabilité du Président, en raison du rôle joué par lui dans la définition de la politique de la nation. Cette thèse est souvent dite « du troisième tour » : l'élection législative constituerait en même temps le troisième tour de l'élection présidentielle. Mais peut être faudrait-il faire une distinction :

• S'il s'agit d'élections intervenant *au terme de la législature,* le Président n'a pas d'obligation constitutionnelle de se retirer au cas où une majorité opposée à lui l'emporterait.

En même temps, sur le plan politique, la situation peut apparaître intenable s'il s'est engagé de façon active au cours de la campagne en faveur du camp rejeté par la majorité du corps électoral — on pense ici à l'attitude adoptée en 1962, 1967 et 1968 par de Gaulle, invitant sans détour les électeurs à voter pour les candidats soutenant sa politique, et, au-delà, pour ou contre lui ; l'élection était utilisée comme un substitut du référendum plébiscitaire. La possibibilité sur le plan politique pour le Président de se maintenir en fonction dépend alors du degré de son engagement dans la campagne et de l'étendue de la victoire de la nouvelle majorité : une marge faible peut être interprété comme ne constituant pas un désaveu suffisant pour obliger le Président à se démettre. C'est probablement ce qu'a estimé F. Mitterrand en 1986 après que la droite l'ait emporté de trois sièges seulement.

• Lorsqu'il s'agit d'élections faisant suite à une *dissolution,* à travers laquelle le Président recherche une majorité décidée à mettre en œuvre son programme, ne faudrait-il pas considérer que le Président met son mandat en jeu et devrait l'abandonner si la nouvelle majorité de l'Assemblée lui était hostile (sauf cependant si la dissolution intervient tout de suite après une élection présidentielle ; on peut estimer en effet alors que le peuple tout en ne lui donnant pas de majorité n'a pas voulu désavouer le Président qu'il vient d'élire) ? M. Chirac n'en n'a pas jugé ainsi — il est vrai que les expériences précédentes ont dédramatisé la cohabitation —, il n'en reste pas moins fort affaibli en face de la majorité de gauche. Charles de Gaulle, lui, serait très certainement parti.

c) Enfin beaucoup d'auteurs soutiennent que le Président engage sa responsabilité devant le peuple lorsqu'il est *candidat à une réélection.* C'est une fausse interprétation. Le Président-candidat ne soumet pas son bilan aux électeurs pour approbation ou désaveu, il leur demande s'il est, à leurs yeux, le meilleur des candidats en présence. Dans cette appréciation son comportement passé n'est qu'un élément parmi d'autres atouts ou handicaps, et surtout entre en jeu la comparaison avec ce que représentent, apportent, promettent les autres candidats, leur aptitude à faire rêver. Qui peut sérieusement soutenir que, si en 1981, M. Giscard d'Estaing avait trouvé M. Marchais en face de lui au second tour, les Français pour sanctionner le bilan du Président sortant auraient choisi ce dernier ?

B Responsabilité pénale et civile

398. La question de la responsabilité pénale et civile du Président a pris une grande actualité depuis 1998. Le très vif débat qui s'est alors ouvert n'est pas toujours exempt d'arrière-pensées politiques.

Comment se pose le problème ?

On trouve dans la Constitution un article 68 ainsi rédigé : « le Président de la République n'est responsable des actes accomplis dans l'exercice de ses fonctions qu'en cas de haute trahison. Il ne peut être mis en accusation que par les deux assemblées (...) ; il est jugé par la Haute Cour de Justice ».

Cette formulation fait apparaître une certitude et des incertitudes.

— La certitude : s'agissant *des actes accomplis dans l'exercice de ses fonctions,* le Président ne peut être poursuivi que si ceux-ci sont constitutifs de haute trahison. La Haute Cour est seule compétente pour en connaître.

— Les incertitudes : le Président peut-il être poursuivi pénalement et civilement pour les actes accomplis pendant l'exercice de ses fonctions mais *sans lien avec celles-ci ?* Peut-il être mis en cause pour des actes *antérieurs à sa prise de fonction ?* Dans les deux cas, dans quelles conditions, devant quelle juridiction ?

Aucune solution ne s'impose véritablement. Dans un sens en effet, on ne voit pas pourquoi le Président bénéficierait pour les actes de sa vie privée d'un privilège d'irresponsabilité dont ne disposerait pas un simple citoyen. D'ailleurs le constituant en prévoyant un régime particulier pour les actes accomplis dans l'exercice des fonctions, ne renvoie-t-il pas par là même indirectement pour les autres au droit commun ?

En même temps, dans un autre sens, la perspective de voir le Président déféré devant la justice à tort ou à raison par une multitude de citoyens vindicatifs ou désaxés, suscite un malaise. Il ne bénéficierait même pas de la protection accordée aux parlementaires poursuivis pour des crimes ou des délits (V. 468). Si le Président est situé au sommet de la pyramide des autorités et s'il est bon que sa responsabilité puisse être engagée, n'est-il pas aussi celui qui a le plus besoin d'être protégé ? Les attributions que lui confie l'article 5, en particulier, ne doivent-elles pas pouvoir être exercées dans la sérénité sans que le Chef de l'Etat soit déstabilisé, énervé, persécuté par des actions abusives ?

C'est pourquoi il faut considérer que la dignité de la fonction s'oppose à ce que le Président soit poursuivi au moins pénalement *pendant la durée de ses fonctions* pour les actes relevant de sa vie privée ou antérieurs à son mandat. *Sa responsabilité sera suspendue* durant ses fonctions pour reprendre dans les conditions du droit commun à leur terme. Il serait cependant souhaitable que cette solution soit expressément consacrée par la Constitution.

Le Conseil constitutionnel dans sa décision du 22 janvier 1999 a semblé adopter une autre solution. Pour lui les deux phrases de l'article 68 seraient indépendantes l'une de l'autre : la première aurait une portée particulière et concernerait seulement les actes accomplis dans l'exercice des fonctions présidentielles, la seconde aurait une portée générale et viserait toutes les actions contre le Président et lui accorderait le privilège d'être jugé par la Haute Cour. Cette thèse ne peut être retenue, elle ne serait défendable que si l'ordre des phrases était inversé, le cas particulier étant alors énoncé, comme il est logique, après la règle générale.

Les poursuites pour crimes et délits doivent donc, à notre avis, être suspendues pendant la durée des fonctions du Président. On évoquera alors l'hypothèse où celui-ci se rend coupable d'un crime atroce — il tue sa femme ou sa maîtresse — n'y aurait-il pas scandale à attendre la fin de son mandat pour le juger (et il peut être réélu indéfiniment !) ? Si une telle situation se présentait, les parlementaires pourraient saisir la Haute Cour, considérant que *l'absence de démission* du président constitue une trahison des devoirs de sa charge. Ces devoirs ne sauraient se réduire en effet au respect de ses obligations constitutionnelles (V. 399).

C Responsabilité pour haute trahison : la Haute Cour

399. La responsabilité du Président peut être engagée devant la **Haute Cour de Justice** pour *haute trahison.* La Haute Cour entre dans la catégorie des juridictions politiques.

1. Composition de la Haute Cour de justice

Les membres de la Haute Cour sont élus par les chambres dans leur sein : chaque chambre désigne 12 titulaires et 6 suppléants, pour la durée de la législature, ou, au Sénat, après chaque renouvellement triennal. Ils choisissent l'un d'eux comme Président.

Tous prêtent serment de se conduire en « dignes et loyaux magistrats », ils sont astreints au secret et peuvent être récusés. On tente ainsi d'imposer une obligation d'impartialité à ces juges d'occasion. D'autre part, sans que la Constitution y oblige, on s'efforce de procéder à des désignations qui donnent une image réduite de la composition des assemblées, ce qui ne va pas parfois sans soulever des difficultés et retarde, ou empêche, l'élection.

2. Compétence de la Haute Cour

La Haute Cour juge le Président de la République pour haute trahison. Celle-ci n'est pas définie de façon précise et il appartient à la Haute Cour d'apprécier souverainement si elle est constituée. On peut imaginer que la Cour qualifie ainsi une infraction définie par le Code pénal : meurtre, concussion, trahison, ou encore un comportement politique : abandon ou manquement aux devoirs de sa charge, violation de la Constitution, refus de promulguer une ou plusieurs lois, utilisation abusive de l'article 16 ou de ses autres pouvoirs propres... *La liberté de qualification peut se révéler un jour dangereuse pour un Chef de l'Etat* en conflit ouvert avec le Parlement. Rien n'empêche que, par cette voie, ne s'introduise une autre forme de responsabilité politique du Président.

3. Procédure devant la Haute Cour

La Haute Cour est saisie par une résolution votée par chaque Chambre, à la majorité absolue des membres la composant.

Elle est assistée par une Commission d'instruction, composée de 5 membres de la Cour de Cassation, qui procède à un premier examen du dossier. Seule cette Commission peut décider, selon son appréciation, de transmettre (« renvoyer ») ou non l'affaire à la Haute Cour. Le fait que l'instruction soit confiée à cette Commission témoigne du souci de juridictionnaliser la procédure.

Les débats de la Haute Cour sont publics et se déroulent en respectant les règles du Code de procédure pénale. Les arrêts sont rendus à la majorité absolue, ils ne sont susceptibles d'aucun recours. En principe, la Haute Cour prononce l'acquittement ou la destitution du Président. Mais, la Constitution établissant ici une procédure dérogatoire au droit commun, on doit admettre qu'elle est aussi souveraine dans la détermination de la peine qu'elle l'est pour la qualification des faits, elle pourrait donc condamner le Président à toute peine, prévue ou non par le Code pénal. Dans une période troublée, la porte serait ouverte à des décisions extrêmes prises sous l'empire de la passion.

Dans notre histoire depuis la Révolution, deux Chefs de l'Etat seulement ont été condamnés pour leur action politique : le roi Louis XVI en 1793 et le Maréchal Pétain en 1945. L'un et l'autre à l'issue de procédures de circonstances, fort peu protectrices.

Sous-section 3
Les pouvoirs du Président de la République

Quel est le rôle du Président ? De quels moyens dispose-t-il pour l'exercer ?

§ 1. La fonction présidentielle

I. L'article 5 de la Constitution

400. La Constitution de 1958 s'est attachée à définir la fonction du Président de la République. Son article 5 confie en effet au Président des missions à travers lesquelles transparaît une certaine conception de la fonction présidentielle :

« Le Président de la République veille au respect de la Constitution. Il assure, par son arbitrage, le fonctionnement régulier des pouvoirs publics ainsi que la continuité de l'Etat. Il est le garant de l'indépendance nationale, de l'intégrité du territoire, du respect des accords de Communauté et des traités ».

Il y a là une innovation dans notre histoire constitutionnelle — jamais une constitution ne s'était souciée de définir par des formules générales le rôle d'un acteur constitutionnel — justifiée par la nécessité de bien distinguer les rôles des deux têtes de l'exécutif : Président et Premier ministre. Des dispositions symétriques (art. 20 et 21) décrivent ensuite les fonctions du Gouvernement et du Premier ministre. L'article 5 se comprend pleinement dans un régime démocratique où le Chef de l'Etat ne peut être laissé libre d'utiliser n'importe comment les pouvoirs dont il dispose. Ceux-ci ne peuvent être exercés de façon arbitraire, la Constitution précise les valeurs et les principes qu'ils doivent sauvegarder, elle détermine leur finalité. Le Président ne se décidera pas selon son humeur, ses convictions ou ses intérêts mais en considération d'objectifs bien définis.

Ceci est d'autant plus nécessaire qu'aucune sanction juridique n'est prévue pour contrôler l'usage fait par le Président de la plupart de ses pouvoirs, tout au moins aussi longtemps qu'il ne franchit pas le seuil de la haute trahison. Il agit seulement sous le regard de l'opinion publique et celle-ci doit pouvoir à tout moment rapprocher la façon dont il se comporte des intérêts nationaux dont il a la charge.

En ce sens l'article 5 marque un progrès de la démocratie en ce qu'il limite l'arbitraire de l'action présidentielle.

La pratique, on le verra plus loin, n'a guère tenu compte de cette louable tentative de clarification ; les dispositions des articles 5, 20 et 21 ont été le plus souvent oubliées ou écartées et la fonction présidentielle s'est développée en dehors des directives données par le Constituant.

A Les missions du Président

401. L'article 5 fixe au Président trois missions auxquelles se rattachent les attributions que la Constitution lui confie par ailleurs et qui sont conçues comme les moyens permettant de les remplir.

1. Le Président gardien de la Constitution

C'est le Président et non le Conseil constitutionnel qui est gardien de la Constitution et, par extension, des libertés. A cette mission se rattache la possibilité de saisir le Conseil constitutionnel, le droit de refuser de signer des décisions contraires à la Constitution (lois, décrets...), de donner éventuellement son avis sur l'interprétation de la Constitution.

2. Le Président arbitre

Le Président dispose d'un pouvoir d'arbitrage dont il est expressément précisé qu'il est destiné à assurer le « fonctionnement régulier des pouvoirs publics ainsi que la continuité de l'Etat ». A la lecture de la Constitution on peut faire entrer dans cette mission la nomination d'un nouveau Premier ministre ainsi que la dissolution de l'Assemblée nationale.

3. Le Président garant

Le Président est garant de la souveraineté extérieure de l'Etat : il doit veiller sur l'indépendance du pays, sur l'intégrité de son territoire et au respect de la parole donnée par la France et à la France. On peut rattacher à cette mission l'article 16 permettant au Président d'exercer une sorte de dictature en cas de crise grave, ainsi que les pouvoirs spécifiques que la Constitution lui reconnaît comme chef des Armées et en matière de relations internationales.

B La conception de la fonction présidentielle : la dyarchie

402. L'article 5 de la Constitution n'ouvre pas au Président de vastes espaces où il puisse développer une action sans contrainte et exercer des responsabilités considérables. Les grandes options ne lui appartiennent pas plus que la conduite des affaires quotidiennes. Il a accès à un certain nombre de domaines éminents mais en nombre limité ; la plupart du temps, il n'en a pas le monopole et ses interventions y sont soumises à des conditions qui les rendront peu fréquentes.

En vérité, la Constitution de 1958 établit une *dyarchie* dans laquelle le Président ne possède pas la réalité du pouvoir. Celle-ci est remise au Gouvernement. Quant au Président, il est simplement en charge de quelques domaines essentiels dans lesquels, en outre, sa marge de liberté est très limitée.

1. Le Président tuteur de la nation

Le Président n'est pas, d'après l'article 5, en charge des intérêts généraux de la nation ou de l'intérêt général tout court. Il ne peut sortir de domaines limitativement définis qui laissent de côté, par exemple, tout ce qui concerne la vie sociale, économique, financière, culturelle, la sécurité des citoyens, bref tout ce qui fait l'ordinaire de la vie politique. La fonction présidentielle est conçue pour s'exercer sur les hauteurs et dans le long terme, le Président agissant peu lui-même, surveillant, donnant des avis, mettant en garde, déclenchant des procédures. Il apparaît comme *un tuteur* chargé de faire respecter des valeurs et des principes essentiels.

La révision de 1962 n'a fait que renforcer l'autorité du Chef de l'Etat, elle n'a rien changé à la liste de ses attributions et pas transformé sa fonction. Tout était en place d'ailleurs pour un Président élu au suffrage universel direct, il n'y avait pas lieu d'adapter à la nouvelle situation d'autres dispositions que celles concernant l'élection.

2. Le Président exerce des compétences liées

Lorsque l'un des intérêts fondamentaux dont il a la charge est menacé, le Président doit mettre en œuvre les pouvoirs dont il dispose pour le défendre. Il doit agir. Si, par exemple, une loi viole la Constitution il doit refuser de la promulguer. Il n'a pas de compétence discrétionnaire, il ne peut s'abstenir sans trahir les devoirs de sa charge.

Inversement il ne peut utiliser ses pouvoirs en dehors des domaines où il est compétent, ou dans un but autre que ceux prévus : si une ordonnance ou un décret ne menacent aucun des intérêts dont il a la charge, même s'il en conteste l'opportunité, il doit signer, sa compétence est liée, ses pouvoirs sont finalisés, il ne peut s'en servir pour mener sa propre politique. Il « doit » ou il ne « doit » pas, il ne « peut » jamais. Un arbitrage certes, l'arbitraire non.

Il y a là un aménagement rationnel et raisonnable du rôle du Président.

II. Les transformations de la fonction présidentielle

403. L'exégèse qui vient d'être faite apparaît comme quelque peu surréaliste au regard de la pratique. Celle-ci procède peu de l'application des dispositions constitutionnelles, beaucoup des Présidents et tout autant des circonstances et particulièrement de l'assentiment de la majorité parlementaire à la transformation de la fonction présidentielle. *Depuis 1958, en effet, deux conceptions divergentes de la fonction présidentielle sont apparues, suivant que la majorité présidentielle correspondait à* *la majorité parlementaire, ou qu'au contraire, la majorité de l'Assemblée étant constituée de partis autres que ceux qui soutenaient le Président, on se trouvait dans une situation de « cohabitation ». Dans le premier cas, le Président ressemblait à un « monarque républicain » — et on a pu parler de « présidentialisation » du régime pour souligner la primauté du Président —. Dans le second, le chef de l'Etat était réduit au rôle, plus modeste, que lui attribuait la Constitution à partir de son article 5. Dans les deux cas bien entendu avec des nuances et même des différences selon la personnalité du Président.*

Au Président des périodes de concordance des majorités s'oppose le Président des périodes de cohabitation.

A La fonction présidentielle dans les périodes de concordance des majorités

403 *bis*. La concordance de la majorité présidentielle et de la majorité parlementaire domine l'histoire de la Ve République. Jusqu'en 1986 sa permanence avait pu non seulement la faire considérer comme la situation normale mais présumer comme de l'essence même du régime. Si elle fut interrompue alors, elle devait se retrouver de 1988 à 1993 puis de 1995 à 1997.

Dans cette situation le Président domine le système constitutionnel, le Premier ministre lui est subordonné et le Gouvernement avec lui ; le Parlement a pour mission de mettre en forme la politique définie par lui. Le Président prend des initiatives dans tous les domaines, il tranche sur tous les dossiers qui l'intéressent et se sépare à son gré des ministres à commencer par le Premier.

Tous les Présidents de la Ve République ont connu cette conjoncture, si ce n'est toujours pour la durée de leur mandat, au moins de façon durable. Mais chacun a donné à la Présidence un style particulier.

1. L'affirmation de la primauté présidentielle sous la présidence du Général de Gaulle : de « la clé de voute » au chef suprême

404. Dès le discours de Bayeux, les grandes lignes de la conception de la fonction présidentielle selon Charles de Gaulle sont tracées. Rôle d'influence, tout d'abord, s'exerçant dans les conseils de gouvernement et destiné à assurer — idée clé de la pensée de de Gaulle — la continuité de la nation. Aussi et surtout, mission d'arbitrage « au-dessus des contingences politiques », d'où découle le pouvoir de dissolution. Enfin le Président est le recours de la patrie en péril. De son coté, en 1958,

Michel Debré qualifiait le Président de *« clé de voute »* des institutions, ce qui le plaçait au-dessus des péripéties de la vie politique. En effet, la clé de voute fait tenir l"édifice, assure sa cohésion lorsqu'il est menacé, ses structures attaquées. Les difficultés normales, banales, ne sont pas son domaine, elle joue un rôle passif. Une clé de voute n'est ni le centre, ni le moteur de la vie politique. Revenu au pouvoir, de Gaulle s'inspire de ces principes mais il les dépasse hardiment pour remodeler la fonction présidentielle. Ses successeurs suivront.

a) *Un Président arbitre engagé*

405. Par tempérament, de Gaulle n'est pas un arbitre et s'il veut se placer au-dessus des luttes partisanes, ce n'est pas pour donner raison aux uns contre les autres, mais pour faire prévaloir l'intérêt de la France tel qu'il le conçoit. Le guide perce dès le départ sous l'arbitre.

L'arbitre, pour Charles de Gaulle, ne saurait être un spectateur extérieur au jeu, l'autorité impartiale qui compte les points et signale les manquements aux règles. Ce rôle passif ne lui convient pas, il va intervenir dans le jeu pour l'organiser, influer sur son cours et sortir des domaines où la Constitution cantonne l'arbitrage. Au point qu'il sera accusé « de donner des coups de pied dans le ballon », d'être devenu « le capitaine d'une équipe ».

b) *Un Président guide de la nation*

406. Il n'aura pas fallu attendre longtemps pour que de Gaulle sorte du rôle étriqué d'arbitre. Le 28 décembre 1958, il se proclame « guide de la France ». Il s'estime investi d'une *mission :* diriger la nation, voire la sauver. Dans son discours du 6 janvier 1961, il déclare : *« Depuis plus de vingt ans, les événements ont voulu que je serve de guide au pays dans les crises graves que nous avons vécues. Voici que de nouveau mon devoir et ma fonction m'ont amené à choisir la route ».* Ce thème sera une constante du discours gaullien ; chef charismatique en quelque sorte, de Gaulle se sent prédestiné pour cette mission. En 1962, il précise que le Président ayant *« la charge insigne du destin de la France et de la République... l'ensemble de ses attributions... amène le Président à inspirer, orienter, animer l'action nationale ».* On est loin de l'arbitrage de l'article 5 !

De toutes façons de Gaulle a été rappelé aux affaires pour régler le problème algérien. Ce n'est pas d'un arbitre mais d'un chef dont le pays a besoin. Les Français, dans leur ensemble, l'admettent. Et de Gaulle commande, impose ses vues sans négocier avec les forces politiques ou avec l'Armée.

En même temps le guide se veut un *« rassembleur ».* Indépendant du système des partis, il souhaite « briser » ceux-ci et ne se reconnaît pas non plus comme le chef de la majorité parlementaire, concept à l'égard duquel il est très réticent.

En 1965, sollicitant un second mandat, de Gaulle se trouvera dans une situation où il ne peut plus rester au-dessus de la mêlée politique. Les électeurs sont amenés à juger sa politique et celle des Gouvernements Debré et Pompidou qu'il a désignés et couverts de son autorité. Pour n'avoir pas voulu s'engager franchement dans la campagne, il est mis en ballottage et doit sortir de sa réserve, intervenir à la télévision, expliquer et défendre son bilan. S'il n'est pas responsable devant le Parlement, il prend conscience qu'il l'est devant la nation dont il s'est voulu le guide. Lorsqu'il perd sa confiance, en 1969, il démissionne.

c) *Un Président chef suprême*

407. De Gaulle évitera soigneusement de qualifier le Premier ministre de « Chef du Gouvernement ». A ses yeux, le Chef du Gouvernement c'est lui et il se substituera au Gouvernement pour déterminer la politique de la nation. La Constitution ne lui donne pas tout-à-fait les moyens de se considérer comme le chef de l'exécutif. Il va les élargir en posant le principe que le Premier ministre est responsable devant le Président. Dans la célèbre conférence de presse du 31 janvier 1964, il devait affirmer avec éclat sa conception de la fonction présidentielle :

« S'il doit être évidemment entendu que l'autorité indivisible de l'Etat est confiée tout entière au Président par le peuple qui l'a élu, qu'il n'en existe aucune autre, ni ministérielle, ni civile, ni militaire, ni judiciaire, qui ne soit confiée et maintenue par lui, enfin qu'il lui appartient d'ajuster le domaine suprême qui lui est propre avec ceux dont il attribue la gestion à d'autres... ».

Comme on le voit, il ne s'agit plus seulement d'un guide, mais bien d'une sorte de pouvoir personnel, presque dictatorial, dont émane toute autorité, le Président concentre tous les pouvoirs entre ses mains.

Et de Gaulle ajoutait, dans ses « Mémoires d'espoir » rédigés après sa démission en 1969 :

« Ce que j'ai depuis longtemps voulu, que, désormais, le Chef de l'Etat soit réellement la tête du pouvoir, qu'il réponde réellement de la France et de la République, qu'il désigne réellement le Gouvernement et en préside réellement les réunions, qu'il nomme réellement aux emplois civils, militaires et judiciaires, qu'il soit réellement le chef de l'Armée, bref qu'émanent réellement de lui toute décision importante aussi bien que toute autorité... ».

Ici, ce qui frappe c'est le martèlement du mot « *réellement* » traduisant la volonté de de Gaulle de « donner une tête à l'Etat », qui n'exerce pas un pouvoir théorique, mais intervienne directement avec efficacité dans les affaires de la nation.

Dans la pratique, cependant, de Gaulle devait éviter toute intervention systématique et son action devait se concentrer dans quelques domaines privilégiés (Algérie, relations extérieures, défense nationale), laissant les mains libres au Gouvernement dans les autres. Il avait compris que l'autorité se perd à vouloir s'occuper de tout. Il ne confondait pas la tâche de Président et celle de Premier ministre, se réservant cependant un pouvoir d'évocation lorsque les intérêts de la nation lui paraissaient en cause, donnant alors des directives, ou imposant même la décision, mais sans descendre dans les détails.

Contrairement à une idée reçue, ce n'est pas son élection au suffrage direct qui incitera de Gaulle à élargir ses pouvoirs (elle n'est d'ailleurs intervenue qu'en 1965). Dès avant même que le principe en ait été posé (1962) de Gaulle s'était largement engagé dans cette voie : révoquant le Premier ministre, monopolisant la politique étrangère, prenant en mains la défense, annonçant un référendum sans attendre la proposition du Premier ministre, prononçant sans complexe la dissolution de l'Assemblée Nationale... La fonction est transformée — il n'est qu'à relire la conférence de presse de 1964 — alors même que le Chef de l'Etat n'a pas encore reçu l'onction directe du peuple.

2. La confirmation de la primauté présidentielle sous la présidence de Georges Pompidou

408. Lorsqu'il accède à la Présidence en 1969, Georges Pompidou a déjà été six ans Premier ministre et il connaît bien les contraintes de l'allégeance du titulaire de cette fonction à l'égard du Président et aussi la marge d'initiative non négligeable qui lui est laissée. En même temps, il n'a pas la stature historique de son prédécesseur. Autant de raisons pour se poser en continuateur et s'attacher à renforcer la fonction présidentielle. La situation politique va, en outre, faire de lui un chef de majorité.

a) *Le renforcement de la fonction présidentielle*

D'entrée de jeu Georges Pompidou définit le Président de la République de façon très gaullienne : *« à la fois chef suprême de l'exécutif, gardien et garant de la Constitution, il est à ce double titre chargé de donner les impulsions fondamentales, de définir les directions essentielles et d'assurer et de contrôler le bon fonctionnement des pouvoirs publics ; à la fois arbitre et premier responsable national. »*

Mais il va opérer au profit du Président une concentration beaucoup plus poussée du pouvoir, alors pourtant que les orages (Algérie, 1968) sont passés. Après avoir laissé son Premier ministre, Jacques Chaban-Delmas, assez libre de ses initiatives pendant la première année de son

Gouvernement, il intervient ensuite dans de multiples domaines et prend parfois des décisions de détail (urbanisme, architecture, investissements étrangers en France...). Il ne cantonne pas son action à des dossiers essentiels en nombre limité, tous lui sont ouverts. Puis, en désaccord avec Jacques Chaban-Delmas, il se sépare de lui et constitue, avec Pierre Messmer, des gouvernements composés d'hommes de confiance qui mèneront une gestion conservatrice ; il affirme « la subordination fondamentale » du Premier Ministre. En même temps il est plus sensible aux attentes des Français que de Gaulle.

b) *Le chef de majorité*

Le Président va devenir, qu'il le veuille ou non, chef de majorité, rompant ainsi en pratique avec la tradition gaullienne du Président-rassembleur.

La bipolarisation, qui s'était accentuée dès le lendemain de l'élection présidentielle, va être durcie en 1972 par la signature du Programme commun de Gouvernement de la gauche. Devenu déjà, par la force des choses, chef de la majorité présidentielle qui s'est exprimée sur son nom en 1969, le Président va se retrouver, malgré son souci de distinguer les situations, — il n'est pas sain que le Président apparaisse comme le chef d'un parti — chef de la majorité parlementaire et même chef de la majorité de la majorité parlementaire. En effet, les Premiers ministres n'ont pas toujours l'autorité suffisante pour s'imposer à la majorité parlementaire et l'U.D.R., le parti gaulliste, qui n'a pas non plus de véritable chef, trouve son inspiration auprès du Président et sert d'instrument plus ou moins fidèle à la politique définie par lui. Le Président finit par être engagé dans tous les débats.

3. La fragilisation de la primauté présidentielle sous la présidence de Valéry Giscard d'Estaing

409. Valéry Giscard d'Estaing, en 1974, se trouve dans une situation nouvelle et délicate : le Président de la République est issu de la formation minoritaire de la majorité. Sa conception de la fonction présidentielle va être placée sous le signe de l'ambiguïté. En effet, la transformation de la fonction présidentielle s'était appuyée sur une majorité parlementaire acquise à l'idée du renforcement des pouvoirs d'un Président consacré par le suffrage universel comme son chef. Ce n'est plus le cas.

a) *Une conception plus parlementaire de la fonction*

Valéry Giscard d'Estaing qualifie le régime de *« présidentialiste »* puisque le Président a des attributions très importantes concernant « l'impulsion de la politique » et que le Parlement a des « pouvoirs propres » lui permettant de remettre en cause « l'orientation de la politique » du Gouvernement. L'expression devait faire fortune et être utilisée par beaucoup de spécialistes pour souligner la nature particulière du régime.

Dans la pratique, et dans un premier temps au moins, Giscard devait infléchir la fonction présidentielle *dans un sens plus parlementaire.*

La nomination de Jacques Chirac, leader de l'U.D.R. (parti majoritaire au sein de la majorité parlementaire), à la tête du Gouvernement traduit en effet la volonté d'associer davantage le Premier ministre à la définition de la politique de la nation. La dyarchie, rejetée depuis 1958, prend consistance, le Président a besoin du soutien des amis de son Premier ministre, il ne peut, comme ses prédécesseurs, décider et agir seul. Sa situation se rapproche de celle d'un chef d'Etat parlementaire classique. En même temps, le Président marque une considération accrue pour le Parlement en renforçant ses pouvoirs de contrôle — au profit de l'opposition principalement — par quelques réformes dont la révision de 1974 sur la saisine du Conseil constitutionnel est la plus significative.

Mais V. Giscard d'Estaing ne va pas jusqu'au bout de ce nouveau système d'organisation de l'exécutif. D'une part, il s'emploie à structurer un parti politique, ouvert en direction du centre, sur lequel il pense s'appuyer pour contrebalancer le poids de l'U.D.R. ; d'autre part, s'il n'intervient pas systématiquement dans l'action du Gouvernement, il donne une impulsion et des directives qui heurtent souvent les gaullistes et se réserve, comme son prédécesseur, de prendre seul des initiatives sur les dossiers qui l'intéressent dans quelque domaine que ce soit.

Après s'être accommodé un temps de la situation, J. Chirac, en désaccord avec les options et les méthodes du Président et las du peu de liberté dont il jouissait, estimant ne pouvoir diriger l'action du gouvernement (art. 21), démissionnait avec éclat en août 1976. La fonction présidentielle allait devoir tenter de s'adapter à la situation ainsi créée.

b) *Pragmatisme et hésitations*

Au début de sont septennat, V. Giscard d'Estaing avait laissé s'affirmer l'idée de « majorité présidentielle » regroupant ceux qui, modérés et gaullistes confondus, avaient voté pour lui lors de l'élection présidentielle et étaient supposés soutenir son action. Il apparaissait comme le fédérateur de la droite et cela lui permettait d'imposer ses vues à une U.D.R. en partie réticente à son égard. Mais le Chef de l'Etat prenait ainsi figure de chef d'une alliance, ou d'un clan, contre les autres partis, position fâcheuse. V. Giscard d'Estaing devait en prendre conscience et abandonner toute référence à l'idée de « majorité présidentielle » pour revenir au principe selon lequel le Président est celui de tous les Français.

Parallèlement, en 1976, le Président laisse une certaine autonomie au Premier ministre Raymond Barre — qui a succédé à Jacques Chirac —

et prend de la distance avec les problèmes économiques et sociaux : *« Le Président est celui qui veille sur le pont du navire ».* Mais il continue à adresser régulièrement des « directives » au Gouvernement.

La préparation des élections législatives de 1978 — à la veille desquelles la droite était donnée battue — allait faire apparaître de nouvelles hésitations sur la conception de la fonction présidentielle. Dans le discours prononcé à Verdun-sur-le-Doubs, le 27 janvier 1978, Valéry Giscard d'Estaing se présentait *« à la fois comme arbitre et responsable ».* L'arbitre *« n'appartient pas au jeu des partis », « il doit regarder plus haut et plus loin et penser d'abord à l'intérêt supérieur de la nation »,* mais comme responsable Giscard estimait qu'il avait le devoir d'indiquer aux Français *« le bon choix »,* c'est-à-dire, si on comprend bien, pour qui il fallait voter. Comment les deux attitudes ne seraient-elles pas contradictoires ? Giscard avait prévenu aussi les électeurs, qu'en cas de défaite, il ne pourrait pas s'opposer à l'application du Programme commun de la gauche car il ne conserverait que l'exercice des attributions formelles du Président. En d'autres termes, il admettait que, faute de l'appui de la majorité parlementaire, il serait obligé de se replier sur l'article 5 et les pouvoirs limités qu'il donne au Président. *Il reconnaissait par là l'inconciliabilité de la pratique suivie depuis 1958 avec la lettre de la Constitution.*

La rupture de l'union de la gauche allait dissiper les espoirs de celle-ci et lui faire perdre les élections. L'alerte passée, Giscard retrouvait sa pratique antérieure : Président de tous les Français, distance et directives dans ses relations avec le Gouvernement, maintien de la grogne du R.P.R (qui a succédé à l'U.D.R. en 1976) dans des limites précises : il est averti que l'ouverture d'une crise gouvernementale à la suite d'une censure, entraînerait une dissolution désastreuse pour lui.

4. François Mitterrand : du renforcement au déclin de la primauté présidentielle

410. François Mitterrand a accompli deux mandats présidentiels de 1981 à 1995. Au début de chacun de ses mandats il a connu pendant une législature une période de concordance des majorités (1981-1986 ; 1988-1993), mais la seconde a été plus inconfortable, car si ses gouvernements n'ont jamais été mis en minorité, ils se sont appuyés sur des majorités relatives, donc fragiles, variables et parfois rétives. Il a donc été moins à l'aise alors pour affirmer la primauté présidentielle.

a) *1981-1986 : le Président a un contrat avec la Nation*

411. C'est la période faste, F. Mitterrand a ramené la gauche au pouvoir après 23 ans d'opposition. Chef incontesté il va s'efforcer de mettre en œuvre les idées mûries pendant sa « traversée du désert » pour conduire une politique volontariste. Jamais depuis de Gaulle la primauté présidentielle n'aura été aussi manifeste.

— François Mitterrand de l'opposition au pouvoir.

Le régime n'a pas eu de plus rude adversaire que François Mitterrand. Refusant, en 1958, de voter la confiance au Général de Gaulle, puis la Constitution et la révision de 1962, il devait dénoncer ensuite avec obstination le pouvoir personnel et, dans un ouvrage célèbre, « Le coup d'Etat permanent » que constituait à ses yeux la façon de gouverner du premier Président de la Ve République. Puis, progressivement rallié aux institutions, il accepta l'idée d'un Président à la fois arbitre et responsable de la réalisation des engagements pris par lui lors de la campagne électorale, en même temps qu'il reconnaissait la primauté du Président dans l'Etat.

Son heure venue, François Mitterrand sera fidèle à la conception de la présidence mûrie dans l'opposition. Ses engagements seront considérés comme la charte de l'action gouvernementale, tout au moins jusqu'au moment où, en mars 1986, un sort électoral contraire l'obligea à réviser sa conception de la fonction pour faire coexister le Président avec une majorité à lui opposée dans les deux Chambres.

411 *bis.* — Les « 110 propositions ».

Lors de la campagne électorale, François Mitterrand avait formulé 110 propositions constituant un programme distinct du Projet socialiste adopté par le P.S. au début de 1980. Une fois élu, tout en se coulant sans difficulté dans les institutions de la Ve République *(« les institutions... je m'en accommode » ; « cette Constitution n'a pas été faite pour moi, mais elle me va très bien »)* et en adoptant la conception de la fonction présidentielle traditionnelle depuis 1958, il y ajoute une idée nouvelle : le Président a passé un contrat avec le peuple *(« le Président a pour devoir de mettre en œuvre le programme sur lequel il a passé contrat avec la nation »).* C'est là un apport majeur à la conception de la primauté présidentielle.

En conséquence, le Président définit lui-même la politique à mener, le Gouvernement est chargé de l'exécuter. Les 110 propositions sont la charte de l'action gouvernementale et aussi législative. Même si cette division des tâches correspond à celle appliquée, avec plus ou moins de constance et de réussite, par ses prédécesseurs, ceux-ci ne s'étaient jamais liés aussi étroitement dès le début de leur présidence, le Gouvernement perd en effet toute autonomie, il n'a plus à déterminer la politique de la nation (art. 20) puisque, d'entrée de jeu, celle-ci est tracée par les engagements pris par le Président avant son élection. François Mitterrand confirmait, en outre, qu'il était *« le premier responsable de la politique française* ». Il estimait qu'il lui appartenait de montrer « la route à suivre ».

En même temps, se développait un phénomène de « cour » comme on n'en n'avait pas connu depuis l'Ancien régime.

Lorsqu'on fait le bilan de son action de 1981 à 1986, on s'aperçoit qu'aucun de ses prédécesseurs n'est intervenu autant que lui dans des domaines aussi variés (législatif et judiciaire en particulier) et dans le détail.

Une telle conception est difficile à concilier avec l'autre volet de la rhétorique mitterrandienne : le Président de tous les Français, la volonté de rassembler l'ensemble des citoyens. Mais de Gaulle, Pompidou et Giscard n'ont-ils pas, eux aussi, mis en lumière selon les circonstances leur visage de responsable politique (nécessairement engagé) et de rassembleur (au-dessus de la mêlée) ?

b) *1988-1993 : une primauté atténuée et à éclipses*

412. Les élections législatives de 1988 n'ont pas dégagé de majorité stable, c'est une première sous la Ve République ; il manque 13 sièges aux socialistes pour atteindre la majorité absolue et les communistes refusent d'entrer dans la majorité. Même avec les procédures de rationalisation du parlementarisme il est difficile de gouverner dans cette situation. Les trois gouvernements qui se succèdent : Michel Rocard, Edith Cresson, Pierre Bérégovoy, vont agir au coup par coup, l'heure des grandes initiatives présidentielles est passée. D'ailleurs François Mitterrand dans sa « Lettre à tous les Français », diffusée avant les élections, avait limité ses ambitions à un programme succinct, sans commune mesure avec les 110 propositions de 1981.

De façon schématique on peut distinguer trois périodes :

• *1988-été 1990.* Ne préconisant pas de grandes réformes le Président va se tenir assez en retrait pendant une bonne partie du Gouvernement Rocard. Celui-ci dispose d'une appréciable liberté : « le Gouvernement gouverne ». *F. Mitterrand intervient peu au grand jour,* il distribue quelques satisfecit et parfois des admonestations, prenant position dans des conflits sociaux, à l'occasion contre le Gouvernement. Peu de Premiers ministres de la Ve ont eu jusqu'alors, en temps de concordance des majorités, autant les mains libres que Michel Rocard.

• *Eté 1990-Mai 1991.* Avec la guerre du Golfe, à l'été 90, les choses changent, F. Mitterrand réapparaît au premier plan sur la scène politique. *Dans une période de crise il redevient le chef suprême,* il décide seul et dialogue directement avec la nation. De son côté le Premier ministre s'efface à peu près totalement ; il gère en silence les dossiers dont les événements détournent l'attention.

• *Mai 1991-Mars 1993.* La guerre du Golfe terminée François Mitterrand se sépare de Michel Rocard, avec lequel il n'a jamais eu d'affinités, et le remplace par Edith Cresson. Ce choix va se révéler désastreux et obliger le Président à se manifester, probablement plus qu'il ne l'aurait voulu. Le parti socialiste est ébranlé non seulement par l'impopularité du Premier ministre mais par les mauvais résultats des élections locales et par les « affaires » mettant en cause certains de ses dirigeants. *Le Président ne peut rester inactif.* De même il devra s'engager aux côtés de Pierre Bérégovoy, Premier ministre à partir d'avril 1992. Celui-ci gère plus qu'il ne dirige et le Président doit mettre son autorité dans la balance lors du référendum sur la ratification du Traité de Maastricht (20 septembre 1992). Il s'agit en effet de l'Europe qui aura été au cœur des préoccupations et de l'action de F. Mitterrand pendant son second septennat.

En définitive on ne peut dire que la primauté présidentielle se soit fortement manifestée de 1988 à 1993, sauf dans le domaine européen et international. Les gouvernements ont pu agir avec plus ou moins de bonheur en fonction de la faible marge de manœuvre parlementaire dont ils disposaient.

5. 1995-1997 : la primauté présidentielle mesurée de Jacques Chirac

412 *bis*. Jacques Chirac après son succès de 1995 (assez large pour la France : 52,64 % des voix) et alors qu'il peut compter sur l'appui d'une majorité sans précédent à l'Assemblée (485 sièges sur 577) adhère très certainement à la conception gaulliste et traditionnelle de la primauté présidentielle, le 28 mai 1996 il déclare : « vous m'avez confié pour 7 ans la destinée du pays ». Mais il l'infléchit en adoptant un style plus simple — il s'est prononcé fermement contre la monarchie républicaine, vers laquelle ses prédécesseurs avaient dérivé — et en prenant quelque peu ses distances à l'égard de l'action du Gouvernement. Il a expliqué que l'Etat devait être « modeste » et son Président aussi et qu'il n'était pas l'instance d'appel des décisions des ministres.

En même temps, il lui est arrivé d'évoquer son « contrat » avec le peuple et Alain Juppé avait annoncé que le projet du Président de la République était « son programme » pour les trois années suivantes. Comment ne pas faire le rapprochement avec les débuts du premier septennat de François Mitterrand ? D'autre part, on a constaté que le Président prenait lui-même, sans débat parlementaire ou concertation officielle avec le Gouvernement, et annonçait, des décisions d'importance majeure : reprise des essais nucléaires, réforme du service national, politique de la ville. Il est vrai qu'on est là souvent au cœur des attributions du Président chef des Armées, mais n'aurait-il pas été préférable, alors que les intérêts vitaux de la Nation sont en cause et qu'il n'y avait pas urgence, de porter au préalable le problème devant le pays.

Enfin, suivant en ceci encore l'exemple de F. Mitterrand, il s'est déclaré le « garant de la Constitution » et le « gardien de la sécurité », ou « de la protection sociale », interprétation sans fondement tiré de l'article 5.

Par rapport à l'action politique quotidienne Jacques Chirac reste à l'écart, par exemple au moment de la grave crise sociale de novembre 1995, comme dans les difficultés de toute nature soulevées par l'action souvent maladroite des Gouvernements d'Alain Juppé. Le Président donne parfois l'impression d'être absent dans le domaine de la politique intérieure, en même temps qu'il dépense beaucoup d'énergie dans le domaine des relations internationales.

• En définitive la primauté présidentielle qui caractérise les périodes de coïncidences des majorités n'a pas toujours eu la même ampleur. A son maximum avec Charles de Gaulle et François Mitterrand (1981-1986) et dans une moindre mesure Georges Pompidou, elle a été réelle mais moins affirmée, ou plus intermittente, sous la présidence de Valéry Giscard d'Estaing, pendant le second mandat de François Mitterrand et le début du septennat de Jacques Chirac. En tout état de cause *cette primauté est moins marquée depuis 1986.* Peut être est-ce là l'une des conséquences des cohabitations ?

B La fonction présidentielle dans les périodes de cohabitation

413. Depuis 1986 la France a connu *trois périodes de cohabitation,* c'est-à-dire où le Président était issu d'une majorité différente de celle que les élections législatives, intervenues au cours de son mandat, avaient donné à l'Assemblée nationale : 1986-1988, 1993-1995 et depuis mai 1997.

La première fois (1986) cette situation avait été considérée comme anormale et on s'était interrogé pour savoir si le système pourrait fonctionner et le régime survivre. La répétition des cohabitations avec l'alternance, la majorité passant d'un camp à l'autre depuis 1981 à chaque renouvellement de l'Assemblée, a banalisé cette situation (une fois sur deux les élections entraînent la cohabitation) et fait taire les craintes pour la pérennité de la Ve République. Les institutions fonctionnent et elles fonctionnent dans le respect de la lettre de la Constitution de 1958.

La Présidence dans cette conjoncture ne peut conserver la primauté des périodes de conjonction des majorités. *Une dyarchie s'instaure dans les termes posés en 1958. Dans la répartition des tâches de l'exécutif la part du Président est réduite au profit de celle du Premier ministre qui apparaît comme le véritable chef, le maître de l'action politique, le « patron » du gouvernement. Le Président de son côté prend ses distances sans toutefois être entièrement désarmé. Il n'est plus au centre du système et s'il continue à nommer le Premier ministre, celui-ci n'est plus responsable devant lui, il ne peut le contraindre à démissionner. D'autre part c'est le Gouvernement qui définit la politique de la nation que mettra en œuvre le Parlement. S'il a perdu ses facultés d'initiative, le Président reste dans une certaine mesure un arbitre et conserve l'arme redoutable de la dissolution.*

Alternances et cohabitations depuis 1981

— 1981, alternance.
François Mitterrand gagne l'élection présidentielle contre Valéry Giscard d'Estaing ; il dissout l'Assemblée nationale, les élections donnent une large majorité au Parti socialiste, renforcée par le soutien de ses alliés communistes et radicaux de gauche. Pierre Mauroy est nommé Premier ministre.

— 1986, cohabitation.
Elections législatives. La gauche est battue, la droite dispose d'une étroite majorité (3 sièges), le Front national (35 sièges) se situe dans l'opposition. Jacques Chirac devient Premier ministre.

— 1988, alternance.
Election présidentielle. François Mitterrand l'emporte sur Jacques Chirac. Il prononce la dissolution, les socialistes sont les plus nombreux à l'Assemblée mais ils ne disposent pas de la majorité. Michel Rocard est Premier ministre.

— 1993, cohabitation.
Elections législatives. La gauche s'effondre, majorité considérable pour la droite. Edouard Balladur devient Premier ministre.

— 1995, alternance.
Election législative. Jacques Chirac est vainqueur de Lionel Jospin. Alain Juppé devient Premier ministre.

— 1997, cohabitation.
Elections législatives provoquées par la dissolution décidée par Jacques Chirac. Victoire de la « gauche plurielle » (P.S., P.C., M.D.C., Verts). Lionel Jospin est nommé Premier ministre.

Si le pays est gouverné, il n'en reste pas moins qu'il est fâcheux, sur le plan du principe au moins, que le Président ait un rôle à éclipses : le premier lorsque la majorité de l'Assemblée lui est acquise, important peut-être mais secondaire dans le cas contraire.

Mais ici encore la fonction présidentielle des temps de cohabitation a connu des variations lors des trois expériences faites depuis 1986.

1. Un Président gardien jaloux de ses prérogatives dans une cohabitation conflictuelle (1986-1988)

413 *bis*. Après avoir perdu, de peu, les élections législatives de 1986, F. Mitterrand n'est pas disposé à jouer les utilités. S'étant situé depuis 1981 dans la tradition des Présidents puissants, vieille de 28 ans, il entend conserver le maximum de prérogatives et envisage vraisemblablement de briguer un second mandat en 1988.

Non seulement il ne démissionne pas, comme il avait pu le laisser entendre avant le scrutin disant qu'il « préférerait renoncer à sa fonction plutôt qu'aux compétences de sa fonction », mais il définit unilatéralement l'esprit de la cohabitation : celle-ci doit se dérouler « dans le respect scrupuleux de nos institutions et la volonté commune de placer au-dessus de tout l'intérêt national ». La règle est : *« la Constitution, toute la Constitution, rien que la Constitution »*.

A partir de là, ce qui caractérise la fonction présidentielle pendant la première cohabitation c'est *une lutte pied à pied du Président pour faire respecter et si possible élargir, ses attributions constitutionnelles,* ce qu'on a appelé son « pré carré ». A ce titre il a donné en particulier, une interprétation large de ses pouvoirs dans les domaines diplomatiques et militaires. Parallèlement il joue avec habileté de son pouvoir de fixer l'ordre du jour du Conseil des ministres. Il utilise aussi des compétences jamais ou rarement exercées par ses prédécesseurs : opposition à l'entrée de certaines personnalités au gouvernement, refus de signer trois ordonnances, refus de convoquer le Parlement en session extraordinaire, marchandage autour de sa signature des décrets pris en Conseil des ministres, notamment en matière de nominations des hauts fonctionnaires, obligeant ainsi le Premier ministre à négocier...

— F. Mitterrand adopte d'autre part une attitude d'*arbitre,* garant des intérêts supérieurs de la nation, dont la liste — sans aucun fondement constitutionnel — s'allongera au fil de ses discours : « l'unité nationale », la « cohésion sociale », la « solidarité », « les acquis sociaux ». Exerçant une sorte de « ministère de la parole », il estime qu'il doit intervenir lorsqu'il juge qu'il y a un « danger pour l'intérêt général » et qu'en tout état de cause le Président dispose d'un « pouvoir prééminent ».

— A ce titre le Président juge et critique au besoin la politique menée par le Gouvernement de Jacques Chirac, il en appelle à l'opinion. Le chef de l'Etat devient ainsi en quelque sorte *le chef de l'opposition.*

Après quelques escarmouches le Premier ministre Jacques Chirac, fait le gros dos et s'efforce de mettre en œuvre sa politique, y réussissant le plus souvent. S'il ne peut mettre en échec le Gouvernement, F. Mitterand donne son style à la cohabitation, il apparaît comme le maître du jeu.

2. Un Président exerçant des prérogatives partagées dans une cohabitation consensuelle (1993-1995)

414. La deuxième cohabitation s'est ouverte en 1993 dans des conditions très différentes de la première. La droite d'une part, dispose d'une majorité écrasante à l'Assemblée ; d'autre part F. Mitterrand, de plus en plus usé par les atteintes de la maladie, n'envisage pas de se représenter une nouvelle fois à la présidence ; enfin le Premier ministre E. Balladur est moins combattif que son prédécesseur de 1986 et plus porté à la modération.

Dans cette situation :

— Le Président tient bon sur ses prérogatives en matière diplomatique, internationale et militaire. Mais il admet qu'il s'agit non pas d'un « domaine réservé » mais d'un *« domaine partagé » avec le Premier ministre.* Si la décision appartient toujours au chef de l'Etat, le Premier ministre doit être consulté et y être associé. Le reste — la politique sociale et économique interne — relève exclusivement du gouvernement.

— Tout en se considérant toujours comme le gardien des intérêts supérieurs de la Nation, le Président n'intervient plus qu'épisodiquement.

Le mot d'ordre est d'éviter les conflits, le Gouvernement dispose d'une grande latitude pour mettre en œuvre sa politique, celle-ci n'étant d'ailleurs pas particulièrement dynamique. Cette *cohabitation paisible* n'a connu que quelques accrocs, le Président refusant un référendum de révision constitutionnelle, ordonnant la suspension des essais nucléaires, refusant d'inscrire la révision de la loi Falloux à l'ordre du jour d'une session extraordinaire du Parlement. F. Mitterrand manifeste ainsi qu'il est toujours là et qu'il faut compter avec lui, mais une *véritable dyarchie plus favorable au Premier ministre* que lors de la précédente cohabitation s'est mise en place.

La deuxième cohabitation a eu pour effet de dédramatiser ce type de situation, de clarifier la répartition des pouvoirs et de définir un équilibre au sein de l'exécutif, où le Président exerce une sorte de magistrature d'influence et où le Premier ministre gouverne. *Somme toute le régime fonctionne comme un régime parlementaire classique.*

Cet équilibre sera-t-il remis en cause par la nouvelle expérience de cohabitation ouverte en juin 1997 ?

3. Les incertitudes d'une cohabitation longue (1997- ?)

415. Dès le départ, les cohabitations ne se ressemblent pas, dans leur origine et leur contexte au moins.

En mai 1997 Jacques Chirac dissout l'Assemblée nationale un an avant le terme prévu de la législature et les élections envoient à la Chambre basse une majorité de gauche. Le Président ne peut que nommer Premier ministre Lionel Jospin. La cohabitation commence dans des conditions différentes des précédentes, survenues, elles, à l'issue de scrutins organisés à la fin normale du mandat des députés.

Deux éléments principaux donnent à la situation sa singularité. Désavoué en quelque sorte par le peuple deux ans après sa propre élection, *le Président voit son image et son autorité directement atteintes* par son erreur du jugement et ce qui apparaît comme une manœuvre politicienne. D'autre part la cohabitation s'installe pour *une durée théorique de cinq ans,* c'est-à-dire — sauf imprévu — jusqu'à la prochaine élection présidentielle qui coïncide avec la fin de la XIe législature, en 2002. Les précédentes pouvaient être remises en cause — et l'ont été — au bout de deux ans.

Au mois de juillet 1998 M. Chirac a formulé sa conception de la cohabitation : « Mon rôle est à la fois d'incarner et de garantir les institutions, et de prendre des initiatives pour encourager, voire décider les réformes importantes. C'est aussi de donner l'impulsion concernant la place de la France dans le monde et en Europe (...). *En l'absence de crise majeure, il ne peut pas et il ne doit pas y avoir de tiraillements entre le Chef de l'Etat et celui du gouvernement ».*

Plus de deux ans après le début de l'expérience on a le sentiment que les deux protagonistes s'observent, ils se « marquent » mais sans acrimonie, aucun des deux n'ayant pris l'avantage sur l'autre.

— *Les pouvoirs traditionnels* du Président en matière de défense nationale et de relations internationales ne sont pas remis en cause. Une concertation s'est installée avec le Premier ministre, l'idée qu'il s'agit là d'un *domaine partagé* se confirme. Le conflit du Kosovo en a donné une nouvelle démonstration : *la France parle d'une seule voix.* Dans le domaine institutionnel aussi un dialogue se déroule entre les deux têtes de l'exécutif, sur les projets de révision constitutionnelle par exemple. C'est pourtant là que se situent les deux accrocs les plus importants dans leurs relations : le refus du Président de convoquer le Congrès pour adopter le nouveau statut du Conseil supérieur de la Magistrature, aussi longtemps que l'ensemble de la réforme de la justice ne sera pas prête ; le refus, en juin 1999, d'entreprendre une révision permettant de ratifier la Charte européenne des langues minoritaires, comportant d'après le Conseil constitutionnel des dispositions contraires à la Constitution, car, estime le Président, cette révision porterait atteinte aux principes fondamentaux de la République (V. 56).

— Ailleurs *le Président laisse le Premier ministre libre de mener sa politique, mais il use de sa liberté de parole* et ne perd pas une occasion d'exprimer ses désaccords (sur les 35 heures, la pression fiscale, la réforme de la justice...). N'ayant pas les moyens, ni la volonté, de s'opposer à la mise en œuvre du programme gouvernemental, il marque clairement sa différence et sa préférence pour d'autres solutions. Par petites touches, il se construit un rôle de chef de l'opposition. Il aspire à être le fédérateur de la droite, rôle qui lui permettrait de réaliser son ambition majeure : sa réélection en 2002.

— Peut-être le Président n'aura-t-il pas à attendre jusque-là, puisqu'*il dispose de l'arme suprême qu'est la dissolution ?* Lors des précédentes cohabitations la question de son utilisation se posait à peine : l'élection présidentielle était programmée au bout de deux ans. Ici le Président pourrait être tenté de profiter d'une baisse de popularité importante de la majorité, constatée à travers les sondages ou des élections partielles, pour mettre fin au mandat de l'Assemblée nationale. Le Gouvernement travaille avec cette épée de Damoclès au-dessus de sa tête. Etant entendu que si le Président en usait, il remettrait par la même politiquement son propre mandat en jeu et que les dernières élections, européennes en particulier, ne l'encouragent guère à s'engager dans cette voie.

Quant au Premier Ministre, Lionel Jospin, il se félicite du caractère « courtois », voire « cordial » de la cohabitation, il évite les conflits et les critiques directes des propos du Président, exposant cependant fermement son point de vue lorsqu'il est en désaccord avec eux. Il a pu lui arriver aussi de reprendre la parole en Conseil des Ministres, après que le Président se soit exprimé, ce qui est contraire à l'usage.

415 *bis*. En résumé, à travers les trois expériences de cohabitation que la France a vécues, on s'aperçoit que les *institutions fonctionnent alors conformément à la lettre de la Constitution de 1958. Une dyarchie est mise en place* où le Président :

— dispose de *responsabilités propres* en matière de défense et de relations internationales. Etant entendu que dans ces deux domaines on est assez proche d'un consensus national et qu'en conséquence, en pratique, le Président décide en harmonie avec le Premier ministre ;

— bénéficie de *la liberté de parole* à l'égard de la politique définie par le Gouvernement. Cela lui permet de se présenter non seulement en défenseur des intérêts supérieurs de la nation définis à l'article 5 de la Constitution, mais de les étendre au-delà, dans le domaine social en particulier. Il exerce une « fonction tribunicienne » (référence au tribun du peuple à Rome), se faisant la voix des faibles, des insatisfaits, des opprimés, des catégories sociales malmenées par l'évolution de la société, laissées à l'écart de la croissance.... ;

— très naturellement il est porté à devenir *le chef de l'opposition* en face du Premier ministre, chef de la majorité. Dans son allocution télévisée du 14 juillet 1998, J. Chirac a revendiqué ce rôle, affirmant qu'« il est nécessaire d'avoir une harmonie complète entre l'opposition et le Président issu de ses rangs ». S'il est le chef de l'opposition, le Président peut-il toujours prétendre être le Président de tous les Français ? ;

— *il conserve le droit de dissolution.* La majorité doit en tenir compte et être attentive aux réactions de l'opinion. Une accumulation de mesures impopulaires risquerait de susciter un mécontentement l'exposant au retour anticipé devant les électeurs par la volonté du Président.

Il apparaît que même en temps de cohabitation le Président de la République reste un rouage essentiel du système, éloigné de ce que la pratique avait fait de son prédécesseur de la IIIe République et la Constitution du Président de la IVe.

On se doit enfin de souligner que tous les sondages montrent que les Français sont satisfaits de la façon dont se déroule la cohabitation ; la division de l'exécutif entre deux têtes, se réclamant de philosophies politiques différentes, disposant d'attributions distinctes mais complémentaires, leur apparaît comme une garantie de bon gouvernement.

§ 2. Les attributions du Président

416. En général, dans les régimes parlementaires, l'énumération constitutionnelle des attributions du Chef de l'Etat est brève ou, si elle est plus détaillée, leur titulaire n'en est que le détenteur nominal, il ne les exerce pas mais les délègue au Premier ministre.

La Constitution de 1958, au contraire, confère au Chef de l'Etat de nombreuses attributions et celles-ci ont été interprétées largement. Le Président est devenu dans un premier temps, comme on vient de le voir (v. 403 *bis* et suivants) le centre et la source d'impulsion essentielle de la vie politique. La situation a changé depuis mars 1986.

a) *Les pouvoirs propres* (art. 19 C)

Certaines de ses attributions sont exercées par le Chef de l'Etat directement, *sans contreseing* du Premier ministre ou d'un ministre. Il s'agit de *pouvoirs propres* auxquels le Gouvernement n'est pas associé, à l'utilisation desquels il ne peut pas s'opposer.

Quels sont ces pouvoirs ?

Entrent dans cette catégorie :

- la nomination du Premier ministre,
- le droit de message au Parlement,
- la nomination du Président et des membres du Conseil constitutionnel,
- la saisine du Conseil constitutionnel.

On peut aussi y faire figurer d'autres décisions pour lesquelles le pouvoir du Président est *conditionné,* c'est-à-dire ne peut s'exercer qu'à l'issue d'une procédure imposée par la Constitution, en général dans le but de l'obliger à prendre conseil avant d'agir, mais qui ne sont pas soumises au contreseing :

- la décision de recourir à l'article 16,
- les mesures prises sur la base de l'article 16,
- la dissolution,
- le référendum.

Raison d'être de ces pouvoirs

L'apparition de ces *pouvoirs propres* est l'une des originalités majeures de la situation du Chef de l'Etat, elle rompt avec la tradition constitutionnelle française. L'existence de ces pouvoirs est *en contradiction avec l'absence de responsabilité politique.* Le Chef de l'Etat n'a pas à rendre compte au Parlement ni à personne de la façon dont il utilise ces attributions. N'est possible que la sanction indirecte d'une motion de censure contre le Gouvernement, considéré comme solidaire du Président dans la mesure où il n'a pas démissionné en signe de réprobation de son comportement ; tel était d'ailleurs le sens de la censure d'octobre 1962.

Mais, en même temps, l'innovation correspond à une nouvelle conception du rôle du Chef de l'Etat. On n'a pas voulu subordonner l'exercice de son autorité, dans les domaines dont il a la charge, au bon vouloir des ministres, avec tous les risques de transfert de pouvoir que cela comporte.

Portée des pouvoirs propres

Pourtant il faut ramener à leurs justes proportions les pouvoirs propres du Président. *Ceux-ci, en réalité, ne sont pas, dans l'ensemble, très importants.* Deux seulement constituent de véritables armes entre les mains du Chef de l'Etat : l'article 16 et la dissolution.

Les pouvoirs à l'égard du Conseil constitutionnel, tout d'abord, ne sont pas de nature à conférer au Président une position éminente. De son côté *le référendum ne peut être décidé que sur proposition du Gouvernement,* le Président n'en a donc pas l'initiative. Quant au droit de message, il permettrait de porter un problème devant l'opinion, c'est une forme atténuée d'appel au peuple, mais le Président préférera alors sans doute s'adresser directement à lui par la télévision. Enfin la nomination du Premier ministre permet de choisir entre plusieurs prétendants, mais le Gouvernement formé par lui ne peut faire grand-chose sans le soutien de l'Assemblée ; en outre, ce n'est pas un pouvoir d'utilisation courante, à la limite il peut ne servir qu'une fois tous les cinq ans si le Gouvernement s'appuie sur une majorité stable à l'Assemblée.

Restent donc les pouvoirs de l'article 16 et le droit de dissolution.

La mise en vigueur de l'article 16 est entourée de conditions précises, le Président ne peut y recourir qu'à l'occasion d'une crise grave. Toute autre utilisation constituerait un véritable coup d'Etat justifiant l'accusation de haute trahison (V. 399).

En définitive, la dissolution est l'atout majeur dont dispose le Président. Grâce à elle, il pourra solliciter l'arbitrage du pays en cas de conflit avec le Gouvernement et l'Assemblée, et sa menace peut, pendant un temps au moins, maintenir la cohésion d'une majorité parlementaire tentée de se rebeller contre le Gouvernement (ainsi celui de R. Barre de 1978 à 1981). Mais on ne gouverne pas à l'aide de la menace de dissolution.

En réalité c'est *en période de cohabitation que le droit de dissolution prend une portée particulière*. Non seulement il permet l'appel au peuple dans l'hypothèse d'une guerre ouverte entre les deux têtes de l'exécutif, mais surtout il fait peser un danger sur une majorité parlementaire, usée ou discréditée, qui apparaîtrait comme ayant perdu la confiance du pays.

b) *Les pouvoirs partagés*

417. A côté de ces pouvoirs propres, le Président dispose aussi de nombreuses attributions partagées pour lesquelles l'accord du Cabinet, *symbolisé par le contreseing,* est obligatoire. Il se trouve alors dans la situation habituelle d'un Chef d'Etat parlementaire. Mais, et la cohabitation l'a bien montré, si le contreseing est une gêne pour le Président celui-ci peut aussi contrarier l'action gouvernementale en refusant de signer certaines décisions relevant des pouvoirs partagés : ordonnances, décrets, convocation du Parlement en session extraordinaire...

Plutôt que de classer les attributions du Président selon leur caractère propre ou partagé, on les étudiera selon le domaine où elles s'exercent.

I. Attributions à l'égard de la nation

Le Président est « l'homme de la nation » (de Gaulle). Ce qui implique qu'il est le gardien de la Constitution et le garant de l'indépendance nationale, de l'intégrité du territoire et du respect des traités (v. 400). On n'y reviendra pas ici pour insister sur les autres aspects de ce rôle.

A La maîtrise des relations internationales

418. Le Président personnifie la nation et représente l'Etat dans les relations avec l'extérieur.

A ce titre il accrédite les ambassadeurs à l'étranger et les ambassadeurs étrangers lui présentent leurs lettres de créances.

Surtout le Président *négocie et, avec l'autorisation du Parlement, ratifie les traités.* Pour les accords internationaux autres que les traités, la Constitution prévoit qu'il doit être tenu au courant des négociations.

Dans les faits, le rôle du Chef de l'Etat est considérable en matière internationale. Ainsi le Président français est le seul Chef d'Etat à participer aux réunions du Conseil Européen aux côtés des chefs de gouvernement. Hors cohabitation, les ministres des Affaires étrangères n'apparaissent plus que comme des exécutants subordonnés.

• Cependant, il faut bien voir que le Président est tributaire de la bonne volonté du Gouvernement. En cas de relations conflictuelles avec celui-ci ses pouvoirs sont réduits à peu de choses. Il ne dispose pas nécessairement de toutes les informations utiles ; il ne peut nommer, muter, révoquer seul les ambassadeurs et les directeurs du Quai d'Orsay ; toutes ses décisions sont ici soumises à contreseing.

• D'autre part, *dans la pratique le Président ne négocie pas la plupart des traités,* car ceux-ci sont soit très techniques, soit de portée limitée ; les Affaire Étrangères s'en chargent. Il participe avant tout à des négociations aboutissant à des accords politiques et non à des traités soumis à ratification. En définitive *son rôle majeur consiste à définir les orientations de la politique extérieure.*

Au cours des *cohabitations* la primauté ici du chef de l'Etat a été confirmée. Après quelques escarmouches Jacques Chirac l'a reconnue en 1986 et E. Balladur, tout en étant plus présent sur ce terrain, l'a lui aussi admise, tout en estimant qu'il s'agissait d'un *domaine partagé* où doit s'instituer une coordination entre le Président et le Premier ministre. Jacques Chirac et Lionel Jospin adhèrent à cette conception, avec d'autant plus de facilité que n'existent pas de grosses divergences entre eux en matière de relations extérieures (V. 415).

Peut-être faut-il ajouter que le déclin de l'aspect paix-sécurité (hors conflits : Irak, Kosovo), fait apparaître le Président, dans ses déplacements à l'étranger, un peu comme « le commis voyageur » de l'industrie française...

B Le chef des armées (art. 15)

419. Le Chef de l'Etat est aussi Chef des Armées.

Les pouvoirs du Président ne sont pas formels et les nécessités de la guerre moderne lui ont conféré ici une responsabilité redoutable.

— Le Président *nomme* les officiers généraux et *préside* les comités et conseils supérieurs de la Défense nationale. Il est ainsi tenu informé des conceptions stratégiques des états-majors, de leur état d'esprit, des besoins d'équipement des forces armées. Il dispose, en même temps, de la possibilité de contrôler les affectations aux hauts commandements militaires.

— Il peut donner des ordres directement à l'Armée, ce qui lui permet d'*engager des interventions à l'étranger,* ainsi au Zaïre, au Liban, au Tchad, au Koweit, en Somalie ou dans l'ex-Yougoslavie. Jacques Chirac a envoyé des troupes en Bosnie, aux Comores, et en Albanie.

— Surtout le Président de la République est titulaire d'un pouvoir redoutable, en cas de conflit : *il peut engager les forces nucléaires françaises.* Cette décision est soumise à contreseing, il ne la prendra donc pas tout à fait seul — en théorie tout au moins, car cette exigence ne paraît guère compatible avec la célérité nécessaire à l'action. Le Président dispose à l'Élysée même d'un poste de commandement, qui lui permet d'être en contact direct et constant avec la force d'intervention stratégique dont le P.C. est installé à Taverny.

Dans son principe le pouvoir du Président d'engager les forces nucléaires a été contesté. Il découlait d'un décret de 1964 fort imprécis.

En réalité, si ce pouvoir n'appartenait pas au Président, on ne verrait à qui l'attribuer, si ce n'est au Premier ministre. Cette solution doit être écartée. Le Président est en effet, d'après la Constitution, le « chef des Armées », alors que le Premier ministre est simplement « responsable de la défense nationale » (V. 454). La première qualité l'emporte d'autant plus nettement que son titulaire est l'élu de la nation tout entière alors que le Premier ministre peut n'être pas un élu. Une décision engageant aussi fortement la nation, mettant en cause sa survie, ne peut relever que du Président.

La question a été réglée par un nouveau décret du 12 juin 1996 « déterminant les responsabilités concernant les forces nucléaires » ? Ce décret précise que les décisions de principe ainsi que les conditions d'engagement de ces forces sont arrêtées en Conseil de défense, présidé par le Chef de l'Etat. Et le texte ajoute que celui-ci *peut décider seul l'engagement des forces nucléaires* (art. 5). Le texte indique d'autre part que le Premier ministre « prend les mesures générales d'application » des décisions du Conseil de défense ; *le débat est donc maintenant clos au profit du Président de la République.* Etant entendu cependant que la déclaration de guerre appartient au Parlement (V. 485), ce qui dans les conditions des conflits modernes apparaît comme une clause de style.

Au demeurant si le Parlement a été associé à la guerre du Golfe en 1990-91, par deux messages du Président (V. 431), de nombreuses questions au Gouvernement (V. 509) et une question de confiance posée par Michel Rocard, il n'en a pas été de même pour le Kosovo. En effet lors de l'engagement des troupes françaises en mars 1999, la représentation nationale n'en a été informée par aucun message et le Gouvernement n'a pas sollicité sa confiance. Cette mise à l'écart du Parlement, s'agissant d'une véritable guerre et hors urgence, a fait l'objet de vives critiques.

— Dans ce domaine, comme en matière de relations étrangères, le Président traite souvent (hors cohabitation) les dossiers directement avec le Ministre compétent (Défense, Affaires étrangères), passant par dessus la tête du Premier ministre. Ainsi F. Mitterrand a suspendu de sa seule volonté les essais nucléaires français (que M. Chirac, en Juin 1995, devait décider de reprendre).

Deux observations :

• avec le nouveau cours des relations internationales, et la fin de la tension Est-Ouest, les pouvoirs du Président en matière de défense perdent de leur importance. Il en est d'ailleurs de même en matière de relations internationales : la diminution du rôle de la France dans le monde réduit les pouvoirs diplomatiques du Président, sauf sur l'Europe.

• Il est facheux que celui qui joue un rôle si considérable, pour ne pas dire déterminant, dans des domaines aussi vitaux pour la nation que la diplomatie et la guerre, n'encoure aucune responsabilité politique.

C La mise en œuvre de l'article 16

420. L'article 16 est l'une des dispositions les plus remarquables de la Constitution de 1958. L'innovation consiste à confier au Chef de l'Etat une sorte de *dictature temporaire de salut public* dans certaines circonstances graves.

1. Le recours à l'article 16

Certaines conditions doivent être réunies pour que soit prise, dans des formes précises, la décision de recourir à l'article 16.

a) *Circonstances justifiant le recours à l'article 16*

Le souvenir des événements de juin 1940 et de l'incapacité des pouvoirs publics d'alors à réagir fermement en face de l'invasion du pays et de la défaite a profondément marqué le Général de Gaulle et l'a amené à revendiquer pour le Chef de l'Etat des pouvoirs lui permettant de faire face au retour d'une telle situation. Une vue si juridique des choses étonne chez un tel personnage, les procédures alors sont d'une piètre utilité si l'homme qui peut les utiliser n'a pas la volonté d'en faire usage.

Les circonstances justifiant le recours à l'article 16 sont :

— *une menace grave et immédiate,* mettant en cause les institutions de la République, l'indépendance de la nation, l'intégrité du territoire, l'exécution par la France de ses engagements internationaux. Formulation imprécise — qu'est-ce qu'une menace « grave » ? — laissant au Chef de l'Etat une part importante d'appréciation. De toutes façons, à partir du moment où l'idée d'un renforcement des pouvoirs du Chef de l'Etat est acceptée, il faut bien reconnaître au Président une possibilité de juger si les circonstances commandent d'y recourir.

— *L'interruption du fonctionnement régulier des pouvoirs publics constitutionnels :* ici, la marge d'interprétation est, plus étroite. De simples difficultés de fonctionnement ou une menace sur ce fonctionnement ne suffisent pas. Si le Président est investi de compétences élargies, c'est parce que ces pouvoirs ne peuvent plus les exercer. Mais que faut-il entendre par « pouvoirs publics *constitutionnels* »? Le Gouvernement ? Les Assemblées? Le Conseil Constitutionnel ? Les organes des collectivités locales ? Ici aussi la part laissée à l'appréciation du Président est grande.

Ces deux conditions sont *cumulatives,* c'est-à-dire qu'il faut *à la fois* une menace grave et immédiate et l'interruption du fonctionnement régulier des pouvoirs publics constitutionnels.

b) *La décision de recourir à l'article 16*

La décision de recourir à l'article 16 appartient au Président, elle est prise sans contreseing, *c'est un pouvoir propre.* Mais si le Chef de l'Etat apprécie librement si les circonstances exigent la mise en œuvre de l'article 16, il doit recueillir un certain nombre d'avis pour éviter qu'une mesure aussi grave ne prenne les apparences d'un coup d'Etat.

Il doit consulter :
— le Premier ministre,
— les Présidents des Assemblées,
— le Conseil constitutionnel.

Mais il n'est pas lié par leurs avis. Celui du Conseil constitutionnel doit cependant être motivé et publié au Journal Officiel (J.O.), ce qui lui donne une force morale importante.

D'autre part, le Président de la République doit informer par un *message* la nation de sa décision d'appliquer l'article 16. La nation a le droit qu'on lui explique les raisons pour lesquelles une décision aussi grave et exceptionnelle est prise.

2. Les pouvoirs du Président

421. La Constitution prévoit que le Président est habilité à prendre « les mesures exigées par les circonstances », et elle poursuit : « ces mesures doivent être inspirées par la volonté d'assurer aux pouvoirs publics constitutionnels, dans les moindres délais, les moyens d'accomplir leur mission ». En principe donc l'application de l'article 16 devrait cesser dès que les pouvoirs publics sont en mesure de faire face eux-mêmes à la situation.

a) *Portée de ces pouvoirs*

Dans leur principe, les pouvoirs du Président sont extrêmement étendus. Il peut se substituer au Parlement comme au Gouvernement, et — pourquoi pas ? — à la justice, il concentre tous les pouvoirs étatiques entre ses mains. Il peut suspendre les garanties des citoyens dans le domaine des libertés publiques par exemple, et l'expérience prouve qu'il intervient en priorité dans ce domaine.

Pourtant ces pouvoirs ne sont pas illimités :

— Bien que la Constitution ne le précise pas, on considère que le Président *ne peut modifier la Constitution* puisque l'objectif exprès de ces mesures est le retour au fonctionnement régulier des pouvoirs publics. La Constitution est simplement suspendue, le Chef de l'Etat prend régulièrement des décisions qui, en temps normal ne lui appartiennent pas et seraient inconstitutionnelles. Les circonstances passées, on revient à l'ordre constitutionnel antérieur inchangé.

— *L'Assemblée nationale ne peut être dissoute.* Il faut éviter que le Président ne s'affranchisse du contrôle de la représentation nationale - à supposer qu'il soit matériellement possible - pour instaurer un pouvoir personnel.

b) *Contrôle de l'exercice des pouvoirs*

La Constitution s'est efforcée d'assurer un minimum de contrôle sur des pouvoirs aussi exorbitants.

— **Pendant que l'article 16 est en vigueur.** — Tout d'abord, le Parlement se réunit *de plein droit,* en principe pendant toute la durée d'application de l'art. 16, il siège en permanence. Cette obligation sera difficile à remplir si justement le fonctionnement des pouvoirs publics est interrompu, les députés dispersés, le territoire occupé, le Parlement détruit, les moyens de transports désorganisés...

Que peut faire le Parlement au cours de cette session ?

— les parlementaires pourront éventuellement déférer le Président à la Haute Cour de Justice, s'il a abusé manifestement de ses pouvoirs au point de commettre une haute trahison.

— En 1981 le Président de l'Assemblée nationale décida qu'une *motion de censure n'était pas recevable* pendant la durée d'application de l'article 16 (sauf si la session de plein droit coïncide avec la session normale). Solution logique si on se rappelle que l'Assemblée ne peut être dissoute, mais contestable si on s'en tient à une interprétation stricte de la Constitution qui, à l'article 7, prévoit les cas où la responsabilité politique du Gouvernement ne peut être mise en cause, sans y inclure la période d'application de l'article 16.

— La Constitution ne précisait pas si le Parlement pouvait légiférer pendant la session de plein droit. De Gaulle devait, en 1961, opérer une distinction ici encore selon que la session de plein droit coïncidait avec une session ordinaire ou non. Dans le premier cas, le Parlement peut débattre et adopter des lois à condition de ne pas interférer dans le domaine des mesures « prises ou à prendre en vertu de l'article 16 ». Dans le second cas, un débat est possible à condition qu'il n'ait pas d'aboutissement législatif, c'est-à-dire ne se termine pas par l'adoption d'une loi. Cette interprétation de la Constitution ne paraît pas contestable : l'article 16 n'a pas pour effet de dessaisir le Parlement de ses pouvoirs habituels en période normale de session.

— En outre, le Chef de l'Etat doit *consulter le Conseil constitutionnel* sur les mesures qu'il prend au titre de l'article 16. Cet avis ne lie pas le Président et il n'est pas publié.

— **Après la fin de l'application de l'article 16 :**

— le Président, on l'a vu, peut être déféré à la Haute Cour de Justice pour haute trahison. Les parlementaires ont là le moyen de condamner un Président qui aurait utilisé l'article 16 pour tenter un coup d'Etat (et aurait échoué) ;

— le juge administratif peut contrôler — de façon très superficielle — la régularité des décisions de nature administrative prises par le Chef de l'Etat (Conseil d'Etat, 2 mars 1962, Rubin de Servens). En revanche, les actes de nature législative sont insusceptibles de tout recours.

3. Pratique de l'article 16

422. L'article 16 a été utilisé *une fois,* en avril 1961, à la suite du putsch d'Alger. Le Général de Gaulle mit en vigueur l'article 16 du 23 avril au 30 septembre.

Cette décision était contestable dans la mesure où le fonctionnement régulier des pouvoirs publics constitutionnels n'était pas interrompu, tout au moins au niveau national, mais simplement menacé. En outre, le putsch s'est effondré dès le 25 avril et le Général de Gaulle a laissé l'article 16 en vigueur jusqu'au 30 septembre, ce qui était certainement inconstitutionnel.

L'utilisation faite des pouvoirs exceptionnels n'a pas, elle, été abusive et n'a guère été contestée, 26 décisions en tout, la plupart prises dans les premiers jours de la mise en vigueur de l'article 16 : création de tribunaux, modification de la procédure pénale, suspension de l'inamovibilité des magistrats du siège, destitution ou mise en congé de militaires, prorogation des délais de garde à vue, autorisation de l'internement administratif, possibilité d'interdire certaines publications...

D Le référendum

423. Ici encore, il s'agit d'un pouvoir que le Président de la République peut exercer *sans contreseing,* on est dans le domaine de ses attributions propres. Mais son pouvoir n'est pas inconditionné. Le référendum ayant été étudié précédemment on n'y reviendra pas ici (v. 147 et suiv.).

II. Attributions à l'égard du Gouvernement

En théorie les attributions du Président à l'égard du Gouvernement ne sont pas si nombreuses et apparaissent assez formelles. La pratique les a longtemps considérablement élargies, parfois jusqu'à une captation de pouvoirs.

A La nomination du Premier ministre et des membres du Gouvernement

424. Le Président nomme le Premier ministre. C'est un *pouvoir propre* exercé sans contreseing. Il nomme aussi, sur proposition du Premier ministre, les membres du Gouvernement.

Pour plus de clarté, il sera traité de ces attributions plus loin, avec la formation et la fin des fonctions du Gouvernement (v. 439).

B La présidence du Conseil des ministres

425. Le Chef de l'Etat préside le Conseil des ministres. Ce principe, déjà inscrit dans le texte de 1946 et propre au régime parlementaire français, est consacré par la Constitution de 1958. S'il est empêché — maladie ou voyage — le Président peut autoriser le Premier ministre à tenir à Matignon un Conseil des ministres sur un ordre du jour déterminé. Le cas s'est produit cinq fois depuis 1958.

Les « Conseils de cabinet » organisés sous la présidence du Premier ministre ont disparu. Si Michel Debré, prolongeant la pratique de la IVe République, en réunit parfois, ils cessèrent sous le Gouvernement de Georges Pompidou ; de toutes façons ils n'avaient aucun pouvoir de décision, ceux-ci appartenaient au seul Conseil des ministres. Il fallut attendre la « cohabitation » pour voir réapparaître des « réunions de ministres ». M. Balladur ainsi que par la suite M. Juppé en ont organisé quelques unes ; M. Jospin a adopté la même pratique, ce qui lui permet de se concerter avec ses ministres, tous les quinze jours, en dehors de la présence du Président.

La présidence du Conseil des ministres n'est en rien une prérogative honorifique et protocolaire. Le Président tout d'abord convoque le Conseil et *surtout approuve son ordre du jour,* c'est-à-dire les questions qui y seront évoquées. Il peut ainsi retarder ou empêcher la venue d'un dossier devant le Conseil. François Mitterrand a usé de cette possibilité à plusieurs reprises pendant la première cohabitation.

Cependant une utilisation excessive du pouvoir de fixation de l'ordre du jour risquerait fort d'entraîner une crise grave avec un Gouvernement qui ne serait pas à la dévotion du Président. En écartant les projets de lois, décrets, nominations..., qui nécessitent l'approbation du Conseil des ministres, mais qui ne lui conviendraient pas, le Président empêcherait le Gouvernement de gouverner. L'article 20 de la Constitution serait vidé de son sens (V. 455). Il ne resterait plus alors au Gouvernement qu'à démissionner et à ouvrir, s'il dispose du soutien du Parlement, une épreuve de force avec le Président.

La Présidence de Conseil des Ministres permet au Chef de l'État de suivre l'action du gouvernement, en particulier lorsqu'un ministre présente une communication sur l'état d'un dossier ou sur la politique générale de son département ministériel. Mais elle n'est pas pour le Président l'occasion d'exercer une influence déterminante sur les décisions prises par le Conseil. En effet, puisque ne sont inscrites à son ordre du jour que les mesures auxquelles il a donné son accord, il n'y a pas de débat, ou exceptionnellement ; les ministres sont informés et entérinent, sans chercher à la faire modifier ou rejeter, la décision déjà prise. En période de cohabitation, où le Président ne peut s'opposer à toutes les initiatives du gouvernement, il exprime au besoin oralement ses réserves devant le Conseil et les rend parfois publiques dans un communiqué publié à son issue.

C La signature des décrets et ordonnances

426. Encore un de ces pouvoirs partagés (avec contreseing) en apparence très formel mais dont la portée pratique peut être considérable.

En 1958, on a rétabli la compétence du Président de la République pour signer *les ordonnances* (c'est-à-dire les décrets-lois) ainsi que *les décrets pris en Conseil des ministres.* Cette prérogative a reçu une interprétation extensive permettant au Chef de l'Etat de contrôler tout le pouvoir réglementaire, alors que l'article 13 fait du *Premier ministre le détenteur normal de ce pouvoir.*

La Constitution reconnaît implicitement, en effet, qu'il existe deux catégories de décrets, ceux pris en Conseil des ministres et les autres dont la signature appartient au Premier ministre. Mais elle ne précise pas leurs domaines respectifs. Si des lois imposent que certains décrets soient pris en Conseil, il n'en n'existe pas qui s'opposent à ce que d'autres viennent devant lui. Tout décret peut donc être délibéré en Conseil des ministres et revêtu de la signature du Président.

A partir de là, le pouvoir réglementaire du Président a connu — hors cohabitation — un développement considérable. Il signe en effet non seulement :

— les ordonnances et ceux des décrets qui doivent obligatoirement être pris en Conseil des ministres ;

— certains décrets, qui ne sont pas examinés en Conseil, mais pour lesquels le législateur a prévu qu'ils seraient pris directement par lui : les nominations des officiers par exemple ;

— mais encore les décrets qu'il fait venir et délibérer en Conseil parce qu'il souhaite les signer lui-même ; ces décrets ne peuvent ensuite être modifiés qu'en suivant la même procédure (en cas de cohabitation, le Premier Ministre ne pourra le faire lui-même), à moins que le Président n'y renonce expressément en « déclassant » le décret antérieur ;

— et même des décrets *pris en dehors de toute délibération du Conseil des ministres.* Ce pouvoir, que la Constitution ne lui reconnaît pas, s'exerce dans des domaines où le Président s'estime investi d'une responsabilité particulière : organisation des administrations centrales, défense, relations internationales... Il attire à lui, « il évoque », ces décrets et le Conseil d'Etat a estimé que le contreseing donné par le Premier ministre (qui, lui, est compétent) couvre l'irrégularité que constitue la signature du Président (27 avril 1962, Sicard, Rec. 280). Ces décrets cependant peuvent être ensuite modifiés par le Premier ministre seul.

Même si en définitive 95 % des décrets sont signés directement par le Premier ministre, on constate que *lorsque celui-ci s'entend avec le Président* le pouvoir réglementaire de ce dernier est illimité. Même s'il ne le fait pas en pratique, il peut contrôler toute l'action du Gouvernement et exercer un veto discrétionnaire sur les décisions qui ne lui plaisent pas. Le Premier ministre est largement dessaisi ; ici encore une concentration des pouvoirs se réalise au profit du Chef de l'Etat.

En période de cohabitation, François Mitterrand n'a jamais usé de son pouvoir (et Jacques Chirac non plus) pour refuser de signer un décret de portée générale (pour les décrets individuels, de nomination par exemple, il s'est opposé parfois, semble-t-il, à leur inscription à l'ordre du jour du Conseil). *Mais, en 1986, il a repoussé trois ordonnances, obligeant le Premier ministre à les transformer en projets de loi pour contourner son veto.*

D La nomination des hauts fonctionnaires

427. La nomination des plus hauts fonctionnaires n'appartient pas aux ministres, chefs des administrations, mais au Président de la République lui-même (pouvoir qu'il partage en principe avec le Premier ministre, (v. 452). La décision est prise, selon les cas, en Conseil des ministres, ou directement par décret soumis à contreseing. La Constitution et une ordonnance du 28 novembre 1958 fixent la liste des emplois qui sont ainsi pourvus. Au total 70 000 emplois environ relèvent du Président. Des décrets sont venus compléter ces textes pour *les postes de direction des établissements publics et des entreprises nationales*. Leur liste s'est considérablement étendue, passant d'une cinquantaine d'emplois en 1969, à 163 à la suite du décret du 6 août 1985.

Le Président a ainsi la possibilité de contrôler l'accès aux postes-clés de l'Administration et du secteur public. Le Général de Gaulle n'a jamais délégué, de son propre chef, ce pouvoir au Premier ministre, ses successeurs l'ont imité. Cependant, des lois ou des décrets de déconcentration sont intervenus pour éviter que cette attribution ne devienne trop écrasante. En pratique aucun poste important n'est attribué sans que l'Élysée n'ait été consulté, même, semble-t-il, en période de cohabitation.

La Haute Administration française est ainsi entre les mains de fonctionnaires dont le loyalisme est garanti. Après « l'Etat U.N.R. », on a pu parler de « l'Etat U.D.F. » et de « l'Etat P.S. ». En dépit du parallèle fâcheux qui s'établit avec le système des dépouilles, il semble difficile qu'il en soit autrement dans un pays où les antagonismes politiques sont aussi vifs et tranchés qu'en France. La politisation de la Haute Administration est un phénomène inéluctable. Et si l'opposition s'indigne régulièrement de cette pratique et préconise « l'Etat impartial », elle se garde bien de l'écarter lorsqu'elle accède au pouvoir. Il importe cependant de limiter l'extension du phénomène vers le bas et surtout de respecter une certaine déontologie pour éviter que la recherche légitime de la loyauté ne dissimule le « copinage » au détriment de la compétence.

III. Attributions à l'égard du Parlement

Les pouvoirs du Président de la République à l'égard du Parlement sont assez proches, dans leur énoncé, de ceux d'un Chef de l'Etat parlementaire classique. Mais, ici encore, la prépondérance affirmée par le Président, aux périodes de concordance des majorités, les charge de virtualités qu'ils ne possèdent pas normalement.

A Le Président législateur

428. Le Président intervient de deux façons dans l'élaboration de la loi.

Interventions dans la procédure législative. — Tout d'abord — en dehors de la cohabitation — il est inconcevable que le Gouvernement dépose un projet de loi sans avoir obtenu son accord préalable (ne serait-ce qu'à travers l'inscription à l'ordre du jour du Conseil des ministres), et souvent le Président est lui-même à l'origine du projet, *il dispose d'une initiative de fait* (V. 491). En outre, à partir du premier septennat de François Mitterrand, s'est développée une *pratique* qui ne trouve aucun appui dans la Constitution, par laquelle *le Président intervient* assez fréquemment, sur des sujets politiques, *dans le déroulement de la procédure législative.* Il est vrai que François Mitterrand considérait son programme comme étant le programme législatif du Parlement. Aussi bien a-t-il souvent demandé au Gouvernement d'engager par voie législative une réforme d'envergure touchant des domaines essentiels de la vie nationale : financement des partis politiques, immigration, refonte du code Pénal..., ou a-t-il pris sur lui d'annoncer une décision relevant du Parlement avant tout débat devant celui-ci : abandon des créances françaises sur 35 Etats africains. En dehors de cette initiative législative indirecte, il lui arriva aussi d'intervenir dans des procédures en cours : retrait d'un projet de loi (publicité sur les radios locales), abandon pur et simple d'un projet alors qu'il est débattu (loi Savary sur l'enseignement privé, 1984), opposition à, ou inscription, d'un amendement dans une loi (exonération des œuvres d'art de l'impôt sur la fortune). Jacques Chirac s'était engagé dans la même voie puisqu'en novembre 1995 il a demandé au Gouvernement de préparer un texte concernant les réquisitions de logement et, en 1996, d'une loi d'orientation agricole. En juillet 1996 il a fait remise au Congo d'une partie de sa dette. Ces pratiques sont exclues en période de cohabitation.

Ces interventions n'ont d'ailleurs aucun fondement juridique, le Président participe à l'élaboration de la loi en négligeant les prérogatives du Gouvernement.

429. La promulgation. — D'autre part, lorsqu'une loi a été adoptée, elle est transmise pour promulgation au Chef de l'Etat. Celui-ci dispose d'un délai de 15 jours pour la promulguer. Dans ce délai, il peut saisir le Conseil constitutionnel ou demander une seconde délibération. La décision de promulguer est un *décret* contresigné par le Premier ministre et les ministres intéressés. La promulgation donne sa date à la loi.

Cette intervention du Président est indispensable pour que la loi soit mise en exécution, elle participe du rôle exécutif du Chef de l'Etat.

B La dissolution

430. L'article 12 de la Constitution confère au Président de la République un pouvoir, *discrétionnaire en fait,* de dissoudre l'Assemblée nationale, provoquant ainsi des élections anticipées. La logique aurait pourtant voulu que ce pouvoir appartienne au Premier ministre qui, lui, est responsable devant l'Assemblée, et non au Chef de l'Etat ; le parallélisme aurait été plus conforme à l'esprit du régime parlementaire. C'est pourquoi d'ailleurs il apparaîtrait logique que l'auteur de la dissolution mette, comme en Grande-Bretagne, son mandat en jeu. En 1997, Jacques Chirac n'en a pas jugé ainsi.

Il s'agit d'un pouvoir propre, exercé *sans contreseing* du Premier ministre, mais dont l'exercice doit être précédé de *l'avis* de celui-ci ainsi que de celui des Présidents des Assemblées. Conformément à la règle habituelle, ces avis ne lient pas le Président de la République.

La dissolution est cependant soumise à certaines conditions et produits certains effets :

1. La dissolution est parfois impossible

— *lorsque l'article 16 est en vigueur.* L'Assemblée, estime-t-on, pourrait faire barrage à une utilisation abusive par le Président des prérogatives qu'il tire de l'article 16 (V. 421). Le Président ne peut donc, en prononçant la dissolution, tenter d'échapper à ce contrôle, pourtant assez illusoire et limité (Haute Cour) ;

— *lorsque le Président du Sénat, ou le Gouvernement, assurent l'intérim de la présidence de la République.* Les situations de transition sont toujours dangereuses et il est bon que la continuité de la représentation nationale soit sauvegardée. L'Assemblée dispose alors de ses pouvoirs normaux ;

— *si moins d'une année s'est écoulée depuis des élections législatives provoquées par une précédente dissolution.* On veut éviter que le Président de la République, mécontent du choix du corps électoral, ne méconnaisse sa volonté et n'essaie de briser l'opposition des nouveaux élus en organisant à bref délai une nouvelle consultation. Le Président doit respecter le vœu des électeurs et ne peut prononcer de dissolutions à répétition : « dissolution sur dissolution ne vaut ». Depuis mai 1998 ce délai est expiré et ne s'impose plus à Jacques Chirac.

2. La dissolution provoque de nouvelles élections

La vacance du pouvoir parlementaire due à la dissolution doit être brève, aussi la Constitution prévoit-elle que les élections seront organisées dans un délai de 20 à 40 jours et que la nouvelle assemblée se réunira de plein droit le deuxième jeudi qui suit son élection.

Enfin, le Sénat peut se réunir lorsque l'Assemblée a été dissoute. On évite ainsi le face-à-face du Président et du pays. Quant au Gouvernement, il continue à exercer la plénitude de ses prérogatives.

La dissolution a été prononcée à cinq reprises depuis 1958, c'est-à-dire que cinq législatures sur dix se sont terminées par une dissolution : en 1962, 1968, 1981, 1988 et 1997.

• *En 1962,* il s'agissait de trancher un conflit entre l'exécutif et le Parlement (V. 59).

• *En 1968,* le Général de Gaulle a utilisé la dissolution pour tenter, avec succès, de sortir d'une crise politique nationale grave (V. 209).

• *En 1981 et en 1988,* au lendemain de son élection à la Présidence de la République, François Mitterrand a mis fin au mandat d'une Assemblée dominée par la droite pour demander au pays de lui donner une majorité de gauche, lui permettant de mettre en œuvre son programme. Avec un plein succès en 1981, avec un résultat mitigé en 1988 (V. 383).

• *En avril 1997,* Jacques Chirac a prononcé une dissolution « à l'anglaise », ou de « confort », en dehors de toute crise. Désireux d'éviter une cohabitation, il l'a précipitée. Estimant la conjoncture favorable, il a mis fin au mandat des députés un an avant l'échéance, espérant obtenir à l'Assemblée une majorité qui le soutiendrait jusqu'à la fin de son septennat. Déjouant ce calcul, les électeurs ont envoyé une majorité de gauche à l'Assemblée, ouvrant la troisième cohabitation. Pour la première fois depuis 1958 le Président perdait les élections après une dissolution.

Jacques Chirac avait aussi justifié sa décision par son souhait d'échapper à l'immobilisme et à la démagogie qui caractérisent les années électorales et pour éviter que le débat ne se concentre sur l'Europe avec pour résultat de freiner l'édification de celle-ci.

C Le droit de message

431. La tradition républicaine veut que le Président n'ait pas accès aux Chambres. Mais il peut communiquer avec elles par des messages.

Le Président peut user sans contreseing de cette prérogative *(pouvoir propre).* Il n'est donc pas le porte-parole du Gouvernement, il parle en son nom personnel. Le message n'est pas lu par le Président lui-même, car il n'a pas le droit de prendre séance au Parlement, mais par les Présidents des Assemblées ou par un ministre ; il ne donne pas lieu à un débat. Si le Parlement n'est pas en session, une réunion spéciale pourra être organisée à cet effet.

Les Présidents ont peu utilisé cette prérogative (17 fois au total depuis 1959, la dernière le 2 mars 1999) et s'en sont servi pour informer les parlementaires du sens d'une décision qu'ils comptaient prendre : référendum, Europe, réunion d'une nouvelle Assemblée...

L'absence du Président lors de la lecture du message lui enlève beaucoup de sa portée, mais elle empêche, en même temps, que des incidents n'éclatent qui porteraient atteinte à la dignité du Chef de l'Etat. Au surplus, celui-ci préfère s'adresser à la nation par l'intermédiaire de la radio et de la télévision.

D Le droit de demander une seconde délibération

432. Le Président de la République peut demander, dans le délai de promulgation, une nouvelle délibération (ou « lecture ») de la loi ou d'une partie de la loi. C'est une sorte de *veto suspensif. Ce pouvoir est soumis à contreseing.* Le Parlement n'a pas la possibilité de ne pas déférer à cette demande mais le Premier ministre pourrait refuser son contreseing et empêcher le retour devant le Parlement.

M. Mitterrand s'est servi deux fois de ce pouvoir. En 1983 à l'égard de la loi concernant l'organisation à Paris en 1989 d'une exposition universelle. En 1985, ensuite, à propos d'une loi sur la Nouvelle-Calédonie dont le Conseil constitutionnel avait déclaré une disposition non conforme à la Constitution.

E La réunion du Congrès

433. Au cours de la procédure de révision, le Président peut décider de soumettre le projet de révision au Congrès (v. 56).

F L'ouverture et la clôture des sessions extraordinaires

434. C'est au Président qu'il appartient de convoquer, à la demande du Premier ministre ou de la majorité des membres de l'Assemblée nationale, les sessions extraordinaires du Parlement (v. 475).

IV. Attributions dans le domaine de la Justice

La Constitution fait du Président « le garant de l'indépendance de l'autorité judiciaire » (art. 64), attribution qui prolonge sa qualité de gardien de la Constitution.

A Le droit de grâce (ou : la clémence du Prince)

435. Il s'agit d'une prérogative traditionnelle du Chef de l'Etat et, en même temps, c'est une atteinte au principe de la séparation des pouvoirs. Elle consiste à dispenser des personnes condamnées par les tribunaux de tout ou partie de leur peine, ou de commuer une peine en une autre plus légère. Toute personne intéressée peut déposer un recours en grâce.

Paradoxalement, l'exercice de cette prérogative, dont le caractère personnel est manifeste, est soumis au contreseing du Premier ministre et du Garde des sceaux. On semble ainsi en faire un acte politique susceptible d'entraîner la responsabilité du Gouvernement, telle est bien d'ailleurs parfois l'utilisation qu'en fait le Président. Mais la tradition française s'oppose fort opportunément à ce que l'utilisation de ce droit fasse l'objet d'une discussion devant le Parlement. Le contreseing est, en conséquence, automatique.

Des chiffres : 25.000 recours en grâce environ sont déposés chaque année et moins de 1.000 grâces sont accordées.

B La présidence du Conseil supérieur de la magistrature

436. Le Conseil supérieur de la magistrature assiste le Président dans son rôle de garant de l'indépendance de l'autorité judiciaire. Celui-ci désigne un de ses membres et préside à ses débats sauf lorsqu'il s'agit de la discipline des magistrats, il est alors remplacé soit par le Premier président, soit par le Procureur général de la Cour de cassation.

Dans la pratique, le Président n'assiste pas à toutes les réunions du Conseil, le Garde des sceaux assure alors sa suppléance (v. 517).

V. Attributions diverses

437. Le Président de la République dispose d'autres attributions, importantes ou mineures, qu'il convient de mentionner ou de rappeler.

1. **L'initiative de la révision de la Constitution** (v. 56).
2. **La saisine du Conseil constitutionnel** (v. 90), la nomination de 3 de ses membres et la désignation de son Président.
3. **Les présidences et charges honorifiques** :
   - Le Président est co-Prince des Vallées d'Andorre ;
   - il est Chanoine honoraire de Saint-Jean de Latran et de Saint-Germain-des-Prés ;
   - il est Grand Maître de l'Ordre de la Légion d'honneur ;
   - il est protecteur de l'Académie française.
4. **Il autorise les mariages posthumes.**

Section 2
Le Gouvernement

Bibliographie : Jacques FOURNIER, *Le travail gouvernemental,* 1987.

438. Même s'il est un peu estompé par l'ombre que lui a fait durablement la prééminence du Président de la République, le Gouvernement n'en est pas moins un rouage très important du système établi en 1958. La Constitution exalte la fonction gouvernementale alors que le Président est conçu comme un tuteur. Les dispositions concernant le Gouvernement sont nombreuses et importantes et, par là, son poids en face du Président est affirmé. En dehors de la cohabitation, la pratique pourtant devait aller dans le sens d'une subordination du Gouvernement au Président.

Les Gouvernements de la Ve République

Charles de Gaulle	1er juin 1958 - 22 déc. 1958
1. Michel Debré	8 janv. 1959 - 14 avril 1962
2. Georges Pompidou I	14 avril 1962 - 28 nov. 1962
3. Georges Pompidou II	28 nov. 1962 - 8 janv. 1966
4. Georges Pompidou III	8 janv. 1966 - 10 avril 1967
5. Georges Pompidou IV	10 avril 1967 - 10 juil. 1968
6. Maurice Couve de Murville	10 juil. 1968 - 20 juin 1969
7. Jacques Chaban-Delmas	20 juin 1969 - 5 juil. 1972
8. Pierre Messmer I	5 juil. 1972 - 2 avril 1973
9. Pierre Messmer II	2 avril 1973 - 27 fév. 1974
10. Pierre Messmer III	27 fév. 1974 - 27 mai 1974
11. Jacques Chirac	27 mai 1974 - 25 août 1976
12. Raymond Barre I	27 août 1976 - 29 mars 1977
13. Raymond Barre II	30 mars 1977 - 31 mars 1978
14. Raymond Barre III	5 avril 1978 - 13 mai 1981
15. Pierre Mauroy I	27 mai 1981 - 22 juin 1981
16. Pierre Mauroy II	23 juin 1981 - 21 mars 1983
17. Pierre Mauroy III	22 mars 1983 - 17 juil. 1984
18. Laurent Fabius	19 juil. 1984 - 20 mars 1986
19. Jacques Chirac	20 mars 1986 - 9 mai 1988
20. Michel Rocard I	10 mai 1988 - 23 juin 1988
21. Michel Rocard II	23 juin 1988 - 15 mai 1991
22. Edith Cresson	15 mai 1991 - 2 avril 1992
23. Pierre Bérégovoy	2 avril 1992 - 29 mars 1993
24. Edouard Balladur	29 mars 1993 - 10 mai 1995
25. Alain Juppé	17 mai 1995 - 7 nov. 1995
26. Alain Juppé II	7 nov. 1995 - 2 juin 1997
27. Lionel Jospin	2 juin 1997

Sous-section 1
La formation et la fin des fonctions du Gouvernement

I. La nomination du Premier ministre

439. C'est un *pouvoir propre* du Président de la République. La nomination est donc dispensée du contreseing du Premier ministre sortant, qui ne se trouve pas dans la situation déplaisante d'avoir à donner son aval à la désignation de son successeur (et d'en endosser la responsabilité !) Le Chef de l'Etat peut nommer qui il veut — par exemple un non parlementaire : Pompidou, Barre — ; il n'a pas, comme sous la IVe République à procéder à des consultations préalables auprès des groupes politiques et des Présidents des Assemblées.

Dans *la pratique pourtant sa liberté n'est pas totale, elle est parfois inexistante.* S'il n'est pas obligé, comme en Grande-Bretagne, de désigner le chef du parti majoritaire, le Président est politiquement contraint de choisir le Premier ministre dans la majorité parlementaire (sauf à se tourner vers un non-parlementaire) et de retenir le nom d'une personnalité capable de rassembler cette majorité autour d'elle. Il ne peut risquer le camouflet d'une mise en minorité immédiate de son candidat par l'Assemblée nationale. F. Mitterrand a ainsi dû nommer, en 1986, Jacques Chirac leader de la formation dominante de la nouvelle majorité : tout autre choix serait apparu comme une manœuvre ou une provocation à l'égard de la majorité parlementaire. De même en 1997 J. Chirac a du appeler L. Jospin. A l'ouverture d'une cohabitation, c'est le peuple — un peu alors comme en Grande-Bretagne — qui désigne le Premier ministre.

En dehors de cette situation, le choix ne sera pas toujours facile. Il peut arriver que personne ne s'impose au sein du parti ou de la coalition majoritaire ; au contraire, plusieurs personnalités peuvent prétendre à ce rôle. Le Premier ministre trouvera alors dans la confiance du Président le fondement d'un pouvoir sur la majorité que son autorité propre ne lui donne pas : M. Couve de Murville, P. Messmer, R. Barre, L. Fabius, dans une certaine mesure Michel Rocard et Edith Cresson, ont connu cette situation.

II. La nomination des ministres

440. Le choix des *ministres* se déroule différemment : ils sont nommés par le Président, sur présentation du Premier ministre.

En principe c'est donc au Premier ministre qu'il appartient de composer son équipe ; le fait qu'il contresigne la nomination de ses membres par le Président souligne qu'il en est le chef.

En pratique le Président ne se désintéresse pas de la constitution du Gouvernement et on peut considérer comme normal que, au moins dans les domaines où il a des attributions propres, les Ministres soient choisis avec son accord. Il ne se contente donc pas d'approuver une liste établie par le Premier ministre. Il intervient dans sa confection. Plus ou moins et différemment selon sa personnalité. De Gaulle, par exemple, faisait assez confiance à son Premier ministre alors que V. Giscard d'Estaing adressait à R. Barre, en 1977, une « directive » lui enjoignant de ne pas dépasser 15 Ministres. Tous ont leurs candidats et, même si ce n'est pas pour chaque portefeuille, ils pèsent très fort sur l'établissement de la liste (F. Mitterrand disait en 1985 : « Les gouvernements que j'ai constitués » et en 1981 il a choisi presque tous les Ministres). Avec des situations particulières : en 1981 comme en 1997 les communistes ont été laissés libres de choisir les 4, puis 3, personnalités qui entreraient au Gouvernement, décidément le P.C.F. n'est pas un parti comme les autres. Lors de la formation du Gouvernement Chirac, en 1986, si F. Mitterrand a été mis en présence d'une liste établie en dehors de lui — cohabitation oblige — il n'a pas entériné toutes les nominations proposées, il a récusé plusieurs personnalités présentées par le Premier ministre, en particulier pour des portefeuilles concernant des domaines où le Président a des responsabilités particulières (Affaires étrangères, Défense). Lors des cohabitations suivantes, E. Balladur et L. Jospin n'ont pas rencontré les mêmes oppositions.

A la différence de la IVe République, la constitution du Gouvernement intervient rapidement après la désignation du Premier ministre. Lorsque des retards apparaissent, ils révèlent des difficultés dans des négociations avec la majorité parlementaire pour la composition de l'équipe gouvernementale et ils ne dépassent pas quelques jours.

III. L'absence du Parlement dans la procédure de nomination du Gouvernement

441. Par rapport aux procédures de désignation suivies sous la IIIe et la IVe République, comment ne pas relever l'absence de l'un des acteurs habituels : le Parlement ? Sous les régimes précédents, le Gouvernement devait recevoir l'*investiture* du Parlement. Depuis 1958, le Parlement est-il entièrement exclu de la désignation du Cabinet ?

Un point au moins est acquis depuis l'origine du régime : le Gouvernement a une existence juridique dès sa nomination par le Président et peut agir sans autre formalité, *il dispose de l'intégralité de ses pouvoirs. L'exigence de l'investiture par les députés a donc été écartée.* Souvent d'ailleurs le Président choisit les vacances parlementaires pour changer de Gouvernement, celui-ci peut commencer à travailler sans attendre.

L'article 49, al. 1, de la Constitution n'en prévoit pas moins que le Premier ministre, après délibération du Conseil des ministres, engage devant l'Assemblée nationale la responsabilité du Gouvernement sur son *programme* ou sur une déclaration de politique générale. Mais *aucun délai n'est fixé* pour ce débat et la pratique a beaucoup varié.

— Dans les premières années de la Ve République, encore sur la lancée des régimes précédents, les gouvernements Debré et Pompidou se présentèrent rapidement devant la Chambre basse en posant la question de confiance ; puis, à partir de 1962, l'usage s'établit progressivement *de ne pas considérer comme obligatoire le vote de confiance au Gouvernement c'est-à-dire l'investiture par la Chambre.* De 1962 à 1973, aucun cabinet n'a sollicité, lors de sa constitution, la confiance de l'Assemblée nationale. Certains ont attendu plusieurs mois pour se présenter devant elle et fréquemment aucun vote n'était demandé aux députés, on se contentait d'une déclaration de politique générale, laissant à l'opposition l'initiative d'une motion de censure. Cette attitude manifestait la volonté délibérée de souligner que le *Gouvernement tient ses pouvoirs de la confiance du Président.*

— En 1973 cependant Pierre Messmer lors de la constitution de son deuxième cabinet est revenu sur cette pratique, en engageant rapidement sa responsabilité sur une déclaration de politique générale. Par la suite, la plupart des Premiers ministres se sont présentés sans trop attendre devant l'Assemblée, pour exposer leur programme ou, le plus souvent, pour lire une déclaration de politique générale. Leur intervention se concluait par un vote sur la confiance, on revenait à ce qui avait été la règle à l'origine (exceptions : Messmer III et Barre I). Le Gouvernement accomplissait par là un geste de courtoisie à l'égard des députés et cherchait à souder l'union de sa majorité.

— Michel Rocard, Edith Cresson et Pierre Bérégovoy se sont limités à une déclaration de politique générale attendant le dépôt éventuel d'une motion de censure. Il est vrai que ne disposant pas de la majorité absolue à la Chambre, ils ne pouvaient courir le risque d'un vote sur la confiance (la majorité n'est pas la même que pour la censure v. 513).

— Depuis 1993 MM. Balladur, Juppé et Jospin se sont présentés devant l'Assemblée dès la constitution de leur cabinet et ont sollicité un vote sur leur déclaration de politique générale. Ce comportement est dans la logique du régime parlementaire. Il se justifie encore plus en période de cohabitation, car il manifeste que le Gouvernement ne tient pas ses pouvoirs du Président mais de la confiance de l'Assemblée.

IV. La fin des fonctions du Gouvernement et de ses membres

442. — Le Président de la République accepte la démission du Gouvernement. En principe donc, et de Gaulle l'avait confirmé en 1958, le Président ne peut révoquer le Premier ministre. Seule l'Assemblée peut renverser le Gouvernement en lui refusant sa confiance (Georges Pompidou, 1962).

• Cependant une pratique s'est instituée, dans les périodes de concordance des majorités, qui *confère au Président un pouvoir de révocation de fait du Premier ministre,* il est maître de la durée de vie du Gouvernement. Il ne sera pas question officiellement de révocation, mais d'acceptation d'une démission dont on sait pertinemment qu'elle intervient sur la demande expresse du Chef de l'Etat. Celui qui refuserait de s'y plier serait un « triste sire » (G. Pompidou). Depuis Michel Debré, en 1962, tous les Premiers ministres ont abandonné leurs fonctions contre leur gré à l'exception de Jacques Chirac en 1976 et, dans une moindre mesure, de Pierre Mauroy en 1984. La révocation la plus spectaculaire a été celle de J. Chaban-Delmas en 1972, quelques jours après un vote où l'Assemblée lui avait manifesté largement sa confiance.

Cette entorse à la Constitution symbolise l'évolution du régime vers le parlementarisme dualiste : le Premier ministre tient ses pouvoirs du Chef de l'Etat, celui-ci peut les lui retirer.

• En période de cohabitation le Président perd évidemment son pouvoir de révocation du Premier ministre (et des ministres), ce pouvoir ne joue que si le Premier ministre accepte de se retirer, ce n'est plus le cas alors. Ainsi Jacques Chirac ne pourrait révoquer Lionel Jospin.

— Le Président met fin, sur proposition du Premier ministre, aux fonctions d'un membre du Gouvernement. En pratique ici aussi certains ministres ont perdu leur portefeuille sur l'initiative personnelle du Chef de l'Etat : J. Soustelle en 1960, J.-J. Servan-Schreiber en 1972, Jean-Pierre Cot en 1982.

— Mais les gouvernements ne prennent pas fin uniquement par la censure de l'Assemblée (V. 512) ou la révocation par le Président.

Il arrive tout d'abord que d'un commun accord le Président et le Premier ministre décident d'un *remaniement* d'une certaine ampleur du Gouvernement, qui se traduira par la démission de l'ancienne équipe, le Premier ministre conservant ses fonctions à la tête de la nouvelle.

D'autre part, et c'est sa forme la plus fréquente (17 fois sur 27), la démission interviendra au lendemain des élections législatives ou présidentielles, c'est une sorte de « démission de courtoisie ». Elle donne au Président la liberté de constituer le gouvernement de son choix ou, au lendemain des législatives, en cas d'alternance, de tenir compte de la volonté des électeurs. Cette pratique existait sous les IIIe et IVe Républiques pour les élections législatives, et pour les présidentielles sous la IIIe République seulement. Sa réaffirmation n'est pas sans signification. Est ainsi soulignée la dépendance du Gouvernement soit à l'égard du Président soit à l'égard des électeurs.

Sous-section 2
Le statut des membres du Gouvernement

La notion constitutionnelle de « Gouvernement », n'est pas claire. Si les ministres, à commencer par le premier d'entre eux, font partie sans conteste du Gouvernement, on peut légitimement se demander s'il faut y faire entrer le Président et les secrétaires d'Etat.

A Les différentes catégories de membres du Gouvernement

443. Le fait que le Président de la République préside les délibérations du Conseil des ministres ne fait pas de lui, à notre avis, un membre du Gouvernement, ne serait-ce qu'en raison de son absence de responsabilité politique devant le Parlement. Mais la part active, pour ne pas dire déterminante, qu'a souvent pris le Chef de l'Etat à l'élaboration des décisions du Conseil est difficilement conciliable avec son extériorité théorique à l'égard du Gouvernement.

Alors que le nombre des députés et des sénateurs est fixé par la loi, il n'y a pas de règles déterminant la composition du Gouvernement. Celle-ci change d'un cabinet à l'autre par des créations, fusions, disparition de départements ministériels, passage d'une catégorie à l'autre. Cette souplesse est nécessaire. Sur le plan technique, elle permet de suivre l'évolution des fonctions de l'Etat, et, en ce sens, la liste des ministères s'est beaucoup allongée depuis le XIXe siècle. Politiquement en outre, elle permet, par une répartition judicieuse des portefeuilles, de s'assurer au Parlement l'appui des amis des ministres. Sous la Ve République la taille des Gouvernements a varié d'une vingtaine à une cinquantaine de membres. Celui de M. Jospin en comporte 27, ce qui le situe dans la moyenne basse. Les Gouvernements trop larges sont difficiles à diriger et la répartition des compétences en leur sein est délicate. En revanche si l'équipe est très étroite elle risque d'avoir du mal à contrôler les services.

Cet aspect mis à part, le Gouvernement apparaît comme une *institution hiérarchisée et solidaire* dont tous les membres n'ont pas le même statut.

A côté du *Premier ministre,* qui a une existence constitutionnelle et dispose d'attributions propres, on trouve plusieurs catégories de ministres, qui ne sont pas toujours présentes dans chaque Gouvernement.

a) Le titre de *Ministre d'Etat* ne correspond plus qu'à une prééminence protocolaire. Ce titre est généralement donné à une personnalité en considération de son autorité dans un des partis ou une des tendances de la majorité, ou pour tenir compte de son rayonnement particulier à la tête d'un département ministériel important (André Malraux à la Culture, ou Simone Veil, Ministre de la Santé dans le cabinet Barre II). Le gouvernement de M. Jospin n'en comporte pas.

b) Le Gouvernement comprend parfois des *ministres délégués auprès du Premier ministre.* Ces personnalités ont pour rôle de décharger le Premier ministre d'une partie de ses responsabilités et elles bénéficient d'une certaine prééminence à ce titre sur leurs collègues. (0 en 1997)

c) *Les ministres à portefeuille.* Ils forment ce qu'on pourrait appeler la catégorie normale. Leur nombre n'est pas limité, la dénomination de leur portefeuille varie d'un cabinet à l'autre. Ils sont 14 aujourd'hui.

d) *Les ministres délégués auprès des ministres.* Ce titre, est porté par 4 ministres dans le Gouvernement actuel.

e) *Les ministres délégués non rattachés à un ministre.* Leur statut est proche de celui des secrétaires d'Etat autonomes. Le Gouvernement actuel n'en comporte aucun.

f) *Les secrétaires d'Etat, autonomes, ou rattachés,* selon qu'ils sont placés ou non sous l'autorité d'un ministre, le gouvernement Jospin en comporte dix.

La hiérarchie entre les ministres et les secrétaires d'Etat est fixée par leur place dans la liste des membres du Gouvernement publiée au Journal Officiel. En général *les secrétaires d'Etat ne participent pas au Conseil des ministres ;* ils sont seulement invités à y siéger si une question relevant de leurs attributions est inscrite à l'ordre du jour.

B Incompatibilités

444. Les fonctions ministérielles sont incompatibles avec une série d'autres activités.

1. Avec des fonctions professionnelles privées

Il s'agit par là d'éviter la pression éventuelle des intérêts privés sur l'activité des chefs d'administration qui doivent servir exclusivement l'intérêt général. En principe, le traitement qu'ils reçoivent, complété de diverses indemnités, doit leur permettre de vivre (entre 41 et 55 000 francs par mois). Celui-ci est cependant très inférieur à la rémunération des dirigeants, voire de salariés, de grandes entreprises privées ou même nationalisées ; un pilote d'Air-France a un salaire deux ou trois fois supérieur au leur. Des dizaines de milliers de Français sont mieux payés que le Premier ministre.

L'incompatibilité concerne toutes les professions, même libérales (avocat...), ainsi que les responsabilités syndicales.

Une pratique s'était aussi instituée selon laquelle un Ministre ne peut exercer de responsabilités nationales dans un parti politique, elle allait dans le sens de la méfiance du fondateur de la Ve République à l'égard des partis. Elle a été abandonnée avec le Gouvernement Chirac de 1986.

2. Avec des fonctions publiques

Le fonctionnaire nommé Ministre devra se faire mettre en congé pour pouvoir exercer ses nouvelles fonctions. Seuls les professeurs de l'enseignement supérieur peuvent continuer à enseigner.

S'il s'agit cependant d'une fonction publique élective, le cumul est possible (Ministre et Maire... V. cependant 443 in fine) sauf s'il s'agit de fonctions nationales (Ministre et Président de la République).

3. Avec un mandat parlementaire

a) *Le principe et ses raisons d'être*

Renouant avec la tradition de la Révolution, la Constitution de 1958 (art. 23) interdit le cumul d'un portefeuille ministériel et d'un mandat parlementaire : un député ou un sénateur devenant Ministre doit abandonner son siège. Plusieurs raisons principales fondent cette prohibition :

— éviter « la course aux portefeuilles » qui portait une part de responsabilité dans l'instabilité des régimes précédents. L'ouverture d'une crise gouvernementale favorisait leur carrière en offrant aux parlementaires une occasion d'être nommés ministres. Aussi, le Gouvernement renversé, les ministres revenaient siéger dans leur Assemblée en attendant que la prochaine crise — qu'ils avaient tout intérêt à provoquer — leur entrebaille à nouveau les portes du Gouvernement. Aujourd'hui, pour un parlementaire, être nommé ministre c'est prendre un risque, faire du

« trapèze sans filet », ne plus avoir de fonction d'accueil en cas de départ du Gouvernement ;

— éloigner les ministres de leurs amis politiques pour faciliter la cohésion de l'équipe gouvernementale.

— en conséquence, *accroître la dépendance des ministres* à l'égard du Premier ministre et du Président qui peuvent s'entendre pour les démettre à tout moment. Leur subordination est renforcée.

— inciter les ministres à se consacrer entièrement à leurs fonctions ministérielles et, en particulier, couper les liens avec leur circonscription ;

b) *Les modalités* (ordonnance du 17 novembre 1958)

Le parlementaire devenu ministre dispose d'un délai d'un mois à partir de sa nomination pour opter entre ses deux fonctions. A l'expiration de ce délai, s'il n'a pas renoncé à faire partie du Gouvernement, il est remplacé par un suppléant, élu en même temps que lui (v. 466). Pendant ce même délai le ministre ne peut participer aux votes dans son Assemblée.

Si le ministre quitte le Gouvernement, il ne retrouve pas son siège de parlementaire, son suppléant ne lui restitue pas sa place ; si, cependant, par élégance, il démissionne, une élection sera organisée à laquelle l'ancien ministre pourra se présenter. De son côté, le suppléant ne peut faire acte de candidature lors de l'élection suivante contre celui qu'il a remplacé ; c'est une règle de moralité politique.

c) *La mise en cause du principe*

Les raisons sur lesquelles le principe reposait n'existent plus entièrement aujourd'hui. Les gouvernements ont trouvé la stabilité et les ministres se sont bien gardés de prendre leurs distances avec leur circonscription, bastion sur lequel repose leur carrière politique. Aussi l'incomptabilité de l'article 23, qui n'a jamais été populaire chez les parlementaires, est-elle depuis une trentaine d'années très vivement attaquée.

En 1974, les Chambres ont approuvé un projet de révision constitutionnelle permettant au ministre de *retrouver son siège* de député six mois après sa sortie du Gouvernement (v. 53). Le suppléant n'aurait plus été qu'un « garde-place ». Mais la procédure n'a pas été menée à son terme par crainte de l'absence de la majorité des 3/5 exigée au Congrès. Les Gaullistes, en particulier, étaient très réticents à l'idée de revenir sur une disposition voulue par de Gaulle. En 1977, le problème rebondit à l'initiative de parlementaires qui proposaient d'amender l'ordonnance du 17 novembre 1958 en autorisant le ministre à reprendre directement *sans élection* son siège de parlementaire dans le mois de la *démission* de son suppléant ; la loi organique modifiant l'ordonnance fut adoptée, mais le Conseil constitutionnel l'ayant déclarée non-conforme à la Constitution, elle n'a pas pu être promulguée.

Il faut bien reconnaître pourtant que le principe du non-cumul n'a plus guère de raison d'être. Il en subsiste cependant une, très solide sur le plan théorique : le non-cumul renforce *la séparation des pouvoirs,* le contrôleur ne peut être en même temps contrôlé, c'est-à-dire membre de l'exécutif et siéger au Parlement. Mais cela condamne le cumul et non le retour dans son assemblée du ministre au terme de ses fonctions gouvernementales. La règle actuelle prive le Parlement d'hommes d'expérience qui restent sur la touche jusqu'aux élections générales suivantes.

C Responsabilité civile et pénale des ministres

a) *Le problème*

445. Est-il souhaitable que les ministres soient soumis aux règles du droit commun pour les actes dommageables commis dans l'exercice de leurs fonctions ? Ce serait les exposer à des poursuites abusives de la part de particuliers dont leur action a lésé les intérêts ou suscité la vindicte. En même temps peut-on aménager un régime particulier qui ne se transforme pas en privilège ?

D'autre part comment instituer un régime de responsabilité compatible avec la séparation des pouvoirs ? Sous cet angle, faire juger les ministres par le Parlement n'est pas plus satisfaisant que de les déférer aux tribunaux ordinaires.

Le système français s'efforce tant bien que mal de concilier ces exigences contradictoires.

La *responsabilité civile* des ministres obéit aux règles du droit commun.

Le régime de la responsabilité pénale repose sur la distinction des actes extérieurs à la fonction de ceux commis dans l'exercice de la fonction.

b) *Les actes extérieurs à la fonction*

445 *bis.* Les Ministres relèvent alors des tribunaux ordinaires ; il est arrivé, par exemple, que des membres du Gouvernement soient condamnés pour diffamation : Elisabeth Guigou en 1997, Pierre Joxe en 1990. Il en est de même pour les actes accomplis au titre de leurs mandats locaux ; il y a alors « dédoublement fonctionnel » (à la fois ministre et maire par exemple), le juge judiciaire apprécie alors au titre de laquelle des deux fonctions les actes critiqués ont été commis. Ces dernières années Alain Carignon (1995) et Michel Noir (1997) ont été condamnés au pénal pour des actes accomplis lorsqu'ils étaient ministres, mais considérés comme détachables de cette fonction. L'immunité ministérielle n'est donc pas illimitée.

D'autre part un usage s'était établi un temps selon lequel un ministre mis en examen démissionne (ex. : François Léotard, Gérard Longuet). Il a disparu et c'est dommage.

c) *Les actes accomplis dans l'exercice de la fonction*

La Cour de justice de la République

446. La révision constitutionnelle du 19 juillet 1993 et l'ordonnance du 23 novembre 1993 ont modifié le régime adopté en 1958.

Une Cour de justice de la République a été créée pour tenter de corriger les défauts du système initial, donnant compétence à la Haute Cour, (V. 399) et qui aboutissait à l'irresponsabilité de fait des Ministres pour les actes commis dans l'exercice de leurs fonctions. La compétence de la Haute Cour n'était pas satisfaisante : elle ne permettait pas aux particuliers d'obtenir justice — car ils ne pouvaient pas la saisir — ; les parlementaire, en outre, faisaient preuve de peu de zèle pour poursuivre les Ministres et dans certaines « affaires » l'impunité de ceux-ci produisait un effet désastreux dans l'opinion.

L'institution de cette nouvelle cour devait, en principe, faciliter les poursuites contre les membres du gouvernement.

Composition de la Cour

Elle comprend des parlementaires et des magistrats :

— 12 parlementaires, élus pour moitié par l'Assemblée et par le Sénat en leur sein, après chaque renouvellement total ou partiel de la chambre (soit 5 ans pour les députés, trois ans pour les sénateurs). Un accord se fait pour que ces désignations soient le reflet de la composition de chaque assemblée.

— 3 magistrats du siège de la Cour de Cassation. L'un d'entre eux, élu par ses membres, assure la présidence de la Cour. La présence des magistrats est l'une des innovations importantes de la réforme de 1993.

Rôle

La Cour juge les membres du Gouvernement pour les actes criminels ou délictueux accomplis dans l'exercice de leurs fonctions. Les actes n'ayant qu'un lien indirect avec les fonctions, ceux relevant de la vie privée ou de l'exercice de mandats locaux, ou encore commis « à l'occasion » de l'exercice des fonctions ministérielles, relèvent, rappelons-le, eux, des juridictions ordinaires (V. 445 *bis* et C. Cass. Crim. 26 juin 1995 et 6 février 1997, Alain C. et Michel N. Obs. O. Beaud, D. 1998, 178).

Procédure

— *Saisine* : • « toute personne », qui s'estime lésée par un crime ou un délit commis par un membre du gouvernement, peut saisir une *« commission des requêtes »,* composée de 3 magistrats du siège de la Cour de Cassation, 2 conseillers d'Etat et 2 conseillers maîtres à la Cour des Comptes.

La commission des requêtes examine le dossier et décide soit son classement (c'est-à-dire qu'elle estime qu'il n'y a pas lieu de donner suite à la requête), soit de transmettre la plainte au Procureur général de la Cour de Cassation pour qu'il saisisse la Cour de justice.

• La Cour peut être aussi saisie d'office par le Procureur général de la Cour de Cassation, sur avis conforme de la commission des requêtes. Ceci pour le cas où aucune personne (physique ou morale) n'aurait spontanément déclenché la procédure.

— *Instruction.* Une fois la Cour saisie l'affaire est confiée à une *commission d'instruction,* composée de 3 Conseillers à la Cour de Cassation, qui mène l'instruction, auditionne le membre du Gouvernement et décide de la suite à donner : renvoi à la Cour ou abandon des poursuites.

— *Jugement* : la Cour juge en étant liée par le code pénal pour la qualification comme crime ou délit des faits reprochés ; en outre elle ne peut prononcer d'autres peines que celles prévues par le législateur pour le type d'infraction retenu. La décision peut être déférée en cassation à la Cour de Cassation.

On notera l'extrême prudence de cette réforme par :

• l'existence d'un double filtre pour éviter les requêtes abusives : commission des requêtes et commission d'instruction, l'une et l'autre composées de magistrats (recherche de l'indépendance) ; on a voulu éviter que des Ministres ne soient, en quelque sorte, persécutés par des adversaires politiques ou personnels, dont les plaintes répétées finiraient par leur enlever la tranquillité d'esprit nécessaire à leur mission.

• l'institution d'un contrôle de la Cour de Cassation qui peut annuler un arrêt de la Cour et faire recommencer la procédure de jugement ;

• l'impossibilité pour les particuliers de se porter partie civile qui les contraint à saisir les juridictions ordinaires s'ils demandent une indemnité que la Cour n'est pas compétente pour accorder.

• on soulignera surtout que *les poursuites ne sont plus subordonnées à l'approbation préalable des assemblées.*

L'affaire du sang contaminé

La Cour de justice de la République s'est réunie pour la première fois en 1999 pour connaître de l'affaire dite « du sang contaminé ». Des transfusions sanguines pratiquées en 1983-1984 ont transmis le SIDA à plusieurs centaines de personnes, dont beaucoup d'hémophiles. Sur plaintes des victimes, ou de leurs parents, trois ministres MM. Fabius, Hervé et Mme Dufoix étaient poursuivis. Seul M. Hervé a été déclaré, le 9 mars, coupable du délit d'atteinte à la vie de deux transfusés mais il fut dispensé de peine. Les deux autres ministres ont été relaxés.

Ce procès, hautement médiatisé, a fait apparaître qu'en dépit de progrès par rapport à la situation antérieure, le nouveau statut de la Cour de justice était encore loin d'être satisfaisant :

— la procédure est extrêmement longue : 15 ans entre les faits et le jugement, lui-même intervenu 5 ans après les plaintes déposées en 1994 ;

— les victimes ne peuvent se constituer partie civile, ce qui signifie qu'elles n'ont pas accès au dossier, que leurs avocats ne peuvent intervenir et qu'une indemnité ne pourra leur être accordée qu'à l'issue d'une autre instance devant une juridiction civile ; cette situation est contraire à la Convention européenne des Droits de l'homme ;

— lorsque, comme c'était le cas, d'autres personnes — les conseillers des ministres par exemple —, sont mêlées aux actes reprochés, elles relèvent des tribunaux ordinaires ; elles seront jugées au cours d'un procès distinct, dont les conclusions peuvent être différentes de celles de la Cour de justice ;

— lorsque l'affaire prend un tour passionnel, comme ce fut le cas, les juges-parlementaires seront suspectés de s'être prononcés à partir de leurs options politiques et non de façon impartiale ;

— enfin le glissement de la responsabilité politique vers la responsabilité pénale est à craindre et il est dangereux. Veut-on criminaliser la vie politique ? Les Ministres ne devraient-ils pas être poursuivis uniquement pour des fautes volontaires, la corruption par exemple, et non pour des erreurs qui relèvent de la responsabilité politique ?

En définitive si une réforme intervenait elle devrait consister à ne faire siéger à la Cour de jugement que des magistrats professionnels (une formation spéciale de la Cour de cassation par exemple), prévoir que les victimes peuvent être associées à l'instruction et assistées d'un avocat et enfin que la Cour serait saisie de l'ensemble de l'affaire, y compris à l'égard des collaborateurs des ministres.

Sous-section 3
Fonctionnement du Gouvernement

Il existe plusieurs formations ministérielles.

I. Le Conseil des ministres (v. 425)

447. Le Conseil des Ministres est la seule formation qui ait un pouvoir de décision.

Les Conseils des ministres symbolisent la solidarité ministérielle, les décisions se prennent en commun. Ils se tiennent tous les mercredis matin à l'Elysée, sous la présidence du Chef de l'Etat. Ils sont convoqués sur un ordre du jour et à l'issue du Conseil un communiqué est publié, exposant les sujets évoqués et annonçant les décisions prises ; ce document est rédigé *à l'avance* en collaboration entre les départements ministériels intéressés, les services du Premier ministre et ceux de l'Elysée. Les conditions de son élaboration témoignent du caractère assez formel de ces réunions, le travail gouvernemental se fait ailleurs, il est assez exceptionnel qu'un véritable débat s'établisse, le Conseil entérine des décisions déjà prises, on ne vote pas.

II. Les Conseils interministériels

448. Fréquemment sont tenus des *Conseils interministériels* où ne siègent que les ministres intéressés par une question et éventuellement des secrétaires d'Etat. Très souvent aussi, de hauts fonctionnaires sont invités à y participer. Ils sont présidés par le Président de la République. Certains sont permanents (conseil hebdomadaire tenu par M. Mitterrand sur la politique économique et sociale à partir de juillet 1982), alors que d'autres, non périodiques, se réunissent lorsque les circonstances le justifient. S'ils font peu de cas de la solidarité ministérielle, leur existence est une obligation de simplification et d'efficacité en face de la multiplication des tâches gouvernementales, c'est là qu'a lieu un débat, que s'effectue le véritable travail gouvernemental. Les décisions qui y sont prises sont ensuite ratifiées en Conseil des ministres.

Ces Conseils se distinguent des *« comités interministériels »* réunis à Matignon sous la présidence du Premier ministre et des *« réunions interministérielles »* organisées sous la présidence des collaborateurs du Premier ministre, où ne siègent pas les ministres mais les membres de leur Cabinet ainsi que des représentants des Administrations.

Sous-section 4
Attributions du Gouvernement

A la lecture de la Constitution, le rôle du Gouvernement apparaît considérable. En effet, l'article 20 indique : *« Le Gouvernement déter-*

mine et conduit la politique de la nation. Il dispose de l'Administration et de la force armée ».

Dans la pratique, le mandat général donné au Gouvernement doit se concilier avec les pouvoirs reconnus au Président de la République et que leurs titulaires ont interprétés, pendant 27 ans, dans un sens extensif.

§ 1. Le rôle du Premier ministre

Bibliographie : *Le Premier ministre,* Pouvoirs 83, 1997. — Jean MASSOT, *Chef de l'Etat et Chef de gouvernement,* 1993 — Philippe ARDANT, *Le Premier ministre en France,* 1991.

La situation du Premier ministre dans le fonctionnement des institutions de la Ve République est particulièrement ambiguë. Elle doit moins en effet à la Constitution qu'à des règles et des usages nés de la pratique au cours des onze législatures dans les rapports entre quinze Premiers ministres, cinq Présidents de la République et des majorités parlementaires variées.

A Les relations du Premier ministre et du Président de la République : le « duo » ou « le duel » ?

1. Rappel du schéma constitutionnel

449. L'exécutif est dualiste et s'analyse en une *dyarchie* où le Président et le Gouvernement ont des missions différentes et complémentaires : au Chef de l'Etat la défense de certains intérêts permanents de la nation, au Gouvernement et au Premier ministre la conception et la mise en œuvre de la politique.

Il n'en reste pas moins que sa procédure de désignation met le Premier ministre dans une situation de subordination à l'égard du Président auquel il doit sa nomination. D'autre part, le Chef de l'Etat préside le Conseil des ministres et dispose de pouvoirs propres sur lesquels le Premier ministre n'a pas prise. En outre, le Premier ministre est placé aux deuxième rang dans l'ordre protocolaire et doit une certaine révérence à celui qui est le Chef de l'Etat. Une hiérarchie apparaît qui n'a rien à voir avec l'étendue des attributions de chacun. La pratique, on va le voir, devait *jusqu'en 1986* transformer cette situation en rapport d'allégeance.

Pourtant, au départ, le Premier ministre n'était pas démuni d'atouts pour s'affirmer en face du Chef de l'Etat. La Constitution ne donnait pas expressément au Président le droit de le révoquer et, en cas de conflit, il aurait pu, avec l'appui du Parlement, braver son autorité en même temps que, grâce à l'exigence du contreseing, il aurait paralysé sa puissance en l'empêchant de gouverner seul. Au surplus, dans un système démocratique il pouvait paraître plus logique que le pôle fort de l'exécutif soit, à l'exemple de la Grande-Bretagne et de l'Allemagne, celui contrôlé par le Parlement (le Premier ministre) et non celui affranchi de tout contrôle (le Président), surtout lorsque ce dernier est élu au suffrage universel direct et qu'on doit s'en méfier. Les armes ne lui manquaient donc pas pour établir moins un dialogue entre égaux qu'un équilibre entre des autorités dotées d'attributions non symétriques. On aurait pu concevoir que, dès l'origine, s'amorce un processus de transfert des pouvoirs inversant la situation qui, en définitive, a prévalu jusqu'en 1986. Les cohabitations ont largement renversé depuis lors la prééminence présidentielle affirmée à partir de 1958 et on peut se demander si, à travers les vicissitudes de la dyarchie depuis 1986, le pouvoir ne s'est pas déplacé insensiblement, *en toutes circonstances,* vers le Premier Ministre ?.

2. L'évolution de la fonction de Premier ministre (V. 403 et suiv.)

450. Jusqu'en mars 1986, la pratique a renforcé la subordination du Premier ministre au Chef de l'Etat. Les cohabitations ont profondément bouleversé cette situation.

a) *De 1958 à 1986 : les temps de concordance des majorités*

La volonté du Président de jouer le premier rôle a, pendant plus de 25 ans, rencontré l'approbation au moins tacite de la majorité parlementaire. A partir du moment où un Président et un Parlement élus par la nation sont d'accord sur une conception du rôle du Premier ministre, sur la nécessité de le maintenir dans une position seconde, celui-ci n'a d'autre choix que de se plier à ce qu'on attend de lui. *L'attitude du Parlement a été déterminante* dans cette hiérarchisation, car il dispose de moyens beaucoup plus redoutables que le Chef de l'Etat pour imposer ses vues sur la fonction de Premier ministre.

Les voies de cette subordination ont été tracées avec décision et persévérance dès 1958. Le premier signe en a peut-être été l'affirmation constante que le Premier ministre ne procédait pas du Parlement mais du Chef de l'Etat ; en conséquence le scrutin d'investiture fut abandonné (v. 441). La fin des fonctions du Premier ministre fut une autre occasion pour le Président de manifester l'existence d'un lien de dépendance : l'emploi de Premier ministre a été, en pratique, remis à la discrétion du Président (v. 442). Celui-ci se considère comme le véritable chef du Gouvernement, le Premier Ministre n'est que « le premier des Ministres ». Ainsi dans la conférence de presse de 1964 de Gaulle refusait-il toute idée de dyarchie.

D'où les 2 aspects de la fonction :

— *Le chef d'état-major,* c'est un rôle à dominante technique

A travers les situations qui se sont succédé jusqu'en 1986, le Premier ministre apparaît comme le *chef d'état-major du Président de la République,* il est son premier collaborateur, il interprète, il exécute la volonté du Chef de l'Etat. Selon la personnalité des deux hommes, leurs affinités, et les circonstances, le Chef de l'Etat lui laissera plus ou moins d'initiative, décidera ou non jusqu'aux détails, se subsistera à lui ou le regardera agir ; mais l'action du Premier ministre est l'exercice précaire d'une délégation tacite qui peut être reprise à tout moment (v. 407). A un de Gaulle campant sur les hauteurs succédera un Pompidou se mêlant de tout, élargissant et approfondissant son champ d'intervention, un Valéry Giscard d'Estaing plus ponctuel et intermittent, un François Mitterrand assez lointain tout d'abord, laissant son Premier ministre s'exposer pour monter ensuite en première ligne lorsque le besoin s'en faisait sentir. De Gaulle disait : le Premier ministre participe à la conception, organise la préparation et dirige l'exécution. La formule aurait pu être reprise par ses successeurs, chacun aménageant à sa façon la participation à la conception.

Mais il ne faudrait pas trop forcer le trait. *En pratique le Président ne peut connaître tous les dossiers* et vouloir trancher de tout. Il ne peut suivre que quelques affaires pas trop techniques et doit se reposer pour le reste sur le Gouvernement.

— *Le « bouclier »,* c'est un rôle à dominante politique

Le Premier ministre est apparu parfois, surtout à partir de la crise économique de 1974, comme le *« bouclier »* du Président de la République. Mêlé directement aux luttes parlementaires et politiques, confronté sur le terrain aux difficultés concrètes, responsable du quotidien, gestionnaire de l'intendance, vers lui convergent les critiques, les jalousies et les rancœurs, nées des inéluctables échecs, imperfections et insuffisances de la politique gouvernementale. Il préserve ainsi le Chef de l'Etat des éclaboussures et des mauvais coups. Sur lui pèse l'impopularité inséparable de toute action, le Président profite de la distance établie entre lui et le Premier ministre pour s'attribuer seulement le mérite des réussites éventuelles. Lorsque l'impopularité est trop élevée, on change le Premier ministre, il « saute » alors comme un *« fusible »* préservant le Chef de l'Etat. Cette répartition des rôles n'a jamais peut-être été aussi accusée que durant les trois dernières années du Gouvernement Barre. Celui-ci assumait le rôle de catalyseur du mécontentement.

Comme il le reconnaissait lui-même, le Premier ministre « dure et endure » dans « le poste le plus exposé », celui qui « demande le plus d'abnégation ».

Bien sûr les Présidents se sont défendus de faire jouer ce rôle à leurs Premiers ministres. Aussi bien Valéry Giscard d'Estaing que François Mitterrand ont insisté sur leur responsabilité devant les Français qui les ont élus, et le second a même été jusqu'à dire qu'il était « très heureux de pouvoir servir de bouclier » à Laurent Fabius. Il n'en reste pas moins que cette « fonction de sacrifice » correspond, dans bien des cas, à la situation du Premier ministre.

b) *Depuis mars 1986 : l'apparition des cohabitations*

451. • L'alternance du printemps 1986 a *« rééquilibré » les pouvoirs du Président et du Premier ministre,* la pratique s'est rapprochée du partage opéré par les articles 5 et 20 de la Constitution. Privé de l'adhésion de la majorité de l'Assemblée nationale, le Président ne pouvait plus se substituer au Premier ministre ou le maintenir en tutelle ; le Premier ministre a obtenu une grande liberté d'initiative. François Mitterrand devait d'ailleurs se référer à l'article 20, insistant sur le fait que Jacques Chirac avait la charge de déterminer et de conduire la politique de la nation (8 avril 1986), ajoutant : « Je n'ai pas dans la tête d'empêcher le Gouvernement de gouverner... Je n'ai pas à m'opposer à sa politique » (18 mai 1986). Chacun son rôle donc. Si le Président a parfois contrarié les desseins du Gouvernement, cela a été exceptionnel et s'est manifesté sur des questions de procédure. Il n'a pas empêché, en définitive, le Premier ministre de parvenir à ses fins, il a seulement rendu parfois la tâche du Gouvernement plus difficile juridiquement ou politiquement.

• Comme on l'a montré (v. 413) le retour en 1988 à la coïncidence des majorités n'a pas entraîné la réapparition immédiate de la situation d'avant 1986. François Mitterrand a laissé son Premier ministre agir.

• Edouard Balladur, décrivant, de son côté, le fonctionnement de la seconde cohabitation (La Marche du Siècle, 2 juin 1993), estimait qu'entrait dans la responsabilité propre du Gouvernement l'ensemble de la politique économique, sociale et intérieure du pays. En revanche, avec la politique extérieure et la défense, on était dans un *domaine partagé* où le Premier ministre et le Président avaient chacun des attributions constitutionnelles. L'un et l'autre avaient donc le droit d'être informés et devaient décider ensemble sur les questions importantes, « rien d'important ne peut être décidé sans l'un ou contre l'autre » (v. 414).

• Alain Juppé, de son côté, déclarait en Janvier 1996 en parlant de Jacques Chirac : « il laisse le gouvernement gouverner. Je le sens présent mais pas interventionniste ». En même temps il ajoutait « le Premier ministre agit conformément à la ligne que le Président de la République a tracée » (v. 415). La conciliation de ses affirmations apparait assez acrobatique...

• Depuis juin 1997 Lionel Jospin dispose d'une très large liberté à l'égard de Jacques Chirac. En juillet 1997 Jacques Chirac définissait un certain nombre de domaines « essentiels » dont le Président devait être le « gardien » vigilant :

— la place de la France dans le monde : sécurité, défense, parts de marché (!) ;

— l'acquis européen ;

— la modernisation, en particulier l'enseignement, la recherche et les hautes technologies ;

— l'équilibre de la société : acquis sociaux, cohésion, solidarité...

Mais alors qu'il estimait que dans ces domaines la Constitution lui donnait « un peu le dernier mot », dans les jours suivants Lionel Jospin répliquait : « il n'y a pas de domaine de la politique française où le Président de la République aurait le dernier mot ».

Après cette escarmouche verbale il n'y a pas eu de conflits ouverts graves entre les deux hommes, mais il est certain que c'est le Premier ministre qui mène le jeu. *En période de cohabitation il est le vrai chef de l'exécutif.* Il a une légitimité électorale et non due à sa nomination par le Président, il est l'élu du suffrage universel !

B Pouvoirs à l'égard du Gouvernement

452. L'article 21 de la Constitution précise que le Premier ministre *« dirige l'action du Gouvernement »*. Pour cela, il est assisté du secrétariat général du Gouvernement, organisme administratif relativement léger, qui prépare ses dossiers (en concurrence avec son cabinet), tient les procès-verbaux du Conseil des ministres, et auquel sont rattachés un certain nombre de services administratifs : E.N.A., Journal Officiel...

L'accent mis par l'article 21 sur « l'action » montre bien que la « conception » de la politique doit être définie collectivement par le Gouvernement et n'est donc pas l'œuvre du seul Premier ministre. Il n'est pas sûr, ici encore, que la pratique corresponde bien à ce principe.

Quoi qu'il en soit, même s'il n'est pas le supérieur hiérarchique des ministres (juridiquement on ne peut faire appel devant lui de l'une de leurs décisions), il n'en existe pas moins une *primauté* du Premier ministre dans l'équipe gouvernementale qui s'affirme de plusieurs façons :

— il intervient au moment de la nomination et de la révocation des ministres ;

— il a autorité sur les membres du Gouvernement et leur adresse des instructions (et non des « ordres »), coordonne leur action, *arbitre* entre eux (en particulier au moment de l'élaboration du budget entre le Ministre des Finances et les ministres « dépensiers », c'est-à-dire les autres) ;

— lui seul peut engager la responsabilité du Gouvernement devant l'Assemblée nationale ;

— il peut présider le Conseil des Ministres en l'absence du Président.

En outre, *le Premier ministre est le chef de l'Administration.* A ce titre, il a un droit de regard très large sur l'action des autres ministres, il suit, coordonne et contrôle le fonctionnement de tous les départements ministériels. Il cherche à être informé et associé aux décisions importantes auxquelles il peut s'opposer si elles ne lui conviennent pas. Il dispose du *pouvoir de nomination* à l'égard des fonctionnaires civils et militaires, à l'exception de ceux nommés par le Président de la République, mais ce pouvoir a une *portée très réduite* entre celui appartenant au Président et celui confié aux Ministres.

Réciproquement cependant, ses décisions doivent être *contresignées* par les ministres intéressés, il ne peut se substituer à un Ministre et ne peut agir qu'avec son accord.

C Rôle à l'égard du Parlement

453. A l'égard du Parlement, le Premier ministre joue un rôle à la fois politique et technique.

— Dans la pratique, tout d'abord, il est fréquent que le Premier ministre apparaisse comme le *chef naturel de la majorité parlementaire.* Celle-ci doit être distinguée, on l'a vu, de la majorité présidentielle qui se forme dans le pays à l'occasion de l'élection du Chef de l'Etat, elle en était, jusqu'à mars 1986, et à nouveau de 1995 à 1997, le reflet plus ou moins déformé à l'intérieur du Parlement. Le Premier ministre doit assurer son autorité sur elle pour maintenir sa cohésion. Mais ce principe a connu des exceptions. Tous les Premiers ministres ne sont pas parvenus à se faire reconnaître comme chefs de cette majorité (Couve de Murville, Messmer, Barre surtout, plus tard Fabius, Rocard et Edith Cresson) ; lorsqu'il ne joue pas ce rôle c'est la fidélité au Président (hors cohabitation) qui apparaît comme le ciment de la majorité ; mais alors le Président devient, qu'il le veuille ou non, chef de cette majorité, ce qui n'est pas souhaitable. En temps de cohabitation le Premier ministre est sans contestation le chef de la majorité.

— Sur le plan de la procédure, le Premier ministre dispose d'une série de compétences exercées au nom de l'exécutif.

Ainsi *il participe à la procédure législative* en signant et en déposant les projets de loi au nom du Gouvernement (v. 491). Il peut aussi déférer une loi au Conseil constitutionnel avant sa promulgation et proposer une *révision de la Constitution.*

La Constitution lui attribue, d'autre part, compétence pour *demander* au Président de la République de *convoquer le Parlement en session extraordinaire.* Enfin, il donne son *avis* au Président lorsque celui-ci veut dissoudre l'Assemblée.

D Pouvoirs à l'égard des citoyens

454. • La Constitution (art. 21) prévoit que le Premier ministre assure l'exécution des lois. A ce titre, *c'est lui, et non le Président de la République, qui dispose du pouvoir réglementaire* sur la base duquel il prend des décisions à portée générale, c'est-à-dire s'imposant à tout le monde : *les décrets.* Toutes les fois qu'aucun texte n'en dispose autrement c'est lui qui est compétent, la plupart des décrets émanent donc de lui (1 500 environ par an), ceux pris par le Président en Conseil des Ministres sont peu nombreux (une cinquantaine par an) (v. 426).

Le pouvoir réglementaire s'exerce dans deux perspectives différentes (mais la distinction est théorique et le régime des règlements identique) :

— il tend à *assurer l'exécution des lois.* C'est la forme classique du pouvoir réglementaire. Alors que, sous la IIIe République son exercice était confié au Président de la République, la Constitution de 1958 a repris la règle posée en 1946 en le confiant au Chef du Gouvernement. Mais toutes les lois n'exigent pas pour leur application l'intervention du pouvoir réglementaire, plus de la moitié peuvent recevoir une application directe.

— d'autre part, le pouvoir réglementaire peut être *autonome :* le Premier ministre peut alors intervenir sans avoir à rattacher sa décision à la mise en œuvre d'un texte législatif. On reviendra longuement sur cette innovation de la Constitution de 1958 (v. 486).

Dans les deux cas, le pouvoir réglementaire est partagé entre le Président de la République et le Premier ministre. Car en pratique, les textes importants sont délibérés en Conseil des ministres et donc signés par le Président de la République (v. 426). Mais, sous réserve de l'intervention du Président de la République, le Premier ministre est, répétons-le, le *titulaire normal du pouvoir réglementaire.*

• Le Premier ministre est *responsable de la Défense nationale* (art. 21) alors que le Gouvernement "dispose de la force armée" (art. 20 ; v. 456). La répartition des pouvoirs en matière de défense entre le Président, le Premier ministre et le Ministre des Armées est complexe

(v. 419). Plusieurs textes, dont une ordonnance du 7 janvier 1959 et un décret du 12 juin 1996, se sont efforcés de la préciser. Il en résulte que "*la politique de défense*" est définie en Conseil des Ministres, sous la présidence du Chef de l'Etat, qui préside aussi les 3 conseils ou comités compétents en matière de défense. Le Premier ministre, de son coté, est *responsable de la direction générale et de la direction militaire de la défense*, il assure la mise en œuvre des décisions prises par les Conseils et Comités de défense ainsi que des lois de programmation militaire. Enfin le Ministre des Armées a des tâches plus *administratives,* d'organisation, de gestion des personnels et des armements. Dans la pratique la prééminence du Président est incontestée ici, elle n'a pas été remise en cause pendant les trois cohabitations, Michel Rocard estimait quant à lui que le rôle du Premier ministre consiste à assumer devant le Parlement la responsabilité de la politique de défense.

§ 2. Les pouvoirs du Gouvernement

A côté des pouvoirs confiés au Premier ministre, il en est d'autres qui appartiennent au Gouvernement collectivement. Leur énumération permet de mesurer leur importance. Mais le fait que les décisions du Gouvernement soient prises en Conseil des ministres et que celui-ci soit présidé par le Président de la République, a longtemps ramené à très peu de chose l'autonomie dont dispose le Gouvernement par rapport au Chef de l'État.

A Les pouvoirs normaux

455. Il faut revenir à l'article 20 de la Constitution : « Le Gouvernement détermine et conduit la politique de la nation ». La fonction gouvernementale est ainsi définie en symétrie de la fonction présidentielle décrite à l'article 5, le Gouvernement a un rôle de conception et un rôle d'exécution.

Comment s'exerce la fonction gouvernementale ?

Comment le Gouvernement a-t-il défendu sa fonction ?

1. Les moyens d'exercice des pouvoirs normaux

La définition et la mise en œuvre de la politique de la nation passent par certaines procédures et s'appuient sur des moyens d'action.

a) *Les délibérations en Conseil des ministres*

456. La Constitution prévoit qu'une série de décisions doivent faire l'objet d'une discussion collégiale au sein du Conseil des ministres. Le Conseil est en effet le lieu où se définit, en principe, la politique de la nation et où sont prises en commun les mesures assurant sa mise en œuvre.

— *Les projets de lois* doivent être adoptés en Conseil des ministres avant d'être déposés devant une Chambre. Qu'il s'agisse de nationaliser ou de privatiser, d'organiser l'immigration ou les Universités, d'abolir la peine de mort ou de lutter contre la drogue, *une politique s'inscrit d'abord dans des lois.* Le Conseil approuve les objectifs et les mesures proposés — à travers les projets de loi — au Parlement pour les atteindre. La réunion du Conseil symbolise la volonté collective et unie du Gouvernement.

— Une série de *décisions liées à la procédure législative* — qui seront étudiées plus loin — doivent être prises aussi en Conseil des ministres. Des choix sont à faire entre des décisions aux implications politiques précises, c'est au Conseil d'en décider (v. 500).

— Beaucoup de *décrets* doivent être pris en Conseil des ministres (v. 426).

— La décision d'*autoriser le Premier ministre à engager la responsabilité du Gouvernement* devant l'Assemblée nationale est adoptée par le Conseil des ministres. Le Gouvernement, dans son ensemble, interroge l'Assemblée sur son accord avec sa politique.

— La décision de proposer un *référendum* au Président (art. 11) relève, elle aussi, du Conseil.

La *collégialité* apparaît ainsi comme la règle pour les plus importantes des décisions gouvernementales.

b) *Le Gouvernement « dispose de l'Administration et de la force armée »*

La signification de cette formule de l'article 20 est double :

— *l'Administration et la force armée sont soumises au Gouvernement.* Le Gouvernement commande, l'Administration et l'Armée exécutent. Il n'y a pas de place pour un pouvoir bureaucratique, technocratique ou militaire pouvant mettre en échec la volonté d'un Gouvernement ayant la confiance des élus de la nation. Un principe de subordination est affirmé, l'obéissance est imposée.

— *l'Administration et la force armée sont des instruments au service du Gouvernement,* ils concourent à la mise en œuvre de sa politique. Doté d'un pouvoir hiérarchique sur les agents publics, le Gouvernement dirige leur action dans le sens défini par lui. Au besoin, il peut utiliser la force : police, gendarmerie et armée ; les pouvoirs du Gouvernement doivent se combiner avec ceux reconnus au Président de la République, chef des armées.

2. La portée des pouvoirs normaux et la théorie du domaine réservé

a) *Le Président substitué au Gouvernement (jusqu'en 1986)*

457. S'il est un article de la Constitution que la pratique a vidé durablement de son contenu, c'est bien l'article 20. Personne ne s'aviserait de soutenir aujourd'hui que, de 1958 à 1986, par exemple, le Gouvernement a déterminé et conduit la politique de la nation. *En période de concordance des majorités,* les Présidents se sont en effet substitués au Gouvernement et ont fusionné fonction présidentielle et fonction gouvernementale.

Il ne s'agit pourtant là que d'un détournement partiel de la volonté du constituant. Celui-ci cherchait en effet avant tout à affirmer l'autorité du Gouvernement contre le Parlement. L'histoire des républiques précédentes, l'ombre encore proche du régime d'assemblée, localisaient la menace, on savait de qui on voulait se défendre. Or, depuis 1958, si le Gouvernement a longtemps perdu le privilège de déterminer la politique de la nation, c'est non pas au profit du Parlement, mais, par une rupture de la répartition des tâches au sein de l'exécutif, à l'avantage du Président de la République. Très vite, le Gouvernement a vu décroître son pouvoir d'initiative, d'orientation, il s'est transformé en agent d'exécution de la politique définie par le Président de la République, il « conduisait » peut-être parfois mais il ne « déterminait » pas.

Pourtant il n'était pas exactement écarté de la décision : consulté, il était associé à la définition d'une politique dont il pouvait infléchir le sens. Au surplus, on doit admettre que le Président pouvait seulement fixer les objectifs généraux de l'action gouvernementale et suivre personnellement, de façon approfondie, quelques dossiers. Il ne pouvait prétendre tout connaître et tout régler par lui-même. Il est dans la nature des choses que le Gouvernement conserve des initiatives qu'il développe avec l'accord du Chef de l'Etat.

b) *La théorie du soi-disant « domaine réservé »*

— *Le principe*

Pendant un temps, pour clarifier la répartition des compétences qui s'opère entre le Président et le Gouvernement, on avait soutenu, en reprenant une formule de Jacques Chaban-Delmas, que l'action de l'exécutif se répartissait en deux masses : un domaine réservé et un domaine ordinaire :

— *Le domaine réservé* aurait recouvert au début de la Ve République, l'Algérie, la Communauté, les Affaires étrangères et la Défense. Ces matières relevaient exclusivement du Président. Celui-ci avait la responsabilité entière des dossiers jusqu'au stade de l'exécution. Le Chef de l'Etat ici décidait sans même consulter le Conseil des ministres. Ce domaine était fermé au Parlement comme au Gouvernement.

— *Le domaine ordinaire* comprenait tout le reste. Le Gouvernement y disposait d'une grande latitude (le Président en était-il exclu ?).

Cette analyse recoupe la tradition constitutionnelle française en matière d'affaires étrangères et de défense — et au-delà celle de nombre de régimes contemporains —, qui, au moins nominalement, donne à leur égard des pouvoirs personnels élargis au Chef de l'Etat, ou au chef réel de l'exécutif.

— *La pratique jusqu'en 1986*

La distinction ne repose cependant sur aucune disposition constitutionnelle précise du texte de 1958, elle a pour but de donner une apparence régulière à des empiétements du Président que rien ne justifie.

Le caractère figé et schématique de la distinction est, d'autre part, contestable. L'analyse n'a jamais correspondu à la pratique, dès le début de Gaulle s'est intéressé aussi aux rapatriés, à la télévision, à l'atôme, à l'éducation... En réalité, la délimitation du domaine réservé relève de la volonté du Président de la République. Celui-ci peut « évoquer », c'est-à-dire traiter directement, toutes les questions. Le Général de Gaulle avait soutenu ce point de vue en 1964 et Jacques Chaban-Delmas a confirmé qu'*il ne pouvait y avoir de domaine réservé* car tous les domaines appartiennent au Président.

En définitive, il n'existait pas de domaine réservé ni de domaine normal de l'action gouvernementale. Il n'y avait qu'un seul domaine d'action de l'exécutif, dans lequel le dosage entre les interventions du Président et du Gouvernement était variable selon les circonstances et selon les hommes. Il existait des domaines "*privilégiés*". Le domaine de prédilection de Valéry Giscard d'Estaing était constitué par l'Afrique et les affaires culturelles ; dans celui de M. Mitterrand — qui a toujours affirmé qu'il était opposé à l'idée d'un domaine réservé — on trouvait l'ensemble de la politique extérieure et l'urbanisme. Cela ne veut pas dire que cette substitution du Président à ses ministres soit constitutionnelle.

c) *Le retour à l'article 20 depuis 1986 et les cohabitations* (V. 412 et 451)

La défaite de la gauche en 1986 a donné au gouvernement de Jacques Chirac une latitude pour définir et conduire la politique du pays que ses prédécesseurs n'avaient jamais connue. Alors que le Président se repliait sur l'article 5, le Gouvernement pouvait donner sa pleine portée à l'article 20. Il n'en reste pas moins que le Président a défendu avec persévérance et succès une interprétation large de ses pouvoirs diplomatiques et de défense, c'est-à-dire dans le domaine réservé traditionnel.

A partir de 1988, F. Mitterrand, avec ses Premiers ministres socialistes, est resté attaché au domaine réservé traditionnel, l'étendant à l'Europe et aux « grands travaux ». E. Balladur, on l'a vu (V. 451), récusait au contraire toute idée de domaine réservé, celui-ci n'est pour lui qu'un *« domaine partagé »*.

Jacques Chirac et Lionel Jospin définissent à leur tour, au coup par coup, les frontières de leurs domaines, le second est dans une position plus forte que les Premiers ministres des précédentes cohabitations.

B Les pouvoirs exceptionnels

458. Les circonstances peuvent exiger du Gouvernement qu'il agisse fort et vite. Une crise s'annonce ou elle est déjà là ; une réforme s'impose que tout retard risque de compromettre. La législation des périodes calmes et stables se révèle inadaptée, elle ne fournit pas au Gouvernement les moyens de faire face aux événements, le temps qui passe avive le mal ou le danger. Le Président de la République dispose certes des pouvoirs de l'article 16, mais toutes les situations d'urgence ne justifient pas le recours à une thérapeutique si radicale. Le constituant et le législateur ont alors prévu des *législations d'exception* réalisant une graduation des moyens que le Gouvernement pourra mettre en application ; en outre, il pourra recevoir le pouvoir de prendre des mesures ponctuelles qui, normalement, n'entrent pas dans sa compétence.

1. Les régimes d'exception

Le Gouvernement est compétent pour substituer une légalité d'exception à la légalité normale si les circonstances l'exigent.

Il dispose de deux régimes : *l'état de siège* et *l'état d'urgence* qui renforcent les pouvoirs des autorités militaires ou civiles en légitimant des actes qui seraient irréguliers en temps normal. La décision de recourir à l'un de ces régimes est prise en Conseil des ministres, le décret est signé par le Président de la République. Ils ne peuvent s'appliquer plus de douze jours sans l'autorisation du Parlement. L'état d'urgence a été décrété, par exemple, en Nouvelle-Calédonie au début de 1985.

D'autre part, le Gouvernement peut décider la *mobilisation générale*. Le droit de déclarer la guerre appartient au Parlement.

2. Les ordonnances de l'article 38

459. La pratique des décrets-lois a été constitutionnalisée par l'*article 38* de la Constitution au prix d'un changement de terminologie. On parle maintenant d'*ordonnances,* vocable emprunté à la monarchie.

La possibilité de déléguer le pouvoir législatif, ainsi consacrée, ne s'inscrit pas naturellement dans la logique des nouvelles institutions.

Le Constituant a eu certes raison de donner une existence juridique régulière à une procédure que la pratique de Etats contemporains fait apparaître comme inévitable. Mais, en même temps, il faut bien voir que la situation n'est pas la même sous la Ve République que sous les régimes précédents. Le recours aux décrets-lois s'expliquait alors largement par l'incapacité du Parlement à répondre à la demande de normes dans un Etat moderne. Le Parlement avait le monopole des normes primaires — ou tout au moins subordonnées à la seule Constitution — et, faute de pouvoir remplir sa mission, il était amené à déléguer ses attributions législatives, en partie et pour un temps, au Gouvernement. Avec la répartition du pouvoir normatif instituée par la Constitution de 1958 (art. 34 et 37), le problème ne se pose plus dans les mêmes termes. D'une part, le Parlement libéré de son obligation normative en principe la plus subalterne, devrait maintenant pouvoir légiférer efficacement dans les domaines qui lui restent ouverts (v. 486). D'autre part, avec la procédure de l'article 49-3, le Gouvernement a les moyens de forcer la main à une majorité réticente en lui faisant adopter, en quelque sorte sous la contrainte et vite, les projets qui lui tiennent à cœur (v. 514).

Pourtant le Constituant a souhaité laisser au Parlement la possibilité de se dessaisir d'une partie de son pouvoir législatif réduit. *Dans certaines circonstances, il peut n'être pas inutile d'habiliter le Gouvernement à poser vite et avec fermeté les règles.* Mais le recours aux ordonnances devrait rester réservé aux cas où cet instrument paraît le plus efficace, le mieux adapté à la situation.

a) Le recours à l'article 38

La Constitution reprend le régime antérieur des décrets-lois avec certains aménagements.

— Règles de forme

• Le Parlement autorise, par une *loi d'habilitation,* le Gouvernement à prendre des ordonnances, c'est-à-dire à intervenir dans des domaines relevant normalement du législateur *ordinaire* (et non organique). La loi d'habilitation obéit aux mêmes règles que la loi ordinaire, en particulier elle peut être déférée au Conseil constitutionnel.

• Les ordonnances sont prises, après avis du Conseil d'Etat, en Conseil des ministres, elles sont donc signées par le Président de la République. François Mitterrand a refusé à trois reprises en 1986 de signer des ordonnances, ce qui a donné lieu à un vif débat politico-juridique sur la constitutionnalité de cette attitude. Le Gouvernement a dû tourner son veto en reprenant ces ordonnances sous forme de projets de lois, ou d'amendement à une loi, et les faire adopter par le Parlement.

— *Règles de fond*

• Les ordonnances doivent permettre au Gouvernement « l'exécution de son *programme* ». S'agit-il du « programme » sur lequel, aux termes de l'article 49, al. 1, le Gouvernement engage sa responsabilité devant l'Assemblée nationale ? Le Conseil Constitutionnel a estimé en 1977 qu'il n'y avait pas de lien entre le « programme » de l'article 38 et celui de l'article 49. En effet, s'il en était autrement, le Gouvernement, en se faisant habiliter à réaliser par ordonnance « son programme », c'est-à-dire celui développé lors de sa prise de fonctions, réduirait à presque rien le pouvoir législatif du Parlement. La référence à la notion de programme oblige en revanche le Gouvernement à faire connaître avec précision la finalité des mesures qu'il se propose de prendre. Il ne demande pas une délégation illimitée, mais dans des domaines déterminés ; les ordonnances doivent rester exceptionnelles ; il y a là une protection des prérogatives normales du législateur. En conséquence, les habilitations très larges (prendre des mesures économiques et sociales, permettre l'application du Traité de Rome...) fréquentes dans le passé pourraient être censurées par le Conseil constitutionnel comme non conformes à la Constitution. D'autre part : un Gouvernement qui n'a pas encore présenté son programme à l'Assemblée (art. 49-1) peut demander l'approbation d'une loi d'habilitation.

• La délégation du pouvoir législatif ne peut avoir une durée illimitée. La loi d'habilitation fixe donc un *délai* dans lequel le pouvoir d'ordonnance pourra s'exercer. Ce délai est variable, de un mois à plus de trois ans. On constate que plus la matière est importante plus le délai est court, le Parlement répugne à s'en dessaisir trop longuement.

• Les ordonnances ne peuvent porter atteinte aux principes à valeur constitutionnelle, tels qu'ils sont définis par le Conseil Constitutionnel. (V. 99). Il est normal que le Gouvernement respecte la Constitution.

— *Règles de contrôle*

La délégation du pouvoir législatif est soumise à un double contrôle juridique :

• par le Conseil Constitutionnel sur la *loi d'habilitation*. Si celle-ci lui est soumise, il examinera avec attention sa conformité à la Constitution, émettant au besoin des « réserves » pour éviter que le Gouvernement ne l'interprète de façon trop laxiste ;

• par le Conseil d'Etat auquel les ordonnances, actes administratifs, peuvent être déférées par un recours formé dans les deux mois de leur publication — sauf si le Parlement les ratifie. La compétence du Conseil est donc temporaire.

b) L'exercice du pouvoir d'ordonnance

460. — Les ordonnances entrent en vigueur immédiatement. Toutefois, le Gouvernement doit, sous peine de caducité, en *demander la ratification* par le Parlement avant une date fixée par la loi d'habilitation. Ce nouveau délai est distinct de celui de la durée de l'habilitation et le déborde.

A partir du dépôt du projet de loi de ratification, trois situations sont possibles :

• le projet n'est pas inscrit à l'ordre du jour et n'est donc pas voté. On considère cependant qu'il y a *ratification implicite ;* c'est le cas le plus fréquent. L'ordonnance continue à s'appliquer, elle conserve sa nature d'acte administratif, ce qui permet aux citoyens de contester sa régularité devant le juge administratif (Conseil d'Etat).

• Le projet est soumis au vote des assemblées (rare). S'il est repoussé, l'ordonnance cesse de s'appliquer. S'il est approuvé, la *ratification est explicite,* l'ordonnance acquiert valeur législative et ne peut plus être déférée au juge administratif.

• Le projet n'est pas inscrit à l'ordre du jour, mais le législateur se réfère à l'ordonnance dans une loi ultérieure, par exemple pour la modifier : on estime alors qu'il y a *ratification indirecte.*

Les ordonnances ont donc une *nature mixte :* soit législative, soit administrative selon qu'elles ont été ratifiées ou non. Mais en tout état de cause *elles ne peuvent être modifiées que par une loi.*

— D'autre part, *le Parlement se dessaisit* entièrement pour la durée de la délégation de son pouvoir de légiférer dans les domaines où il a habilité le Gouvernement à agir. Contrairement à ce qui se passait sous les régimes précédents, il renonce à y intervenir ; si une proposition de loi était déposée, le Gouvernement pourrait opposer l'irrecevabilité de l'article 41, alinéa 1 (v. 489).

— En revanche, une proposition de loi mettant fin avant son terme à l'habilitation, ou en restreignant la portée, est tout à fait recevable. Le Parlement pourrait reprendre à tout moment sa délégation.

— Les ordonnances permettent d'éviter le contrôle du Conseil Constitutionnel pour laisser place éventuellement à celui du seul Conseil d'Etat. Mais le Conseil Constitutionnel en contrôlant étroitement la loi d'habilitation et en usant des « strictes réserves d'interprétation » dicte sa conduite au juge administratif s'il est saisi.

Le Constituant a ainsi donné un statut juridique régulier à la délégation législative. Dans la pratique, il n'a pas été fait un usage abusif de cette possibilité, elle n'a pas constitué le ferment de dictature que d'aucuns annonçaient, et, la gauche, qui avait vivement critiqué ce procédé, y a eu recours à son tour à partir de 1982. L'article 38 a été utilisé 30 fois, la dernière le 6 mars 1998 à propos de l'adaptation du droit applicable à l'Outre-mer.

§ 3. Les pouvoirs des ministres

461. Les pouvoirs des ministres sont assez subordonnés puisque, dans la hiérarchie de l'exécutif, ils viennent après le Président, le Premier ministre et le Gouvernement. Ils disposent cependant d'un certain nombre de pouvoirs propres dans la mesure où ils sont placés à la tête d'un département ministériel. Ils sont *les chefs de l'administration soumise à leur autorité.*

— A ce titre, ils disposent d'un *pouvoir réglementaire limité.* Ils peuvent fixer, par voie d'*arrêtés,* les règles d'organisation et de fonctionnement de leurs services.

— D'autre part, le Ministre a compétence, par délégation du Premier ministre, pour effectuer les *nominations* aux emplois relevant de son département, c'est-à-dire qu'il nomme les fonctionnaires de ses services, à l'exception des emplois les plus élevés qui relèvent du Président ou du Premier ministre.

— Le Ministre donne son *contreseing* aux décisions du Président ou du Premier ministre concernant les affaires de son département. Soit en qualité de « responsable » (il en assume alors la responsabilité politique avec le Premier ministre devant le Parlement, pour les actes du Président), soit de « chargé de l'exécution » de la décision (pour les actes du Premier ministre). Il est donc libre de s'opposer, en refusant le contreseing, à une mesure qui ne lui convient pas ; en contrepartie, il pourra être relevé de ses fonctions par le Président sur proposition du Premier ministre.

— Les Ministres sont *ordonnateurs* des dépenses de leur ministère, c'est-à-dire que c'est à eux qu'appartient le pouvoir de décider ces dépenses. Il s'agit là d'une attribution très importante qui permet aux Ministres de contrôler étroitement l'action de leurs services.

Le Ministre est assisté d'un « Cabinet », c'est-à-dire d'une équipe de collaborateurs choisis par lui, hiérarchisée (directeur de Cabinet, conseillers techniques...) et qui cesse ses fonctions en même temps que lui.

Cette pratique, propre à la France, est souvent critiquée. On lui reproche d'instituer une technocratie (la majorité des membres des cabinets sortent de l'École Nationale d'Administration, ils n'ont aucune investiture démocratique alors qu'ils sont amenés à décider pour le Ministre) et de constituer un écran entre le Ministre et les services de son administration. Toutes les tentatives pour remédier à ces défauts sont restées vaines.

Dans la pratique bien souvent le Ministre ne limite pas son activité à son département ministériel, il se considère aussi comme le défenseur des intérêts de sa région et de sa ville d'origine. Même si Lionel Jospin a exigé en 1997 qu'il abandonne ses fonctions exécutives locales, le Ministre reste souvent, par exemple, le premier adjoint d'une ville importante et en réalité le véritable maire. Il obtiendra de l'Etat pour elle des investissements, des délocalisations, des aides diverses. Outre le temps perdu pour le ministère, cela fausse l'égalité, dessert l'intérêt général et apparaît contraire à l'éthique démocratique.

Chapitre 3
Le Parlement

Bibliographie : *L'Assemblée Nationale,* Pouvoirs n° 34, 1985 — *Le Sénat,* Pouvoirs n° 44, 1988 — *Le Sénat* (Documentation française), 1993 — *Le Parlement,* Pouvoirs n° 64, 1993.

Le Parlement ne vient plus, dans la présentation constitutionnelle, qu'au troisième rang, après le Président de la République et le Gouvernement. Cela souligne la situation diminuée des Chambres par rapport aux régimes précédents.

1. Le problème général : Un Parlement en crise ?

Déclin du Parlement ou transformation de son rôle ?

462. — A l'heure actuelle, *le Parlement ne définit plus la politique de la nation* comme il avait pris l'habitude de le faire sous la IIIe et la IVe République. On constate ici une évolution du parlementarisme français : en théorie le programme établi par l'exécutif devrait être approuvé par le Parlement, la politique serait ainsi arrêtée d'un commun accord entre le législatif et l'exécutif. Dans la pratique, les Gouvernements ont souvent manifesté peu d'empressement à accomplir ce qu'ils considèrent comme une formalité non obligatoire, quand ils ne s'en sont pas dispensés ; hors cohabitation, ils relèvent du Président plus qu'ils ne sont responsables devant l'Assemblée Nationale. On mesure par là la prépondérance de l'exécutif dans le régime actuel. *Le Parlement n'est plus, comme autrefois, le centre de la vie politique.* En outre, lorsque les grands débats nationaux sont portés devant lui, il subit la concurrence des médias et les grandes réformes de la vie sociale sont souvent décidées en dehors de lui.

— *Peut-on dire même que le Parlement fait la loi ?* Dessaisi de la définition de la politique de la nation, il est invité à entériner les projets de loi, rédigés par le Gouvernement (en général en accord avec le Président), destinés à la mettre en œuvre. Les lois d'initiative parlementaire se font rares, les Chambres avalisent des textes élaborés en dehors d'elles, en apparence la participation du Parlement à la fonction législative est amoindrie. Cette vision pessimiste — et pas propre à la France — est cependant en partie inexacte : un pouvoir reste aux parlementaires dont ils usent abondamment et avec succès, celui *d'amender* les textes qui leur sont soumis, par là ils pèsent avec efficacité sur le contenu des lois.

Surtout, le domaine où le Parlement peut légiférer semble se rétrécir. Non pas tant, comme on avait pu le penser en 1958, par la volonté du Constituant, mais sous le coup d'*une double limitation :*

• *par le haut d'abord, pourrait-on dire, par l'effet des règles élaborées par les institutions de l'Union européenne* (dès 1992, le Conseil d'Etat estimait qu'un texte sur deux était d'origine bruxelloise) et aussi largement par la Convention européenne des droits de l'homme dans le domaine très sensible des libertés publiques (V. 380 et suiv., 511). A terme on peut se demander si le rôle du Parlement ne deviendra pas secondaire ?

Les normes émises par l'Union Européenne

• *Les directives* sont obligatoires, elles s'adressent aux Etats mais, en général, ne s'appliquent pas directement aux personnes.

• *Les règlements* sont obligatoires : ils s'adressent à des catégories de personnes sur le territoire des Etats, auxquelles ils s'appliquent directement.

• *Les recommandations* n'ont pas de caractère contraignant pour leurs destinataires.

Les rapports du droit européen, ou communautaire, avec le droit interne français

• *Les traités* européens peuvent entraîner une révision de la Constitution : Maastricht en 1992 ; Amsterdam en 1999.

• *Les directives* doivent recevoir des mesures d'application de la part des Etats membres. Le droit français cède donc devant les directives, le Parlement est lié par elle.

• *Les règlements* n'ont pas besoin d'être repris dans un acte national, ils s'appliquent uniformément de façon directe dans tous les Etats membres. Ici aussi le droit français s'incline devant la norme européenne, le Parlement est dessaisi.

En outre les décisions de la Cour de Justice des Communautés, comme celles de la Cour des Droits de l'Homme de Strasbourg peuvent mettre en échec des normes et décisions prises par les autorités françaises, Parlement compris.

• par le bas ensuite : la mise en œuvre de la politique de décentralisation étend le pouvoir normatif des collectivités locales (v. 9).

Les Chambres sont dessaisies de certains de leurs champs d'action traditionnels et le mouvement se précipite. Mais ici encore il faut rester mesuré : la décentralisation restreint le pouvoir réglementaire de l'Etat et non le pouvoir législatif.

— D'autre part, le fait que le Gouvernement ait presque toujours trouvé depuis 1958 l'appui d'une majorité fidèle au Parlement — au sein de l'Assemblée nationale tout au moins — a contribué à transformer *le contrôle du Parlement.*

Peut-on véritablement parler de contrôle de l'exécutif lorsque celui-ci est assuré de voir ses actes approuvés par les représentants ? En pratique, le contrôle a pris un sens nouveau, il résulte de ce que la politique de la nation est exposée et débattue au grand jour. Le débat parlementaire amorce le contrôle du Gouvernement par l'opinion. Au Parlement, *l'opposition tient le premier rôle.* En face d'un Gouvernement qui dispose du budget, de l'Administration, de l'Armée, de la diplomatie, *sa meilleure arme est la parole,* le Parlement lui offre une tribune officielle pour dénoncer la politique de la majorité, tenter de l'infléchir, définir la sienne, convaincre et conquérir. Mais le Parlement est aussi le lieu où le Gouvernement dialogue avec sa majorité. Les textes mettant en œuvre sa politique sont soumis à celle-ci, elle peut les amender et être associée ainsi à la réalisation de son programme.

Certes il y a déclin mais le rôle du Parlement a évolué.

De la démocratie représentative à la démocratie supplétive

463. D'un autre côté, aujourd'hui, le Parlement ne se présente plus comme l'unique interlocuteur de l'exécutif, ou même son interlocuteur privilégié. Il n'a pas le monopole de la représentation, à côté de lui se sont multipliés et renforcés des groupements, syndicats, associations, qui prétendent défendre et représenter des intérêts sectoriels et qui interviennent directement auprès du Gouvernement et de l'Administration pour la satisfaction de leurs revendications.

L'influence du Parlement sur la marche des affaires a décru, le phénomène est notoire, aussi les représentants des intérêts, les groupes de pression de toute nature, se sont tournés vers les véritables centres de décision. Les élus de la nation sont court-circuités dans des procédures de participation, les décisions les plus spectaculaires de la vie nationale sont souvent acquises par la pression organisée des forces sociales, quand ce n'est pas de la rue, sur le pouvoir exécutif plutôt qu'à l'issue d'un débat au sein du Parlement. Le dialogue, ou l'affrontement, avec le Gouvernement se révèle plus payant que les interventions dirigées vers les parlementaires.

Cette « démocratie supplétive », pour reprendre l'expression de R.-G. Schwartzenberg, bafouant la représentation nationale, est condamnable. L'élection donne à cette dernière seule la légitimité nécessaire pour définir l'intérêt général.

2. Le Parlement français aujourd'hui

464. *La crise des Parlements est universelle,* aussi à travers le monde cherche-t-on à redéfinir le rôle de l'institution située au cœur du régime démocratique. Qu'en est-il en France ? Le malaise y est réel et ses manifestations peuvent se ramener à deux principales.

— *L'image du Parlement et des parlementaires n'est pas bonne.* L'opinion, au sein de laquelle s'agite un vieux fonds d'antiparlementarisme, s'offusque de l'absentéisme et des travées vides des chambres, elle s'indigne d'une amnistie sélective pour les « fausses factures », elle s'interroge sur la nécessité d'acquisitions immobilières réalisées par l'Assemblée. Le millier de parlementaires apparaît comme peu consciencieux dans l'exercice de son mandat alors qu'en même temps il bénéficie de facilités et de privilèges immérités. La plupart des députés privilégient ce qu'ils appelent « le travail sur le terrain » dans leur circonscription et beaucoup ne viennent à Paris que pour assister aux réunions hebdomadaires de leur groupe. Une réforme du cumul des mandats permettrait de remédier à cette situation (V. 467).

— *Le rôle du Parlement est mal compris et lui-même a de la peine à le définir.* Certes le Parlement vote des lois — 74 en moyenne par an depuis 1959, ce qui n'est pas négligeable et incite même certains à parler d'inflation législative, alors que les lois ne sont pas plus nombreuses qu'auparavant mais plus longues —, et les amendements des parlementaires modifient beaucoup de dispositions des projets gouvernementaux. Mais les débats sont souvent soit formels, soit brouillons, soit précipités. En même temps le Gouvernement dispose de procédures lui permettant d'imposer ce à quoi il tient et il n'hésite pas à s'en servir. D'autre part, les jeux sont faits avant tout débat : la discipline de vote, sauf pour quelques centristes indécis, impose sa contrainte. Les parlementaires ont beaucoup perdu de leur liberté d'appréciation individuelle, les groupes leur dictent leur conduite. Comment ne pas comprendre que les élus préfèrent rester dans leur circonscription à cultiver leurs électeurs, plutôt qu'à faire de la figuration dans leur assemblée, où un « boîtier » peut voter pour tout son groupe dans le sens convenu ? Quant au contrôle du Gouvernement il n'a guère de signification aussi longtemps qu'une formation politique, ou une alliance, apporte en permanence son soutien à l'exécutif : les motions de censure n'aboutissent pas, les commissions d'enquête sont rares et leurs rapports prudents, les réponses aux questions des parlementaires esquivent les difficultés sans pouvoir engager la responsabilité du Gouvernement.

En présence de ce constat désabusé, une réflexion s'est développée sur la façon de restaurer ce rouage essentiel de la démocratie qu'est le Parlement. Les Présidents des Assemblées — en particulier MM. Seguin et Fabius à la chambre basse — y ont tenu une place remarquée. Le Parlement lui-même n'est pas resté passif, il a pris des initiatives et modifié ses règlements pour améliorer ses moyens d'information et mieux contrôler le Gouvernement (délégations parlementaires, missions d'information, questions...). La Commission Vedel (v. 64) de son côté avait fait en 1994 de nombreuses propositions et la révision constitutionnelle du 4 août 1995 a introduit dans la Constitution des dispositions, concernant le régime des sessions ou la fixation de l'ordre du jour, contribuant à un renforcement des pouvoirs du Parlement. Un consensus s'est en définitive établi sur la nécessité de réduire quelque peu la domination de l'exécutif sur le fonctionnement des institutions. L'objectif est louable mais il est rendu difficile à atteindre par l'existence du fait majoritaire et la sorte de complicité qu'il instaure entre le Gouvernement et la majorité parlementaire. On notera en outre que par l'extension du champ du referendum — qui permet de passer par dessus la tête des parlementaires pour s'adresser directement au peuple — la révision de 1995 a en quelque sorte compensé les concessions qu'elle faisait au Parlement dans d'autres domaines.

Section 1
Organisation du Parlement

Bibliographie : P. AVRIL et J. GICQUEL, *Droit parlementaire,* 1996.

465. Le Parlement est bicaméral, il est composé d'une Assemblée nationale et d'un Sénat. Mais ce bicaméralisme est *inégalitaire,* l'Assemblée dispose de prérogatives qui sont refusées au Sénat. Celui-ci est pourtant dans une position plus éminente que celle du Conseil de la République, mais elle est moins prestigieuse que celle du Sénat de 1875.

La situation particulière du Sénat

— le Sénat ne peut être dissout et peut siéger lorsque l'Assemblée est dissoute ;

— le mandat de ses membres (9 ans) est plus long que celui des députés (5 ans) et que celui du Président de la République (7 ans) ;

— il peut bloquer une révision constitutionnelle, ce qui fait de lui l'un des gardiens de la Constitution ;

— son accord est nécessaire à l'adoption d'une loi organique le concernant ou, depuis 1992, aménageant le droit de vote des étrangers citoyens des Etats membres de l'Union européenne ;

— son Président assure l'intérim du Président de la République et, protocolairement, il a le pas sur celui de l'Assemblée.

Mais élu au suffrage indirect, sa légitimité est plus faible et ses prérogatives sont souvent moindres que celles de l'Assemblée : le Sénat ne peut mettre en cause la responsabilité du Gouvernement ; il dispose d'un délai plus bref pour examiner le projet de budget et la loi de financement de la Sécurité sociale ; le Gouvernement peut, dans la procédure législative, donner le dernier mot à l'Assemblée nationale ; le Sénat ne peut demander une session extraordinaire...

Les rapports du Sénat et de l'exécutif

Le Sénat s'est révélé un partenaire difficile et des nuages se sont accumulés sur lui à tel point que son existence a été un moment menacée.

Le Général de Gaulle a trouvé en effet au Sénat des censeurs de sa politique beaucoup plus vigilants que chez les députés. Par libéralisme, par attachement à la tradition républicaine, par conviction, le Sénat a vivement critiqué les initiatives du Général lorsqu'elles lui paraissaient peu orthodoxes par rapport à la Constitution et à la tradition. Pendant les neuf ans de sa présidence du Sénat, Gaston Monnerville devait apparaître comme l'un des opposants les plus tenaces du Chef de l'Etat.

Aussi, en 1969, le Général de Gaulle proposa-t-il une révision de la Constitution, retirant à la seconde chambre son caractère parlementaire. Le Sénat aurait été fusionné avec le Conseil économique, certains de ses membres seraient élus et d'autres nommés. Les pouvoirs de la nouvelle assemblée auraient été purement consultatifs, elle ne pourrait plus ni voter la loi ni contrôler le Gouvernement. Cette réforme aurait réalisé une proposition du discours de Bayeux de 1946. L'échec du référendum devait entraîner la démission du Général de Gaulle.

Par la suite, les relations entre le Sénat et l'exécutif se sont améliorées mais il faudra attendre 1974 pour qu'une majorité favorable au Gouvernement entre dans la seconde Chambre. Jusqu'en 1981 l'exécutif lui marque alors une considération accrue.

De 1981 à 1986, de 1988 à 1993 et depuis juin 1997, sa majorité est différente de celle de l'Assemblée, le Sénat est une *chambre d'opposition* et parfois même de résistance (on se souvient de la mise en échec en 1984 de la tentative de révision engagée par François Mitterrand).

Mais son opposition ne peut être trop intransigeante au risque de le faire apparaître comme peu respectueux de la volonté de la nation, exprimée lors de l'élection de l'Assemblée nationale. Le Sénat ne peut systématiquement bloquer les projets de lois, chercher à gagner du temps, repousser par une question préalable toute discussion ; s'il veut être un contre-pouvoir actif, il lui faut faire preuve d'un minimum de prudence, accepter les compromis, voter des textes proposés par le Gouvernement (sous la VIIe législature, 30 % des lois ont été adoptées par les deux Chambres, alors que le Sénat était dans l'opposition), quitte à les amender dans un sens qui lui soit favorable (V. la révision constitutionnelle de 1992). A choisir une attitude de combat, le Sénat risquerait de compromettre son avenir. Depuis juin 1997 il lui faut s'en souvenir d'autant plus que Lionel Jospin a tenu des propos très combatifs à son égard en avril 1998 : « une chambre comme le Sénat c'est une anomalie parmi les démocraties (...), je la perçois comme une survivance des chambres hautes conservatrices ». Propos qui ont provoqué une vive réaction de M. Monory, alors Président du Sénat. Il faut noter que les députés pourraient changer le mode d'élection des sénateurs qui relève de la loi ordinaire et non de la loi organique... Il en est d'ailleurs question (v. 478).

§ 1. Règles communes aux deux Chambres

Un certain nombre de règles d'organisation sont communes aux deux Chambres.

A Le statut du parlementaire

466. La Ve République ne s'éloigne pas ici de la tradition parlementaire française.

Les représentants de la nation bénéficient d'un statut qui leur confère un certain nombre de privilèges. Le principe de ces privilèges est assez discutable même si leur portée est en définitive limitée. Pourquoi les élus de la nation devraient-ils être dans une situation différente de celle de leurs électeurs, pourquoi les distinguer, par leur statut, de l'ensemble des citoyens ? Ceux qui, dans la nuit du 4 août, ont aboli les privilèges avaient-ils entendu faire une exception pour leurs successeurs ?

Pourtant il faut permettre aux parlementaires de faire leur métier, de se consacrer à leur mandat, de travailler avec l'unique souci de l'intérêt général. Des menaces pèsent sur leur indépendance, liés à la nature et à l'importance de leurs pouvoirs, aux conséquences de leurs décisions.

Ils doivent être protégés contre les entraves à l'exercice de leurs fonctions et contre les pressions, défendus contre eux-mêmes aussi.

1. La suppléance

Il a déjà été traité de la suppléance (v. 444). Comme on le sait, le statut du suppléant a été tracé par une ordonnance du 7 novembre 1958. Sa création constitue l'innovation la plus notable du statut du parlementaire. Chaque candidat député ou sénateur se présente devant le corps électoral avec un suppléant destiné à le remplacer jusqu'aux prochaines élections générales s'il cesse d'exercer son mandat : décès, acceptation d'un portefeuille ministériel, prolongation au-delà de six mois des fonctions de parlementaire en mission. En revanche, au cas de *démission* du titulaire, celui-ci n'est pas remplacé par son suppléant mais une élection partielle est organisée. Il en est de même si le suppléant abandonne à son tour son mandat. Il ne peut, d'autre part, se présenter contre le titulaire du siège lors du renouvellement du Parlement.

Ce système a l'avantage de réduire le nombre des élections partielles mais, en contrepartie, il modifie la composition et la représentativité des assemblées si une succession de remaniements ministériels y fait entrer un trop grand nombre de suppléants.

2. Les incompatibilités

467. Certaines fonctions sont incompatibles avec un mandat parlementaire : *elles n'empêchent pas de se présenter à l'élection (à la différence des inéligibilités)* mais si le candidat est élu, il doit choisir entre elles et son mandat.

Cette prohibition tient à la volonté d'assurer l'indépendance du représentant de la nation, le cumul de son mandat avec d'autres fonctions menaçant sa disponibilité et sa liberté, l'exposant à des pressions, à des tentations, à des compromissions.

Le parlementaire qui exerce des activités professionnelles, doit les faire connaître au bureau de son assemblée dans les 2 mois de son élection. Dans ce délai, il doit démissionner de lui-même de celles qui seraient incompatibles. De toutes façons le bureau appréciera s'il y a incompatibilité, en cas de désaccord le Conseil consititutionnel sera invité à trancher. Après la décision de celui-ci, le parlementaire dispose de 15 jours pour régulariser, s'il y a lieu, sa situation. S'il ne le fait pas il sera *démis d'office* de son mandat. La procédure est complexe, mais elle garantit à la fois les intérêts du parlementaire et la nécessaire indépendance du représentant.

L'énumération des fonctions incompatibles avec un mandat parlementaire est compliquée. On doit distinguer :

a) *L'incompatibilité avec une activité publique*

Peut-on cumuler plusieurs mandats électifs ?

— Le cumul *horizontal* est prohibé :

• cumul de deux mandats nationaux : député et sénateur, Président de la République et parlementaire... ;

• cumul de mandats locaux d'un même niveau : conseiller municipal dans plusieurs communes, conseiller général dans deux départements...

— *Les cumuls verticaux,* eux, ne sont pas interdits, ils sont simplement limités. Les députés et sénateurs ne peuvent détenir que deux mandats, c'est-à-dire un seul *autre* mandat électif, s'il s'agit d'un siège à l'Assemblée des Communautés européennes, de conseiller régional, de conseiller général, de conseiller de Paris, de maire d'une commune de plus de 20.000 habitants ou d'adjoint d'une commune de plus de 100.000 habitants (sauf Paris). Le nombre des mandats cumulables est porté de 2 à 3 si l'un de ceux-ci est exercé dans une commune de moins de 20.000 habitants (maire) ou de moins de 100.000 (adjoint au maire).

Ces règles marquent un premier pas (1985) ; il est encore insuffisant pour mettre fin à une situation regrettable. Le cumul de mandats électoraux *empêche les parlementaires de se consacrer entièrement aux affaires de la nation ;* ils sont écartelés entre leurs responsabilités locales et le travail parlementaires ; leur mairie, leur canton, sont parfois situés à des centaines de kilomètres du Palais-Bourbon ou du Palais du Luxembourg et, s'il s'agit d'une grande ville, son administration serait déjà lourde pour un individu sans autre obligation... Au surplus, la situation *ne facilite pas le renouvellement du personnel politique.* Son mandat national est un atout de première importance pour un conseiller général ou un maire et, en sens inverse, sa situation locale conforte sa position au moment des élections nationales. On comprend qu'il ne soit pas porté à y renoncer. Mais, par là, il bloque durablement des mandats locaux qui permettraient à de nouveaux talents de se révéler, de faire leurs classes et de prétendre ensuite à des responsabilités nationales. Appliquer le principe « un homme, un mandat » entraînerait un extraordinaire appel d'air pour la démocratie. La prohibition du cumul reçoit une large adhésion dans l'opinion ; elle se heurte cependant à l'opposition farouche de la majorité des parlementaires, qui se battent pied à pied, ce qui rend difficile toute réforme.

La faculté de cumuler est une spécialité française. La Grande-Bretagne par exemple l'ignore. Elle devrait être supprimée pour les députés au moins ; elle est plus acceptable pour les sénateurs qui représentent les collectivités locales. La question est à nouveau à l'ordre du jour depuis le succès de la gauche aux élections du Printemps 1997. Mais de pressions en manœuvres dilatoires, les parlementaires réussissent à enterrer tout projet de réforme.

— Les fonctions publiques *non électives* sont incompatibles, sauf quelques exceptions. Il ne serait pas convenable, en effet, qu'un élu de la nation soit soumis au pouvoir hiérarchique d'un agent public et se trouve ainsi sous la dépendance de l'exécutif. Comment un parlementaire fonctionnaire pourrait-il, des bancs de l'Assemblée, critiquer ou contrôler le Ministre dont il prendra, peut-être dès le lendemain, les ordres et dont dépend en définitive sa carrière ?

L'interdiction du cumul s'étend aux fonctionnaires internationaux, aux dirigeants des entreprises nationalisées et des établissements publics nationaux. Elle frappe aussi les membres du Conseil constitutionnel et du Conseil supérieur de la magistrature.

Rappelons, enfin, que le mandat parlementaire n'est pas cumulable avec un portefeuille ministériel.

Mais le Gouvernement peut charger un parlementaire, d'une *mission temporaire* sans qu'il soit obligé de renoncer à son mandat, ceci pour 6 mois au maximum. Si la mission est prolongée il sera remplacé par son suppléant (d'où une possibilité de fraude pour tourner la prohibition du remplacement d'un député démissionnaire par son suppléant). Il est assez fréquent qu'un parlementaire se voit confier ainsi une mission.

b) *Incompatibilité avec une activité privée*

Le principe est inverse pour les activités privées, elles sont autorisées sauf exceptions. Le mandat parlementaire ne doit pas devenir une véritable profession — vue très détachée des réalités —, aussi l'élu doit-il pouvoir poursuivre son activité privée ou, tout au moins, conserver un lien avec elle. Un médecin pourra rester inscrit au Conseil de l'Ordre ; un pharmacien continuera à exploiter son officine ; un notaire, un avoué, à gérer leur étude ; un agriculteur à exploiter ses terres...

Mais, pour éviter que le mandat parlementaire ne favorise trop les affaires de l'élu, des restrictions sont mises à l'exercice de *la profession d'avocat* et le cumul n'est pas possible avec un emploi dans une entreprise ayant des liens financiers (subventions, garanties d'emprunts...) avec les personnes publiques.

Ajoutons que les lois organiques du 11 mars 1988 et 15 janvier 1995 obligent les parlementaires à établir lors de leur prise de fonction, puis au terme de leur mandat, un *état de leur patrimoine*. Un embryon de contrôle sur les variations de leur fortune est ainsi institué.

3. Les immunités

468. Le souci d'assurer l'indépendance du parlementaire se manifeste encore par les règles concernant les poursuites qui pourraient être exercées contre lui. Le parlementaire est à l'abri des pressions, menaces, arrestations qui pourraient compromettre le libre exercice de son mandat. Les immunités protègent son mandat et non sa personne.

a) *L'irresponsabilité*

Les parlementaires ne peuvent être poursuivis pour les actes intervenus *dans l'exercice de leurs fonctions :* propos, opinions, votes ; il faut qu'ils puissent exprimer sans crainte ce qui leur paraît la vérité ou le bon choix.

Cette irresponsabilité est *absolue,* elle couvre aussi bien les poursuites civiles que les poursuites pénales. Ainsi, par exemple, un parlementaire ne peut être poursuivi pour diffamation commise dans un discours à la Chambre. Ce privilège est assez contestable car il permet tous les abus et, finalement, il n'existerait aucun moyen de poursuivre un député dont les votes auraient été achetés.

L'irresponsabilité est *perpétuelle,* elle peut être invoquée même après que le député ait cessé d'exercer son mandat.

Cependant, cette immunité a des limites :

— elle couvre exclusivement les actes commis dans l'exercice des fonctions. Elle laisse donc de côté tout ce qui se rattache à la vie privée, *ou publique* en dehors de la chambre (ex. : déclaration à la T.V.) et ici la diffamation, en particulier, est assez souvent poursuivie et punie ;

— elle ne concerne pas les voies de fait commises à la Chambre sur un autre parlementaire ou sur un journaliste.

b) *L'inviolabilité*

469. La protection du parlementaire s'étend, grâce au principe de l'inviolabilité, aux actes *commis en dehors des fonctions.* Il s'agit d'éviter que les adversaires politiques du parlementaire ne le déstabilisent par des poursuites, ne l'empêchent de siéger en le faisant arrêter alors qu'aucune infraction pénale ne sera en définitive démontrée ou, plus simplement, ne fassent pression sur lui par la menace de poursuites ou d'arrestation. L'inviolabilité ne concerne que les crimes et les délits et non les contraventions et les poursuites civiles.

Son régime, qui variait selon que le Parlement était ou non en session, a été unifié par *la révision constitutionnelle du 4 août 1995.* Les grandes lignes de la réforme sont les suivantes :

— Toute mesure privative de liberté (*arrestation,* assignation à résidence...) ne peut être décidée par le juge qu'avec l'accord du *bureau* de la chambre (et non plus de la chambre elle-même). Sauf crime, flagrant délit ou exécution d'une condamnation définitive.

— Les *poursuites* contre un parlementaire sont libres (pas de contrôle préventif obligatoire par son assemblée), c'est le plus important.

— Mais *la chambre* peut faire cesser aussi bien une mesure privative de liberté que des poursuites.

— La suspension des poursuites ne joue alors que *jusqu'à la fin de la session* (et non jusqu'à la fin du mandat du parlementaire comme la pratique qui s'était instituée précédemment).

La nouvelle procédure restreint le privilège des parlementaires dans la mesure où des poursuites peuvent maintenant être exercées sans qu'il soit nécessaire d'obtenir au préalable « *la levée de l'immunité parlementaire* ». Une certaine solidarité se manifestait en effet entre les élus, qui rendait celle-là difficile à obtenir et l'opinion avait du mal à comprendre que les parlementaires ne soient pas soumis à la règle commune. Ceci d'autant plus que les affaires auxquelles ils se sont trouvés mêlés se sont multipliées.

4. L'indemnité parlementaire

470. Les parlementaires touchent un traitement appelé indemnité parlementaire. L'indemnité est alignée sur le traitement moyen des plus hauts fonctionnaires ; depuis 1993 elle est imposable. A cette somme viennent s'ajouter diverses indemnités tenant compte, en particulier, de leurs charges de secrétariat.

B Le contentieux électoral : rôle du Conseil Constitutionnel

471. Les résultats des élections législatives ou sénatoriales peuvent être contestés, des irrégularités dénoncées, qui mettent en cause l'élection de certains candidats. Qui va être juge de ces litiges ?

La tradition s'était instituée en France, depuis les Etats généraux de l'Ancien Régime — et s'était poursuivie sans interruption — de faire juger par les assemblées elles-mêmes la régularité de l'élection de leurs membres. Elles procédaient automatiquement à *vérification de tous les mandats.* Cette procédure semblait conforme à la fois à la souveraineté nationale et au principe de la séparation des pouvoirs. L'utilisation faite de leur compétence par les assemblées est sa plus sûre condamnation. Jamais la majorité n'a invalidé un de ses membres. Bien plus, en 1956, onze députés poujadistes furent invalidés dans des conditions scandaleuses et, plutôt que d'organiser de nouvelles élections, l'Assemblée nationale proclama élus leurs adversaires malheureux qui n'avaient obtenu qu'une minorité des voix.

La Constitution de 1958 a innové en confiant au *Conseil constitutionnel* le contentieux des *réclamations* contre les résultats de l'élection (le contrôle n'est plus automatique). Il doit être saisi, par un électeur ou un candidat de la circonscription, dans les 10 jours des résultats ; le recours n'est pas suspensif, les candidats dont l'élection est contestée peuvent, en attendant le verdict (pour faire échec aux contestations abusives), siéger dans leur assemblée. Le Conseil constitutionnel peut annuler ou réformer les résultats, c'est-à-dire modifier le décompte des voix et il pourrait proclamer élu un candidat autre que celui arrivé en tête avant que l'irrégularité ait été corrigée. Jusqu'à présent, il a préféré alors annuler purement et simplement l'élection. Depuis 1958, 48 élections ont été annulées, dont 4 au titre des législatives de 1997.

La procédure devant le Conseil est contradictoire et il s'est largement inspiré des principes dégagés par la juridiction administrative pour le contentieux des élections locales. Son intervention donne des résultats plus équitable que celle des assemblées autrefois, les élus de la majorité sont aussi souvent invalidés que ceux de l'opposition.

§ 2. La désignation des députés

472. Depuis la loi du 10 juillet 1985, l'Assemblée nationale est composée de 577 députés. 555 sont élus dans la métropole et 22 en Outre-Mer. Elle est renouvelée en bloc, tous les 5 ans, ou à la suite d'une dissolution. La période qui s'écoule entre la première réunion d'une Assemblée nouvellement élue et la fin de son mandat s'appelle une « *législature* ». Depuis les élections de mai-juin 1997 la Ve République est entrée dans la XIe législature.

Conformément à la tradition française les règles concernant la désignation des parlementaires relèvent de la loi ordinaire (v. 170).

A Les candidatures

Un certain nombre de conditions sont requises des candidats à l'Assemblée nationale. Il faut être âgé de 23 ans accomplis, avoir la qualité exigée pour être électeur et être en règle avec les lois sur le recrutement de l'armée.

Il n'est pas nécessaire de justifier d'une attache quelconque avec la circonscription où on a choisi de se présenter. Ce libéralisme est une conséquence du principe de la souveraineté nationale. Il permet à des formations politiques de « parachuter » de l'extérieur des candidats qui découvrent leur circonscription à l'ouverture de la campagne électorale. Il reste que les attaches locales sont un sérieux atout.

Il existe, en outre, toute une série d'*inéligibilités relatives,* empêchant un candidat de se présenter dans certaines circonscriptions seulement. On distingue les inéligibilités *personnelles* (repris de justice, étrangers, mineurs...) de celles liées à la *fonction.* Pour ces dernières, par exemple, certains fonctionnaires d'autorité : préfet, recteur, commandant de région militaire..., ne peuvent, pendant un certain temps, poser leur candidature là où ils ont exercé leurs fonctions. Mais un député peut briguer un siège au Sénat et réciproquement ; s'il est élu il devra choisir entre ses deux mandats (incompatibilité ; v. 467).

Enfin, rappelons que tout candidat doit se présenter avec un *suppléant.*

Le *financement de la campagne* est réglementé (v. 168). Un plafond est fixé aux dépenses des candidats — de l'ordre de 250 000 F — ; elles sont remboursées par l'Etat à concurrence de 50 % pour les candidats ayant obtenu plus de 5 % des suffrages au premier tour. Pour sauvegarder l'indépendance des élus, les personnes morales — sauf les partis — ne peuvent contribuer au financement et un particulier ne peut effectuer un versement dépassant une certaine somme. En outre ces fonds sont recueillis et gérés par un *mandataire financier* ou une association de financement électoral, dont le candidat ne peut être membre. La violation de ces règles peut entraîner l'annulation de l'élection (v. 471).

B Le scrutin

Le scrutin doit être organisé dans les soixante jours qui précèdent l'expiration des pouvoirs de l'Assemblée nationale, ou dans un délai de 20 à 40 jours après une dissolution. La consultation a lieu le même jour, un dimanche, dans tous les départements.

Le mode de scrutin adopté est, *le scrutin majoritaire uninominal à deux tours.* Pour être élu au premier tour, un candidat doit obtenir la majorité absolue des suffrages exprimés *et* représentant au moins le quart des électeurs inscrits. On recherche par là un minimum de représentativité pour l'élu. Si le siège n'a pu être attribué lors du premier scrutin, un *second tour* est organisé le dimanche suivant, à la majorité relative. Seuls les candidats ayant obtenu au moins 12,5 % des suffrages des électeurs inscrits lors du premier tour peuvent y participer. Toute candidature nouvelle entre les deux tours est exclue. Si un seul candidat a obtenu 12,5 % des voix, son concurrent immédiat peut se présenter. Cette règle favorise les grands partis, elle aggrave la bipolarisation, les petites formations se trouvent éliminées.

La composition de l'Assemblée nationale après les élections de mai-juin 1997 était la suivante (avec les apparentés) :

— Parti communiste français	36 sièges
— Parti socialiste	250 sièges
— Radicaux, Mouvement des citoyens et Verts	33 sièges
— R.P.R.	140 sièges
— U.D.F.	113 sièges
— Divers (non inscrits)	5 siège

§ 3. La désignation des sénateurs

473. *Le Sénat assure la représentation des collectivités locales.* Cela explique à la fois son recrutement et son rôle spécifique.

Le Sénat est composé de 321 sénateurs dont 13 pour l'Outre-Mer et, curiosité juridique, 12, cooptés par leurs collègues, représentant les Français établis à l'étranger.

Les sénateurs sont élus pour 9 ans, ils se renouvellent par tiers. A cette fin, les départements ont été répartis en 3 séries en suivant l'ordre alphabétique, désignées par les lettres A, B et C. Pour le Sénat aussi, l'élection a lieu dans les soixante jours précédant la fin du mandat des sénateurs de la série concernée. Les inéligibilités sont les mêmes que pour les députés. Seule différence, il faut avoir 35 ans au moins pour être candidat.

L'originalité des élections sénatoriales réside dans le système électoral adopté.

Les sénateurs sont élus au scrutin indirect, la circonscription est le département. Le collège électoral comprend : les députés, les conseillers régionaux, les conseillers généraux et surtout les délégués des conseils municipaux qui sont les plus nombreux (95,5 % du collège). Le nombre des délégués municipaux varie selon que la commune a moins de 9.000 habitants (de 1 à 15 selon la population de la commune), de 9.000 à 30.000 (tout le conseil municipal) ou plus de 30.000 (tout le conseil + un délégué supplémentaire par tranche de 1.000 habitants). Disposition exceptionnelle dans notre droit : le vote est obligatoire.

D'autre part, le nombre de sénateurs varie (de 1 à 12) selon la population du département et le mode de scrutin selon le nombre de sénateurs à élire dans le département. Si le département élit moins de 5 sénateurs, *le scrutin est majoritaire,* les candidats se présentent isolément ou par listes. Si des sièges restent à pourvoir à l'issue du premier tour, un second tour est organisé l'après-midi même du premier, la majorité relative suffit alors. Si le département dispose de 5 sénateurs ou plus, *le scrutin est proportionnel,* les candidats devant se regrouper par listes complètes ; 110 sénateurs sont désignés dans ces conditions (98 en métropole + les 12 des Français de l'étranger).

Ce système est très vivement attaqué du fait, en particulier, des irrégularités considérables de représentation qu'il entraîne : de 1 siège pour 69.984 habitants en Creuse à 1 siège pour 246.314 dans les Bouches-du-Rhône (sur la base du recensement de 1982), et on souligne, en particulier, à quel point il favorise la France rurale. Aussi est-il très sérieusement question de le modifier (renforcer la représentation des villes, étendre le R.P. aux départements désignant au moins 3 sénateurs...).

Après les élections de 1998, le Sénat était composé de la façon suivante :

— Parti communiste 16
— Parti socialiste 78
— Rassemblement démocratique et européen 22
— Union centriste 52
— R.P.R. 99
— Union des républicains et des indépendants 47
— Non inscrits 7

Section 2
La vie du Parlement

Le fonctionnement d'assemblées regroupant plusieurs centaines de personnes doit, pour des raisons d'efficacité, obéir à des règles strictes.

Sous-section 1
Les sessions

474. L'idéal démocratique semble commander que les représentants de la nation puissent siéger et délibérer en permanence, qu'ils puissent décider de se réunir quand bon leur semble. Ce fut le cas des Assemblées révolutionnaires à partir de 1793. Mais la tradition monarchique inaugurée par la Grande-Bretagne est favorable au régime des sessions qui permet d'éviter au Gouvernement d'être sous le contrôle constant du

Parlement, avec la perte de temps et de liberté que cela suppose. La durée des sessions apparaît ainsi comme l'un des instruments de mesure du rapport des forces entre le Gouvernement et le législateur. Pendant les inter-sessions en effet le contrôle parlementaire est très affaibli.

Selon la tradition, les deux Chambres se réunissent simultanément.

A La session ordinaire

La révision constitutionnelle du 4 août 1995 a profondément modifié le régime précédent. Alors que la Constitution avait prévu deux sessions ordinaires annuelles — l'une de printemps et d'une durée de 90 jours, l'autre d'automne de 80 jours — la révision institue une session ordinaire unique qui commence le premier jour ouvrable d'octobre pour se clôre le dernier jour ouvrable de juin.

La réforme poursuit plusieurs objectifs. Le premier, l'essentiel, est de renforcer le Parlement en face de l'exécutif. Le Gouvernement est maintenant exposé au contrôle des assemblées, de façon continue, pendant 9 mois. En même temps les chambres disposent d'une grande liberté d'organisation de leur travail et peuvent prendre leur temps pour étudier et discuter les projets et les questions qui leur sont soumis. On pouvait espérer aussi que le programme de travail étant étalé sur une plus longue durée et le nombre de séances hebdomadaires étant concentré sur quelques jours par semaine (3), les parlementaires seraient plus assidus et l'absentéisme réduit. Les exténuantes séances de nuit auraient pu disparaître ou tout au moins être réduites (en pratique il n'en n'a rien été), et les sessions extraordinaires se raréfier. Enfin la réforme devait favoriser un meilleur contrôle par le Parlement des institutions de l'Union européenne (v. 511) dans leurs fonctions normatives.

Dans cette perspective le nombre de *jours de séance* pendant la session est fixé à 120 (le Gouvernement aurait souhaité 150). Chaque assemblée décide des heures, jours et semaines de travail — elle peut donc se mettre en vacances, ou se réunir à son gré dans la limite de 120 jours —. Elle pourra ainsi manifester son peu d'enthousiasme pour un projet gouvernemental en décidant de prendre quelque congé.

Cependant la règle des 120 jours n'est pas immuable. Le Premier ministre peut en effet, après avoir consulté le Président de l'assemblée concernée, décider en cours de session de la tenue de jours supplémentaires de séance. La même décision peut être prise à l'initiative des parlementaires et à la majorité des membres de chaque assemblée. Ces séances ne s'imputent pas sur le contingent normal de 120 jours.

Le bilan de la réforme apparaît décevant. Elle n'a pas bouleversé les relations des chambres et du Gouvernement, l'absentéisme n'a pas diminué et les conditions de travail ne se sont pas substantiellement améliorées. Aussi ne fait-elle pas l'unanimité des parlementaires.

Un mérite cependant, elle facilite le contrôle des actes communautaires (V. 511).

B Les sessions extraordinaires (art. 29)

475. Le Parlement peut être convoqué en dehors de la session ordinaire.

Une session extraordinaire doit être organisée sur un ordre du jour précis. On ne peut sans raison réunir le Parlement en dehors de la session ordinaire, il faut faire connaître la, ou les, questions qui justifient la convocation des parlementaires. Les débats ne pourront porter que sur l'ordre du jour.

— **L'initiative** de la session appartient au Premier ministre et à l'Assemblée nationale (et non au Sénat) et, selon l'origine de l'initiative, les règles applicables seront différentes :

• *initiative du Premier ministre :* la durée de la session n'est pas limitée et le Premier ministre peut en demander une nouvelle dès le lendemain de la clôture de la précédente ;

• *initiative de l'Assemblée :* elle est prise à la majorité des membres la composant, la session ne peut durer plus de douze jours, et sera close avant si son ordre du jour est épuisé. D'autre part, l'Assemblée ne peut demander l'organisation d'une nouvelle session extraordinaire moins d'un mois après la fin de la précédente. On veut éviter qu'on ne revienne par ce biais à la permanence de la session.

— **La convocation** de la session extraordinaire est prononcée par le Président par Décret, mais il ne peut la décider que sur la demande du Premier ministre ou de l'Assemblée. *Le Président de la République pourrait-il refuser de déférer à cette demande ?*

Le *Général de Gaulle* a estimé, en 1960, qu'il disposait d'un pouvoir discrétionnaire de refuser la convocation d'une session extraordinaire. Alors que la demande avait été présentée par l'Assemblée nationale, il déclara que des pressions s'étaient exercées sur les parlementaires pour obtenir la tenue d'une session extraordinaire, la prohibition du mandat impératif lui servit alors de prétexte pour justifier son refus. L'Assemblée elle-même s'est ralliée à cette interprétation puisqu'elle rejeta une motion de censure contre le gouvernement de M. Debré, considéré comme responsable, pour l'avoir contresignée, de la décision du Président de la République. Au mois de mars 1979, *M. Giscard d'Estaing* saisi d'une requête analogue lui donna satisfaction, tout en réservant son pouvoir d'apprécier l'opportunité de ce type de demande. De son côté *François*

Mitterrand, sondé sur ses intentions en décembre 1987 par M. Jacques Chirac, qui souhaitait l'organisation en janvier 1988 d'une session extraordinaire pour débattre de la privatisation de Renault, fit publier un communiqué déclarant que cette convocation relevait « de la seule compétence et de la seule appréciation du Président ». J. Chirac préféra y renoncer plutôt que de se heurter à un refus. De nouveau le 30 juin 1993, *F. Mitterrand,* tout en autorisant la session extraordinaire demandés par le Premier ministre, a refusé d'inscrire à son ordre du jour l'un des textes proposés ; celui concernant la révision de la loi Falloux.

Pourtant, le Président ne dispose ici que d'une compétence liée (v. 402). La Constitution, ni dans sa lettre ni dans son esprit, ne lui permet de s'opposer à ce que les représentants élus de la nation tiennent une session extraordinaire lorsqu'ils le souhaitent, si les conditions prévues à l'article 29 sont réunies. Le Président ne peut pas plus refuser de convoquer une session extraordinaire demandée par le Premier ministre ni déterminer son objet. Celle-ci peut être indispensable à la conduite des affaires de la nation, confiée au Gouvernement par l'article 20.

Dans la pratique, le Parlement s'est très fréquemment réuni en session extraordinaire, surtout entre 1981 et 1986. Toutes ses réunions, sauf une ont été convoquées à l'initiative du Premier ministre. La révision constitutionnelle de 1995 pourrait limiter les occasions de recourir à cette procédure qui n'a pas disparu.

C Les sessions de plein droit

476. La Constitution prévoit trois hypothèses (outre la session ordinaire), où le Parlement se réunit de plein droit :

— la mise en vigueur de l'article 16 ;

— l'élection d'une nouvelle assemblée après dissolution. Celle-ci se réunit le deuxième jeudi suivant son élection. Les parlementaires se retrouvent au Palais-Bourbon ou au Palais du Luxembourg sans convocation formelle. Le Constituant a prévu ainsi, en particulier, l'hypothèse où le Président de la République voudrait ajourner la réunion du Parlement et le contrôle des élus de la nation jusqu'à la date de la session ordinaire. Les représentants ne sont pas soumis à son bon vouloir, la règle se justifie d'autant mieux que l'exécutif est à l'origine de la situation ;

— pour la lecture — hors session — d'un message du Président. On parle alors de « session spéciale ».

Depuis 1958, le Parlement a ainsi tenu cinq sessions de plein droit : en 1961, 1968, 1981, 1988 et juin 1997.

Sous-section 2
L'aménagement interne du travail parlementaire

A Le règlement des Assemblées

477. Le principe est que les Assemblées sont maîtresses de leur règlement. Celui-ci s'analyse comme une *résolution* votée par chaque assemblée. Il a valeur permanente, il n'a pas à être élaboré, modifié ou validé à chaque législature. Le règlement est soumis à la Constitution et à la loi, mais l'expérience montre que fréquemment les Assemblées ont négligé cette limite, affichant par là leur prétention à la souveraineté parlementaire. Il forme le noyau du droit parlementaire.

La Constitution a limité les pouvoirs des Assemblées. Elle prévoit que les règlements doivent être soumis, avant leur mise en application, au Conseil constitutionnel (v. 89). Celui-ci juge de leur conformité à la Constitution (art. 61). Ainsi est établi un contrôle de la constitutionnalité des règlements des Assemblées. Le Conseil a exercé son rôle avec rigueur et n'a pas hésité à annuler plusieurs dispositions (14 pour l'Assemblée nationale, 12 pour le Sénat en 1959 et beaucoup d'autres depuis) qui ne lui paraissaient pas conformes à la Constitution.

Ce rappel au respect de la Constitution est un témoignage supplémentaire de la disparition de la souveraineté parlementaire patiemment édifiée par les assemblées de la IIIe et de la IVe République.

B Les organes du travail parlementaire

Un certain nombre d'organes se sont mis en place dont le statut est à peu près identique d'une Chambre à l'autre.

1. La présidence des Assemblées

478. Les deux Chambres élisent un Président. L'Assemblée nationale au début de chaque législature, le Sénat lors de chaque renouvellement triennal. La majorité absolue des suffrages exprimés est exigée aux deux premiers tours, relative au troisième.

— Le rôle du Président s'exerce tout d'abord *à l'égard de l'assemblée* et il rappelle celui du speaker de la Chambre des Communes. Il assure en effet la présidence des débats, lourde tâche dont il peut se décharger sur l'un des vice-présidents élus en même temps que lui. Il intervient dans les débats ; c'est lui qui les organise, donne la parole aux parlementaires qui se sont inscrits, leur demande éventuellement de conclure s'ils s'attardent, clôt la discussion lorsqu'il estime que la Chambre est suffisamment éclairée. C'est lui aussi qui dispose de la police de l'Assemblée et assure en particulier le maintien de l'ordre dans les locaux grâce, au besoin, à un contingent militaire placé sous les ordres d'un général et par l'appel éventuel à la force armée extérieure.

La fonction demande beaucoup de diplomatie, d'autorité et surtout d'*impartialité*. Joseph-Barthélémy disait de lui qu'il n'est plus l'homme d'un parti mais « l'homme de la Chambre ». Pour symboliser cette indépendance, son élection a lieu au scrutin secret et il ne prend pas part aux votes. Il préside les séances du haut du « perchoir », dispose d'un logement agréable à l'Hôtel de Lassay ou au Luxembourg. Dans l'ordre des préséances, le Président du Sénat vient après le Premier ministre et juste avant le Président de l'Assemblée nationale.

— La Constitution confie aux Présidents des Assemblées des *attributions propres*, étrangères au fonctionnement des Chambres. Ils peuvent saisir le Conseil constitutionnel, ils nomment chacun trois membres de cette institution ; ils sont obligatoirement consultés sur la mise en application de l'article 16, sur la tenue de jours supplémentaires de séance et sur l'exercice du droit de dissolution. Enfin, on sait que le Président du Sénat assure l'intérim du Président de la République.

Actuellement, M. Laurent Fabius préside l'Assemblée nationale et M. Christian Poncelet le Sénat.

2. Le bureau

479. Chaque Assemblée est dirigée par un bureau. Celui-ci est présidé par le Président de la Chambre, ses membres — 22 pour l'Assemblée, 16 pour le Sénat — sont élus pour une année à l'Assemblée et pour 3 ans au Sénat, au scrutin de liste majoritaire (en réalité par *accord* entre les Présidents de groupe V. 480) en faisant une place à l'opposition de façon à refléter la configuration de la Chambre.

— Le bureau est un organe collégial disposant de certaines *attributions collectives* : il se prononce sur l'arrestation d'un parlementaire, il tranche sur la recevabilité financière d'une proposition ou d'un amendement, il est responsable de l'administration de l'Assemblée...

— Ses membres exercent, en outre, des *attributions spécialisées*. Les vice-présidents aident le Président à diriger les débats ; les questeurs ont autorité sur les services administratifs et sur la vie financière et matérielle des Assemblées ; les secrétaires sont responsables de la rédaction des procès-verbaux des séances et constatent les votes.

3. Les groupes

480. Les parlementaires se sont, dès l'origine, regroupés selon leurs affinités politiques. Sous la IIIe République, cette situation de fait s'est transformée en consécration juridique de l'existence des groupes. *Ceux-ci constituent la transposition des partis dans l'univers parlementaire.*

Les règlements des Assemblées confèrent des prérogatives aux groupes, aussi leur formation est-elle soumise à certaines règles. A l'Assemblée nationale, il faut l'adhésion de 20 députés pour former un groupe. Au Sénat, il suffit de 15 sénateurs. Les élus ne sont pas obligés d'adhérer à un groupe, ils peuvent rester non-inscrits ou se faire « rattacher » à un groupe formé par un parti dont ils ne sont pas membres mais dont ils se sentent proches. Mais un parlementaire ne peut adhérer à plusieurs groupes. L'exigence d'un nombre minimum d'inscrits — les rattachés n'entrent pas en ligne de compte — est destinée à éviter la multiplication des groupes (14 en avril 1958 dans l'Assemblée de la IVe) et par là à simplifier le fonctionnement du Parlement. A l'Assemblée nationale, il n'existe aujourd'hui que 6 groupes : le P.C., le P.S., l'U.D.F., Démocratie libérale et le R.P.R. ainsi que le groupe Radical, Citoyen et Vert (R.C.V.). Au Sénat, 6 groupes se sont aussi constitués.

Les membres d'un même groupe siègent côte à côte aux places désignées en accord avec le Président de la Chambre, ils disposent de locaux pour se réunir. Leur rôle est important pour la composition du bureau, des commissions, la désignation des rapporteurs, la fixation de l'ordre du jour et du temps de parole...

4. La Conférence des Présidents

481. Sa création est ancienne — 1911 pour la Chambre basse —, elle participe, à l'Assemblée nationale comme au Sénat, à l'organisation du travail parlementaire et joue un rôle de liaison entre chaque Chambre et le Gouvernement.

Y siègent le Président et les vice-présidents de l'assemblée, les présidents des commissions permanentes (ct des commissions spécialisées), les présidents de groupe, le Président de la délégation pour l'Union européenne, le rapporteur général de la Commission des finances (à l'Assemblée) et un membre du Gouvernement. *Le Gouvernement peut compter sur l'appui de la majorité.*

La Conférence décide toutes les semaines pendant les sessions de la *fixation de l'ordre du jour.* Mais ce rôle est en définitive assez limité : en effet la Conférence intervient seulement pour déterminer l'ordre du jour complémentaire (v. 483).

D'autre part elle *peut* décider d'organiser la discussion (fixation de la durée du débat, répartition du temps entre les groupes, limitation du nombre des interventions...).

5. Organes divers

481 *bis.* Les assemblées ont créé une série d'organes, dont certains parfois jouent un rôle important : la Délégation parlementaire pour l'Union européenne, l'Office parlementaire des choix scientifiques et technologiques, l'Office parlementaire d'évaluation de la législation, l'Office parlementaire d'évaluation des politiques publiques, et aussi des groupes d'études et des groupes d'amitié avec des pays étrangers... Ces organes donnent une certaine souplesse au fonctionnement des assemblées, leur permettant de ne pas rester enfermées dans les Commissions prévues par la Constitution ou par la loi. Elles informent les parlementaires et facilitent leur contrôle.

Ces organes jouent un rôle plus ou moins important, on se contentera ici de s'arrêter sur *la Délégation pour l'Union européenne.* Composée dans chaque assemblée de 36 membres elle doit refléter la composition de chaque chambre. Créée en 1992 elle remédie en quelque sorte à l'impossibilité d'instituer une Commission permanente spécialisée sur les affaires européennes (leur nombre étant limité à 6 pour la Constitution, V. 494). Sa mission est de suivre les travaux des institutions de l'Union européenne et d'informer et de conseiller l'Assemblée et le Sénat, en particulier d'instruire les propositions d'actes communautaires de nature législative. Elle peut procéder à des auditions (ministres, parlementaires européens français) et être à l'origine d'une proposition de résolution sur des actes communautaires, par laquelle la chambre demandera par exemple au Gouvernement de refuser ou d'amender un acte communautaire. *La délégation joue un rôle moteur dans l'activité des assemblées consacrée à l'Europe.*

C Les séances des Assemblées

482. Les Assemblées fixent leurs séances comme elles l'entendent. Depuis la révision de 1995, elles ont décidé de se réunir trois jours par semaine : mardi, mercredi, jeudi. L'exigence d'un *quorum* n'existe que pour les votes (majorité absolue du nombre des députés) et il faut que sa vérification soit demandée, sinon il n'en est pas tenu compte. Les séances sont normalement publiques. Ce principe est moins garanti par la présence de spectateurs dans les tribunes exiguës qui leur sont réservées que par la publication des débats au Journal officiel et surtout par les commentaires dans la presse des journalistes qui assistent aux séances. Depuis quelques années, la retransmission de certaines séances à la télévision permet aux citoyens de mieux connaître le fonctionnement du Parlement. Une chaîne parlementaire est en cours de réalisation.

Les Assemblées peuvent se réunir en comité secret à la demande du Premier ministre ou du 1/10e de leurs membres (jamais utilisé).

1. La fixation de l'ordre du jour

483. L'ordre du jour constitue le calendrier des débats de l'Assemblée, son programme, il est publié à l'avance pour le 1er mois de la session. *La conférence des présidents* joue un rôle capital dans son établissement.

Il faut insister sur le caractère fondamental de la distinction entre un ordre du jour prioritaire et un ordre du jour complémentaire, traduction juridique du fait que les Assemblées ne sont plus, aujourd'hui, entièrement maîtresses de l'organisation de leur travail.

• *L'ordre du jour prioritaire* comprend les projets de loi et les propositions de loi acceptées par le Gouvernement. Fixé par celui-ci, il s'impose à l'assemblée, il n'a pas à être approuvé par elle. Il peut d'ailleurs être modifié par le Gouvernement lui-même quand il le souhaite, au besoin par un ministre en cours de séance. L'exécutif est non seulement maître de la liste des textes à débattre, mais de l'ordre dans lequel ils seront examinés et de la détermination des séances consacrées à la discussion. Le Gouvernement dispose ainsi de tous les moyens nécessaires à la mise en œuvre de son programme, mais *l'opposition maîtrise le temps,* c'est-à-dire qu'elle peut user de procédés lui permettant de faire durer les débats, limitant par là le nombre des projets gouvernementaux qui pourront être examinés.

• *L'ordre du jour complémentaire* doit, au contraire, être approuvé par la conférence des Présidents puis par la Chambre. Les propositions d'inscription viennent des présidents de groupe et de commission. Le nombre de textes inscrits à l'ordre du jour complémentaire est faible. C'est inéluctable car l'opposition, qui est la première intéressée, est minoritaire à la conférence des Présidents et ne peut obtenir l'inscription. Est-il nécessaire de faire perdre son temps à l'assemblée avec la discussion d'une des ses propositions qui, en définitive, sera repoussée par la majorité ? *L'opposition n'a pas pour fonction de légiférer.* On a là l'une des raisons du déclin de l'initiative parlementaire. Lorsqu'une proposition intéresse le Gouvernement, il la fait inscrire à l'ordre du jour prioritaire.

La fixation de l'ordre du jour, compétence d'apparence très formelle, est en réalité capitale, elle est la clé de l'action du Parlement : l'examen d'un texte peut être indéfiniment ajourné. La Constitution de 1958, en distinguant l'ordre du jour prioritaire de l'ordre du jour complémentaire, a donné au Gouvernement le moyen de diriger le travail parlementaire. C'est logique si l'on considère que l'article 20 de la Constitution confie au Gouvernement la mission de définir et conduire la politique de la nation, il doit donc pouvoir imposer la discussion et rechercher l'approbation de son programme sans atermoiements de la part des parlementaires.

Dans la pratique cependant, *sa maîtrise n'est pas totale,* il doit *négocier* avec les Présidents de commission et avec les groupes, à commencer par ceux qui le soutiennent et qui ont leurs idées sur les textes qu'ils souhaitent voir venir en discussion, et il est fréquemment obligé de composer. D'autre part la révision de 1995 a prévu que chaque assemblée aurait la possibilité de *consacrer une séance par mois à un débat sur un ordre du jour fixé librement par elle* (possibilité baptisée : *« la fenêtre parlementaire »).* Le Gouvernement n'est pas associé à la définition de cet ordre du jour, mais il pourra faire pression sur sa majorité pour éviter les thèmes inopportuns ou dangereux. En 1998-99, 10 propositions de loi ont été approuvées dans ces conditions, sur des sujets en général mineurs : protection contre les termites...

2. Les débats

484. Le Président de chaque Chambre assure la *direction* des débats et peut proposer des *mesures disciplinaires* allant jusqu'à l'exclusion temporaire d'un représentant qui aurait violé le règlement (deux cas depuis 1958, en 1984).

La conférence des Présidents fixe le temps global qui sera consacré à la *discussion générale* d'une loi (ses orientations, son opportunité). Ce temps est ensuite réparti entre les groupes en proportion de leurs effectifs, et chaque groupe désigne ses orateurs. En principe ne peuvent prendre la parole que les parlementaires inscrits à l'avance pour intervenir — sauf pour une brève interruption — ou, à tout moment, les membres du gouvernement ou encore les Présidents de Commission. En théorie aussi les orateurs ne parlent de la tribune que pour les interventions importantes et ne doivent pas lire leurs discours, cette règle n'est guère respectée. Le débat général terminé, on passe à *l'examen du texte lui-même*, en procédant article par article : tout représentant peut intervenir mais son temps de parole est limité à cinq minutes.

Les votes peuvent prendre plusieurs formes : — à mains levées : (le plus fréquent) ; — par assis et debout ; — vote public ordinaire avec utilisation d'un système électronique ; — vote public à la tribune.

En principe, *le vote est personnel* (art. 27) : on a voulu éviter l'absentéisme mais le vote électronique permet de tourner la prohibition de sa délégation. Il suffit de laisser à un collègue (le « boitier ») la clé de la boîte à partir de laquelle chaque parlementaire vote de sa place. L'article 27 de la Constitution est ainsi allègrement violé. Certaines dispositions constitutionnelles seraient donc facultatives ? La Constitution est-elle bien d'ordre public ? Le Conseil constitutionnel a répondu implicitement par la négative en 1987. Il a estimé qu'une loi avait été régulièrement adoptée en dépit du fait que le principe du vote personnel n'ait pas été respecté, ce qui revient à dire que le législateur peut ne pas tenir compte de la Constitution. Curieuse position. Depuis la réforme du réglement de l'Assemblée en 1994, la Conférence des Présidents peut décider qu'un scrutin sera public, chaque député ne disposant que d'une voix.

Section 3
Les attributions du Parlement

485. A côté d'attributions diverses, dont la plupart ont déjà été évoquées (révision de la Constitution, prorogation de l'état de siège et de l'état d'urgence, déclaration de guerre V. 419...), le Parlement a essentiellement deux attributions : le vote de la loi et le contrôle du Gouvernement.

Sous-section 1
L'élaboration de la loi

Quelques chiffres : pendant la Xe législature (1993-1997), 391 lois ont été promulguées, dont 191 portant ratification de traités ; 48 de ces textes avaient pour origine une proposition. Il est de bon ton de parler d'« inflation législative ». Dans la réalité le nombre des lois s'est accru de 35 % seulement en une trentaine d'années, mais entre 1950 et 1990 elles sont passées de 93 lignes en moyenne à 220. Ceci traduit à la fois l'échec de l'article 34 (V. 487) et l'encadrement toujours plus poussé de la société par le droit de l'Etat.

Comment « fabrique » t-on une loi ? A quel propos ? A l'initiative de qui... ?

Ici se situe l'innovation technique fondamentale de la Constitution de 1958 : *le domaine de la loi n'est plus, en théorie, illimité.*

Pour comprendre la portée de ce bouleversement, il faut revenir à la situation antérieure.

Jusqu'en 1958, les actes votés par le Parlement sont tous des lois. On a de la loi une conception formelle et, surtout, le *domaine de la loi est général.* Le Parlement peut se saisir de toutes les questions qui l'intéressent pour y légiférer, il n'y a pas de limite au champ d'action ouvert aux représentants élus de la nation : la loi est l'expression de la volonté générale, celle-ci est souveraine, elle peut se manifester sur n'importe quel sujet et quand elle veut. L'important à souligner, en outre, est que les décisions prises par le Gouvernement dans l'exercice de son pouvoir réglementaire ne peuvent intervenir que pour l'exécution de la loi (« pouvoir exécutif »), à l'origine de toute réglementation il doit y avoir une loi. *Il n'existe à peu prés pas de pouvoir réglementaire autonome* (c'est-à-dire non subordonné à la loi), de domaines où l'exécutif puisse intervenir de sa propre initiative pour le réglementer.

Ces caractères de la loi étaient considérés comme acquis depuis la Révolution. L'élaboration de la Constitution de 1958 est entreprise à un moment où ils sont singulièrement ébranlés. Le Parlement, en effet, ne parvient plus à faire face aux occasions, et même aux obligations, de légiférer et, depuis 40 ans, il se débarrasse d'une charge trop lourde en déléguant son pouvoir au Gouvernement, au mépris des principes constitutionnels mais à la satisfaction des parties concernées.

La Constitution de 1958 devait tirer la leçon de la démission progressive du pouvoir législatif et poser le principe d'un partage entre le Parlement et le Gouvernement du domaine ouvert auparavant au seul Parlement.

§ 1. Le domaine de la loi

486. On aborde ici une matière particulièrement complexe dans la mesure où non seulement la pratique, mais l'interprétation juridique donnée progressivement par le Conseil constitutionnel, ne correspondent aucunement à ce que la Constitution semble commander.

D'entrée il faut souligner que le *Constituant consacre une définition matérielle de la loi,* la loi se caractérise par les matières sur lesquelles elle porte : *certaines matières sont réservées à la loi,* la Constitution les énumère et leur *liste est limitative* :

— Elle comprend tout d'abord un certain nombre de domaines dispersés dans le texte : articles 3, 35, 53, 66, 72 à 74...

— Mais c'est surtout l'article 34 qui donne l'énumération des domaines essentiels de l'action du législateur. La liste des matières réservées à la loi par cet article s'est élargie lors de l'élaboration de la Constitution bien au-delà de ce que souhaitait le projet gouvernemental, sous la pression en particulier du Comité consultatif constitutionnel et du Conseil d'Etat. *En définitive, le domaine de la loi est très large et laisse peu de choses de côté.*

A La théorie : l'article 34

487. Théoriquement, la Constitution apporterait une double limitation au pouvoir législatif du Parlement : une première *verticale* (répartition des domaines entre interdits et ouverts au législateur), complétée par une autre *horizontale* (distinction dans les domaines ouverts au Parlement entre ceux où il peut descendre dans les détails et poser des règles et ceux où il doit rester dans les hauteurs et affirmer des principes).

1. Les domaines où le législateur fixerait les règles

Dans un certain nombre de matières lui appartenant, le législateur aurait un rôle large, descendant loin dans les détails. Un « domaine noble » aurait été circonscrit, composé des *matières les plus importantes*. Le droit d'y poser des règles est réservé à l'organe paraissant présenter le plus de garanties, c'est-à-dire au Parlement. On y trouve tout ce qui touche le statut des personnes, leurs libertés, leurs droits civiques et aussi les décisions de principe de l'organisation économique et sociale, comme par exemple les nationalisations, les impôts, la création de catégories d'établissements publics... On peut citer encore la détermination des crimes, des délits et des peines, ainsi que le statut des magistrats, le régime électoral du Parlement et des collectivités locales,...

Sans être exclue ici, l'intervention du pouvoir réglementaire ne pourra qu'être résiduelle et porter sur des détails non traités par le Parlement. Elle sera parfois inutile, le texte pouvant s'appliquer directement.

2. Les domaines où le législateur déterminerait les principes fondamentaux

Dans d'autres domaines, l'intervention du législateur serait moins poussée et minutieuse, elle resterait à un certain niveau de généralité. La collaboration avec le Gouvernement est alors indispensable pour que la loi soit applicable. Les domaines visés sont importants certes mais les principes et les intérêts en cause sont considérés comme *moins vitaux, plus techniques* ou complexes. La délibération des représentants de la nation est une garantie pour les citoyens, mais elle peut se contenter de poser des principes, le Gouvernement aura ensuite à les mettre en œuvre.

Dans cette seconde catégorie on trouve :
— l'organisation de la défense nationale,
— l'administration des collectivités locales,
— l'enseignement et le régime de la propriété et des droits réels,
— le droit du travail, le droit syndical et de la sécurité sociale.

3. Enfin, le domaine législatif n'est pas figé pour toujours

L'article 34 in fine prévoit la possibilité de l'élargir par une loi organique, c'est à dire en réalité de compléter la Constitution par une loi organique (!). La frontière n'est pas étanche, la Constitution laisse par là ouverte la porte aux adaptations, mais *le passage n'est possible que dans un sens* : du réglementaire au législatif. Jusqu'à présent, cette faculté n'a pas joué. Elle est devenue inutile pour les raisons qui vont être exposées.

B La pratique

1. L'absence de distinction horizontale réelle entre les deux domaines législatifs

488. *Dans la pratique*, la frontière entre les règles et les principes est tellement floue qu'elle n'a jamais été respectée par le Parlement ou imposée par le Gouvernement — pourtant auteur des projets de lois et par hypothèse porté à défendre son domaine — pas plus qu'elle n'a été retenue par le Conseil constitutionnel ou le Conseil d'Etat. Tout au plus peut-on, à la rigueur, observer une plus grande réserve du législateur là où il ne peut en théorie que poser les principes. *La distinction est donc inutile,* le législateur ne la respecte pas, *il n'y a pas de limitation horizontale variable selon les domaines,* de toute façon, le rôle du législateur ne peut être que de fixer les grandes lignes, il n'a pas à entrer dans les détails. Sa compétence n'est pas totale : si « *la mise en cause* » lui appartient, « *la mise en œuvre* » relève de l'exécutif. La séparation des pouvoirs commande cette répartition des tâches, le Parlement doit respecter la marge d'autonomie de l'exécutif, il ne peut fixer toutes les règles, la compétence réglementaire ne peut totalement disparaître. Les précisions, les explicitations sont nécessaires, elles sont l'œuvre du Gouvernement dans l'exercice du pouvoir réglementaire. *S'il existe bien un partage horizontal, il ne varie pas selon les domaines et sépare le Parlement et le pouvoir réglementaire, il ne joue pas à* *l'intérieur du pouvoir législatif.* Mais, à l'inverse, le Parlement ne doit pas rester dans les « nuées » (Jean Rivero), les lois ne sont pas des déclarations d'intention dont la réalisation est renvoyée à l'exécutif, elles doivent avoir un contenu normatif, ne pas être trop générales.

Il n'en reste pas moins que *l'ensemble du domaine délimité par l'article 34 est réservé au législateur.* Le Gouvernement ne peut — sauf délégation expresse sur la base de l'article 38 autorisant des ordonnances — y intervenir *directement* mais seulement pour l'exécution de la loi. Les compétences du législatif et de l'exécutif (réglementaire) y sont complémentaires mais se situent sur deux plans différents, celle du pouvoir réglementaire étant dominée et subordonnée à l'autre. Si le Gouvernement sortait de sa compétence, ses décisions pourraient être annulées, ou écartées, par le Conseil d'Etat.

2. L'absence de domaine interdit au législateur

En principe la contrepartie du domaine réservé au législateur serait que tout ce qui reste en dehors lui serait fermé, il y aurait bien une séparation verticale. Le principe traditionnel de la compétence générale du législateur serait renversé. La compétence de droit commun, normale, serait maintenant celle du Gouvernement, le législateur n'aurait qu'une compétence d'attribution, d'exception. Cette règle est posée sans équivoque par **l'article 37-1 de la Constitution** — disposition en définitive plus capitale que l'article 34 : « *les matières autres que celles qui sont du domaine de la loi ont le caractère réglementaire* ».

Dans la pratique pourtant, la portée de cette règle est limitée et contestée.

• Le domaine de la loi est défini très largement par le Constituant, donc la compétence normative directe de l'exécutif est résiduelle et peu étendue (environ 1 % des décrets), on a du mal à définir le contenu du domaine du pouvoir réglementaire autonome.

• *L'intervention du législateur dans le domaine réglementaire n'est pas inconstitutionnelle en elle-même, il appartient au Gouvernement de défendre, s'il le juge bon, le domaine que lui ouvre l'article 37-1.* Il dispose pour cela des procédures des art. 41 et 37 al. 2 étudiées ci-après. L'absence de réaction du Gouvernement contre un empiètement du Parlement signifie qu'*il accepte l'intervention* de celui-ci au-delà du domaine de l'article 34 et des art. 3, 35, 72 etc. Cette interprétation découle d'une décision du Conseil Constitutionnel du 30 juillet 1982 : « par les art. 34 et 37 al. 1, la Constitution n'a pas entendu frapper d'inconstitutionnalité une disposition de nature réglementaire contenue dans une loi mais a voulu, à côté du domaine réservé à la loi, reconnaître à l'autorité réglementaire un domaine propre et conférer au Gouvernement, par la mise en œuvre des procédures spécifiques des art. 37 al. 2 et 41, le pouvoir d'en assurer la protection contre d'éventuels empiétements de la loi ».

Le domaine de la loi n'est donc pas restreint, il n'y a pas vraiment de limitation verticale. *Si le Gouvernement ne s'y oppose pas,* « est loi ce que veut le Parlement » (Jean Foyer), il n'y a pas de domaine interdit au législateur ; corrélativement, il n'est pas de domaine réservé au pouvoir réglementaire et celui-ci ne saurait être considéré comme le législateur de droit commun. Dernière conséquence, qui n'est pas la moins importante sur le plan théorique : *la définition de la loi n'est plus matérielle mais organique et formelle : la loi est l'acte élaboré par le Parlement.*

C Le contrôle de la répartition des compétences

489. Pour assurer le respect de la règle posée à l'article 37, il fallait prévoir un contrôle de l'activité législative du Parlement. Celui-ci est confié au *Conseil constitutionnel.* Ce dernier est alors dans son rôle classique de défenseur de l'exécutif (v. 96).

— **L'article 41.** Le Conseil pourra être saisi, *au cours de la procédure législative* d'une proposition de loi ou d'un amendement, estimé irrecevable par le Gouvernement comme ne faisant pas partie du domaine de la loi. *L'article 41* donne au Gouvernement, et à lui seul, le droit de soulever *l'exception d'inconstitutionnalité.* Dans la pratique, un ministre saisira *en cours de discussion* le Président de l'Assemblée concernée. Si cette tentative de règlement amiable échoue, c'est à dire si ce dernier ne donne pas raison au Gouvernement dans les 8 jours, le Conseil constitutionnel peut être appelé à se prononcer par le Gouvernement ou par le Président de l'Assemblée. Il s'agit d'un *contrôle préventif* dont l'utilisation est devenue exceptionnelle depuis 1968 (aucune à l'Assemblée Nationale depuis 1980) car il crée au sein du Parlement un climat conflictuel peu propice aux entreprises de l'exécutif. Le Gouvernement préfère, devant l'Assemblée au moins, faire repousser la loi ou l'amendement par sa majorité. Au Sénat en revanche cette procédure permet de lutter contre l'obstruction des sénateurs.

D'autre part, depuis la décision du Conseil constitutionnel du 30 juillet 1982, on considère que l'article 61 al. 2 (saisine du Conseil constitutionnel) ne peut pas être utilisé pour défendre le domaine de l'art. 37 al. 2 (c'est-à-dire le domaine réglementaire) *entre le vote de la loi et sa promulgation,* il est alors trop tard. Le Conseil l'a décidé clairement pour l'hypothèse d'une saisine par des parlementaires, la formulation très générale de sa décision permet d'en étendre la portée au cas de saisine du Premier ministre, des Présidents des Assemblées mais non, semble-t-il, du Président de la République qui agit en gardien de la Constitution et non en défenseur de l'exécutif. Mais il est bien entendu que le Conseil peut être saisi à ce moment pour *constater d'autres inconstitutionnalités que la violation de l'art. 37-1.*

— **L'article 37-2.** Il fallait penser à règler aussi la question des normes qui auraient été élaborées en contradiction avec les principes posés aux articles 34 et 37 al. 1. Peut-on autoriser l'exécutif à les modifier a posteriori ?

Une distinction est faite par l'article 37 al. 2 selon que la loi est antérieure, ou non, à 1959 :

• Les dispositions législatives antérieures à 1959, qui auraient aujourd'hui une nature réglementaire, peuvent être modifiées par décrets pris après avis conforme du *Conseil d'Etat*. La loi peut alors être amendée par un règlement.

• Si la loi est postérieure à l'entrée en vigueur de la Constitution de 1958, le *Conseil constitutionnel* pourra être invité par le Gouvernement à déclarer que la loi promulguée, et donc devenue définitive, est intervenue en réalité dans un domaine relevant du règlement, qu'elle a donc un caractère réglementaire et peut être modifiée par décret. Cette « délégalisation » fait tomber la présomption de caractère législatif résultant de la forme législative donnée au texte, mais elle n'a pas pour effet de l'annuler : le texte est irrégulier en la forme mais il reste applicable avec valeur réglementaire. Le Conseil a eu à se prononcer sur une centaine de lois (sur 3.000 votées depuis 1959). Généralement, il ne s'agissait pas de la revendication politique d'un domaine usurpé par le Parlement mais d'une formalité technique préalable à l'élaboration d'un décret réorganisant une matière ou procédant à une codification ; l'unité ou la cohérence du règlement projeté suppose qu'il puisse toucher à des dispositions jusqu'alors contenues dans une loi.

***

490. Au terme de cette étude du domaine de la loi, le bilan est mitigé. Le Parlement sort en effet *moins affaibli* de l'examen que ne le laissait penser la simple lecture des dispositions constitutionnelles.

En apparence, les innovations de 1958 annonçaient un déclin des pouvoirs du Parlement. L'intention était pourtant moins d'abaisser le législateur que de rehausser l'exécutif et d'accroître la rapidité, et partant l'efficacité du pouvoir normatif. Le travail parlementaire réduit à l'essentiel aurait été allégé, l'exécutif de son côté aurait les moyens d'agir vite dès qu'il est compétent.

La pratique a quelque peu désavoué la finalité de la réforme. Il n'y a pas eu lieu de renforcer l'exécutif, le fait majoritaire, transformant le présupposé initial, s'en est chargé. L'hypothèse de la survenance de conflits entre législatif et exécutif a été démentie par la nouvelle relation Parlement-Gouvernement. Des raisons pragmatiques ont joué aussi : on s'est rendu compte que la voie réglementaire n'était pas nécessairement la plus rapide. L'élaboration des projets de décrets est lente, ralentie par la longueur des circuits due à la multiplicité des avis à recueillir, par l'encombrement des services, par leur volonté de faire prévaloir leur point de vue sur l'ensemble ou sur un détail. Les conflits entre administrations sont nombreux et les Finances soulèvent mille obstacles. Paradoxalement, la voie législative, débarrassée de ces contraintes, peut permettre de mener plus rondement une réforme. Lorsqu'il y a urgence, le Gouvernement peut avoir intérêt à la choisir. Comment s'étonner alors de l'extension continue du domaine du législateur ?

§ 2. Le vote de la loi

On peut distinguer :
— les lois constitutionnelles ;
— les lois organiques ;
— les lois référendaires ;
— les lois de finances ;
— les lois d'habilitation ;
— les lois autorisant la ratification d'un traité ;
— enfin les lois ordinaires.

On envisagera ici avant tout les *lois ordinaires*. Les prérogatives de l'exécutif se manifestent avec beaucoup de force dans leur élaboration. En même temps, une véritable collaboration s'établit entre le Gouvernement et le Parlement, le régime acquérant ainsi une coloration parlementaire accusée. C'est une innovation de la Constitution.

La procédure législative peut se décomposer en trois phases :
— l'initiative de la loi ;
— la discussion de la loi ;
— la promulgation de la loi.

A L'initiative législative

L'initiative des lois appartient au Premier ministre et aux parlementaires.

1. L'initiative du Premier ministre

491. Le Premier ministre dépose un *projet de loi* au nom du Gouvernement. Une procédure particulière doit être suivie.

— *Le Conseil d'Etat* doit examiner tous les projets de lois avant qu'ils viennent en Conseil des Ministres. Son avis est purement consultatif et, en général, il n'est pas rendu public. L'examen du Conseil porte, en principe, sur la *régularité* des dispositions du projet. Le Conseil s'interrogera en particulier sur l'appartenance de ces dispositions au domaine législatif, il pourra ainsi attirer l'attention du Gouvernement sur le fait que certains articles entrent dans le domaine réglementaire. Mais l'examen *s'étend aussi, dans une certaine mesure, à leur opportunité.* Une tradition constante l'autorise en effet à aller bien au-delà d'un simple avis technique : il défendra la cohérence du système normatif, une certaine conception de la bonne administration, ou une certaine éthique démocratique, mais il s'interdit de porter un jugement sur les motifs de politique conjoncturelle, c'est à dire sur le fait de savoir si le Gouvernement a raison ou non de vouloir légiférer ainsi.

— Le projet de loi doit faire l'objet d'une délibération en *Conseil des ministres.* La décision du Conseil des ministres prend la forme d'un décret, signé par le Premier ministre, autorisant celui-ci à déposer un projet de loi. L'initiative vient donc du Gouvernement tout entier, le Président ne peut s'y opposer (tout au moins juridiquement).

— L'avis du Conseil économique et social *peut* être demandé. Le Gouvernement n'a aucune obligation, en général, de le consulter et son point de vue est sollicité à titre purement consultatif (v. 520).

— Le projet est déposé devant l'une ou l'autre chambre.

2. L'initiative parlementaire

492. Députés et sénateurs peuvent prendre l'initiative d'une loi. On parle alors de *proposition de loi.*

La pratique de l'initiative parlementaire

Les propositions de loi jouent un rôle mineur dans la production législative. Si les parlementaires en déposent (1529 à l'Assemblée pendant la Xe législature), elles ne sont pas souvent adoptées : 48 sur 391 lois promulguées pendant la même période (1993-1997).

Ce déclin de l'initiative parlementaire s'explique par le fait majoritaire et par le rôle essentiel tenu par le Gouvernement dans l'élaboration de la loi, mise en œuvre d'un programme auquel adhère la majorité de l'Assemblée nationale. Les propositions venant de l'opposition ne sont donc pas inscrites à l'ordre du jour. En même temps, les représentants de l'opposition, comme de la majorité, ont compris que *le droit d'amendement* leur ouvrait des possibilités appréciables pour agir sur le contenu des textes et en appeler à l'opinion publique. Au déclin des propositions de loi correspond un développement du recours aux amendements.

Pourtant la proposition de loi présente, par rapport au projet, des avantages de rapidité qui, dans certains cas, peuvent se révéler utiles. En effet, elle n'est soumise ni à l'avis du Conseil d'Etat ni à l'adoption par le Conseil des ministres, ce qui permet de gagner du temps. Aussi arrive-t-il parfois que le Gouvernement demande à des amis politiques de prendre l'initiative d'un texte dont il souhaite l'adoption rapide. Bon nombre de propositions *inscrites à l'ordre du jour* ont été, en fait, rédigées par l'exécutif. Peut être, d'autre part, va t'on assister à un renouveau des propositions de lois depuis que la révision constitutionnelle du 4 août 1995 leur réserve une séance par mois (v. 483).

Les limites à l'initiative parlementaire : les articles 41 et 40

L'initiative des parlementaires connaît deux limites.

a) Elle ne peut porter , en principe, que sur les matières réservées au législateur par la Constitution. Comme on l'a vu (v. 489) si cette restriction n'est pas respectée, le Gouvernement peut soulever l'irrecevabilité de la proposition ou d'un amendement (art. 41).

b) *L'initiative des députés est supprimée en matière de dépense.* L'article 40 de la Constitution leur refuse le droit de proposer une *diminution de recettes ou une augmentation de dépenses.* Traditionnelle depuis le XVIIIe siècle en Grande-Bretagne, cette limitation a été introduite en France par la Constitution de 1946. Elle se justifie par la volonté d'éviter que le budget, traduction chiffrée du plan d'action gouvernemental, ne soit remis en cause par l'initiative anarchique et éventuellement démagogique des parlementaires — certaines dépenses sont parfois extrêmement populaires et encore plus les diminutions d'impôt.

L'article 40 permet d'opposer une *irrecevabilité* à toute proposition de loi, ou amendement, augmentant de façon certaine et directe la charge de l'Etat, ou diminuant ses ressources. A l'Assemblée (et non au Sénat) le bureau opère un contrôle préalable avant même que la proposition ne soit imprimée. Si ce premier filtre n'a pas joué, l'irrecevabilité peut être soulevée avant la séance publique par le Gouvernement, la commission saisie ou un parlementaire, et le bureau de la Commission des finances se prononce. Pour les amendements présentés en séance, la question est tranchée par le président de séance. A chaque stade de la procédure législative, l'irrecevabilité pourra dont être soulevée.

Dans le cas d'un désaccord sur la réponse donnée à l'exception d'irrecevabilité, le Conseil constitutionnel pourra être saisi par le Gouvernement ou par 60 députés ou sénateurs, dans les conditions de l'article

61. Le Conseil considère qu'il statue comme *juge d'appel*, c'est-à-dire que l'irrecevabilité ne peut être soulevée pour la première fois devant lui, elle doit avoir été examinée préalablement à l'Assemblée ou au Sénat. Ici, comme pour l'article 41, on estime qu'il faut tenter d'abord de résoudre le problème par la procécure ordinaire.

En pratique, le nombre des décisions sans implication financière étant limité, une interprétation rigoureuse de l'art. 40 restreindrait sévèrement la liberté des parlementaires. Aussi le Gouvernement utilise-t-il avec une certaine souplesse cette « guillotine sèche » qu'est l'irrecevabilité, essentiellement contre les amendements puisque les propositions de loi se heurtent au barrage préalable de l'inscription à l'ordre du jour. Il peut en faire une utilisation politique, laissant aboutir les amendements populaires de ses amis, ou même les reprenant à son compte (couvrant ainsi l'inconstitutionnalité). Les parlementaires, de leur côté, se sont adaptés à cette limitation. L'irrecevabilité de l'article 40 a retrouvé cependant un regain d'actualité depuis 1981. C'est ainsi qu'en 1994 922 amendements ont été déclarés irrecevables à l'Assemblée.

B La discussion de la loi

493. Projets ou propositions peuvent être déposés indifféremment en premier devant l'une ou l'autre Chambre, à l'exception cependant des lois de finances — ou budgétaires — pour lesquelles existe une priorité de la Chambre basse. Sans qu'il y ait d'obligation, les textes concernant les collectivités locales sont à peu près toujours déposés devant le Sénat. De toute façon il est très fréquent (4 fois sur 10 environ) que le Sénat soit saisi en premier car l'Assemblée est très encombrée.

Le texte est ensuite examiné selon une procédure où peuvent se produire certains incidents.

I. La procédure normale

1. L'examen en commission

494. C'est ici que se déroule l'essentiel du travail législatif, les jeux sont largement faits lorsque la loi vient en séance publique.

— Les commissions

L'habitude s'est prise, bien avant la Ve République, de créer des formations restreintes destinées à préparer le travail des Chambres, à examiner les texte avant leur discussion, à éclairer les parlementaires à l'ouverture du débat sur leur signification et leur contenu. Les commissions sont de véritables « laboratoires législatifs » (Joseph-Barthélémy). Mais elles n'ont pas obtenu, comme en Italie par exemple, le droit d'approuver elles-mêmes certaines catégories de lois ce qui améliorerait pourtant la rapidité et l'efficacité du travail du Parlement.

En même temps *le système n'est pas sans danger.* Quel va être le rôle des Commissions ? Doivent-elles se contenter d'un examen objectif du texte législatif et ensuite d'une présentation neutre aux parlementaires de ses buts et dispositions ? Peuvent-elles, au contraire, pousser plus loin, débattre du texte, de son opportunité, le remanier par des amendements ? Lors de la discussion du projet ou de la proposition devant l'Assemblée tout entière réunie, peuvent-elles défendre un texte dont elles ont emprunté le principe mais bouleversé les dispositions au point que son auteur ne reconnaît pas cette version défigurée de son œuvre ? Les craintes peuvent être d'une autre nature. Une commission dont le domaine correspond à celui d'un département ministériel ne va-t-elle pas acquérir par sa spécialisation une autorité portée à contrebalancer celle du Ministre, son président prendre figure de contre-ministre ? Ces risques ne sont pas imaginaires. A observer l'histoire parlementaire de la IIIe et de la IVe République, on découvre combien fut souvent néfaste le rôle des commissions. Les constituants de 1958 ne l'ignoraient pas, aussi posèrent-ils de nouvelles règles se traduisant ici encore par une diminution des pouvoirs du Parlement.

Projets et propositions sont examinés soit par une Commission permanente, soit par une Commission spéciale.

a) *Les commissions permanentes*

Ces commissions ont une existence constitutionnelle mais les Assemblées se voient privées du droit de les créer à leur guise, elles *doivent,* constituer 6 commissions législatives permanentes. Les Chambres sont libres de définir leur domaine. L'Assemblée nationale a organisé une Commission des Affaires culturelles, familiales et sociales, une Commission des Affaires étrangères, une Commission de la Défense nationale et des forces armées, une Commission des Finances, de l'Économie générale et du Plan, une Commission des lois, une Commission de la production et des échanges. Le Sénat a regroupé les matières d'une façon un peu différente. Leur caractère essentiel aujourd'hui est que chacune dispose d'un domaine très large.

Les commissions sont constituées chaque année à l'Assemblée nationale et tous les 3 ans au Sénat, par accord entre les groupes. Les places restantes sont réparties entre les non-inscrits à un groupe. Chaque parlementaire fait partie d'une commission et d'une seule. Chaque commission est dirigée par un bureau composé d'un président, de vice-présidents et de secrétaires. La Commission des Finances dispose en outre d'un rapporteur général. A l'Assemblée tous les postes de président sont actuellement entre les mains de parlementaires de la majorité, ce qui est dans la logique du système.

b) *Les commissions spéciales*

D'après l'article 43 de la Constitution, tout projet ou proposition de loi est *normalement* soumis à l'examen d'une commission spéciale, sur la demande du Gouvernement ou de l'Assemblée qui en est saisie. Ce type de commission comporte 57 membres à l'Assemblée nationale, pas plus de 37 au Sénat, et elle est constituée cas par cas suivant une procédure minutieuse. *Temporaire,* elle est dissoute après que le texte dont elle avait été saisie ait fait l'objet d'une décision définitive (adoption ou rejet).

La pratique n'a pas respecté l'intention du législateur et il est assez rare qu'une commission spéciale soit formée (pas une loi sur cent ; une seule en 1998 à l'Assemblée), la voie normale est celle de l'examen par l'une des commissions permanentes. D'ailleurs, le recours à la commission spéciale n'est pas sans risque pour le Gouvernement : elle est composée de spécialistes, très intéressés par le texte présenté, qui peuvent faire des propositions contrariant les vœux de l'exécutif.

— *Fonctionnement des commissions*

Les Commissions, permanentes ou spéciales, sont saisies des projets et propositions par le Président de leur assemblée. Un rapporteur est désigné — en général au sein de la majorité — qui présente le texte à ses collègues et exposera ensuite les conclusions de la commission devant la chambre. *La Commission pourra suggérer des amendements au texte examiné mais, s'il s'agit d'un* ***projet*** *de loi, elle n'a pas la possibilité de remanier le texte du Gouvernement, la discussion à la Chambre s'ouvrira sur le texte initial et les amendements de la Commission seront présentés en cours de discussions. Au contraire, la Commission peut modifier d'elle-même, avant le débat, le texte d'une* ***proposition,*** *la discussion s'ouvrira sur le texte modifié par la Commission.*

Si, par son objet, le texte intéresse d'autres commissions permanentes, il leur sera communiqué *pour avis.*

Les Commissions *délibèrent* en dehors de la présence de membre du Gouvernement, *mais les ministre peuvent y prendre la parole à leur demande, ou y être invités* sans être obligés de déférer à cette requête. En principe les débats ne sont pas publics mais ils s'ouvrent peu à peu à la presse.

2. L'inscription à l'ordre du jour

495. Le débat en commission terminé, le texte et le, ou les, rapports sont imprimés et distribués. Pour qu'il vienne en discussion devant la

Chambre, il faut obtenir son inscription à l'ordre du jour d'une séance. Il y a là un barrage difficile, le Gouvernement peut s'opposer à la venue en discussion des propositions qui ne lui plaisent pas (v. 483).

3. La discussion devant la Chambre

496. Le débat s'ouvre alors sur le texte soumis aux parlementaires, après la discussion générale on débat article par article et le dialogue principal s'établit entre le Ministre concerné et le rapporteur de la Commission. Le temps de parole peut être limité (v. 484).

4. La transmission à l'autre Assemblée

497. Après adoption par l'Assemblée saisie en premier, le texte est transmis à l'autre Chambre pour qu'elle l'adopte selon la même procédure (commission + ordre du jour + débats). Pour que la loi soit adoptée, le même texte doit avoir été approuvé dans des termes identiques par les deux Chambres (sauf exception. v. 500).

II. Les incidents

1. Les motions de procédure : irrecevabilité, question préalable et renvoi en commission

498. Les deux premiers ont pour effet d'entraîner le rejet du texte, ou d'un amendement, soumis à la Chambre.

• *L'irrecevabilité.* Elle permet de soulever un *problème juridique.* Il existe plusieurs types d'exception d'irrecevabilité.

— *Le Gouvernement* peut l'invoquer sur la base de l'article 41 de la Constitution, ce qui pourra provoquer l'intervention du Conseil constitutionnel. La procédure est destinée à protéger l'article 37 et les délégations législatives de l'article 38, elle est à peu près tombée en désuétude aujourd'hui, sauf devant le Sénat.

Comme on le sait, le Gouvernement peut aussi soulever l'irrecevabilité de l'article 40 (en matière financière) (v. 492).

— Les *parlementaires* eux-mêmes peuvent soulever une exception d'irrecevabilité, prévue par le règlement de leur assemblée, avant même l'ouverture du débat, pour attirer l'attention de leurs collègues sur un, ou plusieurs, aspects du texte qu'ils estiment contraire à la Constitution. Cet incident de la procédure donne lieu à un vote de l'assemblée et si celle-ci décide d'ouvrir quand même le débat, il laisse souvent prévoir que ses auteurs saisiront le Conseil constitutionnel sur la base de l'article 61 après le vote de la loi. L'exception est rarement adoptée : 2 fois à l'Assemblée Nationale, en 1978 et en 1998 (à propos du P.A.C.S.) !

• *La question préalable* (22 à l'Assemblée en 1996-1997, zéro adoptée) : à l'initiative d'un *parlementaire,* la chambre est invitée à décider qu'« il n'y a pas lieu à délibérer », si la question obtient la majorité, le texte proposé est repoussé. Il peut s'agir de l'expression de la mauvaise humeur des représentants devant l'ordre du jour défini par le Gouvernement ou de leur refus de débattre d'un texte violant la Constitution ou plus simplement apparaissant comme inopportun. La question préalable manifeste un désaccord *politique,* et non juridique comme l'irrecevabilité. Mais il arrive que le Sénat approuve une question préalable sur un texte qui a son accord, pour éviter un débat et gagner du temps, il renonce à son rôle d'amélioration de la loi (question préalable *positive*) ; c'est un véritable détournement de procédure qui souligne le caractère instrumental du droit constitutionnel (ainsi en Décembre 1995 sur la loi d'habilitation concernant la réforme de la Sécurité Sociale).

• Quant au *renvoi en commission* il est provoqué, après la discussion générale, par une motion qui oblige la commission compétente à présenter un nouveau rapport. La chambre manifeste ainsi son mécontentement, la discussion est suspendue, mais, pour éviter une obstruction parlementaire, le Gouvernement fixe la date à laquelle le nouveau rapport devra être présenté.

En définitive ces procédés sont en général utilisés par l'opposition pour gagner du temps, pour faire de l'obstruction aux projets gouvernementaux.

2. Les amendements

Le principe

499. Il est prévisible qu'au cours de la procédure des modifications au texte seront proposées par la Commission compétente, par des parlementaires ou par le Gouvernement lui-même. Normalement, on ne pratique pas le « tout ou rien ».

• *Procédure.* Le droit d'amendement est réglementé pour éviter que le débat ne soit freiné et aussi pour s'opposer à des retouches apportées en séance, dans le tumulte et la précipitation, dont la qualité technique et même l'opportunité pourront apparaître ensuite contestables. C'est pourquoi, en particulier, les parlementaires doivent déposer leurs amendements à l'avance. Le Gouvernement *peut* donc s'opposer à tout amendement qui n'a pas été préalablement soumis à la commission compétente (art. 44, al. 2). Là encore, il s'agit d'une prérogative considérable qui est très rarement utilisée : le Gouvernement préfère faire rejeter l'amendement.

• *Contenu.* En revanche il arrive que ce soit le Gouvernement, ou un de ses amis, qui veuille introduire dans la loi un amendement qui, à l'analyse, se révèle comme un projet de loi déguisé ayant peu de rapport avec le texte discuté. On évite ainsi les contraintes de la procédure normale, sa lenteur (Conseil d'Etat + Conseil des Ministres + Commission + inscription à l'ordre du jour), et on profite du débat pour faire approuver des dispositions qui n'ont rien à voir avec son objet.

Le Conseil Constitutionnel condamne cette pratique en exigeant que ne soit pas dépassées *« les limites inhérentes au droit d'amendement » :* pour être recevable, un amendement ne doit pas être dépourvu de tout lien avec le texte en discussion et n'avoir pas une portée trop étendue, il ne doit pas être fait du droit d'amendement *un usage manifestement excessif.* En déclarant non conformes à la Constitution des amendements ne respectant par ces limites, le Conseil s'est exposé à une protestation des Présidents des Assemblées, l'accusant d'empiéter sur les prérogatives des parlementaires ; rien dans la Constitution en effet ne l'autorise à contrôler l'exercice du droit d'amendement. Et il faut bien reconnaître que l'appréciation de ce qui relève du projet de loi et non de l'amendement sera souvent fort subjective.

La pratique

Le droit d'amendement assure dans la pratique la participation des parlementaires à l'œuvre législative. S'ils n'ont plus guère l'initiative de la loi, ils peuvent agir sur le contenu de celle-ci. Plusieurs milliers d'amendements sont déposés chaque année. Le record a été atteint en 1994 avec 12.499 amendements à l'Assemblée nationale (contre moins de 1.000 en 1969). Une proportion importante — venant en priorité des commissions et de la majorité — d'entre eux a été adoptée : 2364 a l'Assemblée Nationale en 1994, soit 18 %. On a calculé que chaque article de loi faisait en moyenne l'objet d'une modification et demie et que chaque loi était, en moyenne toujours, retouchée 23 fois (8 textes ont été adoptés depuis 1981 avec plus de 300 amendements). Il ne faut donc pas sous-estimer la participation parlementaire à l'élaboration de la loi. Mais une très faible proportion des amendements adoptés vient de l'opposition (souvent moins de 1 %).

L'expérience prouve aussi que le droit d'amendement constitue un *moyen d'obstruction* extrêmement efficace. Largement utilisé par la gauche en 1980, lors des débats sur la loi « sécurité et liberté », il a permis, entre 1981 et 1986, à l'opposition de retarder l'adoption des grandes réformes législatives voulues par la majorité de gauche (nationalisations, réforme de l'Université, presse, etc.) et entre 1993 et 1995 par la majorité de droite (privatisations, abrogation de la loi Falloux).

Comme on l'a déjà souligné, l'opposition a, dans une certaine mesure, la maîtrise du temps, avec efficacité surtout en fin de session.

3. La navette et la commission mixte paritaire

500. Il n'est pas certain que la Chambre saisie en second lieu acceptera d'emblée sans modification le texte transmis par l'autre Assemblée. Comment faire cesser le conflit entre les deux Chambres ?

Le principe

En principe, les deux Chambres sont sur un pied d'égalité et une navette sans fin peut s'établir entre elles, le texte retouché par l'une n'étant accepté par l'autre que sous réserve de nouvelles modifications, ou sans ces retouches. *Une Chambre ne peut faire prévaloir son point de vue.*

Cette situation risquant d'être insupportable et de condamner le Parlement à l'impuissance, la Constitution a prévu des procédures permettant au **Gouvernement** de sortir de l'impasse. C'est un des aspects de *la rationalisation du parlementarisme.*

Le Gouvernement peut en effet, après deux lectures par chaque Assemblée, ou même une seule s'il estime qu'il y a urgence, recourir à la *Commission mixte paritaire* (C.M.P.). C'est une *faculté* et non une obligation, c'est-à-dire que le Gouvernement est libre de laisser se poursuivre la navette s'il le désire, reculant ainsi indéfiniment peut-être l'adoption d'un texte pour lequel il manifeste peu d'enthousiasme. La commission sera donc créée à son initiative, il est maître du déroulement de la procédure.

La commission est composée de 7 députés et de 7 sénateurs. Son rôle est de rechercher un compromis sur les dispositions restant en suspens. Le Gouvernement n'est pas présent à ses délibérations, c'est le seul stade de la procédure dont il soit exclu. Son absence est d'ailleurs de nature à favoriser un accord entre les parlementaires.

Que peut-il se passer après la réunion de la C.M.P. ?

A l'issue de la discussion en Commission mixte, plusieurs cas de figures sont concevables :

— Aucun accord n'est intervenu au sein de la Commission : le Gouvernement **peut** soit laisser la navette se poursuivre, soit demander à l'Assemblée de trancher définitivement, se passant ainsi de l'accord du Sénat. Mais alors, auparavant, une ultime tentative doit être faite pour parvenir à un texte commun : une nouvelle lecture est demandée à chaque chambre, en cas de persistance du désaccord le Gouvernement se tournera vers l'Assemblée, en utilisant au besoin le vote bloqué. (V. ci-dessous).

— Un accord est intervenu il ne convient pas au Gouvernement, celui-ci n'a **pas l'obligation** de le soumettre aux assemblées, la navette se poursuit. Le cas est assez rare.

— L'accord obtenu au sein de la C.M.P. convient au Gouvernement, **il peut** alors soumettre le texte ainsi élaboré aux assemblées et celles-ci, ou l'une d'entre elles, peut ne pas approuver ce texte. Le Gouvernement **peut** alors donner le dernier mot à l'Assemblée nationale dans les mêmes conditions que ci-dessus (nouvelle lecture), la chambre basse voit dans ce cas sa liberté limitée, elle ne peut que : reprendre le texte de la C.M.P. ou revenir au dernier texte voté par elle, ou enfin y insérer certains amendements adoptés par le Sénat.

— Enfin les chambres peuvent accepter le texte de la C.M.P. mais *elles n'ont alors pas le droit de le modifier,* sauf en y incluant des amendements acceptés par le Gouvernement et ceux-ci doivent être « en relation directe » avec le texte en discussion. C'est logique il ne faut pas revenir sur l'accord réalisé, sauf si le Gouvernement souhaite reprendre son texte initial ou le modifier et celui-ci ne doit pas profiter de la situation pour faire adopter à la va-vite des dispositions nouvelles.

On soulignera que le Premier ministre contrôle la procédure. A chacun de ces stades, il dispose de prérogatives redoutables. Il peut inciter, selon son gré, les assemblées à s'entendre, ou laisser se prolonger leur désaccord, ou en finir en demandant à la chambre basse de décider seule.

Mais le Gouvernement ne peut donner le dernier mot à l'Assemblée sans être passé au préalable par la procédure de la C.M.P. Il faut laisser à la représentation nationale la possibilité de parvenir à un accord.

En principe le nombre des Commissions mixtes paritaires et des « derniers mots » donnés à l'Assemblée s'élèvent lorsque le Sénat a une majorité différente de celle de l'Assemblée. La collaboration entre les chambres est alors difficile et les règles de rationalisation du parlementarisme deviennent bien utiles. Tel fut le cas entre 1981 et 1986. Au contraire pendant « la première cohabitation » 70 % des lois furent votées sans « dernier mot ». Pourtant, durant la IXe législature (1988-1993), ce fut encore le cas des 2/3 des lois, ce qui prouve que même avec des majorités opposées les deux chambres peuvent travailler ensemble. Ce qui est de bon augure pour la nouvelle cohabitation.

4. Le vote bloqué (article 44-3)

501. Le vote bloqué constitue lui aussi une arme entre les mains du Gouvernement. Celui-ci peut demander à l'Assemblée, comme au Sénat, de se prononcer non article par article — procédure normale — mais par un vote unique sur l'ensemble du texte, *ou sur une partie du texte,* « en ne retenant que les amendements proposés ou acceptés par lui » (*article 44-3*).

Il est destiné à éviter que le texte initial ne soit défiguré ou dénaturé au cours de la discussion ; chaque disposition sera débattue mais il n'y aura qu'un vote d'ensemble. Le vote bloqué met fin au débat. Il constitue une arme d'une grande souplesse et efficacité puisque le Gouvernement peut l'imposer avant tout débat ou en cours de discussion, il peut aussi être demandé sur le texte élaboré par la commission mixte paritaire (v. 500). En outre, sa portée peut être limitée à certaines dispositions du texte auxquelles l'exécutif tient plus particulièrement.

Le vote bloqué a été largement utilisé pour faire aboutir des discussions qui s'enlisaient, pour raffermir la cohésion de la majorité parlementaire, pour faire taire l'expression par les parlementaires de leurs états d'âme. En fait, il est plus dirigé contre la majorité que contre l'opposition, il est d'autant plus utile que la majorité est étroite et fragile (3 fois entre 1981 et 1986 ; 37 fois de 1986 à 1988 ; 2 fois à l'Assemblée en 1996-1997).

Cette procédure soulève à chaque fois des critiques véhémentes des parlementaires car elle limite leur liberté et supprime leur initiative législative en leur imposant le choix entre le « tout ou rien ». En même temps, il faut reconnaître qu'elle est dans la logique d'un régime recherchant le renforcement de l'exécutif, elle lui permet de sauvegarder la cohérence de ses décisions. Aussi bien la gauche au pouvoir a telle eu recours à son tour à une procédure contre laquelle elle protestait lorsqu'elle était l'opposition.

Les étapes procédurales décrites ci-dessus rendent compte de façon imparfaite du processus d'élaboration de la loi. Une part importante — la plus importante ? — de la discussion se passe dans les couloirs des assemblées, de façon informelle, et dans les réunions des groupes.

III. Les procédures exceptionnelles

1. La procédure d'urgence

502. Dans certains cas, la nécessité d'agir vite est inconciliable avec les délais entraînés par le respect de la procédure normale. Ce ne seront pas toujours les circonstances qui imposeront une action rapide mais plus prosaïquement l'approche du terme de la session parlementaire incitant le Gouvernement à intervenir pour faire voter un texte qu'il ne souhaite pas voir reporté à la session suivante. Il est juge de l'urgence et son appréciation n'est soumise à aucun contrôle. Avec la session unique le recours à cette procédure devrait diminuer.

Le Gouvernement peut donc, s'il le désire, déclencher la création d'une commission mixte paritaire après une seule lecture dans chaque Chambre. Cette prérogative, ainsi que les pouvoirs d'inscription à l'ordre du jour à la date qu'il souhaite et de vote bloqué, lui permettront d'abréger les délais habituels. Le Sénat n'apprécie pas beaucoup cette pratique qui limite sa possibilité d'agir sur le contenu de la loi. Dans la pratique, les gouvernements ont eu tendance depuis 1981 a beaucoup utiliser cette procédure (28 fois à l'Assemblée en 1994, mais leur nombre a baissé en 1995-96 : 15).

Curieusement, on constate que les textes ainsi adoptés ne reçoivent pas plus rapidement pour cela les textes d'application nécessaires à leur mise en œuvre ! On ne peut qu'être sceptique sur la réalité de la prétendue « urgence ».

2. La procédure budgétaire

503. Le vote du budget est un des temps forts de l'année parlementaire. Il est l'occasion pour les représentants de la nation d'examiner les projets du Gouvernement, d'approuver ou de désapprouver sa politique.

Le Constituant de 1958 a entendu organiser de façon rigoureuse le débat budgétaire, pour que le Gouvernement connaisse les moyens financiers de sa politique avant le début de l'exercice budgétaire, qui coïncide avec l'année civile.

Le projet de budget doit être déposé sur le bureau de *l'Assemblée nationale* le premier mardi d'octobre, les délais d'examen par les deux Chambres sont limités et *le budget doit être voté au bout de 70 jours.* L'Assemblée nationale dispose d'un délai de 40 jours pour procéder à une première lecture du projet. Si, avant le terme de ce délai, le projet est adopté, il est transmis au Sénat qui dispose, à son tour, de 20 jours pour une première lecture. Si, au contraire, l'Assemblée n'a pas voté le projet après 40 jours, il est transmis par le Gouvernement au Sénat « en l'état » — c'est-à-dire en tenant compte des amendements approuvés par les députés —, le délai de première lecture du Sénat étant ramené à 15 jours. A la fin du délai accordé au Sénat, le texte, adopté ou non par lui, est transmis à l'Assemblée et examiné selon la procédure d'urgence pour que le budget soit approuvé dans les 70 jours. Ce laps de temps écoulé, si le budget n'est pas approuvé, le Gouvernement peut le mettre en vigueur par *ordonnance.* Le Parlement peut cependant empêcher que le budget ne lui soit imposé en le rejetant.

Tout est donc prévu pour que le budget soit voté avant la fin de l'année. Cette procédure a atteint ses objectifs puisque, depuis 1959 (sauf en 1979 pour le budget de 1980, à cause d'une décision du Conseil constitutionnel déclarant le budget non conforme à la Constitution), les dépenses et les recettes ont toujours été votées à temps.

L'affaiblissement du rôle budgétaire du Parlement doit être souligné car il rompt avec une tradition bien établie du régime parlementaire. On a résumé cette procédure dans la formule : « litanie, liturgie, léthargie ». Pour réagir et mieux informer le Parlement, depuis 1996 un débat d'orientation budgétaire est organisé *au Printemps* à l'Assemblée.

3. Les lois de financement de la Sécurité sociale

504. La révision constitutionnelle du 22 février 1996 a créé une nouvelle catégorie de lois élaborées en suivant une procédure spéciale : les lois de financement de la Sécurité sociale.

Comme pour les lois de finances, l'initiative en appartient au seul gouvernement et elles sont soumises en premier lieu à l'Assemblée nationale au plus tard le 15 octobre. Le Parlement dispose de 50 jours pour les adopter : 20 jours pour l'Assemblée, 15 pour le Sénat, 15 pour la navette. Ici aussi si la procédure n'a pas abouti au terme du délai, le Gouvernement peut les mettre en œuvre par *ordonnance*.

Destinée à rechercher l'équilibre financier de la Sécurité sociale, en présentant les prévisions de recettes et les objectifs de dépenses, ces lois n'ont guère de caractère normatif, elles décrivent plus qu'elles n'engagent. Il s'agit d'esquisser un contrôle du Parlement sur les dépenses sociales de la nation, qui dépassent en volume le budget de l'Etat (en 1999 : dépenses des régimes obligatoires de la S.S. : 1 912 milliards, budget de l'Etat 1 623 milliards). Les débats autour de ces lois permettent cependant au Parlement d'être associé à la définition de la politique sociale et de la politique de santé. Ces informations sont précieuses pour les parlementaires lors de la discussion du budget général de l'Etat.

4. Les lois de ratification des traités internationaux

504 *bis.* Le Président doit être autorisé par le Parlement à ratifier les traités internationaux. L'autorisation est donnée par une loi, adoptée sans procédure spéciale et dont le vote, en général, constitue une simple formalité. Près de la moitié des lois sont des lois de ratification : 23 sur 57 en 1996-97.

IV. La promulgation de la loi

505. Une fois adopté par le Parlement, le texte est transmis pour promulgation au Président de la République (v. 429). La loi est ensuite publiée au Journal officiel, elle devient obligatoire le lendemain de sa publication.

Si certaines lois sont d'application directe, la promulgation n'est pas, en général, suffisante pour rendre la loi applicable. La loi reste trop abstraite, trop générale. Le Gouvernement devra prendre une série de mesures pour lui donner effet, on est alors au cœur de son rôle d'exécution des lois (V. 454). Ce pouvoir du Gouvernement ne doit pas être sous-estimé. Par mauvaise volonté ou passivité, du fait aussi de la complexité des règles d'application à élaborer, des détails a aménager, l'application d'une loi peut-être retardée parfois de plusieurs années et même indéfiniment bloquée. Pour réagir contre cette situation le Gouvernement et les Chambres procédent à un examen régulier de l'état d'avancement des textes d'application des lois.

Sous-section 2
Le contrôle du Gouvernement

506. Le contrôle du Parlement sur le Gouvernement constitue l'un des traits parlementaires du régime. Le rôle des Parlements ne s'est-il pas d'ailleurs déplacé vers le contrôle ? Celui-ci ne peut s'exercer que si les parlementaires sont informés, tenus au courant des intentions et des actes du Gouvernement. *L'information est la condition du contrôle.*

Les procédés d'information des parlementaires sont variés :

— *Les déclarations de politique générale*, ou sur *une question d'actualité :* faites par le Gouvernement, elles sont suivies ou non d'un débat. Devant l'Assemblée Nationale, elles peuvent être à l'origine de la mise en cause de la responsabilité du Gouvernement.

— *la participation des membres du Gouvernement aux débats* ; celle-ci a tendance à se raréfier depuis le début de la Ve République, le ministre chargé des relations avec le Parlement représente souvent seul le Gouvernement.

Mais le contrôle s'exerce surtout par les questions des parlementaires, par les commissions d'enquête et de contrôle, et par le recours aux procédures de mise en cause de la responsabilité du Gouvernement.

Il ne faudrait cependant pas surestimer la part du contrôle dans l'activité du Parlement français : 15 % du temps pour l'Assemblée Nationale contre 60 % pour les Communes en Grande-Bretagne.

§ 1. Les questions des parlementaires

Le procédé des questions permet aux parlementaires de ne pas être tributaires, en matière d'information, de la bonne volonté du Gouvernement. Les représentants prennent l'initiative de demander des explications.

Une question est, en principe, une demande d'information adressée à un ministre sur un sujet précis. La réponse ne peut donner lieu à un vote mettant en cause la responsabilité du Gouvernement.

A Les questions écrites

507. En principe, la procédure parlementaire n'est pas écrite. Si on y recourt ici, c'est pour faire gagner du temps au Parlement et laisser au Gouvernement le loisir de préparer une réponse.

Un parlementaire sollicite par écrit un renseignement d'un ministre déterminé. Celui-ci dispose d'un délai d'un mois pour répondre. Si, pour des raisons d'intérêt public, ou du fait de difficultés matérielles pour réunir la documentation technique nécessaire à la réponse, le délai est insuffisant, le ministre peut obtenir un nouveau délai d'un mois au maximum.

Les questions écrites sont largement utilisées non seulement pour contrôler la politique du Gouvernement et la bonne marche de l'Administration (les 2/3 émanent des membres de l'opposition) mais surtout pour obtenir des renseignements juridiques et administratifs au profit des électeurs des parlementaires. Leur abondance et leur technicité font que généralement il n'y est pas répondu *dans les délais*. Pendant la Xe législature (1993-1997), l'Assemblée nationale a connu 51.165 questions écrites, et obtenu 46.263 réponses. En même temps, cette procédure est prise très au sérieux par les ministères, un membre du cabinet de chaque ministre est chargé de recueillir les éléments du dossier et de préparer la réponse.

Les réponses aux questions écrites sont publiées au Journal Officiel.

B Les questions orales

508. Elles sont liées au fait que les ministres sont présents aux débats des Assemblées, un dialogue s'établit. Depuis 1958 on a eu du mal à trouver un système qui combine de façon satisfaisante le contrôle du gouvernement et l'information des parlementaires. A l'origine, pour protéger l'exécutif contre un éventuel harcèlement par ces derniers, les questions ont été enfermées dans des règles très strictes (art. 48 : une séance par semaine est réservée aux questions) et il a fallu recourir à des subterfuges pour les aménager. La révision du 4 août 1995, en précisant « une séance par semaine au moins » a introduit une nouvelle souplesse dans le système.

On distingue :

1. Les questions orales sans débat

C'est un *dialogue*. L'auteur de la question dispose d'un temps très court (2 minutes) pour poser sa question et il peut répliquer très brièvement encore après la réponse (5 minutes). Le ministre peut reprendre la parole. Le temps total de parole est réparti entre les groupes.

Ces questions sont examinées par l'Assemblée le mardi matin. Elles rencontrent un médiocre succès. Alors que les députés peuvent, pour une fois, intervenir à peu près librement, ils n'en profitent pas et n'utilisent pas tout le temps dont ils disposent. 1.491 questions ont été posées entre 1993 et 1997 à l'Assemblée Nationale, devant des bancs vides, en présence d'un ou deux secrétaires d'Etat supposés omniscients.

L'idée de faire de ces questions un moyen de contrôle politique du Gouvernement se révèle être un échec. Elles portent le plus souvent sur des problèmes d'intérêt local.

2. Les questions orales avec débat

L'exposé de la question se fait plus longuement (10 minutes) et des orateurs autres que l'auteur de la question peuvent intervenir après la réponse du ministre. Un véritable débat s'organise alors *sans pouvoir cependant se terminer par un vote de confiance au Gouvernement,* comme c'était le cas sous la IIIe et la IVe République. Ces questions sont à peu près tombées en désuétude depuis 1978, devant l'Assemblée nationale. Le Sénat, qui ne peut mettre en cause la responsabilité politique du Gouvernement, y recourt de temps en temps.

3. Les questions au Gouvernement

509. Conventionnelles à l'origine (c'est-à-dire nées d'un accord tacite entre le Parlement et le Gouvernement), elles ont été constitutionnalisées par la révision de 1995.

A l'initiative de M. Giscard d'Estaing a été reprise, en 1974, une formule expérimentée depuis 1970 sous le nom de « *questions d'actualité* ». A l'Assemblée le début des séances du mardi et du mercredi après-midi est consacré pendant une heure à des questions posées par les députés. Le temps d'intervention est réparti entre les groupes proportionnellement à leur effectifs. L'ordre de passage des questions est tiré au sort et l'auteur de la question dispose de deux minutes trente secondes pour l'exposer depuis son banc, en principe sans lire un texte. La séance est retransmise par FR. 3. Au Sénat, la séance choisie est celle du jeudi après-midi, deux fois par mois.

En principe, aussi tous les ministres doivent être présents. Mais la pratique montre que les absences sont nombreuses et surtout que peu de ministres assistent à toute la séance.

A l'initiative de M. Philippe Séguin, à l'Assemblée, les règles de ces questions ont été durcies en 1993 : les Ministres ne les connaissent pas à l'avance, elles sont « spontanées », et le temps des interventions est strictement limité. C'est une erreur. Pour être utiles des réponses doivent pouvoir être préparées — les Ministres ne sont pas omniscients —, et il faut un temps suffisant pour les développer.

La formule est cependant intéressante : l'opposition peut évoquer les problèmes qu'elle veut et le moment choisi — de 15 à 16 heures le mardi, le mercredi après-midi ou le jeudi après-midi — garantit la présence dc nombreux parlementaires moins pressés que le vendredi de regagner leur circonscription et heureux d'apparaître à la télévision. La séance, faisant suite au Conseil des ministres du mercredi matin, permet aussi d'expliciter certaines décisions qui viennent d'être prises, d'annoncer un « scoop », ou de servir de faire-valoir au Gouvernement. En 1996-1997, 619 questions ont été posées à l'Assemblée.

§ 2. Les commissions d'enquête

510. Ces commissions existent dans nos Assemblées depuis la Monarchie de juillet et elles sont parfois sorties de leur rôle sous la IIIe et la IVe République — empiétant sur l'exécutif et sur le judiciaire —, leur statut actuel a été élaboré en réaction contre ces abus. Il a été modifié par la loi du 20 juillet 1991 qui a supprimé la distinction précédente des Commissions d'enquête et des Commissions de contrôle : il n'y a plus que des Commissions d'enquête.

Création

Ces commissions sont créées dans une chambre par une *résolution* adoptée à la majorité. Si le Gouvernement ne souhaite pas la constitution d'une commission d'enquête, il s'efforcera d'empêcher l'inscription de la résolution à l'ordre du jour — ce qui lui est facile puisqu'il contrôle la Conférence des Présidents.

Pour éviter que l'opposition ne voit ses propositions de création de Commissions d'enquête systématiquement non débattues, il a été prévu depuis 1988 à l'Assemblée (par voie conventionnelle c'est-à-dire sans modification du règlement) que chaque groupe pourrait obtenir chaque année l'inscription à l'ordre du jour d'une proposition de résolution tendant à la création d'une telle Commission, ce qui ne veut pas dire qu'elle sera créée, mais que l'opportunité de sa création sera débattue. On a pu dire qu'une sorte de « droit de tirage » était ainsi offert à chaque groupe. Cette possibilité a été assez peu utilisée.

Composition

La Commission est composée de 30 députés ou de 21 sénateurs au maximum. Ses membres sont désignés à la représentation proportionnelle des groupes ; si l'opposition est donc représentée elle n'est pas majoritaire.

Objet

La Commission est formée pour recueillir des informations soit sur des faits déterminés (« affaire », « scandale »...) soit sur la gestion d'un service public ou d'une entreprise nationale. Son examen ne peut concerner des faits donnant lieu à des poursuites judiciaires, l'indépendance de la justice risquerait d'être compromise par l'ingérence des parlementaires, ou simplement par l'instruction parallèle menée par eux, et par la publication de ses résultats. Si une information judiciaire est ouverte après la création de la commission, celle-ci doit mettre fin immédiatement à ses travaux (encore faut-il que l'Assemblée estime que l'objet de l'information est identique à celui de l'enquête de la Commission). Le Gouvernement ayant l'initiative des poursuites judiciaires a par là la possibilité d'interrompre, s'il le souhaite, les investigations d'une commision d'enquête, dans la pratique il ne s'en sert pas.

Fonctionnement

- Elles sont *temporaires,* la durée de leurs pouvoirs est de six mois au maximum.

• Les commissions d'enquête sont autorisées à *citer des témoins,* avec le concours de la force publique si besoin est. Elles ont, en outre, le droit de se faire communiquer par l'Administration tous les documents non couverts par les règles traditionnelles du secret.

• Pendant longtemps, au contraire de bon nombre de systèmes étrangers (E.U., G.B., R.F.A.) leur fonctionnement était placé sous le signe du secret, leurs travaux et les auditions n'étaient pas publics. Cette règle a été supprimée par la loi de Juillet 1991 qui pose le principe de la *publicité.* En revanche, les conclusions de la Commission ont toujours été publiques, sauf si l'assemblée décide le contraire à la majorité.

Malgré ces obstacles, certaines commissions ont eu un grand retentissement : sur les abattoirs de la Villette, les avions-renifleurs, les manifestations de décembre 1986, sur le Crédit Lyonnais (1994) sur les sectes (1994)... Au total les Chambres ont créé une cinquantaine de commissions d'enquête : 8 l'on été par l'Assemblée entre 1993 et 1997.

Même si le Gouvernement a les moyens de peser sur elles et d'entraver leur action, leur efficacité n'est pas négligeable.

En définitive, il faut bien comprendre que la demande de création d'une commission d'enquête ne correspond pas à un souci gratuit de s'informer, de savoir. C'est, en général, un acte politique destiné à gêner l'adversaire en exploitant un fait, une situation, un dossier, auxquels s'intéresse l'opinion publique. Le fait d'obtenir sa création est déjà un succès.

Les Commissions permanentes peuvent aussi créer des *missions d'information,* en principe destinées à suivre l'exécution d'une loi mais qui peuvent aussi jouer un rôle d'enquête, ainsi en 1999 sur la présence du loup en France !

§ 3. Le contrôle de la politique européenne

511. Dans la tradition française la conduite de la politique étrangère est affaire de gouvernement, et sous la Ve République en priorité domaine réservé au Président de la République. Les débats la concernant ne donnent lieu devant le Parlement qu'en de rares occasions à des échanges passionnés.

Les choses évoluent aujourd'hui avec la construction de l'Europe. Des inquiétudes se manifestent régulièrement sur les incidences de la politique définie à Strasbourg ou à Bruxelles sur la souveraineté, l'indépendance et la liberté de la France. Les élus de la nation déplorent d'être mal informés et très souvent tenus à l'écart des décisions envisagées, ou mis en présence de celles déjà prises. On se plaint aussi du « déficit démocratique » des institutions européennes, c'est-à-dire de leur faible représentativité alors que leurs poids s'accroît régulièrement. Plusieurs mesures ont été adoptées pour mieux associer le Parlement à ces décisions et amorcer son contrôle.

• Depuis la révision constitutionnelle de 1992 (art. 88-4) le Gouvernement **« doit »** *soumettre aux Assemblées les propositions d'actes* sur lesquels le Conseil des Communautés est appelé à se prononcer par la Commission des Communautés, lorsque ceux-ci sont susceptibles d'avoir une incidence sur la *législation* française. La révision de 1999 prévoit de son côté que le Gouvernement **« peut »** communiquer au Parlement tout autre projet, acte ou document émanant de l'Union Européenne.

Comme on l'a vu (V. 485) les Délégations pour l'Union européenne instruisent les dossiers qui leur sont communiqués par le Gouvernement. Les Délégations peuvent conclure au dépôt d'une proposition de résolution. Puis les Commissions permanentes sont saisies et se prononcent sur les propositions de résolution, avant une discussion éventuelle en séance publique.

Les chambres votent des *« résolutions »* approuvant, désapprouvant, ou proposant d'amender ces actes.

Cette innovation appelle une série de remarques :

— ce système institue un contrôle *a priori*, en amont, c'est-à-dire avant que la norme communautaire ne soit adoptée ;

— le contrôle est déclenché à l'initiative du Gouvernement, c'est lui qui apprécie, sur avis du Conseil d'Etat (qui demande une dizaine de jours), si le texte est de nature législative ;

— la résolution n'est pas impérative, c'est un simple « vœu », le Parlement joue un rôle consultatif (ce qui est étrange) et il ne sera pas toujours informé de la suite qui lui est donnée ;

— il y a là un progrès dans la voie du contrôle par le Parlement de l'élaboration du droit communautaire mais, le système n'est pas encore totalement satisfaisant. En effet si des centaines d'actes ont déjà été transmis aux parlementaires, les résolutions sont peu nombreuses car les chambres n'estiment pas toujours possible et utile de définir leur position : en 1998 à l'Assemblée, la Délégation à l'U.E. a été saisie de 205 actes, elle a élaboré 18 propositions de résolution, la chambre en adoptant finalement 13. La procédure est longue, le Parlement français n'est pas toujours en session, que faire s'il y a urgence ? Au surplus la procédure ne suspend pas celle engagée à Bruxelles ; pourtant depuis 1994 a été instituée la *réserve d'examen parlementaire* qui permet d'interrompre, à la demande du Gouvernement, le débat communautaire tant que les Assemblées n'ont pas achevé l'examen du texte.

Le système est encore en rodage, nul doute qu'il ne se perfectionne avec le temps.

• D'autre part les parlementaires ont entrepris par le vote d'une loi organique, de renforcer leur *contrôle sur le financement du budget des communautés européennes* (part française : 87 milliards de francs en 1996). Le Gouvernement devra leur fournir des informations détaillées sur le montant de la participation française et sur les projets de textes budgétaires européens. La transparence n'est-elle pas nécessaire lorsque sont en jeu des sommes aussi considérables ?

Ces réformes sont intéressantes car elles témoignent, pour la première fois dans l'histoire de la Ve République, de la volonté des parlementaires de chercher à rééquilibrer en leur faveur leurs rapports avec l'exécutif. Il reste, il est vrai, beaucoup à faire...

§ 4. La mise en cause de la responsabilité du Gouvernement

Les méfaits de l'instabilité gouvernementale ont pesé sur l'élaboration des dispositions de la Constitution concernant la responsabilité du cabinet. Les auteurs du texte ont cherché à rationaliser, ici aussi, le parlementarisme en essayant d'éviter une mise en cause trop facile de la responsabilité du Gouvernement. Ces précautions se sont révélées moins utiles à partir du moment où l'exécutif dispose d'une majorité stable à l'Assemblée nationale.

Trois procédures peuvent être utilisées.

A La question de confiance (art. 49-1)

512. Si l'expression ne figure pas dans la Constitution, la procédure existe.

Le Premier ministre peut, *après délibération du Conseil des ministres,* engager devant l'Assemblée nationale — et non devant le Sénat — la responsabilité du Gouvernement sur son programme ou sur une déclaration de politique générale (qui peut porter sur un aspect particulier de l'action gouvernementale. Ex. : Michel Rocard le 16 janvier 1991 sur la politique de la France au Moyen-Orient).

La décision est acquise, favorable ou défavorable, à la *majorité des suffrages exprimés.* Si la confiance est refusée, le Premier ministre doit remettre au Président de la République la démission du Gouvernement.

Le Premier ministre peut ainsi solliciter la confiance de la Chambre basse soit au moment de la constitution de son Gouvernement, soit ultérieurement, au moment où il le juge nécessaire. Il le fait au nom de l'ensemble de l'équipe gouvernementale.

Le Premier ministre n'est jamais obligé de poser la question de confiance. La Constitution prévoit bien que le Premier ministre « engage » la responsabilité du Gouvernement sur son programme et la majorité de la doctrine a souligné que, dans les textes constitutionnels, l'indicatif équivaut à l'impératif, mais dans la pratique de 1966 à 1973 puis de 1988 à 1993 par exemple les gouvernements successifs ne se sont pas estimés obligés de solliciter l'investiture de l'Assemblée. D'ailleurs, aucun délai n'est fixé par la Constitution (v. 441).

La question de confiance a été relativement peu posée (et toujours accordée) depuis 1958 : moins de trente fois, le plus souvent sur une déclaration de politique générale. Il est vrai que cette procédure est plus périlleuse pour le gouvernement, celui-ci préfère laisser les députés déposer une motion de censure.

B La motion de censure spontanée (art. 49-2)

513. C'est une arme offensive entre les mains des *députés.*

La responsabilité du Gouvernement est mise en cause à leur initiative.

— *La procédure* est la suivante :

• la motion doit être signée par un dixième au moins des membres de l'Assemblée nationale (soit : 58 députés). Exigence destinée à éviter une guérilla menée par quelques parlementaires ;

• le vote ne peut avoir lieu que 48 heures après le dépôt de la motion. Un délai de réflexion est imposé à la Chambre dont les travaux peuvent se poursuivre ;

• surtout la majorité exigée pour que la motion soit adoptée est de la moitié des membres *composant* l'Assemblée nationale, soit 289 voix. Ne sont comptés que les votes favorables à la motion, *les absents et les abstentionnistes sont donc réputés avoir voté pour le Gouvernement.* Ici se manifeste très précisément la volonté de rompre avec la pratique du régime précédent où une majorité relative réussissait à obliger un gouvernement à démissionner.

— Le vote d'une motion de censure comporte deux *conséquences* :

• en cas de succès de la motion le Gouvernement doit démissionner. En principe, il ne peut qu'« expédier les affaires courantes » en attendant la nomination d'un nouveau Gouvernement ;

• un député ne peut pas être signataire de plus de trois motions de censure pendant une même session ordinaire, ou de plus d'une pendant une session extraordinaire. On veut éviter que le Gouvernement ne soit harcelé par un groupe de députés, sans espoir de succès, mais pour lui faire perdre du temps ou le déstabiliser.

Les règles de la motion de censure spontanée sont beaucoup plus favorables au Gouvernement que celles de la question de confiance, en particulier le mode de calcul différent de la majorité. Plutôt que de courir le risque d'être renversé à la majorité relative sur une question de confiance, le Premier ministre préfère attendre que les parlementaires prennent l'initiative de s'interroger sur la confiance faite par l'Assemblée au Gouvernement. Aussi les motions de censure déposées dans ces conditions sont-elles plus fréquentes que les votes sur la confiance. Rappelons qu'une seule a réussi depuis 1958 : le 5 octobre 1962 contre G. Pompidou (v. 59).

En même temps, il faut comprendre que l'existence de cette procédure peut jouer *un rôle dissuasif,* ainsi le Président de la République ne pourrait former un Gouvernement qui n'ait pas la confiance de l'Assemblée, ce Gouvernement serait renversé sans tarder.

C La motion de censure provoquée (art. 49-3)

Le principe

514. La Constitution prévoit enfin, à l'article 49-3, une technique originale de mise en cause de la responsabilité gouvernementale : c'est à la fois la forme la plus raffinée et la plus brutale de la rationalisation du parlementarisme.

Le Premier ministre peut, en effet, *après délibération du Conseil des ministres,* engager la responsabilité du Gouvernement devant l'Assemblée nationale *sur le vote d'un texte.*

A ce premier stade, rien de très original par rapport à la tradition parlementaire. L'innovation réside dans la suite de la procédure.

Le texte est, en effet, considéré comme adopté — sans être voté — si une motion de censure, déposée dans les 24 heures, n'est pas approuvée par l'Assemblée. Les travaux de l'Assemblée sont suspendus pendant ce délai et cette motion n'est pas prise en compte pour le calcul du nombre de motions que peut signer un député au cours d'une session ordinaire ou extraordinaire (V. ci-dessus).

Il y a là une *combinaison de la question de confiance et de la motion de censure.*

Le Gouvernement dispose ainsi d'un moyen de pression, au sein de sa majorité, exceptionnel et redoutablement efficace pour faire cesser une fronde parlementaire, l'obstruction des députés de l'opposition ou plus simplement la passivité des uns et des autres, ou encore, empêcher le démantèlement de son texte par voie d'amendement (comme avec le vote bloqué de l'art. 44-3 mais ici, en outre le Gouvernement engage son existence). Sur un projet tenant à cœur au Gouvernement, les députés devront ou ravaler leur mauvaise humeur et accepter sans broncher la proposition gouvernementale ou prendre la responsabilité d'une crise en le renversant. Le Premier ministre oblige les récalcitrants à s'unir pour exprimer leur désaccord, à se compter, et l'opinion juge de leur impuissance ou de leur prétention à former une majorité capable d'assumer de nouvelles responsabilités. Le Gouvernement n'a pas besoin d'être majoritaire pour gouverner, il lui suffit d'être « non minoritaire ». En outre lorsqu'il y a urgence il peut faire approuver une loi très rapidement.

La conséquence la plus remarquable de cette situation est qu'*une loi peut ainsi être adoptée sans être votée par le Parlement.*

La pratique

515. La procédure de l'article 49-3 a été utilisée de façon épisodique jusqu'en 1981 : 15 fois seulement. Seul Raymond Barre y avait eu recours de façon répétée (six fois en 1979 au cours de la discussion budgétaire).

A son arrivée au pouvoir la gauche y était très hostile. F. Mitterrand, en juillet 1981 encore, la rangeait au nombre des procédés « inutiles et dangereux ». Pourtant par la suite, M. Mauroy, puis M. Fabius et surtout M. Rocard (39 fois sous la IXe législature) durent y faire appel à leur tour.

Quoi qu'il en soit, jamais aucune motion de censure déposée sur la base de l'article 49-3 n'a été adoptée. La crainte de la dissolution y est peut être pour quelque chose.

Les parlementaires, même ceux de la majorité, supportent mal l'art. 49-3. Pourtant c'est une des dispositions les plus judicieuse de la Constitution. Ce "filet de sécurité" (Michel Rocard) permet au Gouvernement de mettre en œuvre sa politique en obligeant les parlementaires à prendre une décision, sans arguties ni volonté d'enlisement. Mais le recours à cette procédure devrait rester exceptionnel.

*
**

516. *Le Sénat*, on le sait ne peut mettre en cause la responsabilité du Gouvernement. Mais l'art. 49-4 permet au Premier ministre de lui demander *d'approuver une déclaration de politique générale.* Ce geste, pratiqué à plusieurs reprises (12 fois, mais à partir de 1975 seulement) est destiné à se concilier les bonnes grâces de la haute assemblée et à se réclamer de son soutien lorsque l'Assemblée est d'humeur frondeuse.

On a vu aussi (V. 395) que la mise en cause de la responsabilité du gouvernement n'est pas possible pendant l'intérim du Président de la République et limitée lorsque l'article 16 est en vigueur (V. 420).

Enfin, il faut souligner qu'il n'existe pas de possibilité pour le Parlement de mettre en cause la responsabilité politique individuelle d'un Ministre, comme cela se rencontre dans des pays étrangers. Introduire cette innovation dans notre droit serait utile et permettrait d'éviter des situations peu satisfaisantes, comme celle révélée par l'affaire du sang contaminé (V. 446).

Chapitre 4
Les autres organes constitutionnels

La Constitution de 1958 crée ou mentionne un certain nombre d'autres organes qui peuvent être évoqués brièvement.

§ 1. Le Conseil Supérieur de la Magistrature

Bibliographie : A. MARTIN, *Le Conseil supérieur de la magistrature et l'indépendance des juges,* R.D.P. 1997, 741.

517. Le Constituant de 1958 n'a pas rehaussé le statut de la justice. S'il fait d'elle « la gardienne de la liberté individuelle » (art. 66), il n'utilise pas à son propos le terme « pouvoir » pour évoquer seulement « l'autorité judiciaire », plaçant celle-ci à un rang subalterne par rapport au Parlement et au Gouvernement.

Il est vrai que ce qui compte, au-delà des formules constitutionnelles, c'est l'indépendance que confère aux juges leur statut, c'est-à-dire leur mode de recrutement, leur carrière, leur discipline. La France ici a beaucoup à apprendre d'autres pays, la Grande-Bretagne par exemple. La justice apparaît chez nous comme une administration un peu particulière, un simple service public. En même temps l'indépendance n'est pas la liberté de juger et de décider selon ses convictions ou ses passions, l'indépendance à l'égard du pouvoir est aussi la soumission au droit.

Trois dispositions du texte de 1958 dotent les magistrats d'un statut constitutionnel minimum :

— l'article 64, al. 3 fait entrer le statut des magistrats dans le domaine de *la loi organique.* Il ne pourra y être touché que par le recours à une procédure plus compliquée que celle de la loi ordinaire, la protection est avant tout symbolique ;

— l'article 64, al. 4 proclame *l'inamovibilité des magistrats du siège* (par opposition au Parquet). En conséquence un juge du siège ne peut être muté, suspendu, mis à la retraite contre sa volonté ou révoqué, en dehors d'un certain nombre de cas prévus par la loi, et sans passer par une procédure particulière. Le juge est ainsi protégé contre des mesures arbitraires sans que soit garanti pour autant un déroulement normal de sa carrière : si ses décisions déplaisent, obtiendra-t-il néanmoins un avancement ou le poste qu'il souhaite ?

— Le Président de la République est *« garant de l'indépendance de l'autorité judiciaire »,* ce sera donc à lui de veiller à ce que les magistrats fassent la carrière qu'ils méritent. Il est assisté pour cela par le Conseil Supérieur de la Magistrature. Le statut de celui-ci a été profondément modifié par la révision constitutionnelle du 27 juillet 1993, et la loi organique du 5 février 1994. Ce statut ne donne pas satisfaction, une nouvelle révision est en cours, elle n'attend plus que le « feu vert » du Président pour être mise en œuvre.

1. Composition du Conseil

Le Conseil comprend deux formations : l'une compétente à l'égard des magistrats du siège, l'autre à l'égard des magistrats du parquet.

• Pour les magistrats du siège la formation est composée du Président de la République et du Garde des Sceaux, Président et Vice-président, ainsi que de :

— cinq magistrats du siège et un du parquet. Ils ne sont plus nommés par le Président de la République comme auparavant, la loi organique précise les modalités de leur élection par leurs pairs et la durée de leur mandat.

— Un conseiller d'État désigné par le Conseil d'Etat.

— Trois personnalités — ni parlementaires, ni magistrats — choisies par le Président de la République, celui de l'Assemblée Nationale et celui du Sénat. On retrouve une formule qui a donné satisfaction pour le Conseil Constitutionnel. La durée des mandats est de quatre ans.

• Pour les magistrats du parquet : La composition est identique à l'exception de la représentation des magistrats qui est inversée par rapport à la formation précédente : cinq membres du Parquet et un magistrat du siège.

La présence du Président de la République et du Garde des Sceaux donne à l'exécutif un poids important, qui a été critiqué. En même temps il faut éviter que le Conseil ne se transforme en organe de caractère corporatiste.

2. Rôle du Conseil

• Pour les magistrats du siège :

— le Conseil fait des propositions au Président de la République pour les nominations à la Cour de Cassation, à la présidence des Cours d'appel et des Tribunaux de grande instance ;

— il doit donner un avis conforme (ce qui signifie qu'ici il n'a pas l'initiative du choix comme ci-dessus) pour les autres magistrats du siège.

— il constitue, sous la présidence du Premier Président de la Cour de Cassation, le conseil de discipline des magistrats du siège.

• Pour les magistrats du parquet : il donne un simple avis sur leurs nominations, sauf pour les emplois pourvus en Conseil des Ministres (comme les procureurs généraux à la Cour de Cassation...), le Président de la République est entièrement libre du choix de ces derniers.

Présidée par le Procureur général à la Cour de Cassation, la formation donne aussi son avis sur les sanctions disciplinaires concernant les magistrats du Parquet. On notera l'absence de l'exécutif lorsque le Conseil siège en matière disciplinaire.

La réforme de 1993 manifeste une volonté de renforcer l'indépendance de la justice. Les membres élus, en particulier, sont plus nombreux que les membres nommés. On ne peut dire cependant qu'elle soit allée très loin dans cette voie, on regrettera en particulier que le Garde des Sceaux, non seulement soit toujours membre du Conseil, mais puisse le présider en l'absence du Président de la République.

D'autre part, on peut s'interroger sur le comportement du Conseil au cours de ces dernières années. C'est ainsi que ses deux formations ont pris l'habitude de se réunir en commun, ce que rien dans les textes ne les autorise à faire. Surtout le Conseil a pris l'initative d'émettre un avis préconisant l'indépendance du Parquet (19 décembre 1995), outrepassant incontestablement sa compétence. Il y a là une dérive inquiétante.

§ 2. La Haute Cour de Justice et la Cour de justice de la République

518. La Haute Cour et la Cour de justice de la République sont chargées de ce qu'il faut bien appeler « la justice politique ». Dans le prolongement d'une tradition qui n'est pas seulement française, la tâche de juger les gouvernants accusés de fautes pénales est confiée à des parlementaires. N'est-ce pas là d'ailleurs, d'une certaine manière, une façon de respecter la séparation des pouvoirs, n'y aurait-il pas en effet quelque chose de choquant à permettre à l'autorité judiciaire de contrôler et condamner les chefs de l'exécutif ? En même temps, un double écueil est à éviter : que le jugement par les parlementaires ne se transforme en privilège affranchissant les personnes poursuivies de toute responsabilité réelle, ou, qu'au contraire, des désaccords politiques soient transformés en faute pénale et, à ce titre, indûment sanctionnés ?

Ne faut-il pas se demander en définitive s'il ne serait pas encore préférable de faire juger le Président et les Ministres par de véritables juges plutôt que par des législateurs ? (Ce qui, somme toute, est aussi une infraction à la séparation).

La révision constitutionnelle de 1993 a distingué le jugement du Président de la République, toujours confiée à la Haute Cour de justice, de celui des ministres, qui appartient maintenant à une nouvelle institution : la Cour de justice de la République.

Ces deux institutions ont été décrites et commentées respectivement aux paragraphes 399 et 446.

§ 3. La Cour des comptes

519. Elle assiste le Parlement et le Gouvernement dans le contrôle de l'exécution des lois de finances. Elle sera étudiée au cours de Finances publiques.

§ 4. Le Conseil économique et social

520. Il repose sur la volonté d'associer à l'élaboration de certaines décisions non plus des représentants de citoyens abstraits mais des hommes engagés dans la vie économique et sociale, apportant leur compétence et avec elle une vision différente des problèmes concrets de la vie nationale. Déjà la Constitution de 1946 avait institué un Conseil économique, l'idée fut reprise en 1958 sous la forme, cette fois, d'un Conseil économique et social.

1. Composition

Ses membres représentent les différents milieux professionnels, à tous les niveaux de responsabilité : agriculteurs, chefs d'entreprise, employés, ouvriers, fonctionnaires, coopérateurs, spécialistes des relations avec l'Outre-Mer, artisans, cadres, commerçants... Certains sont nommés par les organisations professionnelles les plus représentatives (C.G.T., C.F.D.T., F.O., F.N.S.E.A.), les autres par le Gouvernement. En tout, il comprend 230 membres, ils sont désignés pour 5 ans.

A côté d'eux prennent place, dans les sections créées par le Conseil, des personnalités choisies par le Gouvernement en raison de leurs compétences et nommées pour deux ans.

2. Attributions

Les attributions du Conseil économique et social sont purement consultatives. Ce n'est pas une assemblée parlementaire.

Il donne des avis :

— soit à la demande du Gouvernement

• obligatoirement sur les plans économiques et sociaux ainsi que les lois de programme ;

• facultativement : sur tout projet, proposition, décret où son opinion peut paraître utile ;

— soit de sa propre initiative.

Le Conseil peut proposer des réformes dans le domaine de la politique économique et sociale ;

— jamais à la demande des Assemblées.

C'est là une différence avec son prédécesseur de la IVe République.

L'institution n'a pas réussi à s'imposer et à acquérir un grand prestige. Certaines nominations ont d'ailleurs montré le peu de considération que le pouvoir avait pour elle.

Conclusion sur la Ve République

Le débat sur la nature du régime

521. Un débat s'est ouvert dès l'origine, que la révision constitutionnelle de 1962 devait faire rebondir, sur la nature du régime institué en 1958 : *Le régime est-il parlementaire ou présidentiel ?*

La doctrine est très attentive à ce genre d'interrogation. L'idéal pour elle est de réduire chaque régime politique à un modèle type d'où elle pourra ensuite déduire des règles de fonctionnement, ce qui lui permettra de rappeler au besoin les gouvernants au respect des principes et de dénoncer les déformations que la pratique pourrait faire apparaître. Constater que des institutions n'entrent dans aucun des modèles existants est un aveu d'impuissance et la doctrine ne serait pas loin parfois de porter un jugement sévère sur un régime qui résiste à toute classification. Cette aspiration des théoriciens du droit constitutionnel est parfaitement légitime, elle ne doit pas se substituer toutefois à la démarche pragmatiste consistant à se demander comment un régime fonctionne et pourquoi il réagit ainsi. Dans le cas présent, l'analyse est d'autant plus complexe que la pratique constitutionnelle s'est très tôt détachée des textes auxquels les Présidents successifs n'ont pas donné une interprétation immuable et que les cohabitations successives ont encore obscurci la question.

Il est admis pourtant que la Constitution de 1958 peut faire l'objet de « deux lectures », c'est-à-dire de deux interprétations.

1. **Une lecture présidentielle** tout d'abord. Le régime institué en 1958 serait présidentiel.

— Le mode de désignation du Président de la République va sans conteste dans ce sens. Et la réforme constitutionnelle de 1962 instituant l'élection du Chef de l'Etat au suffrage universel renforce encore cette interprétation. Le peuple ne désigne pas un Président au suffrage universel direct pour que celui-ci reste spectateur de la vie politique ou, comme le disait le Général de Gaulle, pour « inaugurer les chrysanthèmes ». L'élu doit décider, donner son avis, quitte à mécontenter certains. Valéry Giscard d'Estaing l'a rappelé avec force en 1978 : « Certains ont voulu dénier au Président de la République le droit de s'exprimer. Curieuse

République que celle qui serait présidée par un muet », dans des circonstances importantes « que penseraient et que diraient les Français si ... leur Président se taisait » (discours de Verdun-sur-le-Doubs, 27 janvier 1978). François Mitterrand reprenait le même thème le 28 avril 1985 : « On n'élit pas un président pour qu'il reste inerte, pour qu'il ne fasse rien. »

Le prestige d'un Président élu dans ces conditions est sans rapport avec celui des Chefs d'Etat parlementaires habituels. La longueur de son mandat est en outre elle-même supérieure à celle d'un Chef d'Etat présidentiel.

Maurice Duverger a cependant montré (« Échec au roi », Paris, 1977) que l'élection du Chef de l'Etat au suffrage universel ne suffisait pas à elle seule à caractériser un régime de présidentiel, 7 pays d'Europe occidentale ont adopté cette procédure en même temps qu'ils se donnaient des institutions de type parlementaire : l'Allemagne de Weimar, l'Autriche, le Portugal en 1973, la Finlande depuis le début du siècle ...

— Les pouvoirs du Chef de l'Etat, d'autre part, sont devenus si considérables qu'il apparaissait jusqu'en 1986 comme le véritable Chef du Gouvernement, le Cabinet l'assiste plus qu'il n'est indépendant de lui. D'ailleurs, il ne se contente pas de choisir le Premier ministre, il intervient dans la désignation des membres du Cabinet, un lien direct s'établit ainsi entre eux et lui. La pratique qui permet au Président de démettre le Premier ministre et de se substituer au Gouvernement, dans les domaines qui lui sont confiés par la Constitution, confère elle aussi au Chef de l'Etat un rôle qui se rapproche de celui du Président dans un régime présidentiel. En période de concordance des majorités tout au moins.

2. **Une lecture parlementaire** ensuite.

D'autres caractères permettent de classer aussi bien la Ve République dans les régimes parlementaires.

— Le premier argument, le plus fort, est la présence d'une responsabilité politique de type parlementaire. La Chambre basse peut — et elle l'a fait — renverser le Gouvernement et l'exécutif peut dissoudre l'Assemblée nationale — et il l'a fait. Ces moyens d'action sont dans le droit fil du régime parlementaire. Dans tous les cas, le gouvernement est le reflet de la majorité parlementaire.

— La procédure d'élaboration de la loi institue une collaboration entre l'exécutif et le législatif qui est de l'essence même d'un régime parlementaire. Si le Parlement perd une partie de ses prérogatives dans cette procédure par rapport aux régimes précédents, le principe de la collaboration demeure.

3. Appréciation critique.

522. Le débat est toujours ouvert et probablement sans issue. Le régime conjugue des aspects présidentiels et parlementaires. Pour rendre compte de cette réalité, les auteurs se réfèrent à des catégories hybrides empruntant des traits à l'un et à l'autre type de régime. On parlera ainsi de présidentialisme, de régime semi-présidentiel (Duverger), de parlementarisme majoritaire (par référence à la situation britannique).

En réalité, un régime qui présente des virtualités aussi différentes peut être sollicité dans des sens opposés par les circonstances, la pratique, la personnalité du Président. On est en présence alors d'un régime-caméléon avec toute la souplesse que cela suppose mais aussi les incertitudes sur les principes à retenir pour régler les difficultés imprévues.

A ce titre, il est tentant de rechercher si la nature du régime n'est pas tributaire de la composition de l'Assemblée. Proche du régime présidentiel lorsque le Président s'appuie sur une majorité stable à l'Assemblée nationale, les procédures de responsabilité politique prévues par la Constitution étant alors sans objet, le régime pourrait redevenir parlementaire au cas où le Président ne peut plus compter sur le soutien de la majorité des députés.

Mais cette interprétation elle-même n'est pas satisfaisante. Dans le premier cas, en effet, un des aspects majeurs du régime présidentiel manque : la séparation tranchée avec, en particulier, l'indépendance du législatif. Le modèle le plus proche alors n'est pas le régime présidentiel, mais le parlementarisme majoritaire à l'anglaise.

Dans la seconde hypothèse, le régime serait alors parlementaire, le Premier ministre étant réellement responsable devant l'Assemblée. Mais on ne peut exclure qu'il n'y ait *pas de majorité stable* disposée à soutenir le gouvernement. Les députés pourraient alors faire dériver le système vers une sorte de régime d'Assemblée dans le style de la IIIe et de la IVe Républiques. A terme ils pourraient acculer à la démission un Président qui voudrait user des pouvoirs propres que lui reconnaît la Constitution. Mais rien ne prouve qu'un nouveau Président, fort de l'investiture populaire, se laisserait imposer une tutelle de l'Assemblée, pourquoi serait-il un Président postiche ne cherchant pas à mettre en œuvre une politique définie par lui ? L'hypothèse d'un régime à nature variable, selon la composition de l'Assemblée, ne permet pas de trancher le dilemme régime présidentiel — régime parlementaire, mais ajoute une autre option : régime parlementaire ou régime d'assemblée.

En définitive, le régime est resté parlementaire, un parlementarisme dualiste, ou moniste selon la situation de cohabitation ou non et où le plus souvent les mécanismes de la responsabilité devant l'Assemblée sont seulement en sommeil et constituent une menace suffisante pour dissuader le Chef de l'Etat de suivre une politique trop personnelle. Que pourrait-il faire, en effet, si le Parlement renversait le Premier ministre qu'il lui propose ou repoussait son budget ? Et le Gouvernement, lorsqu'il n'est pas celui du Président, doit veiller à la cohésion de sa majorité, même en période de fait majoritaire. On ne saurait nier cependant que l'exécutif, et surtout le Président de la République (pour celui-ci, hors cohabitation), n'ait pris dans ce système une place sans commune mesure avec la tradition parlementaire ; même dans la Constitution de 1875, l'exécutif était moins puissant qu'il ne l'est aujourd'hui. Ce renforcement doit être interprété à la lumière de l'évolution du rôle de l'Etat et de l'exécutif dans tous les pays du monde. La multiplication des interventions de l'Etat dans la vie quotidienne entraîne nécessairement un accroissement de la puissance des chefs de l'Administration, et donc du Gouvernement, le Parlement assailli de demandes ne parvient plus à légiférer, les décisions sont de plus en plus prises par l'exécutif. La prépondérance de celui-ci dans le régime français actuel n'est qu'une manifestation particulièrement spectaculaire d'un phénomène général. L'intéressant est qu'elle se soit réalisée au profit du Chef de l'Etat jusqu'en 1986, du Premier ministre de 1986 à 1988, puis de 1993 à 1995, du Président de 1995 à 1997 et de nouveau du Premier ministre depuis.

FIN

Index

(Les chiffres renvoient aux numéros)

D

E

W

Table des matières

DEUXIÈME PARTIE

TROISIÈME PARTIE

9 782275 018317

Composition, impression, façonnage par

IMPRIMERIE
FRANCE QUERCY
CAHORS

N° d'impression : 91559 L
Dépôt légal : septembre 1999

Imprimé en France

L.G.D.J.-E.J.A.
31, rue Falguière, 75741 Paris Cedex 15
N° éditeur : 3285